Uni-Taschenbücher 1809

UTB
FÜR WISSEN
SCHAFT

Eine Arbeitsgemeinschaft der Verlage

Wilhelm Fink Verlag München
A. Francke Verlag Tübingen und Basel
Paul Haupt Verlag Bern · Stuttgart · Wien
Hüthig Fachverlage Heidelberg
Verlag Leske + Budrich GmbH Opladen
Lucius & Lucius Verlagsgesellschaft Stuttgart
Mohr Siebeck Tübingen
Quelle & Meyer Verlag Wiesbaden
Ernst Reinhardt Verlag München und Basel
Schäffer-Poeschel Verlag Stuttgart
Ferdinand Schöningh Verlag Paderborn · München · Wien · Zürich
Eugen Ulmer Verlag Stuttgart
Vandenhoeck & Ruprecht in Göttingen und Zürich

Stefan Hradil
unter Mitarbeit von Jürgen Schiener

Soziale Ungleichheit in Deutschland

7. Auflage

Leske + Budrich, Opladen 1999

Gedruckt auf säure- und chlorfreiem, altersbeständigem Papier

ISBN: 3-8252-1809-0 (UTB)
ISBN: 3-8100-1317-X (Leske + Budrich)

Einbandgestaltung: Alfred Krugmann, Stuttgart
Satz: Leske + Budrich, Opladen
Druck und Verarbeitung: Presse-Druck, Augsburg

Printed in Germany

Inhalt

0. Vorwort

Im vorliegenden Lehrbuch wird versucht, einen Überblick über die Strukturen sozialer Ungleichheit in Deutschland zu vermitteln. Behandelt werden unter anderem soziale Ungleichheiten der Bildungs- und Arbeitsmarktchancen, der Einkommen und Vermögen, der Macht und des Ansehens, der Wohn- und Arbeitsbedingungen und der Randgruppen. Auf die begrifflichen Grundlagen und die erklärenden Theorien soziologischer Ungleichheitsanalyse, auf die historischen Entwicklungen und die soziokulturellen Aspekte sozialer Ungleichheit wird ausführlich eingegangen.

Die vorliegende siebte Auflage wurde großenteils neu geschrieben. Sie berücksichtigt die Veränderungen des Gefüges sozialer Ungleichheit und die großen Fortschritte der neueren soziologischen Ungleichheitsforschung seit Mitte der 80er Jahre, seit Erscheinen der letzten Auflage. Im Vergleich zur vorangegangen Auflage wurden einige Teile hinzugefügt: Kapitel zum sozialen Auf- und Abstieg, zur Ungleichheit der Arbeitslosigkeitsrisiken und zu neuen Theorien sozialer Ungleichheit sowie viele Informationen über Disparitäten zwischen West- und Ostdeutschland, zur sozialen Stellung von Asylbewerbern und Flüchtlingen, zur Lage kinderreicher Familien, um nur einige zu nennen.

Das Lehrbuch hat eine lange Geschichte. Die erste Auflage, geschrieben von Karl Martin Bolte, Dieter Kappe und Friedhelm Neidhardt, erschien im Jahre 1966 unter dem Titel „Soziale Schichtung". Ab der dritten Auflage erhielt das Lehrbuch in den 70er Jahren den Titel „Soziale Ungleichheit". Dies entsprach der Ausweitung seines Inhalts. Von der fünften Auflage an, publiziert 1984, wurde das Lehrbuch von Karl Martin Bolte und mir gemeinsam verfaßt. Martin Bolte ist zu danken, daß er die Erlaubnis erteilte, den Text der letzten, der sechsten Ausgabe zur Anfertigung der vorliegenden Auflage zu benutzen. Wenn er darum bat, nicht länger als Autor zu fungieren, ändert dies nichts daran, daß zahlreiche Strukturierungen und Formulierungen in diesem Buch nach wie vor sein Werk sind.

Auch die vorliegende Auflage hat eine lange Geschichte. Wenn die Überarbeitung nach einigen Anläufen nun geleistet ist, so ist dies einer ganzen Reihe von studentischen Hilfskräften zu danken. Sie haben mit großem Engagement immer wieder neue Materialien besorgt und nicht wenige Ideen in den Text eingebracht.

Die Kapitel 5.2 und 6 beruhen auf Manuskripten von Jürgen Schiener, M.A.. Da ich hier nur Kürzungen und stilistische Vereinfachungen vornahm, reicht sein Beitrag weit über den einer Hilfskraft hinaus.

Mainz, im November 1998 Stefan Hradil

1. Einleitung – Soziale Ungleichheit und ihre Bedeutung

Menschen leben in der Regel nicht isoliert voneinander, sondern eingebunden in vergleichsweise stabile zwischenmenschliche Gefüge, wie z.B. in Familien, Sippen, Stämme, Betriebe, Vereine, Staaten und staatenübergreifende wirtschaftliche, kulturelle und politische Verflechtungen. Im Verlauf ihres Mit- und Gegeneinanders innerhalb dieser sozialen Gebilde geraten Menschen in vielfältige Beziehungen zueinander und nehmen darin unterschiedliche soziale Positionen ein. Sie erscheinen als Bekannte oder Verwandte, als Mitarbeiter oder Konkurrenten, als Berufstätige bestimmter Art, als Gleichaltrige, Ältere oder Jüngere, als Ledige, Verheiratete, Geschiedene oder Verwitwete, als Vorgesetzte oder Untergebene, als Herren oder Sklaven, als Freunde oder Feinde, als Arme oder Reiche u.a.m.

Je nachdem, welche sozialen Positionen sie jeweils innehaben, lassen sich zwischen Menschen bestimmte Gemeinsamkeiten (z.B. unter leitenden Angestellten) oder aber bestimmte Unterschiede (z.B. zwischen diesen und ungelernten Arbeitern) erkennen. Mit vielen sozialen Positionen sind jedoch Lebens- und Arbeitsbedingungen verknüpft, die ihre Träger gegenüber anderen nicht einfach als in bestimmter Hinsicht unterschiedlich (wie z.B. einen Schmied und einen Schlosser) erscheinen lassen, sondern gleichzeitig auch als besser- oder schlechter-, höher- oder tiefergestellt, bevorrechtigt oder benachteiligt (z.B. einen Schlosser und einen Ingenieur, oder einen Studierenden und seinen Prüfer). Mit dieser Art von Unterschieden, die im folgenden als *soziale Ungleichheit* bezeichnet werden soll, befaßt sich die vorliegende Veröffentlichung. Wie später im einzelnen deutlich werden wird, kann soziale Ungleichheit gewollt oder ungewollt sein. Sie kann aus Unterdrückung der einen durch die anderen, aber auch aus rechtmäßigen und als rechtens angesehenen Verteilungsvorgängen hervorgehen.

Soziale Ungleichheiten sind wichtige Aspekte menschlichen Zusammenlebens. Es handelt sich dabei um zentrale menschliche Daseinsbedingungen, um Vorteile und Nachteile, die das Leben der einzelnen und die Gesellschaft im ganzen wesentlich beeinflussen. Zahlreiche Ausdrücke unserer Sprache, wie „Herren“ und „Knechte“, „Macht“ und „Ohnmacht“, „Unterdrückung“ und „Ausbeutung“, „Reichtum und Armut“, „Aufstieg und Abstieg“, „Wohlstand und Elend“, „Leistungsgesellschaft“ und „Chancengleichheit“, „Klassengesellschaft“, „Schichtungsgesellschaft“ und „Zwei-Drittel-Gesellschaft“ verweisen darauf, wie wichtig die Erscheinungsformen sozialer Ungleichheit im Alltagsleben und in der politischen Sphäre sind. Viele menschlichen Wünsche und Aktivitäten, Hoffnungen und Enttäuschungen, Gefühle der Zufriedenheit und Unzufriedenheit, der Sorge und des Neides stehen in Verbindung mit Erscheinungen sozialer Ungleichheit. Eine ganze Reihe von politischen Konflikten in modernen Gesellschaften, etwa um den Steuerhöchstsatz, um Wege zur Verminderung von Arbeitslosigkeit und Armut, um die Ausgestaltung sozialpolitischer Maßnahmen etc., steht in unmittelbarem Zusammenhang mit Erscheinungen sozialer Ungleichheit. Die Beschäftigung damit stößt in den Gesellschaften auf besonderes Interesse, in denen solche Fragen zum öffentlich diskutierten Problem und zum Gegenstand politischer Gestaltung geworden sind, sei es, daß man bestimmte Formen von Ungleichheit vermeiden oder im Gegenteil (z.B. durch „leistungsgerechte“ Verteilung) herbeiführen will.

Historische Erscheinungsformen

Soziale Ungleichheit begegnet uns in Geschichte und Gegenwart in vielfältigen Formen. Einige Beispiele sollen davon einen ersten Eindruck vermitteln.

Auszüge aus den Verordnungen der Räte der Städte Kiel und Lübeck aus dem 15. und 16. Jahrhundert:

a) Kleiderordnung (Kiel – 1417)

„Keine Frau darf gekrauste Tücher tragen und nicht mehr als zwei Mäntel haben, die mit Pelzwerk gefüttert sind, und darf auch keinerlei Geschmeide mit teurem Gestein und Perlen an allen ihren Kleidern tragen, wenn ihr Mann an die Stadt nicht mindestens 400 Mark Silber zu versteuern hat. Wenn eine Frau dessen überführt wird, so soll das der Stadt mit 10 Mark Silber gebessert werden. Dieselbe Strafe trifft den Übertreter der weiteren Bestimmungen: Wenn der Mann der Stadt für mindestens 200 Mark Steuern zahlt, so darf seine Frau eine lötige (rein, ungemischt) Mark Silber an allen ihren Kleidern tragen. Die Jungfrauen sollen es in derselben Weise halten ...

Wenn der Mann der Stadt zwar Steuern zahlt, aber nicht für 100 Mark, so darf seine Frau keinerlei Geschmeide tragen. Insbesondere darf keine Bürgersfrau Pelzwerk oder Seide unten an ihren Kleidern tragen ...

Insbesondere wird befohlen, daß keine Dienstmagd oder Dienstbotin Spangen, Scharlachtuch oder irgendwelches vergoldetes Geschmeide trägt, welches mehr als 8 Schillinge wert ist. Wer dagegen verstößt, soll des Geschmeides sofort verlustig gehen und sein Dienstherr oder seine Dienstherrin sollen 3 Mark Silber Strafe zahlen oder den Dienstboten innerhalb von 3 Tagen aus dem Brote jagen ..." (*Sievert* 1953, 157-162)

b) Hochzeitsordnung (Lübeck – 1582)

Pastetenhochzeit:
Diese wurde gefeiert von den Ratspersonen, den Patriziern und Doctoren. Es durften 3 Mahlzeiten gefeiert werden. Zahl der Gerichte: Am Sonntage 3 (Rindfleisch, Fisch und Gebratenes). Am Montag Mittag: Pasteten und die übrigen Gerichte wie üblich. Am Montag Abend: 4 Gerichte, Wildpret, Fisch, Schaffleisch und Gebratenes. Zahl der Gäste: 160. Getränke: Wein.

Vornehme Hochzeit:
Das Recht darauf stand der vornehmen Bürgerschaft zu. Zahl der Gäste: 150. Zahl der Gerichte: 4. Getränk: Wein ...

Hochzeiten der 4 großen Ämter (Zünfte):
Zahl der Gäste: 80. Zahl der Gerichte: 4. Getränk: Bier.

Hochzeiten der kleineren Ämter:
Zahl der Gäste: 40. Zahl der Gerichte: 4. Getränk: Bier, jedoch nur eine Sorte (Sievert 1953, 155).

Auszug aus einer Verordnung über die Veränderung in der Rangordnung für die Herzogthümer Schleswig und Holstein vom 12. August 1808 und der zugrunde liegenden Rangordnung vom 14. Oktober 1746 (Systematische Sammlung 1827, 336-355)

„Wir Frederik der Sechste ... thun kund hiermit:
Wir haben die Rangfolge unter Beamten und characterisierten Personen in Unseren Staaten, so wie zu verschiedenen Zeiten angeordnet ist, dem gegenseitigen Verhältnisse der Beamten und Rangspersonen und dem Geist des Zeitalters minder angemessen gefunden.
Wir sind daher auf eine neue, ihrem Endzweck entsprechende, allgemeine Anordnung über Rang und Titel bedacht ...
Es ist unser allergnädigster Wille, daß Rang in Zukunft im Allgemeinen mit Ämtern verbunden seyn soll und diesen in einem richtigen Verhältnisse zu ihrer Wichtigkeit und Erheblichkeit beigelegt werde. Die Titel sind Amts-Titel oder Rang-Titel. Amts-Titel werden nur den im wirklichen Dienst stehenden Beamten verliehen. Rang-Titel jenen, die ihres Amtes in Gnaden entlassen werden, und alsdann den Amts-Titel ablegen, sowie auch anderen um den Staat verdienten Männern. Von solchen Rang-Titeln wird zu jeder Classe der Rangordnung einer ge-

legt. Die Beamten, welche in der Rangordnung unter ein und dieselbe Nummer gesetzt sind, nehmen den Rang unter sich nach ihrer Anciennität ...

Alle, die eines von den in den drei ersten Classen aufgezählten Königlichen Ämtern bekleiden oder bekleidet haben, sind für sich, ihre Ehefrauen und rechtmäßigen Kinder ersten Gliedes dem Adel gleich zu achten und genießen alle dem Adel beigelegten Privilegien, Ehren, Würden und Vorrechte.

Die Rangfolge in den beiden ersten Classen haben Wir allergnädigst folgendermaßen bestimmt:

Erste Classe:

1. Der Groß-Kanzler.
2. Der General-Feldmarschall. Der General-Admiral.
3. Der Groß-Schatzmeister.
4. Die geheimen Staatsminister.
5. Die Statthalter in den Herzogthümern.
6. Die Ritter vom Elephanten.
7. Der Feldmarschall. Der General-Admiral-Lieutenant.
8. Der Groß-Commandeur vom Danebrog. Unser Ober-Kammerherr.
9. Der General-Feldzeugmeister. Der Vice-Statthalter in den Herzogthümern. Die Generale. Die Admirale.
10. Die General-Lieutenants. Die Vice-Admirals. Die Minister des auswärtigen Departments und der Königl. Collegien. Ihro Majestät der regierenden Königin Ober-Kammerherr. Der Oberhofmarschall. Der Kanzler des Kapitels der Königl. Orden.
11. Der Präsident der Königl. Collegien. Unser Ober-Kammerjunker.
12. Der Oberschenk. Der Ober-Stallmeister. Der Ober Jägermeister. Der Ober--Ceremonienmeister.
13. Die Ober-Hofmeister bei Ihro Majestäten den Königinnen. Der Ober-Stallmeister der regierenden Königin. (Die Grafen von Danneskiold und ihre ehelichen männlichen Descendenten. Königl. Resolution vom 29sten Sept. 1808.)

Der Rangtitel dieser Classe ist Geheimer Conferenz-Rath. Alle zu dieser Classe gehörenden Personen genießen das Prädikat Excellenz.

Zweite Classe:

1. Großkreuze vom Danebrog.
2. Die Grafen, welche in unseren Reichen und Landen Lehns-Grafschaften haben, nach dem Alter der Errichtung ihrer Grafschaften.
3. Der Hofmarschall.
4. Die Hofmeister und Marschalle bei dem Königl. Hause, nach der Ordnung ihrer hohen Herrschaften. Der Lehnsgrafen älteste Söhne, wenn sie Kammerherren sind.
5. Die Generalmajors. Die Contre-Admirals. Die Stift-Amtsmänner. Die Direktoren bei den Königl. Collegien und Departments. Die ersten Deputierten, wenn sie zugleich zum Chef des Collegii ernannt werden. Der Justitiarius im höchsten Gericht. Die Kanzler der Obergerichte der Herzogthümer. Die Oberpräsidenten von Kopenhagen, von Altona und Kiel. Der Curator der Universität in Kiel. Die Kammerherren. (Der Landdrost des Herzogthums Lauenburg.)

6. Unser Stallmeister.
7. Ihro Majestät der regierenden Königin Stallmeister. Der Hofjägermeister. Der Ceremonienmeister.
8. Unser Gesandten an fremden Höfen. (Der Hofrichter des Herzogthums Lauenburg).
9. Alle Amtstitel von Räthen, denen das Wort Geheimer beigefügt ist.
10. Die Rectoren der Universitäten in Kopenhagen und Kiel. Der Bischof von Seeland.
11. Der Confessionarius. Der Oberberghauptmann. Der Rangtitel dieser Classe ist Geheimer Staatsrath ...

Auszug aus der ursprünglichen Rangordnung vom 14. Oktober 1746

Wir Fridrich der Fünfte ... thun kund hiermit: Daß wir allergnädigst für gut befanden, Unsere Rangordnung folgendermaßen ergehen zu lassen:

Erste Classe
(Verändert zufolge der vorstehenden Rangverordnung)

Zweite Classe
(Sechzehn Nummern dieser Classe sind verändert zufolge der vorstehenden Rangverordnung)

Dritte Classe
1. Unsere Grafen, die keine Lehnsgrafschaften in Unseren Reichen und Landen haben.
2. Unsere Freiherren, die in unseren Reichen und Landen Freiherrschaften haben.
3. Wirkliche Etats- und Landräthe. Obersten zu Pferd und zu Fuß. Stadthauptmann in Kopenhagen. Commandeure vom See-Etat. Generaladjutanten vom See- und Landetat ... Die Assessoren höchsten Gerichts. Die Räthe des Schleswigschen Obergerichts und des Holstein-Lauenburgischen Obergerichts. Die Regierungsräthe und die ernannten oder bestätigten Mitglieder des Hofgerichts in Lauenburg.

4.-9. ...

Vierte Classe
1. ...
2. ...
3. Unsere wirklichen Justizräthe (Regierungsräthe) in Ostindien, in Westindien, in dem Landesobergericht auf Island, in dem Landesobergericht zu Wiborg. Die Directoren der Academie für die schönen Künste. Die ordentlichen Professoren bei der Universität in Kopenhagen und in Kiel, bei der chirurgischen Academie in Kopenhagen ... Die Directoren der Nationalbank ... Unser erster Hofprediger.

4.-9. ...

Fünfte Classe
1.-8. ...

Sechste Classe

1. ...
2. ...
3. Unsere Consistorialräthe, Professoren bei dem Gymnasium zu Odensee, Doctores theologiae, promoviert in Kopenhagen und Kiel.

4.-13. ...

Siebente Classe

1.-11. ...

Achte Classe

1. Unsere wirklichen Kanzleiassessoren und Consistorialassessoren (Doctores juris, promoviert in Kopenhagen und Kiel).
2. Unsere wirklichen Kammerassessoren (Doctores medicinae in Kopenhagen und Kiel; Regiments- und Divisionschirurgen ..., Doctores Philosophiae in Kopenhagen).
3. Unsere Premierlieutenants zu Lande ... bei der Bürgerbewaffnung in Kopenhagen, dem Leibcorps des Königs, der bürgerlichen Artillerie in Helsingör und bei dem Brandcorps in Kopenhagen ... Der Assistent beim Raketencorps.

4.-7. ...

Neunte Classe

1.-12. ...

Frauenrang

1. Die Frauen, deren Männer einer von den vier höchsten Chargen vorstehen, nehmen den Rang nach den Nummern ihrer Männer, nach welchen sie abgetheilt sind.
2. Ihro Majestät der Königinnen Oberhofmeisterinnen, solange sie in solchen Diensten bleiben.
3. Der sämtlichen Königlichen Prinzessinnen Hofmeisterinnen, solange ...
4. Ihre Majestäten der Königinnen Kammerjungfrauen, solange ...
5. Der sämtlichen Königlichen Prinzessinnen Kammerjungfern, solange ...
6. Ihre Majestäten der Königinnen Hofjungfern, solange ...
7. Der sämtlichen Königlichen Prinzessinnen Hofjungfern, solange ... Nachher gehen die anderen Frauen, eine jede nach ihres Mannes Rang und Anciennität."

Auszug aus dem „Code noir" – Französisches Sklavengesetz von 1685

„XVI. Wir verbieten den Sklaven, sich unter dem Vorwand von Hochzeiten oder anderen Vorgaben bei Tag oder bei Nacht an entlegenen Orten zusammenzurotten, bei Strafe körperlicher Züchtigung, welche wenigstens in Staupenschlägen (Auspeitschen; d. Verf.) und Brandmarkung bestehen soll und im Falle mehrfacher Wiederholung und anderer erschwerender Umstände bis zur Todesstrafe gesteigert werden kann, was wir dem Ermessen der Richter überlassen ...

XXI. Wir erlauben allen unseren die Inseln bewohnenden Untertanen, sich aller ohne Erlaubnisschein der Herren in den Händen von Sklaven befindlichen Waren zu bemächtigen ...

XXVIII. Wir erklären hierdurch, daß die Sklaven nichts besitzen können, was nicht als Eigentum ihrer Herren angesehen werden soll, und daß alles, was sie durch ihren Fleiß oder die Freigiebigkeit anderer erlangt haben, ihrem Herrn als dessen Eigentum gehören soll ...

XXXIII. Die Sklaven, welche ihren Herrn, seine Gattin oder Beischläferin oder seine Kinder ins Gesicht blutig geschlagen haben, sollen mit dem Tode bestraft werden.

XXXV. Erwiesene, von Sklaven oder Freigelassenen verübte Diebstähle, wenn sie auch bloß in Pferden, Mauleseln, Ochsen und Kühen bestehen, sollen peinlich und, je nach den Umständen, mit dem Tode bestraft werden.

XXXVI. Entwendungen von Schafen, Ziegen, Schweinen, Geflügel, Zuckerrohr, Erbsen, Maniok oder anderen Hülsenfrüchten, welche sich Sklaven haben zu Schulden kommen lassen, sollen nach Beschaffenheit des Diebstahls gerichtlich bestraft werden, und diese Strafen sollen erforderlichenfalls in Staupenschlag und Brandmarkung der Schultern bestehen können.

XXXVIII. Einem entflohenen Sklaven, welcher einen Monat abwesend geblieben ist, sollen die Ohren abgeschnitten und er soll auf einer Schulter gebrandmarkt werden; bei einer wiederholten Flucht sollen ihm die Kniekehlen zerschnitten und die andere Schulter gebrandmarkt werden; das dritte Mal wird er mit dem Tode bestraft.

XLII. Es soll den Eigentümern der Sklaven erlaubt sein, sie in Ketten zu legen und mit Ruten oder Stricken hauen zu lassen, wenn sie glauben, daß diese die Züchtigung verdient haben ...

XLIV. Wir erklären, daß die Sklaven als Mobiliar betrachtet werden und als solches ins gemeinschaftliche Erbe gehören ...“(*Buch* 1976, zit. n. *Wimmer* 1979, 139)[1]

Auszug aus dem „Kommunistischen Manifest“ (1848)

„Die Geschichte aller bisherigen Gesellschaft ist die Geschichte von Klassenkämpfen, Freier und Sklave, Patrizier und Plebejer, Baron und Leibeigener, Zunftbürger und Gesell, kurz Unterdrücker und Unterdrückte standen in stetem Gegensatz zueinander, führten einen ununterbrochenen, bald versteckten, bald offenen Kampf, einen Kampf, der jedesmal mit einer revolutionären Umgestaltung der ganzen Gesellschaft endete oder mit dem gemeinsamen Untergang der kämpfenden Klassen.

In den früheren Epochen der Geschichte finden wir fast überall eine vollständige Gliederung der Gesellschaft in verschiedene Stände, eine mannigfaltige

---

1 Der französische Code noir aus dem Jahre 1685 galt zu seiner Zeit als verhältnismäßig sklavenfreundlich.

Abstufung der gesellschaftlichen Stellungen. Im alten Rom haben wir Patrizier, Ritter, Plebejer, Sklaven; im Mittelalter Feudalherren, Vasallen, Gesellen, Leibeigene und noch dazu in fast jeder dieser Klassen wieder besondere Abstufungen.

Die aus dem Untergang der feudalen Gesellschaft hervorgegangene bürgerliche Gesellschaft hat die Klassengegensätze nicht aufgehoben. Sie hat nur neue Klassen, neue Bedingungen der Unterdrückung, neue Gestaltungen des Kampfes an die Stelle der alten gesetzt.

Unsere Epoche, die Epoche der Bourgeoisie, zeichnet sich jedoch dadurch aus, daß sie die Klassengegensätze vereinfacht hat. Die ganze Gesellschaft spaltet sich mehr und mehr in zwei große feindliche Lager, in zwei große, einander direkt gegenüberstehende Klassen: Bourgeoisie und Proletariat.

Aus den Leibeigenen des Mittelalters gingen die Pfahlbürger der ersten Städte hervor: aus dieser Pfahlbürgerschaft entwickelten sich die ersten Elemente der Bourgeoisie. Die Entdeckung Amerikas, die Umschiffung Afrikas schufen der aufkommenden Bourgeoisie ein neues Terrain. Der ostindische und chinesische Markt, die Kolonisierung von Amerika, der Austausch mit den Kolonien, die Vermehrung der Tauschmittel und der Waren überhaupt gaben dem Handel, der Schiffahrt, der Industrie einen nie gekannten Aufschwung und damit dem revolutionären Element in der zerfallenden feudalen Gesellschaft eine rasche Entwicklung ...

Die große Industrie hat den Weltmarkt hergestellt, den die Entdeckung Amerikas vorbereitete. Der Weltmarkt hat dem Handel, der Schiffahrt, den Landkommunikationen eine unermeßliche Entwicklung gegeben. Diese hat wieder auf die Ausdehnung der Industrie zurückgewirkt, und in demselben Maße, worin Industrie, Handel, Schiffahrt, Eisenbahnen sich ausdehnten, in demselben Maße entwickelte sich die Bourgeoisie, vermehrte sie ihre Kapitalien, drängte sie alle vom Mittelalter her überlieferten Klassen in den Hintergrund. Wir sehen also, wie die moderne Bourgeoisie selbst das Produkt eines langen Entwicklungsganges, einer Reihe von Umwälzungen in der Produktions- und Verkehrsweise ist ...

Die Bourgeoisie kann nicht existieren, ohne die Produktionsinstrumente, also sämtliche gesellschaftlichen Verhältnisse fortwährend zu revolutionieren. Unveränderte Beibehaltung der alten Produktionsweise war dagegen die erste Existenzbedingung aller früheren industriellen Klassen. Die fortwährende Umwälzung aller gesellschaftlichen Zustände, die ewige Unsicherheit und Bewegung zeichnet die Bourgeoisieepoche vor allen anderen aus ... Das Bedürfnis nach einem stets ausgedehnteren Absatz für ihre Produkte jagt die Bourgeoisie über die ganze Erdkugel. Überall muß sie sich einnisten, überall anbauen, überall Verbindungen herstellen ...

Die Bourgeoisie hebt mehr und mehr die Zersplitterung der Produktionsmittel, des Besitzes und der Bevölkerung auf. Sie hat die Bevölkerung agglomeriert, die Produktionsmittel zentralisiert und das Eigentum in wenigen Händen konzentriert. Die notwendige Folge hiervon war die politische Zentralisation ...

Die bürgerlichen Produktions- und Verkehrsverhältnisse, die bürgerlichen Eigentumsverhältnisse, die moderne bürgerliche Gesellschaft, die so gewaltige Produktions- und Verkehrsmittel hervorgezaubert hat, gleicht dem Hexenmeister, der die unterirdischen Gewalten nicht mehr zu beherrschen vermag, die er heraufbeschwor. Seit Dezennien ist die Geschichte der Industrie und des Handels nur die

Geschichte der Empörung der modernen Produktivkräfte gegen die modernen Produktionsverhältnisse, welche die Lebensbedingungen der Bourgeoisie und ihrer Herrschaft sind. Es genügt, die Handelskrisen zu nennen, welche in ihrer periodischen Wiederkehr immer drohender die Existenz der ganzen bürgerlichen Gesellschaft in Frage stellen ...

Wodurch überwindet die Bourgeoisie ihre Krisen? Einerseits durch die erzwungene Vernichtung einer Masse von Produktivkräften; andererseits durch die Eroberung neuer Märkte und die gründliche Ausbeutung alter Märkte. Wodurch also? Dadurch, daß sie allseitigere und gewaltigere Krisen vorbereitet und die Mittel, Krisen vorzubeugen, vermindert.

Die Waffen, womit die Bourgeoisie den Feudalismus zu Boden geschlagen hat, richten sich jetzt gegen die Bourgeoisie selbst.

Aber die Bourgeoisie hat nicht nur die Waffen geschmiedet, die ihr den Tod bringen; sie hat auch die Männer gezeugt, die diese Waffen führen werden – die modernen Arbeiter, die *Proletarier* ...

Das Proletariat macht verschiedene Entwicklungsstufen durch. Sein Kampf gegen die Bourgeoisie beginnt mit seiner Existenz. Im Anfang kämpfen die einzelnen Arbeiter, dann die Arbeiter einer Fabrik, dann die Arbeiter eines Arbeitszweiges an einem Ort gegen den einzelnen Bourgeois, der sie direkt ausbeutet ...

Auf dieser Stufe bilden die Arbeiter eine über das ganze Land zerstreute und durch die Konkurrenz zersplitterte Masse ...

Aber mit der Entwicklung der Industrie vermehrt sich das Proletariat; es wird in größeren Massen zusammengedrängt, seine Kraft wächst, und es fühlt sie mehr ... Immer mehr nehmen die Kollisionen zwischen dem einzelnen Arbeiter und dem einzelnen Bourgeois den Charakter von Kollisionen zweier Klassen an ...

Von allen Klassen, welche heutzutage der Bourgeoisie gegenüberstehen, ist nur das Proletariat eine wirklich revolutionäre Klasse. Die übrigen Klassen verkommen und gehen unter mit der großen Industrie, das Proletariat ist ihr eigenstes Produkt ...

Indem wir die allgemeinsten Phasen der Entwicklung des Proletariats zeichneten, verfolgten wir den mehr oder minder versteckten Bürgerkrieg innerhalb der bestehenden Gesellschaft bis zu dem Punkt, wo er in eine offene Revolution ausbricht und durch den gewaltsamen Sturz der Bourgeoisie das Proletariat seine Herrschaft begründet."(*Marx/Engels* 1953, 525ff.)

Auszug aus einem Artikel von Dieter Wildt im „Kölner Stadtanzeiger" unter dem Titel „Der Kampf um den größeren Schreibtisch" (1963)

„Da sind zum Beispiel die Rangabzeichen in einer Kölner Versicherungszentrale. Herausragendes Kennzeichen der gemeinsam in einem Großraum arbeitenden Angestellten ist der Schreibtisch, Der Sachbearbeiter – niederster Rang – sitzt vor einer schmalen Arbeitsplatte, in die nur zur Rechten ein paar Aktenfächer eingehängt sind. Hat er mehr Akten zu verwalten, so darf er rollbare Aktenwägelchen benutzen, beileibe aber keinen doppelseitigen, mit Aktenfächern ausgestatteten Schreibtisch.

Der steht nur der zweiten Kaste zu, den Büroleitern. Handlungsbevollmächtigten – dem dritten Rang – wird der gleiche Schreibtisch zuteil, jedoch an der

Front durch eine hervorstehende rechteckige Tischverlängerung imponierender gestaltet. Auch Prokuristen steht dieser Typ zu, doch wird er nach vorn und auch noch nach beiden Seiten durch dreieckig herausragende Anbauten repräsentativ vergrößert. Sie verleihen dem Schreibgiganten die Gestalt eines flachen Winkels, zwischen dessen Schenkeln der Prokurist thront. Die Direktoren? Sie diktieren hinter individuellen Tischen.

Derselbe Klassenkampf tobt um die Stühle. Sachbearbeiter hocken auf einem schlicht gepolsterten Metallstuhl. Büroleiter administrieren auf demselben Typ, nur können sie sich auch darauf rollen. Sie haben Räder unter ihrem Sitz. Ein Hbv verfügt über Rollen und zusätzliche Armlehnen, ein Prokurist über Rollen, Armlehnen und zusätzliche Zwischenteile, also über eine sesselähnliche Sitzschale.

Hinzu kommt die Rangordnung im Zimmer selbst. Der Ranghöchste regiert immer am Fester und bekommt das Licht von links. Nummer zwei arbeitet gegenüber am Fenster mit dem Licht von rechts. Nummer drei folgt in möglichst enger und möglichst linker Fensternähe und Nummer vier in der dunklen Ecke nahe der Tür und der Zugluft.

Orginellstes Rangsymbol ist der Arbeitsbeginn. Zwar gibt es Betriebe, in denen vom Vorstandsvorsitzer bis zum Boten jeder Punkt halb acht Uhr mit der Arbeit beginnt. Aber viel häufiger findet sich etwas Ähnliches wie die Eintreffens-Rangordnung in einem rheinischen Verbandsbürohaus. Dort geht das so vor sich: Arbeitsbeginn acht Uhr. Erst erscheinen die Boten, Pförtner und sonstigen. Acht Uhr fünfzehn: Die Stenotypistinnen treten auf Acht Uhr dreißig: Die Sekretärinnen, danach die Chefsekretärinnen, 15 Minuten später die jüngeren Referenten. Gegen neun Uhr die älteren Referenten. Dann die Vizeabteilungschefs und schließlich um halb zehn Uhr die Abteilungschefs. Und ein Donnerwetter von oben überfällt jeden, der später kommt, als er zu spät kommen dar£ Sanfte Mißachtung von unten erntet, wer früher erscheint, als es ihm nach dem Feudalkodex zusteht. ...

Nie erscheint ein Untergebener beim Mittagstisch im Kreise seiner Vorgesetzten. So sieht die Tischordnung einer deutschen Großversicherung aus: Angestelltenkantine: Selbstbedienung, schlichtes Geschirr; Prokuristenkantine, nein, natürlich -kasino: Gedeckte Tische und Bedienung; Direktorencasino: Dieses alles samt Ober im Frack; Generaldirektor: Privatspeisesaal."

Die genannten Beispiele verweisen auf verschiedene Erscheinungsformen sozialer Ungleichheit zwischen Menschen. Die Kleider- und Hochzeitsordnungen machen auf streng kontrollierte Unterschiede im Lebens- und Aufwandsstil aufmerksam. Die Auszüge aus der „Rangordnung für die Herzogthümer Schleßwig und Holstein" lassen „offizielle" Rangdifferenzierungen von „Staatsdienern" erkennen. Die Festlegungen im Sklavengesetz schaffen „Rechtsverhältnisse", die uns heute als extremer Ausdruck von Unrecht und Unmenschlichkeit erscheinen. Die Partien aus dem Kommunistischen Manifest weisen auf grundsätzliche Unterschiede der Lebenslage und der damit verbundenen politischen Interessen bestimmter Bevölkerungsgruppen hin. Das

Beispiel einer innerbetrieblichen Hierarchie deutet schließlich Unterschiede von Privilegien an, die sich mit dem formellen Rang und u.a. dem Dienstalter von Betriebsangehörigen verknüpfen. Alle Beispiele haben jedoch gemeinsam, daß sie Differenzierungen ansprechen, die Menschen im Vergleich zueinander als gleich-, besser- oder schlechter-, höher- oder tiefergestellt, als gleichberechtigt, bevorrechtigt oder benachteiligt, d.h. als *ungleich* erscheinen lassen.

Wie die Beispiele zeigen, können derartige Ungleichheiten gewollt sein und insofern als gerechtfertigt erscheinen, als sie sich als Folge oder Begleiterscheinung unterschiedlicher Leistungen darstellen. Andere Ungleichheiten sind zwar ebenfalls beabsichtigt, stellen aber eher das Ergebnis von direkter Gewaltanwendung, Ausbeutung und Unterdrückung dar. Und wieder andere ergeben sich ungewollt, als Konsequenz gesellschaftlicher Mechanismen, die gleichsam über die Köpfe der Betroffenen hinweg wirken. In allen Fällen wird aber das Leben und Zusammenleben der Menschen, die in solche Ungleichheitsstrukturen eingefügt sind, von diesen stark beeinflußt. Es ist daher verständlich, daß sich die Wissenschaft intensiv mit ihren Erscheinungsformen, Ursachen, Wirkungen und Veränderungen befaßt hat.

Wissenschaftler, die dies taten, mußten dabei feststellen, daß es sich um eine sehr komplizierte und komplexe Problematik handelt. Zur Vielfalt der Erscheinungsformen, Ursachen und Wirkungen kommen spezifische begriffliche, methodologische und forschungstechnische Schwierigkeiten hinzu. Dies hat zur Folge, daß mittlerweile in der Literatur eine Fülle von Forschungsansätzen, Erklärungsversuchen und Befunden zur sozialen Ungleichheit vorliegt.

Im folgenden soll der Versuch unternommen werden, zunächst grundsätzliche begriffliche (Kap. 2), historische (Kap. 3) und theoretische (Kap. 4) Einsichten über die Kriterien und Ursachen sozialer Ungleichheit und deren Erforschung darzustellen sowie dann (in Kap. 5 und 6) ihre konkreten Erscheinungsformen in Deutschland und dabei erkennbare Entwicklungstrends aufzuzeigen. Außerdem wird (in Kap. 7) angedeutet werden, wie sich ungleiche Lebensbedingungen im Denken und Verhalten der Menschen niederschlagen und welches Gewicht sie im Alltag haben.

2. Grundbegriffe – Die Beschreibung und Ordnung von Phänomenen sozialer Ungleichheit

Eingangs wurde dargestellt, daß Menschen üblicherweise im Rahmen gesellschaftlicher Gebilde (z.B. in Familien und Betrieben) leben. Hierin sind sie in mehr oder minder stabile zwischenmenschliche Beziehungen und soziale Positionen eingebunden. Im Hinblick darauf weisen bestimmte Gesellschaftsmitglieder gleiche Merkmale auf (z.B. als Vorarbeiter) und gehören so einer bestimmten Sozialkategorie an. Andere Menschen sind in dieser Hinsicht verschieden und werden daher unterschiedlichen sozialen Kategorien (Vorarbeiter – Meister; Männer – Frauen; Väter – Mütter usw.) zugerechnet. Die Bevölkerung gliedert sich so in Gruppierungen, je nach Beruf, Geschlecht, Alter, Familienstand, Konfession, Wohnortgröße etc. Wichtig ist im Zusammenhang mit der hier dargestellten Problematik, daß mit der Zugehörigkeit zu vielen Sozialkategorien jeweils gemeinsame bzw. unterschiedliche Lebensumstände verbunden sind. So unterscheiden sich die Lebens- und Arbeitsbedingungen von Vorarbeitern und Meistern, von Männern und Frauen usw.

2.1 Der Begriff soziale Ungleichheit

Unter diesen vielfältigen sozialen Unterschieden soll hier – wie in der Einleitung schon betont – die Aufmerksamkeit jenen gelten, die Menschen im Vergleich miteinander nicht einfach als in bestimmter Hinsicht verschiedenartig charakterisieren, sondern sie gleichzeitig als besser- oder schlechter-, höher- oder tiefergestellt erscheinen lassen. Solche Differenzierungen werden hier *Erscheinungen sozialer Ungleichheit* genannt.

Diese definitorische Festlegung läßt sich genauer fassen:

Erstens bezieht sich der Begriff soziale Ungleichheit auf bestimmte „Güter", die im Rahmen einer Gesellschaft als „wertvoll" gelten. Je mehr die einzelnen von diesen „Gütern" besitzen, desto günstiger sind ihre Lebensbedingungen. Unter Lebensbedingungen sind hierbei äußere, vom Denken und Verhalten des einzelnen kurzfristig nicht beeinflußbare Rahmenbedingungen des Lebens zu verstehen. Alle Menschen, die über „wertvolle Güter" verfügen, haben Vorteile, daß sie besser- oder höhergestellt als andere erscheinen. Im historischen Rückblick und im internationalen Vergleich fällt auf, daß keinesfalls immer und überall die gleichen „Güter" so viel „Wert" besaßen, daß sie soziale Ungleichheit begründeten. So ist ein hoher Bildungsabschluß heute zweifellos „wertvoll" und zählt zu den wichtigen Ausprägungen sozialer Ungleichheit. Er ist für Menschen, die ihn besitzen, in vieler Hinsicht vorteilhaft. Im frühen Mittelalter war dies keineswegs der Fall. Bildung war für die große Mehrheit der Bevölkerung recht unerheblich.

„Wertvoll" sind bestimmte „Güter", weil in jeder Gesellschaft Werte bestehen. Das sind „Vorstellungen vom Wünschenswerten" (*Kluckhohn* 1951), wie z.B. Wohlstand, Sicherheit, Gesundheit und individuelle Autonomie. Diese Zielvorstellungen eines „guten Lebens" lassen sich – je nach den spezifischen Gegebenheiten einer Gesellschaft – durch die Verfügung über bestimmte „Güter" verwirklichen (z.B. durch Geld, eine unkündbare Stellung, gesunde Arbeitsbedingungen), bei deren Fehlen jedoch nicht. Insofern bestimmte „Güter" also (wie z.B. Geld oder eine unkündbare Berufsstellung) Lebens- und Handlungsbedingungen darstellen, die zur Erlangung von allgemein verbreiteten Zielvorstellungen einer Gesellschaft dienen, kommen sie als Erscheinungsformen sozialer Ungleichheit in Frage.

Neben dieser ersten Begriffskomponente, die festlegt, wieso bestimmte Gegebenheiten so wertvoll sind, daß sie Erscheinungsformen sozialer Ungleichheit darstellen können, enthält der Begriff sozialer Ungleichheit *zweitens* eine bestimmte Vorstellung darüber, wie diese „wertvollen Güter" verteilt sein müssen, um als als „ungleich" zu gelten.

Was mit „Ungleichheit" gemeint ist, ist keineswegs eindeutig. Wenigstens ist hierbei „absolute" Ungleichheit von „relativer" zu unterscheiden. Absolute Ungleichheit ist dann gegeben, wenn von den „wertvollen" Gütern einer Gesellschaft (Geld, Bildungsabschlüsse, gesunde Lebens- und Arbeitsbedingungen etc.) ein Gesellschaftsmitglied mehr als ein anderes erhält. Relative Ungleichheit besteht dagegen im Hinblick auf bestimmte Verteilungskriterien, wie z.B. Leistung, Bedürfnisse, Alter und Dienstalter. Relative Ungleichheit tritt z.B. dann auf, wenn bestimmte Personen mehr verdienen, als sie ihrer Leistung gemäß „verdienen".

In der soziologischen Terminologie wird immer dann von „sozialer Ungleichheit" gesprochen, wenn als „wertvoll" geltende „Güter" *nicht absolut gleich verteilt* sind. Da beispielsweise die Einkommmen aus Erwerbstätigkeiten nicht gleich hoch ausfallen, so erzielt ein Ingenieur ein höheres Einkommen als ein Hilfsarbeiter, gilt diese Lohndifferenz als Erscheinungsform „sozialer Ungleichheit".

Damit wird auch deutlich, daß soziologische Begriffe sozialer Ungleichheit nicht zwangsläufig zum Ausdruck bringen, soziale Ungleichheiten seien „ungerecht" bzw. „illegitim" oder stellten ein „soziales Problem" dar. Im Unterschied zum landläufigen Gebrauch des Begriffs „soziale Ungleichheit", in dem stets ein Beiklang von „Ungerechtigkeit" mitschwingt, läßt es der soziologische Begriff „soziale Ungleichheit" offen, inwieweit es sich bei den bezeichneten Erscheinungen um problematische, da illegitime Ungleichheiten handelt, oder inwiefern sie gerechtfertigt erscheinen. Dies festzustellen, ist eine Aufgabe, die sich an die Beschreibung und Einordnung von Erscheinungen sozialer Ungleichheit mit Hilfe dieses Begriffs anschließen kann.

Noch ein *dritter* Gesichtspunkt geht regelmäßig in den soziologischen Begriff sozialer Ungleichheit ein: Er schließt nur jene „wertvollen" Güter ein, die aufgrund der Stellung von Menschen in gesellschaftlichen Beziehungsgefügen auf *regelmäßige Weise* (absolut) ungleich verteilt werden. Nicht alle Vor- und Nachteile, nicht alle Besser- bzw. Schlechterstellungen sind also Erscheinungsformen sozialer Ungleichheit, sondern nur jene, die in gesellschaftlich strukturierter, vergleichsweise beständiger und verallgemeinerbarer Form zur Verteilung kommen. Dies trifft beispielsweise auf Einkommens- und Machtunterschiede zu, die an bestimmte berufliche Stellungen geknüpft sind. Ihre Bindung an relativ konstante gesellschaftliche Beziehungen und Positionen unterscheidet *soziale* von anderen Ungleichheiten.

Nicht als soziale Ungleichheiten gelten infolgedessen „natürliche", „individuelle", „momentane" und „zufällige" Ungleichheiten. Obwohl Nachteile und Ungleichheiten beispielsweise infolge angeborener Behinderungen, individueller psychischer Eigenheiten oder einer aktuellen Geiselnahme ein ganz erhebliches Ausmaß erreichen können, gelten sie im Sinne des soziologischen Begriffes nicht als soziale Ungleichheiten. Allerdings ist bei dieser begrifflichen Unterscheidung zu beachten, daß in der Realität „natürliche", „individuelle", „momentane" und „zufällige" Ungleichheiten meist mit sozialen, strukturierten Ungleichheiten zusammenwirken und auf vielfältige Weise ineinander verschränkt sind. So wird sich beispielsweise die Intelligenzentwicklung eines Menschen und die Lage eines Behinderten nur unter Beachtung sowohl natürlicher bzw. individueller als auch sozialer Ungleichheiten zureichend erkennen lassen.

In diesem Zusammenhang ist auf zwei „Strukturierungsarten" hinzuweisen: Wer von „sozialer Ungleichheit" spricht, kann damit zum einen die strukturierte ungleiche Verteilung „wertvoller" Güter *unter allen betroffenen Menschen schlechthin* meinen (zum Beispiel die ungleiche Verteilung von Erwerbseinkommen unter allen Erwerbstätigen). Zum andern kann damit die Ungleichheit *zwischen bestimmten Gruppen* innerhalb dieser ungleichen Verteilung gemeint sein (beispielsweise die Einkommenschancen von erwerbstätigen Frauen im Vergleich zu Männern, die Einkommensungleichheit zwischen In- und Ausländern, die Diskrepanz der Arbeitslosigkeitsrisiken in Ost- und Westdeutschland etc.).[2]

Die letztgenannte Strukturierungsart sozialer Ungleichheit ist oft gesellschaftlich und politisch besonders brisant. Denn Ungleichheiten zwischen allgemein bekannten Gruppierungen, denen sich die Mitglieder auch selbst zugehörig fühlen, erzeugen oft große gesellschaftliche Aufmerksamkeit und Betroffenheit. Besonders Ungleichheiten zwischen Gruppierungen, deren Zugehörigkeit vom einzelnen nicht beeinflußt werden kann (zum Beispiel zwischen Männern und Frauen oder zwischen In- und Ausländern), gelten in modernen Gesellschaften als „ungerecht" und erzeugen erhebliche soziale Konflikte. Diese Ungleichheiten widersprechen modernen Vorstellungen von einer gerechten Verteilung auf krasse Weise.

Als zusammenfassende Definition kann also folgende gelten: *„Soziale Ungleichheit" liegt dann vor, wenn Menschen aufgrund ihrer Stellung in sozialen Beziehungsgefügen von den „wertvollen Gütern" einer Gesellschaft regelmäßig mehr als andere erhalten.*

---

2 Statistisch gesehen stellt die erstgenannte Strukturierungsart eine Verteilung, die zweite die Korrelation einer Verteilung mit gruppenspezifischen Merkmalsausprägungen dar.

2.2 *Dimensionen sozialer Ungleichheit*

Die Erscheinungsformen sozialer Ungleichheit sind und waren überaus vielfältig: Teurer Schmuck und zerfetzte Kleidung, „Hütten und Paläste" (Büchner 1834), Herrengebaren und sklavische Abhängigkeit, ungesunde, gefährliche Arbeitsplätze und klimatisierte Büros und viele andere Phänomene mehr stell(t)en „Erscheinungsformen" sozialer Ungleichheit dar. Sozialwissenschaftler haben daher immer versucht, die Fülle der Phänomene zu bündeln und so „begreiflich" und soziologisch handhabbar zu machen. Deswegen wurde die Vielfalt konkreter Erscheinungen auf bestimmten Gebieten mittels beschreibender Kategorien zusammengefaßt. Diese Kategorien werden als „Dimensionen" sozialer Ungleichheit bezeichnet.

Materieller Wohlstand, Macht und Prestige sind Dimensionen sozialer Ungleichheit, die sich – freilich in sehr unterschiedlichen konkreten Erscheinungen – in allen bekannten Gesellschaften fanden und finden. Diese Dimensionen sozialer Ungleichheit umfassen auch in modernen Gesellschaften so weitreichende Erscheinungen, sie haben so (un)vorteilhafte Auswirkungen, wenn es Menschen darum geht, gesellschaftlichen Wertvorstellungen eines „guten Lebens" näherzukommen, daß sie als „Basisdimensionen" sozialer Ungleichheit gelten können. Als vierte „Basisdimension" ist spätestens in „postindustriellen" „Wissens- und Informationsgesellschaften" die *Bildung* hinzugekommen. Über umfassendere oder geringere Bildung zu verfügen, hat heute im Hinblick auf nahezu alle angestrebten „Werte" und Zielvorstellungen – sei es Wohlstand, Gesundheit, Sicherheit, Integration oder Ansehen – kaum zu überschätzende Auswirkungen.

In modernen Gesellschaften reicht die Konzentration auf nur diese vier Dimensionen sozialer Ungleichheit jedoch nicht mehr aus. Ausgeweitete Zielsetzungen (so rückte beispielsweise der Wert „Gesundheit" mit in den Vordergrund) sowie vermehrte Ressourcen und Handlungsmöglichkeiten (z.B. infolge wohlfahrtsstaatlicher Leistungen) lassen es notwendig erscheinen, auch auf soziale Ungleichheiten innerhalb der Dimensionen *Arbeits-, Wohn-, Umwelt- und Freizeitbedingungen* einzugehen.

Ungleichheiten verschiedener Dimensionen sind zwar logisch, unabhängig voneinander, empirisch jedoch nur bedingt. So läßt sich materieller Wohlstand unter Umständen in bessere Wohnbedingungen, in mehr Freizeit, Macht und Prestige überführen; aber auch umgekehrt kann man Prestige und Macht oft in klingende Münze und Wohlstand „umtauschen". Während manche dieser Konvertierungschancen (z.B. die Überführung politischer Macht in geldwerte Vorteile) in der Öffentlichkeit nicht gebilligt werden, entsprechen andere den Zielsetzungen moderner Gesellschaften voll und ganz: So erzielen besser Gebildete meist unter Zustimmung ihrer Mitmenschen höhere Einkommen und genießen mehr Prestige als geringer Gebildete. Allerdings: Lassen sich ungleich verteilte „wertvolle" Güter vollständig und jederzeit in andere „umtauschen" (wie zum Beispiel Geld in Eigentum an Grund und Boden), so handelt es sich vielleicht logisch, nicht aber empirisch um eigene Dimensionen sozialer Ungleichheit. Diese sollten also empirisch wenigstens teilweise unabhängig voneinander sein.

Unter den genannten Dimensionen sozialer Ungleichheit sind „objektive" und „subjektive" zu unterscheiden. „Objektive" Ungleichheiten (zum Beispiel des formalen Bildungsgrades) bestehen und vermitteln Vor- bzw. Nachteile, ob dies den Betroffenen oder ihren Mitmenschen bewußt ist oder nicht, ob sie ihnen Gewicht zumessen oder gleichgültig gegenüberstehen. „Subjektive" Ungleichheiten (zum Beispiel der Integration, des Prestiges, vorteilhafter bzw. nachteiliger Mentalitäten, teilweise auch der Macht) bestehen hingegen nicht ohne das Denken und Handeln der Beteiligten.

Zur empirischen Erfassung sozialer Ungleichheit bedarf es geeigneter *Indikatoren*. Im Falle des materiellen Wohlstands und der Bildung existieren in modernen Gesellschaften Institutionen, nämlich Geld und formale Bildungsabschlüsse, die es Sozialwissenschaftlern erleichtern, die Indikatoren zu bilden, um die Ungleichheitsdimensionen des Wohlstands und der Bildung zu erfassen. Oft werden die Indikatoren Geld und Bildungsabschlüsse dem materiellen Wohlstand und der Bildung sogar gleich gesetzt. Bei der empirischen Erforschung von anderen Dimensionen sozialer Ungleichheit, wie zum Beispiel von Prestige oder Macht, gestaltet sich die Suche nach geeigneten Indikatoren weit schwieriger. Oftmals müssen mehrere Indikatoren kombiniert werden oder es müssen gewagte Schlüsse von Teilerscheinungen auf die Dimension insgesamt gezogen werden (s.u. Kap. 5.4 und 5.5).

Soziale Ungleichheiten innerhalb der einzelnen Dimensionen werden erst dann in ihrer Bedeutung voll verständlich, wenn deren Konsequenzen im privaten und öffentlichen Leben mit berücksichtigt werden. So bestehen beispielsweise die Vorteile des Wohlstands durchaus nicht nur im jeweiligen Kontostand, sondern in Graden der Freiheit, der Kontakte, des Selbstbewußtseins, der Gesundheitschancen, der Mobilität usw. Erst dies macht die Besserstellung wohlhabender Menschen vollends aus.

2.3 Status, Statuskonsistenz, Statusaufbau

Die bessere oder schlechtere Stellung eines Menschen im Oben und Unten einer Dimension sozialer Ungleichheit wird üblicherweise als „*Status*" bezeichnet. In der neueren Literatur zur Ungleichheitssoziologie wird dieser Begriff auf alle Dimensionen sozialer Ungleichheit angewendet. Hiernach läßt sich u.a. ein Wohlstandsstatus, ein Machtstatus und ein Prestigestatus erkennen. Im älteren schichtungssoziologischen Schrifttum bezieht sich der Begriff „Status" dagegen allein auf die Stellung im Prestigegefüge.

Allerdings paßt die Vorstellung eines (abgestuften oder kontinuierlichen) Oben und Unten und damit auch der Statusbegriff nicht auf alle Ungleichheitsdimensionen gleich gut. Während materieller Wohlstand, Bildung und andere Ungleichheiten, die Merkmale von Individuen darstellen, oft der Vorstellung eines Oben und Unten recht gut entsprechen, fügen sich die „Beziehungsungleichheiten" der Macht und der Sozialintegration, oder aber in sich vieldimensionale Ungleichheiten, wie z.B. die der Arbeitsbedingungen und der regionalen Ausstattung mit Infrastruktur, dem Modell eines Oben und Unten weniger gut. Hier läßt sich auch der Statusbegriff nur bedingt verwenden.

Innerhalb der einzelnen Dimensionen sozialer Ungleichheit haben nicht alle Menschen den gleichen, aber auch nicht alle einen verschiedenen Status. Vielmehr werden auf den einzelnen Stufen (z.B. der Einkommensverteilung oder von Bildungsabschlüssen) mehr oder weniger viele Menschen anzuordnen sein. Das Ergebnis dieser ungleichen Einstufung einer großen Zahl von Menschen wird „*Statusverteilung*" genannt. Eine Anzahl von Menschen mit ähnlich hohem Status heißt „*Statusgruppe*".

Wenn der Status eines Menschen in verschiedenen Dimensionen sozialer Ungleichheit ähnlich hoch ist (wenn z.B. eine Beamtin des mittleren Dienstes auch eine mittlere Schulbildung aufweist, ein mittelhohes Einkommen bezieht und ein mittleres Berufsprestige genießt), dann spricht man von „*Statuskonsistenz*". Wenn dagegen der Status eines Individuums in unterschiedlichen Dimen sionen auseinanderklafft, wird diese Lage als „*Statusinkonsistenz*" bezeichnet. Man könnte annehmen, daß Statusinkonsistenzen in Leistungsgesellschaften selten seien. Denn Bildungzeugnisse, Berufsstellungen und Einkommen sollten hier leistungsabhängig vergeben werden und somit im allgemeinen auf einer Ebene anzutreffen sein. Dennoch sind Statusinkonsistenzen in modernen Gesellschaften alles andere als selten. Bestimmte Typen von Statusinkonsistenzen (z.B. der des „Jungunternehmers" mit relativ viel Geld, aber wenig Freizeit und Sicherheit, oder der eines „Taxifahrers Dr. phil.") sind sogar recht häufig.

Die Bewegung eines Menschen von Status zu Status wird „*vertikale soziale Mobilität*" genannt, seien es ein sozialer Aufstieg oder ein Abstieg (vgl. Kap. 6). Im einzelnen unterscheidet man vertikale Einkommensmobilität, Berufsprestigemobilität etc. Von vertikaler sozialer Mobilität ist die horizontale Mobilität zu unterscheiden. Darunter versteht man Wohnortswechsel, Berufswechsel etc., die nicht notwendigerweise einen Auf- oder Abstieg mit sich bringen.

2.4 Ursachen und Determinanten sozialer Ungleichheiten

Wer Dimensionen sozialer Ungleichheit unterscheidet und den Status von Menschen hierin untersucht, *beschreibt* Strukturen der Ungleichheit. Erklärende Kraft haben diese Beschreibungen nur insoweit, als zum Beispiel die Einkommensverhältnisse eines Menschen bestimmte Muster seines Denkens und Verhaltens erklären können oder indem Zusammenhänge zwischen Dimensionen sozialer Ungleichheit, z.B. zwischen Bildungsgraden und Einkommensverhältnissen (die „Bildungsrenditen"), erklärlich werden.

Die Untersuchung von *Determinanten* sozialer Ungleichheit stellt einen Schritt über die reine Beschreibung hinaus dar. Als Determinanten sozialer Ungleichheit bezeichnet man soziale Positionen von Menschen in Beziehungsgeflechten, wie etwa das Geschlecht, das Alter, den Beruf, die Wohnregion, die ethnische Zugehörigkeit, die Kohortenzugehörigkeit (Geburtsjahrgang), die an sich keine Besser- oder Schlechterstellung darstellen, aber diese mit hoher Wahrscheinlichkeit nach sich ziehen. So ist es an sich kein Vorteil, ein Mann zu sein. Aber mit dem männlichen Geschlecht sind in unserer Gesellschaft beträchtliche Vorteile verknüpft: Unter anderem haben Männer bessere Beruf-, Einkommens- und Durchsetzungschancen.

Unter den Determinanten sozialer Ungleichheit finden sich soziale Positionen, die an quasi-biologische Merkmale anknüpfen (wie das Geschlecht oder das Alter); andere Determinanten (wie der Beruf, die ethnische Zugehörigkeit oder die Konfession) stellen von vornherein menschengemachte Unterscheidungen dar.

Einige Determinanten und die Zugehörigkeit zu ihnen (z.B. zum Geschlecht) können von den einzelnen kaum beeinflußt werden. Sie werden deshalb „zugeschriebene" genannt. Andere Determinanten können dagegen von den Individuen durch eigenes Zutun erworben bzw. verändert werden. Dies gilt z.B. für den Beruf im Rahmen einer Industriegesellschaft. Bei einigen Merkmalen (wie z.B. Konfessionszugehörigkeit und Berufsposition) ist es von Gesellschaft zu Gesellschaft verschieden, ob sie hierhin oder dorthin zu rechnen sind.

Determinanten sozialer Ungleichheit schaffen Gruppierungen von Menschen mit einem gemeinsamen sozialen Merkmal (z.B. des Geschlechts oder des Wohnsitzes in Ostdeutschland), das bestimmte soziale Chancen eröffnet oder verschließt. Diese Gruppierungen sind meist allgemein bekannt, oft auch besonders augenfällig. Zudem sind sich die Angehörigen dieser Gruppierungen der Zugehörigkeit und der damit verbundenen Statuschancen häufig sehr wohl bewußt. Daher ist es verständlich, wenn die öffentliche Aufmerksamkeit zum Beispiel auf geschlechtsspezifische, regionale oder ethnische Ungleichheiten oft besonders groß ist und – insoweit die mehr oder minder guten Chancen einer Gruppierung „ungerecht" erscheinen – gesellschaftliche Auseinandersetzungen hierüber an der Tagesordnung sind. So steht beispielsweise die Einkommensungleichheit zwischen Männern und Frauen und die Ungleichheit der Arbeitslosigkeitsrisiken zwischen Ost- und Westdeutschland im Mittelpunkt des öffentlichen Interesses.

Empirisch festgestellte Zusammenhänge zwischen bestimmten Determinanten und dem Status der Betroffenen stellen noch keine Erklärungen dar. Wer z.B. weiß, daß weibliche Arbeitnehmer in bestimmte Einkommensniveaus nur selten vordringen, weiß noch nicht, warum dies geschieht. Es sind u.U. ganz unterschiedliche kausale Zusammenhänge, die die einzelnen Determinanten sozialer Ungleichheit mit den jeweiligen Statuschancen verknüpfen. So können z.B. die geringeren Einkommenschancen ausländischer Arbeiter auf anderen Kausalfaktoren beruhen als die von Frauen oder die von Erwerbstätigen in Ostdeutschland.

Erklärungen solcher Zusammenhänge sind nur mit Hilfe entsprechender Theorien möglich, die kausale Zusammenhänge formulieren und es erlauben, sie empirisch zu überprüfen. Weiterreichende Theorien haben zum Ziel, generelle *Ursachen* sozialer Ungleichheit aufzuspüren. Sie reichen über einzelne Determinanten hinaus und sollen u.U. die Entstehung von Strukturen sozialer Ungleichheit insgesamt erklären.

Theorien sozialer Ungleichheit geben Antworten, wenn auch zum Teil nur hypothetische, auf wichtige Fragen, unter anderem auf die folgenden:

- Warum sind die einzelnen sozialen Ungleichheiten (z.B. eine bestimmte Verteilung der Einkommen) und die Strukturen sozialer Ungleichheit insgesamt (das Höher und Tiefer in einer Gesellschaft) entstanden? Warum bestehen sie fort? (struktureller Aspekt)
- Wieso sind bestimmte Gruppierungen von Menschen innerhalb von Strukturen sozialer Ungleichheit besser als andere gestellt? (personaler Aspekt, Fragen der Rekrutierung)
- Wieso traten soziale Ungleichheiten, wenngleich in durchaus unterschiedlicher Form und ungleichem Ausmaß, in allen bislang bekannten Gesellschaften auf? (Universalität sozialer Ungleichheit)
- Wie unterscheiden sich die sozialen Ungleichheiten in verschiedenen Gesellschaften?
- Sind soziale Ungleichheiten unvermeidlich?
- Inwieweit sind soziale Ungleichheiten gerechtfertigt?

Im vierten Kapitel dieses Bandes werden die wichtigsten soziologischen Theorien sozialer Ungleichheit dargestellt und kritisch eingeschätzt.

2.5 Stände, Klassen, Schichten – Lagen, Milieus, Lebensstile

Richtet man den Blick zugleich auf die in einer bestimmten Gesellschaft vorhandenen Dimensionen (2.2), Statusverteilungen (2.3) sowie Determinanten (2.4) sozialer Ungleichheit, dann wird ein bestimmtes

Gefüge sozialer Ungleichheit sichtbar. Die gesellschaftliche Entwicklung im Laufe der europäischen Sozialgeschichte läßt – stark vereinfacht – eine typische Abfolge von Gefügen sozialer Ungleichheit erkennen: von *Ständen* über *Klassen* und *Schichten* hin zu komplexen *Soziallagen*.

Stände

In der *vorindustriellen Gesellschaft* hing die gesellschaftliche Stellung der einzelnen in hohem Maße von ihrer *familiären Herkunft* ab, von ihrer „Geburt" aus einer adeligen, bürgerlichen oder bäuerlichen Familie. Wer aus einem dieser drei Stände stammte, zählte in der Regel sein ganzes Leben lang dazu. Damit waren entscheidende Lebensbedingungen vorbestimmt (vgl. 3.1).

Als Stände in allgemeinem Sinne werden Gruppierungen innerhalb eines Gefüges sozialer Ungleichheit bezeichnet, deren Zugehörigkeit in der Regel durch „Geburt" zustande kommt, deren Existenzbedingungen und Lebensweisen darüber hinaus weitgehend geregelt und in ihren Abgrenzungen von anderen Ständen genau festgelegt sind. Diesen Bestimmungen entsprechend tritt der Ständebegriff in genauerem Sinne hauptsächlich in zwei Versionen auf:

Zum einen hat „Stand" die Bedeutung von „rechtlich fixiertem Status". So wurde der Ständebegriff schon in feudalistischen Gesellschaften des mittelalterlichen Europa bezogen auf bestimmte Bevölkerungsgruppen (Adel, Geistlichkeit, Bürgertum, Bauern) verwendet. Sie gruppierten sich jeweils um bestimmte gesellschaftliche Funktionen, deren Rechte und Pflichten sehr genau, zum Teil bis in die Gestaltung des Alltagslebens hinein, rechtlich verankert waren. In primär rechtlichem Sinne wird noch heute von Berufsstand, Familienstand etc. gesprochen.

Eine andere Bedeutungsschattierung enthält der Begriff „Stand", indem er eine Bevölkerungsgruppe mit bestimmtem Lebensstil und Prestige bezeichnet. Dieser Bedeutungsaspekt steht zum Beispiel im Ständebegriff *Max Webers* (1980, 177ff., 531ff.) im Vordergrund. Er benutzte den Begriff Stand als Bezeichnung für eine Gruppe, die sich durch gemeinsame Eigenschaften (z.B. eine bestimmte Herkunft, Erziehung, Besitz- und Erwerbsform), einen bestimmten Lebensstil sowie dementsprechende Denk- und Verhaltensweisen auszeichnet und, darauf aufbauend, eine bestimmte Bewertung in der Gesellschaft erfährt. Je nach der Eigenart der standesprägenden Faktoren unterschied er zwischen Berufsständen, Geburtsständen (Adel) und politischen Ständen (z.B. Honoratioren). *Max Weber* entwickelte diesen Begriff in Absetzung von zwei anderen, nämlich Klasse und Partei (vgl. 4.1.2).

Im heutigen wissenschaftlichen Sprachgebrauch wird der Ständebegriff in der Regel unter Berücksichtigung beider Aspekte benutzt und besonders häufig auf das vorindustrielle Gefüge sozialer Ungleichheit bezogen. Es wird als „Ständegesellschaft" bezeichnet, um deutlich zu machen, daß Stände die weitaus wichtigste Art von Statusgruppierungen der damaligen Zeit waren: Die Gliederung in Adel, Geistlichkeit und Bürgertum (in der Stadt) bzw. Bauernschaft (auf dem Land) dominierte. Diese Stände waren rechtlich und in ihrer Lebensweise klar voneinander geschieden. Die Ständezugehörigkeit des einzelnen war aufgrund seiner „Geburt" und Familienzugehörigkeit meist lebenslang festgelegt.

Obwohl der Ständebegriff auf vorindustrielle Gesellschaften besonders gut „paßt", werden gelegentlich auch bestimmte Gefügeaspekte heutiger Gesellschaften „ständisch" genannt, z.B. verfestigte Lebensstilgruppierungen, der „Mittelstand" sowie rechtlich und kulturell festgefügte Nachteile von Frauen (Beck 1986).

Klassen

Mit Beginn der *frühindustriellen Gesellschaft*, in Mitteleuropa also zwischen dem Ende des 18. und der Mitte des 19. Jahrhunderts, war es immer mehr der *„Besitz"*, insbesondere an Kapital und industriellen Produktionsstätten, der über die Lebensbedingungen der Menschen entschied. Die familiale Herkunft wurde keinesfalls bedeutungslos, sie war häufig Hintergrund des jeweiligen Besitzes und Nicht-Besitzes. Aber entscheidend für das Wohl und Wehe der Menschen und ihren Lebensweg wurde, vor allem in industrialisierten Ballungsgebieten, die Größe des jeweiligen Besitzer. In dem Maße, wie er Gruppierungen im Gefüge sozialer Ungleichheit entstehen ließ, bildeten sich Klassen. In dem Maße, wie das Besitztum über andere Statusdeterminanten dominierte, entstand eine Klassengesellschaft.

„Klassen" werden in den Sozialwissenschaften jene Gruppierungen innerhalb von Gefügen sozialer Ungleichheit genannt, die aufgrund ihrer Stellung innerhalb des Wirtschaftsprozesses anderen Gruppierungen über- oder unterlegen sind (z.B. wegen ihres Besitzes oder Nichtbesitzes von Produktionsmitteln oder wegen ihrer Machtposition auf dem Arbeitsmarkt), woraus ihnen bessere bzw. schlechtere Lebensbedingungen erwachsen. So verstand Max Weber unter Klasse eine Gruppierung von Menschen, die sich aufgrund ihres Be-

sitzes (Besitzklasse) oder/und der Verwertbarkeit ihrer Leistungen (Erwerbsklasse) für die „Erzielung von Einkommen oder Einkünften innerhalb einer gegebenen Wirtschaftsordnung“ (1980, 177) jeweils in etwa gleicher Lage innerhalb der Struktur sozialer Ungleichheit befindet.

Bestimmte Autoren sprechen nur dann von „Klassen“, wenn sich darüber hinaus spezifische gegensätzliche Interessenlagen, unterschiedliche Mentalitäten und politische Konfliktstellungen ergeben. So komplex und voraussetzungsreich wird der Klassenbegriff z.B. von *Karl Marx* gefaßt. Er verweist sowohl auf Unterschiede der materiellen Lebenslage, die sich aus der Stellung im Produktions- und Reproduktionsprozeß, insbesondere aus den Besitzverhältnissen an Produktionsmitteln, ergeben, als auch auf Bewußtseinslagen und politische Organisationen, die daraus hervor gehen. An einer oft zitierten Stelle in den *Marx*schen Schriften heißt es dazu: „Insofern Millionen von Familien unter ökonomischen Existenzbedingungen leben, die ihre Lebensweise, ihre Interessen und ihre Bildung von denen der anderen Klassen trennen und ihnen feindlich gegenüberstehen, bilden sie eine Klasse. Insofern (...) die Dieselbigkeit ihrer Interessen keine Gemeinsamkeit, keine nationale Verbindung und keine politische Organisation unter ihnen erzeugt, bilden sie keine Klasse. Sie sind daher unfähig, ihr Klasseninteresse im eigenen Namen ... geltend zu machen.“ (1969 (zuerst 1852), 198) Als Klasse im vollen Bedeutungsgehalt werden hier also nicht einfach Menschen verstanden, die sich in einer bestimmten ökonomisch bedingten Lebenslage befinden (Klasse an sich), sondern letztlich nur jene, die darauf aufbauend auch zu einer gemeinsamen Bewußtseinslage gekommen sind und sich zu politischer Aktion zusammengeschlossen haben (Klasse an und für sich).

Der Klassenbegriff wird besonders häufig auf frühindustrielle Gesellschaften bezogen. Sie werden „Klassengesellschaften“ genannt, weil in ihnen die neuen Klassen der Industriearbeiter einerseits und der Kapital- und Fabrikbesitzer andererseits in den Vordergrund traten und die alte Ständegliederung in den Hintergrund drängten. Der Besitz löste die familiale Herkunft als vorherrschende Statusdeterminante ab.[3] Ungleichheiten traten immer weniger in Form von ungleichen Rechten und nur noch in abgeschwächter Form als klar unterschiedene Lebensstile, sondern immer mehr in den Dimensionen ökonomischer Vor- und Nachteile zutage (vgl. 3.2).

Die besondere Angemessenheit auf frühe Entwicklungsstadien der Industriegesellschaft schließt nicht aus, daß entsprechend gestaltete Klassenbegriffe auch auf Strukturen fortgeschrittener Industriegesellschaften sinnvoll anwendbar sind. Dies gilt insbesondere für jene

---

3 Obgleich gerade in Deutschland die Vorrangstellung des Adels in vielen Bereichen lange erhalten blieb.

Klassenbegriffe, die sich auf ökonomische Machtstellungen und davon geprägte Lebensbedingungen innerhalb der unselbständig Erwerbstätigen richten (vgl. 5.8.2).

Schichten

In entwickelten Industriegesellschaften arbeiteten im Laufe des 20. Jahrhunderts immer mehr Erwerbstätige in unselbständiger Stellung und hatten keine Besitztümer, aus denen sich ökonomische Überlegenheit und eine bestimmte Klassenlage ableiten ließe. Gleichzeitig erwiesen sich die Ungleichheiten (z.B. der Qualifikation, der Einkommen, der Arbeitsbedingungen) zwischen unselbständig Berufstätigen als mindestens ebenso wichtig wie die zwischen den Unselbständigen und den Selbständigen bzw. Besitzenden. Damit wurde der *Beruf* und nicht länger das Besitztum zur gesellschaftliche Schlüsselposition und zur wichtigsten Statusdeterminante der Menschen. In den Mittelpunkt des Interesses rückten damit auch die sozialen Ungleichheiten innerhalb *der* Dimensionen, die in Verbindung mit dem Beruf stehen, also in erster Linie Ungleichheiten des Einkommens und Vermögens, des Berufsprestiges und der Qualifikation.

Gruppierungen von Menschen mit ähnlich hohem Status innerhalb einer oder mehrerer berufsnaher Ungleichheitsdimensionen werden üblicherweise als Schichten bezeichnet. Dementsprechend finden sich Einkommenschichten, Berufsprestigeschichten und Bildungsschichten. Werden Statusgruppierungen im Hinblick auf mehrere berufsnahe Dimensionen sozialer Ungleichheit zugleich angeordnet, so wird von „sozialen" Schichten gesprochen.

Gesellschaften, in denen die Berufshierarchie sich gewissermaßen als das „Rückgrat" des Ungleichheitsgefüges durchgesetzt und das hiervon geprägte Gefüge sozialer Schichtung andere Gefüge (z.B. Stände oder Klassen) überlagert hat, werden als *Schichtungsgesellschaften* bezeichnet.

In Schichtbegriffen wird meist unterstellt, daß Schichtungsgesellschaften „offener" als Stände- oder Klassengesellschaften sind: Auf- und Abstiege zwischen Ständen sind schon aus rechtlichen Gründen kaum möglich. Zwischen Klassen ist vertikale Mobilität zwar prinzipiell möglich, aber wegen Barrieren wirtschaftlicher Macht sehr schwierig. Von Schicht zu Schicht (beruflich) auf- und abzusteigen, ist dagegen eher möglich – wenn auch nicht notwendigerweise so unbehindert, wie es das Leitbild einer „offenen" Schichtungsgesellschaft vorsieht, in der alle jenen Status erreichen, der ihrer persönlichen Leistung entspricht.

Die in der sozialwissenschaftlichen Literatur verwendeten Schichtbegriffe entsprechen im großen und ganzen der oben angeführten Begriffsbestimmung. Bei genauerem Hinsehen lassen sich jedoch mindestens vier unterschiedliche Schichtbegriffe unterscheiden:

(1) Seit der Zwischenkriegszeit (*Geiger* 1932, 4f.; ähnliche Schichtbegriffe vertraten *Karl Renner* 1953 und *Ralf Dahrendorf* 1965, 105) ist ein Schichtbegriff in Gebrauch, der unter Schichten Gruppierungen gleicher Wirtschaftsinteressen und -mentalitäten versteht, die als bewegende Kräfte in der Entwicklung des Wirtschafts- und Gesellschaftslebens wirksam sind. Die *Schichtmentalitäten* rekrutieren sich mit Wahrscheinlichkeit jeweils aus bestimmten *beruflichen Gruppierungen*, die sich sowohl horizontal wie auch vertikal gegenüberstehen. Mit seinem Bezug auf berufliche Stellungen und seiner Betonung der hieraus sich ergebenden Denkweisen und spezifischen, nicht zuletzt politisch relevanten Interessen steht dieser S-chichtbegriff Klassenbegriffen recht nahe, insbesondere nicht-marxistischen Klassenbegriffen, die (wie zum Beispiel der Klassenbegriff *Max Webers*) eine Vielzahl von Klassen vorsehen. Schichtbegriffe dieses Typs werden auch heute noch verwendet (*Geißler* 1996, 86).

(2) Während der Nazi-Herrschaft wurde die soziologische Analyse sozialstruktureller Differenzierungen und sozialer Ungleichheiten weitgehend unterbunden. Diese Forschungsrichtungen standen im Widerspruch zur Ideologie der „Volksgemeinschaft". Als in der Nachkriegszeit die Untersuchung sozialer Schichtung und sozialer Ungleichheit wieder möglich war, fanden die Begriffe und Methoden der US-amerikanischen Schichtungsforschung schnell Eingang in die deutsche Soziologie. Damals dominierten *Prestige-Schichtbegriffe*. Man benutzte den Begriff „Schicht" für Gruppierungen, deren Angehörige sich – aus welchen Gründen auch immer – untereinander als gleichrangig behandeln und sich den Angehörigen anderer Gruppierungen gegenüber als höher- oder tieferstehend verhalten. Dies kann sich unter anderem darin ausdrücken, daß Heiratskreise, Verkehrskreise etc. entstehen, die das Alltagsleben verschiedener Schichten deutlich voneinander trennen (*Warner* 1964, 36f.; *Bolte* 1959; 1963).

(3) Die auf das Denken und Verhalten der einzelnen zielenden Prestige-Schichtbegriffe wurden ab den 60er Jahren durch *Berufsprestige-Schichtbegriffe* allmählich verdrängt. Die Industrialisierung der Bundesrepublik, die größere Bedeutung der beruflichen Stellung, die immer weiter vordringenden Fortschritte quantitativer sozialwissenschaftlichen Methoden und die leichte Meßbarkeit des Berufsprestiges hatten hieran großen Anteil. Einer gemeinsamen Schicht wurden demnach diejenigen zugeordnet, die Berufe mit ähnlich großem Ansehen ausübten (*Scheuch*, u. Mitarb. von *Daheim* 1961, 56ff.). Die Grenzen zwischen Schichten wurden nicht mehr notwendigerweise nach Maßgabe „wirklich vorhandener" schichttrennender Verhaltensweisen der Bevölkerung gebildet, sie kamen häufig aufgrund von Statuspunktzahlen quasi „künstlich" zustande.

(4) Als im Laufe der 60er Jahre immer deutlicher wurde, daß neben dem (Berufs-) Prestige auch die Bildungs-, Einkommens-, Vermögens- und Machtverhältnisse eigenständige Rollen im Gefüge sozialer Schichtung spielten, gerieten *mehrdimensionale Schichtbegriffe* in den Vordergrund. Sie umfassen in der Regel die als vertikal und abgestuft gedachten Dimensionen Berufsprestige (bzw. die Stellung in der Berufshierarchie), Bildung und Einkommen. Häufig wurde die Stellung der einzelnen im mehrdimensionalen Gesamtgefüge sozialer Schichtung ermittelt, indem zunächst der Status innerhalb der einzelnen Dimensionen festgestellt und hieraus mit Hilfe additiver Indices ein Gesamtstatus errechnet wurde. Allerdings macht dieses Verfahren Statusinkonsistenzen unkenntlich.

In der neueren Literatur finden sich alle vier genannten Schichtbegriffe. Besonders häufig werden heute unter „Schichten" Statusgruppierungen im Sinne von mentalitätsrelevanten Berufsgruppen (1) und mehrdimensionalen Abstufungen (4) verstanden.

Zum Vergleich von Klassen- und Schichtbegriffen

Neuere Klassen- und Schichtbegriffe, vor allem aber die hieraus entwickelten konkreten Modelle (vgl. 5.8.2), sind teilweise nur noch schwer zu unterscheiden. Sie beziehen sich oft beide auf ein Gefüge von Berufsgruppen, denen wesentliche (un)vorteilhafte Lebens- und Arbeitsbedingungen gemeinsam sind.

Dennoch lassen sich nach wie vor, wenn auch mit erheblicher Vergröberung, folgende Unterschiede zwischen Klassen- und Schichtbegriffen herausstellen: (1) Klassenbegriffe erklären. Sie sind im Grunde Bestandteil einer Theorie. Schichtbegriffe beschreiben. Sie werden durch erklärende Theorien ergänzt. (2) Hinter Klassenbegriffen stehen meist Konflikttheorien, d.h. Klassen haben üblicherweise per definitionem gegensätzliche Interessen. Schichtbegriffe werden meist mit Integrationstheorien unterlegt. Die einzelnen Schichten kommen hiernach durch mehr oder minder legitime gesellschaftliche Belohnungsprozesse zustande und ergänzen sich in ihren Funktionen. (3) Klassenunterschiede sind krass und qualitativer Natur. Schichtunterschiede sind nur gradueller und quantitativer Art. (4) Klassenbegriffe sind „relational". Sie verweisen auf die (konflikthaften) Beziehungen zwischen Gruppierungen. Schichtbegriffe sind „attributiv". Sie beziehen sich auf individuelle Merkmale und Ausstattungen von Menschen. (5) Klassen sind potentiell kollektive Akteure. Sie haben gemeinsame Interessen und entwickeln (in bestimmten Klassenbegriffen) auch gemeinsame Mentalitäten und politische Bestrebungen.

Schichten bestehen per definitionem aus individuellen Akteuren mit mehr oder minder vorteilhaften Lebensbedingungen.

Gemeinsam ist Klassen- und Schichtbegriffen indessen der Bezug auf ökonomische bzw. berufliche Stellungen als die wichtigsten Determinanten sozialer Ungleichheit, die Vorstellung einer im Grunde vertikalen Gesamtanordnung der Gruppierungen im Gefüge sozialer Ungleichheit und die Unterstellung, daß es vorrangig die „objektiven" Lebensbedingungen sind, die das Denken und Verhalten der Menschen prägen.

Lebenslagen und soziale Lagen

In „postindustriellen" Gesellschaften arbeitet die Mehrzahl der Arbeitenden nicht mehr in der industriellen Produktion, sondern im Dienstleistungsbereich. Abgesehen von spezifischen Problem- und Randgruppen ist das Niveau des Wohlstands hoch. Das Ausmaß der Freizeit ist für viele gestiegen. In diesen Gesellschaften erweitern sich die Wert- und Zielvorstellungen der Menschen. Über die Dimensionen der „Güter" hinaus, die im Zusammenhang mit dem Berufsleben stehen, werden daher weitere zu wichtigen Ungleichheiten (z.B. Freizeitbedingungen und eine gesunde Umwelt). Neben den ökonomisch entstandenen erlangen auch die (un)vorteilhaften Lebensbedingungen große Beachtung, die durch wohlfahrtsstaatliche Instanzen und soziokulturelle Faktoren (z.B. die Ausgrenzung bzw. Integration von Ausländern) geschaffen werden.

Dadurch sind für die Menschen mehr Determinanten sozialer Ungleichheit wichtig, als selbst in komplexen Klassen- und in mehrdimensionalen Schichtkonzepten berücksichtigt werden: Neben dem beruflichen Höher und Tiefer bedeuten den einzelnen in „postindustriellen Gesellschaften" auch die Vor- und Nachteile viel, die ihnen aufgrund ihres Geschlechts, Alters, ihrer Wohnregion, der familiären Lebensform oder ethnischen Zugehörigkeit erwachsen. Derart komplexe Konstellationen sozialer Ungleichheit werden in letzter Zeit häufig mit Lagenbegriffen erfaßt.

Als *„soziale Lage"* (*Zapf/Habich* 1996) bezeichnet man die Situation einer Bevölkerungsgruppe, deren Lebensbedingungen maßgeblich durch eine bestimmte soziale Position (Determinante) geprägt und ähnlich gestaltet werden. In einer bestimmten sozialen Lage sind z.B. Studierende, höhere Angestellte und Beamte, Facharbeiter, Arbeitslose, Hausfrauen. Das Konzept der sozialen Lage bezieht ausdrücklich auch die Teile der Bevölkerung mit ein, die nicht (mehr) im Arbeitsleben stehen. Dagegen lassen sich mit den Begriffen der Klasse und der Schicht nichterwerbstätige Personen nur indirekt berücksichtigen (z.B. als Haushaltsangehörige, die an der Erwerbstätigkeit des „Ernährers" teilhaben bzw. als Rentner, die nach Maßgabe ihrer früheren Erwerbstätigkeit versorgt werden).

„Lebenslage" nennt man die Gesamtheit ungleicher Lebensbedingungen eines Menschen, die durch das Zusammenwirken von Vor- und Nachteilen in unterschiedlichen Dimensionen sozialer Ungleichheit zustande kommen (*Hradil* 1987). So mag beispielsweise die Lebenslage eines Menschen durch geringe Einkünfte, viel Freizeit, eine billige, gesundheitlich und ökologisch gut gelegene Wohnung, hohe Integration in die Gemeinde, schlechte Arbeitsbedingungen im Schichtdienst und geringe Qualifikation gekennzeichnet sein.

Die Begriffe der sozialen Lage und der Lebenslage bilden die Grundlage für die differenzierte Unterscheidung ungleicher Lebensbedingungen gesellschaftlicher Gruppierungen. Lagenkonzepte sind Ungleichheitsgefügen in pluralen Wohlstands- und Wohlfahrtsgesellschaften besonders angemessen und können auf spezifische Gruppierungen (z.B. die Lage von Alleinerziehenden) oder auf bestimmte Fragestellungen (z.B. gesundheitsrelevante Lebenslagen) zugeschnitten werden.

Dennoch sind Konzepte der sozialen Lage und der Lebenslage nicht neu. So berichtete *Friedrich Engels* (1845) über die „Lage der arbeitenden Klasse in England" und *Max Weber* untersuchte (1892) die „Lage der Landarbeiter im ostelbischen Deutschland". Die heute verwendeten Begriffe nehmen Rücksicht darauf, welche Aspekte sozialer Ungleichheit für die Menschen wirklich bedeutungsvoll sind. Diese Tradition von Lagekonzepten wurde von *Otto Neurath* (1981 (zuerst 1931), 512) und *Gerhard Weisser* begründet. Letzterer definierte die Lebenslage als „Spielraum, den einem Menschen (einer Gruppe von Menschen) die äußeren Umstände nachhaltig für die Befriedigung der Interessen bieten, die den Sinn seines Lebens ausmachen." (1956, 986)

Milieus und Lebensstile

In herkömmlichen Klassen- und Schichtkonzepten wird in der Regel davon ausgegangen, daß mit bestimmten äußeren Lebensbedingungen mehr oder minder eng auch bestimmte innere Haltungen (Klassenbewußtsein, Klassenpraxis, schichtspezifisches Denken und Verhalten, etc.) einhergehen. Entweder sind diese „subjektiven" Komponenten bereits in der Definition von Klasse oder Schicht mit enthalten oder, wenn Klassen oder Schichten ausschließlich durch „objektive" Gegebenheiten definiert sind, wird klassen- bzw. schichtspezifisches Denken und Verhalten als empirische Gegebenheit erwartet und untersucht. Hinter diesen „klassischen" Konzepten stehen Vorstellungen und Erfahrungen, nach denen „das Sein das Bewußtsein" bestimmt. Demgegenüber geht in die Untersuchung von „sozialen Lagen", von „Lebenslagen" sowie bestimmter neuerer Klassen- und Schichtbegriffe (vgl. 5.8.2) die Annahme ein, daß die „objektiven" Lebensbedingungen möglicherweise, aber nicht notwendigerweise die „subjektiven" Lebensweisen der Menschen prägen. Um das tatsächliche Ausmaß der Übereinstimmung gruppenspezifischer „objektiver" Lebensbedingungen und gruppentypischer „subjektiver" Lebensweisen erforschen zu können, ist es deshalb notwendig, beide Komponenten erst einmal beide getrennt zu ermitteln. Dies erfordert die eigenständige Analyse z.B. von sozialen Milieus und Lebensstilgruppierungen.

Neuere soziologische *Milieubegriffe* (vgl. 7.2.2) beziehen neben dem Umfeld der Menschen dessen typische Wahrnehmung und die zugrunde liegenden Werthaltungen ein. *So fassen „soziale Milieus" Gruppen Gleichgesinnter zusammen, die gemeinsame Werthaltungen und Mentalitäten aufweisen und auch die Art gemeinsam haben, ihre Beziehungen zu Mitmenschen einzurichten und ihre Umwelt in ähnlicher Weise zu sehen und zu gestalten.* Kleinere Milieus, zum Beispiel Stadtviertelmilieus, weisen darüber hinaus häufig einen inneren Zusammenhang auf, der sich in einem gewissen Wir-Gefühl und in verstärkten Binnenkontakten der Menschen äußert (*Hradil* 1987, 158ff.; vgl. *Schulze* 1992, 746).

Menschen in modernen Gesellschaften besitzen – auch innerhalb gleicher Klassen, Schichten, Soziallagen und sozialer Milieus – eine gewisse Freiheit, ihr Alltagsleben zu gestalten. Dennoch können die einzelnen ihr Leben keineswegs völlig frei organisieren. Die wichtigsten Prägefaktoren sind (vgl. *Spellerberg* 1996) Alter, Bildung, Lebensform[4] und Geschlecht. Auch die Berufsposition, der Bildungsgrad

---

4 Darunter ist das Beziehungsgefüge zu verstehen, in dem die einzelnen mit anderen Menschen tagtäglich zusammenleben (in einer Zwei-Eltern-Familie, als kinderloses verheiratetes Paar, als nichteheliche Lebensgemeinschaft ohne Kinder, als Single etc.).

und das verfügbare Einkommen eines Menschen wirken sich auf seinen Lebenszuschnitt aus (*Spellerberg* 1996, 173ff.; 1966a, 214f; *Georg* 1995, 116).

Die Art und Weise, wie die einzelnen ihr Alltagsleben organisieren, bezeichnet man als *„Lebensstil"* (vgl. *Hradil* 1995a; *Zapf* u.a. 1987, 14; *Lüdtke* 1989, 40). *Ein Lebensstil ist demnach der regelmäßig wiederkehrende Gesamtzusammenhang der Verhaltensweisen, Interaktionen, Meinungen, Wissensbestände und bewertenden Einstellungen eines Menschen* (vgl. *Spellerberg* 1995, 231; *Müller* 1992, 377; *Klocke* 1993, 152). Aber nicht jeder Mensch hat einen anderen Lebensstil. Gemeinsamkeiten und damit Lebensstilgruppierungen ergeben sich u.a. deshalb, weil Menschen ähnliche Sinnvorstellungen haben und sich bei der Gestaltung ihres Lebens an Vorbilder anlehnen.

Lebensstilbegriffe werden seit den 80er Jahren bei der Analyse sozialer Ungleichheit immer häufiger verwendet. Den Menschen in modernen Gesellschaften wird es immer wichtiger, wie sie ihr Leben ausrichten. Sie definieren sich in wachsendem Maße über ihre persönliche Lebensweise. Sie gestalten ihr Leben oft sehr bewußt, sind dabei immer häufiger auch auf „Stil" und Außenwirkung bedacht und machen diese zum Maßstab für ein ge- oder mißlungenes Leben.

Zum Vergleich von Milieu- und Lebensstilbegriffen

Wie bei den Milieubegriffen so handelt es sich auch bei Lebensstilbegriffen um „synthetische" Konzepte. Sie erfassen zahlreiche, in ihren Ausprägungen typischerweise zusammentreffende Komponenten zugleich. Anders aber als soziale Milieus, deren Kern in psychologisch „tiefsitzenden" gruppentypischen Werthaltungen besteht (z.B. Konservativität oder Liberalität), ändern sich die Lebensstile der Menschen, das heißt ihre Verhaltens- und Meinungsroutinen, unter Umständen recht schnell. Denn sie sind weit direkter als soziale Milieus abhängig von den jeweils verfügbaren Ressourcen und aktuellen Lebenszielen, von Moden und vom „Zeitgeist", von der momentanen Lebensform und von persönlichen Entscheidungen der einzelnen.

3. Die historische Entwicklung sozialer Ungleichheit

Die Lebensverhältnisse in einem Land und die dort vorhandenen Strukturen sozialer Ungleichheit lassen sich in ihrer Eigenart besser verstehen, wenn man sie mit anderen Verhältnissen oder mit ihren historischen Wurzeln in Beziehung setzen kann. Vor der Beschäftigung mit sozialer Ungleichheit in der Bundesrepublik erscheint es daher sinnvoll, einen Blick auf frühere Ungleichheitsstrukturen zu werfen. Dies bietet sich auch deshalb an, weil in die heutigen Verhältnisse sozialer Ungleichheit letzte Ausläufer der vorindustriellen Zeit und vor allem jene Ungleichheitsstrukturen hineinwirken, die im Verlauf des Industrialisierungsprozesses während der vergangenen zweihundert Jahre entstanden sind.

In diesem Kapitel sollen die groben Entwicklungslinien sozialer Ungleichheit in Deutschland für die Zeit bis nach dem Zweiten Weltkrieg skizziert werden. Drei zeitliche Phasen werden hierbei unterschieden:

- Die *vorindustrielle Gesellschaft*: Sie dauerte im Gebiet Deutschlands bis weit ins 18. Jahrhundert hinein.
- Die Übergangsphase der *frühindustriellen Gesellschaft*: Sie erstreckte sich hierzulande vom ausgehenden 18. bis ins erste Drittel des 19. Jahrhunderts
- Die *industrielle Gesellschaft* bis 1945[5].

5 Die Verhältnisse nach dem Zweiten Weltkrieg werden in Kapitel 5 ausführlich dargestellt werden.

3.1 Die vorindustrielle Gesellschaft

Blickt man auf die Struktur der mittelalterlichen Gesellschaft im deutschen Bereich, so war diese zunächst dadurch gekennzeichnet, daß sich neben einem Großteil ländlicher Bevölkerung ein kleiner Teil städtischer Bevölkerung fand. Die Sozial- und Ungleichheitsstrukturen unterschieden sich in Stadt und Land beträchtlich. Dennoch bildeten beide zusammen den Typus der Ständegesellschaft. Zunächst soll der Blick auf das *Land* gerichtet werden.

3.1.1 Die ländlich-feudale Gesellschaft

Bereits in den spätgermanischen Jahrhunderten vor der Karolingerherrschaft (ab der Mitte des 8. Jahrhunderts) gab es in Mittel- und Westeuropa eine ausgeprägte Gliederung des sozialen „Höher" und „Tiefer". Eine geläufige Unterscheidung war die Dreiteilung in Adel, Freie und Unfreie. Eine Besonderheit der Sozialstruktur im Franken- und Merowingerreich zur Zeit der Völkerwanderung und in den unmittelbar darauf folgenden Jahrhunderten dürfte im geringen Umfang gesellschaftlicher Arbeitsteilung gelegen haben. In allen Bevölkerungsschichten überwog das bäuerliche Element. „Das ganze Volk war, ungeachtet der großen Bedeutung des Adels, also ‚bäuerlich', in allen seinen Schichten bis hinauf zum König. Bäuerlich war die Kultur, bäuerlich der ganze Lebenszuschnitt, bäuerlich das Wirtschaftsdenken in seiner hauswirtschaftlichen, auf Bedarfsdeckung abzielenden Ausrichtung. Aber ‚bäuerlich' war damals etwas anderes als später, es war viel umfassender. Der damalige Bauer ist eben nicht nur Landwirt und Viehzüchter, er ist zugleich Jäger, er ist Krieger und Richter, Priester und – nicht zuletzt – politisch mitbestimmendes Glied des Gemeinwesens." (*Lütge* 1960, 18)

Die dieser Gesellschaftsstruktur angemessene Untergliederung in Großfamilien und Sippen reichte nicht mehr aus, als seit der Herrschaft der Karolinger weite Territorien einheitlich verwaltet und gegen äußere Feinde verteidigt werden sollten. Die erforderlich werdende funktionale Spezialisierung (vor allem von Beamten und Kriegern) trug wesentlich zur Entstehung der *„ständisch" gegliederten* Gesellschaft bei. Darunter soll (vgl. 2.5) eine Gesellschaft verstanden werden, deren Mitglieder in durch „Recht und Gesetz" gestützte und mit spezifischen Pflichten und Privilegien ausgestattete Gruppen gegliedert ist, die sich um bestimmte gesellschaftliche Funktionen (d.h. spezifische Leistungen im Rahmen gesellschaftlichen Zusammenlebens) konzentrieren.

Ihre besondere historische Ausprägung fand die ständisch gegliederte Gesellschaft in West- und Mitteleuropa im sogenannten *Feudalismus*: Hierbei beruhen wechselseitige Pflichten und Leistungen auf einem persönlichen Treueverhältnis zwischen Feudalherren und adeligen Untergebenen (Vasallen), wobei diese für ihre spezifischen Leistungen durch Belehnung mit Grund und Boden belohnt werden. Die Lehnsherren verpflichteten sich also adelige Gefolgsleute durch die Vergabe von Land und/oder Rechten und sicherten sich so deren Treue, Waffenhilfe, Abgaben und Verwaltungsdienste. Die Vasallen schufen ihrerseits ein System von Untervasallen. Die mit den Lehen verknüpften eigentumsähnlichen Nutzungsrechte waren zunächst zeitlich begrenzt und wurden später erblich. Zwischen den Lehnsherren und den „Belehnten“ wurden Rechte und Pflichten durch das Lehensrecht genau bestimmt (vgl. *Lütge* 1960, 70ff.). Eine differenzierte Struktur von Ämtern und Rechten (z.B. Zoll- und Münzrechte oder die Erhebung von Marktgebühren) schuf die Voraussetzung für eine leistungsfähige Verwaltung und ermöglichten die Binnensicherung der Herrschaft.

Die Grundstruktur der feudalen Gesellschaft war also (vgl. *Henning* 1974, 13ff.) durch eine differenzierte *Lehenspyramide* mit wechselseitigen persönlichen Abhängigkeiten und unterschiedlichen Rechten und Pflichten gekennzeichnet, u.a. durch die wichtige Institution des Treueides abgesichert. Diese „Hierarchie der persönlichen Abhängigkeitsverhältnisse“ (*Ganshof* 1983, XIII) unter Adeligen beruhte ihrerseits auf der *Grundherrschaft* von Adeligen über Nichtadelige. Hierbei war der Boden oft in verschiedene Nutzflächen eingeteilt, darunter eine, deren Bewirtschaftung den Leibeigenen und „Hintersassen“ (Angehörigen) der Grundherren selbst vorbehalten war, während die anderen Flächen Bauern überlassen wurde (*Duby* 1984, 108). Sie hatten dafür Zins oder Abgaben in Form von Naturalien sowie Fron- und Kriegsdienste zu leisten. Die Grundherrschaft gewährte Schutz und Existenzsicherheit, bedeutete aber auch persönliche Abhängigkeit und Unterwerfung unter die Gerichtsbarkeit des Grundherrn. Das Gefüge der Grundherrschaft unterlag, z.B. wegen zurückfallender bzw. eingezogener Lehen und der Erbteilung, durchaus einem Wandel. Dessenungeachtet bewirkte das vererbbare Nutzungsrecht, daß hauptsächlich Geburt und soziale Herkunft die Lebenschancen bestimmten (vgl. *Ganshof* 1983, 48ff).

Die Herrschaft der Feudalherren wurde durch agrarorganisatorische Maßnahmen (z.B. durch den Flurzwang, der feste, für alle Bauern eines Dorfes in gleichem Maße verbindliche Regeln bei der Nutzung der Ackerflächen auferlegte) gesichert. Technische Weiterentwicklungen (z.B. Pflug, Entdeckung und Nutzung der Pferdekraft) ermöglichten in der Landwirtschaft einen Existenzüberschuß, somit die Einkommensgrundlage für den Grundherren (vgl. *Claessens* 1995, 210ff).

Auf dem Land war die feudalistische Gesellschaftsstruktur im mittleren und westlichen Europa also durch drei große ständische Gruppen, nämlich Adel, Geistlichkeit und Bauern, gekennzeichnet. Obwohl diese Gruppen nicht nur durch ihre Funktionen voneinander getrennt waren, sondern ihre Abgrenzungen auch durch darüber hinausreichende rechtliche Bestimmungen, sowie durch ungleiche Lebensführungen untermauerten, darf diese „offizielle" ständische Einteilung nicht mit der viel differenzierteren tatsächlichen gesellschaftlichen Gliederung gleichgesetzt werden. Die einzelnen Stände waren in sich mannigfaltig abgestuft, und in bezug auf die materielle Lebenslage gab es erhebliche Überlappungen zwischen ihnen. Obendrein bestanden in ihrer Ausformung und ihren gegenseitigen Beziehungen beträchtliche regionale Differenzierungen und es ergaben sich im Laufe der Zeit erhebliche Veränderungen. Die nachstehenden Ausführungen können diese Differenzierungen nicht in dem Maße berücksichtigen, wie es ihnen eigentlich gebührte.

Der Adel

Die „Kerngruppe" des Adels, des (neben dem Klerus) herrschenden Standes, bestand aus jenen, die mit Land und damit verbundenen Rechten belehnt waren. Das Adelsattribut der Grundherrschaft bedeutete zunächst Landbesitz, woraus sich die Herrschaft über die darauf Wohnenden ableitete. „Bei dem Ursprung der Herrschaftsrechte wird man aber differenzieren müssen: Über die Hörigen am Hof verfügte der Herr aufgrund der Leibeigenschaft; andererseits gerieten immer mehr Freie in Abhängigkeit von einem Grundherren, sei es, daß sie sich freiwillig in den Dienst und unter dem Schutz eines Herrn begaben, sei es, daß sie gewaltsam unterdrückt wurden. Erst allmählich wuchsen beide Gruppen zu einer einheitlichen, bäuerlichen Hörigenschicht zusammen". (*Goetz* 1994, 117) Eine innere Differenzierung der Adeligen kam dadurch zustande, daß das Lehenswesen vom König bis zum niederen Adel mit unterschiedlichen Lehensgrößen und vor allem mit unterschiedlichen Ämtern und damit verbundenen Rechten und Pflichten gestaffelt war. Am Ende dieser Hierarchie der Grundbesitzer waren die Besitzrechte nicht selten auf das Acker- und Weideland eines Dorfes und die Nutzung eines kleinen Waldstückes beschränkt. Der „adlige" Lebensstandard genügte dann kaum „ständischen" Ansprüchen, der politische Einfluß blieb gering, und manche Freibauern (s.u.) waren, zumindest materiell, bessergestellt.

Die *Hocharistokratie* (an der Spitze Herzöge, Grafen und Markgrafen) bildete die bedeutsamste Gruppe nach dem König. Diese Großgrundbesitzer waren vornehmlich imstande, die starken Belastungen des Reiterdienstes zu tragen, der seit dem beginnenden Mittelalter das Heerwesen nachhaltig bestimmte. Der Umfang ihrer Lehen sicherte ihnen in der Regel beträchtliche arbeitslose Einkommen, die in der Hauptsache durch Abgaben der beherrschten Bauern sowie durch deren Bewirtschaftung der Herrengüter erzielt wurden. So stand die Hocharistokratie für militärische Aufgaben jederzeit zur Verfügung. Sie beteiligte sich auch an anderen öffentlichen Angelegenheiten (z.B. Gesetzgebung und Steuerwesen), beanspruchte dabei aber weitgehende Selbständigkeit innerhalb ihres Lehens- und Rechtsbereiches.

Die oben erwähnte „Arbeitsteiligkeit" bei den staatlichen Aufgaben (Krieger und Beamte) brachte es mit sich, daß sich außer dem eben genannten „eigentlichen" Lehensadel eine Adelsgruppe entwickelte, die überwiegend Verwaltungsfunktionen ausübte. So bildeten sich auf allen Stufen der feudalistischen Hierarchie die *Ministerialen* heraus. Ihre Wirkungsbereiche waren mannigfaltig und reichten hinunter bis zur Aufsicht in den Haushalten der Lehensherren. Teilweise rekrutierten sich die Ministerialen aus Unfreien. Aber die Teilhabe an herrschaftlichen Funktionen und ihre oft unentbehrlichen Dienste verhalfen ihnen zu hohem gesellschaftlichen Ansehen. Dies äußerte sich häufig in Adelung und in Lehensübertragungen.

Als dritte Gruppe innerhalb des Adelsstandes ist die *freie Ritterschaft* zu nennen. Sie entstand überwiegend zur Zeit der Kreuzzüge und rekrutierte sich aus Personen, die wegen besonderer (meistens kriegerischer) Verdienste geadelt worden waren. Die Ritter erfüllten als spezialisierte Militärgruppierung auch nach den Kreuzzügen bei der Ausdehnung und Erschließung neuer Siedlungsräume sowie der

Erweiterung und Verfestigung bestehender Herrschaftsgebiete wichtige Aufgaben. In der Blütezeit der Ritterorden gelangen ihr herausragende militärische, politische und kolonisatorische Leistungen. Im ausgehenden Mittelalter wurde die auf einem spezifischen Ehrenkodex beruhende „ritterliche" Kampfesweise und die Ausrüstung der Ritter durch das Landsknechtewesen und die Entwicklung von Schußwaffen verdrängt. Die Ritterschaft hatte sich überlebt. Ihr Nutzen schwand. Soweit Ritter nicht über eigenen Grundbesitz verfügten, der ihnen die adlige Lebenshaltung sicherte, sanken sie häufig zu „Strauchrittern" ab – eine der schlimmsten Landplagen des Mittelalters (vgl. *Haverkamp* 1993, 95).

Trotz unterschiedlicher Lebenswelten war die Kultur des Adels durch gemeinsame Ideale und Normen geprägt. Hierzu zählte das Streben nach einer „standesgemäßen" Lebensführung, zu der Tugend, Muße (Arbeit zwecks Lebensunterhalt war weder erwünscht noch notwendig) und Freigebigkeit gehörten. Freigebigkeit war zugleich auch ein Mittel, um Verbündete und Getreue an die Adelsherrschaft zu binden, und festigte so feudale Verhältnisse. Neben der allgemeinen Lebensweise des Adels bildete sich eine besondere höfische Kultur mit eigenen spezifizierten Verhaltensregeln und Verhaltensweisen heraus. Sie fand im jeweiligen Hofzeremoniell und der entsprechenden Hofetikette ihren Ausdruck (vgl. *Wenzel* 1995, 15ff).

Der Klerus

„Die Kirche war (...) ein Reich für sich neben der weltlichen Macht und ihren Ansprüchen nach über ihr (...)" (*Fahlbeck* 1922, 144). Die Forderung der Kirche, die sonstige Gesellschaft solle ihr untergeordnet sein, verband sich mit dem Verlangen, die Geistlichkeit solle sich von der weltlichen Ordnung mit ihrem Streben nach Macht und Reichtum distanzieren. Im kanonischen Recht, einem besonderen Gesetz für die Amtsträger der katholischen Kirche, war diese abgehobene Bedeutung institutionell verankert.

Die soziale Wirklichkeit befand sich indes mit klerikalen Werthaltungen und Zielvorstellungen wie Bescheidenheit, Demut und Nächstenliebe nicht durchweg in Übereinstimmung. Das hing sehr wesentlich damit zusammen, daß die Geistlichkeit zwar rechtlich einen geschlossenen Stand repräsentierte, tatsächlich aber mindestens zwei Untergruppen aufwies: den hohen bzw. adligen und den niederen Klerus.

Die *hohe Geistlichkeit* stand vor allem deshalb nicht in deutlicher Distanz zum weltlichen Adelsstand, weil sie alle Chancen zur Feudalisierung konsequent ausnutzte. Sie war an der Lehensvergabe beteiligt und unterschied sich hinsichtlich Privilegien und Lebensstil nicht vom Adel. Ihr Grundbesitz „wurde vermehrt durch die Schenkungen von Gläubigen, die bei Lebenszeit oder testamentarisch den Besitzstand der Kirchen und Klöster mehrten, um so Anteil zu gewinnen an dem Gnadenschatz, den die Kirche verwaltete" (*Lütge* 1960, 60).

Geistlichkeit und Adel stellten die beiden herrschenden Stände dar. Sie waren vor allem in ihren oberen Rängen personell eng verbunden. Nachgeborene Adelssöhne übernahmen Bischofs- und Abtspositionen und blieben auf diese Weise vor sozialem Abstieg bewahrt. Die Kurfürsten von Mainz, Trier und Köln und weitere Fürstbischöfe und Fürstäbte hatten maßgeblichen Anteil an der weltlichen Machtausübung. In den Beratungsgremien der Kaiser und Könige besaßen kirchliche Würdenträger hohes Ansehen. So war der Erzbischof von Mainz Erzkanzler des Deutschen Reiches.

Innerhalb des *niederen Klerus* kam vor allem den Mönchen als Hütern der Schriftlichkeit eine Sonderstellung zu. Als Ärzte und Lehrer waren sie mit der übrigen Gesellschaft verbunden und standen in enger Beziehung mit ihrer bürgerlichen oder bäuerlichen Umwelt. Aus deren Reihen rekrutierte sich in der Regel auch der Nachwuchs für das Priesteramt (vgl. *Haverkamp* 1993, 95ff).

Ungeachtet der zeitweiligen Kämpfe um die Vorherrschaft ergänzten sich die Ideologien von Klerus und Adel bei der Aufrechterhaltung der gemeinsamen Herrschaftsansprüche: Die Position des weltlichen Grundherren entsprach auch kirchlichen Leitvorstellungen von gottgewollter und Gott zugewandter Herrschaft, genauso wie die herausgehobene Stellung der Kirche den Interessen des Grundherren entgegenkam (vgl. *Weber* 1980, 688ff; *Koch* 1972).

Die Bauern

Sie stellten die größte Bevölkerungsgruppe der Ständegesellschaft dar. Selbst unter Einbeziehung der städtischen Einwohnerzahlen betrug der bäuerliche Bevölkerungsanteil bis zur Mitte des 18. Jahrhunderts etwa 85 bis 90% (vgl. *Haverkamp* 1993, 56ff.).

Die Bauern der vorindustriellen Zeit waren keinesfalls eine homogene Schicht, vielmehr gab es innerhalb dieser Gruppe erhebliche Differenzierungen. An der Spitze standen *freie Bauern mit teilweise umfangreichem Landbesitz.* Sie konnten oft einen Überschuß erzielen, der in der Stadt zu verkaufen war. Darüber hinaus machte die Not ärmere Bauern oft zu Schuldnern bei Großbauern. Das und eine geschickte Vererbungspolitik ließ letztere ihren Boden bewahren oder sogar mehren. Obwohl ihnen nicht das adelige Privileg der Steuerfreiheit zugestanden wurde und eine „ritterliche" Lebensweise allenfalls als Imitation Eingang fand, konnten sie sich so mit dem unteren Landadel in den Einkünften durchaus messen und setzten teilweise ihre politische Vertretung in den Landtagen durch. Daß diese besonderen Rechte einer bäuerlichen „Elite" nicht ein für allemal verbürgt waren, zeigte beispielhaft der harte Kampf der Dithmarscher Bauernrepublik um ihre Unabhängigkeit, der 1559 mit der endgültigen Unterwerfung endete.

Eine zweite Gruppe setzte sich aus *freien Bauern ohne Landbesitz* zusammen. Als Pächter hatten sie erhebliche Abgaben an die Grundherren abzuführen und waren wirtschaftlich regelmäßig schlechtergestellt als die freien Bauern.

Eine dritte Gruppe waren die *unfreien Bauern.* Auch hier bestand keine durchgehende Gleichheit der Lebenschancen. Vielfältige, sich über Jahrhunderte erstreckende Entwicklungen führten zu einer starken inneren Differenzierung.[6]

Seit der germanischen Zeit war die Zahl der „gemeinfreien" (d.h. nicht der Grundherrschaft unterworfenen und nicht-leibeigenen) Bauern gesunken. Die allgemeine rechtliche und soziale Deklassierung ehemals freier Bauern, die sich im Feudalsystem vollzog, hatte mehrere Ursachen. Der Zwang zur Heerfolge und die damit verbundene Unterbrechung der landwirtschaftlichen Arbeit hatte viele in den wirtschaftlichen Ruin geführt. Dieser existenzgefährdenden Pflicht konnte man sich nur dadurch entziehen, daß ein größerer Grundherr sie über-

6 Linde verweist z.B. darauf, daß der Einsatz von (gegenüber Ochsengespannen) leistungsfähigeren Pferdegespannen zu einer Erweiterung der Anbaufläche gedrängt und eine arbeitswirtschaftliche Ergänzung der Bauernfamilie durch Gesindekräfte gefördert habe. Die landwirtschaftliche Kleinstelle (z.B. Kätner) sei damit zum „sozialen Ort der ständigen Gesindeproduktion" geworden und habe zur Existenz einer unter- bzw. halbbäuerlichen Schicht neben den expandierenden Bauernhöfen geführt, lange bevor die adlige Gutswirtschaft einen steigenden Bedarf an Landarbeitern geltend machte (vgl. Linde 1954, 10).

nahm. Der Preis dafür war die Abtretung des Eigentums und die Schollenbindung, d.h. sachliche und persönliche Unfreiheit des Bauern und der Zwang zu Dienstverpflichtungen (Fronarbeit u.ä.). Weiterhin wurde die Entwicklung durch die unsicheren kriegerischen Zeiten begünstigt, in denen der einzelne Bauer kaum eine Möglichkeit hatte, sich gegen Brandschatzung und ähnliche Katastrophenfälle zu wehren. Der Schutz der Existenz mußte auch hier in der Regel mit Verlust der Selbständigkeit gegenüber einem adligen oder geistlichen Herrn bezahlt werden. In bezug auf die Freiheitsrechte und die politische Mitwirkung haben viele Bauernfamilien in der Generationsfolge also Abstiege hinnehmen müssen. Die Unterschiede zwischen ihnen und den Ständen des Adels und des Klerus traten dadurch immer schroffer hervor. Aus der Adelsführung, die vormals die frühmittelalterliche Sozialstruktur gekennzeichnet hatte, wurde eine Adelsherrschaft.

Im Spätmittelalter betrug der Anteil jener Bauern, die eine zur Existenzerhaltung genügende Einkommensgrundlage besaßen, nur noch 25 bis 30% (nur in einigen Gegenden mehr als die Hälfte). Bis zu zwei Drittel gehörten zur bäuerlichen Unterschicht, die permanente Not litt und sich häufig als Gesinde zusätzlich verdingen mußte. „Bauern waren fast überall Fronbauern oder Leibeigene. Nur wenige Landschaften blieben ‚frei‘ (...) Der ‚Herrendienst‘ (fron = Herr) hielt die Bauern an der kurzen Leine, d.h. in Abhängigkeitsverhältnissen, die zwar auch das Bleiberecht (Ortsbindung) enthielten, aber insgesamt niederdrückend waren, da die Abgaben (Getreidezehnter, weitere ‚Zehnte‘, allgemein und für den Pfarrer) häufig an die Grenzen des Erträglichen, d.h. auch bei Fleiß und etwas Glück zu Erarbeitenden gingen.“ (*Claessens* 1995, 214) Die bäuerlichen Massen lebten daher in ständiger Angst vor dem Hunger. Zudem war der Kleinbauernhof mit seinen geringen Vorräten nicht in der Lage, „agrarischen Konjunkturen“ zu begegnen. Mißernten, besonders aufeinander folgende, gefährdeten die wirtschaftliche Existenz und das Überleben der bäuerlichen Bevölkerung (vgl. *Geremek* 1988, 68ff).

3.1.2 Die mittelalterliche Stadtgesellschaft

Neben der Gliederung in die genannten Bevölkerungsgruppen im ländlich-feudalen Bereich der Gesellschaft fand sich eine stark abweichende Gliederung in den mittelalterlichen Städten.

Obwohl die Städte im Laufe des Mittelalters an Bedeutung und Größe zunahmen, blieben sie aus heutiger Sicht klein. Um das Jahr 1500 zählte das Heilige Römische Reich Deutscher Nation rund 4000 Städte. Bei nahezu 90% von ihnen handelte es sich um Kleinstädte mit deutlich unter 2000 Einwohnern. Nur wenig mehr als 40 Städte erreichten eine Bevölkerungszahl von mehr als 10.000 Menschen. Die größten von ihnen waren Köln, Prag, Nürnberg, Augsburg, Lübeck und Danzig mit mehr als 25.000 Einwohnern (Rabe 1991, 42). In Städten lebte nur ein Bruchteil der Bevölkerung. Aber nahezu alle bedeutenden politischen, wirtschaftlichen und kulturellen Entwicklungen vollzogen sich in ihnen. Daher stellen die städtischen Bevölkerungsgruppen wichtige Strukturelemente der vorindustriellen Gesellschaft Mittel- und Westeuropas dar.

Am Beginn der Entwicklung standen die weltlichen und geistlichen Fürsten als Stadtherren. Die besondere Entwicklung der Städte liegt darin begründet, daß Handwerk, Handel und Dienstleistungen weit über die Versorgung der Stadt hinausreichten und sich demgemäß ausdehnten. Im Gegenzug mußte eine Zufuhr landwirtschaftlicher Güter bereitgestellt werden, die die Ernährung der Stadtbevölkerung sicherte. Im Zentrum städtischen Lebens standen also Handel und Gewerbe und somit eine im Vergleich zum Land weiter entwickelte Beziehung der Menschen zu Waren und Geld (Henning 1974, 56ff).

Weil sie ungehindert ihren Geschäften nachgehen wollte, war die städtische Bevölkerung vor allem an Ruhe und Frieden interessiert. Dies mußte die Stadtbevölkerung in Gegensatz zum Adel, seinen kriegerischen Idealen und seiner ständigen Kriegsbereitschaft bringen (vgl. Engel 1993, 95ff). Und – anders als auf dem Lande – war die Stadtbevölkerung zum Teil in der Lage, die adelige Stadtherrschaft zu bekämpfen, um kommunale Freiheit zu erringen. Es waren „die reich gewordenen Kaufleute, die den überheblichen Stolz, den Hochmut und die Herrschsucht der Stadtherren zu verachten begannen, und die sich gegen weitere Beleidigungen und gegen Geringschätzung wehrten. (...) Das Ergebnis war die Konstituierung des Städtebürgertums in einer relativ autonomen Stadtgemeinde mit eigener Rechtsordnung und städtischen Freiheiten, bei eigener Verwaltung, als Stadtrat, Senat o.ä.". (Claessens 1995, 222)

Das städtische Leben und die gesellschaftliche Gliederung der Stadt wurden entscheidend durch drei Faktoren mitbestimmt: Erstens durch den Grundsatz der bürgerlich-rechtlichen Freiheit („Stadtluft macht frei", von Erbuntertänigkeit unter einen Grundherrn z.B.). „Die Einwohner der Stadt waren durch das Bürgerrecht, das man durch Bürgereid und Eintrittsgeld erwarb, von den Landbewohnern scharf abgegrenzt. (...) Ein großer Unterschied der städtischen von den ländlichen Verfassungsverhältnissen war die Gleichheit aller Bürger vor dem Gericht." (Sprandel 1988, 117f) Zweitens durch Berufsverbände, wie Zünfte und Gilden, die die Rechte und Pflichten ihrer Mitglieder genau regelten. Bürgerlich-rechtliche Freiheit bedeutete also keinesfalls Verhaltensbeliebigkeit. Drittens schließlich durch die Existenz eines weit ausgeprägteren Erwerbssinns, als er sich unter den ländlich-feudalen Bedingungen entfalten konnte (vgl. Kappe/Aschenbrenner 1965).

In den Städten bereitete sich die Modernisierung der Gesellschaft vor. Dies äußerte sich in funktional differenzierten Einrichtungen (Ämter, Schulen, Handwerker, Händler etc.), in der Ausbreitung von Güter- und Leistungsmärkten sowie in den zweckrationaler, anonymer und sachlicher werdenden sozialen Beziehungen zwischen den Menschen.

Vor diesem Hintergrund kristallisierten sich in den Städten im wesentlichen folgende Bevölkerungsgruppen heraus.

Die Patrizier

Die höchste Gruppe im Statusaufbau der mittelalterlichen Stadt setzte sich aus den Patriziern zusammen. Sie umschloß im allgemeinen drei Untergruppen:

Die Gruppe der adeligen Ministerialen verwies auf die Gründung der Stadt durch einen Feudalherren, dessen Interessen sie gegenüber den Bürgern zu vertreten hatten. Sie waren ursprünglich Dienstleute des Herren, für Verwaltungsaufgaben und zur Führung des Haushaltes bestimmt. In aufblühenden Handels- und Gewerbestädten vermieden die Ministerialen einen Statusverlust oft nur dadurch, daß sie sich rechtzeitig in das aufstrebende bürgerliche Patriziat (vgl. den folgenden Absatz) einfügten. Die dadurch notwendigen politische Zugeständnisse an das Bürgertum und womöglich die Aufnahme einer Berufstätigkeit aus Mangel an anderen Einkünften, die dem Adelsideal des „ehrsamen Müßiggängers" widersprach, verletzten das Prinzip der strengen ständischen Abhebung. Diese Durchbrechung ständischer Grenzen führte dazu, daß der feudalistische Landadel die städtischen „Vettern" oft nicht mehr als seinesgleichen anerkannte und ihnen die Turnierfähigkeit absprach (vgl. Weber 1980, 623ff).

Zur Gruppe der Patrizier gehörten außerdem die Fernhandelskaufleute. Deren Handelsbeziehungen griffen weit über den engeren regionalen Einzugsbereich ihrer Wohngemeinde hinaus. Als städtische Oberschicht und für die patrizische Stellung qualifizierte sie u.a. Wohlstand, Aktivität und überlokale Erfahrung. Es kam hinzu, daß sie im Hochmittelalter zunehmend ihre Kinder auf die „privilegierten" (d.h. dem Adel vorbehaltenen) Schulen schicken konnten und etwa um die Mitte des 13. Jahrhunderts die Schriftlichkeit in ihre Unternehmungen einführten. Die Kenntnis des Lesens, Schreibens und Rechnens wandelte nicht nur das Berufsleitbild grundlegend, sondern erwies sich auch als wichtige Voraussetzung für die Beteiligung an der städtischen Selbstverwaltung. Nicht selten waren sie wegen ihrer Einflußnahme auf die Stadtregierung die mächtigste Gruppe in der Stadt (vgl. Le Goff 1993, 55).

Schließlich rechnete zu den Patriziern eine Gruppe *freier Grundbesitzer*, die oft zu den ältesten Familien der Stadt zählten. Frühere Generationen waren noch berufstätig gewesen. Die Nachfahren hatten das Erbe in Grund- und Hausbesitz angelegt; das Handelskapital hatten sie in Rentenkapital verwandelt. In ihren Kreisen wurde häufig die adlige Lebensweise nachgeahmt, und ihr soziales Ansehen ordnete sie der städtischen Oberschicht zu. Auf Grund ihrer „Muße" waren sie geradezu prädestiniert für die Übernahme städtischer Ehrenämter.

Die Bürger

Eine zweite Gruppe, die meistens den zahlenmäßig größten Anteil der Stadtbevölkerung darstellte, wird als Bürger bezeichnet. Die Patrizier hoben sich lange (bis etwa zur Zeit der Zunftkämpfe im 12./13. Jh.) durch politische Vorrechte und den Lebensstandard von diesen Bürgern ab. Erst im Laufe der Zeit erkämpften sich die Bürger z.B. die „Ratsfähigkeit" (Wählbarkeit) und die Zulassung zum Schöffenamt.

Die „mittelständische" Schicht der Bürger läßt sich wiederum dreifach unterteilen:

Die Handwerker stellten den größten Anteil der erwerbstätigen Stadtbevölkerung (in manchen Städten und manchen Perioden bis etwas über 50%). Sie waren in Zünften organisiert, genossenschaftlichen Zusammenschlüssen von Meistern eines Handwerkzweiges mit streng reglementierten Zugangs-, Mitglieds- und Verhaltensregeln. Zu den ältesten belegten deutschen Zünften dürften die Mainzer Weber (1099) zählen (vgl. Sprandel 1971a, 217). Obschon man versuchte, Zahl und Art der Handwerker so auf den Bedarf abzustimmen, daß jedem eine „Nahrung“, d.h. eine ständisch festgelegte Existenz, garantiert sein sollte, wurden diese Hoffnungen oft genug enttäuscht. So weiß man, daß z.B. in Köln um 1400 rund 70% der Handwerker nicht die sogenannte Kopfsteuer – jährlich einen Gulden (!) – bezahlten, da sie beschwören konnten, keine ausreichenden Einkünfte zu haben (vgl. Gatz 1941, 51).

Die Handwerker differenzierten sich in Meister, Gesellen und Lehrlinge. Die Gesellen wohnten meistens im Hause des Meisters und gehörten so zu dessen „ganzem Haus“. Gesellen und Lehrlinge, die abhängigen Berufspositionen des Handwerks – entsprechendes gilt für die Kaufmannsgehilfen im Handel – wurden im allgemeinen als Durchgangsstationen auf dem Weg zur späteren Selbständigkeit angesehen (vgl. Reininghaus 1983, 55ff). Wenn keine „Vollstelle“ frei wurde, blieben Meisteramt und Familiengründung versagt (vgl. Bolte/Kappe 1964, 24ff.). Doch war die Frage des gewerblichen Nachwuchses so geregelt, daß ein lebenslängliches Arbeitnehmerdasein nicht zur Norm wurde. Daher wurden die Interessen der abhängig Beschäftigten von den Zunft- oder Innungsmeistern mit vertreten. Erst zu einem Zeitpunkt, als eine Monopolpolitik der Meister den Zugang zu Meisterstellen immer stärker versperrte, schlossen sich die Gesellen in eigenen Verbänden zusammen.

Die Krämer (Einzelhändler) waren nur im Rahmen des städtischen Wirtschaftszusammenhangs tätig. Im Vergleich mit den Fernhandelskaufleuten war ihr Risiko geringer, aber mehr als einen bescheidenen Wohlstand brachte das Geschäft in der Regel nicht ein.

Die städtischen „Beamten“ waren eine kleine, aber wichtige Gruppe des Bürgertums. Unter der eigentlichen Verwaltungsspitze des Magistrats besetzten sie die zahlreichen Ämter der städtischen Exekutive. Auswärtige Angelegenheiten, Stadtbefestigung, Bauverwaltung, Bewaffnung, öffentliche Gesundheitspflege und Gewerbepolitik waren die wichtigsten ihrer Zuständigkeitsbereiche.

Neben Handwerkern, Krämern und Beamten gab es in vielen Städten einen unterschiedlich großen und sich im Lauf der Zeit verändernden Anteil von Ackerbürgern. Es handelt sich hierbei um Bauern, deren Land in der Stadtgemarkung lag und die sich mit ihren Häusern im Schutz der Stadt angesiedelt hatten.

Unterbürgerliche Gruppen

Eine dritte Gruppe der städtischen Bevölkerung bestand aus unterbürgerlichen Existenzen. Bei allen Unterschieden im einzelnen war ihnen gemeinsam, keine Bürgerrechte zu besitzen. Diese waren in der Regel Voraussetzung für das selbständige Führen eines Zunftbetriebes und eine demgemäß angesehene Stellung. Unterbürgerliche Existenzen bestritten ihren Lebensunterhalt ganz überwiegend durch unselbständige oder nicht-zünftige Berufstätigkeit. Von Ausnahmen abgesehen erlaubten diese Positionen nur ein bescheidenes, wenig angesehenes und oft genug unsicheres Auskommen, so daß die unterbürgerlichen Gruppen zusammen mit dem verarmten Teil der Handwerkerschaft die unteren Statusgruppen in den Städten des Mittelalters bildeten (vgl. Maschke 1967).

Innerhalb dieser Gruppen stand voller Rechtsschutz und namentlich soziale Sicherheit bei unverschuldeter Not nur den Bediensteten, Gesellen und Taglöhnern von Patriziern und Bürgern zu. Mägde und Knechte bzw. Gesellen bildeten in den deutschen Städten des 15. Jahrhunderts einen Bevölkerungsanteil von fast einem Fünftel (vgl. Maschke 1967, 15ff.). Ohne solchen Rückhalt waren die ambulanten Händler, die keiner Innung angehörten. Gleichfalls kein Zunftprivileg erhielten die „unehrlichen“ Berufe (Henker, Abdecker usw.), deren Zusammenschlüssen die bürgerliche Anerkennung versagt blieb. Zu den Armen der Städte zählte auch eine mehr oder weniger große Zahl von Bettlern, Invaliden usw., die sich vor allem in den Bischofsstädten zusammendrängten, um an die Mildtätigkeit der Wohlhabenden zu appellieren. So wurde etwa über Köln berichtet, daß die Zahl dieser Bedürftigen zeitweilig einem Drittel der erwerbstätigen Bevölkerung entsprach.

Insgesamt war der Anteil der als arm zu bezeichnenden Gruppen an der mittelalterlichen Stadtbevölkerung beträchtlich (vgl. u.a. Henning 1977, 102; Fischer 1982, 16ff.; Geremek 1988, 78ff.). So wurde aus Steueraufzeichnungen errechnet, daß z.B. in Lübeck um 1380 42% (Maschke 1967, 17), in Konstanz um 1450 sogar 50 bis 60% (Kirchgässner 1967, 79) und im pfälzischen Frankenthal um 1584 40% der Bevölkerung den Armen zuzuordnen war (Kaller 1975, 154).

Sondergruppen

In vielen Städten fanden sich Gruppen, die nicht voll in das städtische Leben eingegliedert waren. An erster Stelle wäre hier die Geistlichkeit zu erwähnen, die – wie bereits ausgeführt – dem besonderen Kirchenrecht unterstand, was allerdings nicht ausschloß, daß ihre Vertreter in Zeiten der Not und äußeren Bedrängnis zu Abgaben und Wehrdienst herangezogen wurden.

In einem ganz anderen Sinn stellten sich in vielen Städten die Juden als eine besondere Gruppe dar. Sie hatten sich nahezu ausschließlich auf die urbanen Zentren konzentriert, da nur dort Schutz zu erhalten war. Auch die hauptsächliche Tätigkeit in Handel und Bankgewerbe ließ die Städte zu ihrem Wohnort werden. Zum Teil ging ihre Integration in das städtische Leben sehr weit. Sie waren geschätzte Steuerzahler oder Kreditgeber. Nicht selten wurde ihnen auch die Verteidigung eines Abschnitts der Stadtmauer anvertraut („Judentor"), womit sie eine Pflicht übernahmen, die zu den vornehmsten der freien Bürger gehörte. Dennoch genossen sie zu keiner Zeit die vollen Rechte ihrer Mitbürger, da ihr nichtchristlicher Glaube als unübersteigbare Barriere angesehen wurde. Juden waren nicht nur Bürger zweiter Klasse. Sie waren auch Opfer zahlreicher Verfolgungen und Progrome, besonders seit Einsetzen der Kreuzzugsbewegung. So wurden in Mainz, Worms und Speyer, in wichtigen Stätten jüdischen Lebens, alleine während des ersten Kreuzzuges (1096-99) Tausende von Juden durch aufgehetzte christliche Volksmassen umgebracht, obwohl ein Teil der Bischöfe die in ihrer Stadt lebenden Juden zu schützen versuchte (Chazan 1987; Trepp 1992, 47).

Die Polarisierung des Ungleichheitsgefüges im Spätmittelalter

Wie auf dem Lande, so spaltete sich im Spätmittelalter auch die Sozialstruktur der Städte immer mehr. Die Gruppen mit beträchtlichem Vermögen einerseits, mit geringem Vermögen andererseits nahmen zu. Die mittleren Vermögensgruppen (v.a. unter den Handwerkern) schrumpften. Am Beispiel der Stadt Rostock läßt sich das gut zeigen.

Tab. 1: Vermögensschichtung der steuerpflichtigen Bevölkerung in Rostock (in %)

	1409	*1482*	*1533*
Oberschicht (Vermögen über 600 Mark)	10,5	15,6	15
Mittelschicht (Vermögen 150-600 Mark)	55,1	28,6	21,4
Unterschicht (Vermögen unter 150 Mark)	34,4	55,8	63,6

(Quelle: *Sprandel* 1971b, 377)

Die Gelegenheit, ein größeres Vermögen zu erwerben, ergab sich vor allem im Handel, kaum im Handwerk. So zeigt auch das Beispiel Rostock vor allem die Verarmungstendenzen von Handwerkern, die vielfach in die unteren Vermögensgruppen gerieten.

3.1.3 Charakteristische Strukturzüge der Ständegesellschaft

Bei aller Verschiedenheit der gesellschaftlichen Gliederungen im ländlichen und städtischen Bereich und bei allen – in den vorigen Abschnitten gar nicht berücksichtigten – regionalen und zeitlichen Differenzierungen gab es doch übereinstimmende grundsätzliche Struktureigenarten, die uns berechtigen, die gesamte Gesellschaft zwischen dem Beginn des Feudalismus und der Industrialisierung als Ständegesellschaft zu bezeichnen.

Zu diesen Struktureigenarten gehörte – soweit sie die uns interessierende Problematik sozialer Ungleichheit betreffen – zunächst einmal die starke Abhängigkeit der Lebenschancen und des Status von der sozialen Herkunft des einzelnen. In der Ständegesellschaft glich die „Geburt" einem Kristallisationskern, um den herum sich andere wichtige soziale Kriterien lagerten. Die ständische Herkunft des einzelnen war weitgehend bestimmend für den Zugang zu bestimmten Berufsgruppen, für den Lebenszuschnitt, die Bildungsmöglichkeiten (z.B. Besuch einer Klosterschule), die politischen Mitwirkungsmöglichkeiten usw.

Abb. 1: Hauptgruppen im Statusaufbau der ländlichen Feudalgesellschaft

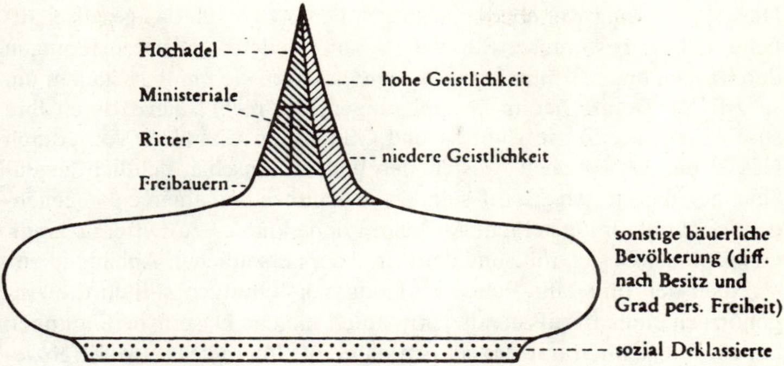

Abb. 2: Hauptgruppen im Statusaufbau der mittelalterlichen Stadt

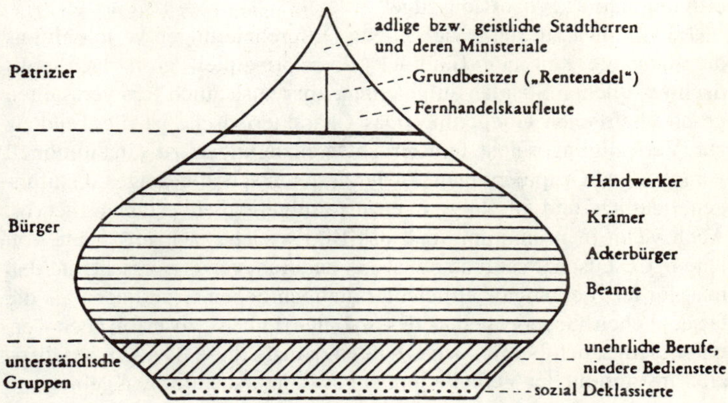

Die Herkunft regelte auch weitgehend den Zugang zu den in erster Linie ins Auge fallenden Untergliederungen der damaligen Zeit, den politisch-rechtlichen Ständen Geistlichkeit, Adel und Bauern bzw. Bürger. Diese Gliederung war aber keineswegs die einzige, die das gesellschaftliche Leben bestimmte. Sie wurde von weiteren Differenzierungen durchzogen und z.T. überlagert. So entwickelten sich in den Städten um spezifische Berufe herum Gruppierungen, die nicht zuletzt durch ihre straffe Organisation in Zünften und Gilden den Charakter von „durch Gesetz und Gewohnheit" gesicherten und im Ansehen deutlich gegeneinander abgestuften „Berufsständen" annahmen und einen entsprechenden Machtfaktor darstellten. Auf dem Lande kam es zu Differenzierungen nach der Besitzgröße und dem Grad der persönlichen Abhängigkeit.

Nach den mittelalterlichen Ordnungsvorstellungen sollten die Angehörigen eines Berufsstandes prinzipiell gleiche Daseinsbedingungen haben. Tatsächlich traf das jedoch nicht zu. Interne Statusdifferenzierungen entstanden z.B. dadurch, daß spezifische Leistungen für die Stadt durch Privilegien honoriert wurden. So wurden u.a. nach der Steuerleistung abgestufte Berechtigungen zum Tragen von Schmuck vergeben (s.o. Kap. 1.).[7] Auch besondere Leistungen im Rahmen der Verteidigung der Stadt – wie z.B. die Mitgliedschaft in Schützengilden – wurden belohnt, wie etwa durch das Recht zu bevorzugter Einordnung in die „Prozessionszüge".

Im Hinblick auf diese vielfältigen Differenzierungen vermittelt uns die damalige Zeit den Eindruck einer prinzipiell grob nach politisch-rechtlichen Ständen aufgeteilten, aber tatsächlich fein verästelten gesellschaftlichen Gliederung. Das Charakteristische ist die Tendenz zur Verfestigung selbst feinster Differenzierungen zu „institutionell verankerten" Gruppierungen. Dadurch treten schon geringe Abstufungen deutlich und in ihren Grenzen einigermaßen erfaßbar hervor. Auch wenn man annimmt, daß das Bild, welches wir uns heute von jenem Gesellschaftsaufbau machen, dadurch verzerrt erscheint, daß man für die Vergangenheit leichter die rechtlichen Grundlagen als die tatsächlichen Gegebenheiten des sozialen Lebens zu erforschen vermag, bleibt doch bezeichnend, daß es damals diese Tendenz zu diffiziler institutioneller Verankerung der sozialen Abstufungen gab.

---

7 Diese Regelungen zur Steuerung des „Luxus" sollten meist auch vermeiden, daß jemand „über seine Verhältnisse" lebte und dann evtl. der Stadt zur Last fiel.

Die Strukturlinien der Ständegesellschaft waren nicht ein für allemal festgelegt, aber sie wurden auch nicht willkürlich und rasch verändert. Daß sich die Ständegesellschaft über Jahrhunderte hinweg in den Grundzügen erhalten konnte, setzte das Vorhandensein starker bewahrender Kräfte voraus. Neben den schon erwähnten gesetzlichen Bestimmungen besaßen auch die berufsständisch gebundenen Vereinigungen (vor allem die Zünfte und Gilden als Zusammenschlüsse von Handwerkern und Kaufleuten) eine überwiegend konservative Prägung. Im Gegensatz zum heutigen Verbandswesen, das durchweg auf die Durchsetzung partieller Interessen der Mitglieder ausgerichtet ist, umschlossen sie den ganzen Menschen. Sie ordneten die wirtschaftlichen und beruflichen Belange, boten Geselligkeit und Erfahrungsaustausch, waren Institutionen der sozialen Sicherheit ebenso wie Träger religiöser Handlungen. In jedem dieser Lebensbezirke bemühten sie sich um ein spezifisch ständisches Profil und grenzten dadurch ihre Mitglieder von anderen Bevölkerungsgruppen ab. Recht drastisch kam z.B. die besondere „Ehre" eines Berufsstandes, sein Distanzierungsbedürfnis, in einem Spruch zum Ausdruck, den die Stralsunder Krämerinnung am Eingang zu ihrer Kirchenbank unter dem Relief eines Keulenschwingers anbringen ließ: „Wat ken kramer ist, de blief buten, oder ick schla em um de schnuten."

Eine entscheidende Stützung und Verfestigung erfuhr die Gliederung der Ständegesellschaft durch die damals vorherrschenden kirchlichen Anschauungen von der gesellschaftlichen Ordnung. Eine Fülle von Äußerungen belegt, daß die katholische Kirche ebenso wie später die evangelische die Ungleichheit der ständisch gegliederten Gesellschaft nachhaltig bejahte (vgl. *Tawney* 1946). Um 1450 hieß es z.B.: „Soll das gemeine Wohl keinen Schaden leiden, so muß ein jeder seinen besonderen Standespflichten treu nachkommen. So nimmt er auch nach seiner Arbeit den Lohn von Gott und nach diesem Leben weiteren Lohn dort oben" (*Ernst Groß*). In einer anderen Äußerung (*Honorius Augustodunus*) wurde die gottgewollte Ordnung mit einem Kirchenbau verglichen: „Die Fenster, die den Sturm abhalten und das Licht hereinlassen, sind die Lehrer, die Säulen, die das Gebäude tragen, die Bischöfe, die verbindenden Balken die Fürsten, die Dachziegel, die dem Regen wehren, die Ritter, der Bodenbelag aber, über den die Füße hinschreiten, versinnbildlicht das Volk, dessen Arbeit die Christenheit trägt und erhält."

Trotz ihrer Stabilität hat es auch in der Ständegesellschaft Verschiebungen und Bewegungen gegeben. Was die Statusverteilung oder den Zugang zu bestimmten Statusgruppen betrifft, so hat z.B. im Spätmittelalter der Kampf um die politischen Rechte in den Städten in vielen Orten zu Umschichtungen in den Herrschaftsverhältnissen und in der Statusverteilung geführt. Die patrizische Oberschicht war aus diesen und anderen Gründen einem gewissen personellen Wandel unterworfen: In Regensburg z.B. waren bis 1250 60 Familien als Patrizier anerkannt, bereits 1350 wies die Geschlechtertafel 70 Neuzugänge auf. In Straßburg kamen im Verlauf eines halben Jahrhunderts zu den 74 Patrizierfamilien 67 neue hinzu (*Planitz* 1954, 274).

Insbesondere die Gruppe der städtischen Fernhandelskaufleute rekrutierte sich keinesfalls nur aus den eigenen Reihen. Rekrutierungsfelder waren die Ministerialen der Städte, der Landadel, Handwerker und Krämer sowie schließlich „Gehilfen" der Kaufleute. Wurden die Ministerialen und der Landadel in ihren überkommenen Rechten geschmälert oder schrumpfte ihr Besitz durch Erbteilung, so wurde eine Erwerbstätigkeit notwendig, wenn die von der übrigen Bevölkerung abgehobene Lebenshaltung und der bisherige Status nicht verlorengehen sollten. Der Einstieg in den Fernhandel (oft die „stille Teilhaberschaft") wurde dann als am wenigsten anstößig empfunden. Krämer und Handwerker stiegen gelegentlich über mehrere Generationen hinweg Stufe um Stufe in die Fernhandelsgruppe auf. Ein charakteristischer Drei-Generationen-Weg war z.B. Weber->Gewandschneider->Textilkaufmann. Die Kaufmannsgehilfen schlossen z.T. schon während ihrer „abhängigen" Tätigkeit Geschäfte auf eigene Rechnung ab, legten ihr Geld gewinnbringend im Unternehmen des Prinzipals an und wurden evtl. als Teilhaber aufgenommen (vgl. *Gatz* 1941, 156 ff).

Im Hinblick auf Bewegungen in der Ständegesellschaft muß auch auf die Aufstiegsmöglichkeit innerhalb der Geistlichkeit und der Bedienstetengruppe des Adels sowie auf den ständigen, allerdings nur in manchen Perioden zahlenmäßig nennenswerten Zustrom zum Adel hingewiesen werden, der sich aus solchen Personen zusammensetzte, die wegen besonderer Verdienste geadelt wurden oder die sich sozusagen einkauften (Geldadel).

All diese Auf- und Abstiege veränderten das Gesamtgefüge sozialer Ungleichheit jedoch nur in Grenzen. Vergleicht man die ständische Gliederung der Bevölkerung Deutschlands im Hochmittelalter und zu Ende der Ständegesellschaft, so fällt vor allem die Umschichtung innerhalb der Bauernschaft auf. Der Anteil der Landarmen und Besitzlosen auf dem Lande wuchs. Die Gruppe der Hofbesitzer schrumpfte.

Diese Entwicklung war in Deutschland ausgeprägter als in vielen anderen Ländern Europas.

Tab. 2: Ständische Gliederung der Bevölkerung Deutschlands und Europas um 1550 und 1800 (in %)

	Deutschland		Europa	
Stand	1550	1800	1550	1800
Adel	1-2	1	1-2	1
Bürger	20	24	20	21
Bauern	80	75	78	78
a) Hofbesitzer	60	35	53	43
b) landarme und besitzlose Familien	20	40	25	35

(Quelle: *Mieck* 1993, 185)

3.2 Die frühindustrielle Gesellschaft

Im folgenden wird die Ablösung der Ständegesellschaft und die allmähliche Durchsetzung der Industriegesellschaft in Deutschland behandelt. Diese Zeit des Übergangs begann im Laufe des 18. und endete etwa nach dem ersten Drittel des 19. Jahrhunderts. In diesem Zeitraum blieben zunächst zwar wesentliche Strukturmerkmale der ständischen Gesellschaft noch erhalten. Sie erfuhren dann aber Veränderungen, die – rückblickend betrachtet – als Etappen auf dem Wege zur modernen Industriegesellschaft angesehen werden können.

Der Frühindustrialismus unterscheidet sich durchaus von der industriellen Gesellschaft. Bei dieser, die sich in Deutschland etwa ab den 1840er Jahren herausbildete, ist die entwickelte Industrie der Faktor, der die Gesellschaft als Ganzes (und auch die Strukturen sozialer Ungleichheit) prägt. Unter Frühindustrialismus wird hier dagegen jene Phase bezeichnet, in der sich die Ursachen und Wandlungsimpulse für die Industrialisierung herauskristallisieren.

3.2.1 Die Ablösung des Feudalismus

Eigentlicher Ort des sozialen Wandels und der Erosion der Ständegesellschaft waren die Städte. Damit sich dort diese Entwicklung durchsetzen konnte, war indessen auch im ländlichen Bereich Wandel nötig.

Das 18. Jahrhundert war eine Zeit rapiden Bevölkerungswachstums. Man erholte sich von den Folgen der Pestjahre und des Dreißigjährigen Krieges. Die erforderliche Erhöhung der Nahrungsmittelproduktion war jedoch mit den überkommenen Strukturen und Methoden nicht zu bewerkstelligen: Insbesondere die feudalen Leistungspflichten der Bauern erlaubten weder intensive landwirtschaftliche Tätigkeiten noch agrarische Innovationen. In der Folge kam es daher zu tiefgreifenden Veränderungen in der Agrarwirtschaft, die weitere Bevölkerungsvermehrungen ermöglichten.

Die Bauernbefreiung

Aufbauend auf Forderungen nach ökonomischer und persönlicher Freiheit wurde die Bauernbefreiung durchgesetzt. Sie fand in Deutschland in der Zeit von 1780 bis 1850 statt. Die Bauern wurden aus den persönlichen Bindungen der Leibeigenschaft oder der Erbuntertänigkeit befreit. Die Grundherrschaft wurde zusammen mit der Grundherrengerichtsbarkeit sowie den Abgaben, Natural- und Fronleistungen an den Grundherren abgeschafft. Den Bauern wurde Boden, Gebäude und Inventar der Ländereien als Eigentum übertragen, die sie vorher für die Grundherren bewirtschaftet hatten.

Der Boden, der dem Grundherren gehört hatte und den die Bauern für diesen bewirtschaftet hatten, wurde entweder zwischen Bauern und ehemaligen Grundherren aufgeteilt, wobei der Bauer zwischen einem Drittel und der Hälfte erhielt. Allerdings waren dabei jene Bauern mit einer geringen Hofgröße (die Kleinstellenbesitzer) benachteiligt. Die kleinen Bodengüter konnten eine ausreichende Existenzsicherung nicht gewährleisten, infolgedessen waren diese Bauern, wenn sie überhaupt den Hof halten konnten, auf andere Einkommensquellen angewiesen, zum Beispiel aus dem dörflichen Verlagswesen (s.u.). Oder die Bauern erhielten in einer anderen Variante der Bodenreform die gesamte Landfläche, mußten jedoch dafür Ablösezahlungen leisten. Es waren Laufzeiten bis zu 50 Jahren vereinbart. Da die letzten Reformen 1850 stattfanden, war dieser Prozeß erst gegen Ende des 19. Jahrhunderts beendet.

Die Reformen insgesamt ermöglichten eine bessere und intensivere Nutzung der Ländereien. Die größeren Flurflächen schufen die Bedingungen für die Einführung neuer Produktionsmethoden (zum Beispiel den Übergang zu einer verbesserten Drei-Felder-Wirtschaft oder zur Fruchtwechselwirtschaft).[8]

Für viele Bauern, im besonderen für Kleinbauern, entstanden freilich neue wirtschaftliche Abhängigkeiten. Ihre Erträge reichten oft nicht aus, um den ehemaligen Grundherrn die finanzielle Entschädigung für die Übertragung von Bodeneigentum zu bezahlen. Hierdurch gerieten Bauern oft in Schulden und mußten einen Teil des zunächst zugeteilten Landes dem ehemaligen Grundherren als Entschädigung zurückgeben. Oder sie konnten die Höfe überhaupt nicht mehr halten und gerieten als Landarbeiter erneut in gutsherrliche Abhängigkeit.

Auch aufgrund des Bevölkerungswachstums nahm die landarme und landlose Bevölkerung weiterhin zu. Sie verfügte über nichts anderes als ihre Arbeitskraft und versuchte, sich durch Lohnarbeit als Tagelöhner bzw. Landarbeiter zu versorgen. Es entstand eine große Zahl an Arbeitskräften, die auf dem Land kein Auskommen hatten. Sie suchten (und fanden zum Teil) im sich ausweitenden städtischen Gewerbe Lohn und Brot. Die Produktionssteigerung der Landwirtschaft erlaubte die Versorgung dieser Arbeitskräfte mit Agrarprodukten (vgl. *Henning* 1973, 37ff).

Der Merkantilismus

In den Städten hatte sich bis zum 18. Jahrhundert ein entwickeltes System von Handel und Gewerbe etabliert. Die Interessen der Handel- und Gewerbetreibenden und der Fürsten nach Festigung ihrer Macht fanden ihren gemeinsamen Ausdruck in einer aktiven staatlichen Wirtschaftspolitik, dem Merkantilismus. Dieser sollte die Wirtschaft im eigenen Land mit Hilfe von Zollpolitik und Verbesserung der Infrastruktur durch systematische Förderung einzelner Wirtschaftszweige stärken. Allgemeines Ziel war es, Exportüberschuß und eine aktive Handelsbilanz zu erreichen (vgl. *Henning* 1974, 238ff).

Das Gebiet des heutigen Deutschland war im ausgehenden 18. Jahrhundert in viele Staatsgebilde unterteilt. Eine einheitliche Wirtschaftspolitik gab es nicht. Allerdings bildete sich in vielen deutschen Territorien eine gemeinsame Variante des Merkantilismus heraus, der Kameralismus. Er sollte die fürstlichen Vermögen und Einnahmen verbessern,

---

8 Diese neuen Formen der Felderwirtschaft beugten einer einseitigen Auslaugung des Bodens vor, indem auf der selben Ackerfläche abwechselnd unterschiedliche Pflanzen angebaut wurden.

die fürstlichen „Kammern" stärken. Man richtete neue Gewerbezweige ein und förderte solche mit einstweilen noch geringer Bedeutung. Es ging um die Erschließung der überregionalen Märkte – das Handwerk befriedigte im wesentlichen nur die lokalen – und um ein ausreichendes Angebot für Großabnehmer, in erster Linie für die Armee. So wurde durch Ansiedlung von ausländischen Bevölkerungsgruppen mit entsprechenden Fertigkeiten (z.B. der in Frankreich verfolgten Hugenotten) die Produktion von Luxustextilien oder von Waffen vorangetrieben.

Die absoluten Fürsten förderten neue „Unternehmer" und private wirtschaftliche Initiative, soweit dies ihrem Wohlstand und dem ihres Landes diente. In solchen Fällen wurden die starren Zunftschranken durch Konzessionen und Privilegien durchbrochen. Befähigte Handwerksmeister sahen sich von einengenden Fesseln befreit und erlebten als „Freimeister" einen beruflichen und sozialen Aufstieg – allerdings oft unter Bevormundung durch die fürstlichen Förderer. Es entstanden neue Organisations- und Produktionsformen: die Manufaktur und das Verlagswesen.

Die *Manufaktur* war ein auf Massenproduktion ausgerichteter, meist weiterverarbeitender gewerblicher Großbetrieb. Hier war zwar noch ein geringer Grad an Mechanisierung und viel Handarbeit zu finden, aber schon ein hohes Maß an Arbeitsteilung. Vor allem dies unterschied Manufakturen von zunftgebundenen Handwerksbetrieben, in denen ein Produkt, z.B. ein Schuh, von einem Handwerker von Anfang bis Ende hergestellt wurde. In der Manufaktur hingegen wurde für jede Produktionsstufe eine andere, spezialisierte Arbeitskraft eingesetzt. Bei Kunstmöbeln, wie z.B. einem Sessel, wurde bspw. die Lehne von einem Arbeiter, die Ornamente darauf von einem anderen, der Bezug wiederum von einem anderen usw. hergestellt.

Was Arbeitsteilung und Organisation betrifft, kann die Manufaktur als Vorläufer der modernen Fabrik gelten. Die Bedeutung der Manufaktur für die spätere Industrialisierung liegt hauptsächlich in der Trennung von Produktionsleitung und Ausführung, in der Trennung des Wohn- und Arbeitsplatzes für den Arbeiter und im hohen Maß an Arbeitsteilung. Durch die Aufspaltung des Produktionsprozesses in immer wieder gleich zu verrichtende Teilarbeiten entstanden Anlerntätigkeiten, die auch von nicht Ausgebildeten, z.B. von Landarbeitern, Frauen und Kindern, ausgeübt werden konnten.

Noch wichtiger für die Industrialisierung war das *Verlagssystem* bzw. Mischformen von Manufaktur und Verlagswesen. Beim Verlagswesen handelte es sich um eine Organisationsform, bei der der Betrieb zwar unter der Leitung eines Unternehmers steht, die Produktion (u.a. Spielwaren, Glas, Schmuck) jedoch – im Gegensatz zur Manufaktur – durch angeworbene Arbeitskräfte in ihren eigenen Wohnungen erfolgte. Üblicherweise konnten die Arbeitkräfte die produzierten Güter nur dem Verlagseigner verkaufen.

Manufaktur und Verlagswesen haben (vgl. *Kromphardt* 1991, 51ff.) der modernen Fabrik den ökonomischen und organisatorischen Boden bereitet. Massenhafte Warenproduktion, Arbeitsteilung, lohnarbeitsähnliche Arbeitsverhältnisse und Kapitalakkumulation waren hier schon gegeben.

Die Gewerbefreiheit

Das starre System der reglementierenden Zünfte und Gilden (vgl. 3.1.2.) blockierte die Ausdehnung der Wirtschaft. Als Hemmschuh wirkte dabei erstens die Beschränkung der Betriebe auf eine bestimmte Anzahl. Zweitens behinderte das Konzessionsrecht staatlicher oder städtischer Behörden zur Eröffnung neuer Betriebe das Wirtschaftswachstum. Hierbei standen nicht ökonomische Marktgesichtspunkte bzw. die Nachfrage im Vordergrund, sondern die Interessen des zünftischen Handwerks und Gewerbes. Drittens war die Produktivität aufgrund der geringen Arbeitsteilung und Spezialisierung niedrig.

Zünfte und Gilden mußten zudem in Konflikt mit den neuen, nicht nach zünftischen Regeln organisierten Gewerbezweigen geraten. Diese bedrohten die herkömmlich organisierten Betriebe mit ihrer überlegenen Leistungsfähigkeit, beruhend auf neuen Produktionsweisen mit hohem Spezialisierungsgrad, großer Arbeitsintensität, verbesserten Arbeitsinstrumenten und hoher Kapitalkraft. Viele der in Zünfte und Gilden organisierten Werkstätten und Läden mußten aufgeben. Diese Freisetzung von Arbeitskräften ermöglichte wiederum die Entwicklung der Industrie durch Bereitstellung eines Arbeitskräftepotentials, der künftigen Lohnarbeitskräfte (vgl. *Henning* 1978b, 147ff.).

Eine wichtige Station auf dem Weg zur industriellen Gesellschaft war daher die Durchsetzung der Gewerbefreiheit. In vielen deutschen Staaten (so in Preußen 1807) wurde zu Beginn des 19. Jahrhunderts die Zulassung zur Gründung eines Gewerbebetriebes erleichtert. Die Zünfte wurden abgeschafft. Etwa zeitgleich erfolgten weitere Reformmaßnahmen, z.B. die Einrichtung von Fachministerien (Inneres, Finanzen,

Justiz, Äußeres und Krieg) für das gesamte Staatsgebiet, die Wahl von Stadtverordneten, die ihrerseits den Magistrat bestimmten (das Bürger- und damit Wahlrecht hatten nur Grundstücksbesitzer und selbständige Gewerbetreibende) und die Einführung der allgemeinen Wehrpflicht.

In den napoleonisch besetzten Gebieten fanden zur gleichen Zeit ähnliche Reformen statt. Mit der Niederlage Frankreichs 1815 und der restaurativen Neuordnung nach dem Wiener Kongreß wurden zwar manche Maßnahmen rückgängig gemacht, zum Teil auch die Bauernbefreiung in den ehemals französisch besetzten Gebieten. Trotzdem lebten Veränderungsbestrebungen fort. Erst nach den revolutionären Ereignissen von 1848 setzten sich in allen deutschen Staaten die Gewerbefreiheit (Sachsen 1861, Baden 1862, Württemberg 1862, Bayern 1868) und die Bauernbefreiung endgültig durch.

Ideenhintergrund

Dieser Wandel wurde von gedanklichen Konzeptionen vorbereitet und begleitet. *Liberale Ideen* von persönlicher Freiheit begannen sich seit dem 17. Jahrhundert durchzusetzen und legten den geistigen Grund für eine radikale Änderung der bis dahin herrschenden Wirtschafts- und Gesellschaftsordnungen. Die Denker des Liberalismus, unter denen *Thomas Hobbes, John Locke, Montesquieu, Jean-Jacques Rousseau, Adam Smith und auf deutschem Gebiet G. W. F. Hegel, Immanuel Kant und Lorenz v. Stein* herausragten, forderten die Befreiung von obrigkeitsstaatlicher und zünftischer Reglementierung. Lasse man nur dem einzelnen seine Handlungsfreiheit, so argumentierten sie, dann werden Egoismus und Erwerbssinn, Selbsterhaltungstrieb und Vernunft zu einer erheblichen Steigerung der Aktivität der einzelnen auf den Gebieten führen, auf denen sie Leistungen anzubieten haben. Diese Arbeitsteilung fördere die Produktivität. Vielfältige Tauschbeziehungen werden sich entwickeln. Entlohnungen und Güter werden sich endlich „gerecht“, nämlich der individuellen Leistung entsprechend, verteilen. Auf der Basis des materiellen Wohlergehens vieler einzelner werde sich das Wohl der gesamten Gesellschaft entfalten. Die „unsichtbare Hand“ des Marktes werde die vielen Einzelinteressen unbeabsichtigt zum gesellschaftlichen Gesamtnutzen verbinden (vgl. *Smith* 1974). So könne in Wirtschaft und Politik der größte Vorteil für alle erreicht werden.

Zusätzlich hatte mit dem *Protestantismus* eine Ethik Verbreitung gefunden, die das Prinzip der Zweckrationalität im Alltagsleben, insbesondere im Wirtschaftsleben verbreitete. Die protestantische Ethik war im Ergebnis von der Vorstellung geprägt, daß das Auserwähltsein durch Gott sich in irdischem Erfolg und Reichtum niederschlage. Aus dieser Auffassung ergab sich alltägliches Streben nach Erfolg und Reichtum (nicht Luxus) und in Unternehmen die Absicht, Gewinn zu erwirtschaften. Mittel hierzu waren ein hohes Arbeitsethos und eine asketische Lebensführung. Arbeit und Gewinnmaximierung wurden zum Selbstzweck. „Die innerweltliche protestantische Askese (...) wirkte (...) gegen den unbefangenen Genuß des Besitzes, sie schnürte die Konsumtion, speziell die Luxuskonsumtion, ein. (...) Sie sprengt die Fesseln des Gewinnstrebens, indem sie es nicht nur legalisierte, sondern (...) direkt als gottgewollt ansah." (*Weber* 1991, 190)

Arbeit in Verbindung mit Sparsamkeit, eine ökonomisch-rationale Lebensführung also, ermöglichte Kapitalbildung und förderte die Entstehung des modernen Kapitalismus. Die protestantische Ethik fand so zwar ihren sichtbarsten Ausdruck in der ökonomischen Sphäre.[9] Darüber hinaus wurde aber auch die gesamte Lebensführung zunehmend nach rationalen Gesichtspunkten gestaltet. Keine Gelegenheit wurde ausgelassen, um Tüchtigkeit zu dokumentieren, Erfolg und Reichtum zu erwerben und sich auf diese Weise der Gottgefälligkeit zu versichern. Auch nach dem Wegfall der ursprünglich religiösen Impulse blieb diese „protestantische Ethik" das Prinzip der Lebensführung vieler Menschen.

Sozioökonomische Entwicklungen

Die sozioökonomischen Weiterentwicklungen im Laufe des Frühindustrialismus waren erheblich. Sie lassen sich allein daran erkennen, daß zwischen 1800 und 1846 die Bevölkerung in Deutschland um etwa 45%, die Zahl der gewerblich Tätigen um 80% anstieg (*Sachße/Tennstedt* 1980, 191).

---

9 Allerdings fand sich Protestantische Ethik nicht nur innerhalb der protestantischen Konfession. Auch nicht-protestantische Kaufleute etc. wollten Gewinn erzielen und akkumulierten Kapital. Festzustellen ist lediglich eine besondere Affinität des Protestantismus zur Gewinnmaximierung, was günstige Bedingungen für Kapitalbildung bot. Die protestantische Ethik wirkte über die protestantische Konfession hinaus und setzte sich als attraktives Lebensprinzip durch (vgl. *Le Goff* 1993, 81ff).

Dennoch war Deutschland im Vergleich zu anderen europäischen Ländern in mehrfacher Hinsicht in seiner Entwicklung zurückgefallen. Es blieb noch weit bis ins 19. Jahrhundert hinein überwiegend agrarisch geprägt. Zum einen nämlich besaß es keine überseeischen Kolonien, die anderen Ländern hervorragende Bedingungen zur Kapitalbildung lieferten. Zum andern verringerte eine Vielzahl konkurrierender Territorialgewalten die wirtschaftlichen Impulse der Gewerbefreiheit. Erst sehr spät (1871) wurde die Zergliederung in viele Territorien überwunden und so die Voraussetzung für eine umfassende Industrialisierung geschaffen.

Im weiteren sollen die wichtigsten Veränderungen des Gefüges sozialer Ungleichheit in der frühindustriellen Gesellschaft skizziert werden.

3.2.2 Die Ungleichheit auf dem Land

Der Adel

Der Adel (rund 1% der ländlichen Bevölkerung) stellte die Elite der Ständegesellschaft dar und genoß umfassende rechtliche, politische und soziale Vorteile. Drei Entwicklungen minderten freilich seine Macht.

Erstens büßte der Adel schon in der vorindustriellen Zeit durch die Ausdehnung der zentralen staatlichen Gewalt viel von seiner Macht ein. Mit dem Emporkommen des Absolutismus erlangten die fürstlichen Landesherren mehr Macht, die der restliche Adel ihnen abgeben mußte, teils durch Androhung militärischer Gewalt, teils durch Gegenleistung. Die Gegenleistung bestand häufig in der sog. Allodifikation, d.h. der Verleihung des vollen Eigentums an Boden an die Adligen, was in weiten Teilen Deutschlands bereits im 18. Jahrhundert verwirklicht worden war. Der Absolutismus schwächte so den Adel politisch, überließ ihm jedoch zugleich Kapital an Grund und Boden. Dies bot Adligen prinzipiell die Möglichkeit, am (agrarischen) Wirtschaftsleben teilzunehmen.

Zweitens hatten im Zuge der liberalen Reformen zu Beginn des 19. Jahrhunderts (s.o.) die Bauernbefreiung und die Aufhebung der Grundherrschaft zur Beseitigung rechtlicher Abhängigkeiten, zum Wegfall des Gesindezwanges und der bäuerlichen Dienstleistungen für den Adel geführt. Der Wille des Feudalherren konnte qua Recht nicht weiter diktiert werden. Weiterhin konnte der Adel nicht mehr zwangsläufig mit wirtschaftlichen Leistungen seiner Abhängigen rechnen.

Drittens hatten Handel und Gewerbe, damit auch Geld an Bedeutung gewonnen. Der Adel konnte sich auf Dauer dem Druck der merkantilistischen Wirtschaftspolitik und dessen Ergebnis, der Frühindustrialisierung, nicht entziehen. Zwar wurde aufgrund der Ablösezahlungen (und steigender Agrarpreise) die Vermögenssituation des Adels zunächst gestärkt. Es ergab sich jedoch keine grundlegende Verbesserung seiner Vermögensverhältnisse, da wegen des Zwangs zu einer „standesgemäßen Lebensführung" häufig der überwiegende Teil der Einnahmen in den Verbrauch floß. Es kam schließlich zu einer wachsenden Verschuldung zahlreicher Adelsgüter vor allem in Ostdeutschland und mithin zum Verkauf von Adelsgütern. Gerade im Niederadel gab es Verarmungstendenzen. 1800 sollen in Ostdeutschland bereits 13% der Adelsgüter in bürgerlichen Händen gewesen sein, 1850 waren es bereits 43%, 1880 waren 64% bürgerlich (vgl. *Wehler* 1987a, 153; *Wehler* 1987b, 151; *Henning* 1978a, 60).

Die luxuriöse aristokratische Lebensführung mit der entsprechenden Etikette und dem zugrundeliegenden materiellen Wohlstand repräsentierte seit jeher den Herrschaftsanspruch des Adels und sicherte ihn symbolisch ab. Im 18. und frühen 19. Jahrhundert konkurrierte der Adel immer mehr mit dem Bürgertum, das nun häufig ebenfalls über die monetären Möglichkeiten verfügte, sich Wohlstand und adelige Symbole privilegierter Lebensführung anzueignen. Ein Ausdruck davon war eben der Kauf von Adelsgütern durch Bürgerliche.

Der Adel war nun gezwungen, sich selbst in die Geldwirtschaft zu begeben. In Süddeutschland war Großgrundbesitz selten. Hier konnten die Adligen nicht von agrarischer Eigenwirtschaft leben. Sie mußten auf die Geldleistungen der Bauern zurückgreifen und in der Verwaltung bzw. beim Militär ihr finanzielles Einkommen sichern. In Nordostdeutschland dagegen konnten nicht wenige Adlige, die ausreichend (Groß-)Grundbesitz besaßen, die Eigenwirtschaft erweitern. Aber auch sie mußten nun wirtschaftlich denken und handeln, so daß sie im Grunde von einem Stand zu einer (Besitz-)Klasse wurden.

Darüber hinaus drängten Bürgerliche langsam in ehemals angestammte aristokratische Sphären wie in die staatliche Verwaltung und die Jurisprudenz. Dennoch blieben Adeligen durchaus exklusive Reservate, z.B. Offizierspositionen und manche hohen Verwaltungsstellungen.

Vom Erwerbsleben (mit Ausnahme der Agrarwirtschaft) hatte sich der Adel selbst ausgeschlossen und so das Mithalten mit dem Bürgertum selbst vereitelt. Allerdings verlor der deutsche Adel Einfluß und Herrschaft im internationalen Vergleich (besonders zu Frankreich und England) recht spät. Erst mit der Weimarer Verfassung von 1919 wurde der Adel auch rechtlich als Stand aufgehoben.

Bauern

Wie erwähnt, hatte die Zahl der Landarmen und Landlosen in Deutschland schon in der Ständegesellschaft, insbesondere seit dem 18. Jahrhundert zugenommen. Anfang des 19. Jahrhunderts stellten die landbesitzenden Bauern nurmehr eine Minderheit (ca. 30%) der ländlichen Bevölkerung dar (vgl. *Wehler* 1987b, 159ff.).

Die Bauern hatten durch die Agrarreformen und die Bauernbefreiung eine rechtliche Besserstellung erfahren. Sie waren von da an nicht mehr gezwungen, die vielfältigen Dienste wie Fronarbeit etc. zu leisten und konnten sich auf die rein landwirtschaftliche Arbeit auf ihren Ackerflächen konzentrieren. Ein Teil der Kleinbauern war aber mit seinen zu kleinen Nutzflächen und entsprechend geringen Erträgen dazu nicht in der Lage und verlor seinen Boden.

In einigen Regionen wurde die Situation durch das Erbrecht verschlimmert, das eine Zersplitterung der Ländereien bewirkte (vgl. *Henning* 1978a, 55ff.). Im Gegensatz zum v.a. in Norddeutschland bestehenden Recht, das den geschlossenen Besitz vererben ließ, galt in Süd(west)deutschland das Realteilungsrecht, das die Aufteilung des Besitzes unter allen Nachkommen vorschrieb. Gerade in Nordwestdeutschland und Ostdeutschland existierten deshalb große Bauernhöfe, während in Süddeutschland kleinere Einheiten dominierten.

Insgesamt besaßen jene Bauern, die schon vor der Regulierung größeren Bodenbesitz besaßen, bessere ökonomische Voraussetzungen, Wettbewerbsvorteile und höhere Erträge, was sie zum Teil in die Lage versetzte, ihre Bodenfläche weiter zu vergrößern. Diese Großbauern entwickelten auch einen spezifischen Lebensstil. Dies schlug sich in einer bäuerlich-dörflichen Statushierarchie nieder, mit den Großbauern oben und den Landlosen unten (vgl. *Wehler* 1987b, 161ff.).

Die Sterblichkeit, insbesondere die Kindersterblichkeit, sank auch auf dem Lande infolge der verbesserten medizinischen Kenntnisse und zunehmend beachteter Hygiene. Dies führte angesichts anhaltend hoher Kinderzahlen dazu, daß die ländliche Bevölkerung wuchs. Auf deutschem Gebiet lebten 1780 21 Mio. und 1850 35 Mio. Einwohner (*Henning* 1973, 17). Dabei ist vor allem die landarme und landlose Bevölkerung bis hin zur Überzahl gewachsen. Sie machte zu Beginn des 19. Jahrhunderts etwa 70% der gesamten Landbevölkerung aus.

Im Zusammenhang hiermit wuchs die Armut auf dem Lande. Sie wurde durch die Bauernbefreiung noch vermehrt. Nachdem der Landbesitz Mitte des 19. Jahrhunderts im Zuge der Bauernreformen verteilt war, gesellten sich zu den vielen Landarmen und Landlosen diejenigen, die als Kleinbauern nicht in der Lage gewesen waren, die Ablösezahlungen für ihre Höfe zu leisten. Unter dem Landproletariat war die *landarme Bevölkerung*, die zu wenig Land besaß, um sich voll zu versorgen, und daher zusätzlich der Lohnarbeit nachgehen mußte, gegenüber den *Landlosen* immer noch im Vorteil. Selbst ein geringer Landbesitz verlieh ihnen neben Ansehen und Selbstbewußtsein auch dörfliche Rechte und v.a. Nahrungsmittel. Die landlose Bevölkerung dagegen wohnte und verdingte sich auf Gütern und Höfen.

Nach der Bauernbefreiung durfte und mußte sich das Landproletariat gegen Lohn verdingen, um leben zu können. Aus einem Teil bildete sich die *Landarbeiterschaft.* Ein anderer Teil, die *Tagelöhner*, hatte nur wechselnde Arbeitsmöglichkeiten und konnte kein permanentes, saisonunabhängiges Einkommen erzielen. Die Löhne selbst waren gering. Oft wurden sie in Form von Naturalien ausgezahlt. Häufig reichten sie zur Existenzsicherung nicht aus (vgl. *Henning* 1978a, 67ff.). In Schlesien z.B. wurde für die vierziger Jahre das Existenzminimum einer Familie auf 141 bis 174 Taler pro Jahr geschätzt, während eine Tagelöhnerfamilie lediglich auf 60 bis 80 Taler kommen konnte (vgl. *Wehler* 1987a, 168).

Ein großer Teil des Landproletariats arbeitete im späteren 19. Jahrhundert dann auch in der Gewerbewirtschaft, hauptsächlich im dörflichen Verlagswesen (s.o.). Wann auch das Überangebot an Arbeitskräften auf dem Lande förderlich für die Entwicklung des Gewerbes war (vgl. *Kocka* 1990a, 87ff), konnte weder die Landwirtschaft, noch dörfliches oder städtisches Gewerbe alle unterbäuerlichen Gruppen aufnehmen. Große Teile der landlosen Bevölkerung litten Not. In Bayern sollen manches Mal bis zu 80% der Landbevölkerung auf Almosenempfang angewiesen gewesen sein. Ein Teil fristete als (umherziehende) Bettler sein Leben. Ein anderer, nicht zu unterschätzender Teil wanderte aus. Von 1816 bis 1847 emigrierten immerhin 600 000 Deutsche, überwiegend in die USA (vgl. *Wehler* 1987a, 17).

3.2.3 Die Ungleichheit in der Stadt

Das Bürgertum

In der Phase der frühindustriellen Gesellschaft verloren auch das Patriziat und der adelsähnliche Teil der Stadtbevölkerung allmählich ihren Einfluß. Im Zuge des prosperierenden Handels und Gewerbes setzte sich das Bürgertum langsam aber sicher an die Spitze des städtischen Schichtungsgefüges (vgl. *Wehler* 1987b, 177ff.; *Wehler* 1987a, 174ff.; *Haltern* 1985, 89ff). Innerhalb des Bürgertums unterschied man bald mehrere Teilgruppen. Wurde in der vorindustriellen Gesellschaft die mittelständische Schicht der Handwerker, Krämer und städtischen Beamten einheitlich als „Bürger" bezeichnet, so differenzierten sich bereits während der frühindustriellen Phase die Bürger und die städtische Mittelschicht der *Kleinbürger* aus. Dabei traten zwei Gruppen von Bürgern zu Tage. Das *Bildungsbürgertum* besetzte einflußreiche, mit hohem Prestige versehene Positionen in der Administration und Rechtsprechung. Das *Besitzbürgertum* stand an der Spitze von Handelshäusern und großen Gewerbebetrieben.

Das *Bildungsbürgertum* entstand vor allem durch die Zentralisierung und Ausdehnung landesherrlicher Politik. Besonders wichtige Bereiche, die neue Berufs- und Aufstiegsmöglichkeiten schufen, waren das Finanz- und Steuerwesen, die militärische Administration, die Rechtsprechung und das Schulwesen. Diese und andere Bereiche schufen die Arbeitsfelder für Verwaltungsbeamte, Professoren und Lehrer, Juristen, Mediziner, Theologen etc.

Bedingung für die Besetzung dieser Positionen war ein hoher Bildungsgrad. Überhaupt rückte Bildung zunehmend in das Zentrum gesellschaftlicher Aufmerksamkeit, nicht nur als wirtschaftliche Ressource, sondern als Wert an sich. Das neuhumanistische Bildungsideal *Wilhelm von Humboldts* (1767 – 1835) brachte dies zum Ausdruck.

Bildung sollte die persönlichen Freiheitsgrade erweitern und die Grundlage für sittlich-moralisches Handeln liefern. Dies galt jedoch für die jeweiligen Stände und Klassen in unterschiedlichem Maße. Insbesondere für Bürger und ihre Kinder wurde Bildung zum Mittel des Aufstiegs und der Angleichung an die ehemaligen Oberschichten und zur Statusbarriere nach unten.

Häufig waren es Bildungsbürger, die die Gedanken und Absichten der Aufklärung verbreiteten. Sie wandten sich gegen überkommene Unfreiheiten und Geburtsprivilegien, nicht zuletzt, um auch für sich selbst gerechte Teilhabe an gesellschaftlichen Gütern zu erlangen.

Das *Besitzbürgertum* kam durch expandierenden Handel, Verlagsunternehmen, Manufakturen und Banken zu Wohlstand, entwickelte ein entsprechendes Selbstbewußtsein und forderte soziales Ansehen ein. Wie beim Bildungsbürgtum lag auch bei ihm ein hoher Selbstrekrutierungsgrad vor: Von 77 Berliner Unternehmern im Zeitraum von 1830 bis 1870 kamen 80% aus Familien von Fabrikanten, Kaufleuten und Bankiers, 8% hatten Bildungsbürger als Eltern und 12% kamen aus dem Kleinbürgertum (*Wehler* 1987b, 186f).

Freilich gab es Konflikte und Abgrenzungsversuche zwischen den verschiedenen Bürgergruppen. Das Bildungsbürgertum schaute oft verächtlich herab auf die profitorientierten, durch schnöde materielle Mittel emporgekommenen Händler und Kaufleute und grenzte sich durch besondere Betonung der Bildung als kulturellen Lebensstil ab. Umgekehrt sah das Besitzbürgertum nur ökonomischen Erfolg als Leistung an, den Bildungsbürger natürlich nicht in entsprechendem Maße vorweisen konnten.

Gleichwohl war einem Großteil des Bürgertums, das insgesamt nur 2 bis 5% der städtischen Bevölkerung umfaßte, das Bemühen gemeinsam, sich von anderen Gruppierungen abzugrenzen. Gegenüber dem Adel wurde die Bedeutung von Bildung, Leistung, Arbeit und Persönlichkeit betont. Von Unterbürgerlichen setzte man sich durch statusbewußte Lebensweise und Wohlstand ab.

Im Laufe der weiteren Entwicklung des 19. Jahrhunderts sollte das Bürgertum zur dominierenden Gruppe der Stadt, später gar der Gesellschaft werden. Es verfügte über wachsenden ökonomischen Einfluß und bestimmte zunehmend das soziale und kulturelle Wertesystem.

Das Kleinbürgertum

Das „Kleinbürgertum" machte zu Anfang des 19. Jahrhunderts 10 bis 20% der städtischen Bevölkerung aus. Hierzu gehörten Kaufleute und Händler, Handwerker, Gastwirte mit wenigen Mitarbeitern und kleine bis mittlere Beamte. Hauptsächlich diese Gruppe war im Frühindustrialismus vielfältigen Wandlungsprozessen und Veränderungen unterworfen. Erst in der industriellen Gesellschaft bildeten sich stabilere Muster heraus.

Die vormals geschützte Stellung in den sichernden Gemeinschaften der Zünfte und Gilden ging verloren (*Sachße/Tennstedt* 1980, 188ff.). Vor allem die Handwerker konnten mit dem Verlagswesen und den Manufakturen bzw. den neuen Gewerbezweigen und Freimeistern oft nicht mithalten. Schon wegen der geringen Betriebsgrößen – viele Handwerker wirtschafteten lediglich als Einzelmeister ohne Gehilfen – waren sie im Nachteil (*Henning* 1978b, 147ff.). Bis zu den 1840er Jahren stellte insbesondere die Gewerbefreiheit die entscheidende Bedrohung für Handwerker dar. Die Industrie und der technologische Fortschritt traten erst mit der eigentlichen Industrialisierung ab diesem Zeitpunkt als Konkurrent auf.

Insgesamt lebten die selbständigen Handwerker oft verarmt und fristeten eine kärgliche Existenz. Längst nicht alle zählten zu den Mittelschichten. In vielen Gewerben (insbesondere der Schuhmacher und Schneider) wurden bis zu einem Drittel Arme gezählt (Göttingen 1763-1861: vgl. *Sachse* 1981; Kiel 1800-1867: vgl. *Brockstedt* 1981). Zusammen mit den Landarbeitern entstand hier ein Potential für zukünftige Arbeiter in der späteren Industrie (vgl. *Fischer* 1982, 65).

Zusätzlich zu ihren ökonomischen Verlusten büßten besonders die Handwerker an Prestige ein. Sie hatten weder den wirtschaftlichen Erfolg der Besitz-, noch die Qualifikation der Bildungsbürger aufzuweisen. Anderen kleinbürgerlichen Gruppen, z.B. Händlern und Beamten, ging es zwar wirtschaftlich oft nicht besser als Handwerkern (*Kocka* 1990b, 76ff). Ihre Tätigkeit genoß aber häufig höheres Prestige (*Haltern* 1985, 73).

Unterbürgerliche Gruppen

Die unterbürgerlichen Gruppen stellten in der frühindustriellen Gesellschaft die Mehrheit der städtischen Bevölkerung (40 bis 70%). Zu ihnen gehörten Dienstboten, Gesindeleute, Arbeiter im Gewerbe, mittellose Tagelöhner, Arbeitslose, Arbeitsunfähige und Bettler. Das Bevölkerungswachstum hatte vor allem auf dem Land mit den Tagelöhnern eine große Zahl billiger Arbeitskräfte geschaffen, von denen viele in der Hoffnung auf Lohn und Brot in die Stadt geströmt waren. Mangels Arbeitsplätzen – die zügige Industrialisierung begann in Deutschland erst Mitte des 19. Jahrhunderts – gelang es ihnen oft nur, Gelegenheitseinkommen zu erzielen.

Wenn die Entlohnung nicht ausreichte, waren sie zusätzlich auf Almosen und Betteln angewiesen. Die klassischen Armenfürsorgeinstrumente, zum Großteil noch aus dem Mittelalter stammend, reichten zur Versorgung längst nicht mehr aus. Somit war von der ausgehenden Ständegesellschaft bis zum Beginn der Industrialisierung in den 1840er Jahren der „Pauperismus" eine wesentliche Erscheinung der Sozialstruktur Deutschlands. Diese Form der Massenverarmung trat auch in anderen europäischen Ländern auf. Im Gegensatz zu England – von wo dieser Begriff übernommen wurde – zeigte sich der Pauperismus in Deutschland in seiner schärfsten Form aber bereits vor dem Beginn der eigentlichen Industrialisierung (vgl. *Geremek* 1988; *Fischer* 1982, 56ff.).[10]

Die gewerblichen Arbeiter der Frühindustrialisierung waren die Vorläufer der modernen Arbeiter der industriellen Gesellschaft. Die Lohnarbeitsbedingungen disziplinierten die Arbeitskräfte und gewöhnten sie an das rationalisierte Arbeiten im frühindustriellen Betrieb. So wurde die Rekrutierung von Arbeitskräften der modernen industriellen Betriebe vorbereitet (*Kocka* 1990b, 373ff).

Da die frühindustriellen Arbeiter oft zwischen verschiedenen Verdienstmöglichkeiten bzw. Bettelei pendelten, konnte sich zunächst noch keine geschlossene Lohnarbeiterschaft herausbilden. Dies änderte sich mit der Ausdehnung der gewerblichen Wirtschaft.

10 Eine zusätzliche Verstärkung der Massenarmut kam in Deutschland dadurch zustande, daß frühindustrielle Gewerbezweige vor allem im Textil- und Metallwarenbereich durch die billigeren Produkte der englischen Industrie – dort hatte die Industrialisierung ja bereits seit 1760 voll eingesetzt – in eine erhebliche Krise gerieten.

3.3 *Die Industrielle Gesellschaft bis 1945*

3.3.1 *Der Prozeß der Industrialisierung und seine gesellschaftlichen Begleiterscheinungen*

Entscheidend für die Herausbildung der modernen Gesellschaft war der Prozeß der Industrialisierung. Hierbei können in Deutschland drei Phasen unterschieden werden (*Henning* 1973; *Rummler* 1984; *Ruppert* 1986).

Die *erste Phase* dauerte von den 1840er Jahren bis etwa 1871. Vor allem der Eisenbahnbau, die Maschinenbau- und die Textilindustrie hatten damals ihre entscheidende Wachstumsphase. Der Eisenbahnbau sorgte für ein gut ausgebautes Netz von Verkehrswegen, die eine Schlüsselrolle bei der Industrialisierung und Modernisierung einnahmen.

In der ersten Industrialisierungsphase setzte sich die Wanderung der Besitzlosen vom Land in die Stadt verstärkt fort. Landarbeiter wurden zu Industriearbeitern. Neue Arbeits- und Entlohnungsformen, neue Betriebsstrukturen, Fabriken setzten sich durch. Auch Arbeitszeit, Arbeitstempo, Arbeitsanforderungen und Arbeitsorganisation wurden umgestaltet. In den industriellen Betrieben hielt eine strikte Kontrolle von Arbeitszeit und -tempo Einzug (*Wirtz* 1982; *Nipperdey* 1995, 850ff). Der Lohn wurde hieran gekoppelt. Eine intensive Arbeitsteilung fand ihren Ausdruck in fortschreitender Spezialisierung (vgl. *Rummler* 1984, 28ff). In dieser Phase industrieller Entwicklung war in weiten Teilen der Industrie eine Qualifizierung breiter Arbeiterschichten zunächst nicht notwendig, zu großen Teilen fand sogar Dequalifizierung statt (*Beckenbach* 1991, 31). Handwerker wurden zu Maschinenbedienern. Schon in dieser frühen Phase suchte man Betriebsbindung durch betriebliche und betriebsspezifische Sozialleistungen (Treueprämien, Fabrikskassen für Krankheits- und Todesfälle) zu erreichen (*Mikl-Horke* 1994, 30).

In dieser Zeit, als viele Arbeitssuchende zunächst noch wenigen Arbeitsplätzen gegenüberstanden, erhob sich die „soziale Frage“, das Problem der Massenverelendung der industriellen Arbeiterschaft (vgl. u.a. *Abendroth* 1965; *Hofmann* 1979). Zur kollektiven Organisierung der Arbeiterinteressen entstanden Gewerkschaften. Zusammen mit den sozialistischen Parteien bildeten sie die Arbeiterbewegung. Mehr als die bloße Organisierung von Arbeitern und die Formulierung von Zielen konnte in dieser Phase noch nicht erreicht werden. Eine Verbesserung der sozialen Lage der Arbeiter, insbesondere der un- und angelernten, war zunächst kaum möglich.

Die *zweite Phase* der Industrialisierung begann mit der Reichsgründung 1871 und endete 1914 mit Ausbruch des Ersten Weltkrieges. Vor allem die chemische und die elektrotechnische Industrie waren zu jener Zeit prägende Wachstumsbranchen. Mit der Reichsgründung wurde 1871 ein gemeinsamer wirtschaftlicher und politischer Raum geschaffen. Verkehr und Rechtssystem wurden vereinheitlicht. Es entstanden das Handelsgesetzbuch (1869 schon im Norddeutschen Bund), das Strafgesetzbuch (1872) und das bürgerliche Gesetzbuch (1900). Eine einheitliche Währung (Mark) und die gemeinsamen Maßeinheiten Liter und Meter wurden eingeführt. Das erleichterte den Handel und die Erschließung neuer Absatzmärkte nach innen und außen. Die industrielle Entwicklung beschleunigte sich.

In diesem Zeitraum wandelte sich Deutschland vom Agrarstaat zum Industriestaat. Die Großindustrie bildete sich heraus (*Rummler* 1984, 28ff.). Die Arbeitsproduktivität stieg durch technischen Fortschritt (Elektrizität, Telegraphen, Telephone usw.). In der Industrie erhöhte sich die Produktivität von 1873 bis 1913 um rund 100% (*Henning* 1973). Die Zahl industrieller Arbeitskräfte nahm schnell zu.

Die Städte wuchsen und die Urbanisierung schritt rasch voran. Die Wanderung vom Land in die Stadt und der Geborenenüberschuß in den Städten hatten zur Folge, daß ein immer größerer Teil der Menschen in immer größeren Städten wohnte. Im Deutschen Reich stieg von 1871 bis 1911 die Zahl der Städte mit mehr als 100.000 Einwohner von 8 auf 48. In ihnen wohnte 1830 erst 1,3% und 1910 schon 21,3 der Bevölkerung des Deutschen Bundes bzw. des Deutschen Reiches (*Thümmler* 1977, 65; *Hohorst/Kocka/Ritter* 1978, 52).

In dieser Phase erzielte die Arbeiterbewegung Wirkungen. Den Gewerkschaften gelang es, allmähliche Verbesserungen von Arbeitszeiten, Arbeitsbedingungen und Entlohnungen durchzusetzen. Durch die wachsende sozialistische Bewegung glaubte sich der deutsche Staat einer starken Gefahr ausgesetzt. Deren Abwehr diente der Aufbau einer Unfall- (1884), Kranken- (1883) und Rentenversicherung (1889). Die Industriearbeiter sollten so in ihrer Existenz gesichert und gesellschaftlich integriert werden (*Neumann/Schaper* 1990; *Ritter* 1991).

Als *dritte Phase* der Industrialisierung und sozioökonomischen Entwicklung Deutschlands kann die Zwischenkriegszeit angesehen werden. In der Weimarer Republik wurden mit dem einheitlichen Verhältniswahlrecht und dem parlamentarischen Regierungssystem die Voraussetzungen für die moderne Massendemokratie geschaffen. Auf den großen Bevölkerungsteil der Arbeiter mußte nun mehr Rücksicht genommen werden. Weitere Arbeitsschutzmaßnahmen (Regelung der Arbeitshöchstzeit usw.), die Sicherung der Koalitionsfreiheit und die rechtlichen Grundlagen für den kollektiven Arbeitsvertrag werden eingerichtet, wodurch nun Gewerkschaften als Organisation Arbeitsverträge abschließen konnten, die für alle Beschäftigten eines Tarifbereiches galten.

Die Entwicklung hin zur Großindustrie war abgeschlossen. In den zwanziger und dreißiger Jahren des 20. Jahrhunderts vollzog sich dort ein Rationalisierungsschub. Die Automation (z.B. das Fließband) fand Verbreitung. Der Taylorismus (benannt nach einem amerikanischem Ingenieur) strebte aufgrund von Bewegungsstudien und Zeitaufnahmen eine möglichst effiziente und gewinnbringende Gestaltung der Arbeitsabläufe an. Dazu gehörte neben extremer Zerlegung von Arbeitsvorgängen auch ein Differentiallohnsystem mit Akkordlohn (*Lutz/Schmidt* 1977, 114f).

Freilich wurde bald deutlich, daß die Rationalisierungsbestrebungen des Taylorismus nur begrenzt wirksam waren, weil sie viele menschliche und soziale Aspekte übersahen. Infolgedessen wurde das Augenmerk auch auf informelle menschliche Beziehungen zwischen den Arbeitenden gerichtet. Im Unterschied zum Taylorismus, der nur die physikalisch-technischen Aspekte rationeller gestaltete, entdeckte man nun auch den Faktor Mensch: verbesserte Mitarbeiterführung, Gesundheitsdienste, Gewinnbeteiligungen, gemeinsame Freizeitaktivitäten wurden eingeführt, um die Arbeitenden zufriedener und leistungsfähiger zu machen (*Wachtler* 1979, 118ff.; *Kutsch/Wiswede* 1986, 20; *Kieser* 1993, 95ff.). In diesem Zusammenhang wurde auch die soziale Sicherung verbessert: So wurde im Jahre 1927 die Arbeitslosenversicherung in Deutschland eingeführt.

Wirtschaftssektoren

Die vor- und noch die frühindustrielle Gesellschaft war eine Agrargesellschaft. Im „primären Sektor" der Wirtschaft, bestehend aus Land-

und Forstwirtschaft sowie Tierhaltung und Fischerei, war die Mehrzahl der Erwerbspersonen beschäftigt. Im Laufe der Industrialisierung wuchs der „sekundäre Sektor“ immer mehr an: Es war nun das produzierende Gewerbe, das den meisten Arbeitenden Lohn und Brot und der Industriegesellschaft ihren Namen gab. Der „primäre Sektor“ schrumpfte bis zum Zweiten Weltkrieg auf ein Viertel der Beschäftigten. Aber immerhin schon ein Drittel der Erwerbspersonen arbeitete zu dieser Zeit im „tertiären Sektor“ des Handels, Verkehrs und der Dienstleistungen. Erst lange nach dem Zweiten Weltkrieg sollte der „tertiäre Sektor“ den „sekundären“ an Zahl der Beschäftigten überflügeln.

Abb. 3: Erwerbstätige nach Wirtschaftsbereichen 1882-1995

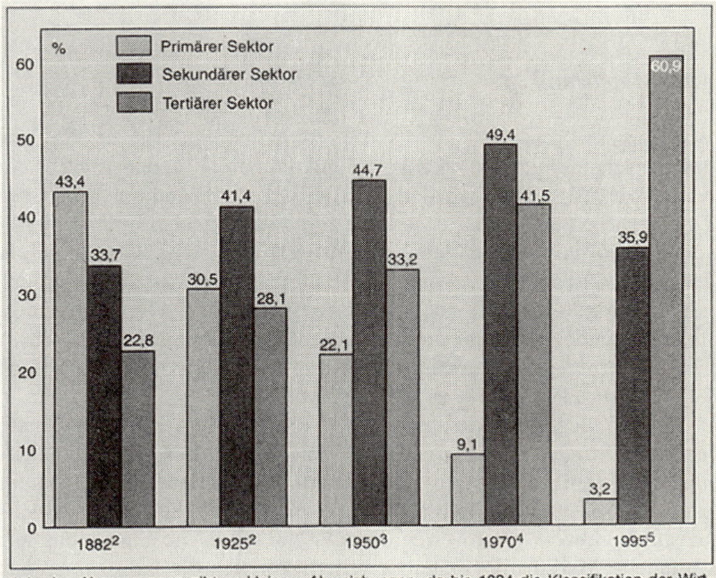

1 In den Abgrenzungen gibt es kleinere Abweichungen, da bis 1994 die Klassifikation der Wirtschaftszweige, Ausgabe 1979, und ab 1995 die Klassifikation der Wirtschaftszweige, Ausgabe 1993, jeweils Fassung für den Mikrozensus, gilt.
2 Ergebnisse der Berufszählung im Reichsgebiet – Erwerbspersonen.
3 Ergebnisse der Berufszählung im früheren Bundesgebiet.
4 Ergebnisse des Mikrozensus April 1970 im früheren Bundesgebiet.
5 Ergebnisse des Mikrozensus April 1995 in Deutschland.

(Quelle: Stat. Bundesamt 1997, 83)

Der Grund für diese immensen Größenverschiebungen der drei Wirtschaftssektoren lag einerseits im technischen Fortschritt und der dadurch erreichten Rationalisierung der Arbeitsabläufe (*Fourastié* 1954), andererseits in Verschiebungen der Nachfrage, die sich von Nahrungsmitteln über Güter hin zu Dienstleistungen verlagerte. Zunächst konnten im Bereich der Landwirtschaft durch den Einsatz von Maschinen und effizientere Produktionsweisen immer weniger Menschen immer mehr produzieren. Die Folge: Mehr Menschen arbeiteten in der Industrie. Dann erfolgten dort ähnliche Rationalisierungsprozesse. So arbeitete schließlich das Gros der Menschen im Dienstleistungsbereich.

3.3.2 Die wichtigsten Gruppierungen im Gefüge sozialer Ungleichheit

Alter Mittelstand

Wie dargestellt, war es bereits im Frühindustrialismus zu Verelendungserscheinungen im Handwerk gekommen. Mit der Einführung der Gewerbefreiheit, nach dem Fortfall der Zunftbindungen und der Zugangsbeschränkungen litten viele Handwerkszweige unter Überbesetzung und unzureichenden Verdienstmöglichkeiten. Hatte so schon der freie Wettbewerb innerhalb des Handwerks zu Existenzgefährdungen geführt, so trieb die nach der Reichsgründung 1871 beschleunigt fortschreitende Industrialisierung das selbständige Gewerbe rasch in eine gefährliche Strukturkrise (*Schmoller* 1870; *Sombart* 1913; *Geck* 1931; *Wernet* 1952; *Fischer* 1957; *Michel* 1960).

Die Überlegenheit der Industrie gegenüber dem Handwerk hatte mehrere Gründe. Erstens zeigte sie sich immer dort anpassungswilliger und -fähiger, wo sich Chancen für eine Serienfertigung boten: Die oft überbetonte Individualität und das ständische Traditionsdenken im Handwerk erschwerten dagegen die elastische Einstellung auf veränderte Marktbedingungen. Zweitens konnten die Fabrikanten auf Grund moderner technischer Verfahren eine raschere Versorgung mit den gewünschten Gütern gewährleisten. Die bedächtige kunstvolle Ausführung eines Kundenauftrags war demgegenüber geradezu ein stilbildendes Element der angesehenen Handwerkszweige. Drittens wurden die Industriewaren im allgemeiner billiger angeboten als die handwerklichen Erzeugnisse. Dieses Kosten- und Preisgefälle zu ihren

Ungunsten berührte die Handwerker am empfindlichsten. Ihre Vorwürfe gegenüber dem überlegenen Kontrahenten, er überschwemme den Markt mit minderwertigen Produkten („Ramschwaren") und führe einen unfairen Wettbewerb („Schmutzkonkurrenz"), mochten für eine Übergangsphase gerechtfertigt sein. Mit der fortschreitenden Verfeinerung der Technik überwand die Industrie ihre „Kinderkrankheiten" und erreichte bzw. überflügelte sogar das Handwerk in Sorgfalt und Präzision. So ging der Anteil des Handwerks an der gewerblichen Erzeugung ständig zurück. „Altehrwürdige" Handwerkszweige wurden zu Randexistenzen im Wirtschaftsleben oder verschwanden völlig. Tätigkeiten wie z.B. die des Wagners, Gürtlers, Rot- und Gelbgießers, die vor zwei oder drei Generationen noch jedermann geläufig waren, sind uns unbekannt geworden.

Viele Handwerker mußten Lohnarbeiter in der Industrie werden. Allerdings hatten die gut qualifizierten Handwerker dort Vorteile. Oft stiegen sie in der industriellen Hierarchie auf und besetzten Positionen als Meister oder Vorarbeiter (vgl. *Fischer* 1982, 65).

Da sich in Deutschland liberale Einflüsse nicht so nachhaltig durchgesetzt hatten wie z.B. in den angelsächsischen Ländern, lag angesichts der Bedrohung des gewerblichen Mittelstandes der Ruf nach staatlichen Eingriffen nahe (vgl. *Winkler* 1991, 17ff). Die sogenannte Mittelstandsbewegung (zu Anfang des 20. Jahrhunderts wurde im Deutschen Reich eine Mittelstandspartei gegründet) hatte erheblichen Erfolg bei ihren Bemühungen um Wettbewerbskorrekturen. Das war nicht zuletzt auf ihre einprägsame Rechtfertigung zurückzuführen. Ihre „Puffertheorie" besagte, daß die bürgerliche Gesellschaft am Klassenkampf zwischen Kapital und Arbeit zugrunde gehen werde, wenn nicht ein „gesunder und lebensfähiger Mittelstand" einen Ausgleich zwischen diesen Fronten schaffe (vgl. *Geiger* 1949, 96). Auf diese Weise versicherte man sich der Solidarität der maßgebenden staatlichen Institutionen und Forderungen gegen die Gewerbefreiheit wurden erfüllt. So wurde der sogenannte große Befähigungsnachweis (wieder-)eingeführt, wonach es nur Meistern gestattet ist, sich selbständig zu machen und Lehrlinge auszubilden. Aber auch direkte Eingriffe zur Veränderung der Wettbewerbsstruktur setzte der Mittelstand durch. Am bekanntesten wurde die Warenhaussteuer (eine Sondersteuer auf den Umsatz der Großbetriebe des Einzelhandels), die erst 1919 aufgehoben wurde.

Trotz der großzügig gehandhabten Mittelstandspolitik hätte sich das Handwerk aber kaum behaupten können, hätten nicht Neuerungen in Technik und Wirtschaft eine Wendung zu seinen Gunsten eingeleitet: Der Elektromotor wurde zur „Kraftmaschine des kleinen Mannes". Abgestufte PS-Zahlen, relativ billige Anschaffungs- und niedrige Betriebskosten, vielseitige Verwendungsmöglichkeiten, die unkomplizierte Bedienung und jederzeitige Verfügbarkeit machten ihn hervorragend geeignet für bescheidene Handwerksbetriebe und erleichterten die Anpassung an moderne Produktionsbedingungen. Als noch bedeutsamer erwies sich, daß die Industrie nicht nur als überlegener Konkurrent des Handwerks, sondern auch als zahlungskräftiger Auftraggeber in Erscheinung trat. Soweit sich die Handwerksmeister den wechselnden Zulieferungsforderungen der industriellen Unternehmer gewachsen zeigten, waren sie wirtschaftlich einigermaßen gesichert, büßten aber einen Teil ihrer bisherigen Unabhängigkeit ein.

Zudem setzte sich eine Art Arbeitsteilung mit der Industrie durch. Erstens konzentrierten sich die selbständigen Handwerker auf bestimmte Spezialprodukte, so z.B. die Schuhmacher auf die Herstellung orthopädischen Schuhwerks, weil solche Grenzbereiche der industriellen Massenanfertigung verschlossen blieben. Zweitens traten an die Stelle der Erzeugung der Verkauf sowie die Reparatur und Instandhaltung der industriell gefertigten Produkte. Dem gewerblichen Mittelstand wuchsen auf der Grundlage eines solchen Kundendienstes ganz neue Berufszweige zu: Tätigkeiten wie Kraftfahrzeugschlosser, Elektriker und Landmaschinenmechaniker deuten diese neuen Entwicklungslinien an. Drittens reichte der Handel nicht immer aus, um eine Ware „konsumreif" werden zu lassen. Oft waren zusätzliche Dienstleistungen erforderlich (z.B. im Wohnungsbau oder bei der Elektrifizierung der Haushalte), die weitgehend das Handwerk übernommen hat. Die Handwerkszweige der Elektro-, der Gas- und Wasserinstallation haben hier ein weites Betätigungsfeld erhalten.

Im Bereich des Handels betrachteten in der zweiten Hälfte des 19. Jahrhunderts immer weniger Einzelhändler ihren Betrieb als Instrument zur Sicherung der bloßen „Nahrung" für ihre Familie, sondern begannen, sich markt- und gewinnorientiert zu verhalten. Sie warben, expandierten und spezialisierten sich. Die weitere Entwicklung im Einzelhandel war durch die zunehmende Bedeutung der Warenhäuser sowie der Filial- und Kettenläden geprägt.

Insgesamt zeichneten sich damit Entwicklungsprozesse ab, die bis in die Gegenwart hineinreichen und noch keinesfalls abgeschlossen sind: Der „alte Mittelstand" – also insbesondere das Handwerk und der Einzelhandel – verminderte sich im Verhältnis zu anderen Berufsgruppen, wurde aber bislang keineswegs „zerrieben".

Neuer Mittelstand

Nach den Arbeitern entwickelte sich die Gruppe der *Angestellten*. Ihr Anteil an der Erwerbsbevölkerung lag zur Zeit der ersten Berufszählung im Deutschen Reich (1882) noch unter 5%. Im Jahre 1997 übten dagegen schon fast die Hälfte der Berufstätigen (47,4%) eine Angestelltentätigkeit aus (Tab. 3).

Tab. 3: Erwerbspersonen nach ihrer Stellung im Beruf (in%)

	Selbständige	Mithelfende Familienangehörige	Beamte	Angestellte	Arbeiter
Jahr					
Deutsches Reich [a]					
1882	25,4	9,9	2,6	4,7	57,4
1895	23,3	9,0	2,2	8,6	56,9
1907	18,8	15,0	2,0	10,7	53,0
1925	15,9	17,0	4,7	12,4	50,1
1933	16,4	16,4	4,6	12,5	50,1
Bundesgebiet [b]					
1933	17,1	18,8	4,5	12,1	47,4
1939	14,9	18,4	5,1	13,2	48,3
1950	14,8	14,4	4,0	16,0	50,9
1961	12,2	10,3	5,7	23,8	48,0
1970[c]	9,7	6,3	7,3	31,1	45,6
1983[c]	9,3	3,5	9,5	37,8	39,9
1990[d]	8,8	2,0	8,5	43,3	37,4
1997[e]	9,8	1,0	6,9	47,4	34,8

a) Gebietsstand und Berufssystematik von 1933
b) Gebietsstand und Berufssystematik von 1950
c) Erwerbstätige
d) alte Bundesländer
e) alte und neue Bundesländer

(Quellen: Statistisches Jahrbuch für das Deutsche Reich 1934, S. 16; Statistik der Bundesrepublik Deutschland, Band 36, Heft 3, 25; WiSta 1963, Heft 12, S. 755 (Ergebnisse der Berufszählung 1961); Stat. Jahrbuch 1973, 136 (Ergebnis der Volkszählung 1970 einschl. Soldaten); WiSta 1984, Heft 5, S. 404, Stat. Jahrbuch 1992; Stat. Jahrbuch 1998, 108)

Um die Jahrhundertwende wurden die Angestellten, eine damals „ihrer Herkunft, Zusammensetzung, ihren Einkommensverhältnissen, ihrer wirtschaftlichen und sozialen Funktion nach ganz spezifische Schicht, je nach der Klassenzugehörigkeit des Beobachters entweder als neuer Mittelstand angesprochen ... oder aber als schlechtweg Proletariat (Stehkragen-Proletarier)" (*Lederer* 1912, 21f). Die Einstufung der Angestellten in das Proletariat durch die Marxisten folgte konsequent dem marxistischen Klassenbegriff: Die Angestellten waren vom Eigentum an den Produktionsmitteln ausgeschlossen und mußten ihre Arbeitskraft verkaufen. Nur eine Minderheit der Angestellten war indes bereit, ein „richtiges" Klassenbewußtsein zu übernehmen und sich der Arbeiterbewegung anzuschließen. Der Großteil der Angestelltenschaft fühlte sich der „Mitte" zugehörig und betonte durch typisch „bürgerliche" Verhaltensweisen seine Distanzierung von der Arbeiterschaft. Diese Distanzierung wurde von seiten der Unternehmer und des Staats begünstigt (durch besondere arbeits- und versicherungsrechtliche Behandlung z.B.). Zumindest bis zum Ersten Weltkrieg stand dahinter offen ausgesprochen das Interesse, die Inhaber von „Vertrauensstellungen" in den Betrieben und die sich zahlenmäßig verstärkende Gruppe der Angestellten insgesamt nicht in das politische Lager der Arbeiter hineingleiten zu lassen.

Die Situation der Angestellten im Vergleich zu jener der Arbeiter und auch die Struktur der Angestelltenschaft haben sich seit der Jahrhundertwende mehrfach verändert. Bis etwa zum Ersten Weltkrieg war ihre Stellung gegenüber den Arbeitern dadurch gekennzeichnet, daß viele über eine bessere Schulbildung verfügten und eine mehrjährige, qualifizierte Ausbildung durchliefen. Für ihre Berufskarriere war eine längere Betriebserfahrung von Gewicht, so daß sich die Fluktuation in engen Grenzen hielt. Das Mittragenmüssen von „Unternehmerfunktionen" setzte ein hohes Maß an Verantwortlichkeit und Mitdenken voraus. Ihre Teilhabe an der Autorität der Unternehmensleitung war dadurch gesichert. Die Angestellten traten – ausdrücklich dazu legitimiert – der restlichen Belegschaft gegenüber als „verlängerter Arm" des Chefs auf. Im Vergleich zu den Arbeitern konnten sie daher Ansprüche auf gewisse Privilegien, wie z.B. relativ hohe Einkommen, Kündigungsschutz usw., geltend machen. Dem „bürgerlichen" Bewußtsein der meisten Angestellten und ihrer entschiedenen Distanzierung von den Arbeitern lagen bis 1920 also durchaus objektive Differenzierungen zugrunde. Institutionelle Sonderregelungen, wie z.B. die Schaffung einer eigenen Altersversicherung (1911) für die Angestellten, erschienen damals gerechtfertigt.

Die Gruppe der Angestellten hatte von Anbeginn an das starke Bestreben nach Statuswahrung und -verbesserung. Einerseits standen ihr mehr und längere Aufstiegswege offen, andererseits war sie trotz relativ gesicherter Arbeitspositionen prinzipiell genau wie die Industriearbeiterschaft von Arbeitslosigkeit bedroht. Angestellte hatten mehr als Arbeiter zu gewinnen, aber auch zu verlieren, vor allem ihren bürgerlichen Habitus. Daraus resultierten der Ehrgeiz und die Statusängste der Angestellten. Dies und die bewußte Abgrenzung von Industriearbeitern und deren Organisationen bildeten die wichtigsten Gemeinsamkeiten von altem und neuem Mittelstand (vgl. *Kocka* 1981).

Seit Beginn der zwanziger Jahre dieses Jahrhunderts hat die Angestelltenschaft in Deutschland einen grundlegenden Strukturwandel erfahren. Durch die Zunahme der Büroarbeiten in Industriebetrieben, die Vermehrung der Kaufhäuser und das Einrücken von Angestellten in den öffentlichen Dienst wuchs die Zahl der Angestellten. Sie waren zu einem wachsenden Anteil gering qualifiziert und mit Routinebüroarbeit beschäftigt. Der Anteil von Frauen vergrößerte sich. Nach oben kristallisierte sich die Gruppe der leitenden Angestellten heraus, so daß sich die Angestellten in der betrieblichen Hierarchie heute vom Direktor bis zum Büroboten erstrecken. Im Gegensatz zu ihrer faktischen Stellung übernahmen viele auch der gering qualifizierten Angestellten in der Zwischen- und Nachkriegszeit das „alte Angestelltenbewußtsein“: Sie empfanden und verhielten sich als Angehörige der gesellschaftlichen Mitte und versuchten, sich von den Arbeitern zu distanzieren. Zum Teil gilt dies auch heute noch (vgl. auch *Kocka* 1981; *Mangold* 1981).

Arbeiter

Das Bevölkerungswachstum und die Landflucht der ländlichen Unterschichten in der frühindustriellen Gesellschaft schufen seit dem ersten Drittel des 19. Jahrhunderts in den meisten Städten ein Überangebot an ungelernten und handwerklich ausgebildeten Arbeitskräften. Arbeitslosigkeit und Not waren dadurch an der Tagesordnung. 1837 fand z.B. in einem Münchener Vorort ein Viertel aller Gesellen und Tagelöhner kaum Arbeit und konnte ihre Familien nicht ernähren (*Hertrich* 1986a, 175).

Während des gesamten 19. Jahrhunderts bis nach dem Ersten Weltkrieg blieb die Zahl der Kinder in Arbeiterfamilien hoch. Dies vergrößerte die Not. Viele Arbeiter waren daher auf die zusätzliche Erwerbsarbeit ihrer Frauen und Kinder angewiesen. Fabrikarbeiter und Gewerkschaften erhoben denn auch während des gesamten 19. Jahrhunderts die Forderung, daß der Lohn des Mannes für den Unterhalt einer Familie ausreichen sollte, um die Erwerbstätigkeit von Kindern und Frauen überflüssig zu machen.

Die Wohnungen waren vielfach überfüllt, unhygienisch und teuer. Um die Mitte des 19. Jahrhunderts hatten die unteren Einkommensschichten z.B. in Hamburg 20-25% ihres Haushaltsbudgets für Miete aufzuwenden (*Kaelble* 1983, 131). Wurde ein Arbeitsplatz gefunden, so mußten oft monotone Tätigkeiten in Lärm, Hitze, Staub und stickiger Luft ausgeführt werden (*Wehler* 1995, 145ff.). In vielen Betrieben herrschte ein Anspornsystem, aber auch ein Strafsystem, falls die Leistungsvorgaben nicht erreicht wurden. Die Arbeitszeiten waren aus heutiger Sicht unvorstellbar lang: Um 1850 wurde an sechs Werktagen einer Woche durchschnittlich 14 bis 17 Stunden gearbeitet, 1873 immerhin noch 12 Stunden (*Deutschmann 1985,* 126ff.). Hinzu kamen die langen Wege zur Fabrik, die häufig frühmorgens und abends zu Fuß zurückgelegt wurden.

Der Gesundheitszustand und die Lebenserwartung von Industriearbeitern waren im 19. Jahrhundert dementsprechend schlecht. So erlagen Arbeiter z.B. in Halle 1855-1874 fast drei Mal häufiger als obere Schichten (Ärzte, Advokaten, Großkaufleute etc.) Infektionskrankheiten wie der Cholera, starben aber nur halb so häufig an Altersschwäche (*Imhof* 1981, 117f.).

In der Stadt verschmolzen die ehemals städtischen und ländlichen lohnabhängigen Unterschichten. Für sie wurde ab ca. 1840 die Bezeichnung „Proletariat“ gebräuchlich. Unter einem Proletarier verstand man zunächst „einen besitzlosen, von der Hand in den Mund lebenden Menschen“ (*Conze* 1966, 117). Später wurde der Begriff Proletariat dann auf die Industriearbeiterschaft und ihre schlechten Arbeits- und Lebensbedingungen bezogen. *Karl Marx* hat dem Begriff „Proletariat“ dann jenen politischen Gehalt gegeben, der aus den eingangs abgedruckten Auszügen des „Kommunistischen Manifests“ zu erkennen ist. Das Proletariat wurde dann in den 1860er bis 1880er Jahren, als immer mehr Arbeitsplätze in Fabriken entstanden, von einer Minderheit zur Masse der Arbeiterschaft. Freilich bestanden zwischen den Industriearbeitern und den Arbeitern in Handwerk, Verkehrsbetrieben, Agrarbetrieben etc. erhebliche Unterschiede in Einkommen, Lebensweise und Selbstbewußtsein.

Auch die Industriearbeiter jener Zeit waren keineswegs eine homogene Gruppe. Unterschiedliche Konfessionen, regionale Zugehörigkeiten etc. schufen ebenso Trennlinien wie Qualifikationsunterschiede: Die gelernte „Facharbeiteraristokratie“ stand in vieler Hinsicht über an- oder gar ungelernten Arbeitern (vgl. *Minssen/Sauerborn* 1977, 147ff). Die Ungleichheiten der Entlohnung zwischen unterschiedlich prosperierenden Gewerbezweigen, zwischen Spezialisierten und Ungelernten, zwischen Kindern und Erwachsenen und zwischen Frauen und Männern waren beträchtlich (vgl. *Fischer* 1982, 69). So verdiente in Bielefeld in den 1860er Jahren ein Maschinenbauarbeiter 4-5 Taler die Woche, eine Textilarbeiterin nur 2 Taler (*Ditt* 1982, 115).

Oft wird unterstellt, daß die Erwerbstätigen des späten 19. Jahrhunderts im wesentlichen aus Fabrikarbeitern bestanden. Davon kann aber keine Rede sein. Die Fabrikarbeiterschaft war eine Minderheit.

Tab. 4: Die quantitative Entwicklung der Fabrikarbeiterschaft 1846-1980

	Anteil der Fabrikarbeiter an der Arbeiterschaft in Industrie und Handwerk	Anteil der Fabrikarbeiter an den Beschäftigten in Industrie und Handwerk	Anteil der Fabrikarbeiter an allen Erwerbspersonen
1846	23	16	4
1882	46	33	10
1925	66	51	21
1962	69	51	25
1980	70	47	21

(Quelle: *Hertrich* 1986, 102)

Allerdings gab es auch gemeinsame Erfahrungen der Arbeiterschaft: Sie bestanden u.a. in ständiger Beschäftigungs- und Lebensunsicherheit, in Disziplinierung durch die Arbeitsordnung und in scharfen, im Alltag jederzeit spürbaren gesellschaftlichen Abgrenzungen zu Fabrikherren und Unternehmern, zum alten Mittelstand der „kleinen“ Selbständigen sowie zum neuen Mittelstand der Angestellten und Beamten.

Die soziale Notsituation der ersten Phasen der Industrialisierung besserte sich seit dem ausgehenden 19. Jahrhundert. Sozialstaatliche Sicherungs- und Versorgungssysteme linderten die Unsicherheit angesichts von Krankheiten, Alter und Unfällen. Reallohnerhöhungen ermöglichten Massenkonsum. Bereits vor dem Ersten Weltkrieg stiegen die nicht unmittelbar lebensnotwendigen Ausgaben für „kulturelle Zwecke“ (Vereine, Gewerkschaft, Zeitungen, Zeitschriften, Theater) in Arbeiterhaushalten sogar soweit, daß sie teilweise diejenigen von Beamten mit gleichem Verdienst überstiegen (*Breuer* 1935, zit. n. *Claessens* 1995, 246). Darüber hinaus beförderte die Steigerung der Realeinkommen auch das Sparen unter Arbeitern (vgl. *Schulz* 1981).

Im weiteren Verlauf der Industrialisierung haben sich die Arbeitsbedingungen, Lebenslagen und politischen Interessen der Arbeiterschaft nicht vereinheitlicht, sondern auseinanderentwickelt. Die zunehmende Komplizierung der Technik ließ den Bedarf an hochqualifizierten Facharbeitern steigen. Von vielen Arbeitern wurden zudem „extrafunktionale Fertigkeiten" wie Verantwortungsgefühl, Erfahrung und Überblick verlangt (*Dahrendorf* 1957, 47). Diese „Aufstockung" der un- und angelernten „Maschinendiener" durch Gruppen mit spezifischen Qualifikationen ließ vielfältige Differenzierungen innerhalb der Arbeiterschaft hinsichtlich Qualifikation und Entlohnung entstehen.

Insgesamt hat die Arbeiterschaft durch wirtschaftliche Prosperität und Schaffung von Arbeitsplätzen, durch gewerkschaftliche und genossenschaftliche Aktivitäten sowie durch sozialpolitische Maßnahmen bis zur Mitte des 20. Jahrhunderts einen säkularen Aufstieg erlebt. Die Steigerung der Realeinkommen, die Vermehrung von Freizeit und sozialer Sicherheit und die Verbesserung ihrer arbeitsrechtlichen Situation näherte sie der sozialen Lage von Angestellten an. Mit der Abschaffung des Dreiklassenwahlrechts in Preußen 1919 fiel eine entscheidende politische Diskriminierung. Die Verpflichtung zum Besuch öffentlicher Grundschulen und das Recht zum Besuch weiterführender Schulen, Universitäten und anderer Fortbildungsanstalten sowie die prinzipielle „Öffnung" aller gesellschaftlichen Positionen für alle Qualifizierten beseitigten die gesetzliche (noch nicht aber die soziale und wirtschaftliche) „Vererbung" des Klassenstatus.

Trotz Verbesserungen der „absoluten" Lage der Arbeiterschaft zählte sie auch noch in der Mitte des 20. Jahrhunderts zu den „relativ" benachteiligten Bevölkerungsgruppen. Wenn aber die Verbesserungen ihrer Lebenslage die Arbeiter von vielen jener Bedingungen befreiten, die, wie Hunger, Unsicherheit im Falle von Alter, Krankheit und Invalidität, überlange Arbeitszeiten usw., früher als typische Merkmale der proletarischen Lage angeprangert und beklagt wurden, dann darf es nicht verwundern, daß sich Tendenzen zur „Verbürgerlichung" des Verhaltens in bestimmten Gruppen der Arbeiterschaft zeigten. So bekämpften Arbeiter keinesfalls generell das kapitalistische Wirtschaftssystem, sondern stützten es zum Teil durch ihr politisches Verhalten.

Bezogen auf die vorindustrielle Geselschaft bezieht sich der Begriff des Bürgertums auf die städtischen nichtadligen Gruppen, die im wesentlichen der Mittelschicht zuzuordnen sind. Im Hinblick auf den Frühindustrialismus hat der Begriff schon einen Bedeutungswandel erfahren. „Bürgertum" wird nun die städtische Oberschicht genannt, im Unterschied zu Adel, Bauern, dem Kleinbürgertum sowie den Unterschichten. Auf die industrielle Gesellschaft angewandt, umfaßt der Begriff Bürgertum alle Gruppen aus Ober- und Mittelschicht, die nicht dem Adel, den Bauern, den Arbeitern und Handwerkern zuzurechnen sind (vgl. *Lepsius* 1990, 153ff.; *Kocka* 1989). Das „Bürgertum" schließt dann Unternehmer, Ärzte, aber auch die fachqualifizierten Beamten und Angestellten ein.

Das *Bildungsbürgertum* der frühindustriellen Gesellschaft war zu großen Teilen (als Beamte, Lehrer, Professoren, Journalisten usw.) zwar in vergleichsweise privilegierten Positionen beschäftigt. In materieller Hinsicht konnten aber längst nicht alle ein großbürgerliches Leben führen. Während des Industrialisierungsprozesses gelangte der größte Teil dieses Bildungsbürgertums in die wachsenden Gruppen der Angestellten und Beamten, also in die Mittelschicht.

Ein besonders wichtiger Strukturwandel innerhalb des *Besitzbürgertums* betraf das Privateigentum an den Produktionsmitteln. Die ursprüngliche Koppelung von Produktionsmitteleigentum und direkter Verfügungsgewalt darüber (Eigentümerunternehmer) löste sich weitgehend (*Pross* 1965). Mit der Entwicklung von Kapitalgesellschaften zogen sich die Eigentümer, die Aktionäre, meist von der Unternehmenslenkung zurück. Diese Aufgaben gingen auf leitende Angestellte (Manager) über. Ihnen wuchsen als Nichteigentümer trotz der Überwachung durch den Aufsichtsrat entscheidende Dispositions- und Kontrollbefugnisse zu.

Hierbei bringt „der Unterschied von Position kraft Eigentum und Position kraft Auftrag (...) eine Kette weiterer Unterschiede hervor. Der Kapitalist muß zur Erlangung seiner Position Privateigentum erworben oder ererbt haben. Der Manager hat zu diesem Zweck ‚Eignung', d.h. Leistung, Ausbildung und Erfahrung nachzuweisen. Ererbtes Eigentum und erworbene Eignung aber sind ... grundverschiedene Kriterien der sozialen Positionszuordnung (...)" (*Dahrendorf* 1957, 44). Die Machtgefälle zwischen denen, die über Produktionsmittel verfügen und jenen, die dies nicht tun, sind durch diesen Strukturwandel nicht aufgehoben worden, aber die Herrschaftsverhältnisse haben sich insgesamt so verlagert, daß der Einfluß der „klassischen“ Besitzbourgeoisie zurückgegangen ist.

3.3.3 Das Schichtungsgefüge in der Industriellen Gesellschaft

Mit fortschreitender Industrialisierung erwies sich für die meisten Menschen der jeweilige Beruf und die Stellung auf (Arbeits-)Märkten (Qualifikation, Fertigkeiten, Arbeitsvermögen) als entscheidend für den gesellschaftlichen Status. In dem Maße, wie sich solche Differenzierungen zwischen „Lohnabhängigen“ herausbildeten, ließ sich das Gefüge sozialer Ungleichheit als soziale Schichtung begreifen (s.o. 2.5).

Einschätzungen des Schichtungsgefüges kommen aufgrund der Kriterien Berufsposition und Verhalten bzw. Mentalität für den untersuchten Zeitraum zu folgenden Ergebnissen:

1907 machte die Oberschicht (Adel, Großbürgertum) nur 1% der Bevölkerung aus. Die Mittelschicht (neuer und alter Mittelstand) umfaßte 29%. Etwa 70% der Bevölkerung zählten zur Unterschicht (ländliche Unterschichten, Arbeiter) (*Ritter/Tenfelde* 1992).

Theodor Geigers Berechnungen (1932) kommen für das Jahr 1925 zu einem ähnlichen Ergebnis: Zur dünnen Oberschicht („Kapitalisten“) gehörten nur 1% der Bevölkerung. Die Mittelschichten hatten sich auf 35% ausgeweitet (alter Mittelstand 18%, neuer Mittelstand 17%). Zur Unterschicht rechnete nach wie vor die Bevölkerungsmehrheit, nämlich 63% („Proletaroide“, d.h. Tagewerker auf eigene Rechnung 13 v.H., „Proletarier“, d.h. Lohn- und Gehaltsbezieher minderer Qualifikation 50%).

Von der Industrialisierung erhofften sich nicht wenige eine gerechtere, leistungsorientierte Positionszuweisung im Ungleichheitssystem, in dem jeder nach seinen individuellen Fähigkeiten und nicht nach Herkunft bewertet bzw. belohnt werden sollte. Gemessen am Ausmaß sozialen Auf- und Abstiegs haben sich diese Erwartungen aber nur in Grenzen erfüllt. In den ersten beiden Industrialisierungsphasen (ca. 1840 bis 1871, 1871 bis 1914) ergaben sich keine allzu großen Veränderungen. Erst im 20. Jahrhundert nahm die vertikale

Mobilität etwas zu, wodurch Deutschland zu einer offeneren Gesellschaft wurde. Mehr Arbeiterkinder wurden Angestellte und Beamte. Auch unter Unternehmern, höheren Beamten und Professoren nahmen soziale Aufsteiger aus der Mittelschicht zu. Aber die überwiegende Mehrheit der Arbeiterkinder verblieb weiterhin in ihrer Schicht und die Masse der Angestellten und Beamten stammte nicht aus Arbeiterfamilien (vgl. *Kaelble* 1983a, 122ff. sowie Kap. 6).

4. Theorien – Die Ursachen sozialer Ungleichheit

Die (im zweiten Kapitel dargestellten) Grundbegriffe erlauben es, Erscheinungsformen sozialer Ungleichheit zusammenzufassen, zu ordnen und so zu „begreifen". Dies zeigte sich bereits bei der Darstellung der historischen Entwicklung sozialer Ungleichheit (im dritten Kapitel).

Im Verlauf des Nachdenkens über soziale Ungleichheit wurden aber immer wieder darüber hinausreichende Fragen nach den Ursachen aufgeworfen. Anworten hierauf geben Theorien sozialer Ungleichheit. Sie besagen, warum gesellschaftlich strukturierte Vor- und Nachteile entstanden sind, wieso sie weiterbestehen und welche Ursachenzusammenhänge unter welchen Umständen welche Ungleichheiten hervorbringen. Indirekt geben Theorien sozialer Ungleichheit oft auch Auskunft über weitere Fragen, die sich die Menschen immer wieder gestellt haben: Ob soziale Ungleichheit notwendig ist, ob sie nützlich oder schädlich ist, ob sie zu rechtfertigen ist usw.

Im Laufe der wissenschaftlichen Analyse sozialer Ungleichheit entstanden zahlreiche theoretische Erklärungsansätze. Teils ergänzen sie sich; teils widersprechen sie einander. Einige unter ihnen können als empirisch gut bestätigt gelten; andere stellen mehr oder minder plausible Hypothesen dar; wieder andere treffen in Wirklichkeit so nicht zu. Bestimmte Theorien erheben den generellen Erklärungsanspruch, alle Ungleichheiten zu begründen; bescheidenere Ansätze beschränken sich auf einen zeitlich oder sachlich eingeschränkten Bereich von erklärenden Ursachen oder zu erklärenden Ungleichheiten.

Nachstehend sollen die Grundgedanken der u.E. wichtigsten Theorien sozialer Ungleichheit zusammengefaßt und der derzeitige Wissensstand skizziert werden.

4.1 Herkömmliche Theorien

Zunächst werden drei ältere Theorien aufgeführt. Obgleich die neuere empirische Forschung sie nur noch teilweise bestätigen kann, gelten sie als herausragende Beispiele für bestimmte Wege zur Erklärung sozialer Ungleichheit und als typisch für die Erklärungen bestimmter Epochen.

Sozialwissenschaftlich relevante Theorien über die Entstehung sozialer Ungleichheit konnten so lange kaum formuliert werden, wie Ungleichheiten zwischen Menschen schlechthin auf göttliches Wirken oder auf natürliche Höherwertigkeit bzw. Minderwertigkeit von Menschen zurückgeführt wurden. Im Laufe der Jahrhunderte wurde diese Auffassung immer wieder vertreten. Beispielsweise lesen wir bei *Aristoteles:*

„Desgleichen ist das Verhältnis des Männlichen zum Weiblichen von Natur so, daß das eine besser, das andere geringer ist, und das eine regiert und das andere regiert wird (...)".(...) „Daß also ein Teil der Menschen durch die Natur selbst zu freien Leuten und ein anderer zu Sklaven bestimmt ist, und daß es für die letzteren gerecht und zuträglich ist, auch wirklich Sklaven zu sein, ist hiermit bewiesen." (1965, 15)

Im Verlauf des gesamten Mittelalters und der beginnenden Neuzeit wurde in Europa durch Vertreter christlicher Theologie und Philosophie die Lehre von der gottgegebenen und gottgewollten Ungleichheit der Menschen vorgetragen (s.o. Kap. 3).

In der Gegenwart findet sich die Meinung, daß die ungleiche natürliche Ausstattung der Menschen Ungleichheiten zwischen ihnen verursacht, in biologisch orientierten Begabungstheorien. Sie besagen im Kern, daß Unterschiede menschlicher Intelligenz im wesentlichen erblich bestimmt und durch Umwelteinflüsse nur wenig veränderbar seien. Dieses Intelligenzgefälle zwischen den einzelnen verursache dann auch entscheidend das soziale Gefälle zwischen besser- und schlechtergestellten Gruppierungen (*Eysenck* 1975; *Müller* 1956; *Jencks* 1973).

Zur Einschätzung solcher Erklärungen ist u.E. folgendes anzumerken: Obwohl es zweifellos „natürliche" (im Sinne biologisch bedingter) Unterschiede, z.B. des Aussehens, der physischen Kräfte und der geistigen Fähigkeiten gibt, und obwohl die Lebenschancen und Bewertungen von Menschen tatsächlich häufig mit biologischen Kriterien verbunden sind, lassen sich soziale Ungleichheiten im oben erwähnten Sinne von daher nicht ausreichend erklären. So ist z.B. der Status der „Alten" und der Frauen in einzelnen Gesellschaften sehr unterschiedlich gewesen. Außerdem hat es in privilegierten (z.B. früher im Adel) und in benachteiligten Gruppen immer große Unterschiede biologisch bedingter „Fähigkeiten" gegeben. Eventuelle besondere Qualifikationen in privilegierten und Unwissenheit oder „Unkultur" in benachteiligten Gruppen waren häufig nicht biologisch verursacht, sondern die Folge spezifischer Sozialisationseinflüsse. Auch aus der Tatsache, daß es soziale Ungleichheit offenbar immer gegeben hat, läßt sich nicht begründen, daß sie „naturbedingt" oder „gottgewollt" vorhanden sein muß. Schon gar nicht sind von daher konkrete historische Ausformungen sozialer Ungleichheit zu erklären.[11]

Gesellschaftliche, aus dem menschlichen Zusammenleben erwachsende Bestimmungsgründe sozialer Ungleichheit gerieten dann ins Blickfeld, nachdem Theorien von der gottgewollten und „natürlichen" Ungleichheit an Einfluß verloren und sich im 18. Jahrhundert naturrechtsphilosophische Auffassungen von der Gleichwertigkeit der Menschen durchgesetzt hatten. So schrieb z.B. der englische Philosoph *John Locke*: „Nichts ist einleuchtender als daß Geschöpfe von gleichem Rang, die ohne Unterschiede zum Genuß derselben Vorteile der Natur und zum Gebrauch derselben Fähigkeiten geboren sind, ohne Unterordnung und Unterwerfung einander gleichgestellt leben sollen (...) (1969, 26).[12]

Naturrechtliche Ideen beharren darauf, daß „vor" allem Zusammenleben keine prinzipiellen Ungleichheiten zwischen Menschen bestehen. Diese Gedanken fußen auf der Vorstellung von einem gedanklichen „Urzustand" der Menschheit, in dem noch keine obrigkeitlichen oder kirchlichen „Herrschaftsverhältnisse" die Menschen in bevorzugte oder benachteiligte Lebensbedingungen versetzten. Einen weit nachwirkenden politischen Niederschlag fand die Annahme na-

11 In den letzten Jahren wurde die diesbezügliche These von der „Bell Curve" vertreten (*Herrnstein/Murray* 1994). Zur Kritik daran (vgl. u.a.: *Jacoby/Glauberman* 1995; *Fischer u.a.* 1996

12 Gleichwohl finden sich bereits zuvor Einsichten in soziale Bestimmungsgründe sozialer Ungleichheit und sogar Elemente von Theorien, die systematische Aussagen über gesellschaftliche Ursachen enthalten. Sie waren zum Teil in Gesellschaftsutopien verschiedener Art eingebettet. So unter anderem bei: *Platon* (Politeia, ca. 370 v.Chr.), *Aristoteles* (Politik, ca. 35 v.Chr.), *Thomas Morus* (Utopia, 1506), *Thomas Campanella* (Der Sonnenstaat, 1602), *Francis Bacon* (Nova Atlantis, 1626). (vgl. *Günther/Müller* 1987)

turrechtlicher Gleichheit in den Forderungen der Französischen Revolution. In der Erklärung der Menschen- und Bürgerrechte von 1789 heißt es unter anderem: „Die Menschen sind frei und in ihren Rechten gleich geboren."

Das Bewußtwerden sozialer Bestimmungsfaktoren der Ungleichheit führte im 18. Jahrhundert zum politischen Kampf gegen Privilegien aufgrund der „Geburt" und zur Forderung, die materiellen und sozialen Chancen des einzelnen von seiner individuellen Leistung abhängig zu machen (vgl. *Bolte* 1979). Vor diesem Hintergrund wurde von mehreren Seiten (u.a. von *Adam Ferguson* 1767, *John Millar* 1771, *Lorenz v. Stein* 1848; vgl. *Rössinger* 1975. 10f.) die Auffassung vertreten, das Privateigentum sei die Ursache der Ungleichheit unter den Menschen.

Besonders nachdrücklich ist diese These von *Jean-Jacques Rousseau* vorgetragen worden. Er unterschied die „natürliche Ungleichheit", die den Frühzustand der Menschheit charakterisierte und den Menschen nicht unglücklich machte, von der „moralischen" oder „politischen" Ungleichheit, die mit der Zivilisation entstand:

> „Ich unterscheide in der menschlichen Art zwei Arten von Ungleichheit: die eine, die ich natürlich oder physisch nenne, weil sie durch die Natur begründet wird, und die im Unterschied der Lebensalter, der Gesundheit, der Kräfte des Körpers und der Eigenschaften des Geistes oder der Seele besteht; und die andere, die man moralische oder politische Ungleichheit nennen kann, weil sie von einer Art Konvention abhängt und durch die Zustimmung den Menschen begründet oder zumindest autorisiert wird. Die letztere besteht in den unterschiedlichen Privilegien, die einige zum Nachteil der anderen genießen – wie reicher, geehrter, mächtiger als sie zu sein oder sich sogar Gehorsam bei ihnen zu verschaffen." (1984, 67; vgl. *Kiss* 1977, 25ff.) – „Der erste, der ein Stück Land eingezäunt hatte und es sich einfallen ließ zu sagen: *dies ist mein* und der Leute fand, die einfältig genug waren, ihm zu glauben, war der wahre Gründer der bürgerlichen Gesellschaft. Wie viele Verbrechen, Kriege, Morde, wie viel Not und Elend und wie viel Schrecken hätte derjenige dem Menschengeschlecht erspart, der die Pfähle herausgerissen oder den Graben zugeschüttet und seinen Mitmenschen zugerufen hätte: ‚Hütet euch, auf diesen Betrüger zu hören; ihr seid verloren, wenn ihr vergeßt, daß die Früchte allen gehören und die Erde niemandem'." (1984, 173)

Sozialwissenschaftliche Theorien sozialer Ungleichheit wurden vor allem von jener Zeit an formuliert, als offenkundig geworden war, daß bestimmte soziale Ungleichheiten menschengemacht waren. Dies galt vor allem für die krassen Probleme der „sozialen Frage", die im Zuge der Industrialisierung zutage getreten waren. Sozialwissenschaftliche Theorien jener Zeit führten die bestehenden Ungleichheiten sehr häufig auf die wirtschaftlichen Machtverhältnisse zurück. Es entstanden Klassentheorien, wie z.B. jene von *Claude Henri de Saint-Simon*, *Charles Fourier* und *Robert Owen*.

4.1.1 Die Marxsche Klassentheorie

Hervorragende Bedeutung gewannen unter diesen Erklärungen die Argumentationen von *Karl Marx*. Sie entstanden um die Mitte des 19. Jahrhunderts angesichts des heraufziehenden industriellen Kapitalismus. Sie sind eingebettet in eine generelle Theorie der Gesellschaftsentwicklung, insbesondere jener der kapitalistischen Gesellschaft.[13] Um den Kern der *Marx*schen Erklärung sozialer Ungleichheit verstehen zu können, muß man sich daher zunächst den Gesamtzusammenhang seiner dafür bedeutsamen Argumentation vor Augen halten.

Marxens Klassentheorie innerhalb der Entwicklungstheorie des historischen Materialismus

Karl Marx wollte mit wissenschaftlichen Methoden die Entwicklungsgesetzlichkeit der menschlichen Geschichte im allgemeinen und der

---

13 Der *Marx*sche Erklärungsansatz findet sich in seinen Werken nicht als solcher systematisch herausgearbeitet – bekanntlich bricht das 53. Kapitel im Bd. 3 des Marxschen Werkes „Das Kapital", das sich offenbar in systematischer Weise mit den „Klassen" befassen sollte, nach wenigen Sätzen ab –, sondern ist an mehreren Stellen in Verbindung mit der Analyse historischer Vorgänge formuliert worden. *Karl Marx* bediente sich dabei zum Teil unterschiedlicher Begriffe und Begründungszusammenhänge an verschiedenen Stellen seiner philosophischen, ökonomischen und politischen Werke. So wurde seine Theorie immer wieder neu und oft verschiedenartig interpretiert. Außerdem haben Anhänger seine Überlegungen in unterschiedliche Richtungen weitergeführt. So ist es heute nicht immer einfach, die ursprünglichen Gedanken von *Marx* und marxistische Auslegungen bestimmter Interpreten auseinanderzuhalten. Eine systematische Zusammenstellung der für die Marxsche „Klassentheorie" relevanten Aussagen findet sich u.a. bei *Ralf Dahrendorf* (1957). Im folgenden soll weitmöglichst auf die Gedanken von *Karl Marx* selbst zurückgegriffen werden.

liberalistisch-kapitalistischen Gesellschaft[14] im besonderen bestimmen, unabhängig von ihrer staatlichen oder nationalen Ausprägung.

Marxens periodische Einteilung der Geschichte (Sklavenhaltergesellschaft, Feudalismus, Kapitalismus) entspricht im wesentlichen den Entwicklungszuständen der *Produktivkräfte*. Dieser Begriff umfaßt bei ihm die menschlichen Kenntnisse, die Verkehrsverhältnisse, die maschinelle Ausrüstung, die naturwissenschaftlichen Forschungsergebnisse wie auch das verfügbare menschliche und tierische Arbeitspotential. Jede Epoche sieht sich vor die Aufgabe gestellt, diese Produktivkräfte in Auseinandersetzung mit der natürlichen Umwelt zur Sicherstellung des Lebensunterhalts der Menschen einzusetzen. Dabei entwickeln sich bestimmte *Produktionsverhältnisse*, d.h. bestimmte Verhältnisse der Menschen untereinander und zu den Produktionsmitteln (Werkzeuge, Maschinen usw.). „Die Gesamtheit der Produktionsverhältnisse bildet die ökonomische Struktur der Gesellschaft, die reale Basis, worauf sich ein juristischer und politischer Überbau erhebt und welcher bestimmte gesellschaftliche Bewußtseinsformen entsprechen." (*Marx* 1969, Bd. 13, 8f.) Im Laufe der Auseinandersetzung mit der natürlichen Umwelt entwickeln sich die Produktivkräfte weiter. „Auf einer gewissen Stufe der Entwicklung geraten die materiellen Produktivkräfte der Gesellschaft in Widerspruch mit den vorhandenen Produktionsverhältnissen" (*Marx* 1969, Bd. 13, 8) und die Entwicklung drängt dahin, in neue Produktionsverhältnisse umzuschlagen.

Alle Menschen, die sich in gleichen Verhältnissen zu den Produktionsmitteln befinden, bilden nach *Marx* eine *Klasse* im „objektiven Sinn", d.h. sie befinden sich aufgrund ihrer Positionen im Wirtschaftsprozeß und der daraus hervorgehenden Lebensbedingungen in einer prinzipiell ähnlichen Lebenslage, ohne daß daraus jedoch sofort und zwingend ein Bewußtsein der gemeinsamen Klassenlage und solidarische Verhaltensweisen der jeweiligen Klassenzugehörigen hervorgehen müssen.

Mit der Entstehung des Privateigentums an Produktionsmitteln haben die Produktionsverhältnisse eine entscheidende Ausprägung erhalten, nämlich die Unterteilung in Produktionsmittel besitzende und nichtbesitzende Gesellschaftsmitglieder.

Diejenigen Menschen, die keine Produktionsmittel besitzen, müssen sich zur Sicherung ihres Lebensunterhaltes in den Dienst der Besitzenden begeben. Dadurch sind sie auf Produktionsmittebesitzer angewiesen. So entsteht aus einer Verfügung über „Sachen" (Produktionsmittel) eine Herrschaft über Menschen. Die Produktionsmittel Besitzenden sind somit in einer begünstigten Lage gegenüber den Nichtbesitzenden, und daher ist ihr „objektives" Interesse auf eine Erhaltung der bestehenden Verhältnisse, das der Nichtbesitzenden dagegen auf deren Veränderung gerichtet. Aus den Eigentumsverhältnissen an Produktionsmitteln ergeben sich also „antagonistische", d.h. einander entgegengesetzte Interessenlagen

---

14 Eine liberalistisch-kapitalistische Gesellschaft ist dadurch gekennzeichnet, daß sich in ihr bestimmte Freiheitsrechte (Gewerbefreiheit, Freizügigkeit, Vertragsfreiheit, unternehmerische Entscheidungsfreiheit, Wettbewerbsfreiheit) mit weitgehendem Privateigentum an Produktionsmitteln und dessen profitorientiertem Einsatz verbinden.

bestimmter Bevölkerungsgruppen, die zu mehr oder weniger ausgeprägten Klassenkämpfen tendieren.

Unter den Bedingungen der liberalistisch-kapitalistischen Produktionsweise ergibt sich nach *Karl Marx* eine besondere Zuspitzung der Klassengegensätze zwischen Produktionsmittel Besitzenden (Bourgeoisie, Kapitalisten) und Nichtbesitzenden (Proletariern). Der technische Fortschritt und der Wettbewerb zwinge die Kapitalisten ständig dazu, neue Produktionsmittel anzuschaffen, um konkurrenzfähig zu bleiben. Dies könne nur dadurch geschehen, daß jener Betrag, der sich nach Abzug der Lohnkosten vom Erlös der verkauften Güter ergebe und vom Unternehmer einbehalten werde (der sogenannte „Mehrwert"), möglichst hoch gehalten würde. Da die Höhe des Mehrwerts sowohl vom Erlös als auch von den Lohnkosten abhängt, führe das zu der Tendenz, immer mehr zu produzieren und die Lohnkosten zu drücken. Da durch die neuen Maschinen Arbeiter eingespart werden können, zeigten sich damit insgesamt Tendenzen zur Freisetzung von Arbeitern, zur Lohnsenkung und zur Verelendung des Proletariats sowie zur Überproduktion von Gütern. Letztere begünstige die Entstehung von Krisen, in deren Verlauf immer wieder „Kapitalisten" in Konkurs geraten. Ihre Produktionsmittel sammelten sich in den Händen der verbleibenden Kapitaleigner. So ergäben sich Tendenzen zur Unternehmenskonzentration und zur Zusammenballung des Eigentums an Produktionsmitteln bei immer weniger Personen.

Marx prophezeite, daß die alten mittelständischen Schichten der Handwerker und Kaufleute verschwinden würden, weil sie der überlegenen Konkurrenz der Industrie und der Kaufhäuser nicht gewachsen seien. Die „Großen" könnten billiger ein- und verkaufen, rascher und präziser produzieren. Ihre Kapitalüberlegenheit, ihre Fähigkeit, mehr zu investieren, sich die neuesten technischen Erfindungen anzueignen, aber auch in einer Wirtschaftskrise durch finanzielle Polster den längeren Atem zu haben, das werde schließlich dem ganzen selbständigen Mittelstand den Garaus machen. Dem einen oder anderen könne der Sprung nach oben in die Bourgeoisie glücken, aber die meisten müßten in das Proletariat absteigen.

Auf Grund ihrer überlegenen ökonomischen Situation kontrolliert nach Marx die Bourgeoisie auch das politische, wissenschaftliche und religiöse Leben und unterwirft sich so das Proletariat völlig. Das sogenannte Bildungsmonopol der Bourgeoisie erscheint als ein Glied in dieser Kette, die die Arbeiterschaft fesselt, weil es gesellschaftliche Aufstiege erstickt. Nur den Angehörigen der Klasse der Bourgeoisie stünden faktisch die weiterführenden Schulen, die Universitäten und andere qualifizierte Ausbildungswege offen. Die Nachkommen des Proletariats hatten demgegenüber keine Chance, über eine entsprechende Ausbildung beruflich und sozial aufzusteigen. Das Bildungsmonopol zementierte also die Tendenz zur Zweiteilung der Gesellschaft.

Die Klassenlage der Arbeiterschaft erschien unter diesem Blickwinkel besonders niederdrückend, weil sie sozusagen allgegenwärtig war und keinen menschlichen Daseinsbereich aussparte (Marx 1953, 361). Die materiellen Entbehrungen und die psychischen Leiden des Proletariats würden – so meinte *Karl Marx* – schließlich dazu führen, daß dieses alle inneren Gegensätze und Spannungen überwinden, zum Bewußtsein seiner Klassenlage kommen und den Weg in eine einheitliche politische Organisation finden werde.

Karl Marx erkannte durchaus, daß der Prozeß der Bewußtwerdung der Klassen nicht von selbst ablaufen werde. Als Faktoren, die diesen Prozeß förderten, nannte er hinsichtlich der Klasse der Proletarier:

a) die zunehmende Verelendung des Proletariats,
b) die räumliche Konzentration der Arbeiter in Großstädten und Fabriken und damit die Erleichterung der Kommunikation, was vor allem der politischen Agitation zugute kommen mußte,
c) die Ausbreitung eines Solidaritätsgefühls unter den Proletariern und
d) die Unzufriedenheit über die Chancenlosigkeit jeglichen Versuchs, die wirtschaftlichen, sozialen und politischen Gegebenheiten zu verändern, der Ausbeutung zu entkommen. (vgl. *Lipset* 1953, 30ff.)

Hätten sich Bourgeoisie und Proletariat erst einmal in Parteien formiert, dann beginne der offene *Klassenkampf*, der mit innerer Logik eines Tages in seine revolutionäre Endphase eintreten werde. Nachdem das kapitalistische System durch viele Wirtschaftskrisen hindurchgegangen sei – die *Marx* als Begleiterscheinung der ökonomischen Entwicklungsgesetzlichkeiten der kapitalistisch-industriellen Gesellschaft ansah –, werde die Klasse der Bourgeoisie zahlenmäßig zusammengeschmolzen sein. Die restlichen Repräsentanten der Bourgeoisie würden zwar über riesige Unternehmenskomplexe und entsprechenden Einfluß verfügen, aber dennoch letztlich der revolutionären Kraft der Arbeiterklasse erliegen. Dann vollziehe sich die „Expropriation der Expropriateure“ (die „Enteignung der Enteigner“), d.h. die Abschaffung des Privateigentums an den Produktionsmitteln, das die Bourgeoisie größtenteils durch die widerrechtliche Einbehaltung des „Mehrwerts“ erlangt hätte.

Danach, so prophezeite *Karl Marx*, werde es für das Proletariat als Klasse keinen Feind mehr geben. Die Merkmale der proletarischen Klassenlage: Verelendung, Ausschluß von der Bildung, politische Unterdrückung, Entfremdung[15] usw. würden verschwinden, sobald das Grundübel abgeschafft worden sei: das Privateigentum an den Produktionsmitteln. Der Klassenkampf höre auf, der Staat als Herrschaftsgewalt sterbe ab – die klassenlose Gesellschaft des Kommunismus verwalte sich selbst.

Zusammenfassung der Marxschen Erklärung sozialer Ungleichheit

Bezüglich der Erklärung sozialer Ungleichheit ist aus diesen Gedanken von *K. Marx* folgende Argumentationskette zu entnehmen:

(1) Die Lebenschancen, die ein Mensch im Vergleich zu denen anderer im Rahmen einer Gesellschaft hat, hängen von seiner Stellung im gesellschaftlichen Produktions- und Reproduktionsprozeß ab.

---

15 Neben der allgemeinen Entfremdung, der nach Marxscher Ansicht alle Gesellschaftsmitglieder kapitalistischer Gesellschaften unterliegen, indem menschliche Beziehungen als Verhältnisse zwischen Dingen und Waren erlebt werden, bestehen für das Proletariat darüber hinausgehende besondere Entfremdungsaspekte.

(2) Diese Stellung ist insbesondere durch die Tatsache des Besitzes oder Nichtbesitzes von Produktionsmitteln bestimmt, denn die Besitzer von Produktionsmitteln befinden sich gegenüber jenen, die solche nicht besitzen, aber zur Erstellung ihres Lebensunterhalts auch auf sie angewiesen sind, in einer begünstigten Lage. Die Nichtbesitzer (die Lohnarbeiter) geraten in wirtschaftliche Abhängigkeit von den Besitzern, weil sie ihre Arbeitskraft an jene verkaufen müssen. Solange das Privateigentum an Produktionsmitteln nicht angetastet wird, verfügen die Besitzer über etwas, das die gesamte Gesellschaft benötigt und können sich dadurch vielfältige Rechte sichern sowie die Verteilung der Erträge des Produktionsprozesses zu ihren Gunsten beeinflussen.

(3) Innerhalb des liberalistisch-kapitalistischen Wirtschaftssystems wirken Mechanismen, die zur Zentralisierung der Verfügungsmacht über Produktionsmittel, zur Konzentration der Unternehmen sowie zur Freisetzung von Arbeitskräften und zum Lohndruck führen. Dies bedeutet zunehmende Macht und Reichtum der Kapitalisten und zunehmende Verelendung der Lohnarbeiter.

(4) Die Zusammenballung wirtschaftlicher und politischer Macht bei den Produktionsmittelbesitzern führt dazu, daß sich die Gesellschaftsordnung allmählich so entwickelt, daß primär die Interessen dieser Gruppe gesichert werden und ihre Vorstellungen (Ideologien) Verbreitung finden.

(5) Ausgehend von den Produktionsverhältnissen spaltet sich also die Gesellschaft in ständiger Wechselwirkung zwischen wirtschaftlichen, politischen, ideellen und weiteren Antriebskräften in Bevorzugte und Benachteiligte auf. Sie haben mit ungleiche Lebenschancen und befinden sich in grundsätzlich ungleichen Lebenslagen. Ihre Interessen sind einander entgegengesetzt (antagonistisch).

(6) Auf die Dauer werden diese Interessen den Lohnarbeitern ebenso wie den Produktionsmittelbesitzenden bewußt werden. Klassenbewußtsein wird sich herausbilden. Die beiden Klassen werden sich organisieren. Ein Klassenkampf wird entstehen.

(7) Der Klassenkampf endet mit dem Sieg der besitzlosen Arbeiterklasse. Eine Revolution wird die kapitalistischen Produktionsverhältnisse und das Privateigentum an Produktionsmitteln beseitigen. In der Phase des Sozialismus besteht eine „Diktatur des Proletariats" über die Reste der Bourgeoisie. Die Entlohnung der Menschen vollzieht sich noch nach ihrer Leistung. In der Endphase des Kom-

munismus verschwindet die Herrschaft von Menschen über Menschen. Die Verteilung bemißt sich nach den jeweiligen Bedürfnissen.

Es ist hier nicht der Ort, um auf die Thesen von *Karl Marx* im einzelnen einzugehen oder die Wirkungen zu beurteilen, die sie auf alle sozialwissenschaftlichen Analysen nach ihm und auf das politische Geschehen der letzten hundert Jahre gehabt haben. Hier interessiert lediglich die *Marx*sche Darstellung, wie Privateigentum an Produktionsmitteln unter bestimmten Bedingungen zur Entwicklung sozialer Ungleichheit führen kann.

Insgesamt brachte *Karl Marx* einen geschlossenen Begründungszusammenhang der Entstehung sozialer Ungleichheit hervor. Es gelang ihm dadurch, maßgebliche Ungleichheiten der beginnenden kapitalistischen Industriegesellschaft zu erklären und sie als „Klassengesellschaft" zu charakterisieren. Mit der Marxschen Theorie lassen sich auch in fortgeschrittenen Industriegesellschaften bestimmte Ungleichheiten erklären und als Klassenstrukturen erkennen, wenn auch diese Gesellschaften im ganzen nicht mehr als Klassengesellschaften gelten können.

Heute ist zu erkennen, daß Klassenverhältnisse und das Eigentum an Produktionsmitteln zwar wichtige Bestimmungsgründe für soziale Ungleichheiten sein können, aber nicht die einzige Ursache dafür. Dies wird z.B. daraus ersichtlich, daß sich allein vom Eigentum an Produktionsmitteln her weder die erheblichen Ungleichheiten des Einflusses, des Einkommens, des Ansehens, der Bildung usw. befriedigend erklären lassen, die innerhalb der Gruppe der nicht Produktionsmittel Besitzenden in modernen Gesellschaften festzustellen sind (Konzernvorstand, angestellter Arzt im Krankenhaus, Büroangestellter, Landarbeiter usw.)[16] noch jene Machtungleichheiten in solchen Ländern, die das Privateigentum an Produktionsmitteln abgeschafft oder bis zur Bedeutungslosigkeit vermindert haben bzw. hatten. Um-

---

16 Es muß in diesem Zusammenhang aber daran erinnert werden, daß – wie *Theodor Geiger, Ralf Dahrendorf* und neben ihnen viele andere immer wieder betont haben – die Erkenntnisabsicht von Marx nicht darin bestand, die sozialen Ungleichheiten seiner Zeit im einzelnen zu erklären, sondern die entscheidenden Entwicklungsprinzipien der Gesellschaft und die prinzipiell Ungleichheiten produzierenden Kräfte des liberalistisch-kapitalistischen Gesellschaftssystems herauszuarbeiten.

gekehrt gerät die Marxsche Klassentheorie in Schwierigkeiten, das ausgleichende Wirken breit ausgebauter Sozial- und Wohlfahrtsstaaten zu erklären. Auch das Fehlen von „Klassenbewußtsein" und die stattdessen in fortgeschrittenen Gesellschaften beobachtbare Pluralisierung von Lebensweisen entspricht nicht den Voraussagen der Marxschen Klassentheorie.

4.1.2 *„Klassen", „Stände" und „Parteien" – die Typologie Max Webers*

Der komplexe Klassenbegriff von *Karl Marx*, in dem Produktionsmittelbesitz, Lebensbedingungen, Lebensweise, Bewußtsein und politische Aktion bestimmter Bevölkerungsgruppen in enger ursächlicher Verknüpfung gesehen werden, prägte seit der Mitte des vorigen Jahrhunderts die sozialwissenschaftliche Diskussion über soziale Ungleichheit. Seither hat es immer wieder Auseinandersetzungen um diesen Begriff gegeben. In diesem Zusammenhang sind bestimmte Überlegungen *Max Webers* bedeutsam, auf welche die neuere Ungleichheitsforschung häufig Bezug nimmt. Ein halbes Jahrhundert später als *Karl Marx*, vor dem Erfahrungshintergrund des Wilhelminischen Kaiserreiches, vertrat *Max Weber* die Auffassung, daß die bei *Marx* im Klassenbegriff verbundenen Erscheinungen in der Realität keineswegs immer zusammentreffen müßten. So folge die Lebensweise, die Denkungsart, das Ansehen und die politische Aktivität bestimmter Bevölkerungskreise durchaus nicht zwangsläufig und eindeutig ihrer Stellung im Produktionsprozeß. Für eine differenziertere Analyse nahm *Weber* eine Unterscheidung zwischen Klassen, Ständen und Parteien vor (1980, 177-180; 531-540).

Klassen

Unter *Klassen* verstand er dabei Gruppierungen von Menschen, die auf Grund ihres Besitzes und/oder spezifischer Leistungen auf dem „Markt" ungefähr gleiche materielle Lebenschancen haben. Wie *Marx* sah *Max Weber* also Klassen im ökonomischen Bereich begründet. Differenzierter als *Marx* unterschied er dabei aber zunächst zwischen *Besitzklassen* (z.B. Grund- oder Aktienbesitzer), deren Lebenslage durch die mehr oder minder hohen Erträge des jeweiligen Eigentums zustande kommt, und *Erwerbsklassen* (z.B. freie Berufe, qualifizierte und unqualifizierte Arbeitnehmer), deren Lebenslage durch ihre jeweils besseren oder schlechteren Erwerbschancen auf dem Güter- und Arbeitsmarkt geprägt ist.

Da prinzipiell „die Verfügungsgewalt über jede Art von Genußgütern, Beschaffungsmitteln, Vermögen, Erwerbsmitteln, Leistungsqualifikation je eine besondere Klassenlage" (1980, 532f) verschafft, läßt sich aus *Webers* Sicht eine Vielfalt von Besitz- und Erwerbsklassen unterscheiden. Eine gewisse Bündelung dieser Vielfalt versuchte er mit dem Begriff der *sozialen Klasse* zu erreichen. Als eine solche bezeichnete er die Gesamtheit derjenigen Besitz- und/oder Erwerbsklassen, innerhalb derer ein Wechsel leicht möglich ist, über die hinaus aber nur selten Bewegungen stattfinden. Für die deutsche Gesellschaft der Jahre vor dem Ersten Weltkrieg unterschied *Weber* vier soziale Klassen: die Arbeiterschaft, das Kleinbürgertum, die „Intelligenz" (hochqualifizierte Angestellte und Beamte) sowie die durch Besitz Privilegierten.

Klassen werden nach *Max Weber* also genau wie bei *Marx* durch ökonomische Faktoren bestimmt und drücken sich in dadurch bestimmten Lebenslagen aus. Neben Machtverhältnissen, die bei *Marx* im Vordergrund stehen, spielen jedoch in der Argumentation *Webers* auch Marktmechanismen eine große Rolle. Im Gegensatz zu *Marx* bleibt bei *Weber* auch ausdrücklich offen, ob und inwieweit aus Klassenlagen auch Klassenbewußtsein, gemeinsames Handeln oder sogar eine organisierte Interessenvertretung (z.B. durch Gewerkschaften) hervorgehen (1980, 533). Ansätze für gemeinsames oder organisiertes Klassenhandeln sah er nur dann gegeben, wenn die Ursachen und Auswirkungen der gemeinsamen Klassenlage deutlich erkennbar sind (1980, 179) für breite Massen wirklich ähnlich ist, wenn Zusammenschlüsse leicht möglich (z.B. bei Arbeitern einer Fabrik) und eine Führung sowie ein unmittelbarer Interessengegner (z.B. ein Unternehmer) vorhanden sind. Nach *Weber* können auch die Interessen und Bestrebungen der einzelnen besitzlosen Erwerbsklassen durchaus unterschiedlich und evtl. sogar gegensätzlich sein. So bemühen sich Erwerbsklassen, zum Beispiel ihre besondere Qualifikation gegen Konkurrenz abzuschließen und so ihre Stellung im Vergleich zu anderen besitzlosen Arbeitenden zu verbessern.[17]

---

17 Auf diese Theorieelemente der „sozialen Schließung" greifen u.a. neuere Arbeitsmarkttheorien zurück. Siehe dazu in diesem Kapitel weiter hinten.

Stände

Als *Stände* bezeichnete *Weber* Gruppierungen von Menschen, die auf Grund gemeinsamer Eigenschaften sowie charakteristischer Gemeinsamkeiten des Denkens und Handelns eine spezifisch positive oder negative Einschätzung erfahren. *Ständische Ehre* wird in der Regel nur dem zuteil, der einen bestimmten Lebensstil an den Tag legt (standeseigene Traditionen, Beschränkungen des gesellschaftlichen Verkehrs und der Heiratskreise auf die eigene Gruppe, die Bevorzugung bestimmter und die Ablehnung anderer Tätigkeiten usw.). Als spezifische Eigenschaften, die einer ständischen Gruppierung zugrunde liegen können, nennt *Weber* u.a. eine angemessene Erziehung, einen „standesgemäßen" Beruf, eine mehr oder minder ehrenvolle Abstammung und den Besitz einer Herrschaftsposition. Dementsprechend unterschied er dann zwischen bestimmten Arten von Ständen wie Berufsständen (z.B. bestimmte Kaufleute), Geburtsständen (z.B. der Adel) und politischen Ständen (z.B. „Honoratioren").

Klassen und Stände sind für *Weber* prinzipiell eigenständige Gebilde. Klassen wurzeln im Bereich der Wirtschaft und des Erwerbs, Stände in der Sphäre des Prestiges und der Lebensführung. Die Klassenlage der Angehörigen eines bestimmten Standes (z.B. des Adels) kann daher durchaus unterschiedlich sein.

Trotz dieser prinzipiellen Eigenständigkeit können aber durchaus vielfältige Verknüpfungen zwischen Klassenlagen und ständischen Lagen bestehen. So gelangen Besitzende mit der Zeit oft auch zu ständischen Ehren, während umgekehrt Stände durch die Monopolisierung von Erwerbsquellen nicht selten die Klassenlage ihrer Mitglieder beeinflußt haben.

Parteien

Als *Parteien* bezeichnete *Weber* Gruppierungen von Menschen, die darauf abzielen, Entscheidungsprozesse innerhalb eines bestimmten Rahmens menschlichen Zusammenlebens (z.B. einer Stadt oder eines Staates) zu beeinflussen. Dadurch sind Parteien primär in der Sphäre der Macht angesiedelt. Wie Klassen und Stände treten auch Parteien in vielerlei Gestalt auf. Es „kann Parteien prinzipiell in einem geselligen ‚Klub' ebenso geben wie in einem ‚Staat'." (1980, 539) Als Parteien bezeichnet *Weber* also nicht nur politische Parteien im heutigen Sinne, sondern alle Interessengruppierungen, ohne Rücksicht auf ihre spezifischen Ziele, ihre Beständigkeit und ihre Durchsetzungsmethoden (1980, 539).

Die *Weber*schen Überlegungen zu „Klassen", „Ständen" und „Parteien" wurden später zur theoretischen Grundlage mehrdimensionaler Analysen sozialer Ungleichheit. Wenn seit den 60er Jahren materieller Wohlstand, ungleiches Prestige und ungleiche Macht als relativ eigenständige Dimensionen untersucht werden, und heute Lebensstile sowie Lebensführungen als wichtige Bereiche sozialer Ungleichheit gelten, geschieht dies nicht selten unter Bezugnahme auf *Webers* Unterscheidungen (vgl. z.B. *Lepsius* 1979; *Bendix* 1974; *Giddens* 1979, 46-60; *Mayer* 1975a, 154ff.). Außerdem stand *Webers* Ständebegriff Pate bei der Erforschung von Prestigeschichten, unter anderem in Gemeinden der USA (vgl. *Warner* u.a. 1942).

Trotz der Bedeutung, die *Webers* Typologie gewonnen hat, ist nach Meinung vieler Forscher ihr Beitrag zur *Erklärung* sozialer Ungleichheit gering: So stellen seine Ausführungen zwar die Grundlage für handlungstheoretisch angeleitete, sehr differenzierte Beschreibungen von Gefügen sozialer Ungleichheit dar. In dieser Hinsicht sind sie heute gefragter als je zuvor. Sie enthalten aber kaum Ursachenfeststellungen (*Kreckel* 1976, 338ff.) Auch muß bezweifelt werden, ob *Webers* betont historisch entwickelte Kategorien in ihrer vorliegenden Fassung es erlauben, soziale Ungleichheit in anderen Gesellschaftsformationen als jener seiner Zeit angemessen zu erfassen. So fehlen z.B. die Konzepte, um Auswirkungen staatlicher Maßnahmen (Steuern, Subventionen usw.) für die Prägung sozialer Ungleichheit in fortgeschrittenen Industriegesellschaften zu erkennen[18], und es fehlen Kategorien, um die heute wichtigen sozio-kulturellen Differenzierungen (wie ethnische Kulturen, Lebensstilgruppierungen, soziale Milieus etc.) angemessener als mittels des Ständebegriffs erfassen zu können.

---

18 Diesem Mangel sucht der von *R.M. Lepsius* (1979) geschaffene Begriff der „Versorgungsklassen" abzuhelfen (s.u.).

4.1.3 Soziale Ungleichheit als Ergebnis eines gesellschaftlichen Belohnungsprozesses – die funktionalistische Erklärung

Als wichtiger Bestimmungsgrund für soziale Ungleichheit ist wiederholt die Arbeitsteiligkeit der Gesellschaft herausgestellt worden. Dabei wird aber seit langem gesehen, daß die Arbeitsteilung allein als Erklärung nicht ausreicht. Es ist nicht einzusehen, wie z.B. die Unterschiedlichkeit der Tätigkeiten von Schuster und Schneider als solche eine ungleiche Zuordnung von Einkommen, Einfluß, Ansehen usw. zur Folge haben könnte (vgl. *Schmoller* 1960, 78). Der Hinweis auf die gesellschaftliche Arbeitsteilung wird im Rahmen funktionalistischer Theorien daher oft verbunden mit einer Bezugnahme auf übereinstimmende Wertvorstellungen einer Gesellschaft. Man argumentiert dann etwa wie folgt:

Menschen haben in modernen Gesellschaften eine Vielzahl von Positionen inne (z.B. Ehemann, Vater, Werkmeister, Gewerkschaftsmitglied usw.). Hierunter sind diejenigen Positionen besonders wichtig, welche sich aus der Teilung der gesellschaftlichen Arbeit ergeben. Sie sind für die einzelnen wichtig, weil sie die Menschen meist sehr lange beanspruchen; sie sind gesellschaftlich wichtig, weil die Beiträge der einzelnen zum Produktions- und Reproduktionsprozeß zu jenen Erträgen beitragen, die der Gesellschaft insgesamt zuwachsen bzw. den Arbeitenden persönlich zugeteilt werden. Dabei kommt nun die ungleiche Bewertung der einzelnen Arbeitspositionen ins Spiel. Im Hinblick auf die gemeinsamen Ziele einer Gesellschaft erscheinen nämlich aus funktionalistischer Sicht bestimmte Anliegen bedeutsamer als andere (Gesundheit rangiert so evtl. vor Sauberkeit, und die „Bekehrung“ anderer Völker erschien in bestimmten historischen Perioden wichtiger als die Erhöhung des Lebensstandards im eigenen Land). Die einzelnen Arbeitspositionen tragen jeweils zu bestimmten Anliegen mehr als zu anderen bei und sind so gesehen ungleich wichtig – wenn auch evtl. alle notwendig – sowie außerdem unterschiedlich schwierig. Sie werden infolgedessen ungleich bewertet, was sich in einer differenzierten Zuordnung von Einfluß, Ansehen, Einkommen usw. an die Inhaber der verschiedenen Berufspositionen niederschlägt.

Aufbauend auf diesem funktionalistischen Gedankengang (*Parsons* 1940; 1954) versucht eine besonders bekannt gewordene Version der *funktionalistischen Schichtungstheorie* soziale Ungleichheit als das Ergebnis eines Belohnungsprozesses zu interpretieren, der notwendig sei, um die Stellen adäquat zu besetzen, welche der Gesellschaft wichtig erscheinen. Jeder werde dadurch so belohnt, wie es seinem Beitrag zum Ganzen entspreche. „Soziale Ungleichheit ist somit ein unbewußt entwickeltes Werkzeug, mit dessen Hilfe die Gesellschaft sicherstellt, daß die wichtigsten Positionen von den fähigsten Personen gewissenhaft ausgefüllt werden. Daher muß jede Gesellschaft, ob primitiv oder komplex, das Prestige und die Beurteilung verschiedener Personen unterschiedlich ausfallen lassen und somit ein gewisses Maß institutionalisierter Ungleichheit aufweisen." (*Davis/Moore* 1973 (1945), 398)

Diese Theorie erscheint auf den ersten Blick plausibel. Denn hierin ist der Kerngedanke eines Verteilungsprinzips enthalten, des sogenannten Leistungsprinzips nämlich, das in modernen Gesellschaften nach weithin übereinstimmender Meinung die Zuteilung materieller und sozialer Chancen regeln soll, wenn auch ergänzt durch andere Verteilungsprinzipien (Vererbungsprinzip, Sozialprinzip usw.). Danach soll jemand, der besondere „Leistungen" erbringt, der besonders schwierige Arbeiten übernimmt und lange Ausbildungen durchlaufen muß, um bestimmte Qualifikationen zu erwerben, auch besonders gut entlohnt werden.

Bei genauerer Betrachtung weist die *funktionalistische Schichtungstheorie* aber eine Reihe von Unklarheiten und Fehleinschätzungen auf, die in der soziologischen Literatur ausführlich diskutiert worden sind. Schon die grundlegende Unterstellung, in Gesellschaften bestünde relative Einigkeit über die zu erreichenden Ziele, trifft für viele Gesellschaften kaum zu. In dem Maße, wie diese Einigkeit fehlt, können auch keine übereinstimmende Beurteilungen der ungleichen Wichtigkeit und entsprechenden Bewertung von Arbeitspositionen gewonnen werden. Auch die These, daß „eine Entsprechung zwischen der Bedeutungshierarchie der Tätigkeiten und der Belohnungsverteilung besteht" (*Mayntz* 1961, 20), daß die wichtigsten Positionen also mit den höchsten Belohnungen verbunden sind, steht und fällt mit dieser Schwierigkeit. In bestimmten Fällen (z.B. showbusiness) bilden sich in unserer Gesellschaft Einkommen, deren Höhe kaum mit gesellschaftlicher Wichtigkeit einhergehen dürfte, wie auch immer diese begründet wird. Ungeklärt bleibt in funktionalistischen Schichtungstheorien schließlich die Frage, wie es dazu kommt, daß die Verteilung der verschiedenen als wertvoll erachteten „Güter", also des Einkommens, des Einflusses, des Ansehens usw. in bestimmten Gesellschaften oder historischen Perioden enger und in anderen weniger eng miteinander korreliert.

Funktionalistische Schichtungstheorien, die – wie die oben dargestellte – damit argumentieren, daß die kompetente *Besetzung* wichtiger und schwieriger Arbeitspositionen nur mit entsprechend differenzierten Belohnungen möglich sei, enthalten darüber hinaus mindestens zwei versteckte Annahmen, deren Gültigkeit durchaus bestritten werden kann. Sie besagen, daß erstens Talent knapp ist und zweitens soziale Positionen im freien Wettbewerb errungen werden (*Mayntz* 1961, 13). Gegen beide Unterstellungen lassen sich gewichtige Einwände anführen: Die These vom Mangel an Begabung zur Erfüllung schwieriger Aufgaben ist allen empirischen Erhebungen nach falsch und enthält überdies die problematische Unterstellung, daß „angeborene" Begabungsunterschiede die „anerzogenen" Fähigkeiten überwiegen. Die Annahme eines freien Wettbewerbs um Positionen verwechselt zumindest hinsichtlich unserer Gesellschaft „Ideal" und Wirklichkeit. Besonders die Forschungen im Bereich der Bildungschancen (vgl. 5.1) haben klargemacht, daß von einem uneingeschränkten Wettbewerb keine Rede sein kann, sondern daß in der sozialen Wirklichkeit Siebungsprozesse wirken, die diesen Wettbewerb ausschließen oder zumindest erheblich einschränken.

Der funktionalistische Ansatz kann die in einer Gesellschaft tatsächlich vorhandenen Ungleichheiten also nicht befriedigend erklären. Problematisch erscheint dabei weniger die Behauptung, daß ein System ungleicher Belohnung notwendig sei, welches sicherstellt, daß Berufspositionen adäquat besetzt und ausgeübt werden können. Hierfür finden sich, nicht zuletzt durch den Zusammenbruch der ehemals sozialistischen Gesellschaften, zahlreiche historische Belege. Ausgesprochen gefährlich sind u.E. aber sich hieran anschließende, durch die Argumentation funktionalistischer Theorien naheliegende Schlußfolgerungen, wonach *das jeweils vorfindliche* Gefüge sozialer Ungleichheit das Ergebnis eines notwendigen Belohnungsprozesses sei. Dieser Schluß verdrängt Fragen nach den Bestimmungsgründen und Zweifel an der Berechtigung der vorhandenen sozialen Ungleichheit.

4.2 Neuere Theorien sozialer Ungleichheit

Seit den 60er Jahren entstand in den Sozialwissenschaften eine Vielzahl von neuen Theorien sozialer Ungleichheit. Bei der Formulierung vieler dieser Erklärungsansätze wurde versucht, Unzulänglichkeiten der eben dargestellten älteren Theorien zu vermeiden. Diese Theorien waren häufig zu abstrakt. Sie wollten zu viele Erscheinungsformen sozialer Ungleichheit durch sehr allgemeine Ursachenzusammenhänge erklären. Die Argumentationen neuerer Theorien sind daher oft konkreter: Man geht den Bestimmungsgründen und Verursachungsprozessen genauer nach. Und die Ansprüche sind bescheidener: Man versucht, von vorneherein nur bestimmte Ausschnitte aus dem Spektrum sozialer Ungleichheit zu erklären.

4.2.1 Neuere ökonomische Theorien sozialer Ungleichheit

Unter den neuen Erklärungsansätzen sollen zunächst jene behandelt werden, die die Ursachen sozialer Ungleichheit im Bereich der Wirtschaft suchen. Sie stehen damit den herkömmlichen Theorien sozialer Ungleichheit noch recht nahe. Auch diese griffen größtenteils auf ökonomische Gegebenheiten, d.h. auf berufliche Stellungen, ökonomische Funktionen etc. zurück, um soziale Ungleichheit ursächlich zu begründen.

Zu bestimmten Zeiten entstandene soziologische Theorien sind in der Regel durch die Besonderheiten der gesellschaftlichen Wirklichkeit jener Zeit geprägt und werden erst vor diesem Hintergrund voll verständlich. Dies zeigte sich bereits bei den herkömmlichen Theorien sozialer Ungleichheit. *Karl Marx'* Klassentheorie spiegelt die enormen Kapitalbildungsprozesse und die menschenunwürdigen Lebensbedingungen der Arbeiterschaft insbesondere in England um die Mitte des 19. Jahrhunderts. *Max Webers* Typologie kann nicht verleugnen, daß sie im Wilhelminischen Deutschland zur Zeit der Hochindustrialisierung bei gleichzeitiger politischer und kultureller Vorherrschaft des Adels entstand. Die *Funktionalistische Schichtungstheorie* ist erst dann voll zu verstehen, wenn man die US-amerikanische Leistungsgesellschaft und deren Credo um die Mitte des 20. Jahrhunderts mit bedenkt.

So sind auch die neuen sozio-ökonomischen Theorien sozialer Ungleichheit durch reale wirtschaftliche Veränderungen seit den 70er Jahren mit veranlaßt: durch die Ausdifferenzierung der Erwerbstätigkeiten, die Vermehrung qualifizierter Dienstleistungstätigkeiten (Ärzte, Lehrer, Journalisten, etc.), die steigende Bedeutung von Qualifikation und Wissen für den Arbeitsprozeß, die Zuwanderung von Ausländern sowie die anhaltende Massenarbeitslosigkeit.

Neuere marxistische Klassentheorien

Die *Marxsche* Klassentheorie geht im Kern von einem Zwei-Klassen-Modell der Sozialstruktur aus. „Mittelklassen" spielen bei Marx keine wesentliche Rolle. Doch schon ein oberflächlicher Blick auf die Sozialstruktur entwickelter Industriegesellschaften zeigt, daß die mittleren Statusgruppierungen vor allem der Angestellten und Beamten im Dienstleistungsbereich ständig zugenommen und sich ausdifferenziert haben. Alle neueren Ungleichheitstheorien in der *Marx*schen Tradition gerieten daher unter den Druck, einerseits die Existenz dieser Mittelklassen anzuerkennen, andererseits am Gedanken zweier, sich unversöhnlich gegenüberstehender „Grundklassen" festzuhalten. Dieses „Mittelklassenproblem" machte marxistischen Klassentheorien immer mehr zu schaffen.

Im Laufe der letzten Jahrzehnte schlugen Marxisten ganz unterschiedliche Lösungen dieses Problems vor: So wurde behauptet, die „Mittelklassen" seien nur eine Illusion. Durch Ideologien und im Grunde unwesentliche Lohndifferenzierungen würde ein „falsches Bewußtsein" von der Existenz mittlerer Klassen genährt. Es sei keine Änderung der Klassentheorie von *Karl Marx* nötig. Andere marxistische Theoretiker (z.B. *Poulantzas* 1975) betrachteten die „Mittelklasse" zwar nicht als eigene Klasse, aber immerhin als besonderen Bestandteil der herkömmlichen Grundklassen, etwa als Teil des Kleinbürgertums. Wieder andere führten die „Mittelklasse" als „neue Klasse" (*Gouldner* 1980) ein und entfernten sich dadurch von den Grundgedanken von *Marx*. In den letzten Jahren hat ein Ansatz *Erik Olin Wrights* Verbreitung gefunden, der „Mittelklassen" als widersprüchliche Lagen zwischen beiden Grundpositionen von Arbeit und Kapitel ansiedelt.

Wright geht in seinen neueren Schriften davon aus, daß Klassenverhältnisse auf Ausbeutung beruhen. Es gebe drei Ausbeutungsmittel: Produktionsmittelbesitz, Organisationsmacht und Qualifikation. Wenn Arbeitende viel von einem dieser drei Mittel zur Verfügung haben, sind sie – *Wright* zufolge – „Ausbeuter“ im Hinblick auf dieses Mittel; wenn ihr Besitz an einem Ausbeutungsmittel gering ist, sind sie „weder Ausbeuter noch ausgebeutet“; wenn keine Ausbeutungsmittel einer bestimmten Art vorhanden sind, werden Arbeitende „ausgebeutet“. Nach Maßgabe der jeweiligen Kombination von erheblichem, geringem oder nicht vorhandenem Besitz der drei genannten Ausbeutungsmittel unterscheidet *Wright* folgende 12 Klassen.

Abb. 4: Erik Olin Wrights Klassenmodell

	Besitz an Produktionsmitteln	Nichtbesitz an Produktionsmitteln (Lohnarbeit)			
		Ausbeuter	weder Ausbeuter noch ausgebeutet	ausgebeutet	
Ausbeuter	1) Bürgertum (Bourgeoisie) Diese haben genügend Kapitel, um Arbeitnehmer zu beschäftigen und selbst nicht arbeiten zu müssen.	4) fachlich qualifizierte Manager	7) fachlich teilweise qualifizierte Manager	10)fachlich nicht qualifizierte Manager	
weder Ausbeuter noch ausgebeutet	2) Kleine Arbeitgeber Diese haben genägend Kapital, um Arbeitnehmer zu beschäftigen, müssen aber selbst mitarbeiten	5) fachlich qualifizierte Aufsichtspersonen	8)fachlich teilweise qualifizierte Aufsichtspersonen	11) fachlich nicht qualifizierte Aufsichtspersonen	Ausstattung mit Organisationsmacht
ausgebeutet	3) Kleinbürger Diese haben genügend Kapital zur Selbständigkeit, aber nicht zur Beschäftigung von Arbeitnehmern	6) fachlich qualifizierte Nichtmanager	9) fachlich teilweise qualifizierte Arbeiter	12) „Proletarier“ (Arbeiterklasse)	
		Ausstattung mit Qualifikation			

(Quelle: *Wright* 1985, 88)

Wrights Erklärungsansatz läuft darauf hinaus, unter Beibehaltung marxistischer Grundargumente der Ausdifferenzierung der Erwerbstätigen in modernen Industriegesellschaften Rechnung zu tragen. Er steht im Rahmen der Theoriedebatte, in der die Verfechter von Großgruppen-, d.h. von Klassen- und Schichtungstheorien jenen Theoretikern gegenüberstehen, die Prozesse der Differenzierung, Pluralisierung und Individualisierung theoretisch für wesentlich halten, zwar im Lager der Klassentheoretiker, bezieht aber sehr differenzierte, vertikal und horizontal unterscheidende Kategorien mit ein.

Trotz aller Verfeinerungen benützt *Wright* in seiner Typologie jedoch nur einen Teil der komplexen *Marx*schen Klassentheorie: nämlich den wirtschafts- und berufs*strukturellen* Teil (Abstufungen von

Besitz, Organisationsmacht und Qualifikation). Es fehlen die übrigen Elemente, die Marx als wesentlich erachtete: Die theoretische Begründung der Ausbeutungs- und Bereicherungs*prozesse und -verläufe* auf der Basis der jeweiligen Stellung in Produktionsverhältnissen sowie die Darlegung der Konsequenzen für soziale Lage, Bewußtsein, politische Konflikte und Wandel der Gesellschaft.[19] Durch diese Reduzierung auf eine Typologie von Handlungsressourcen von 12 Berufsgruppen beschnitt *Wright* die Erklärungs"tiefe" der *Marxschen* Erklärungsleistungen zugunsten einer „breiten" Ausdifferenzierung von möglichen Erklärungsgrundlagen. *Wright* hat ein Modell geschaffen, das eine im Hinblick auf vorhandene Ausbeutungsmittel ausdifferenzierte Berufsstruktur beschreibt. Wie sich „Ausbeutung" im Arbeitsprozeß vollzieht und wie hieraus Ungleichheit entsteht, gerät außer Sicht. Ebenso bleiben alle anderen wirtschaftlichen und außerwirtschaftlichen (z.B. technologischen, staatlichen, kulturellen oder unmittelbar zwischenmenschlichen) Ursachen sozialer Ungleichheit im dunkeln.

Regulationstheorie und Post-Fordismus-Theorie

Regulationstheorie (*Aglietta* 1979; *Lipietz* 1985; *Hirsch/Roth* 1986; *Jessop* 1993; *Hirsch* 1995) nennt sich eine marxistisch ausgerichtete Erklärungsrichtung, die die Entwicklung kapitalistischer Gesellschaften, und darin auch von Strukturen sozialer Ungleichheit, nicht länger ausschließlich aus ökonomischen Gegebenheiten und Gesetzmäßigkeiten ableitet. Vielmehr wird versucht, diese Veränderungen auch im Zusammenhang mit politischem und sozialem Handeln zu begreifen. Gesellschaftliche Entwicklungen, krisenhafte Zustände können daher nicht als zwangsläufige Folge der jeweiligen Produktivkräfte und Produktionsverhältnisse (deterministisch) vorhergesagt werden.

Als „Akkumulationsregime" wird im Rahmen dieser Theorie die jeweilige Produktionsweise bezeichnet, insbesondere das Verhältnis zwischen den wirtschaftlichen Gegebenheiten und der Struktur des

19 Die auf Ausbeutungsprozesse und -folgen bezogenen Theorieelemente „klassenspezifische Einkommenslagen" und „Klassenbewußtsein" setzte *Wright* (1985) ein, um empirisch zu überprüfen, inwieweit sein theoretischer Ansatz der Realität standhält. – Allerdings fragt sich, ob eine marxistische Klassentheorie, die doch dialektisch und auf zukünftige historische Entwicklungen hin ausgerichtet ist, überhaupt empirisch prüfbar ist und daran scheitern kann, daß die Realität ihr (noch?) nicht entspricht.

gesellschaftlichen Verbrauchs der hervorgebrachten Güter und Dienstleistungen. „Regulationsweise" heißt die Art und Weise der Steuerung, in der die verschiedenen, teils gegensätzlichen Interessen so geformt, verbunden und kanalisiert werden, daß die wirtschaftliche und die gesellschaftliche Struktur gewährleistet und aufrecht erhalten wird. „Akkumulationsregimes" und „Regulationsweisen" sind das Ergebnis des historischen, unvorhersagbaren Handelns von wirtschaftlichen, gesellschaftlichen und politischen Akteuren. Krisen entstehen dann, wenn das Entsprechungsverhältnis von Akkumulationsregime und Regulationsweise zerstört wird. „In den großen Krisen und den damit verbundenen ökonomischen, politischen und ideologischen Auseinandersetzungen verschieben sich die gesellschaftlichen Kräfteverhältnisse, werden soziale Kompromisse aufgekündigt und zerbricht das vorhandene institutionelle Gefüge der Regulation. (...) Zu welchem Ergebnis die neuen Kräftekonstellationen und Kämpfe führen, läßt sich nicht vorhersagen." (*Hirsch* 1995, 63)

Die Regulationstheorie unterscheidet zwei wichtige historische Phasen: den sog. Fordismus und den „Post-Fordismus". Als Fordismus gilt hierbei die kapitalistische Phase von Akkumulationsregimes und entsprechender Regulationsweisen zwischen dem 2. Weltkrieg und den 1970er Jahren. Sie war gekennzeichnet durch: den Taylorismus (s.o. 3.3.1) in Wirtschaftsunternehmen, ständigen Produktivitätsfortschritt, stetige Lohnerhöhungen, den Ausbau sozialer Sicherungssysteme, Massenkonsum, der Ausweitung der Beschäftigung, der Vorherrschaft von Kernfamilien, die auf Konsum und die Reproduktion der Arbeitskraft konzentriert waren, die Sozialpartnerschaft zwischen Arbeit und Kapital, Korporatismus (d.h. die Beteiligung großer Verbände und Organisationen an staatlicher Herrschaft), eine keynesianische nachfrageorientierte Wirtschaftspolitik, einen weitgehend ungebrochenen Fortschrittsglauben sowie das Vertrauen auf die Steuerbarkeit ökonomischer und sozialer Verhältnisse (*Hirsch* 1995, 75ff.).

Dieser Fordismus ist nach Meinung von Regulationstheoretikern seit den 70er Jahren zerbrochen. „Postfordistischen" Theorien zufolge signalisieren Massenarbeitslosigkeit, öffentliche Verschuldung, ökologische Zerstörung, wachsende Armut und die Verelendung der Dritten Welt das Scheitern des Fordismus. In den 80er Jahren ging die Kapitalrentabilität zurück, Sozialleistungen und Subventionen waren nicht mehr durch Zuwächse des Sozialprodukts finanzierbar. Neben dieser ökonomischen Krise signalisieren u.a. die neuen sozialen Bewegungen, die Kritik am staatlichen Bürokratieapparat und der Wertewandel, daß nicht nur das Akkumulationsregime, sondern auch die Regulationsweise im Übergang begriffen ist.

Die kapitalistischen Gesellschaften befinden sich nach Ansicht von Regulationstheoretikern auf dem Weg zur globalen Neustrukturierung des Kapitalismus. Neue Produktions- und Kommunikationsformen, Flexibilisierung und Deregulierung und die Senkung der Lohnkosten kennzeichnen den Versuch, zu einem neuen Akkumulationsregime zu gelangen. Es ist u.a. charakterisiert durch neue, z.T. weniger spezialisierte und „zerlegte" Arbeitsformen, die Steuerung der Produktion durch Datenverarbeitung, die Flexibilisierung des Arbeitsmarkts, insbesondere an seinen Rändern (Randbelegschaften, Teilzeit- und Leiharbeit, „Sub-Unternehmertum", Heimarbeit etc.), die Ausdifferenzierung des Konsums (individuelle Produkte und Vorlieben), den Ab- und Umbau des Sozialstaats, u.a. durch mehr Selbsthilfe, die Schwächung der Gewerkschaften, die Wiederkehr von alten Weltbildern im Hinblick auf Elite, Durchsetzungsvermögen (Sozialdarwinismus), Nationalismus, diffuser Angst, Rassismus und Esoterik (*Hirsch* 1995, 83ff.; *Hirsch/Roth* 1986).

Regulationstheorien bzw. ihre konkrete Ausformung in Gestalt der „Postfordismus"-Theorien greifen weit über den Bereich der Produktionsverhältnisse hinaus, die zuvor den Kern marxistischer Theorien ausmachten. Sie beziehen viele Elemente gesellschaftlichen Wandels im ganzen ein und geraten so in die Nähe einer marxistischen Version von umfassenden Theorien „postindustrieller Gesellschaften" (*Bell* 1975; *Toffler* 1980). Sicher argumentieren sie in ihrem derzeitigen Entwicklungsstand noch nicht geschlossen genug und richten sich noch nicht hinreichend exakt auf Entstehungsprozesse sozialer Ungleichheit, um als befriedigende Erklärungsansätze gelten zu können.

Einige ihrer Kennzeichen weisen aber die Richtung, um zu befriedigenderen Theorien sozialer Ungleichheit zu gelangen: Regulationstheorien vernetzen ökonomische, politische und gesellschaftliche Faktoren; sie beziehen vor allem auch „intermediäre" Institutionen und Organisationen ein, während in vielen herkömmlichen Theorien sozialer Ungleichheit Individuen unmittelbar dem „gesellschaftlichen System" oder den für das Gesellschaftsganze wirkenden Bestimmungsgründen gegenübergestellt werden. Schließlich wird versucht, struktur- und handlungstheoretisch zugleich zu argumentieren.

Neuere nichtmarxistische Klassentheorien

Nichtmarxistische Klassentheorien sehen wie alle Klassentheorien die Wurzeln sozialer Ungleichheit in ungleichen ökonomischen Machtstellungen und hieraus entstehenden Gruppierungen in ungleicher Lage. Anders als die zuvor skizzierten Regulationstheorien beschränken sie sich also auf ökonomische Ursachen. Nichtmarxistische Klassentheorien gehen im Unterschied zu marxistischen davon aus, daß neben ökonomischen *Macht-* auch ökonomische *Markt*stellungen soziale Ungleichheiten hervorrufen können. So haben Erwerbstätige mit hoher, gefragter Qualifikation gute individuelle Aufstiegschancen und sind besser als andere Gruppierungen in der Lage, sich gemeinsam gegen Konkurrenz abzuschotten.

Nichtmarxistische Klassentheorien verzahnen somit *Marx*sche Gedanken mit Argumenten *Max Webers*. Sie verschmelzen dabei erklärende klassentheoretische mit beschreibenden schichtungssoziologischen, d.h. an der Berufshierarchie ausgerichteten Vorstellungen, ohne indessen zu Modellen eines rein vertikalen gesellschaftlichen Oben und Unten zu gelangen.

Nichtmarxistische Klassentheorien haben eine Tradition, die bis wenigstens in die Zwischenkriegszeit zurückreicht. Als grundlegend für die heute verwendeten nichtmarxistischen Klassentheorien können die Überlegungen, Begriffe und Modelle *Theodor Geigers* (1932) gelten (vgl. 2.5).

Geiger unterschied „Bevölkerungsteile", die jeweils durch eine bestimmte „Lage" gekennzeichnet sind. Diese „Lagen" werden als soziale Orte verstanden, an denen typischerweise, aber nicht notwendigerweise bestimmte „Mentalitäten" entstehen. Solche Gruppierungen mit lagetypischen Mentalitäten bezeichnet Geiger als Schichten. Sie stellen seines Erachtens die eigentlich bewegenden Kräfte der Gesellschaft dar. Ihre Auffindung bildet für ihn das letztendliche Ziel der Sozialstrukturanalyse.

Lage- und mentalitätsbestimmende Kriterien und Merkmale existieren für Geiger in großer, letzten Endes beliebig großer Zahl. Sie können unter Umständen „quer" zueinander liegen, so daß viele einander kreuzende Schichtungen entstehen (Produktionsmittel, Beruf, Bildung etc). Es ist seiner Meinung nach von der jeweiligen historisch gegebenen Gesellschaft abhängig, welche dieser Merkmale besonders wichtig, da existenzbestimmend sind. Beobachtungen des gesellschaftlichen Lebens, also empirische Verfahren und nicht theoretische Ableitungen, sind seiner Ansicht nach dazu geeignet, die relevanten Schichtungsmerkmale herauszufinden.

Zu seiner Zeit erschien *Geiger* die soziale Schichtung im wesentlichen durch das Verhältnis der Menschen zu den Produktionsmitteln, also durch das Klassenverhältnis und durch dementsprechende Wirtschaftsmentalitäten gekennzeichnet. Die Klassenlage war im Rahmen von *Geigers* Theorie also ein Spezialfall sozialer Schichtung. *Geiger* sah drei Klassenlagen: die kapitalistische, die mittlere und die proletarische Lage.

Ausreichend für eine Schichtungsanalyse erschien ihm die bloße Klassengliederung jedoch nicht. Er hielt sie lediglich für eine „Rohgliederung", deren Lagen und Mentalitäten ihm noch durch (zu) große interne Unterschiede gekennzeichnet waren. Deshalb verfeinerte er (1932) die dreiteilige „Rohgliederung" unter Zuhilfenahme von Berufs- und Einkommensdifferenzierungen zu einer fünfteiligen „Tiefengliederung":

- Kapitalisten
- Mittlere und kleinere Unternehmer
- Tagewerker für eigene Rechnung
- Lohn- und Gehaltsbezieher höherer Qualifikation
- Lohn- und Gehaltsbezieher minderer Qualifikation

Ralf Dahrendorf arbeitete in den 60er Jahren den Begründungszusammenhang der nichtmarxistischen Klassentheorie weiter aus und stellte sie in den Zusammenhang mit einer allgemeinen soziologischen Konflikttheorie (1957; 1961a). Diese setzt sich einerseits gegen funktionalistische Integrationstheorien und andererseits gegen marxistische Konflikttheorien ab. Hiernach ist die Herrschaftsstruktur industrieller Gesellschaften nicht allein aus Produktionsmittelbesitz erklärbar, sondern pluralistisch angelegt (1957). Es finden sich vielfältige Herrschaftsverbände, wie z.B. in Parteien, Interessenverbänden und in Unternehmen, wobei jeder Herrschaftsverband grundsätzlich zwei Arten von Positionen umfaßt: solche mit Herrschaft, von denen aus Normen bestimmt werden können, und solche, die von Herrschaft ausgeschlossen sind und in Konflikten dagegen angehen.

Ungleichheit entsteht nach *Dahrendorf* durch Normen (1961a). Sie schreiben vor, wie man sich als Gesellschaftsmitglied bestimmter Art (als Mann, als Frau, als Lehrer, als Schüler usw.) in bestimmten Situationen zu verhalten hat. Diesen Normen wird durch Sanktionen Geltung verschafft. Sanktionen sind Belohnungen für normgerechtes oder Bestrafungen für abweichendes Verhalten. Wer herrschenden Normen nicht genügt, darf sich also nicht wundern, wenn er weniger von den begehrten Gütern einer Gesellschaft erhält als andere.

Der Ursprung der Ungleichheit unter den Menschen liegt nach *Dahrendorf* also „in der Existenz von mit Sanktionen versehenen Normen des Verhaltens in allen menschlichen Gesellschaften." (1961a, 21f.) Da sich nach seiner Meinung jedoch nur solche Normen mittels Sanktionen durchsetzen lassen, die von den herrschenden Gruppen der Gesellschaft gestützt werden, ist das System der Ungleichheit „nur eine sekundäre Konsequenz der Herrschaftsstruktur von Gesellschaften." (1961a, 28)[20]

Obwohl komplexer als vorhergehende und zeitgemäßer als z.B. die *Marx*sche Erklärung, reicht *Dahrendorfs* Argumentation als generelle Theorie sozialer Ungleichheit mit Sicherheit nicht aus. So vermag dieser Erklärungsansatz z.B. nicht zu begründen, warum eine bestimmte Position in sehr unterschiedlicher Weise mit den einzelnen Kriterien der Ungleichheit ausgestattet sein kann, also z.B. einerseits relativ viel Einkommen und andererseits eventuell verhältnismäßig wenig Ansehen zugeordnet bekommt. Außerdem läßt er die Frage unbeantwortet, welche Mechanismen eigentlich dazu führen, daß der eine in mehr und der an-

---

20 In der soziologischen Literatur wurde unmittelbar nach Erscheinen dieser Dahrendorfschen Argumentation darauf hingewiesen, daß dadurch allenfalls erklärt werden könne, warum *Individuen* im Hinblick auf die Erfüllung bestimmter Normen (z.B. zwei Lehrer angesichts der Art ihrer Berufsausübung) verschieden bewertet werden. Offen bleibe dagegen die wesentliche Frage, wie es zur unterschiedlichen Bewertung verschiedener *Positionen* bzw. deren Inhaber kommt, denn der Landarbeiter rangiert auch dann nicht vor dem Lehrer, wenn er den für seine Position verbindlichen Normen besser entspricht als jener denen der seinen.
In einer zweiten Fassung seiner Gedanken machte *Dahrendorf* dann geltend, daß Gesellschaftsmitglieder nicht nur als Individuen Verhaltensnormen unterliegen, sondern auch als Inhaber sozialer Positionen zu einem Verhalten genötigt sind, das Normen und Sanktionen unterworfen ist: Wenn z.B. in einer Gesellschaft der Grad der Verhaltensautonomie (persönliche Entscheidungsfreiheit) und der Grad der „Geistigkeit" einer Arbeit als zentrale Maßstäbe der Bewertung gelten, dann werden jene Gesellschaftsmitglieder diskriminiert, denen (Berufs-)normen auferlegt sind, die es ausschließen, diesen „Standards" gerecht zu werden. Ein Landarbeiter z.B. wird selbst dann, wenn er seine Tätigkeit „gut" verrichtet, nicht hoch in der gesamtgesellschaftlichen Wertung stehen, weil seine Tätigkeit mit dem Makel der unselbständigen, ungeistigen Handarbeit behaftet ist.

dere in weniger privilegierte Positionen gelangt und u.U. dort verbleibt. Erst im Zusammenhang mit bestimmten Prozessen der Positionsbesetzung und deren Rechtfertigung werden gesellschaftliche Normen für die Entstehung von Ungleichheit bedeutsam (vgl. *Lepsius* 1961, 61ff.). Schließlich erscheint der vorliegende Erklärungsansatz auch insofern ergänzungsbedürftig, als er nichts über die Entstehung gesellschaftlicher Herrschaftsverhältnisse aussagt. Damit bleibt als Fundament dieses Ansatzes die Behauptung, daß es in jeder Gesellschaft Herrschende gibt, die Normen durchsetzen und so Ungleichheit schaffen.

In der neueren Literatur wird häufig eine Klassentheorie verwendet, die ebenfalls auf Argumenten einer nichtmarxistischen Klassentheorie beruht. Die Autoren *Robert Erikson und John Goldthorpe* (1992, 28-48) gehen davon aus, daß als Ursachen sozialer Ungleichheit nicht nur Machtstellungen infolge Produktionsmittelbesitz sondern auch ökonomische Machtstellungen aus anderen Quellen maßgebend sind. In diesem Zusammenhang wird auf die in modernen Gesellschaften zunehmenden Bürokratien, Verbände und wirtschaftlichen Interessenvertretungen, auf die Macht von Managern ohne Unternehmenseigentum, sowie auf die Ausweitung der qualifizierten Angestelltenschaft und ihre Expertenmacht als Grundlage der Klassenbildung hingewiesen.

Die Klassentheorie von *Erikson* und *Goldthorpe* trägt insbesondere dem Anwachsen der „Dienstklassen“ (*Karl Renner*), d.h. der qualifizierten Angestellten- und Beamtenschaft, seit den 60er Jahren sowie ihrer vorteilhaften Macht- und Marktstellung Rechnung. Zu den Dienstklassen werden Arbeitkräfte gerechnet, die aufgrund ihres professionellen Wissens und ihrer Expertenstellung leitende Funktionen und gehobene Positionen in Unternehmen und Verwaltungen einnehmen. Grundlegend für die Situation dieser Klasse (vgl. 5.8.2) ist, daß ihr „Dienst“-Verhältnis kaum einer direkten Kontrolle unterliegt, sondern durch das Vertrauen der beschäftigenden Organisation gekennzeichnet ist (*Müller* 1987, 13).

Blickt man auf die vorstehenden Theorien zurück, so fällt auf, daß die neueren marxistischen und nichtmarxistischen Klassentheorien einander recht ähnlich geworden sind (vgl. insbesondere das o.a. Klassenmodell von *Erik O. Wright*). Nicht nur ihre Kategorien und Typologien im einzelnen haben sich angeglichen, sie weisen beide auch die

Tendenz auf, Ursachenaussagen zugunsten von beschreibenden Modellen zurückzustellen.

Arbeitsmarkttheorien

In fortgeschrittenen Industriegesellschaften kommt nach wie vor die Mehrzahl der wertvollen „Güter" im Zusammenhang mit Erwerbsarbeit zur Verteilung. Dies macht verständlich, daß nicht nur alle herkömmlichen Theorien (vgl. 4.1) und die eben dargestellten neueren Klassentheorien, sondern auch eine Reihe weiterer Erklärungsversuche für soziale Ungleichheit an Verteilungsprozessen im Bereich von Beruf und Arbeit ansetzen. Da mittlerweile neun Zehntel aller Erwerbstätigen unselbständig beschäftigt sind, konzentrieren sich viele neuere Theorien auf Arbeitsmarktmechanismen.

In das Blickfeld der Ungleichheitsforschung ist so u.a. seit einiger Zeit die *Humankapitaltheorie* (*Becker* 1964; vgl. *Krais* 1983) gerückt. Sie entstand in den frühen 60er Jahren in den Wirtschaftswissenschaften, als man erkannte, daß neben den Sachinvestitionen immer mehr auch die Qualifikationen der Arbeitenden das wirtschaftliche Wachstum beeinflussen. Nach den Vorstellungen der Humankapitaltheoretiker bilden daher Investitionen in die menschliche Arbeitsfähigkeit, insbesondere in Bildung- und Ausbildung, eine Form des Kapitals (Humankapital). Hierin zu investieren haben sowohl Unternehmen als auch die einzelnen Arbeitenden Interesse. Denn die Höhe des Humankapitals bestimmt zusammen mit materiellen Investitionen wesentlich die Größe der Arbeitsproduktivität und, da Arbeit dem Humankapitalansatz zufolge im Prinzip nach dem Maß ihrer Produktivität entlohnt wird, das Arbeitseinkommen eines Erwerbstätigen. Die Einkünfte der Beschäftigten mit einer hohen und zeitgemäßen Qualifikation liegen über der Entlohnung von weniger Qualifizierten, d.h. es kommt hier zu einer der Idee des Leistungsprinzips entsprechenden Verteilung.

Die Humankapitaltheorie hat den Vorteil, empirisch weitgehend überprüfbar zu sein. Solche Untersuchungen ergaben, daß in der Tat ein deutlicher Zusammenhang zwischen der Qualifikations- und der Einkommenshöhe besteht und der Humankapitalansatz insofern als bestätigt gelten kann. Allerdings hat die Erklärungskraft dieser Theorie auch Grenzen. So bleibt ungeklärt, wieso sehr hohe Qualifikationen oft nicht mehr von entsprechenden Einkommensverbesserungen begleitet werden. Dieser Erklärungsmangel macht sich ins besondere in jenen Phasen stark bemerkbar, in denen hohe Qualifikationen reichhaltig zur Verfügung stehen, eine gewisse „Bildungsinflation“ auftritt und die Zuweisung besser oder schlechter ausgestattener Berufspositionen immer mehr im Erwerbsleben erfolgt. Vor allem aber bleibt offen, wieso qualifikationsgleiche Arbeitende in unterschiedlichen Branchen und Unternehmen häufig ungleich entlohnt werden. Neben dem unterschiedlich qualifizierten „Angebot“ an Arbeitskraft, das die Humankapitaltheorie beleuchtet, wirken also offenbar weitere Faktoren, die der ungleichen „Nachfrage“ nach Arbeitskraft zuzurechnen sind und von der Humankapiteltheorie ausgeblendet werden (vgl. *Krais* 1982, 204ff.).

Auf manche dieser Nachfragefaktoren, auf offenbar immer wirksamer werdende Verteilungsmechanismen, haben die Theorien der *Arbeitsmarktsegmentation* (*Sengenberger* 1978a; vgl. *Kreckel* 1983) aufmerksam gemacht. Sie entstanden seit Ende der 60er Jahre, als in den westlichen Industrieländern die Arbeitslosigkeit zunahm und man erkannte, daß bestimmte Personengruppen von ihr besonders häufig und längerfristig betroffen waren. Diese Erklärungsansätze versuchen zu zeigen, daß und warum es keinen die gesamte Wirtschaft umfassenden einheitlichen Arbeitsmarkt gibt, sondern relativ dicht abgeschottete Teilarbeitsmärkte mit höchst unterschiedlichen Chancen für die Arbeitskräfte, die auf den einen oder anderen von ihnen festgelegt sind.

Die einfachste und erste Variante, die in den USA entwickelt wurde (*Piore* 1969; *Gordon* 1972), ist das Konzept vom zweigeteilten (dualen) Arbeitsmarkt. „Nach diesem Konzept ist der Arbeitsmarkt streng in zwei Segmente getrennt, in einen primären Markt mit gut ausgebildeten Arbeitskräften und stabilen Arbeitsplätzen mit guter Entlohnung, Aufstiegsmöglichkeiten und guten Arbeitsbedingungen, und einen sekundären Markt, in den sich die Minderheiten und Immigranten und ein Teil der Frauen gedrängt sehen, und der instabile Arbeitsplätze, geringe Löhne und keine wirksame Vertretung der Arbeitnehmerbelange bietet.“ (*Sengenberger* 1978a, 20f). Später kam es zu einer Differenzierung dieses Konzepts (*Piore* 1972; *Reich/Gordon/Edwards* 1973) dadurch, daß im „besseren“, primären Sektor zwei Teilsegmente unterschieden wurden, und zwar „ein oberer Teilsektor von Arbeitsplätzen, die dem Arbeitenden Kreativität und Eigeninitiative abverlangen, und ein unterer Teilsektor für Industriearbeit im herkömmlichen Sinne, wo vor allem Arbeitsdisziplin und Zuverlässigkeit gefordert werden“ (*Sengenberger* 1978a, 22).

In einer auf die Verhältnisse der Bundesrepublik zugeschnittenen Variante des Konzepts der segmentierten Arbeitsmärkte unterscheiden *Burkart Lutz* und *Werner Sengenberger* (*Sengenberger* 1978b) drei Segmente: den berufsfachlichen, den betrieblichen und den Jedermannsarbeitsmarkt. Im *berufsfachlichen* Segment finden sich Arbeitskräfte, deren Qualifikation von vielen Betrieben gebraucht und in diesen eingesetzt werden kann. Sie befinden sich infolge in einer besonders günstigen Situation. Dem *betrieblichen* Segment gehören Arbeitskräfte an, die betriebsspezifische Aus- und Weiterbildungen erhalten haben und z.T. in typische innerbetriebliche Karrieren eingefügt sind. Ihre Situation ist solange günstig, wie sie in ihrem Betrieb bleiben und gehalten werden; sie wird aber problematisch, falls sie ihre Arbeitsplätze verlieren oder aufgeben. Wegen ihrer betriebsspezifischen Qualifikation und Karrierechance finden sie nämlich anderswo nicht zu gleich günstigen Bedingungen Arbeit, und ihre Mobilitätschance ist dadurch deutlich eingeschränkt. Dem *Jedermannsarbeitsmarkt* gehören wenig qualifizierte, jederzeit ohne weiteres austauschbare Arbeitskräfte an, die vor allem in Krisenzeiten durch ein hohes Arbeitsplatzrisiko belastet sind. Im Jedermannsarbeitsmarkt finden sich die Benachteiligten des Arbeitsmarktes, die im wesentlichen aus Frauen, Nebenerwerbslandwirten, Ausländern und Ungelernten bestehen.

Wenn man die bisherige Diskussion um segmentierte Arbeitsmärkte überblickt, erscheint klar, daß es solche gibt. Unterschiedlich sind jedoch die Auffassungen darüber, welche Segmente im einzelnen zu unterscheiden und wie sie gegeneinander abzugrenzen sind. Umstritten ist auch, welche „Mechanismen“ zu diesen Segmentbildungen führen. Nach dem Stand der Diskussion scheint sicher, daß hier mehrere „Kräfte“ zusammenwirken: (1) Entwicklungen der Wirtschaftsstruktur, die auf der einen Seite krisenfeste Großunternehmen in gewinnträchtigen Wachstumsbranchen und auf der anderen Seite Kleinbetriebe in krisenbedrohten Randbranchen hervorbringen, (2) Strategien der Unternehmen, die sich einerseits loyale und hochqualifizierte Stammbelegschaften heranziehen und andererseits an wenig qualifizierten und daher billigen sowie in Zahl und Zusammensetzung schnell veränderbaren Arbeitskraftpotentialen interessiert sind, (3) Möglichkeiten der Existenzsicherung außerhalb der Erwerbstätigkeit, die dazu führen, daß Arbeitnehmergruppen, die solche „Alternativrollen“ haben (z.B. Frauen die Hausfrauenrolle, Ausländer die Rückkehr in ihre Heimat, Jugendliche die Ausbildung, Ältere die Rente), in wirtschaftlich schwierigen Zeiten auch ungünstigere Arbeitsplätze akzeptieren, eher gekündigt werden und sich mit dem Ausscheiden aus dem Berufsleben abfinden, geringeres Interesse an gewerkschaftlicher Organisation haben und von Gewerkschaften oft auch weniger nachdrücklich unterstützt werden (vgl. *Sengenberger* 1975, 1978b; *Offe/Hinrichs* 1977; siehe auch 5.2.4).

Theorien segmentierter Arbeitsmärkte sind in ihrem Erklärungsanspruch hinsichtlich sozialer Ungleichheit von vornherein enger begrenzt als die vorgenannten Ansätze. Zum einen sind sie prinzipiell nur auf Gesellschaften anwendbar, in denen ein Arbeitsmarkt vorhanden ist (also kaum auf etliche Entwicklungsländer). Zweitens beziehen sie sich nur auf Arbeitnehmer, die im privatwirtschaftlichen und nicht im „öffentlichen" Bereich tätig sind. Drittens konzentrieren sie sich auf die Lage benachteiligter Gruppen. Im Rahmen dieser Begrenzungen scheinen sie aber durchaus geeignet, die Existenz segmentierter Arbeitsmärkte und Ursachen hierfür aufzuzeigen, sowie verständlich zu machen, wie daraus ungleiche Einkommen, Arbeitsplatzsicherheit und Arbeitsbedingungen hervorgehen.

Theorien vom Ende der Arbeitsgesellschaft

Herkömmliche Theorien sozialer Ungleichheit bezogen ihre Erklärungen aus der Sphäre der Erwerbsarbeit. Seit den 80er Jahren fanden Theorien immer mehr Aufmerksamkeit, die darüber hinausgehen und das Verhältnis zwischen Arbeitenden und Nicht-Arbeitenden zur Erklärung sozialer Ungleichheit heranziehen. Die Hauptquelle sozialer Ungleichheit ist hiernach nicht mehr in den Beziehungen zwischen Arbeitenden, sondern in den Privilegien der Arbeitenden insgesamt angesichts der Nachteile der Nicht-Arbeitenden zu sehen.

Im Hintergrund dieser Denkansätze stehen Vermutungen und Befürchtungen unter dem Eindruck der anhaltenden Massenarbeitslosigkeit. Hiernach ist die moderne „Arbeitsgesellschaft" im Begriff, an ihr Ende zu gelangen. Um diese Überlegungen verständlich zu machen, soll kurz darauf eingegangen werden, was mit „Arbeitsgesellschaft" gemeint ist: In „Arbeitsgesellschaften" stellt die Erwerbsarbeit nicht nur die allgemeine Grundlage der Lebenserhaltung dar. Sie gerät in hohem Maße zum Selbstzweck, zum Lebenssinn der Menschen, zum Zentrum gesellschaftlicher Beziehungen und Instanzen: Familie, (Aus-)Bildung, Freizeit, Selbstdefinitionen der Menschen und ihre gesellschaftlichen Stellungen und vieles andere mehr hängen direkt oder indirekt von der Erwerbsarbeit ab. Sozialwissenschaftliche Kategorien und Theorien, nicht zuletzt auch jene zur Erklärung sozialer Ungleichheit, rücken daher die Erwerbsarbeit und die Stellung der Menschen darin in den Mittelpunkt (*Offe* 1983).

Die überragende Bedeutung und positive Bewertung der Erwerbsarbeit kennen wir in Mitteleuropa erst seit der beginnenden Neuzeit, verstärkt seit den Industrialisierungsprozessen des 19. Jahrhunderts. In der Antike und noch während des gesamten Mittelalters galt Erwerbsarbeit als Übel, allenfalls als reines Mittel zum Zwecke der Existenzsicherung (*Negt* 1984, 42).

Seit produktivitätssteigernde technologische und ökonomische Umwälzungen (z.B. die Einführung des Computers und die Globalisierung) sowie die Verteuerung der inländischen Produktion viele Arbeitsplätze überflüssig machten, seit der anhaltenden Massenarbeitslosigkeit ab Mitte der 70er Jahre also, verstärkte sich der Eindruck, daß die Arbeitsgesellschaft in die Krise geraten, im Schwinden begriffen oder gar schon an ihr Ende geraten sei. So befürchtete *Hannah Arendt* schon 1960: „Was uns bevorsteht, ist die Aussicht auf eine Arbeitsgesellschaft, der die Arbeit ausgegangen ist, also die einzige Tätigkeit, auf die sie sich noch versteht.“ (1960, 11)

Vor diesem gedanklichen Hintergrund entstanden mehrere neuere Theorien sozialer Ungleichheit: So erwartet etwa *André Gorz*, daß auf der einen Seite eine eng begrenzte „Elite von ständig vollbeschäftigten Arbeitern“ (1983, 58) entsteht und auf der anderen Seite eine Masse von Arbeitslosen und Unqualifizierten, die ohne gesicherten gesellschaftlichen Status unregelmäßig und ungeschützt zur Verrichtung wechselnder und immer unattraktiverer Arbeit herangezogen wird. Es entstehe also eine Zweiteilung der Gesellschaft in Bevorzugte und Benachteiligte. Bei einer solchen Entwicklung wären nicht die privilegiert, die von Arbeit befreit sind, wie in Antike und Mittelalter, sondern diejenigen, die arbeiten dürfen.

Noch weiter geht *Karl Otto Hondrich*: Er bezieht die Erlebniswelt, Interessen und Konfliktstellungen ein und spricht von zwei neuen Klassen. Nach seiner Ansicht „profiliert sich heute eine *Leistungs-Klasse* gegenüber einer Unterklasse der niedrig Qualifizierten, der Rentner und, mit Vorbehalten, der Hausfrauen. Die Leistungs-Unterklasse ist in gewisser Hinsicht eine *Nichtklasse*, denn von den „klassischen“ Unterklassen in der Geschichte der Vergesellschaftung, dem

Bürgertum und später dem Proletariat, unterscheidet sie sich in einem entscheidenden Punkt: eine Chance, produktive Kräfte und mit ihnen sich selber zu entfalten, hat sie nicht." (1984, 284)

Die Überlegungen *Ralf Dahrendorfs* (1983) zum Ende der Arbeitsgesellschaft gehen davon aus, daß nicht die Technisierung an sich, sondern die Teuerung der menschlichen Arbeit und der diesbezügliche Preisvorteil der Technik Ursache des Beschäftigungsrückgangs sind. Dadurch ergibt sich eine Verkehrung der Fronten: Die, die früher arbeiten mußten, die Proletarier, stehen heute auf der Straße. Die die früher nicht arbeiten mußten, die besitzenden und hochgebildeten Bürger, sind zu denen geworden, die noch arbeiten dürfen. *Dahrendorf* erwartet, daß die verbleibende „Restarbeit" aus immer interessanteren, schöpferischeren „Tätigkeiten" bestehen wird und angenehme Arbeitsinhalte so die Vorteile der Arbeitenden noch vergrößern werden.

In anderen Erklärungsansätzen (z.B. *Guggenberger* 1988) wird dagegen unterstellt, daß die verbleibende Erwerbsarbeit zwar zum Teil aus kreativen Dienstleistungstätigkeiten, zum großen Teil aber auch aus routinisierten und reglementierten Beschäftigungen bestehen wird. Stattdessen werden die Nicht-Erwerbstätigkeit und Freizeit immer mehr selbstbestimmter, sinnerfüllter und aktiver verbracht werden. In dem Maße, in dem sich Erwerbsarbeit auf einen immer kleineren Bevölkerungsanteil konzentrieren wird, prognostizieren diese Erklärungsansätze also wachsende Vorteile eines eigenständigen und interessanten Lebens für die nicht erwerbstätige Bevölkerungsmehrheit. Die Theorien sehen dadurch nicht nur Vorteile für die Erwerbstätigen. Sie sehen umgekehrt Teile von ihnen als Opfer und Teile der Nichtarbeitenden als Gewinner der künftigen Entwicklung.

Theorien der zuletzt dargestellten Art, die im Grunde mit Zukunftsentwicklungen argumentieren, lassen sich aktuell nicht empirisch überprüfen. Dennoch gibt es begründete Zweifel an Theorien vom Ende der Arbeitsgesellschaft: Das inländische Erwerbspersonenpotential wird in Deutschland vom Beginn des nächsten Jahrtausends an drastisch sinken, weil die geburtenschwachen Jahrgänge in das Erwerbsleben einrücken. Unterstellt man, daß der Schwund von Arbeitsplätzen einerseits und Zuwanderungen andererseits sich in Grenzen halten, so kommt man, selbst wenn mehr Frauen als heute erwerbstätig sein werden, zum Schluß, daß den dann noch vorhandenen Arbeitskräften keineswegs die Arbeit ausgehen wird. An der quantitativen Grundlage von Theorien vom „Ende der Arbeitsgesellschaft" bestehen somit Zweifel. – Trotzdem werden die

Probleme der Arbeitslosigkeit sicher nicht verschwinden: Insbesondere Menschen mit veralteter oder fehlender Qualifikation werden weiterhin ein hohes Risiko der Arbeitslosigkeit tragen.

4.2.2 Neuere politische Theorien sozialer Ungleichheit

Im Laufe der vergangenen Jahrzehnte hat sich der Aufgabenkreis des Sozial- und Wohlfahrtsstaats in Westdeutschland immer mehr erweitert. Seit einigen Jahren stagnieren die diesbezüglichen Auf- und Ausgaben auf hohem Niveau (vgl. *Hradil* 1989a). Es waren nicht zuletzt das wirtschaftliche Wachstum und der steigende Wohlstand, die lange Zeit zunehmende wohlfahrtstaatliche Leistungen ermöglichten, sie aber auch erforderten. Immer mehr Voraussetzungen (z.B. Bildungseinrichtungen, Gesundheitsvorsorge und -versorgung, Infrastrukturmaßnahmen) und Folgen (in Freizeit, Umwelt etc.) des Wirtschaftens traten zutage, die als staatliche Aufgaben angesehen wurden. Immer mehr forderte die Bevölkerung von staatlichen Stellen „Lebensqualität" (ein dichteres soziales Netz, gleiche Bildungschancen, mehr Freizeiteinrichtung und mehr Gesundheitsvorsorge etc.). Wohlfahrtsstaatliche Instanzen erfüllten viele dieser Erwartungen und verbesserten so die Lebensbedingungen der Bevölkerung.

Staatliche Stellen sollen keine Ungleichheiten schaffen. Wenn sie in die Ungleichheit von Lebensbedingungen eingreifen, haben sie die Aufgabe, Disparitäten zu mildern oder zu beseitigen. Aber die Erfahrung zeigt, daß politische und wohlfahrtsstaatliche Prozesse gleichwohl Ungleichheiten hervorbringen: Versorgungsansprüche differieren in ihrer Höhe, Bildungseinrichtungen liegen nahe oder fern, bestimmte Interessen können sich besser durchsetzen als andere etc. Infolgedessen sind in neuerer Zeit Theorien entstanden, die auf die Entstehung sozialer Ungleichheit aus dem Bereich von Politik und Verwaltung gerichtet sind.

Das Nachdenken über die Ungleichheitswirkungen staatlicher Einrichtungen und Leistungen wurde durch die Probleme und die Kritik gefördert, in die die europäischen Wohlfahrtsstaaten seit Mitte der 70er Jahre geraten sind: Diese wurden als teuer und wirtschaftshemmend, als ineffizient, als demotivierend, als übermächtig und freiheitsberaubend, als bürokratisch und schematisch, als zu sehr auf Geldleistungen und auf Rechtsvorschriften fixiert angesehen (*Dettling* 1983).

Die neueren politischen Theorien sozialer Ungleichheit sollen im folgenden so zusammengefaßt werden, daß zunächst die *Ein*wirkungen auf staatliche Stellen, dann deren *Aus*wirkungen im Vordergrund stehen.

Die (Rational-Choice-)Theorie kollektiven Handelns

Rational-Choice-Theorien gehen davon aus, daß Individuen rational handeln, ihren Nutzen maximieren und in der Regel jene Handlungsmöglichkeiten bevorzugen, die ihren eigenen Zielen am meisten dienen. Dies zeigt sich nach der Theorie von *Mancur Olson* (1968) auch im Bereich der organisierten Einflußnahmen auf wohlfahrtsstaatliche Leistungen und führt dazu, daß *große* organisierte Gruppen und *allgemeine* Interessen in ihrer Durchsetzung *benachteiligt* sind.

In Verbänden, Gewerkschaften, Parteien usw. bestimmen meist kollektive Entscheidungen (per Wahlen etc.) darüber, wie und wie intensiv diese einzelnen Gruppierungen bestimmte Interessen u.a. bei wohlfahrtsstaatlichen Stellen durchsetzen. Dabei ist in großen Organisationen und Gruppierungen (z.B. in Branchengewerkschaften) die Wahrscheinlichkeit gering, daß von einer anstehenden Entscheidung alle Mitglieder gleichermaßen profitieren würden. Somit werden Entscheidungen innerhalb von Gruppenorganisationen häufig sein, die von und für Mehrheiten getroffen werden. Die Minderheit hat die „Kosten" mitzutragen, ohne Gewinn davon zu haben. Sie wird sich diesen Kosten wo immer möglich entziehen, oder aber bei nächster Gelegenheit eine Koalition mit anderen Gruppen eingehen, die ihren Interessen besser dient. Dies schwächt die Interessenvertretung großer Gruppierungen.

Zum andern haben große Gruppen den Nachteil, daß sie häufig sehr allgemeine Interessen vertreten. Hier liegt die Gefahr des „Trittbrettfahrens" nahe. Warum sollten sich die einzelnen mühevoll und kostenpflichtig engagieren, wenn andere die Arbeit und die Ausgaben auf sich nehmen und ohnehin dafür sorgen, daß die eigenen Interessen (z.B. an Lohnerhöhung und Arbeitszeitverkürzung) verfochten werden?

Kleine Gruppen sind, *Olson* zufolge, dagegen viel durchsetzungsfähiger. Sie können leichter Einigkeit über die jeweiligen Interessen erzielen und Übereinstimmung von Kosten und Nutzen erreichen.

Aus der Sicht eines einzelnen, der nüchtern seine Interessen kalkuliert, ist diese Theorie sicherlich plausibel. Sie ist auch in der Lage, die zum Teil erstaunlich große Durchsetzungskraft bestimmter kleinerer Gruppierungen zu erklären. Aber: Es sind erfahrungsgemäß nicht nur egoistische Beweggründe, sondern auch Bestrebungen für andere und Gefühle der Solidarität, die zur Mitwirkung in gesellschaftlichen Interessengruppen führen und Einfluß auf den Wohlfahrtsstaat erzielen. Zudem zeigt die Entwicklung pluralistischer Wohlfahrtsstaaten, daß Großverbände wie Gewerkschaften, Unternehmerverbände und die großen Wohlfahrtsorganisationen, die sehr umfassende Gruppen vertreten, keinesfalls durch innere Opposition und „Trittbrettfahrer" dauerhaft daran gehindert werden, Interessen wirksam zur Geltung zu bringen.

Der Neo-Korporatismus

Dies berücksichtigt ein weiterer Erklärungsansatz. Er geht davon aus, daß wohlfahrtsstaatliche Stellen und große Interessenverbände mittlerweile zum gegenseitigen Nutzen zusammenwirken. Diese Theorie des „Neo-Korporatismus" (vgl. *Heinze* 1983) besagt, daß etablierte Interessenverbände staatlichen Stellen heute viele Aufgaben abnehmen: Sie diskutieren und bündeln unterschiedliche Interessen; sie sorgen für die Akzeptanz staatlicher Maßnahmen. Sie machen konkrete Gestaltungsvorschläge. Im Gegenzug erhalten Gewerkschaften, Wirtschafts- und Wohlfahrtsverbände nahezu monopolartige Rechte der Interessendurchsetzung und -organisation.

So kommt diese Argumentation im Grunde zu Aussagen, die denen der zuvor skizzierten Theorie entgegengesetzt sind: Nicht kleine, sondern große Gruppen, nicht spezielle, sondern allgemeine Interessen sind im Vorteil; nicht neue Interessen, sondern die etablierten setzen sich durch. Die Erfahrungen in hochorganisierten pluralistischen Industriegesellschaften sprechen dafür, daß dieses Erklärungsmuster in erheblichen Teilen zutrifft.

„Versorgungsklassen"

Wohlfahrtsstaatliche Zahlungen und Leistungen bilden die Existenzgrundlage immer größerer Bevölkerungsteile (Beamte, Studierende, Arbeitslose, Arme etc.). Wohlfahrtsstaatliche Versorgung kann einen Vorteil, aber auch einen Nachteil darstellen. So können z.B. Beamte, die ohne eigene finanzielle Aufwendungen Versorgungsleistungen im Alter beziehen, als privilegiert im Vergleich zu rentenversicherungspflichtigen Erwerbstätigen angesehen werden. Andererseits sind z.B. Frauen, die nicht lange oder nicht ständig erwerbstätig waren, benachteiligt gegenüber Arbeitnehmern mit kontinuierlicher langer Erwerbstätigkeit. Denn Arbeitsleistungen als Hausfrauen und Mütter sind für das Sozialversicherungssystem nur teilweise anrechenbar. Entfallen durch den Tod des erwerbstätigen Ehemannes oder durch Scheidung Versorgungsansprüche, so ergeben sich häufig sehr geringe Rentenzahlungen.

Die Vermutung liegt nahe, daß sich hieraus wohlfahrtsstaatliche Gruppierungen mit ungleichen Lebensbedingungen, evtl. auch mit spezifischen Interessen und neuen Konfliktfronten, also neue Arten von Klassen, ergeben könnten. *M. Rainer Lepsius* prägte hierfür den Begriff „*Versorgungsklassen*", in Ergänzung zu den Begriffen „Besitzklasse" und „Erwerbsklasse" *Max Webers* (vgl. 4.1.3): „‚Versorgungsklasse' soll eine Klasse insoweit heißen, als Unterschiede in sozialpolitischen Transfereinkommen und Unterschiede in der Zugänglichkeit zu öffentlichen Gütern und Dienstleistungen die Güterversorgung, die äußere Lebensstellung und das innere Lebensschicksal bestimmen." (*Lepsius* 1979, 179)

Das Konzept der „Versorgungsklassen" ist der erste der hier vorgestellten theoretischen Ansätze, der nicht den „input", sondern den „output", das Ergebnis staatlicher Gestaltung ungleicher Lebensbedingungen zu erfassen versucht. Zunächst bleibt festzuhalten, daß er – ganz in der Tradition *Max Webers* – weitgehend auf Erklärungen verzichtet und sich auf die Beschreibung der Ergebnisse wohlfahrtsstaatlichen Handelns konzentriert. Empirische Überprüfungen (*Alber* 1984) kamen zum Ergebnis, daß „Versorgungsklassen" dann kaum erkennbar sind, wenn man in *Marx*schen Sinne darunter Gruppierungen mit jeweils eigenen Interessenartikulationen und politischen Konfrontationen versteht. Wenn man das Konzept jedoch im Sinne *Max Webers* bescheidener als Hinweis auf Gruppierungen auffaßt, die nur ähnlichen äußeren Lebenslagen gemeinsam haben, so ist der Begriff „Versorgungsklasse" realistischer: Es sind durchaus Gruppierungen erkennbar, deren „äußere Lebensstellung" so weitgehend von öffentlichen Gütern und Dienstleistungen abhängt, daß sie als „Versorgungsklassen" in diesem Sinne bezeichnet werden können. Diese Bevölkerungsteile sind aber bisher nicht sehr umfangreich. Die großen Gruppierungen der Rentner und Arbeitslosen zum Beispiel beziehen ihren Lebensunterhalt zwar aus öffentlichen Kassen, dessen Höhe hängt allerdings maßgeblich von der früheren Berufsstellung ab, also mindestens teilweise eine Frage der Erwerbsklassenzugehörigkeit. Was bleibt, ist die Fähigkeit des Konzepts „Versorgungsklasse", auf finanzielle Besser- oder Schlechterstellungen bestimmter Gruppierungen (s.o.) hinzuweisen, die wohlfahrtsstaatlichen Regelungen und Leistungen zu verdanken sind.

Die „horizontale“ Disparität der Lebensbereiche

Ende der 60er Jahre wurde die Theorie von der Disparität der Lebensbereiche vorgelegt (*Bergmann* u.a. 1969, 67ff.; *Offe* 1969, 155ff.). Ihre Vertreter behaupten, daß sich in demokratischen Gesellschaften unter den Bedingungen des „Spätkapitalismus“ (d.h. in einer Entwicklungsphase, in der das Wirtschaftsleben durch große Monopole und Oligopole charakterisiert ist, wobei es zu einer immer engeren Verflechtung von Wirtschaft und Politik kommt) Handlungszwänge für staatliche Stellen erkennen lassen, die zu einer ungleichen „Ausstattung“ verschiedener menschlicher „Lebensbereiche“ führen. Es geht hier also nicht um die ungleiche Ausstattung von Personen, sondern um die ungleiche Versorgung verschiedener Lebensbereiche mit staatlichen Gütern und Mitteln.

Die Theorie basiert auf der Annahme, daß unter den spezifischen Bedingungen kapitalistischer demokratischer Gesellschaften die Regierenden drei fundamentale Aufgaben zu lösen haben: Erstens die Sicherung der wirtschaftlichen Stabilität, zweitens die Vermeidung außen- und innenpolitischer Krisen und drittens die Sicherung der Massenloyalität gegenüber der Regierung. Gelingt es den Regierungen nicht, diese Aufgaben zu bewältigen, dann haben sie keine Chance, wiedergewählt zu werden. Politik wird in dieser Situation weitgehend zur Krisenvermeidung, wobei die Bewältigung der drei genannten Problemkreise absoluten Vorrang hat. Jene Gesellschaftsbereiche, von denen – selbst wenn es in ihnen Schwierigkeiten und Unzulänglichkeiten gibt – keine Probleme auf den drei genannten Feldern ausgehen, haben „geringe Chancen“, die Aufmerksamkeit der Politik sowie „entsprechende staatliche Interventions- und Subventionsleistungen auf sich zu lenken.“ (*Offe* 1969, 183) Aus dem ungleichen Risikogehalt bzw. der ungleichen „Konfliktfähigkeit“ der einzelnen Gesellschaftsbereiche bei der Schaffung fundamentaler Probleme für die Regierenden ergibt sich so eine bestimmte Prioritätenskala: Ganz oben rangiert u.a. die Wirtschaft, deren Probleme unmittelbare wirtschaftliche Instabilitäten, politische Krisen und Entzug von Massenloyalität, somit Bestandsprobleme für Regierungen bedeuten würde, ganz unten rangieren Bereiche wie z.B. Gesundheitswesen und Sozialhilfe.

Spezifische Ungleichheiten ergeben sich in diesem Zusammenhang also dadurch, daß die verschiedenen Lebensbereiche sehr unterschiedliche Zuwendungen erhalten. So wird z.B. weniger für unsere Gesundheit getan als für die Ausstattung industrieller Arbeitsplätze mit modernsten Produktionstechniken.

Die Theorie von der „horizontalen" Disparität der Lebensbereiche konzentriert sich auf wohlfahrtsstaatliche Leistungen in Form öffentlicher Güter und staatlicher Transferzahlungen. Der Ansatz beansprucht daher nicht, soziale Ungleichheit umfassend zu erklären; er ist vielmehr ergänzend zu Theorien angelegt, die Ungleichheiten zu erklären suchen, welche aus der Sphäre des Marktes kommen.

Innerhalb dieser Grenzen führt die Theorie jedoch zu neuen Erkenntnissen: Die Disparitätenthese macht klar, warum und wie aus der Struktur demokratisch organisierter Gesellschaften Strukturbedingungen staatlichen Handelns hervorgehen, die dazu führen, daß bestimmte Lebensbereiche, in denen alle Gesellschaftsmitglieder einen Teil ihres Lebens verbringen, besser als andere mit öffentlichen Zuwendungen, Gütern und Dienstleistungen gefördert werden. Diese Theorie ist u.a. deshalb originell, weil sie erstmals Ungleichheiten berücksichtigt, die gewissermaßen „quer" zur menschlichen Existenz verlaufen: Der einzelne kann sich z.B. untertags in einer begünstigten „Situationsgruppe" zusammen mit all jenen befinden, die im Dienstleistungssektor der Wirtschaft erwerbstätig sind; und er mag abends zusammen mit vielen anderen der benachteiligten „Situationsgruppe" derer angehören, die im Verkehrsstau stecken. Alle bisherigen Ungleichheitstheorien gingen demgegenüber davon aus, daß soziale Ungleichheiten die Lebensbedingungen eines Individuums über alle Lebensbereiche hinweg positiv oder negativ prägen.

Die These von der „Disparität der Lebensbereiche" berücksichtigt allerdings nicht ausreichend, daß verschiedene Bevölkerungsgruppen in sehr unterschiedlichem Maße in der Lage sind, staatliche Vernachlässigungen auszugleichen. So haben Reiche eher „Substitute für sie berührende Mängel der gesellschaftlichen Institutionen zur Verfügung" (*Baethge* 1970, 13f) als Arme. Diese werden von „horizontalen Disparitäten" viel unausweichlicher getroffen. Ihre Nachteile aus der „vertikalen" Struktur sozialer Ungleichheit verstärken sich.

Eine Theorie der „politischen Soziologie sozialer Ungleichheit"

Reinhard Kreckel (1992) arbeitete eine Theorie der politischen Soziologie sozialer Ungleichheit aus, die wesentliche Elemente der neueren Klassentheorien, Arbeitmarkttheorien sowie der bisher genannten politischen Theorien sozialer Ungleichheit zusammenführt. Ähnlich wie der eben skizzierte Erklärungsansatz soll die Erklärung nur für fortgeschrittene kapitalistische Staatsgesellschaften westlichen Typs gelten. Anders aber als die These von den „Horizontalen Disparitäten" vereint *Kreckels* Erklärung wohlfahrtsstaatliche mit jenen Ungleichheiten, die aus der Erwerbstätigkeit erwachsen.

Charakteristisch für diese Theorie ist ein Denkmodell konzentrischer Kreise. Es soll Zentrum und Peripherie der Kräfteverhältnisse innerhalb der Struktur sozialer Ungleichheit abbilden. Dieses Modell hält Kreckel für geeigneter als das herkömmliche vertikale, um Kräftekonzentrationen, -zersplitterungen und interne Disparitäten abzubilden. Das so abgebildete Kräfteverhältnis impliziert zwar Klassen in einem abstrakten Sinn. Da aber Klassen als handelnde Großgruppen nach Kreckels Auffassung nicht existieren, ist das Kräftefeld durch konkrete kollektive Akteure (wie z.B. Verbände) gekennzeichnet.

Wenn diese Theorie hier als politische Theorie und nicht als Klassentheorie eingeordnet ist, dann deswegen, weil neben Arbeit und Kapital der Staat als dritter, eigenständiger Faktor in das Zentrum des Kräftefeldes gestellt wird, und weil es vom (im weiteren Sinne) politischen Wirken dieser drei Kräfte abhängt, welche Struktur sozialer Ungleichheit sich ergibt. Diese drei abstrakten Kräfte wirken jedoch nicht unmittelbar, sondern in Gestalt von Organisationen und Institutionen. Der Staat wirkt durch Bund, Länder und Gemeinden, der Kräftefaktor Arbeit durch Gewerkschaften und der Faktor Kapital durch Unternehmerverbände, Großunternehmen etc. Um dieses „korporatistische Kräftedreieck" herum gruppieren sich andere kollektive Akteure wie Kirchen, Wohlfahrtsverbände und Interessengruppen. Sie befinden sich nicht im notwendigen Dauerkonflikt miteinander wie etwa die Kräfte Arbeit und Kapital; sie beanspruchen auch keine übergreifende Gültigkeit wie der Staat. Weiterhin können auch soziale Bewegungen Machtfaktoren darstellen, vor allem wenn sie entsprechend organisiert sind. Schließlich sind auch die Verhaltensweisen der einzelnen ein Machtfaktor: Es ist die in Schichten, Lagen, Milieus etc. strukturierte Bevölkerung selbst, die „die gesellschaftlichen Ungleichheitsverhältnisse ins tägliche Leben übersetzt". (1992, 161) Die genannten Faktoren bilden im Zentrum-Peripherie-Modell des Kräftefeldes vier konzentrische Kreise, worin sich die Akteure je nach dem Grad ihrer Konfliktfähigkeit einordnen lassen.

Abb. 5: Reinhard Kreckels Modell des ungleichheitsbegründenden Kräftefeldes

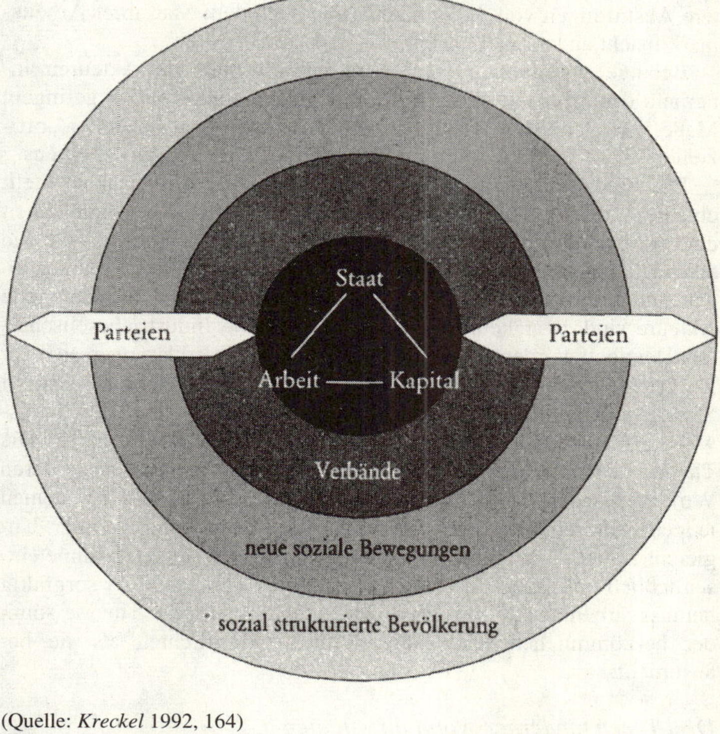

(Quelle: *Kreckel* 1992, 164)

Neben dieser „primären Machtasymmetrie" macht *Kreckel* sekundäre Machtgefälle innerhalb von Staat, Kapital und Arbeit aus. Besonders folgenreich für die Masse der Bevölkerung ist hierbei das Gefälle innerhalb der Arbeitnehmerschaft. Ungleiche Voraussetzungen zur „sozialen Schließung“ (Ausgrenzung nach unten, Abgrenzungen „zur Seite“ gegenüber gleich starken Berufsgruppen, solidarischer Zusammenschluß nach oben) und Mechanismen der Arbeitsmarktsegmentation schaffen neun ungleich mächtige arbeitsmarktstrategische Lagen (1992, 202ff.): In die peripherste Lage finden sich illegale, weitgehend rechtlose Einwanderer und Schwarzarbeiter gedrängt. Andererseits befinden sich die Arbeitnehmer mit Leitungs- und Managementfunktionen im Machtzentrum. Dazwischen ordnet *Kreckel* sieben weitere Abstufungen von Arbeitnehmern je nach dem Maß ihrer Arbeitsmarktmacht an.

Belange von Frauen werden von konfliktfähigen Akteuren innerhalb des primären und sekundären Machtgefälles nur in geringem Maße vertreten. Hier wirkt sich die Scheidung von bezahlter „offizieller“ Erwerbsarbeit und unbezahlter „inoffizieller“ Hausarbeit aus.

Die Theorie der „Politischen Soziologie sozialer Ungleichheit“ stellt eine besonders konkret ausgearbeitete Erklärung sozialer Ungleichheit dar. Sie bezieht hierzu viele früher formulierte Theorien mit ein. Sie zeichnet sich auch dadurch aus, daß sie das Wirken von Organisationen und Institutionen berücksichtigt. Organisierte und institutionelle Akteure sind zwar kennzeichnend für moderne Industriegesellschaften. Dennoch wurden sie in den meisten früheren Erklärungen sozialer Ungleichheit schlicht übergangen. *Kreckels* Theorie verbindet sowohl Strukturbedingungen, als auch Handlungschancen und Handlungsweisen von Akteure in Politik, Wirtschaft und Arbeitsmarkt. Die Theorie benennt daher nicht einfach „Ursachen“, sondern macht deren Wirkungsweisen deutlich. Noch zu wenig ausgearbeitet erscheinen jedoch kulturelle Bestimmungsgründe der Entstehung sozialer Ungleichheit und Ursachen im Bereich des Staates im engeren Sinne einschließlich politischer Strategien. Trotz ihres Titels und der sorgfältig herausgearbeiteten „politischen“ Kräftefelder bleibt die Theorie somit der herkömmlichen Klassentheorie mehr verpflichtet, als sie beansprucht.

Drei Typen moderner Wohlfahrtsstaaten

Zwar haben alle modernen Gesellschaften im Laufe ihres Bestehens wohlfahrtsstaatliche Instanzen auf- und ausgebaut. Sie gelten als Kennzeichen der gesellschaftlichen Modernisierung. Die Organisationsweisen und die Größen wohlfahrtsstaatlicher Einrichtungen unterscheiden sich in modernen Gesellschaften jedoch erheblich. *Gøsta Esping-Andersen* (1990) arbeitete drei Typen von Wohlfahrtsstaaten heraus. Sie unterscheiden sich nicht nur in ihrem Ausmaß und Aufbau. Sie bringen auch unterschiedliche Gefüge sozialer Ungleichheit hervor. Deswegen wird diese Typologie auch „institutionelle Schichtungstheorie“ genannt.

Liberale Wohlfahrtsstaaten (z.B. Australien, Canada, Japan, die Schweiz und die Vereinigten Staaten) sind durch ein Minimum an Staatstätigkeit im Bereich der Sozialpolitik gekennzeichnet. Es entsteht ein Bevölkerungsteil, der von stigmatisierender Armenfürsorge abhängig ist, eine weitere Gruppe, die auf die Sozialversicherungen angewiesen ist, und eine privilegierte Gruppe, die fähig ist, ihre soziale Sicherheit eigenständig über Marktlösungen sicherzustellen. Die Ungleichheit der Einkommen ist krass. Der in Österreich, Belgien, Frankreich, Deutschland und Italien vorhandene, sog. *konservative* Wohlfahrtsstaat beseitigt, anders als der liberale, zwar die scharfen Antagonismen zwischen Klassen, bewahrt aber ganz bewußt die Statusunterschiede z.B. zwischen Beamten, Angestellten und Arbeitern, unter anderem durch das Wirken einer Vielzahl statusgebundener Versicherungssysteme. Die Ungleichheit der Einkommen ist mittelstark. *Sozialdemokratische* Wohlfahrtsstaaten finden sich in Dänemark, Finnland, den Niederlanden, Norwegen und Schweden. Die mittleren Schichten dominieren hier. Die Ungleichheit der Einkommen ist relativ gering.

Wichtig erscheint am vorliegenden Erklärungsansatz, daß er unmißverständlich klar macht, daß Art und Ausmaß des Wohlfahrtsstaats meßbare Wirkungen im Hinblick auf soziale Ungleichheit haben. Wichtig ist auch der Hinweis, daß eine differenzierte Analyse der Ungleichheitsursachen je nach nationalstaatlicher Ausprägung der Institutionen des Wohlfahrtsstaats vorgenommen werden muß, und generalisierende Theorien in die Irre gehen, die von „dem“ kapitalistischen“ System oder „den“ modernen industriellen Gesellschaften ausgehen. Allzu konkret wird der Verfasser jedoch nicht, wenn es darum geht, die ungleichheitsschaffenden Mechanismen der einzelnen Typen von Wohlfahrtsstaaten aufzuspüren.

4.2.3 Neuere soziokulturelle Theorien sozialer Ungleichheit

Theorien, die die Ursachen sozialer Ungleichheit im Bereich der „Kultur“ vermuten, gehen davon aus, daß es die typischen Werthaltungen, Einstellungen und Verhaltensmuster der Menschen sind, die ungleiche Lebensbedingungen (mit) hervorbringen. Diese Erklärungen kehren das theoretische Grundmuster der meisten Theorien sozialer Ungleichheit um, demzufolge das „Sein das Bewußtsein“ bestimmt (vgl. *Hradil* 1992). Soziokulturelle Theorien halten sozio-kulturelle Erscheinungen, wie z.B. nationale Identitäten, Religionen oder Lebensstile, nicht für Faktoren, die durchweg von materiellen Gegebenheiten abhängig sind, sondern vergleichsweise unabhängig hiervon eine relativ eigenständige Kraft zur Gestaltung sozialer Ungleichheit besitzen.

Die Habitus-Theorie Pierre Bourdieus

Pierre Bourdieu (1979; 1982; 1985; zusammenfassend: *Krais* 1983; *H.-P. Müller* 1986 und 1992, S. 238ff.) bleibt mit seiner Habitus-Theorie herkömmlichen materialistischen Erklärungsmustern noch relativ nahe. Seine Erklärung beruht auf einer Herausarbeitung klassenspezifischer Kulturformen. Er begründet deren Entstehung mit seiner Habitustheorie jedoch soziokulturell überzeugender und flexibler als Klassentheorien. Und vor allem erklärt er, wieso es genau diese Klassenkulturen sind, die das Gefüge sozialer Ungleichheit aufrechterhalten.

Bourdieu geht aus von der ungleichen Verteilung dreier Ressourcenarten unter der Bevölkerung: dem ökonomischen Kapital, dem Bildungskapital und dem „sozialen Kapital“ (soziale Beziehungen). Je nach *Ausmaß* ihres Kapitalbesitzes gliedern sich Gesellschaftsmitglieder in eine „vertikale“ Klassenordnung und gehören der „Arbeiterklasse“, dem „Kleinbürgertum“ oder der „Bourgeoisie“ an. Und je nach *Zusammensetzung bzw. Zukunftsaussichten* ihres Kapitalbesitzes werden sie bestimmten „horizontal“ nebeneinander anzuordnenden Klassenfraktionen zugerechnet: Dem Besitzbürgertum, dem Bildungsbürgertum, sowie dem alten, dem neuen oder dem exekutiven Kleinbürgertum.

Das Aufwachsen innerhalb der jeweiligen Lebensbedingungen bestimmter Klassen läßt, *Bourdieu* zufolge „„automatisch“ und weitgehend unbewußt klassenspezifische Habitusformen entstehen. Dies sind latente Denk-, Wahrnehmungs- und Bewertungsmuster der Menschen, die einerseits ihre Möglichkeiten alltäglichen Verhaltens begrenzen, andererseits in diesem Rahmen eine Fülle von Handlungsformen hervorbringen. So entsteht nach *Bourdieu* der Habitus der *Arbeiterklasse* in einer Situation harter Notwendigkeiten. Er zieht ein weitgehendes Funktionsdenken und eine „Kultur des Mangels" nach sich. Dies äußere sich z.B. in Kleidungskäufen und Wohnungseinrichtungen, wo Kriterien des Preises, der Haltbarkeit und des Nutzens ästhetische Gesichtspunkte überwiegen. Während also der Habitus der Arbeiterklasse ein „Sich-Einrichten" in gegebenen Verhältnissen nahelege, sei der Habitus des *Kleinbürgertums*, der Mittellage entsprechend, auf sozialen Aufstieg, auf die ehrgeizige, teils ängstliche, teils plakative Erfüllung vorgegebener kultureller Normen ausgerichtet, u.a. in Fragen der Bildung und des Geschmacks. Der Habitus des Kleinbürgertums bedeute angestrengtes Bemühen, das „Richtige" zu tun. Der Habitus der *Bourgeoisie* hingegen ermögliche es, sich in Kenntnis der „richtigen" kulturellen Standards über diese zu erheben, einen eigenen Stil zu entwickeln, diesen als gesellschaftliche Norm zu propagieren und durchzusetzen. Das Kleinbürgertum sei wiederum darauf angewiesen, dieser neuen „Orthodoxie" gerecht zu werden, die Arbeiterklasse verharre in ihrer Kultur des Mangels. Somit reproduziere sich die Herrschaft der Bourgeoisie auf kulturelle Weise.

Die Konsequenzen dieser Habitusformen, das Alltagsverhalten der von ihm definierten Klassenfraktionen, erforschte *Bourdieu* mit Hilfe von Lebensstilmerkmalen. Zu diesen gehörten die jeweils bevorzugten Wohnungseinrichtungen und Speisen, die beliebtesten Sänger und Musikwerke, die jeweils geschätzten Maler, die Häufigkeit von Besuchen im Museum und die Kenntnis von Komponisten. Hierbei stellte *Bourdieu* eine hohe Übereinstimmung von Klassen(fraktions)zugehörigkeit, Habitusformen und Verhaltensweisen fest.

Bourdieus Habitus-Theorie hat sich, „elastisch" verwendet, in vielen Studien als fruchtbar erwiesen, unter anderem in der Frauenforschung und in der Bildungsforschung. Aber im Hinblick auf soziale Ungleichheiten sind *Bourdieus* Annahmen offenkundig überzogen: So unbewußt angeeignet, unausweichlich einstellungsprägend, zählebig beharrend, in allen Lebensbereichen verhaltensformend und für große Gruppen übereinstimmend sind klassenspezifische Habitusunterschiede nicht (vgl. *Krais* 1983; *Blasius/Winkler* 1989; *Hradil* 1989). Neuere Nachprüfungen in Deutschland kamen zum Schluß, daß zwar (hoch)kulturelle orientierte Verhaltensweisen (Musik, darstellende Kunst etc.) der Menschen mit ihrer Klassenzugehörigkeit und insbesondere mit dem Bildungsgrad deutlich übereinstimmen. Dies trifft aber für die große Menge des sonstigen Verhaltens weit weniger zu. *Bourdieus* klassenspezifische Lebensstilbefunde und -kategorien sind also nur einem bestimmten Sektor des Verhaltens angemessen. Hierin macht sich bemerkbar, daß *Bourdieus* theoretische und empirische Studien im wesentlichen aus dem Frankreich der 60er Jahre stammen. Wohlstandsmehrung, Bildungsexpansion, Wertewandel, Individualisierung etc. hielten sich damals noch in engen Grenzen.

Ulrich Becks Individualisierungsthese

Innerhalb der soziokulturellen Theorien sozialer Ungleichheit kann die Individualisierungsthese *Ulrich Becks* als Gegenpol zur Habitustheorie *Pierre Bourdieus* gelten. Während *Bourdieu* die Menschen als weitgehend unbewußt durch äußere soziale Verhältnisse geprägt ansah, ist *Beck* der Auffassung, daß den einzelnen Gesellschaftsmitgliedern gar nichts anderes übrig bleibe, als ihre Lebensführung selbst in die Hand zu nehmen.

Die entscheidenden Strukturen sozialer Ungleichheit haben sich, so *Ulrich Beck*, seit den 60er Jahren kaum verändert. Die „Ungleichheitsrelationen zwischen den großen Gruppen unserer Gesellschaft" sind weitgehend gleich geblieben (*Beck* 1986, 121). Aber die anhaltenden Ungleichheiten werden offenbar immer weniger bewußt wahrgenommen und haben im alltäglichen Denken und Handeln geringere Auswirkungen. Einen Grund hierfür sieht Beck im „Fahrstuhleffekt". Immer mehr Wohlstand, Bildung, Mobilität, Rechte, sozialstaatliche Absicherung, Wissen(schaft), finanzieller Spielraum und Konsum haben die „Klassengesellschaft" insgesamt eine Etage höher gefahren.

Dadurch werden Ungleichheiten weniger spürbar. Klassen- und schichttypische Mentalitäten, Einstellungen, Verhaltensweisen und Zusammengehörigkeitsgefühle zerfasern. Subkulturelle Klassenbindungen und Klassenidentitäten lösen sich auf. Die einzelnen werden aus Klassen- und Schichtgemeinschaften herausgelöst und „freigesetzt". Steigender Wohlstand, zunehmende Freizeit, vermehrte Mobilität und das höhere Bildungsniveau lockern materielle, zeitliche, örtliche und informationelle Bindungen und erweitern die Handlungsspielräume der einzelnen. Ein Prozeß der Individualisierung wird in Gang gesetzt. Die einzelnen können und müssen ihr Leben vergleichsweise vorbildlos durch eigene Reflexion gestalten, ohne die Stütze, aber auch ohne den Zwang als selbstverständlich geltender kollektiver Muster. Die Chancen der Autonomie und die Gefahren der Anomie (Norm- und Orientierungslosigkeit) liegen hierbei nahe beieinander.

Allein oder mit anderen gemeinsam entwerfen, wählen, mischen oder verändern die einzelnen neue Lebensstile und Lebensweisen. Eine Pluralisierung von sozialen Milieus und Lebensstilen findet statt. Die gesellschaftlichen Individualisierungsschübe führen zur Entstehung immer neuer sozialer Formationen und Identitäten.

Beck spricht also von einer dreifachen Individualisierung: „*Herauslösung* aus historisch vorgegebenen Sozialformen und -bindungen im Sinne traditionaler Herrschafts- und Versorgungszusammenhänge („Freisetzungsdimension"), *Verlust von traditionalen Sicherheiten* im Hinblick auf Handlungswissen, Glauben und leitende Normen („Entzauberungsdimension") und – womit die Bedeutung des Begriffs gleichsam in ihr Gegenteil verkehrt wird – eine *neue Art der sozialen Einbindung* („Kontroll- bzw. Reintegrationsdimension")". (*Beck* 1986, 206)

Bezüglich des Gefüges sozialer Ungleichheit führt Individualisierung also erstens zur Auflösung herkömmlicher Klassen und Schichten, soweit es deren Kulturmuster, Mentalitäten und Alltagsbedeutungen betrifft. Sie führt zweitens zur unmittelbaren Konfrontation der Individuen mit ungleichen Chancen und Risiken (z.B. des Arbeitsmarkts) und zum Zwang, die jeweilige soziale Lage individuell verarbeiten zu müssen. Drittens bewirkt Individualisierung die Entstehung einer Fülle von größeren oder kleineren, stabilen oder flüchtigen Gruppierungen und Lebensweisen, die teilweise „quer" zu geläufigen Ungleichheitsgruppierungen stehen.

Die genannten Thesen *Ulrich Becks* haben innerhalb der akademischen Soziologie bis heute anhaltende Kontroversen ausgelöst. Außerhalb der Soziologie wurden sie in der öffentlichen Meinung recht populär.

Kritiker haben unter anderem darauf hingewiesen, daß die von *Beck* angeführten Verursachungsprozesse der Individualisierung nur zum Teil stattgefunden haben. Beispielsweise wird bestritten (z.B. von *Mayer/Blossfeld* 1990), daß soziale Mobilität so häufig geworden sei, daß die Gesellschaft „durcheinandergewirbelt" (*Beck*) wurde. Weiterhin wird eingewendet, daß *Becks* These von der Auflösung klassen- und schichtspezifischer Milieus unterstelle, daß Klassen bzw. Schichten früher in sich geschlossen, einheitlich und einbindend gewesen seien. Diese Klassen bzw. Schichten habe es jedoch in Wirklichkeit so nie gegeben. Somit können auch die von Beck geschilderten Herauslösungs- und Entzauberungsprozesse diese Dramatik kaum haben. Zudem seien Individualierungs- und Reintegrationsprozesse nur für Teilgruppen der Gesellschaft kennzeichnend, etwa für jüngere, großstädtische, gebildete Gruppierungen. Schließlich wird darauf verwiesen, daß auch heute noch zahlreiche klassen- und schichtspezifische Strukturen sozialer Ungleichheit wirksam seien, darunter solche mit großer Prägekraft für das Denken und Verhalten der einzelnen. So verliefen Arbeitsbedingungen, Bildungsungleichheiten, Heiratsmuster und Selbstzuordnungen nach wie vor in starkem Maße schichtspezifisch (vgl. z.B. *Geißler* 1996).

Überblickt man diese Kritiken, so wird man sagen müssen, daß eine Reihe von Einwänden durch unklare oder überzogene Formulierungen *Becks* hervorgerufen wurden (wie z.B. durch seine Rede vom „Durcheinanderwirbeln" unserer Gesellschaft), daß aber die so provozierten Kritiken (z.B. der Hinweis auf stagnierende oder allenfalls mäßige Erhöhungen der Mobilität) aber die Grundgedanken *Becks* nicht entscheidend treffen. Andere Kritiken machen jedoch deutlich, daß die Reichweite von Individualisierungsprozessen wohl nicht oder noch nicht so weit reicht, wie dies von *Beck* (wohl in absichtlicher Übertreibung) dargestellt wurde.

Wenn die Individualisierungsthese den Nerv vieler Menschen trifft, so nicht trotz, sondern gerade wegen ihrer Generalisierung von erst teilweise Realisiertem und ihrer Vorwegnahme von möglicherweise zukünftig Entstehendem und. In Individualisierungsthesen kommen u.E. weitverbreitete Hoffnungen auf Autonomie und Selbstverwirklichung, aber auch die diesbezüglichen Befürchtungen vieler Menschen von Einsamkeit, Haltlosigkeit und dem „Risiko" eigenen Scheiterns zum Ausdruck. Die Individualisierungsthese trifft die gemischten Gefühle, mit denen heute viele Menschen dem Modernisierungsprozeß entgegensehen.

5. Ungleiche Lebensbedingungen

Im folgenden Kapitel werden Lebensbedingungen dargestellt werden, die im Zusammenleben von Menschen bestimmten Bevölkerungsteilen Vorteile verschaffen und für andere Menschen Nachteile mit sich bringen. Denn sie verhelfen dazu oder aber hindern daran, allgemein akzeptierte Wertvorstellungen und Ziele eines „guten Lebens" zu erreichen (vgl. 2.1).

Unter *Lebensbedingungen* werden hierbei äußere Voraussetzungen alltäglichen Handelns verstanden, die unabhängig von der Wahrnehmung oder der Interpretation der einzelnen bestehen und Wirkungen haben. Mit Blick auf *ungleiche* Lebensbedingungen geht es also zum Beispiel um die Größe der Wohnung, die Dauer der Arbeitszeit, das Angebot verfügbarer Freizeiteinrichtungen, das Minus auf dem Gehaltskonto, die abgebrochene Lehre, die untergeordnete Stellung als Hilfsarbeiter und das geringe Prestige dieses Berufs usw.

In der neueren deutschsprachigen Soziologie wird seit einiger Zeit eine Reihe von Begriffen weitgehend übereinstimmend verwendet. Ihre Namen ähneln alle terminologisch dem Wort „Lebensbedingungen". Sie dienen auch alle zur Beschreibung des Lebensumfeldes von Menschen. Die einzelnen Begriffe haben aber jeweils einen anderen Bedeutungsinhalt.

Als *Lebensformen* bezeichnet man die Strukturen des unmittelbaren Zusammenlebens von Menschen (in einer Zwei-Eltern-Familie, einer Ein-Eltern-Familie, als kinderloses Paar, als Single, in einer nichtehelichen Lebensgemeinschaft usw.). Lebensformen sind, wie erwähnt, zu wichtigen Determinanten sozialer Ungleichheit geworden. Sie tragen maßgeblich dazu bei, daß die einzelnen bessere oder schlechtere Einkommenschancen, Aufstiegsmöglichkeiten etc. haben.

Lebensweisen werden gesellschaftlich typische Denk- und Verhaltensweisen genannt. Sie lassen sich untergliedern in Werthaltungen (zum Beispiel die Hochschätzung von materiellen Werten oder von Pflichtbewußtsein), Einstellungen (zum Beispiel zur Familie oder zu politischen Grundfragen), Meinungen (etwa zu politischen Tagesfragen) und Verhaltensmuster (in Konsum, Freizeit etc.). Faßt man die individuelle Konstellation von Werthaltungen, Einstellungen bzw. Verhaltensweisen eines Menschen zusammen und ermittelt dann typische Muster, die auch zahlreiche andere Menschen aufweisen, so erhält man *soziale Milieus* bzw.

Lebensstile. In Abschnitt 7.2 werden diese Begriffe genauer bestimmt und empirische Befunde aufgeführt, die Zusammenhänge zwischen ungleichen Lebensbedingungen und Lebensweisen aufzeigen, sowie belegen, daß von gewissen Lebensweisen (zum Beispiel von ungesunden Lebensstilen und von sozialer Ausgrenzung) Vor- oder Nachteile ausgehen.

Lebensführung heißt die typische Gestaltung des Alltags, insbesondere die Ausrichtung des künftigen Lebenswegs. Viel beachtet wurden in den letzten Jahren Tendenzen zur Individualisierung der Lebensführung.

Ungleiche Lebensbedingungen finden sich in vielerlei Gestalt. Es ist daher weder möglich noch sinnvoll, allen einzelnen Erscheinungsformen ungleicher Lebensbedingungen nachzugehen. Daher werden sie im folgenden innerhalb der abstrakteren „Dimensionen" (vgl. 2.2) Bildung, Erwerbstätigkeit, Wohlstand, Macht, Prestige, etc. zur Darstellung kommen.

Ungleiche Lebensbedingungen lassen sich häufig konvertieren: So kann man Bildungsgrade oft in Ansehen und dieses nicht selten in Geld „umtauschen" usw. Die Reihenfolge der nachstehend behandelten Dimensionen sozialer Ungleichheit wurde so gewählt, daß zunächst diejenigen Dimensionen aufgeführt werden, die sich in modernen Gesellschaften von den einzelnen besonders häufig in andere Ungleichheitsdimensionen überführen lassen. So sind bestimmte Bildungsgrade mit bestimmten Berufschancen, Einkommenschancen etc. verknüpft. Dann folgen jene Dimensionen ungleicher Lebensbedingungen, die seltener in andere Vor- und Nachteile umzumünzen sind.

5.1 Bildung

Bildung gewinnt in modernen Gesellschaften eine immer größere Bedeutung. Immer umfangreichere und vielgestaltigere Bildungseinrichtungen werden aufgebaut. Sie erfordern einen immer höheren Anteil der öffentlichen Ausgaben. Immer mehr unter den jüngeren Menschen sind Schüler und Studierende. Sie bleiben immer längere Zeit in Schulen und Hochschulen. Heute verbringt die Hälfte der nachrückenden Generation schon etwa ein Viertel ihrer Lebenszeit in Bildungseinrichtungen (*Müller, W. u.a.* 1997, 177).

In modernen „postindustriellen Gesellschaften" werden technische, gesellschaftliche und politische Zusammenhänge immer komplexer. Sie erfordern immer mehr Wissen von den einzelnen. Als Beispiele mögen die komplizierten Zusammenhänge auf dem Gebiet des Umweltschutzes dienen. Nicht länger die maschinellen Ausrüstungen, sondern die Kenntnisse der Menschen stellen den Motor wirtschaftlichen Lebens dar. Bildung ist zur wichtigsten Grundlage für den materiellen Wohlstand moderner Gesellschaften geworden. Umgekehrt ermöglicht es dieser gesellschaftliche Reichtum erst, große Bevölkerungsteile viele Jahre lang aus dem unmittelbaren Wirtschaften herauszunehmen und in teuren Bildungseinrichtungen mit Wissen zu versorgen. Aus all diesen Gründen werden diese Gesellschaften auch „Wissensgesellschaften" oder „Informationsgesellschaften" genannt. Informationsgewinnung, -vermittlung und -verbreitung, mithin auch Bildungsgüter und Bildungsstätten, gewinnen in diesen modernen Gesellschaften einen hohen Stellenwert.

5.1.1 Zur Bedeutung von Bildungsexpansion und ungleichen Bildungschancen

In vorindustriellen Gesellschaften erlangten die einzelnen ihr notwendiges Wissen meist in der Familie und im Arbeitsprozeß, d.h. überwiegend auf Bauernhöfen oder in Handwerksbetrieben. Seither vollzog sich eine stetige Ausdifferenzierung des Bildungswesens. Die Vermittlung von Wissensbeständen, Einstellungen und Fertigkeiten wurde immer mehr aus Familie und Arbeit ausgegliedert und vollzog sich zunehmend in eigenen Einrichtungen. Waren diese Schulen und Hochschulen zunächst noch leicht überschaubar, so entwickelte sich, besonders stark in den vergangenen Jahrzehnten, auch eine interne Ausdifferenzierung des Bildungswesens: Eine Fülle von Fach- und Spezialschulen, von neuen Studiengängen und zusätzlichen Lehrinhalten wurde geschaffen. Diese Ausdifferenzierung des Bildungswesens kann als Musterbeispiel gesellschaftlicher Modernisierung gelten, die ganz wesentlich durch funktionale Spezialisierung gekennzeichnet ist.

Hinter dem Wachstum des Bildungswesens und seiner Auffächerung steht eine wachsende Last zu erfüllender Aufgaben. Die wichtigsten sind folgende:

1. *Sozialisation*: Bildung soll die Kenntnisse und Fertigkeiten vermitteln, die die Menschen in Arbeit, Familie, Freizeit und Öffentlichkeit benötigen und es ihnen erlauben, die eigene Persönlichkeit weiterzuentwickeln. Die Bewältigung des Alltags und das Werden

einer eigenständig handlungsfähigen Persönlichkeit erfordern heute bedeutend mehr Bildung als zuvor. Angesichts der Explosion von Wissensbeständen wird es nicht nur immer wichtiger, Kenntnisse und Fertigkeiten zu erwerben, sondern auch zu lernen, eigenständig zu lernen.

2. *Statuszuweisung*: Den Bildungseinrichtungen wurde seit dem Ende der Ständegesellschaft immer konsequenter die Aufgabe übertragen, die individuelle Leistungsfähigkeit bzw. -bereitschaft zu messen und zu bestätigen. Mit diesen Leistungsnachweisen soll den einzelnen der gesellschaftliche Status zugewiesen werden, der ihnen gemäß ihrer individuellen Leistung zukommt.
3. *Auswahl wichtiger Wissensbestände*: Im Zuge des wissenschaftlichen und technischen Fortschritts wuchs der Umfang der insgesamt verfügbaren Wissensbestände drastisch an. Daher wurde Bildungseinrichtungen zunehmend die Aufgabe gestellt, wichtige von weniger wichtigen Bildungsinhalten zu trennen, die Heranwachsenden mit den wichtigen vertraut zu machen und sie zu befähigen, Wichtiges von Unwichtigem selbst zu unterscheiden.
4. *Grundkonsens sicherstellen*: Schließlich kam auf die Bildungseinrichtungen die Aufgabe zu, in einer zunehmend pluralistischen Gesellschaft, in der eine Vielzahl von unterschiedlichen Lebensstilen, Glaubensrichtungen, ethnischen und sozialen Milieus etc. nebeneinander besteht, einen Grundkonsens von Grundwerten und gemeinsamen „Spielregeln" sicherzustellen. Von den immer verschiedenartigeren und immer weniger prägenden Familien allein kann dies kaum noch erwartet werden.

Worin die genannten Aufgaben der Schule im einzelnen bestehen, läßt sich in demokratischen Gesellschaften keinesfalls immer zweifelsfrei und „sachlich richtig" feststellen. Viele Bildungsinhalte und -aufgaben sind daher zum Gegenstand gesellschaftspolitischer Auseinandersetzungen geworden, wobei Kompromisse von vielen Seiten geschlossen werden. Sie legen u.a. fest, (1) welche Schulfächer (z.B. wieviel Sozialkundeunterricht) gelehrt und welche Informationen hierin vermittelt werden, (2) welche Fördermaßnahmen für benachteiligte Gruppierungen (z.B. für ausländische Schüler) durchgeführt werden, (3) was (z.B. ob Sexualkundeunterricht) zu den „wichtigen" Bildungsgütern zählt und (4) wie weit die gesellschaftliche Toleranz reicht (z.B. im Hinblick auf Koranschulen und deren Lehrinhalte).

Mit der Ausweitung der Einrichtungen und Aufgaben des Bildungswesens ging sowohl eine Vermehrung der vermittelten Bildung als auch der Zahl der Gebildeten einher.

So verfügte in der vorindustriellen Gesellschaft nur eine kleine Minderheit über eine Bildung, die in Schulen und Hochschulen erworben war. Die meisten Menschen genossen keinerlei formale Bildung, sie blieben Analphabeten. Die Alphabetisierung der vielen begann in den meisten Gebieten Deutschlands erst zu Anfang des 19. Jahrhunderts. Danach wurde der Schulbesuch, zum Teil gegen den hartnäckigen Widerstand von Eltern, die die Arbeitskraft ihrer Kinder auch weiterhin nutzen wollten, allmählich durchgesetzt. Um das Jahr 1850 konnten in Preußen dann schon etwa 80% der Bevölkerung lesen und schreiben, in England und Frankreich maximal 55 bis 60%, in Rußland gar nur 5 bis 10% (*Flora* 1974, 147). Gleichzeitig unterstellte der Staat in Deutschland das bislang weitgehend kirchliche Bildungswesen seiner Kontrolle. Ende des 19. Jahrhunderts war eine elementare Schulbildung für praktisch alle Kinder in Mitteleuropa verwirklicht. Eine weiterführende Schulbildung in Realschulen bzw. in Gymnasien und Universitäten blieb aber nur wenigen, in der Regel Gutgestellten vorbehalten. Die Grundbildung wurde den späteren Gymnasiasten und Studenten oft von Schulbeginn an gesondert von der großen Masse vermittelt (z.B. in „Vorschulen“ oder in privater Vorbereitung auf das Gymnasium).

In der Zwischenkriegszeit hatte sich dann in Deutschland die gemeinsame „Volksschule“ für alle Kinder durchgesetzt. Sie war den Realschulen und Gymnasien vorgeschaltet. Weiterführende Schulbildung erreichte dadurch allmählich breitere Kreise. Nach dem Zweiten Weltkrieg entwickelte sich weiterführende Bildung zur Massenbildung. Immer größere Anteile der heranwachsenden Schülerjahrgänge erreichten mittlere und höhere Abschlüsse. Die Hauptschule geriet zur Schule der Minderheit. Für mehr als ein Viertel der Jüngeren wurde Universitätsbildung möglich.

Alle genannten Aspekte zusammen, die Ausweitung und Ausdifferenzierung der Bildungseinrichtungen, die Vermehrung der vermittelten Bildungsinhalte, der Bildungsdauer und der Anzahl der solcherart Gebildeten, wird als „*Bildungsexpansion*“ bezeichnet.

Bis weit in das 19. Jahrhundert hinein war es für die meisten Menschen vergleichsweise unwichtig, welchen Bildungsgrad und -abschluß sie erwarben. Im Verlauf des Modernisierungs- und Industrialisierungsprozesses wurden dann bestimmte Schul- und Berufsausbildungen immer mehr zur Voraussetzung für den Zugang zu bestimmten Berufspositionen und damit auch für die Erlangung von Einkommen, Einfluß und Ansehen. Spätestens seit Gründung der Bundesrepublik Deutschland wurde hierzulande die Forderung erhoben, daß das (Aus-)Bildungswesen für alle Gesellschaftsmitglieder die zentrale Zuteilungsstelle für soziale Chancen sein solle.

Diese Forderung wurde im Laufe der letzten Jahrzehnte zunehmend erfüllt. War in der prosperierenden „Industriegesellschaft" der 50er und 60er Jahre die Nachfrage nach Bildung oft größer als das Angebot, so daß zur Not auch ohne entsprechenden Bildungsabschluß eine gutgestellte Position zu erreichen war, so stiegen in der „postindustriellen Gesellschaft" Deutschlands seit den 70er Jahren die formalen Bildungsvoraussetzungen in Beruf und Alltag ständig weiter an. Aber auch die Bildungsexpansion schritt rapide weiter fort. Formale Bildungsnachweise sind daher von einer nicht absolut notwendigen, aber zureichenden, zur absolut notwendigen, dennoch nicht immer zureichenden Voraussetzung geworden, um einträgliche und ansehnliche Stellungen zu erreichen.

Wenn der erreichte Bildungsgrad der Menschen ihre soziale Stellung prägt, so muß dies kein Ausdruck von „Chancengleichheit" sein. Möglicherweise schlagen sich lediglich bestehende gesellschaftliche Voraussetzungen (aufgrund der Herkunft, des Geschlechts, der Religion, der Hautfarbe, der politischen Einstellung, persönlicher Bekanntschaft oder der Familienzugehörigkeit) in höheren oder niedrigeren Bildungsabschlüssen nieder. Die hierdurch erreichten sozialen Stellungen der Kinder erscheinen so gerechtfertigt, spiegeln jedoch lediglich vorgelagerte Vor- bzw. Nachteile wider.

Daraus ergibt sich die Forderung nach *Chancengleichheit im Bildungswesen.* In einem strengen, *inhaltlichen* Sinne bedeutet diese Forderung, daß der Erwerb von Bildungsgraden und die dadurch erfolgende Verteilung von Lebenschancen so zu erfolgen hat, daß sie sich ausschließlich an der *individuellen Leistung* bemessen. Wenn bei der Erlangung von Bildungsabschlüssen leistungsfremde Bestimmungsgründe wirken, sei es als Voraussetzung der Leistungserbringung (indem z.B. in Akademikerfamilien bessere Sprachfertigkeiten vermittelt werden, die sich in der Schule in besseren Aufsätzen niederschlagen) oder gar unmittelbar bei der Leistungsanerkennung (indem z.B. Deutsche besser als Ausländer benotet werden), so ist dies unvereinbar mit dem so verstandenen Gebot der Chancengleichheit. Chancengleichheit im Bildungswesen besteht dann, wenn allen unabhängig von leistungsfremden Merkmalen (wie z. B. von Bildung, Prestige und Geld der Eltern, von Geschlecht, Wohnort, „Beziehungen", Religion, Hautfarbe, politischer Einstellung, persönlicher Bekanntschaft oder Familienzugehörigkeit) die gleiche Chance zu Leistungsentfaltung und Leistungsbestätigung eingeräumt wird.

Allerdings ist es schwierig, „Leistung" in Bildungseinrichtungen gesamtgesellschaftlich vergleichend zu definieren und zu messen.[21] Deshalb wird Chancengleichheit im Bildungswesen üblicherweise nicht inhaltlich als Übereinstimmung mit der jeweiligen individuellen Leistung, mithin als Leistungsgerechtigkeit, sondern *formal* als Fehlen von bestimmten unerwünschten, da leistungsfremden Einflüssen auf die Bildungserfolge gemessen.[22] Gleichheit der Bildungschancen besteht demzufolge dann, wenn Herkunft, Geschlecht, Wohnort, ethnische Zugehörigkeit etc. keinen meßbaren Einfluß auf Bildungsergebnisse haben, wenn also aus den Gruppen der Männer und Frauen, der Arbeiter, Angestellten, Beamten und Selbständigen, der Stadt- und Landbewohner, der In- und Ausländer jeweils so große Anteile z.B. das Abitur oder einen Hochschulabschluß erlangen, wie es ihrem Bevölkerungsanteil entspricht.[23] Umgekehrt liegen ungleiche Bildungschancen dann vor, wenn prozentual weniger oder mehr z.B. Arbeiter-

---

21 Zwar sind auf einzelnen Aufgabenfeldern und in kleineren Gruppierungen Leistungsfeststellungen durchaus möglich. Aber der Vergleich und die Gewichtung von breiten Leistungsbereichen (zum Beispiel in Mathematik und Deutsch) und der Vergleich aller Schülerinnen und Schüler aller Schulen einer Gesellschaft wirft kaum lösbare Probleme auf.

22 Ganz in diesem Sinne ist auch das Gleichheitsgebot in Art. 3 (3) des Grundgesetzes eine formale Definition von Chancengleichheit: „Niemand darf wegen seines Geschlechts, seiner Abstammung, seiner Rasse, seiner Sprache, seiner Heimat und Herkunft, seines Glaubens, seiner religiösen oder politischen Anschauungen benachteiligt oder bevorzugt werden."

23 Deswegen wird dieses Verständnis auch als „proportionales" Modell der Chancengleichheit bezeichnet.

oder Beamtenkinder zum Abitur gelangen, als in der Bevölkerung vertreten sind.

Die Gleichheit bzw. die Angleichung von Bildungschancen gilt übereinstimmend als besonders wichtiges gesellschaftspolitisches Ziel moderner Gesellschaften. Sie bezweckt keineswegs die Angleichung der Bildungsgrade aller Gesellschaftsmitglieder, sondern die Abschaffung von Bildungsprivilegien, die sich durch soziale Ungleichheiten zwischen gesellschaftlichen Gruppierungen erklären lassen. Diese Bestimmung von Chancengleichheit im Bildungswesen geht von der (zum Teil bestrittenen) Voraussetzung aus, daß individuelle Ungleichheiten der Leistungsfähigkeit und -willigkeit durchaus bestehen, daß sich aber in allen genannten sozialen Gruppen prinzipiell gleich große Leistungspotentiale befinden.

5.1.2 Die Organisation des deutschen Bildungswesens und Bildungsreformen

Das Grundgesetz der Bundesrepublik Deutschland weist den Bundesländern die Kulturhoheit und damit auch die Kompetenz zur Gestaltung des allgemeinbildenden und berufsbildenden Schulwesens zu. Die „Ständige Konferenz der Kultusminister" bemüht sich darum, aus diesem Bildungsföderalismus keine Zersplitterung des Bildungswesens in Deutschland entstehen zu lassen. Das würde große Probleme zum Beispiel bei Umzügen innerhalb Deutschlands und bei der Anerkennung deutscher Bildungsabschlüsse im Ausland aufwerfen.

Nach dem Zweiten Weltkrieg wurde das deutsche Schulwesen im Kern unverändert weitergeführt. Es ist seit dem 19. Jahrhundert im wesentlichen dreigliedrig aufgebaut: Nach der gemeinsamen Grundschule können Schülerinnen und Schüler je nach Eignung und Neigung die Hauptschule, die Realschule oder das Gymnasium besuchen. Dessen Abschlußprüfung, das Abitur, stellt die Voraussetzung zum Besuch der Universität dar. Dieses Schulsystem bietet den Vorteil organisatorischer Leistungsdifferenzierungen, enthält aber den Nachteil der sozialen Selektivität: Die relativ frühzeitige Entscheidung bei Kindern im Alter von 10-11 Jahren für einen der drei Schulzweige und das damit verbundene Anforderungsprofil verweist all die Schüler dauerhaft auf leistungsniedrigere Schulzweige und behindert sie in ihrem Fortkommen, die wegen sozialer oder familiärer Hemmnisse (etwa weil sie in ausländischen Familien oder sozial benachteiligten Familien aufgewachsen sind) ihr Leistungspotential nicht schon in diesem Alter entfalten konnten.

Insbesondere seit den 70er Jahren hat das deutsche Schulwesen zahlreiche Änderungen im Detail erfahren. Schulen und Universitäten wurden ausgebaut, die Lehrerbildung verwissenschaftlicht. Die unerwünschte soziale Siebung versuchte man durch die Stärkung des Elternrechts beim Übergang in weiterführende Schulen, die Einrichtung von Orientierungsstufen, die Verbesserung der Durchlässigkeit zwischen den drei Schulzweigen sowie durch den begrenzten Ausbau von integrierten oder kooperativen Gesamtschulen zu mindern. Nach der Wiedervereinigung Deutschlands und der Abkehr vom einheitlichen Schulsystem der DDR hat man in einigen neuen Bundesländern nicht mehr ein dreigliedriges, sondern im wesentlichen nur ein zweigliedriges Schulwesen aufgebaut, um dem mittlerweile stark zurückgegangenen Besuch der Hauptschule (s.u.) Rechnung zu tragen.[24] Im Grunde ließen diese Modifikationen jedoch den Kern des deutschen Bildungswesens unangetastet.

Dies wird deutlich, wenn man die folgende Abbildung betrachtet. Sie zeigt die derzeitige Struktur des Bildungswesens in Deutschland.

24 Nur in Mecklenburg-Vorpommern wurde das dreigliedrige System Westdeutschlands eingerichtet. In Brandenburg gibt es Realschule, Gymnasium und integrierte Gesamtschule, jedoch keine Hauptschule. Auch in Thüringen und Sachsen hat man die klassische Dreigliedrigkeit aufgehoben und neben dem Gymnasium Schulen eingerichtet, an denen Haupt- und Realschüler in parallel laufenden Zweigen unterrichtet werden. Sachsen-Anhalt schuf zusätzlich zu den drei klassischen Schultypen die „Sekundarschule". Sie soll Haupt- und Realschule vollständig ablösen. Insgesamt deutet sich in Ostdeutschland eine Tendenz hin zum zweigliedrigen Schulsystem an (*Below* 1997, 151).

Abb. 6: Grundstruktur des allgemeinbildenden Bildungswesens in der Bundesrepublik Deutschland

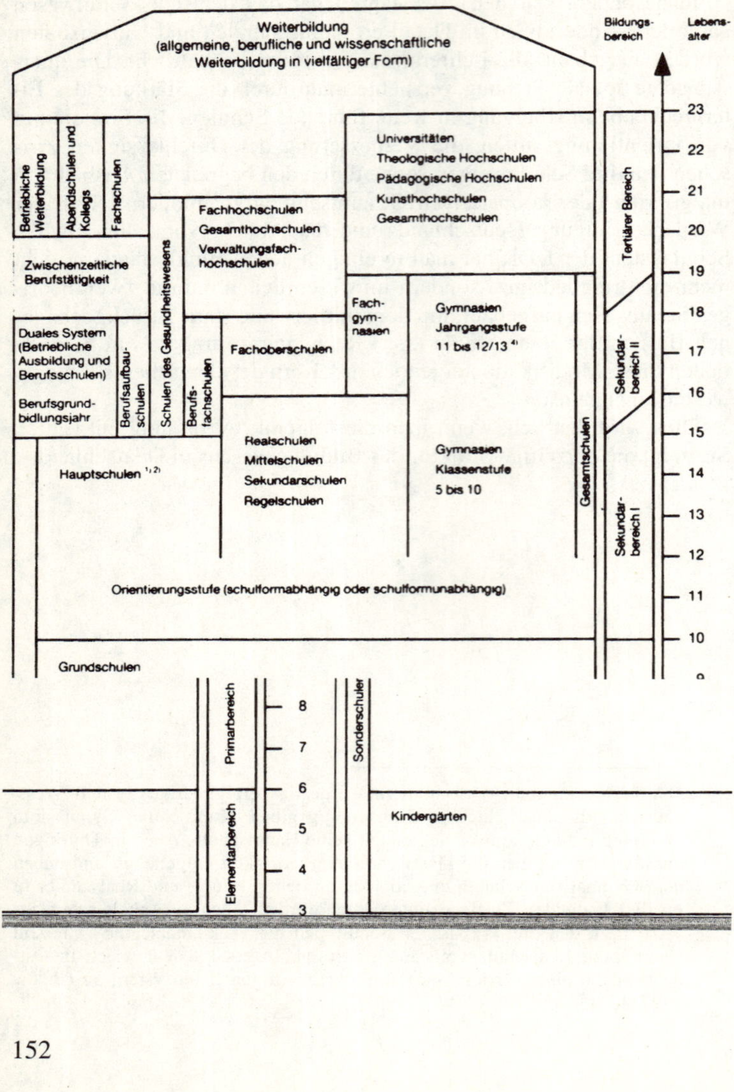

1 Rund 30 Prozent der Hauptschüler/-innen besuchen über das 9. Schuljahr hinaus auch ein 10. Schuljahr an der Hauptschule
2 Die Mittelschule in Sachsen, die Sekundarschule in Sachsen-Anhalt und die Regelschule in Thüringen vermitteln den Haupt- und Realschulabschluß
3 Entsprechende Einrichtungen bestehen auch im Bereich von Realschulen und Gymnasien, sowie bei den beruflichen Schulen
4 In den Ländern Mecklenburg-Vorpommern, Sachsen, Sachsen-Anhalt und Thüringen 12 Jahrgangsstufen
– Schematische Darstellung der typischen Struktur des Bildungssystems der Bundesrepublik Deutschland. In den einzelnen Bundesländern bestehende Abweichungen
– Die Zurechnung des Lebensalters zu den Bildungseinrichtungen gilt für den jeweils frühestmöglichen typischen Eintritt und bei ununterbrochenem Gang durch das Bildungssystem
– Die Größe des Rechtecks ist nicht proportional zu den Besuchszahlen.

(Quelle: Bundesministerium für Bildung, Wissenschaft, Forschung und Technologie (Hg.) 1995/96, 10)

5.1.3 Bildungsexpansion

Während die organisatorische Struktur des deutschen Bildungswesens sich seit Bestehen der Bundesrepublik nur ausdifferenzierte und dabei wenig veränderte, hat sich die Struktur des Schulbesuchs völlig gewandelt. Immer größere Anteile der Schülerinnen und Schüler besuchen weiterführende Schulen und gehen so immer länger zur Schule.

Diese Bildungsexpansion begann bereits nach dem Zweiten Weltkrieg, verstärkte sich jedoch seit Mitte der 60er Jahre erheblich. Damals geriet das Ausmaß der vermittelten Bildung, und im Zusammenhang damit auch die Ungleichheit der Bildungschancen (siehe 5.1.4), in die öffentliche Kritik. Im Zusammenhang mit sinkenden Wachstumsraten der deutschen Volkswirtschaft, mit internationalen Bildungsvergleichen sowie mit steigenden Produktivitäts- und Qualifikationsanforderungen im Arbeitsleben wurde ein leichterer Zugang zu weiterführenden Bildungswegen sowie der Ausbau von Wissenschaft und Forschung gefordert, um durch das Wachstum geistigen Kapitals die wirtschaftliche Entwicklung der Bundesrepublik zu unterstützen. Vor allem die Schriften *Georg Pichts* (1964) und *Ralf Dahrendorfs* (1965a) verknüpften die Forderung nach mehr Bildung mit der Forderung nach mehr Chancengleichheit im Bildungswesen. Im Sinne sozialer Gerechtigkeit wurde verlangt, daß weiterführende Bildung, und damit die Chance zu Persönlichkeitsentfaltung und beruflichem Aufstieg, wirklich allen Kreisen der Bevölkerung offenstehen sollte. In den 60er Jahren wurde in zahlreichen Studien darauf aufmerksam gemacht (z.B. in *Dahrendorf* 1965b), daß sich die Nachkriegshoffnungen, nach denen das Bildungswesen als Leistungssieb der Nation fungieren sollte, nicht in erwartetetem Ausmaß erfüllt hatten. Es erwies sich, daß vor allem viele Arbeiterkinder, Landkinder und Mädchen durch soziale Hemmnisse massiv daran gehindert wurden, weiterführende Bildungsabschlüsse zu erlangen.

In den Forderungen der 60er Jahre trafen also ökonomische Wachstums- und sozialpolitische Gerechtigkeitsinteressen zusammen. Die Ausschöpfung von „Begabungsreserven" – vor allem bei Mädchen, Kindern von Arbeitern und aus ländlichen Räumen – versprach sowohl dem wirtschaftlichen Aufschwung als auch der Förderung der Chancengleichheit zu dienen.

Die Forderung nach Chancengleichheit wurde in der Folgezeit nur teilweise erfüllt (vgl. 5.1.4). Die Forderung nach mehr Bildung, die Bildungsexpansion also, wurde dagegen verwirklicht. Im Jahre 1960 gingen noch volle 70% aller 13jährigen zur Hauptschule, nur 11% besuchten die Realschule und nur 15% das Gymnasium. Im Jahre 1995 war der Hauptschulbesuch auf 23% geschrumpft (+ 7% in Integrierten Klassen für Haupt- und Realschüler), der Anteil der Realschüler(innen) dagegen auf 23% und der der Gymnasiast(inn)en gar auf 31% gewachsen.

Der Niedergang der Hauptschule einerseits, der Höhenflug der Realschule und des Gymnasiums andererseits kommen auch in den Schulabschlüssen zum Ausdruck. Im Jahre 1960 beendeten 70,6% der Schulabgänger ihre allgemeine Schulbildung nach der Hauptschule (53,4% mit, 17,2% ohne Hauptschulabschluß), 15% erwarben einen Realschulabschluß und nur 6% waren Schulabgänger mit Hochschulreife (Bundesministerium für Bildung, Wissenschaft, Forschung und Technologie (Hg.) 1996/97, 90). Mitte der 90er Jahre verließen nur noch 30,5% aller Gleichaltrigen die Schule nach der Hauptschule (23% mit, 7,7% ohne Abschluß). Mit einem Realschulabschluß o.ä. beendeten 39% der Jugendlichen ihre Schulzeit. 30% hatten eine (Fach-)Hochschulreife erworben (Stat. Bundesamt 1997, 55).

Abb. 7: Schulbesuch der 13jährigen an ausgewählte Schularten 1960 und 1995

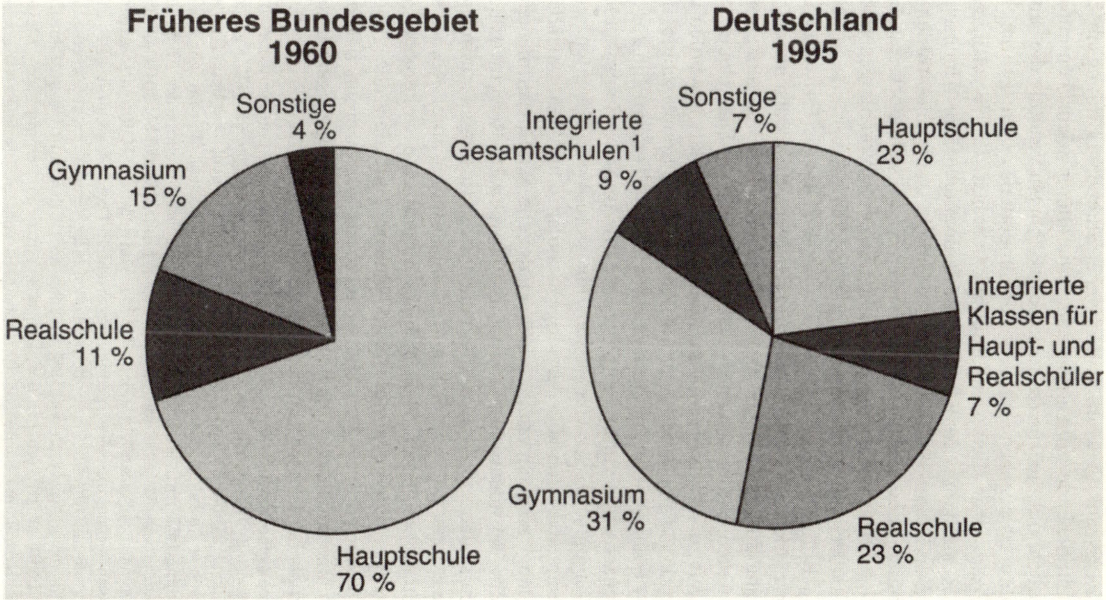

(Quelle: Stat. Bundesamt 1997, 53)

Die drastische Ausweitung der weiterführenden Bildungsabschlüsse hat weitreichende Folgen. So haben die älteren Menschen ein durchschnittlich viel niedrigeres formales Bildungsniveau als die jüngeren: Im Jahre 1995 gaben fast 80% der mindestens 60jährigen an, nur einen Volks- oder Hauptschulabschluß zu haben, 12,5% verfügten über einen Realschulabschluß und nur 8,0% über die (Fach-)Hochschulreife (Stat. Bundesamt 1997, 70). Auch wenn die „wirkliche" Bildung nicht mit Bildungsabschlüssen gleichzusetzen ist, so steht doch fest, daß der immer deutlichere Bildungsvorsprung Jüngeren Vorteile gegenüber Älteren und deren Erfahrungsvorsprung verschafft.

Die Bildungsexpansion hat darüber hinaus zur Existenzkrise der Hauptschule geführt. In vielen Großstädten Westdeutschlands ist der Jahrgangsanteil der Hauptschüler schon auf 10-15% gesunken. In großen Städten Ostdeutschlands liegt er oft bei 10%. Die „Haupt"-Schule ist damit zur kleinsten allgemeinbildenden Schulart geworden und ist vielerorts nur noch gut doppelt so groß wie die Sonderschule, die von etwa 4% der Schüler(innen) besucht wird. Die Tendenz hin zur Schule für Benachteiligte und gering Begabte bringt in der Hauptschule krasse pädagogische Schwierigkeiten mit sich. Viele Experten sind der Meinung, daß sich die derzeitige Schulstruktur Deutschlands nicht mehr lange aufrecht erhalten läßt. Zahlreiche Schulexperimente in den Ländern Westdeutschlands und die erwähnten Reformversuche in Ostdeutschland zeugen vom Bemühen, neue Lösungen zu finden.

Fragt man Eltern, welchen Bildungsabschluß ihrer Kinder sie anstreben, so zeigt sich, daß auch in Zukunft eine weitergehende Bildungsexpansion gewünscht wird. Zudem sind sich alle Prognosen über technische und wirtschaftliche Trends darin einig, daß die Arbeitsplätze der Zukunft mehr höhere und weniger geringere Qualifikationen als heute erfordern werden.

So kommt eine Vorausschau des Instituts für Arbeitsmarkt- und Berufsforschung des Bundesanstalt für Arbeit für Westdeutschland (*Tessaring* 1994; vgl. zu Ostdeutschland *Weißhuhn* u.a. 1994) zu folgenden Aussagen: Der Bedarf an Arbeitskräften ohne Ausbildungsabschluß wird stark zurückgehen. War im Jahre 1991 noch jeder fünfte Erwerbstätige ohne Ausbildungsabschluß, so dürfte der Anteil der „Ungelernten"arbeitsplätze bis zum Jahre 2000 auf rund 14% und bis 2010 auf etwa 10% schrumpfen. Dies entspricht einem Wegfall von rund der Hälfte aller Arbeitsplätze für Personen ohne formalen Ausbildungsabschluß. Dagegen steigt der Bedarf an Arbeitskräften mit Abschluß einer betrieblichen oder berufsfachschulischen Erstausbildung. Ihr Anteil wird sich von 59% im Jahre 1991 über gut 61% im Jahre 2000 bis auf rund 63% in 2010 erhöhen. Der Bedarf an Arbeitskräften mit Fach-, Meister- und Technikerausbildung dürfte von 1991 bis 2010 von 8,4% auf fast 10% zunehmen.

Eine überdurchschnittliche Bedarfszunahme ergibt sich für Hochschulabsolventen. Die Beschäftigung von Fachhochschulabsolventen wird von 4% auf 5,7% ansteigen. Der Bedarf an Arbeitskräften mit einer abgeschlssenen Universitätsausbildung wird von 8% aller Erwerbstätigen im Jahre 1991 auf 12% im Jahre 2010 zunehmen.

Bildungsexpansion wird also nicht nur gewünscht, sie ist offenbar auch ökonomisch erforderlich.

5.1.4 Die Ungleichheit der Bildungschancen

Wie erwähnt, forderte man in den 60er Jahren nicht nur mehr Bildung, sondern auch mehr Chancengleichheit im Bildungswesen. Damals wurde festgestellt, daß Kinder aus unteren Schichten, aus ländlichen Gebieten und Mädchen in Bildungseinrichtungen, die zu höheren Qualifikationen führen, deutlich seltener vertreten waren, als es ihrem Anteil an der Bevölkerung entsprach. Es stellt sich die Frage, ob sich dies inzwischen verändert hat.

Ungleichheiten nach dem Geschlecht

Schon in den 50er Jahren gelangten Mädchen allmählich häufiger in Einrichtungen weiterführender Bildung. Aber noch in den 60er Jahren waren Mädchen bzw. Frauen um so seltener in Bildungseinrichtungen vertreten, je „höher" diese einzuordnen waren. Seit den 60er Jahren ist die Bildungsbeteiligung von Schülerinnen und Studentinnen dann zügig gewachsen. Heute haben die Mädchen die Jungen im allgemeinbildenden Schulwesen nicht nur eingeholt, sondern weithin überholt. So waren Mitte der 90er Jahre nur noch 4 von 10 (1995: 41,1%) der Jugendlichen, die ihre Schulpflicht bereits nach der Hauptschule beendeten, weiblich. Unter denen, die die Schule ohne Hauptschulabschluß verließen, waren sogar nur ein gutes Drittel (1995: 35,1%) Mädchen. Von den Absolventen der Realschulen sind seit den 60er Jahren bis heute gut die Hälfte (1995: 51,9%) Mädchen. Drastisch verbessert haben sich die Erfolge von Schülerinnen im Gymnasium: 1967 fanden sich unter den Abiturient(inn)en nur etwas mehr als ein Drittel (36,5%) Mädchen, 1995 machten sie bereits mehr als die Hälfte (51,3%) der Schulabgänger mit Allgemeiner Hochschulreife aus. Nur die Erlangung der Fachhochschulreife auf dem Weg über die Beruflichen Schulen ist noch eine Domäne der jungen Männer geblieben (Bundesministerium für Bildung, Wissenschaft, Forschung und Technologie (Hg.) 1997, 92f).

Insgesamt hat sich also die Situation im *allgemeinbildenden* Bildungswesen völlig verändert. Weibliche Absolventen haben die männlichen nicht nur überholt, sie erwerben heute im Durchschnitt auch bessere Noten. Insoweit können Frauen als die Gewinner der Bildungsexpansion gelten. Sie haben die neu geschaffenen Bildungsmöglichkeiten überproportional genutzt. Die folgende Abbildung veranschaulicht dies. Alle Linien, die Bildungserfolge von Frauen wiedergeben, haben sich von Kohorte (Geburtsjahrgangsgruppe) zu Kohorte denen der Männer angenähert oder sie (wie im Falle der mittleren Reife) übertroffen.

Abb. 8: Bildungserfolge von Kohorten nach Geschlecht

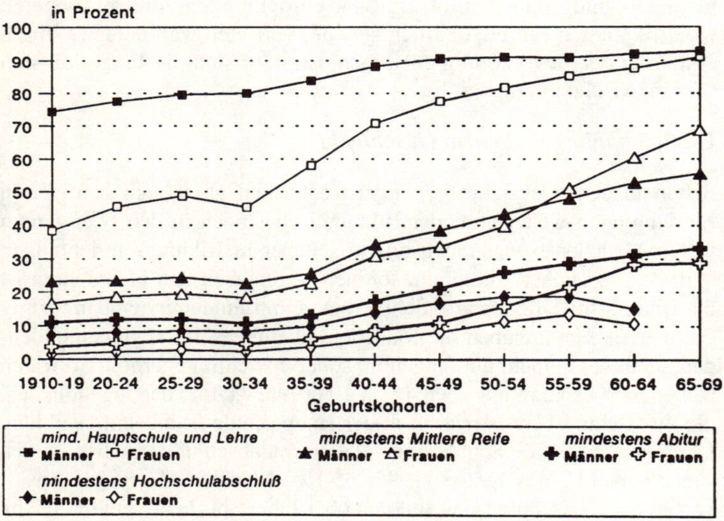

(Quelle: *Müller/Haun* 1994, 14)

Auch im *berufsbildenden* Ausbildungssystem hat sich die Situation für Frauen in den letzten Jahrzehnten sehr verbessert. Seit Beginn der 90er Jahre müssen prozentual weniger Frauen als Männer ohne abgeschlossene Berufsausbildung auf den Arbeitsmarkt gehen. Ein höherer

Anteil der Frauen als der Männer macht eine Lehre, und mehr von den Frauen als von den Männern absolvieren eine Berufsfach- oder Fachschulausbildung. Allein die Quote der abgeschlossenen Fachhochschul- und Universitätsausbildungen ist unter den jungen Männern (noch?) höher als unter den Frauen.

Tab. 5: Qualifikationsstruktur der Abgänger(innen) aus dem (Aus-) Bildungssystem in Westdeutschland 1980, 1991 und 1995 (in %)

	Männer			Frauen		
	1980	1991	1995	1980	1991	1995
Allgemeinbildendes Schulwesen Hauptschulabschluß	17,7	14,9	15,2	18,7	13,2	13,3
Allgemeinbildendes Schulwesen mittlerer Abschluß	16,4	11,4	12,0	17,2	14,4	15,5
Allgemeinbildendes Schulwesen Hochschulreife		8,9	7,8		10,5	10,2
Berufsgrundbildungsjahr		4,0	3,8		2,5	2,5
Betriebl. Ausbildung (Lehre)	45,3	30,3	28,8	33,1	29,2	24,7
Berufsfachschulen	10,1	7,3	8,0	23,5	11,4	12,1
Fachschulausbildung		4,3	4,6		5,8	6,1
Fachoberschulen, Fachgymnasien, Kollegs		5,0	3,8		2,8	3,1
Fachhochschulausbildung	3,5	5,0	5,1	1,6	2,6	2,9
Universitätsausbildung	7,0	9,2	11,0	5,9	7,6	9,6

(Quelle: *Schober* 1994, 526; *IAB* 1998)

In den westdeutschen *Hochschulen* war im Jahre 1960 nur jede(r) vierte Studienanfänger(in) (27%) eine Frau.[25] Mitte der 90er Jahre hatten in Gesamtdeutschland die Frauen fast gleichgezogen: Nahezu die Hälfte (47,6%) der Studienanfänger(innen) an Hochschulen waren im Jahre 1996 weiblich (Bundesministerium für Bildung, Wissenschaft, Forschung und Technologie 1997/98, 144). Allerdings finden wir auch noch in den 90er Jahren um so weniger Frauen, je höher das Niveau des jeweiligen Abschlusses etc. ist. Von den Diplom- und Magisterabsolvent(inn)en waren im Jahre 1995 41% Frauen. Von 100 Doktortiteln wurden 1995 32 an Frauen vergeben. An den Habilitatio-

25 In Ostdeutschland betrug deren Anteil damals immerhin schon 38,6%.

nen waren im Jahre 1996 Frauen zu 13% beteiligt (Stat. Bundesamt 1977a, 134, 148).

In anderer Hinsicht hat sich jedoch fast nichts verändert: Typischerweise werden von Mädchen immer noch „Frauenberufe“ gelernt und „weibliche“ Studienfächer gewählt, von Jungen „Männerberufe“ und „männliche“ Studienfächer.

Tab. 6: Auszubildende in den zehn am stärksten besetzten Ausbildungsberufen in Deutschland 1975, 1985 und 1995

Jungen	1975	1985	1995
	Kfz-Mechaniker	Kfz-Mechaniker	Kfz-Mechaniker
	Elektroinstallateur	Elektroinstallateur	Elektroinstallateur
	Maschinenschlosser	Maschinenschlosser	Maurer
	Kaufmann	Maler und Lackierer	Tischler
	Maler und Lackierer	Tischler	Installateur
	Installateur	Installateur	Maler und Lackierer
	Tischler	Maurer	Kaufmann im Groß- und Außenhandel
	Maurer	Kaufmann	Zentralheizungs- und Lüftungsbauer
	Bankkaufmann	Bäcker	Kaufmann im Einzelhandel
	Bäcker	Bankkaufmann	Bankkaufmann
Mädchen	**1975**	**1985**	**1995**
	Verkäuferin	Friseurin	Arzthelferin
	Friseurin	Verkäuferin	Bürokauffrau
	Bürokauffrau	Verkäuferin f. Nahr.m.	Einzelhandelskauffrau
	Arzthelferin	Bürokauffrau	Zahnarzthelferin
	Industriekauffrau	Industriekauffrau	Friseurin
	Zahnarzthelferin	Arzthelferin	Industriekauffrau
	Verkäuferin f. Nahr.m.	Zahnarzthelferin	Bankkauffrau
	Bankkauffrau	Bankkauffrau	Verkäuferin f. Nahrungsm.
	Einzelhandelskauffrau	Einzelhandelskauffrau	Steuerberatergehilfin
	Bürogehilfin	Bürogehilfin	Hotelfachfrau

(Zusammenstellung aus: Stat. Bundesamt 1987, 63; Stat. Bundesamt 1997, 61)

Abgesehen von wenigen Ausnahmen (wie Betriebswirtschaftslehre) unterscheiden sich die Berufsziele von Männern und Frauen nach wie vor deutlich. Damit sind nicht nur Unterschiede, sondern auch wesentliche Vor- und Nachteile für den späteren Lebensweg angelegt: Typischerweise sind „Frauenberufe“ die weniger aussichtsreichen, was Arbeitslosigkeitsrisiken, Karriere-, Verdienst- und Zukunftschancen betrifft.

Tab. 7: Die zehn am stärksten besetzten Studienfächer 1985/86 und 1994/95

Studenten	1985/86	1994/95
	Maschinenbau	Betriebwirtschaftlehre
	Elektrotechnik	Maschinenbau
	Rechtswissenschaft	Elektrotechnik
	Betriebswirtschaftslehre	Rechtswissenschaften
	Medizin	Wirtschaftswissenschaften
	Wirtschaftswissenschaften	Medizin
	Bauingenieur	Bauingenieur
	Physik	Informatik
	Informatik	Physik
	Chemie	Architektur
Studentinnen	**1985/85**	**1994/95**
	Germanistik	Germanistik
	Medizin	Betriebswirtschaftslehre
	Rechtswissenschaft	Rechtswissenschaft
	Betriebswirtschaftslehre	Medizin
	Pädagogik	Pädagogik
	Biologie	Wirtschaftswissenschaft
	Anglistik	Anglistik
	Wirtschaftswissenschaften	Biologie
	Psychologie	Psychologie
	Architektur	Architektur

(zusammengestellt aus: Stat. Bundesamt 1987, 68; Stat. Bundesamt 1997, 65)

Soziale Herkunft

Einen der Brennpunkte der bildungspolitischen Diskussion bildete schon zur Zeit der „Bildungskampagne" der 60er Jahre die Abhängigkeit der Bildungschancen von der sozialen Herkunft. Damals hatte sich gezeigt, daß vor allem Kinder aus Arbeiterfamilien, Kinder wenig gebildeter Eltern und Kinder aus einkommensschwachen Familien deutlich seltener auf weiterführenden Bildungseinrichtungen zu finden waren, als ihrem Bevölkerungsanteil entsprach. Diese Chancenungleichheit widersprach, wie erwähnt, dem Anspruch moderner Gesellschaften, wonach Bildungsabschlüsse und die dadurch gestellten Weichen für Berufschancen nicht soziale Vor- und Nachteile widerspiegeln, sondern allein die individuelle Leistungsfähigkeit zum Ausdruck bringen sollten.

In der Folgezeit ist die Diskussion über die herkunftsbedingte Ungleichheit der Bildungschancen zwar zeitweise abgeebbt, aber nie verstummt. Vor allem in Zeiten eines rückläufigen Angebots an Arbeitsplätzen und steigender Bedeutung von Bildungsabschlüssen geriet diese Kernfrage sozialer Ungleichheit moderner Gesellschaften wieder in den Gesichtskreis der Öffentlichkeit. Häufig wird dabei angenommen, daß mit der Bildungsexpansion alle jene Gruppierungen ihre Zugangschancen zu mittleren und höheren Schulen verbessern konnten, die dort zuvor vergleichsweise selten vertreten waren. Es fragt sich, ob dies auch für Kinder gilt, die aus eher einkommensschwachen, wenig gebildeten und Arbeiterfamilien kommen.

Insgesamt haben die Kinder aller Berufs-, Einkommens- und Bildungsschichten von der Bildungsexpansion profitiert. Davon ausgenommen ist nur ein Teil der ungelernten deutschen Arbeiter und der Ausländer. Alle anderen Gruppierungen haben sich vom größer gewordenen „Bildungskuchen" ein größeres „Stück" herausgeschnitten. Aber die verfügbaren Untersuchungen stimmen darin überein, daß die Abstände zwischen den Schichten weitgehend erhalten geblieben sind. Die Bildungsungleichheit nach der sozialen Herkunft ist nach wie vor sehr ausgeprägt (vgl. *Krais* 1996, 143; *Henz/Maas* 1995)

Beruf der Eltern: Beispielsweise ist unter den 17- bis 18jährigen Arbeiterkindern zwischen 1976 und 1989 der Besuch eines Gymnasiums von 7,1% auf 11,8% gestiegen, bei den Angestelltenkindern von 30,7% auf 40% (*Köhler* 1992, 57). Ähnlich bei den Studienanfängern: Im Jahre 1982 begannen 46,4% aller Beamtenkinder, 32,3% aller Angestelltenkinder, 28,4% aller Selbständigenkinder und 8,6% aller Arbeiterkinder ein Studium an einer Fachhochschule oder Universität. Im Jahre 1993 gelangten schon 64,8% der Beamtenkinder, 37,3% der Angestelltenkinder, 47,7% der Kinder von Selbständigen und 15,1% der Arbeiterkinder an eine Hochschule (14. Sozialerhebung des Dt. Studentenwerkes).

Die Angaben über den steigenden Zulauf zum Gymnasium und der Hochschule belegen, daß sich – verglichen mit der beträchtlichen Vermehrung von Bildung – die relativen Bildungschancen der Kinder ungleich gestellter Berufsgruppen kaum verändert haben. Man kann darüber streiten, ob diese begrenzten Verschiebungen auf eine geringfügige Angleichung oder auf eine Verschärfung der Ungleichheit der Bildungchancen hinauslaufen. Zu welchem Ergebnis man gelangt, hängt unter anderem von der verwendeten Klassifikation der Berufsgruppen, von der jeweils gezogenen Stichprobe und dem eingesetzten Ungleichheitsmaß ab.

So ist der (absolute) prozentuale Abstand der Bildungschancen zwischen den Berufsgruppen größer, das Verhältnis (der relative Vorsprung) zwischen ihnen dagegen kleiner geworden. „Beispielsweise erreichten in den Vorkriegskohorten 1910-1939 ca. 1,3 Prozent aller Töchter von Landwirten oder Arbeitern mindestens das Abitur, im Vergleich zu 37 Prozent bei den Töchtern aus der oberen Dienstklasse. Das Verhältnis betrug also 1:28 zuungunsten der Töchter von Landwirten und Arbeitern. In den Kohorten 1960-1969 erhöhte sich die Abiturientinnenquote bei den Töchtern von Landwirten und Arbeitern auf 15 Prozent, bei den Töchtern der oberen Dienstklasse jedoch auf 68 Prozent. Damit wurde die prozentuale Spanne größer, das Verhältnis reduzierte sich aber auf ca. 1: 4,4. Ähnliches gilt für die Quote der Hochschulabsolventinnen." (*Müller/Haun* 1994, 15) In ähnlicher Weise hat sich die Beteiligung der Angestelltenkinder im Gymnasium von Mitte der 70er bis Ende der 80er Jahre um 10 Prozentpunkte, die der Arbeiterkinder nur um 5 erhöht. Dies könnte man als Verstärkung sozialer Ungleichheit deuten. Allerdings bedeutet dieser Zustrom von 5 Prozentpunkten der Arbeiterkinder eine Vermehrung von zwei Dritteln ihres Ausgangswertes, der der Angestelltenkinder nur um ein Drittel. Dies läßt sich als Verringerung von Ungleichheit interpretieren (vgl. *Handl* 1984, 1985, zit. n. *Krais* 1996, 135).

Der gleiche, für Bildungsreformer enttäuschende Befund wurde auch in vielen anderen Ländern beobachtet. Eine vergleichende Untersuchung in 13 Ländern ergab, daß von der Jahrhundertwende bis zum Ende der 80er Jahre gemessen am Berufsprestige des Vaters nur in Schweden und den Niederlanden Angleichungen der Bildungschancen zu verzeichnen waren. In allen anderen Ländern zeigten sich keine wesentlichen Veränderungen, auch nicht in Ländern, die schnelle Industrialisierungsprozesse erlebten oder erhebliche organisatorische Veränderungen des Bildungswesens durchführten (*Blossfeld/Shavit* 1993, 46). Das wirft die Frage auf, wie groß die Effekte der häufig vielumstrittenen organisatorischen Bildungsreformen wirklich sind.

Bildung der Eltern: Der Bildungsgrad der Eltern ist für die Bildungschancen der Kinder ähnlich wichtig wie die berufliche Stellung. Die Bildungschancen von Kindern sind um so größer, je höher das Bildungsniveau ihrer Eltern ist. Ende der 80er Jahre besuchten vier Fünftel der Kinder, deren „Familienvorstand" über einen Hochschulabschluß verfügte, im Alter von 13-14 Jahren das Gymnasium. Von den Kindern, deren „Familienvorstand" nur einen Hauptschulabschluß ohne Lehre erreicht hatte, gelangte dagegen nur ein Achtel auf das Gymnasium (*Schimpl-Neimanns/Lüttinger* 1993, 97). Das Gleiche zeigt sich auch am Beispiel der Studienänfänger. Kinder gut (aus)gebildeter Eltern begannen sowohl in den 80er wie auch in den 90er Jahren deutlich häufiger ein Studium als Kinder weniger qualifizierter Eltern.

Im Zeitvergleich ergeben sich allerdings weit geringere Veränderungen als im Falle der zuvor dargestellten berufsgruppenspezifischen Ungleichheit von Bildungschancen. Auch schon im Jahre 1970 waren die Gymnasiastenanteile unter den Kindern von Akademiker- bzw. von geringer gebildeten Eltern praktisch die gleichen wie Ende der 80er Jahre. Hierzu hat beigetragen, daß sich in dieser Zeit infolge der Bildungsexpansion auch die Anteile der höher Gebildeten unter den Eltern schon wesentlich erhöht haben.

Einkommen der Eltern: Es ist nicht allzu schwierig nachzuvollziehen, in welcher Weise der Bildungsgrad und die berufliche Stellung der Eltern die Bildungserfolge von Kindern prägen. Die unterschiedlichen Erziehungsweisen, Vorbilder und Anregungen dieser Schichten machen sich hier bemerkbar (vgl. 7.3). Dagegen fällt es angesichts weitgehend kostenloser Bildungseinrichtungen möglicherweise schon schwerer einzusehen, wieso die Einkommenshöhe im Elternhaus die Schulkarriere der Kinder beeinflussen soll. Dennoch steht auch die Einkommenshöhe im Elternhaus in engem Zusammenhang mit den Bildungschancen der Kinder: Von Mitte der 80er bis Mitte der 90er Jahre besuchten von den 14jährigen Kindern einkommensstarker[26] Eltern in Westdeutschland 65% das Gymnasium und 16% die Hauptschule. Die gleichaltrigen Kinder von Eltern mit bescheidenem Einkommen[27] gingen zu 54% in die Hauptschule und nur zu 16% ins Gymnasium (*Büchel/Wagner* 1996, 84).

Treffen vorteilhafte oder aber nachteilige Berufsstellungen, Bildungsgrade und Einkommensverhältnisse der Eltern zusammen, so ergeben sich für die Kinder besonders gute oder aber besonders schlechte Bildungschancen: So sind beispielsweise die Kinder von Beamten mit höherer Bildung weit überdurchschnittlich häufig im Gymnasium vertreten. Anfang der 90er Jahre besuchten mehr als drei Viertel von ihnen das Gymnasium. Aber nur 8% der Kinder, deren Väter ungelernte Arbeiter waren, und noch weniger Kinder ungelernter ausländischer Väter gelangten ins Gymnasium (*Rodax* 1995, 11f).

Vergleicht man die verschiedenen Herkunftsfaktoren, so sprechen manche Hinweise dafür, daß sich hierbei der Bildungsgrad der Eltern

---

26 mehr als 1.250 DM mtl. Äquivalenz-Haushaltseinkommen; zum Äquivalenzeinkommen vgl. 5.3

27 weniger als 750 DM mtl. Äquivalenz-Haushaltseinkommen

stärker bemerkbar macht als deren Einkommen und Berufsstellung. Wenn man die einzelnen Berufsgruppen von Eltern zusätzlich nach dem Bildungsniveau untergliedert, so erweisen sich die Unterschiede der gymnasialen Schulbesuchsquoten *innerhalb* der einzelnen Berufsgruppen z.T. größer als jene als *zwischen* den Berufsgruppen (*Köhler* 1992, 42).

Region

Während der „Bildungskampagne" der 60er Jahre hat man Bildungsungleichheiten nicht nur zwischen Kindern unterschiedlicher sozialer Herkunft festgestellt, sondern auch zwischen Kindern aus verschiedenen Regionen (*Peisert* 1967). Zum einen wurde damals deutlich, daß aus ländlichen Regionen wesentlich weniger Kinder in höhere Schulen und auf Universitäten als aus Städten gelangten. Zum anderen wurde ermittelt, daß erhebliche Ungleichheiten der Bildungsbeteiligung zwischen Bundesländern bestanden.

Auch die Bestimmungsgründe wurden aufgedeckt, die hinter den regionalen Bildungsungleichheiten standen: Erstens wirkten sich die unterschiedlichen bildungspolitischen Orientierungen der einzelnen Bundesländer aus. Zweitens war die Wirtschafts- und Berufsstruktur (z.B. der Anteil an Landwirten, Arbeitern oder Dienstleistungsberufen) und in Verbindung damit der Anteil städtischer und ländlicher Gebiete in den einzelnen Bundesländern nicht gleich. Für Bewohner ländlicher Gebiete waren weiterführende Bildungseinrichtungen meist schwieriger zur erreichen als für Städter. Gleichzeitig übten die eingeschränkten Erwerbschancen, insbesondere in hochqualifizierten Berufen, auf dem Lande einen geringen Anreiz zum Besuch solcher Einrichtungen aus. Die Disparitäten zwischen Stadt und Land wurden aber auch dadurch verursacht, daß sich in Städten und städtischen Regionen Menschen mit höherer Berufsqualifikation, höheren Einkommen und höherer Bildung besonders konzentrieren. Diese sozialstrukturelle Zusammensetzung der Elternschaft ließ von vornherein erwarten, daß Stadtkinder in stärkerem Maße Gymnasien und Universitäten besuchten als Kinder aus ländlichen Regionen.

In den vergangenen drei Jahrzehnten hat man sich durch eine Fülle von Maßnahmen bemüht, bestimmte regionale Bildungsungleichheiten abzubauen: Schulbusse minderten die „Distanz" zu Bildungseinrichtungen, weiterführende Schulen und vor allem Universitäten wurden auch in ländlichen Regionen und in typischen „Arbeiterregionen" (wie in den 60er und 70er Jahren im Ruhrgebiet) errichtet. Außerdem ergaben sich in weiten Regionen Deutschlands (z.B. im Ruhrgebiet) wirtschaftliche und sozialstrukturelle Umwälzungen, die die genannten Voraussetzungen der Bildungsbeteiligung sehr veränderten.

Blickt man auf neuere Ergebnisse der Erforschung der Bildungsungleichheit, so ist zunächst festzustellen, daß sich die Bildungsbeteiligung in ganz Deutschland sowohl auf dem Lande als auch in der Stadt beträchtlich erhöht hat. Die Disparitäten zwischen Stadt und Land sind zwar geschrumpft, aber geblieben. „Je größer der Wohnort ist, desto größer ist die Wahrscheinlichkeit für den Besuch einer weiterführenden Schule bzw. des Gymnasiums. Dies gilt für Jungen und Mädchen gleichermaßen. Allerdings hat sich das Stadt/Land-Gefälle im Laufe der Zeit verringert (...)" (*Henz/Maas* 1995, 627f). Während Anfang der 90er Jahre in kleinen Ortschaften nach der Grundschule noch ein gutes Viertel (25,4%) aller Schüler in die Hauptschule übertrat, wechselte in Großstädten nur noch jedes zehnte Kind (10,8%) in die Hauptschule. Im Falle des Gymnasiums ist es umgekehrt: 27,5% der Schüler aus kleinen Gemeinden, über die Hälfte (51,2%) aus großen Städten nahmen den Weg ins Gymnasium (*Ditton* 1993, 356).

In den einzelnen Bundesländern Deutschlands werden unterschiedlich hohe Anteile von Abiturienten, Realschulabsolventen und Hauptschulabgängern verzeichnet (vgl. Abb. 9). Bis zu einem gewissen Grade spiegelt dies die unterschiedlichen Selektionsvorstellungen der politischen Parteien und Landesregierungen. Es bleiben aber auch wirtschaftliche und sozialstrukturelle Unterschiede zwischen Bundesländern wirksam. So weisen die Stadtstaaten andere Gegebenheiten als die teilweise noch ländlichen Flächenstaaten auf. Daneben fällt auf, daß in den neuen Bundesländern vergleichsweise viele Schülerinnen und Schüler einen Realschulabschluß und relativ wenige nur einen Hauptschulabschluß erlangen. Dies liegt auch darin begründet, daß – wie dargestellt – eine Hauptschule in der in Westdeutschland gewohnten Form in Teilen Ostdeutschlands nach der Wiedervereinigung nicht wieder eingerichtet wurde.

Ausländer

Als in den 60er Jahren „entdeckt" wurde, daß die Bildungschancen bestimmter Gruppierungen viel ungleicher waren als bis dahin angenommen, zählten Ausländer noch nicht zu den als benachteiligt erkannten Gruppen. Dazu waren es zu wenige. Es gab im Jahre 1960 nur 1,2% Ausländer in der Bundesrepublik. Dabei handelte es sich, vor dem Zustrom von „Gastarbeitern“, auch keineswegs überwiegend um bildungsferne Personengruppen.

Seither ist der Anteil der ausländischen Bevölkerung in Deutschland beträchtlich gestiegen. Im Jahre 1970 lebten schon 4,9%, 1980 bereits 7,2% in Westdeutschland, und 1995 wurden in der Bevölkerung Gesamtdeutschlands 8,8% Ausländer gezählt. Es waren vor allem ausländische Arbeitnehmer und ihre Familien, Asylbewerber und Flüchtlinge aus Bürgerkriegsgebieten, die nach Deutschland gekom men waren (vgl. 5.7.3). Die Kinder jener ausländischen Familien brachten häufig sehr nachteilige Voraussetzungen für den Besuch von Schulen und Hochschulen mit. Obwohl seit den 80er Jahren eine gewisse Verbesserung der Situation eingetreten ist, haben ausländische Kinder nach wie vor besonders schlechte Bildungschancen.

Dies zeigt sich auf allen Ebenen des Bildungswesens: Im Jahre 1994 mußten wesentlich mehr von den ausländischen als von den deutschen Absolventen ihrer Schulpflicht in einer Sonderschule für Lernbehinderte genügen; ein fast doppelt so hoher Anteil der ausländischen als deutschen Jugendlichen erlangte nur einen oder aber keinen Hauptschulabschluß; dagegen erreichten wesentlich mehr unter deutschen als unter den ausländischen Schüler(inne)n den Realschulabschluß; und ein fast drei Mal so hoher Prozentsatz der jungen Deutschen als der Ausländer schaffte die Hochschulreife.

Tab. 8: Ausländische und deutsche Schulabgänger im Jahre 1994 nach ihrem Abschluß

	Ausländer	Deutsche
Sonderschule für Lernbehinderte	4,5%	3,4%
ohne Hauptschulabschluß	15,8%	8,3%
Hauptschulabschluß	43,6%	25,4%
Realschulabschluß etc.	26,6%	41,2%
Fachhochschulreife	0,7%	0,8%
Hochschulreife	8,8%	24,9%

(Beauftragte 1997, S. 34)

Abb. 9: Verteilung der Absolventen verschiedener Schularten in den Ländern 1994

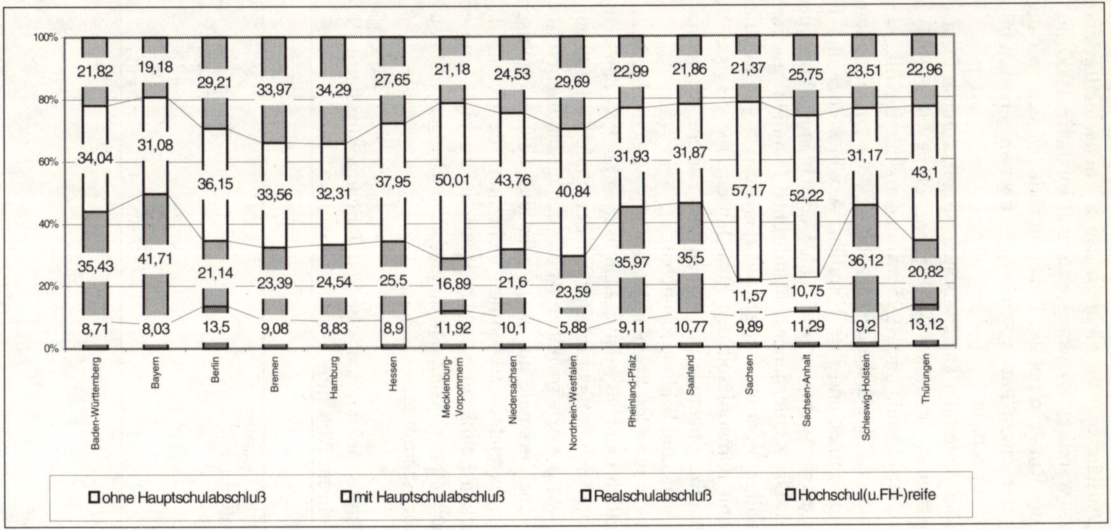

Anmerkung: Brandenburg fehlt in der Auflistung, da ab 1994 die 13. Jahrgangsstufe wieder eingeführt wurde; der Anteil der Absolventen mit (Fach-)Hochschulreife ist daher sehr gering.

(Quelle: *v. Below*)

Vergleicht man die Herkunftsländer ausländischer Jugendlicher, so fällt auf, daß türkische Schülerinnen und Schüler besonders selten gehobene Schubabschlüsse erreichen. Vergleicht man männliche und weibliche Schüler, so findet man, daß unter den ausländischen Mädchen und deren Eltern die Distanz zu Bildungseinrichtungen geringer wird: Sie erreichen mittlerweile häufiger einen Bildungsabschluß als ausländische Jungen.

Blickt man zurück, so wird sichtbar, daß sich das Niveau der Schulabschlüsse ausländischer Jugendlicher seit den 80er Jahren deutlich erhöht hat. So verließen im Jahre 1983 ein gutes Drittel (34%) und 1994 nur noch ein knappes Sechstel (15,8%) der Ausländerkinder die Schule ohne Abschluß. Aber gleichzeitig hat sich auch das Bildungsniveau deutscher Schüler erhöht. Daher sind die Abstände der Bildungschancen zwischen deutschen und ausländischen Schülern im allgemeinbildenden Schulsystem nur in den 80er Jahren kleiner geworden. Seither sind sie im wesentlichen gleich geblieben (Beauftragte 1997, 13).

Im Berufsausbildungswesen schließen ausländische Jugendliche allmählich zu den deutschen auf. Noch trennt sie aber viel: In den 90er Jahren absolvierten prozentual nur ungefähr halb so viele von den ausländischen Jugendlichen eine Lehre als von den deutschen (DIW 1995, 390). Zudem erlernen ausländische Jugendliche selten Berufe im aussichtsreichen Dienstleistungsbereich; meist machen sie eine Lehre in der Industrie und im Handwerk. Volle 40% der 14- bis 18jährigen ausländischen Jugendlichen blieben noch im Jahre 1993 ohne jede Ausbildung. Mehr als die Hälfte der jungen Frauen und fast die Hälfte der jungen Männer, die im Jahre 1997 zwischen 20 und 30 Jahre alt waren, haben keinen beruflichen Ausbildungsabschluß (Beauftragte 1997, 13).

Eine zukunftstaugliche Bildung und Berufsausbildung ist zweifellos ein Grundstein der gesellschaftlichen Integration. Ausländischen Jugendlichen ohne Berufsausbildung droht angesichts ständiger Erhöhungen des Bildungsniveaus, immer höheren Qualifikationsanforderungen im Berufsleben und hoher Arbeitslosigkeit die Randständigkeit in unserer Gesellschaft.

Zusammenfassung

Überblickt man die vorangegangenen Abschnitte, so ist folgendes festzuhalten: Die Bildungsexpansion schreitet ständig weiter fort. Die

Struktur der Bildungschancen dagegen weist nur teilweise Veränderungen auf, teilweise ist kaum Bewegung festzustellen. Zu den Gewinnern der Bildungsexpansion zählen in erster Linie die Frauen. Auch Ausländerkinder und Kinder vom Lande haben aufgeholt. Arbeiterkinder dagegen waren nur imstande, die Abstände zu den übrigen Berufsgruppen zu halten.

5.1.5 Die Folgen von Bildungsexpansion und Bildungsungleichheit

Die Bildungsexpansion hat die gesellschaftliche Entwicklung im ganzen, aber auch die individuellen Lebensläufe der einzelnen, ganz entscheidend verändert. Ohne die Vermehrung von Bildung wäre eine Vielzahl von gesellschaftlichen Veränderungen, die sich seit den 60er Jahren beobachten lassen, nicht entstanden: Dies gilt für

- den Wertewandel (weg von materialistischen und Pflichtwerten, hin zu individuellen Bestrebungen nach persönlicher Selbstverwirklichung und Kommunikation; vgl. 7.2)
- die neuen Formen politischer Mitwirkung, wie Bürgerinitiativen und die neuen sozialen Bewegungen (Ökologie-, Friedens-, Frauen- und Anti-Kernkraftbewegung) und
- die Pluralisierung von Lebensformen (die Normalfamilie wich einem Nebeneinander von Zwei-Eltern-, Ein-Eltern-Familien, kinderlosen Paaren mit und ohne Trauschein und Singles).

Im Leben der einzelnen äußerte sich die verlängerte Bildungszeit unter anderem in der Verlängerung jener Lebensphase, in der Lebensentwürfe ohne feste Bindung durch Beruf und Partnerschaft erprobt werden können, in späterer Heirat und dem Hinausschieben der Elternphase sowie in einer zunehmend individualisierten Lebensführung. Diese bietet die Chance zu mehr Autonomie, enthält aber auch das höhere Risiko des Scheiterns (vgl. 4.2.3).

Da Arbeitsplätze in den 90er Jahren knapp waren, führte die anhaltende Bildungsexpansion zu Tendenzen der Bildungsinflation. Bildung wurde, wie erwähnt, von einer knappen, zureichenden, aber nicht unbedingt notwendigen, zu einer *reichlich vorhandenen, notwendigen, aber nicht unbedingt zureichenden* Voraussetzung zur Erreichung gutgestellter Berufspositionen. Ohne entsprechende formale

Bildungsabschlüsse war weniger zu erreichen denn je. So gesehen, hat keine Entwertung, sondern eine Aufwertung von Bildungsabschlüssen überhaupt stattgefunden. Sie müssen allerdings mehr denn je durch Zusatzqualifikationen (Praktika, Auslandsaufenthalte, Fremdsprachenkenntnisse etc.) und durch „extrafunktionale“ Fertigkeiten (Teamfähigkeit, Kommunikationsverhalten usw.) ergänzt werden.

Mit gleicher Bildung war in den 90er Jahren allerdings deutlich weniger erreichbar als noch in den 70er Jahren. Es fand ein Verdrängungswettbewerb zu Lasten der geringer Gebildeten statt, in dem Hauptschulabsolventen, zumal ohne Abschluß, besonders schlechte Chancen hatten. Außerdem brachte der verschärfte Wettbewerb der vielen gut Gebildeten um Ausbildungsplätze und berufliche Stellungen wieder (zugeschriebene) Auswahlkriterien in den Vordergrund, die mit der (erworbenen) Qualifikation und mit individueller Leistung nichts zu tun haben: So haben im Gefolge der Bildungsexpansion das Geschlecht, „Beziehungen“, die ethnische Zugehörigkeit, die Schichtzugehörigkeit und das damit verbundene „Auftreten“ nachweislich wieder an Bedeutung gewonnen.

Die erreichten Bildungsgrade finden ihre direkte Fortsetzung in ungleichen beruflichen und finanziellen Erfolgen, haben indirekte (un)vorteilhafte Auswirkungen aber auch in weiten Bereichen des Familienlebens, der Freizeit und im öffentlichen Leben. Ein Mehr an Bildung „rentiert“ sich somit auf vielfältige Weise. Beispielsweise unterscheiden sich die Einkommen der Berufstätigen klar nach ihrem Qualifikationsgrad. Selbst wenn in Rechnung gestellt wird, daß längere (Aus-)Bildungszeiten kürzere Verdienstzeiten im Verlauf des Lebens nach sich ziehen: Auch die summierten Lebenseinkommen der höher Qualifizierten übersteigen die der gering Qualifizierten. Allerdings sind die Bildungsrenditen seit Mitte der 70er Jahre geschrumpft. Verdiente ein männlicher Akademiker 1976 noch etwa 2,4 mal so viel wie ein Ungelernter, so sank dieser Vorsprung bis zum Jahre 1993 auf gut das Doppelte.

Die Bildungsrenditen von Frauen sind fast durchweg schlechter als die der Männer (vgl. Tab. 9). Frauen haben insbesondere dann Schwierigkeiten, ihre heute oft gute Ausbildung in adäquate berufliche Stellungen und Einkommen umzusetzen, wenn sie Kinder haben. Für Männer hingegen stellt die Gründung einer Familie kein Karrierehindernis dar.

Die Folgen eines höheren oder weniger hohen Bildungsgrades beschränken sich aber keineswegs auf das Einkommen. Auch die Durchsetzungschancen in Beruf und Familie, bei Behörden und im öffentlichen Leben, die Chancen, die eigene Persönlichkeit weiterzuentwickeln und an kulturellen Ereignissen teilzuhaben, das von Mitmenschen zuerkannte Ansehen und viele andere Lebenschancen mehr werden beeinflußt vom Grad der jeweiligen Bildung.

Tab. 9: Die Bildungsrenditen 1976-1983
(Netto-Einkommen ohne beruflich Ausbildung = 100)

	mit beruflicher Ausbildung	Fachschule	Fachhochschule	Universität
Männer				
1976	133	174	222	236
1980	146	191	235	251
1985	141	185	224	234
1987	146	190	229	240
1993	123	162	199	215
Frauen				
1976	130	160	188	239
1980	131	160	174	226
1985	134	167	192	233
1987	136	171	195	232
1993	121	156	180	214

(Quelle: IWD, Jg. 21, Nr. 41, S. 2)

5.1.6 Theorien der Bildungsungleichheit

Die eben erwähnten, durchaus unterschiedlichen Entwicklungen auf dem Gebiet der Bildungsniveaus und im Bereich der Bildungschancen werfen Fragen auf. Wieso erwerben die Menschen immer mehr Bildung? Wieso bleiben Bildungschancen teils ungleich und werden teils gleicher?

Aus den oben dargestellten empirischen Zusammenhängen, beispielsweise zwischen dem Bildungsgrad der Eltern einerseits und dem Bildungserfolg ihrer Kinder andererseits, sind diese Begründungen nicht zu erkennen. Es handelt sich um bloße statistische Korrelationen, die die konkreten Wirkungen nicht deutlich machen. So beeinflußt die Schulbildung der Eltern den Schulbesuch der Kinder ganz sicher nicht unmittelbar, der Einfluß vollzieht sich vielmehr vermittelt:

über die Art der Berufstätigkeit und die dort gemachten Erfahrungen, über die Wohnsituation, über das elterliche Erziehungsverhalten usw. (vgl. *Mansel* 1993). Schon gar nicht kommen in den o.a. statistischen Zusammenhängen übergreifende Ursachen zum Ausdruck, wie etwa die technologische Entwicklung, Modernisierung, Macht- oder Konkurrenzmechanismen. Diese Ursachen jedoch müssen wir kennen, wenn wir die zukünftige Entwicklung oder unsere Einwirkungsmöglichkeiten auf Bildungsexpansion und Bildungschancen einschätzen wollen.

Im folgenden werden daher einige Erklärungsvorschläge skizziert und kurz beurteilt werden: Einige von ihnen stellen Anwendungen von Theorien, die oben (in Kapitel 2) bereits in allgemeiner Form dargestellt wurden, auf die Bildungsproblematik dar. Andere Erklärungen richten sich nur auf den Bereich der Bildung und kommen hier erstmals zur Sprache.

Theorien der Bildungsexpansion

Eine Gruppe von (holistischen) Theorien versucht, das Ganze einer Gesellschaft zu erfassen und aus dem Zusammenwirken gesellschaftlicher Faktoren insgesamt Begründungen zu erkennen.

Funktionalistische Integrationstheorien gehen davon aus, daß die gesellschaftliche Modernisierung, das heißt unter anderem fortschreitende Technisierung und Verwissenschaftlichung, Verstädterung und funktionale Ausdifferenzierung sowie politische, soziale und psychische Mobilisierung immer höhere Anforderungen an die einzelnen stellt. Wenn die zu leistenden Funktionen erfüllt werden sollen und der gesellschaftliche Zusammenhalt in einer immer komplexeren Arbeits- und Lebenswelt gewahrt werden soll, müssen menschliche Fähigkeiten durch immer mehr Bildung mobilisiert werden (*Müller, W. u.a.* 1997, 182).

Konflikttheorien dagegen wenden sich gegen die funktionalistische Vorstellung, die vermehrte Bildung resultiere aus Erfordernissen der modernen Gesellschaft. Die Ursachen für die Expansion des Bildungswesens werden vielmehr in Auseinandersetzungen zwischen Statusgruppen gesehen, die um Reichtum, Macht und Prestige kämpfen. Um in diesem Kampf zu bestehen, müssen Gruppen danach trachten, privilegierende Merkmale und Statusdeterminanten zu monopolisieren. In modernen Gesellschaften zählt dazu zweifellos der erreichte Bildungsabschluß. Sobald es in einer Gesellschaft aber viele gibt, die Bildung als Schlüssel zu sozialem Aufstieg betrachten, gefährden die Bildungsinvestitionen der unteren Gruppen das Monopol der dominierenden Gruppen. Daher werden diese bestrebt sein, die Bildungsstandards immer höher zu schrauben, um ihre Vorteile zu wahren. Die Folgen sind Verlängerungen der Ausbildungszeit und eine inflationäre Vermehrung der höheren Bildungsabschlüsse, die den tatsächlichen Erfordernissen des Beschäftungssystems u.U. nicht mehr entspricht (*Müller, W. u.a.* 1997, 184).

Eine weitere Gruppe von Theorien blickt nicht auf das Ganze von Gesellschaften, sondern konzentriert sich auf *Handlungen und Entscheidungen von einzelnen.*

Für die *Konsumtheorie* ist Bildung ein Verbrauchsgut, das direkt oder indirekt mit Genuß verbunden ist. Wenn die Realeinkommen der Menschen steigen und die unmittelbaren Lebensnotwendigkeiten befriedigt sind, verlagern sich ihre Konsumentscheidungen hin zu „höherwertigen" Gütern, wie zum Beispiel zu Bildungsgütern. Diese gesteigerte Nachfrage nach Bildung mündet in Bildungsexpansion (OECD 1966; vgl. *Müller, W. u.a.* 1997, 180).

Die *Humankapitaltheorie* (vgl. 4.2.1) dagegen versteht Bildung als Investition. Sie wird in Erwartung von Erträgen vorgenommen und soll höhere Arbeitsproduktivität und dadurch mehr Einkommen zur Folge haben. Menschen investieren so lange in Bildung, wie die Lohnzuwächse höher sind als ihre direkten oder indirekten Bildungskosten. Die Bildungsnachfrage wird also so lange steigen, wie eine „Rendite" zu erwarten ist (*Becker* 1964; vgl. *Müller, W. u.a.* 1997, 181).

Gegen diesen Ansatz wendet sich die sog. *Signaltheorie.* Um im Arbeitsplatzgefüge eine günstige Plazierung zu erreichen, ist es dieser Theorie zufolge entscheidend, auf einem der ersten Plätze in den „Warteschlangen" eingeordnet zu werden, die Arbeitgeber bei Personalentscheidungen bilden. Die ersten Plätze werden Bewerber mit guten Bildungserfolgen einnehmen. Denn Schulabschlüsse und -noten fassen potentielle Arbeitgeber als Signal und Prognoseinstrument dafür auf, wieviele Ausbildungs- und Einarbeitungskosten anfallen werden (*Thurow* 1975; vgl. *Müller, W.* u.a. 1997, 181).

Die Humankapitaltheorie besagt, daß es einen Selbstregelungsmechanismus gibt, der die Bildungsexpansion in Grenzen halten wird: Wenn die Zahl der Personen mit hoher Bildung stärker wächst als der

Bedarf am Arbeitsmarkt, dann fallen theoretisch die Löhne für diese Personen, die Bildungsrenditen sinken, und die Nachfrage nach Bildung läßt nach. Diese Theorie kann also Tendenzen zur „Bildungsinflation“ kaum erklären. In der Signaltheorie findet dagegen auch der „perverse Wettlauf um zunehmend mehr Bildung“ (*Boudon* 1974) eine Erklärung. Wenn die Mitbewerber ihre Bildungsinvestitionen erhöhen, muß die eigene Bildung noch mehr gesteigert werden, um weiterhin vorne zu stehen. Der Wettbewerb um Arbeitsplätze führt (im Gegensatz zum Wettbewerb um höhere Löhne, den die Humankapitaltheorie hervorhebt) dazu, daß auch bei sinkenden Bildungsrenditen immer mehr Bildung nachgefragt wird. Die Erfahrungen seit Mitte der 70er Jahre sprechen eher gegen die These von der Selbstregulation und eher für Behauptung einer fortdauernden Bildungsexpansion, die die Signaltheorie unterstellt (*Müller, W. u.a.* 1997, 182).

Theorien der Chancenungleichheit

Unter den Theorien zur Erklärung der Chancenungleichheit im Bildungswesen lassen sich ebenfalls Integrations- bzw. Modernisierungstheorien einerseits und Konflikttheorien andererseits auseinanderhalten.

In *Integrations- und Modernisierungstheorien* kommt die Erwartung zum Ausdruck, daß Bildungsungleichheiten abnehmen werden. Da im Gefolge der zunehmenden Rationalisierung und Technisierung Bildung in modernen Gesellschaften generell wichtiger wird, werden Bildungseinrichtungen ausgebaut, der Zugang zu ihnen erleichtert, soziale Ungleichheiten durch entsprechende Reformen verringert. Da moderne Gesellschaften generell durch verbesserte Lebensbedingungen und geringere Verteilungsungleichheit gekennzeichnet seien, werden dieser Theorie zufolge auch die Ungleichheiten der Bildungsnachfrage und der Bildungsbeteiligung geringer (*Treiman* 1970, zit. n. *Müller/Haun* 1994, 3f.).

Macht- und Konflikttheorien besagen dagegen, daß Bildungsabschlüsse der Vorteilssicherung für privilegierte Gruppen dienen. Dadurch werden nach Öffnung des Bildungswesens die Bildungsvoraussetzungen nach oben geschraubt und an immer schwerer zur erlangende Bedingungen geknüpft, die letztlich nur mit den ökonomischen, sozialen und kulturellen Ressourcen einer privilegierten Herkunft erreichbar sind. Infolgedessen kommt es nicht nur zu einer inflationären

Entwertung von Bildungsabschlüssen, sondern auch zur Reproduktion der bestehenden Chancenungleichheiten. (*Bourdieu/Passeron* 1970; *Boudon* 1974, zit. n. *Müller/Haun* 1994, 4)

Die beiden Theorierichtungen kommen offenkundig zu entgegengesetzten Ergebnissen. Konflikttheorien prognostizieren keine wesentlichen Veränderungen ungleicher Bildungschancen, Modernisierungstheorien sehen eine Angleichung voraus. Freilich ist nicht einsichtig, wieso etwa bei der Nivellierung geschlechtsspezifischer Bildungschancen Modernisierungsprozesse am Werk sein sollen, die indessen angesichts der fortdauernden schichtspezifischen Bildungschancen versagen sollten.

Möglicherweise ist ein Blick auf konkretere Mechanismen geeignet, diese Widersprüche aufzuklären. Hierzu ist in erster Linie zu berücksichtigen, daß Eltern aus unterschiedlichen Schichten, Berufsgruppen und Sozialmilieus an ihre Kinder unterschiedliche Wertvorstellungen, Qualifikationen und Einstellungen vermitteln (vgl. 7.3). Schulen und Hochschulen hingegen sind an bestimmten Normen, Lerninhalten und Lernformen ausgerichtet, denen gewisse gesellschaftliche Gruppierungen (z.B. die Mittelschichten) besser, andere schlechter entsprechen. Kinder, die aus schulkonformen Schichten, Gruppen oder Milieus kommen, haben somit erhebliche Vorteile bei der Erbringung und Anerkennung der geforderten Leistungen.

Die sog. „Differenzhypothese" besagt nun, daß die schulischen Anforderungen einseitig, willkürlich und änderbar seien. Denn die unterschiedlichen Werte und Normen der einzelnen sozialen Gruppierungen seien an deren jeweilige Lebenswirklichkeit angepaßt und so keineswegs besser oder schlechter als andere. Die sog. „Defizithypothese" hingegen meint, daß die Wertvorstellungen und Normen bestimmter Gruppierungen für die Erkenntnisfähigkeit und Problemlösungsfähigkeit generell besser geeignet als andere seien und die Konzentration von Schulen auf diese Werte und Normen daher gerechtfertigt sei.

Außerdem ist bei der konkreteren Analyse der Ursachen ungleicher Bildungschancen eine ganze Reihe weiterer Faktoren zu berücksichtigen, deren Wirken und Zusammenwirken keineswegs zureichend erforscht ist:

- die Auswirkungen bestimmter Organisationsformen des Bildungssystems,

- die unterschiedlichen, z.T. veränderten Lebensbedingungen sozialer Gruppierungen, die sehr ungleiche Voraussetzungen der Bildungsfähigkeit und -neigung vermitteln,
- die unterschiedlichen Nutzenfunktionen von Bildung für spezifische Gruppen,
- die ungleiche soziale Distanz zwischen Schule und Elternhaus und
- mögliche „Sättigungsgrade" (ceiling-Effekte) der Bildungsbeteiligung in bestimmten Gruppierungen.

5.2 Erwerbstätigkeit und Arbeitslosigkeit

Wer einem hohen Lebensstandard, großem Ansehen, weitreichendem Einfluß, Existenzsicherheit und anderen Zielsetzungen eines „guten Lebens" näherkommen möchte, wird dies in modernen Gesellschaften meist über den Weg der Erwerbstätigkeit erreichen. Eine entsprechende Qualifikation stellt zwar eine wichtige Voraussetzung hierfür dar, durch Erwerbstätigkeit erst sind jedoch die wichtigsten „Lebensmittel" wie Einkommen, Berufsprestige, Machtstellungen, aber auch Identität, Selbstwertgefühl und Kontakte zu erlangen.

5.2.1 Erwerbsarbeit und Arbeitslosigkeit: Bedeutung und Begriffe

So war für 42% der Bevölkerung Deutschlands im Jahre 1995 die eigene Erwerbstätigkeit die wichtigste finanzielle Unterhaltsquelle, ein weiteres Drittel wurde ganz oder teilweise durch Angehörige versorgt, in der Regel durch deren Erwerbstätigkeit. Ein weiteres Viertel (25,5%) der Menschen lebte 1995 überwiegend von staatlichen Transferzahlungen (Renten, Pensionen, Arbeitslosengeld oder -hilfe oder Sozialhilfe). (Stat. Bundesamt 1997, 79) Voraussetzung hierfür war (mit Ausnahme der Sozialhilfe) wiederum eine frühere Erwerbstätigkeit. Nur in seltenen Fällen sicherten Menschen ihren Lebensunterhalt durch die Erträge eigenen Vermögens.

Hierbei sind jedoch zwei Aspekte zu unterscheiden: Zum einen bestimmt die jeweilige Stellung im Beruf das Ausmaß der erzielten Einkommen und der weiteren Lebensbedingungen, die notwendig sind, um ein „gutes Leben“ zu führen. Die berufliche Stellung ist die wohl wichtigste Determinante sozialer Ungleichheit (vgl. 2.4). Diese Eigenschaft wird in nahezu allen Abschnitten dieses fünften Kapitels deutlich.

Zum andern bringt es aber bereits wesentliche Vorteile mit sich, überhaupt einer Erwerbstätigkeit nachzugehen. Diese Vorteile bestehen bis zu einem gewissen Grad unabhängig von Art und Rang der jeweiligen Berufsstellung. So verleiht eine Erwerbstätigkeit durch „eigenes Geld“ Autonomie, vermittelt Kontakte und Erfahrungen usw. Der Grad der Erwerbsbeteiligung ist daher als relativ eigenständige Dimension sozialer Ungleichheit mit unmittelbaren Vor- und Nachteilen anzusehen. Dieser „*Erwerbs*status“ ist zu unterscheiden vom *Berufs*status und dessen vielfältigen Abstufungen je nach dem Maß des Einkommens, der Qualifikation, der Anweisungsbefugnis etc.

Verständlicherweise gelangen die direkten Vorteile einer Erwerbstätigkeit vor allem in jenen Phasen ins öffentliche Bewußtsein, in der Arbeitsplätze knapp sind und die Privilegien der Inhaber einer Erwerbstätigkeit von den Nachteilen jener abstechen, die Erwerbsarbeit suchen. Keine Arbeit zu finden, zehrt an den Ressourcen und am Selbstwertgefühl der Betroffenen. Arbeitslosigkeit mindert die Lebenschancen und engt Handlungsspielräume ein. In einer Arbeitsgesellschaft kann insbesondere länger andauernde Arbeitslosigkeit zu sozialer Ausgrenzung führen.

Die Verbreitung von Erwerbsarbeit und Arbeitslosigkeit interessiert nicht nur im Hinblick auf die Bevölkerung schlechthin. Erwerbschancen und Arbeitslosigkeitsrisiken konzentrieren sich auf bestimmte Gruppierungen: Frauen, Ausländer, Jugendliche, ältere Erwerbspersonen, gesundheitlich Beeinträchtigte und vor allem gering Qualifizierte bilden „Problemgruppen des Arbeitsmarkts“. Sie unterliegen einem besonders hohen Risiko, arbeitslos zu werden und es auch zu bleiben. Die Ansässigkeit in gewissen Regionen, besonders in Ostdeutschland, und bereits eingetretene Arbeitslosigkeit sind weitere Faktoren, die Erwerbschancen mindern. Arbeitslosigkeit kann in einem Prozeß der Selbstverstärkung Mehrfach- und Dauerarbeitslosigkeit hervorrufen und so den „harten Kern“ einer sozialen Gruppierung entstehen lassen, deren Lebenslage und Erfahrung durch den dauerhaften Ausschluß von Erwerbsarbeit geprägt ist.

Zwischen den Vorteilen einer Dauer- und Vollzeiterwerbsarbeit und den Nachteilen der Arbeitslosigkeit gibt es Zwischenstufen. Dies sind unter anderem die atypischen und gleichzeitig prekären Beschäftigungsverhältnisse. Die wichtigsten Formen atypischer Erwerbsarbeit sind Teilzeitarbeit, geringfügige bzw. sozialversicherungsfreie Beschäftigung, Leiharbeit und befristete Beschäftigung. Prekär sind diese Formen der Erwerbstätigkeit dann, wenn sie unfreiwillig aufgenommen werden oder unzureichend vor sozialen Risiken (wie Krankheit, Arbeitslosigkeit, Alter und Armut) abgesichert sind. Solche „minderwertigen" Beschäftigungsverhältnisse können in unterschiedlicher Weise mit weiteren Nachteilen verknüpft sein (z.B. mit niedrigem Einkommen, gefährlichen, ungesunden oder belastenden Arbeitsbedingungen, hohem Entlassungsrisiko).

Die Dimension ungleicher Erwerbsbeteiligung erstreckt sich also vom positiven Pol einer gesicherten Vollzeit-Erwerbsposition über prekäre Erwerbstätigkeit und kurzfristige Arbeitslosigkeit bis hin zur Langfristarbeitslosigkeit von Angehörigen schwer vermittelbarer „Problemgruppen des Arbeitsmarkts".

Zentrale Begriffe

Zunächst ist zu unterscheiden zwischen drei Bevölkerungsgruppen: Erwerbstätigen, Erwerbslosen und Nichterwerbspersonen. Keine Person kann gleichzeitig mehreren dieser Gruppen angehören. *Erwerbstätige* sind Personen, die in einem Arbeitsverhältnis stehen (einschl. Soldaten/-innen und mithelfender Familienangehöriger) oder selbständig ein Gewerbe oder eine Landwirtschaft betreiben oder einen freien Beruf ausüben. *Erwerbslose* sind Personen ohne Arbeitsverhältnis, die sich jedoch um eine Arbeitsstelle bemühen. Die Gruppe der Erwerbslosen schließt die kleinere Gruppe der *Arbeitslosen* ein. Arbeitslos ist, wer ohne Arbeitsverhältnis ist, sich als Arbeitssuchender beim Arbeitsamt gemeldet hat, eine Beschäftigung von mindestens 18 Stunden für mehr als 3 Monate sucht, für eine Arbeitsaufnahme sofort zur Verfügung steht, nicht arbeitsunfähig erkrankt ist und das 65. Lebensjahr noch nicht vollendet hat.[28] (Stat. Bundesamt (Hg.) 1997, 101)

---

28 Allerdings zählen Arbeitslose, die vorübergehend geringfügige Tätigkeiten ausüben, nach dem Erwerbskonzept des Statistischen Bundesamtes (Volkszählung, Mikrozensus) nicht zu den Erwerbslosen, sondern zu den Erwerbstätigen. (Statistisches Bundesamt (Hg.) 1995, S. 102)

Die Erwerbstätigen und die Erwerbslosen bilden zusammen die Gruppierung der *Erwerbspersonen*. „Erwerbspersonen sind alle Personen mit Wohnsitz im Bundesgebiet (Inländerkonzept), die eine unmittelbar oder mittelbar auf Erwerb gerichtete Tätigkeit ausüben oder suchen (Selbständige, mithelfende Familienangehörige, Abhängige), unabhängig von der Bedeutung des Ertrages dieser Tätigkeit für ihren Lebensunterhalt und ohne Rücksicht auf die von ihnen tatsächlich geleistete oder vertragsmäßig zu leistende Arbeitszeit." (Statistisches Bundesamt (Hg.) 1997, 101) Die Erwerbspersonen insgesamt verkörpern die Nachfrage nach Arbeit auf dem Arbeitsmarkt. *Nichterwerbspersonen* sind dagegen alle, die keinerlei auf Erwerb gerichtete Tätigkeiten ausüben oder suchen.

Unter der *Erwerbsquote* versteht man den Anteil der Erwerbspersonen entweder an der Gesamtbevölkerung oder (häufiger) an der Bevölkerung im erwerbsfähigen Alter (von 15 bis unter 65 Jahren). Die Erwerbsquote ist ein Maß für die Nachfrage nach Erwerbsarbeit in einer Bevölkerung. Die getrennte Betrachtung der Erwerbsquoten verschiedener Bevölkerungsgruppen, z.B. von Männern und Frauen oder verschiedener Altersgruppen, vermittelt ein differenziertes Bild von der Erwerbsbeteiligung unterschiedlicher Bevölkerungsteile.

Die *Arbeitslosenquote* ist die wohl prominenteste Kennzahl, die zur Beurteilung der Lage auf dem Arbeitsmarkt herangezogen wird. Sie mißt den Anteil der Arbeitslosen an den abhängigen, zivilen Erwerbspersonen (sozialversicherungspflichtige Beschäftigte incl. Auszubildende, geringfügig Beschäftigte, Beamte – unter Ausschluß von Soldaten – und Arbeitslose). Die Arbeitslosenquote zeigt das Ausmaß der unbefriedigten Nachfrage nach Erwerbsarbeit an.[29]

Als „*Stille Reserve*" werden erstens die Arbeitssuchenden bezeichnet, die sich nicht arbeitslos melden (weil sie z.B. keine Ansprüche auf Lohnersatzleistungen geltend machen können), zweitens jene Personen, die nach Arbeit suchen würden, wenn ihre Chancen auf dem Arbeitsmarkt besser wären (z.B. Personen, die sich resigniert vom Arbeitsmarkt zurückgezogen haben). Die Berücksichtigung dieser Personen im Konzept der Stillen Reserve (vgl. *Engelen-Kefer* u.a. 1995, 175f) geht auf die Beobachtung zurück, daß auch Personen, die nicht

---

29 Aus Gründen der Vergleichbarkeit werden auf internationaler Ebene meist Selbständige und mithelfende Familienangehörige in die Berechnung eingeschlossen.

arbeitslos gemeldet waren, bei guter Konjunktur und Arbeitsmarktlage auf den Arbeitsmarkt zurückkehren oder erstmalig als Arbeitsuchende auftreten. Drittens werden gelegentlich zur „Stillen Reserve" auch diejenigen Personen gezählt, die dem Arbeitsmarkt durch arbeitsmarktpolitische Maßnahmen (z.B. Vollzeitmaßnahmen der beruflichen Fortbildung und Umschulung oder Vorruhestand) entzogen sind. Dieser Arbeitsausfall wird zusammen mit der Kurzarbeit auch als „verdeckte Arbeitslosigkeit" bezeichnet. (vgl. Sachverständigenrat 1996, 110ff.) Das *Erwerbspersonenpotential* umfaßt Erwerbstätige, Arbeitslose *und* Stille Reserve. Es stellt ein Maß für das Arbeitskräfteangebot dar (vgl. *Bach* u.a. 1993, 66ff.).

Die Typisierung der Arbeitslosigkeit

Es ist hilfreich, verschiedene Arten der Arbeitslosigkeit auseinanderzuhalten. Meist wird, den auslösenden Faktoren folgend, zwischen folgenden vier Typen unterschieden:

Friktionelle (auch Such-)Arbeitslosigkeit entsteht durch Umstiegs- oder Einstiegsprozesse auf dem Arbeitsmarkt. Die Suche nach einem (angemessenen) Arbeitsplatz auf der Arbeitnehmerseite bzw. nach einem (passenden) Mitarbeiter auf der Unternehmensseite nimmt oft eine gewisse Zeit in Anspruch. Selbst auf einem Arbeitsmarkt, dessen Angebots- und Nachfrageseite perfekt übereinstimmen, ist somit ein gewisses niedriges Ausmaß an Arbeitslosigkeit und ein ebenso niedriges Ausmaß an offenen Stellen eine normale Erscheinung. Friktionelle Arbeitslosigkeit ist im wesentlichen davon abhängig, wie schnell zutreffende Informationen über offene Stellen und Arbeitsuchende verfügbar sind.

Saisonale Arbeitslosigkeit unterliegt festen Rhythmen. Sie betrifft im wesentlichen witterungsabhängige Tätigkeiten und Branchen (Baugewerbe, Landwirtschaft, Fremdenverkehr), in denen z.B. im Winter schlechte Beschäftigungschancen bestehen. Darüber hinaus spielen auch Regelungen wie Ferien-, Kündigungs- und Einstellungstermine (z.B. zum Quartalsende) eine Rolle. Saisonale Arbeitslosigkeit ist meist von kurzer Dauer. (vgl. *Karr* 1992, S. 377)

Konjunkturelle Arbeitslosigkeit wird durch einen Rückgang der Nachfrage nach Gütern und Dienstleistungen ausgelöst. Die Unternehmen reagieren durch Entlassungen oder Einstellungsstopps. Daher sind Berufseinsteiger und Personengruppen mit geringem Kündigungsschutz oder mit hoher Fluktuationsneigung von konjunktureller Arbeitslosigkeit besonders betroffen. Oft lösen sich diese Beschäftigungsprobleme im Konjunkturaufschwung wieder.

Strukturelle Arbeitslosigkeit wird durch den Wandel von Wirtschaftsstrukturen hervorgerufen. Diese Änderungen können unterschiedlicher Art sein: z.B.

- Verschiebungen zwischen Branchen oder vom Produktions- hin zu Dienstleistungssektor,
- technologische Entwicklungen (die z.B. die Berufe des Metteurs oder Setzers praktisch haben aussterben lassen),
- die ungleiche Entwicklung einzelner Wirtschaftsräume (z.B. in West- und Ostdeutschland) oder auch
- langfristige Diskrepanzen zwischen Arbeitskräfteangebot und -nachfrage, die durch zu geringes Wirtschaftswachstum und/oder demographisch bestimmte Steigerungen des Arbeitskräfteangebots (z.B. infolge des Einzugs der geburtenstarken Jahrgänge ins Erwerbsleben) ausgelöst werden. Auch
- veränderte, rationellere Produktions- und Fertigungsweisen können zu struktureller Arbeitslosigkeit beitragen. Sie ermöglichen es, mit weniger Arbeitskräften zu produzieren.

Anders als bei friktioneller findet bei struktureller Arbeitslosigkeit ein rascher Ausgleich zwischen Angebot und Nachfrage in der Regel nicht statt. Strukturelle Arbeitslosigkeit dauert häufig sehr lange.

5.2.2 Überblick über die Ungleichheit der Erwerbschancen

Die Entwicklung der Nachfrage nach und des Angebots an Arbeitskräften

Arbeitslosigkeit kann sowohl auf seiten der Nachfrage nach Erwerbstätigen als auch auf seiten des Angebots an Arbeitskräften entstehen. Soziologen befassen sich in erster Linie, aber nicht ausschließlich, mit der Angebotsseite. Zunächst sollen gesellschaftliche Entwicklungen der letzten Jahrzehnte dargestellt werden, die das Angebot und die Nachfrage nach Erwerbsarbeit beeinflußten.

Die *Nachfrage* nach Arbeitskräften wird bestimmt durch das Ausmaß der gesamtwirtschaftlichen Produktion, durch die Produktivität und die Arbeitszeit. Wirtschaftswachstum und Arbeitszeitverkürzung steigern, Produktivitätserhöhungen senken den Bedarf an Erwerbstätigen. Das *Angebot* an Arbeitskräften bestimmt sich vor allem durch den demographischen Wandel (Altersstruktur der Heranwachsenden, Zahl und Alter der Zuwandernden und die hierdurch zustandekommende Anzahl von Personen im erwerbsfähigen Alter), durch die Länge der Ausbildungszeiten und den Zeitpunkt des Eintritts in den Altersruhestand sowie durch Änderungen im Erwerbsverhalten (zum Beispiel die Neigung von Frauen, eine Erwerbsarbeit aufzunehmen).

Die demographische Entwicklung war in Westdeutschland von den 70er bis in die 90er Jahre hinein gekennzeichnet durch geburtenstarke Jahrgänge, die in den Arbeitsmarkt drängten sowie durch eine starke Zuwanderung von Ausländern und Aussiedlern, die die Abwanderung meist überwog (vgl. 5.7.3). Zusätzlich nahm die Erwerbsquote zu, insbesondere durch die steigende Erwerbsneigung von Frauen in Westdeutschland und die hohen Erwerbsquoten von Männern und Frauen in Ostdeutschland, die nach der deutschen Vereinigung zusätzlich zu Buche schlugen. Insgesamt stieg so das *Angebot an Erwerbspersonen* bis in die 90er Jahre hinein an. Verlängerungen der Ausbildungszeiten und der immer frühere Renteneintritt wirkten dem zwar entgegen, konnten diese Prozesse aber nicht ausgleichen.

Die Nachfrage nach Erwerbstätigen, also das *Angebot an Arbeitsplätzen* blieb in Westdeutschland bis Mitte der 80er Jahre trotz erheblicher Schwankungen im ganzen stabil und stieg seither bis in die frühen 90er Jahre hinein deutlich an. Im ganzen gesehen blieb jedoch die Erwerbstätigkeit seit Mitte der 70er Jahre in immer höherem Maße hinter dem ansteigenden Erwerbspersonenpotential zurück: Arbeitslosigkeit baute sich auf.

Seit Mitte der 90er Jahre sank das Angebot an Arbeitskräften in Deutschland, da die geburtenschwachen Jahrgänge auf den Arbeitsmarkt gelangten und Zuwanderungen eingeschränkt wurden. Gleichzeitig sank aber auch die Nachfrage nach Arbeitskräften, also das Angebot an Arbeitsplätzen, u.a. wegen nachlassender Nachfrage nach Gütern und Dienstleistungen, wegen gravierender Rationalisierungsmaßnahmen in

Unternehmen und wegen des Exports von Arbeitsplätzen in Billiglohnländer. Da der Rückgang an Arbeitsplätzen den Rückgang an Erwerbspersonen überstieg, nahm die Arbeitslosigkeit nochmals zu.

In den nächsten Jahrzehnten wird die Zahl der Erwerbspersonen vermutlich weiterhin schrumpfen. Ohne Zuwanderungen würde die Zahl der Erwerbspersonen von 41 Mio. im Jahre 1994 um ein volles Drittel auf nur 27 Mio. im Jahre 2030 zurückgehen. Auch Erhöhungen der Erwerbsquote der einheimischen Bevölkerung können diesen Rückgang nicht annähernd ausgleichen. Es wird also entscheidend vom Ausmaß der Zuwanderung nach Deutschland abhängen, ob und ggf. wie sehr das Angebot an Arbeitskräften schwinden wird. Eine Nettozuwanderung von ca. 400.000 Menschen pro Jahr, mehr als in den Jahren 1995 und 1996, würde das Erwerbspersonenpotential bis zum Jahre 2010 stabil halten und erst dann sinken lassen. Geringere Einwanderungen lassen das Angebot an Arbeitskräften früher zurückgehen.

Rückblick auf die Entwicklung der Arbeitslosigkeit

Aufgrund der genannten Entwicklungen herrscht in der Bundesrepublik Deutschland seit über 20 Jahren verbreitete Arbeitslosigkeit. Das war nicht immer so.

Insgesamt lassen sich drei Phasen der Arbeitsmarktentwicklung für Westdeutschland unterscheiden (*Wilke* 1990, 27ff.). Die Entwicklung kann anhand von Abb. 10 nachvollzogen werden, wo die Arbeitslosenquote (untere Kurve) an der rechten Ordinate und die absolute Zahl von Erwerbstätigen und Erwerbspersonen (die beiden oberen Kurven) an der linken Ordinate abgetragen ist.

Die erste Phase des *Wiederaufbaus* und des *Wirtschaftswunders* reicht von der Gründung der Bundesrepublik bis zum Ende der 50er Jahre. In dieser Zeit konnte die Arbeitslosenquote von 10,4% im Jahre 1950 auf 1,3% im Jahre 1960 gesenkt werden (*Wilke* 1990, 22). Dies war in den 50er Jahren besonders schwierig, weil Arbeitslosigkeit abgebaut und gleichzeitig die nach Westdeutschland strömenden Flüchtlinge in den Arbeitsmarkt integriert werden mußten: Bis zum Jahre 1950 waren ca. 8 Mio. Vertriebene aus den deutschen Ostgebieten im früheren Bundesgebiet aufgenommen worden, was einem Anteil von 16 Prozent der Gesamtbevölkerung entspricht. Außerdem gelangten bis 1961 ca. 3 Mio. Übersiedler aus der DDR in das frühere Bundesgebiet (Stat. Bundesamt 1994, 20f).

Die hohe Arbeitslosigkeit der frühen 50er Jahre war überwiegend strukturelle Arbeitslosigkeit (*Rudolph* 1994, 183f). Zum einen war das Wirtschaftswachstum zunächst noch zu gering, um die steigende Nachfrage nach Erwerbsarbeit zu befriedigen. Zum anderen entstand Arbeitslosigkeit auf dem Lande, weil Zuwanderer wegen des in Städten fehlenden Wohnraums vor allem in ländlichen Gebieten angesiedelt wurden, obwohl Arbeitsplätze allenfalls in Industriestädten vorhanden waren. Die Zahl der Erwerbstätigen konnte dann allerdings zwischen 1950 und 1960 um mehr als 3 Millionen angehoben werden (*Wilke* 1990, 22). Das durchschnittliche reale Wirtschaftswachstum von jährlich 8% in den 50er Jahren (*Wilke* 1990, 27) steigerte die Nachfrage nach Arbeitskräften enorm.

Die zweite Phase der *Vollbeschäftigung*[30] dauerte vom Anfang der 60er Jahre bis zum ersten Ölpreisschock 1973. Abgesehen von der Konjunktur- und Strukturkrise 1966/67, als die Arbeitslosenquote vorübergehend auf 2,1% stieg, blieb die Quote unter dem 1960 erreichten Wert von 1,3%. Die Arbeitslosigkeit war fast ausschließlich friktionaler und saisonaler Natur (*Rudolph* 1994, 185). Es herrschte Arbeitskräftemangel. Er hatte seine Ursachen nicht nur im wirtschaftlichen Wachstum und der steigenden Nachfrage nach Arbeitskräften, sondern auch im sinkenden Arbeitskräfteangebot: Der Anteil der Personen im erwerbsfähigen Alter an der Wohnbevölkerung nahm ab, weil die schwachen Geburtsjahrgänge aus dem Zweiten Weltkrieg ins erwerbsfähige Alter eintraten (*Miegel* 1997, 101). Außerdem verlängerten sich die Ausbildungszeiten und die Arbeitszeiten wurden kürzer.

30 Der Begriff der Vollbeschäftigung wird unterschiedlich definiert. Einerseits wird Vollbeschäftigung als erreicht betrachtet, wenn die Arbeitslosenquote unter einen bestimmten Wert sinkt (vgl. Engelen-Kefer u.a. 1995, 72). Andererseits wird von Vollbeschäftigung gesprochen, wenn die Zahl der Arbeitssuchenden die Zahl der offenen Stellen nicht übersteigt (vgl. Datenreport 1994, 89).

Abb. 10: Bevölkerung, Erwerbstätigkeit und Arbeitslosigkeit

Zeitraum[1]	Einwohner (Wohnbevölkerung)	Erwerbspersonen	Erwerbsquote[2]	Erwerbstätige (Inländer)[3]			Nachrichtlich	Arbeitslose[6]	Arbeitslosenquote[7]	Offene Stellen[6]
				insgesamt	darunter beschäftigte Arbeitnehmer		Pendlersaldo[5]			
					zusammen	darunter Ausländer[4]				
	Tausend		vH	Tausend					vH	Tausend
	Früheres Bundesgebiet									
1950	46 908	21 577	*46,0*	19 997	13 674	.	−427	1 580	*10,4*	116
1951	47 413	21 952	*46,3*	20 520	14 286	.	−429	1 432	*9,1*	116
1952	47 728	22 289	*46,7*	20 910	14 754	.	−388	1 379	*8,5*	115
1953	48 172	22 684	*47,1*	21 425	15 344	.	−351	1 259	*7,6*	123
1954	48 710	23 216	*47,7*	21 995	15 968	73	−324	1 221	*7,1*	137
1955	49 203	23 758	*48,3*	22 830	16 840	80	−330	928	*5,2*	200
1956	49 797	24 196	*48,6*	23 435	17 483	99	−281	761	*4,2*	219
1957	50 434	24 602	*48,8*	23 940	17 992	108	−257	662	*3,5*	217
1958	51 056	24 807	*48,6*	24 124	18 188	127	−229	683	*3,6*	216
1959	51 634	24 861	*48,1*	24 385	18 511	167	−214	476	*2,5*	280
1960 A	52 183	25 034	*48,0*	24 799	19 010	.	−200	235	*1,2*	449
1960	55 433	26 518	*47,8*	26 247	20 257	279	−184	271	*1,3*	465
1961	56 185	26 772	*47,6*	26 591	20 730	507	−165	181	*0,9*	552
1962	56 837	26 845	*47,2*	26 690	21 032	629	−172	155	*0,7*	574
1963	57 389	26 930	*46,9*	26 744	21 261	773	−163	186	*0,9*	555
1964	57 971	26 922	*46,4*	26 753	21 484	902	−149	169	*0,8*	609
1965	58 619	27 034	*46,1*	26 887	21 757	1 119	−132	147	*0,7*	649
1966	59 148	26 962	*45,6*	26 801	21 765	1 244	−128	161	*0,7*	540
1967	59 286	26 409	*44,5*	25 950	21 054	1 014	−146	459	*2,1*	302
1968	59 500	26 291	*44,2*	25 968	21 183	1 019	−142	323	*1,5*	488
1969	60 067	26 535	*44,2*	26 356	21 752	1 366	−128	179	*0,8*	747
1970	60 651	26 817	*44,2*	26 668	22 246	1 807	−108	149	*0,7*	795
1971	61 284	26 957	*44,0*	26 772	22 605	2 128	−104	185	*0,8*	648
1972	61 672	27 121	*44,0*	26 875	22 841	2 285	−101	246	*1,1*	546
1973	61 976	27 433	*44,3*	27 160	23 222	2 498	− 94	273	*1,2*	572
1974	62 054	27 411	*44,2*	26 829	23 036	2 381	− 91	582	*2,5*	315
1975	61 829	27 184	*44,0*	26 110	22 467	2 061	− 90	1 074	*4,6*	236
1976	61 531	27 034	*43,9*	25 974	22 512	1 925	− 92	1 060	*4,5*	235
1977	61 400	27 038	*44,0*	26 008	22 686	1 872	− 89	1 030	*4,3*	231
1978	61 326	27 212	*44,4*	26 219	22 961	1 857	− 89	993	*4,1*	246
1979	61 359	27 528	*44,9*	26 652	23 472	1 924	− 84	876	*3,6*	304
1980	61 566	27 948	*45,4*	27 059	23 897	2 018	− 79	889	*3,6*	308
1981	61 682	28 305	*45,9*	27 033	23 907	1 912	− 82	1 272	*5,1*	208
1982	61 638	28 558	*46,3*	26 725	23 639	1 787	− 95	1 833	*7,2*	105
1983	61 423	28 605	*46,6*	26 347	23 293	1 694	− 96	2 258	*8,8*	76
1984	61 175	28 659	*46,8*	26 393	23 351	1 609	−100	2 266	*8,8*	88
1985	61 024	28 897	*47,4*	26 593	23 559	1 568	−104	2 304	*8,9*	110
1986	61 066	29 188	*47,8*	26 960	23 910	1 570	−104	2 228	*8,5*	154
1987	61 077	29 386	*48,1*	27 157	24 141	1 577	−107	2 229	*8,5*	171
1988	61 449	29 608	*48,2*	27 366	24 365	1 610	−105	2 242	*8,4*	189
1989	62 063	29 799	*48,0*	27 761	24 750	1 678	−103	2 038	*7,6*	251
1990	63 253	30 369	*48,0*	28 486	25 460	1 775	− 7	1 883	*6,9*	314
1991	64 074	30 663	*47,9*	28 974	25 920	1 891	216	1 689	*6,1*	331
1992	64 865	30 938	*47,7*	29 130	26 063	2 030	322	1 808	*6,5*	324
1993	65 532	30 935	*47,2*	28 665	25 601	2 169	329	2 270	*8,1*	243
1994 1. Hj.	...	30 872	...	28 254	25 195	...	307	2 618	*9,4*	232
	Neue Bundesländer und Berlin-Ost									
1991	15 910	8 503	*53,4*	7 590	7 219	...	−269	913	*11,2*	31
1992	15 730	7 971	*50,7*	6 801	6 384	...	−338	1 170	*15,5*	33
1993	15 648	7 747	*49,5*	6 598	6 146	...	−325	1 149	*15,8*	36
1991 1. Hj.	15 972	8 643	*54,1*	7 847	7 492	...	−227	796	*9,6*	23
2. Hj.	15 848	8 363	*52,8*	7 333	6 946	...	−311	1 030	*12,9*	40
1992 1. Hj.	15 755	8 072	*51,2*	6 859	6 454	...	−337	1 213	*15,8*	34
2. Hj.	15 704	7 870	*50,1*	6 743	6 314	...	−339	1 127	*15,1*	32
1993 1. Hj.	15 670	7 710	*49,2*	6 572	6 129	...	−326	1 138	*15,7*	34
2. Hj.	15 625	7 783	*49,8*	6 624	6 163	...	−324	1 159	*15,8*	38
1994 1. Hj.	...	7 801	...	6 572	6 098	...	−325	1 229	*16,8*	43

[1]) Von 1950 bis 1960 A ohne Saarland und Berlin (West). Beschäftigte Ausländer bis 1958 ohne Saarland. Ab 1991 vorläufige Ergebnisse. — [2]) Anteil der Erwerbspersonen (Erwerbstätige plus Arbeitslose) an der Wohnbevölkerung. — [3]) In der Abgrenzung der Volkswirtschaftlichen Gesamtrechnungen. — [4]) Bis 1960 Stand Ende Juli, 1961 Stand Ende Juni, danach Jahresdurchschnitte (Quelle: Bundesanstalt für Arbeit). — [5]) Im Inland erwerbstätige Einpendler abzüglich der in der übrigen Welt erwerbstätigen Auspendler. (Erwerbstätige nach dem Inlandskonzept abzüglich Erwerbstätige nach dem Inländerkonzept.) — [6]) Quelle: Bundesanstalt für Arbeit. — [7]) Anteil der Arbeitslosen an den abhängigen Erwerbspersonen (beschäftigte Arbeitnehmer plus Arbeitslose).

Mit der Anwerbung von ausländischen Arbeitskräften, den „Gastarbeitern“, wirkte man dem Arbeitskräftemangel entgegen (vgl. *Cornelsen* 1996, 147f).[31] Die Zahl der in Deutschland ansässigen Ausländer stieg zwischen 1961 und 1973 um über 3 Mio. Die Anzahl ausländischer Arbeitnehmer nahm um über 2 Mio. zu. Dennoch wuchs wegen der geburtenschwachen Kriegsjahrgänge (s.o.) die Zahl der Beschäftigten in dieser Zeit nur um weniger als 1 Mio. (Sachverständigenrat 1996, 347). Dies konnte einzig und allein mit der Zuwanderung ausländischer Arbeitskräfte erreicht werden. 1973 erließ die Bundesregierung angesichts rückläufiger Konjunktur einen Anwerbestop, um die Einreise zur Arbeitsaufnahme aus Anwerbestaaten zu unterbinden.

Die dritte Phase der *Massenarbeitslosigkeit* begann im Jahre 1974. Sie betrifft seit der Wiedervereinigung im Jahre 1990 vor allem auch die Menschen in den neuen Bundesländern. Die Beschäftigungsentwicklung war seit Mitte der 70er Jahre geprägt durch mehrere Rezessionen (1974/75, 1981/82, 1992/93). In deren Folge wurden jedes Mal Arbeitsplätze abgebaut. Die Arbeitslosigkeit ist jeweils sprunghaft angestiegen. Der Abbau von Arbeitsplätzen konnte zwar nach jeder Rezession in den Phasen wirtschaftlicher Erholung wieder vollständig durch die Schaffung neuer Arbeitsplätze ausgeglichen werden. Aber die jeweiligen Steigerungen der Arbeitslosigkeit konnten infolge des anhaltenden Zustroms von Arbeitssuchenden auf den Arbeitsmarkt niemals wieder vollständig rückgängig gemacht werden. So erhöhten die Wirtschaftskrisen jeweils den „Sockel“ an Arbeitslosigkeit und aus konjunktureller wurde strukturelle Arbeitslosigkeit. Dies drückt sich in einem treppenförmigen Anstieg der Arbeitslosenquote seit 1973 aus (*Funk/Knappe* 1996, 19).

Insgesamt stieg die Arbeitslosenquote im früheren Bundesgebiet von 1,2% im Jahre 1973 auf 10,1% im Jahre 1996 (und 16,7% in den neuen Bundesländern), womit das Niveau der frühen 50er Jahre übertroffen wurde. Dieser Anstieg vollzog sich, obwohl zwischen 1973 und 1995 etwa 1 Mio. mehr Arbeitsplätze geschaffen wurden, als verloren gingen.[32] Berücksichtigt man dieses Beschäftigungswachstum,

---

31 Anwerbevereinbarungen bestanden mit folgenden Staaten: Italien (1955), Spanien und Griechenland (1960), Türkei (1961), Marokko (1963), Portugal (1964), Tunesien (1965) und Jugoslawien (1968). (vgl. Hempel 1996, 49)

32 Es handelt sich hier um eine vorsichtige Angabe, denn es werden zwei Zeitpunkte verglichen, die sich insofern unterscheiden, als es sich 1973 um ein Beschäftigungshoch vor einer Rezession handelt, während 1995 die Lage im

so ist zu erkennen, daß die seit 1974 steigende Arbeitslosigkeit in Westdeutschland letztlich auf die Vermehrung der Erwerbspersonen zurückzuführen ist. Zwei Drittel dieser Steigerung liegen in der stetig zunehmenden Erwerbsbeteiligung von Frauen begründet, die durch Erwerbsarbeit und die davon abhängige soziale Sicherung ihr eigenes Leben gestalten wollten oder mußten. (*Engelen-Kefer* u.a. 1995, 76f.)

Arbeitslosigkeit in West- und Ostdeutschland in den 90er Jahren

Ende der 80er und Anfang der 90er Jahre steigert sich die Zahl der Arbeitssuchenden in *Westdeutschland* massiv. Zahlreiche Übersiedler aus dem Gebiet der ehemaligen DDR, Aussiedler und Asylbewerber bewarben sich um Arbeitsplätze. Die Zahl der Erwerbspersonen sank erst Mitte der 90er Jahre wieder leicht ab. Gleichzeitig hat aber auch schon seit 1992 die Anzahl der verfügbaren Arbeitsplätze in Westdeutschland deutlich abgenommen. Beide Entwicklungen trugen dazu bei, daß in den 90er Jahren in Westdeutschland immer mehr Menschen arbeitslos wurden.

In *Ostdeutschland* wurde die Umstellung von der Planwirtschaft zur Marktwirtschaft mittels der Wirtschafts-, Währungs- und Sozialunion als Umbruch vollzogen und führte zum Verlust von etwa einem Drittel aller Arbeitsplätze (*Hauser* u.a. 1996, 250ff., 134f). Demgegenüber strebten die Menschen in Ostdeutschland – auch und gerade die Frauen – in unvermindert hohem Maße an, erwerbstätig zu sein. Folglich kam es, trotz umfangreicher arbeitsmarktrelevanter Maßnahmen (Vorruhestand, Kurzarbeitsregelungen, ABM-Stellen, Umschulungen), zu einem steilen Anstieg der Arbeitslosigkeit. Aufgrunddessen ist die Ursache der Arbeitslosigkeit im Osten Deutschlands, im Gegensatz zu Westdeutschland, im wesentlichen auf der Seite der Arbeitsplätze zu suchen: Die Arbeitsmarktsituation ist seit der Vereinigung geprägt vom Zusammenbruch vieler Produktionsstrukturen und der Märkte in den ehemals sozialistischen Gesellschaften in Mittel-Ost-Europa.

Beschäftigungstief nach der Rezession 1993/94 beschreibt. Vergleicht man 1973 mit dem historischen Beschäftigungshoch 1992, so wurden per saldo sogar 2 Mio. Arbeitsplätze geschaffen.

Tab. 10: Die Entwicklung von Beschäftigung und Arbeitslosigkeit in Ost und Westdeutschland 1980-1996

Westdeutschland	Wohnbevölkerung 1	Erwerbspersonen 2	Erwerbsquoten 3	Erwerbstätige 4	Arbeitslose 5	Arbeitslosenquote 6	Betroffenheit 7	Dauer 8	Langzeitarbeitslose 9
1980	61566	27869	67,1	26980	889	3,8	12,7	15,6	12,9
1981	61682	28223	66,9	26951	1272	5,5	14,0	20,4	12,9
1982	61638	28463	66,9	26630	1833	7,5	14,1	27,7	18,0
1983	61423	28509	66,2	26251	2258	9,1	14,7	32,2	24,9
1984	61175	28559	66,5	26293	2266	9,1	14,8	32,0	28,8
1985	61024	28793	67,2	26489	2304	9,3	15,1	32,0	31,0
1986	61066	29084	67,7	26856	2228	9,0	15,0	31,3	32,0
1987	61077	29279	68,3	27050	2229	8,9	14,7	31,5	31,8
1988	61449	29503	68,8	27261	2242	8,7	14,5	31,3	32,6
1989	62063	29669	69,0	27658	2038	7,9	15,0	27,3	31,4
1990	63253	30362	70,8	28479	1883	7,2	14,7	25,5	29,7
1991	64074	30878	70,5	29190	1689	6,3	13,8	23,8	28,3
1992	64865	31263	71,1	29455	1808	6,6	13,9	24,7	26,6
1993	65532	31277	71,0	29005	2270	8,2	15,6	27,4	26,0
1994	65858	31221	71,1	28654	2556	9,2	16,2	29,5	30,2
1995	66156	31047	70,7	28458	2565	9,3	16,6	29,1	32,7
1996		30982		28186	2796	10,1	17,4	30,1	31,8
Ostdeutschland									
1991	15910	8234	84,4	7590	913	10,3	14,1	38,1	-
1992	15730	7557	81,4	6725	1170	16,1	21,2	39,5	24,4
1993	15648	7359	78,6	6533	1149	15,8	20,1	40,9	30,8
1994	15564	7456	78,2	6640	1142	16,0	23,0	36,2	34,7
1995	15505	7433	78,7	6710	1047	14,9	25,9	29,9	28,8
1996		7448		6279	1169	16,7	30,6	28,4	26,9

Spalte 7: eigene Berechnungen nach Rudolph 1994, 176f.; Legende: Im jeweiligen Jahr waren ...% der unselbständigen Erwerbspersonen mindestens ein Mal von Arbeitslosigkeit betroffen.

Spalte 8: Dauer in Monaten; eigene Berechnungen nach der Umschlagsformel, vgl. Arbeitsmarkt 1995, 40

Spalte 9: Anteil der mindestens 12 Monate lang Arbeitslosen an allen Arbeitslosen in Prozent.

(Quelle: Sachverständigenrat 1996, S. 347 (Spalte 1 + 3); Arbeitsmarkt 1995 und Arbeitsmarkt 1996 (Spalte 2, 4 – 9); Strukturanalyse 1996 (Spalte 9 Ostdeutschland)

Die Erwerbschancen der Menschen in Ostdeutschland waren somit in den 90er Jahren noch weit schlechter als in Westdeutschland. Dies läßt sich an wenigen Kennziffern deutlich machen: Die Bewohner Ostdeutschlands machten Mitte der 90er Jahre 19% der Bevölkerung

Deutschlands aus. Der Anteil der Ostdeutschen an den Erwerbspersonen Deutschlands belief sich auf ca. 20%. Von den Erwerbstätigen Deutschlands arbeiteten aber nur 18,2% in Ostdeutschland. Sie erwirtschafteten nur 11,2% des Bruttoinlandsprodukts (Arbeitsmarkt 1996, 25ff.). Andererseits konzentrierten sich 29,5% der Arbeitslosen, 25% der Langzeitarbeitslosen und 36% der arbeitslosen Frauen in Ostdeutschland.

Für die Menschen in den neuen Bundesländern stellte die Konfrontation mit Arbeitslosigkeit seit den 90er Jahren eine neue Erfahrung dar. Denn „der Arbeitsmarkt in der DDR war vor 1990 systembedingt dauerhaft ausgeglichen: Es herrschte Vollbeschäftigung, und offene Arbeitslosigkeit war völlig unbekannt.“ (*Frick/Müller* 1996, 292)

Während bisher die nachteilige Arbeitslosigkeit der vorteilhaften Erwerbstätigkeit gegenübergestellt wurde, sollen nun Zwischenstufen dargestellt werden.

Teilzeitarbeit und atypische Beschäftigungsformen

Teilzeitbeschäftigung[33] gewinnt immer größere Bedeutung. Von vier neugeschaffenen Arbeitsplätzen in Westdeutschland waren zwischen 1960 und 1994 beinahe drei Teilzeitarbeitsplätze (*Kohler/Spitznagel* 1995, 339ff.). Es sind vor allem Frauen, die eine Teilzeitbeschäftigung ausüben. Teilzeitarbeitsplätze finden sich vorwiegend im Dienstleistungsbereich, was z.T. dadurch zu erklären ist, daß es insbesondere Frauen sind, die Dienstleistungen ausüben. Der Anteil der sozialversicherungspflichtigen Teilzeitbeschäftigten an den sozialversicherungspflichtig Beschäftigten insgesamt (Teilzeitquote) belief sich im Jahre 1996 auf 13,4% in West- und 10,6% in Ostdeutschland.[34] Erwerbstätige Frauen in Westdeutschland übten 1996 wesentlich öfter (28,2%)

---

33 Unter Teilzeitbeschäftigten werden in der Regel Personen verstanden, die regelmäßig weniger als die übliche oder tariflich vereinbarte Wochenarbeitszeit arbeiten.

34 Neben den sozialversicherungspflichtig Teilzeitbeschäftigten, die das größte Segment der Teilzeitbeschäftigten darstellen (West: 63,5%; Ost: 78,1%), gibt es noch Teilzeit-Beamte, sonstige nichtversicherungspflichtige Teilzeitarbeitnehmer und geringfügig Beschäftigte. Die Teilzeitquote aller Teilzeitbeschäftigten in Prozent aller abhängig Beschäftigten beträgt 1994 17,1% in Westdeutschland und 10,7 Prozent in Ostdeutschland (vgl. zu den Abgrenzungsproblemen des Begriffs der Teilzeitbeschäftigung: *Kohler/Spitznagel* 1995)

eine Teilzeiterwerbstätigkeit aus als in Ostdeutschland (20%). Die häufig geforderte Teilzeitarbeit der Männer ist in West- wie Ostdeutschland (mit nur 2%) gleich unbeliebt.

Aufgrund ihrer wachsenden Häufigkeit läßt sich Teilzeitarbeit kaum noch als *atypisches* Beschäftigungsverhältnis bezeichnen. 1991 arbeiteten 14%, 1997 arbeiteten schon 18% der abhängig Erwerbstätigen teilzeit. Die oft geforderte Teilzeitarbeit von Männern nimmt nur langsam zu. 1991 waren 8%, 1997 12% aller Teilzeit-Erwerbstätigen Männer. Noch ist also die Teilzeitarbeit eine Frauendomäne (Mikrozensus 1997, Mitt. Stat. Bundesamt).

Vor allem für verheiratete und verwitwete Frauen in Westdeutschland ist Teilzeitarbeit typisch. Jeweils 52% arbeiteten 1994 mit verkürzter Arbeitszeit (*Kohler/Spitznagel* 1995, 343). Erwerbstätige Ehefrauen mit Kindern übten 1994 in Westdeutschland sogar zu 60% eine Teilzeitbeschäftigung aus (Statistisches Bundesamt 1995, 54f.). Es ist unübersehbar, daß die Teilzeitbeschäftigung in Westdeutschland einen wichtigen Beitrag zur Vereinbarkeit von Familie und Beruf leistet. In Ostdeutschland ist dies (noch) nicht der Fall. Denn dort werden häufiger Einkommen aus einer Vollzeiterwerbstätigkeit benötigt (*Kohler/Spitznagel* 1995, 341); auch sind in Ostdeutschland immer noch umfassendere Möglichkeiten zur Kinderbetreuung gegeben; außerdem besteht die hohe Neigung von Frauen zur Vollzeiterwerbstätigkeit fort, die sich zu Zeiten der DDR aufgebaut hatte (*Schwarz* 1997, 77).

Teilzeitbeschäftigung kann nicht nur helfen, Beruf und Familie zu vereinbaren, sie könnte zudem eine Chance sein, in Zeiten der Arbeitslosigkeit mehr Personen in Beschäftigung zu bringen. Deutschland nimmt hinsichtlich der Teilzeitquoten im internationalen Vergleich einen mittleren Rang ein und liegt unter anderem hinter Groß-Britannien, Schweden, USA und besonders den Niederlanden zurück (*Walwei/Werner* 1995, 367; EUROSTAT-Jahrbuch 1995, 112).

Teilzeitarbeit erbringt zwar in der Regel nur ein „Zubrot“ und vermittelt auch keine volle soziale Sicherung im Alter. Sie ist aber überwiegend erwünscht. Insofern kann sie nur in begrenztem Maße als Nachteil gegenüber einer Vollzeiterwerbstätigkeit gelten. Unfreiwillige Teilzeitarbeit allerdings ist eine Erscheinungsform der Unterbeschäftigung und ist als *prekäres* Beschäftigungsverhältnis anzusehen. In Westdeutschland möchten etwa 20% der teilzeitbeschäftigten Männer und 10% der Frauen lieber ganztags arbeiten, während in den neuen Bundesländern 75% der teilzeitbeschäftigten Männer und 50% der Frauen diesen Wunsch haben (*Schwarz* 1997, 78).

Geringfügig Beschäftigte gehen einer sozialversicherungsfreien Tätigkeit nach (620 DM-Jobs). Es handelt sich um eine heterogene Gruppe. Sie besteht u.a. aus Studierenden, Vollzeiterwerbstätigen, die eine Nebentätigkeit ausüben, Rentnern, Arbeitslosen und geringfügig beschäftigten Hausfrauen. Ihr Ausmaß ist schwer zu beziffern.[35] Zahlenangaben für die alten Bundesländer zu Beginn der 90er Jahre schwanken zwischen 1 und 3 Mio. Personen, die ausschließlich eine geringfügige Beschäftigung ausüben. Es erscheint jedoch gesichert, daß die Anzahl der geringfügigen Beschäftigungsverhältnisse in den letzten 10 Jahren stark zugenommen hat (*Buch* 1995, 153).

Geringfügige Beschäftigungsverhältnisse sind vor allem dann *prekär*, wenn sie längerfristig ausgeübt werden. Sie sichern die Arbeitnehmer, häufig Frauen, nur unzureichend gegen die Risiken von Krankheit und Arbeitslosigkeit ab. Es wird vermutet, daß die starke Zunahme der geringfügigen Beschäftigungsverhältnisse großenteils auf eine Umwandlung sozialversicherungspflichtiger in sozialversicherungsfreie Beschäftigungsverhältnisse zurückzuführen ist. Dies erspart Arbeitgebern Sozialabgaben, leert aber die Sozialkassen.

In der Bundesrepublik Deutschland gingen 1995 ca. 9% aller Erwerbstätigen einer *Nebentätigkeit* nach. Seit 1986 haben Nebentätigkeiten um etwa 1 Prozentpunkt zugenommen. Gleichzeitig ist die wöchentliche Arbeitszeit der Nebenerwerbstätigen von 9,9 auf 7,2 Stunden gesunken (*Schwarze* 1997).

Befristet Beschäftigte sind im allgemeinen gegenüber unbefristeten benachteiligt.[36] Im internationalen Vergleich befristeter Beschäftigung nimmt Deutschland 1995 eine mittlere Position ein. Etwa 8% aller

---

35 Verschiedene Datenquellen wie der Mikrozensus, das Sozio-ökonomische Panel und andere Untersuchungen kommen zu stark abweichenden Ergebnissen (vgl. Buch 1995, 149).

36 Vor allem im Hinblick auf Arbeitsmarkteinsteiger werden die Auswirkungen befristeter Beschäftigung kontrovers diskutiert. Einerseits gilt die Befristung für Berufseinsteiger als Brücke in die unbefristete Erwerbstätigkeit, die sogar zusätzliche Arbeitsplätze schafft, weil sie das Risiko reduziert, dem Arbeitgeber bei der Einstellung von Arbeitskräften ausgesetzt sind. Andererseits wird aufgrund des eingeschränkten Kündigungsschutzes eine Verschärfung der Arbeitsmarktsegmentation und eine Ausweitung der betrieblichen Randbelegschaften, die langfristig in ungeschützten Beschäftigungsverhältnissen stehen, befürchtet.

Erwerbstätigen (ohne Auszubildende) haben einen Zeitvertrag (iwd 1997, Nr. 13, S. 3). Der Anteil der befristeten Beschäftigungsverhältnisse hat sich erhöht. Er lag lange Jahre bei ca. 6%. Dem Risiko befristeter Beschäftigung sind besonders Berufseinsteiger und Wiedereinsteiger (z.B. Frauen nach der Familienphase) ausgesetzt (*Keller* 1997, 391f).

Die Zahl der *Leiharbeitnehmer* in Westdeutschland nimmt zu (Arbeitsmarkt 1996, 61). Prekär ist Leiharbeit häufig im Hinblick auf Entlohnung und soziale Sicherung. Sie entspricht häufig nicht den Standards der Branchen, in denen die Leiharbeitnehmer eingesetzt werden. Die zahlenmäßige Bedeutung der Leiharbeit ist mit 0,6% der Erwerbstätigen allerdings gering.

Scheinselbständige arbeiten in einer Grauzone zwischen abhängiger und selbständiger Erwerbsarbeit. Sie sind typischerweise (z.B. als Tankstellenpächter, Spediteur, Betreiber von Schnellrestaurants oder Einzelhändler) von nur einem Auftraggeber abhängig (*Buch* 1995, 149f). Scheinselbständige sind in die Organisation des Auftraggebers oft stark eingebunden und weisungsabhängig. Häufig werden Arbeitende durch die Umwandlung ihrer „normalen“ Arbeitsverhältnisse in die Scheinselbständigkeit gedrängt. Die soziale Sicherung wird dann dem Scheinselbständigen alleine übertragen (*Sitte* 1997, 89). Sozial- und arbeitsrechtliche Schutzrechte gehen verloren. Ein Indiz für die wachsende Anzahl von Scheinselbständigen wird in der auffallenden Zunahme von Einpersonenunternehmen gesehen. Man schätzt, daß Mitte der 90er Jahre über 900.000 Personen vor allem in Dienstleistungsbranchen, im Handel und Transport in Scheinselbständigkeit arbeiteten (*Sitte* 1997, 89f).

5.2.3 Die Ungleichheit der Erwerbschancen zwischen bestimmten Gruppen

Jüngere und Ältere

Es wäre übertrieben, die *jüngeren* Altersgruppen (bis 24 Jahre) in den 90er Jahren als Problemgruppen des deutschen Arbeitsmarkts zu bezeichnen. Zumindest für Westdeutschland gilt, daß jüngere Erwerbspersonen zwar ein überdurchschnittliches Risiko tragen, arbeitslos zu werden, das aber durch die geringe Dauer der Arbeitslosigkeit wieder wettgemacht wird (*Franz* 1996a, 356). Es gibt nur wenige jüngere Langzeitarbeitslose[37] (Arbeitsmarkt 1996, 125, 195). Zudem stehen Jüngeren häufig Alternativen im Bildungswesen (Warteschleifen in Schule oder Hochschule) offen. Das Arbeitslosigkeitsrisiko jüngerer Arbeitnehmer in Deutschland ist daher nur durchschnittlich und wesentlich geringer als das älterer Menschen und anderer Problemgruppen des Arbeitsmarkts.

Diese vergleichsweise günstige Situation ist in den meisten anderen Ländern nicht gegeben: Die Arbeitslosigkeit Jüngerer war im Jahre 1996 in Spanien fünf Mal, in Italien vier Mal, in Griechenland, Frankreich und Finnland drei Mal und in vielen anderen industrialisierten Ländern doppelt so hoch wie in Deutschland. Überdies ist Deutschland weltweit das einzige Land, in dem die Arbeitslosigkeit Jüngerer deutlich niedriger liegt als die Altersarbeitslosigkeit (iwd 1997, Nr. 40, S. 1).

In Deutschland waren im Jahre 1996 *ältere* Arbeitnehmer (ab 55 Jahre alt) etwa doppelt so häufig arbeitslos wie der Durchschnitt. Zwar werden ältere Arbeitende relativ selten arbeitslos. Lange Betriebszugehörigkeiten und Kündigungsschutzbestimmungen schützen sie davor. Wenn sie indessen arbeitslos geworden sind, haben sie, zum Teil wegen gesundheitlicher Beeinträchtigungen, wegen veralteter beruflicher Qualifikation und/oder wegen Vorurteilen von Arbeitgebern, immense Probleme, wieder eine Beschäftigung zu finden. Die Arbeitslosigkeit Älterer dauert daher im Durchschnitt sehr lange, in Westdeutschland 1996 mit 13,1 Monaten doppelt so lange wie durchschnittlich, in Ostdeutschland mit 10,2 Monaten „nur“ um ca. 2 Monate überdurchschnittlich. Die hohen Hindernisse, wieder Arbeit zu finden, überkompensieren die geringen Risiken Älterer, arbeitslos zu werden, und kommen in den weit überdurchschnittlichen Arbeitslosenquoten zum Ausdruck.

Frauen und Männer

Geschlechtsspezifische Ungleichheiten der Erwerbschancen gibt es, rein statistisch gesehen, nur in Ostdeutschland. Die Arbeitslosenquote von Frauen in Westdeutschland ist 1996 mit 9,9% erstmals seit 1969 unter die der Männer von 10,4% gefallen. Diese positive Entwicklung

37 Als Langzeitarbeitslose gelten alle, die länger als ein Jahr ohne Arbeit sind.

ist vor allem auf das Wachstum des Dienstleistungsbereichs und auf vermehrte Teilzeitbeschäftigung zurückzuführen (vgl. Arbeitsmarkt 1996, 97ff.). In Ostdeutschland dagegen war 1996 ein Fünftel aller weiblichen Erwerbspersonen (19,9%) ohne Stelle. Damit waren Frauen in Ostdeutschland vom Arbeitsplatzabbau wesentlich stärker betroffen als ostdeutsche Männer, die zu 13,7% arbeitslos waren. Das Geschlecht stellt die wirksamste Determinante ungleicher Erwerbschancen auf dem ostdeutschen Arbeitsmarkt dar. Die Arbeitslosigkeitsrisiken unterscheiden sich auch deshalb so stark, weil die Arbeitslosigkeit ostdeutscher Frauen mit durchschnittlich 35,3 Wochen wesentlich länger dauert als die der Männer mit 22,5 Wochen.

Besonders ungünstig ist die Situation alleinerziehender Frauen in Ostdeutschland. Sie sind besonders häufig arbeitslos. Zudem sorgen niedrige Einkommen vor dem Arbeitsplatzverlust oft für geringes Arbeitslosengeld, das bei Alleinerziehenden meist nicht durch hohe Einkommen anderer Haushaltsmitglieder ausgeglichen werden kann (*Schmal* 1994, 97).

Gesundheitlich Beeinträchtigte und Schwerbehinderte

Gesundheitlich beeinträchtigte und schwerbehinderte Erwerbstätige sind in Deutschland durch Kündigungsschutzbestimmungen recht gut davor geschützt, arbeitslos zu werden. Allerdings sind genau diese Bestimmungen mit ein Grund dafür, daß die geschützten Personen nur schwer (wieder) eine Arbeitsstelle finden. Viele Arbeitgeber scheuen eine Einstellung und die damit verbundene Unflexibilität. Daher bleiben gesundheitlich Beeinträchtigte im Durchschnitt sehr lange arbeitslos. (Arbeitsmarkt 1996, 120ff., 190f) Dies bewirkte, daß die Arbeitslosenquote von Schwerbehinderten im Jahre 1995 mit 15,9% in den alten Bundesländern erheblich über der durchschnittlichen Quote lag.

Berufsgruppen

Die Arbeitslosigkeitsrisiken der einzelnen Berufe[38] sind aus saisonalen und strukturellen Gründen sehr ungleich. Für Westdeutschland erstreckten sich im Jahre 1996 die Arbeitslosenquoten zwischen 3,9%

---

38 Berufe meint hier die jeweils ausgeübte berufliche Tätigkeit und nicht den Ausbildungsberuf.

(Dienstleistungskaufleute und zugeh. Berufe) und 25,8% (Warenprüfer/Versandfertigmacher). (Strukturanalyse 1996, in: ANBA Mai 1997, 10) Besonders schlechte Arbeitsmarktchancen mit Arbeitslosenquoten um 20% haben außerdem: Pflanzenbauer, Tierzüchter, Fischereiberufe, Montierer und Metallberufe, Textil- und Bekleidungsberufe sowie Ordnungs- und Sicherheitsberufe. Andererseits haben folgende Berufsgruppen geringe Arbeitslosigkeitsrisiken von unter 9%: Steinbearbeiter und Baustoffhersteller, Papierhersteller und -verarbeiter, Schlosser, Mechaniker und zugeordnete Berufe, Techniker, technische Sonderfachkräfte, Organisations-, Verwaltungs- und Büroberufe sowie Gesundheitsdienstberufe.

Qualifizierte und Unqualifizierte

Das Arbeitslosigkeitsrisiko von Erwerbstätigen wird von ihrem Qualifikationsniveau am stärksten beeinflußt. Arbeitskräfte ohne Berufsausbildung stellen in Ost- und Westdeutschland die am schlechtesten gestellte Problemgruppe des Arbeitsmarkts dar. In Westdeutschland betrug im Jahre 1995, als insgesamt 8,2% aller Erwerbspersonen arbeitslos waren, die Arbeitslosenquote[39] für Personen ohne beruflichen Abschluß volle 20%. In Ostdeutschland war die Arbeitslosenquote der Personen ohne beruflichen Abschluß mit 44,7 Prozent noch wesentlich höher, während die Arbeitslosenquote der Absolventen einer Lehre oder Berufsfachschule „nur" 15,2 Prozent betrug.

Tab. 11: Arbeitslosenquoten nach Qualifikation in Westdeutschland 1995

	West	Ost
Ohne Berufsausbildung	20,0	44,7
Betriebl. o. Berufsfachschulausb.	6,2	15,2
Fachschule	2,9	4,9
Fachhochschule	3,4	3,5
Universität	4,0	5,0

(Quelle: Arbeitsmarkt 1996, 95, 176)

39 Auf der Basis aller zivilen Erwerbspersonen, ohne Auszubildende (vgl. Arbeitsmarkt 1996, 95, 176)

Die unqualifizierten Arbeitnehmer bilden nicht nur wegen ihres hohen aktuellen Arbeitslosigkeitsrisikos die problematischste Gruppierung des Arbeitsmarktes. Ihre Arbeitsplätze werden überdies nach allen verfügbaren Prognosen in Zukunft mehr und mehr wegfallen. Zudem ist die Gruppe der Unqualifizierten sehr groß. Im Jahre 1996 machte sie volle 46,7% aller Arbeitslosen in Deutschland aus (Stat. Bundesamt (Hg.) 1996, 122).

Die verfügbaren Daten zeigen zugleich, daß eine weiterführende Ausbildung nach wie vor relativ gut gegen Arbeitslosigkeit schützt. Der Durchschnitt der unselbständigen Erwerbspersonen war im Jahre 1996 etwa drei Mal so häufig arbeitslos wie Absolventen von Fachhochschulen und Universitäten. Wenn auch die erzielbaren Mehreinkommen („Bildungsrenditen") gesunken sind (vgl. 5.1.5) und Hochqualifizierte teilweise mit Berufspositionen vorlieb nehmen müssen, die vor Jahren noch weniger Gebildeten offenstanden: Für die Sicherheit gegen Arbeitslosigkeit ist eine marktgängige Qualifikation unersetzlich.

Regionen

Das Risiko, arbeitslos zu werden, differiert sowohl zwischen Ost- und Westdeutschland, als auch zwischen den einzelnen Bundesländern und zwischen den kleineren Regionen (Arbeitsamtsbezirke). Dies läßt sich u.a. auf die unterschiedliche Verteilung von Wirtschaftszweigen zurückführen. In Westdeutschland bestanden 1996 in den Stadtstaaten Berlin und Bremen besonders ungünstige Beschäftigungschancen. In Hamburg gab es weniger Arbeitslose: etwa so viele wie in den Flächenstaaten Niedersachsen, Nordrhein-Westfalen und dem Saarland. Hessen, Rheinland-Pfalz und Schleswig-Holstein verzeichneten leicht unterdurchschnittliche Arbeitslosenquoten, während die Südstaaten Bayern und Baden-Würtemberg noch die geringsten Probleme mit Arbeitslosigkeit hatten.

In den neuen Bundesländern erreichte Ostberlin 1996 mit Abstand die niedrigste Arbeitslosenquote. Sie liegt sogar unter der von Westberlin. Unter den Flächenstaaten Ostdeutschlands schnitten Brandenburg und Sachsen am besten ab. Arbeitslosigkeit war ungefähr so häufig wie in Bremen und Westberlin. Die schlechtesten Chancen bietet der Arbeitsmarkt in Mecklenburg-Vorpommern und in Sachsen-Anhalt.

Tab. 12: Arbeitslosenquoten in den Bundesländern 1996 (in %)

Baden-Würtemberg	8,0
Bayern	7,9
Berlin (West)	15,7
Bremen	15,6
Hamburg	11,7
Hessen	9,3
Niedersachsen	12,1
Nordrhein-Westfalen	11,4
Rheinland-Pfalz	9,4
Saarland	12,4
Schleswig-Holstein	10,0
Insgesamt (Westd.)	*10,1*
Berlin (Ost)	14,4
Brandenburg	16,2
Mecklenburg-Vorp.	18,0
Sachsen	15,9
Thüringen	14,4
Insgesamt (Ostd.)	*16,7*
Insgesamt	*11,5*

Aber auch innerhalb der einzelnen Bundesländer gehen die Risiken der Arbeitslosigkeit weit auseinander. Die Unterschiede sind sogar größer als die zwischen den Bundesländern (Arbeitsmarkt 1996, 84, 169).

Aussiedler

Von 1989 bis 1995 sind insgesamt ca. 1,9 Mio. Aussiedler nach Deutschland gekommen (*Koller* 1995a, 4; vgl. 5.7.3). Über die genaue Höhe ihres Arbeitslosigkeitsrisikos ist nichts bekannt. Man weiß allerdings, daß von 1991 bis 1994 die Zahl arbeitsloser Aussiedler weniger stark gestiegen ist, als die Zahl der Arbeitslosen insgesamt (*Koller* 1995, 111; vgl. *Mammey/Schiener* 1998).

Die Bedingungen für das Finden eines Arbeitsplatzes waren für Aussiedler günstiger als für andere Zuwanderergruppen (*Seifert* 1996, 183f). Unter ihnen befanden sich wesentlich mehr Jugendliche als in der einheimischen Bevölkerung. Das Bildungsniveau von Aussiedlern liegt sogar über dem deutschen Durchschnitt (*Velling* 1996, 384). Allerdings wirkten sich unzureichende Kenntnisse der deutschen Sprache sowie vom deutschen Muster abweichender Berufsausbildungen und Arbeitserfahrungen hemmend aus. Trotz Sprachkursen und beruflicher Weiterbildung müssen Aussiedler beim Berufseintritt oft erhebliche Dequalifizierungen hinnehmen und un- und angelernte Arbeitertätigkeiten annehmen.

Ausländer

Im Unterschied zu Aussiedlern kann man Ausländer als Problemgruppe des Arbeitsmarkts bezeichnen. In den alten Bundesländern war 1996 die Arbeitslosenquote von Ausländern mit 18,9% fast doppelt so hoch wie der Durchschnitt, in den neuen Bundesländern „nur" um ca. 25% höher (Arbeitsmarkt 1996, 111,186).

Das größere Entlassungsrisiko und die geringeren Einstellungschancen von ausländischen Arbeitnehmern hängt nur zum Teil damit zusammen, daß sie Ausländer sind. Zwar sind ihre geringeren sprachlichen Fertigkeiten und zum Teil mangelhaften beruflichen Qualifikationen oft ein Hindernis. Aber ausländische Beschäftigte konzentrieren sich stark auf un- und angelernte Arbeitertätigkeiten und diese sind auch dann mit hohen Beschäftigungsrisiken behaftet, wenn sie von Deutschen besetzt sind.

Die regionalen Chancenungleichheiten in Westdeutschland machen sich bei ausländischen Erwerbspersonen besonders stark bemerkbar. Ihre Arbeitslosenquoten streuten 1996 in den alten Bundesländern zwischen 28,4% in Berlin und 13,9% in Bayern (Arbeitsmarkt 1996, 112).

Türken (22,6%), Griechen und Italiener (je 18,2%) hatten 1996 die unsichersten Arbeitsplätze, während sich zum Beispiel Franzosen mit 6,2% überdurchschnittlich gut stellten (Arbeitsmarkt 1996, 112). Vermutlich wurden diese Disparitäten durch die Konzentration bestimmter Nationalitäten auf bestimmte Wirtschaftszweige verursacht (*Bender/Karr* 1993, 202f).

Die zeitliche Entwicklung der Arbeitslosigkeitsrisiken wichtiger Problemgruppen des Arbeitsmarkts in Westdeutschland geht aus der folgenden Abbildung hervor.

Abb. 11: Arbeitslosenquoten sog. Problemgruppen im früheren Bundesgebiet 1978-1995

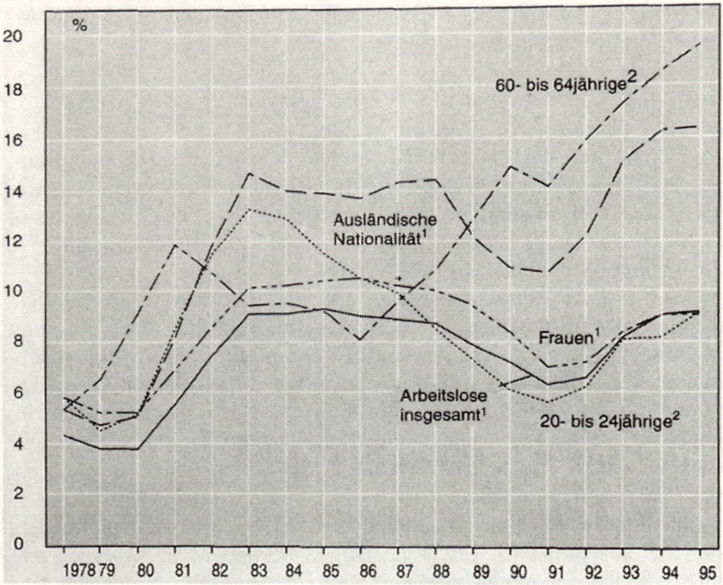

(Quelle: Stat. Bundesamt 1997, 98)

5.2.4 *Die Ursachen von Arbeitslosigkeit und ungleichen Erwerbschancen*

Zur Bestimmung der Ursachen von Arbeitslosigkeit und ungleichen Erwerbschancen wurden zahlreiche Theorien entwickelt. Je nach Perspektive und Erkenntnisinteresse gibt es u.a. ökonomische und sozialwissenschaftliche, individualistische und strukturelle Ansätze. Sie unterscheiden sich in zentralen Annahmen und Schlüssen. Teils widersprechen sie sich, häufig ergänzen sie sich jedoch wechselseitig und tragen auf diese Weise zu einem Gesamtbild bei.

Arbeitslosigkeit beruht auf einer Störung des Arbeitsmarktes, so meinen Vertreter der neoklassischen Arbeitsmarkttheorie. Sie entwerfen ein ideales Modell eines Arbeitsmarkts, auf dem sich Angebot von und Nachfrage nach Arbeitskräften im Gleichgewicht befinden. Bei Unterschieden zwischen Angebot und Nachfrage (es gibt z.B. mehr Arbeitskräfte, als benötigt) kann, dem Modell zufolge, der Arbeitsmarkt durch flexible Löhne ins Gleichgewicht zurückgeführt werden. So seien Lohnreduzierungen im Falle der Arbeitslosigkeit in der Lage, Arbeit billiger, rentabler und konkurrenzfähier zu machen und neue Arbeitsplätze zu schaffen. „Es gibt einen ‚Gleichgewichtslohn', zu dem sich Angebot und Nachfrage ausgleichen, wo der Markt geräumt wird. Im ‚idealen' Standardfall, wo die Tendenz zum Gleichgewicht ungehindert wirksam wird, kann es daher keine Arbeitslosigkeit geben. Arbeitslosigkeit ist aus dieser Sicht zunächst einmal ein ‚irregulärer' Fall, der eigentlich nicht existieren sollte. Er erfordert eine spezielle Erklärung aus besonderen Umständen oder Störungsmechanismen." (*Rothschild* 1994, 6f)

Die neoklassische Arbeitsmarkttheorie nimmt für sich in Anspruch, auf die Gründe von „Gleichgewichtsstörungen" hinweisen und so Maßnahmen zur Vermeidung von Arbeitslosigkeit benennen zu können. Ein Arbeitsmarkt im Gleichgewicht setzt nämlich ganz bestimmte Bedingungen voraus: Die Teilnehmer am Arbeitsmarkt müssen umfassend über das Marktgeschehen informiert sein. Sie müssen mobil, zu einer Änderung oder Weiterbildung ihrer Qualifikation bereit und daher austauschbar sein. Es muß Chancengleichheit im Wettbewerb bestehen. Die Arbeitszeiten müssen flexibel sein. Sind diese Voraussetzungen nicht vorhanden, ergeben sich nach Auffassung der Neoklassiker Störungen, wie zum Beispiel Arbeitslosigkeit. Um Arbeitslosigkeit zu beheben, sind nach ihrer Ansicht die genannten Voraussetzungen (wieder) herzustellen (vgl. *Keller* 1997, 308).

Kritiker betonen, daß im Falle des Arbeitsmarktes und der Arbeitslosigkeit die Bedingungen eines vollkommenen Marktes und Löhne als Instrument zur Herstellung des Gleichgewichts unrealistisch seien. Die „Ware" Arbeitskraft habe besondere Eigenschaften, weil von ihr die Existenz und gesellschaftliche Teilhabe von Arbeitnehmern abhängig sei. Diese stünden unter „Verkaufszwang". So sei anzunehmen, daß Arbeitnehmer bei Lohnsenkungen ihr Arbeitsangebot erhöhen werden, um ihre Einkommensausfälle zu kompensieren, und so Arbeitslosigkeit fördern werden (vgl. *Engelen-Kefer u.a.* 1995, 23).

Viele Kritiker wiesen darauf hin, daß es nicht hilfreich sei, Arbeitsmärkte als abstraktes Idealmodell zu sehen. So wurde von den sog. „Institutionalisten“ darauf hingewiesen, daß Verbände, staatliche Instanzen, tarifvertragliche Abmachungen und rechtliche Regeln Arbeitsmärkte ausgestalten und in die Erklärung einbezogen werden müssen (*Kerr* 1954, 101; vgl. *Keller* 1997, 304). Diese institutionellen Gegebenheiten fixieren u.a. Arbeitszeiten und Löhne mittels Mindestlohngarantien, Arbeits- und Tarifverträgen etc., um allen Beteiligten Planungssicherheit zu vermitteln. Dadurch sind Arbeitszeiten und Löhne dem Wirken von Marktkräften notwendigerweise zumindest kurzfristig entzogen. Auch die im Modell geforderte Austauschbarkeit von Arbeitskräften erscheint vielen fragwürdig. In Wirklichkeit schaffen Ausbildungsabschlüsse und informelle Qualifikationen, individuelle Lebenslagen und soziale Beziehungen vielfältige Unterschiede zwischen Arbeitskräften, die einen Einsatz auf sehr vielen Arbeitsplätzen unmöglich erscheinen lassen. Ein Maurer aus Hamburg kann einen Elektroingenieur aus Dresden nicht ersetzen, auch wenn die Marktkräfte dies fordern sollten.

Die Kritik an der neoklassischen Erklärung hat einerseits zu Weiterentwicklungen dieser Theorie geführt, andererseits Gegenentwürfe hervorgerufen.

Humankapitaltheorie

Bei der Humankapitaltheorie (*Becker* 1964; vgl. 4.2.1 und 5.1.6) handelt es sich um eine Weiterentwicklung der neoklassischen Arbeitsmarkttheorie. Die Neuerung besteht darin, von der Ungleichheit der Qualifikation der Arbeitskräfte statt von ihrer Austauschbarkeit auszugehen (*Sesselmeier/Blauermel* 1990, 57f). Ungleiche Beschäftigungschancen entstehen, der Humankapitaltheorie folgend, indem Bewerber in das „Humankapital“ Qualifikation ungleich viel investieren, besser ausgebildete Arbeitskräfte produktiver arbeiten, Arbeitgeber es vorziehen, produktivere Arbeitskräfte einzustellen und somit höher qualifizierte Arbeitnehmer bessere Beschäftigungschancen haben.

Warum investieren nun die einzelnen Arbeitskräfte ungleich viel in ihr eigenes Humankapital? Diese Investitionen sind für die einzelnen unterschiedlich rentabel, weil sie sich in ihren angeborenen Fähigkeiten und ihrem familiären und finanziellen Hintergrund unterscheiden. Übersteigen die Investitionskosten (an Zeit und Geld) den erwarteten künftigen Nutzen, so stellen die einzelnen die Investition in ihre (Aus-) Bildung ein.

Die eindeutig nachgewiesenen Zusammenhänge zwischen der Qualifikationshöhe und dem Arbeitslosigkeitsrisiko (vgl. 5.2.3) sprechen dafür, daß die Überlegungen der Humankapitaltheoretiker zutreffen. Dies schließt eine sinnvolle Ergänzung durch die nachfolgend dargestellen Theorien nicht aus. Trotzdem wird zur Humankapitaltheorie kritisch angemerkt, daß sie der Individualisierung der Arbeitslosigkeit Vorschub leistet. Sie betrachte in erster Linie das Arbeitskräfteangebot und nicht die Nachfrage danach (*Sesselmeier/Blauermel* 1990, 66f). Zudem trügen die Arbeitslosen selbst die Verantwortung für die Entwicklung ihres Humankapitals. Dabei frage sich jedoch, ob die individuelle Qualifikation wirklich eine persönliche Entscheidung darstelle und ob genügend qualifizierte Arbeitsplätze angeboten werden könnten, wenn die Arbeitslosen höher in ihr Humankapital investiert hätten.

Diskriminierungen, Signalwirkungen, Alternativrollen

Diskriminierungstheorien gehen auf irrationale Einstellungen und Vorurteile zurück, die Arbeitgeber z.B. dazu veranlassen, Ausländer wegen vermuteter „Unzuverlässigkeit" vorrangig zu entlassen oder erst gar nicht einzustellen. Solche Vorurteile können auch von Mitarbeitern oder Kunden ausgehen (*Osterloh/Oberholzer* 1994, 4f). Neben der Diskriminierung *im* Arbeitsmarkt existiert eine Diskriminierung *vor dem* Arbeitsmarkt: Die Benachteiligten werden vom Zugang zu Berufen oder Ausbildungsgängen ausgeschlossen.

Die ähnliche *Signaltheorie* zieht in Rechnung, daß Arbeitgeber vor der Einstellung nur unvollständige Informationen bezüglich der Produktivität eines Anwärters besitzen. Anstatt zeit- und kostspielige Testverfahren heranzuziehen, greifen die Einstellenden auf sozialstatistische Merkmale zurück, die ihnen ein bestimmtes Produktivitätsniveau signalisieren. Zum Beispiel gehen Arbeitgeber bei Frauen von der Wahrscheinlichkeit von Familienpausen und von langfristig niedrigerer Produktivität aus. Bei Dauerarbeitslosen wird die bislang erfolglose Suche als Signal für eine geringere Produktivität gewertet. Auch Qualifikationsgrade (vgl. 5.1.6) oder die Höhe von Lohnforderungen stellen Signale dar (*Franz* 1996a, 211).

Die *Alternativrollentheorie* (*Offe/Hinrichs* 1977) geht davon aus, daß Arbeitgeber jene Personen eher nicht einstellen bzw. eher entlassen werden, die über gesellschaftlich und kulturell anerkannte Alternativrollen verfügen. So wird Jugendlichen angesonnen, Schüler zu bleiben, Frauen wird empfohlen, als Hausfrauen zu arbeiten, Älteren und gesundheitlich Beeinträchtigten wird die Rente nahegelegt, Ausländern die Rückkehr usw. Diese Alternativrollen dienen nicht nur der Legitimation von Benachteiligungen. Hinzu kommt, daß die genannten Gruppen wenig konfliktfähig und in Gewerkschaften kaum vertreten sind. So können Unternehmen Arbeitslosigkeit bei konjunkturellen Rückgängen auf diese Gruppen abwälzen und den offenen Konflikt mit Gewerkschaften vermeiden (*Keller* 1997, 333).

Arbeitsmarktsegmentationstheorien

Theorien der Arbeitsmarktsegmentation haben eher beschreibende als erklärende Kraft (*Rothschild* 1994, 119f). Sie erlauben es allerdings, erklärende Theorien (z.B. Humankapital- und Signaltheorien) zu integrieren, und tragen so zum besseren Verständnis von Arbeitsmarktprozessen bei.

Das Segmentationskonzept von *Sengenberger* und *Lutz* (vgl. ausführlich 4.2.1) wurde aus älteren amerikanischen Ansätzen weiterentwickelt und auf die Verhältnisse in Deutschland zugeschnitten. Es unterscheidet einen berufsfachlichen, einen betrieblichen und einen Jedermannsarbeitsmarkt. Aus dieser Typologie lassen sich in Verbindung mit den o.a. Theorien manche Ungleichheiten der Arbeitsmarktrisiken erklären.

Den *Jedermannsarbeitsmarkt* bilden die betrieblichen Randbelegschaften. Hier sammeln sich infolge von Diskriminierungen, geringem Humankapital etc. (s.o.) unter anderem die Problemgruppen des Arbeitsmarkts. Im allgemeinen konjunkturellen Abschwung, aber selbst in strukturellen Krisen, die auf bestimmte Branchen begrenzt sind, verschärft sich die Arbeitsmarktsituation auf dem gesamten Jedermannsarbeitsmarkt durchgehend. Denn alle Arbeitskräfte konkurrieren hier um jeden Arbeitsplatz.

Wer dem *berufsfachlichen* Arbeitsmarkt angehört, ist weit besser gestellt. Wenn Krisen nur bestimmte Branchen, Technologien etc. betreffen, bleiben die Beschäftigungschancen vieler berufsfachlich Qualifizierter weiterhin gut.

Auf dem *betrieblichen* Arbeitsmarkt zögern die Arbeitgeber Entlassungen in schwierigen Zeiten hinaus. Man „hortet" die Arbeitskräfte, in die viel betriebliche Qualifikation investiert wurde. Wenn indessen der Aufschwung eintritt, verzögern die Unternehmen die Einstellung betrieblich zu Qualifizierender, solange die zukünftige Arbeitsmarktentwicklung noch unsicher erscheint. Denn die Rekrutierungs- und Ausbildungskosten externer Arbeitnehmer sind sehr hoch. Arbeitslosigkeit verlängert und verstärkt sich so (*Sengenberger* 1978, 23ff).

5.2.5 Folgen der Massenarbeitslosigkeit

Ebenso vielfältig wie die Ursachen von Arbeitslosigkeit sind ihre individuellen und gesellschaftlichen Folgen. Für die einzelnen macht sich Arbeitslosigkeit unter anderem durch verminderte Einkommen, abnehmende soziale Kontakte, aber auch in psychischen und physischen Gesundheitsproblemen bemerkbar. Für die Gesellschaft im ganzen schlägt sich die Massenarbeitslosigkeit u.a. in wachsender Unzufriedenheit, zunehmenden politischen Konflikten, steigenden öffentlichen Kosten und schärferen sozialstrukturellen Disparitäten nieder. Diese gesamtgesellschaftlichen Auswirkungen beeinflussen wiederum die Situation der einzelnen Menschen.

Einkommen und Armut

Arbeitslose erhalten Lohnersatzleistungen der Arbeitslosenversicherung. Die wichtigsten sind das Arbeitslosengeld und die Arbeitslosenhilfe.

Das Arbeitslosen*geld* ist eine Versicherungsleistung. Anspruch auf Arbeitslosengeld hat, wer arbeitslos ist, sich beim Arbeitsamt arbeitslos meldet und Arbeitslosengeld beantragt, der Arbeitsvermittlung zur Verfügung steht und innerhalb der letzten drei Jahre vor Meldung der Arbeitslosigkeit mindestens ein Jahr lang Beiträge in die Arbeitslosenversicherung bezahlt hat. Je nach Alter und Dauer der Beitragszahlung kann bis zu drei Jahre lang Arbeitslosengeld bezogen werden. Arbeitslose mit Kindern erhalten 67% (ohne Kinder 60%) des monatlichen Nettoeinkommens, das im Bemessungszeitraum erzielt wurde. Wer Arbeitslosengeld erhält, muß nicht bedürftig sein, kann also durchaus Vermögen besitzen oder mit einem gut verdienenden Partner zusammenleben.

Die Arbeitslosen*hilfe* ist eine Sozialleistung, die zeitlich unbefristet nur an bedürftige Arbeitslose gezahlt wird, die kein Arbeitslosengeld (mehr) erhalten. Arbeitslose mit Kindern erhalten 57% (ohne Kinder 53%) des Nettoeinkommens (Arbeitsmarkt 1996, 49).

Arbeitslose und ihre Familien erleiden also deutliche Einkommensverluste. Sie führen auch kurzfristig schon zur Einschränkung von Konsumgewohnheiten und Spartätigkeiten. Bei längerer Arbeitslosigkeit, besonders dann, wenn der Anspruch auf Arbeitslosengeld ausgelaufen ist, kann oft auch die Arbeitslosenversicherung nicht mehr vor Armut schützen (vgl. 5.3.4).

In mancher Hinsicht schafft die Arbeitslosenversicherung neue Ungleichheiten. Gut abgesichert sind Personen, die langfristig und ununterbrochen einer gutbezahlten versicherungspflichtigen Erwerbstätigkeit nachgegangen sind. Berufsanfänger, Wiedereinsteiger(innen), geringfügig bzw. nicht sozialversicherungspflichtig Beschäftigte, Bezieher von Niedrigeinkommen, befristet und erst kurzzeitig Beschäftigte sind oft unzureichend oder gar nicht gegen den Verlust des Einkommens infolge Arbeitslosigkeit abgesichert.

Gesundheitliche Folgen

Arbeitslose sind häufig gesundheitlich beeinträchtigt (*Elkeles/Seifert* 1992; 1992a). Chronische Leiden, Behinderungen bei der Erfüllung alltäglicher Aufgaben und Unzufriedenheit mit der eigenen Gesundheit finden sich bei ihnen wesentlich öfter als bei Erwerbstätigen.

Diese gesundheitlichen Beeinträchtigungen können Ursachen oder Folgen der Arbeitslosigkeit sein (*Elkeles/Seifert* 1992a, 2f). Arbeitslose, die *wegen* ihrer schwachen Gesundheit arbeitslos wurden, sind häufig körperlich krank (*Elkeles/ Seifert* 1992a, 2f). Arbeitslose, die infolge ihrer Arbeitslosigkeit krank wurden, haben oft psychische Beschwerden (*Frese* 1994, 203), wie Depressivität, Ängstlichkeit, Schlaflosigkeit, Reizbarkeit, Nervosität und Konzentrationsstörungen (*Kieselbach* 1994, 242). Außerdem werden in überdurchschnittlichem Maße psychosomatische und psychiatrische Probleme beobachtet (*Frese* 1994, 193). In den deutlich erhöhten Selbstmordraten schlagen sich die psychischen Belastungen Arbeitsloser am drastischsten nieder.

Arbeitslose weisen häufig ein riskantes Gesundheitsverhalten auf, wie z.B. einen unregelmäßigen Schlaf- und Eßrhythmus oder übermäßigen Tabak- und Alkoholkonsum, bis hin zu Suchtgefahr und Alkoholismus (*Henkel* 1992, 166f).

Gesundheitliche Folgen der Arbeitslosigkeit sind nicht unausweichlich. Ob sich Arbeitslosigkeit „auf die Gesundheit schlägt" oder nicht, hängt von individuellen Einstellungen, Fähigkeiten und Ressourcen, von sozialer Unterstützung (z.B. in der Familie) und der Dauer der Arbeitslosigkeit ab (*Kieselbach* 1994, 242).

Sozialstrukturelle Folgen

Die über das Leben der einzelnen hinausgreifenden sozialstrukturellen Konsequenzen der anhaltenden Massenarbeitslosigkeit bestehen in dauerhafter Ausgrenzung bestimmter Bevölkerungsgruppen und in der Individualisierung der Arbeitslosigkeit.

Soziale Ausgrenzung ist Ausdruck anhaltender Massen- und zunehmender Langzeitarbeitslosigkeit. Ende der 90er Jahre war (vgl. Tab. 10) ein Drittel der Arbeitslosen in Deutschland länger als ein Jahr ohne Stelle. Deren Chancen, der Arbeitslosigkeit zu entkommen, erwiesen sich als gering. Ihr Leben wurde, bis hin zur Zerstörung von Kontakten, Selbstwert- und Zeitgefühl, weitgehend von Arbeitslosigkeit bestimmt (*Gerlach/Kronauer/Vogel* 1993, 75). Das Leben dieser Dauerarbeitslosen ist bestimmt durch die Herausbildung spezifischer Bewußtseinsformen und eines bestimmten Milieus. „Nicht mehr nur »ich« bin aus der Gesellschaft ausgeschlossen, sondern »wir« stehen der Gesellschaft derer, die Arbeit haben, gegenüber." (*Gerlach/Kronauer/Vogel* 1993, 208)

Wirksam wird die Massenarbeitslosigkeit auch in bezug auf die Erwerbsverläufe und -biographien jener, die nicht arbeitslos sind.[40] Das Bewußtsein von der Kontinuität lebenslanger Beschäftigung weicht der Einsicht, daß entstandardisierte und diskontinuierliche Erwerbsbiographien „normal" seien (*Berger* 1996, 75ff.). Diese Wahrnehmungen drängen auch die Erwerbstätigen zu einer *Individualisierung* ihrer Lebensführung (vgl. *Beck* 1986; *Beck/Beck-Gernsheim*

40 Dabei versteht man unter Erwerbsverlauf die „objektive" Abfolge von Berufspositionen, der Begriff der Erwerbsbiographie umfaßt zusätzlich die „subjektive" Wahrnehmung und Verarbeitung von Erwerbsverläufen im Bewußtsein der einzelnen.

1994; *Berger* 1996). Berufliche Entscheidungen werden unter den Bedingungen der Massenarbeitslosigkeit objektiv und subjektiv zu riskanten Entscheidungen. Die Massenarbeitslosigkeit als Motor der Individualisierung hat dazu beigetragen, daß auch das Bild der Arbeitslosigkeit sich gewandelt hat. Die Arbeitslosigkeit ist zwar ein kollektives Schicksal, doch die Wege, auf denen versucht wird, diesem Schicksal zu entgehen, sind individuell geworden. Atypische Beschäftigungsverhältnisse, neue Arbeitszeitformen, verstärkte (regionale ebenso wie soziale und berufliche) Mobilität, verschärfte Konkurrenz und die Umwertung von Bildung in ein notwendiges Mittel gegen den Abstieg sind Facetten dieser Individualisierung.

5.3 Wohlstand

Ein hohen Lebensstandard zu erreichen, zählt in modernen Gesellschaften zweifellos zu den wichtigsten Zielsetzungen eines „guten Lebens“. In modernen Marktwirtschaften gilt der materielle Wohlstand als Kern eines hohen Lebensstandards. Es ist in erster Linie das *Geld*, mit dem sich in modernen Gesellschaften der Wohlstand mehren und der Lebensstandard erhöhen läßt. Darüber hinaus kann man mit Geld zahlreichen weiteren Lebenszielen näherkommen: Sicherheit, Gesundheit, Ansehen, Macht, vorteilhafte Arbeits- und Wohnbedingungen etc. sind in Marktwirtschaften mehr oder minder käuflich. Wie wichtig die Werte materiellen Wohlstands und damit das Geld den Menschen in modernen Gesellschaften sind, wird auch daraus deutlich, daß „postmaterielle“ Werthaltungen (Selbstverwirklichung, Kommunikation etc.) erst dann in den Vordergrund rücken, wenn die materiellen mehr oder minder befriedigt sind, das heißt finanzielle Ressourcen und die materiellen Lebensbedingungen in befriedigender Weise vorhanden sind (vgl. 7.2).

5.3.1 Wohlstandsniveau und Wohlstandsungleichheit

Soziale Ungleichheit besteht in (relativen) Vor- und Nachteilen zwischen Menschen. Dennoch ist bei der Beschäftigung mit sozialer Ungleichheit stets mitzubedenken, auf welchem (absoluten) Niveau sich die vorhandenen Ungleichheiten befinden. So bedeutet zum Beispiel

„Armut“ in einer Wohlstandsgesellschaft, in welcher der Staat auch dem Ärmsten prinzipiell ein Existenzminimum garantiert, eine völlig andere Situation für die Betroffenen als Armut in einem Entwicklungsland mit permanenter Bedrohung durch den Hungertod.

Die gleichen (relativen) Einkommensungleichheiten haben in reicheren Ländern oft geringere Auswirkungen als in ärmeren, weil sich in Wohlstandsgesellschaften auch Geringverdienende viele Grundbedürfnisse erfüllen können. Andererseits sind in vielen wohlhabenden, demokratischen Gesellschaften Vergleiche zwischen den weniger und den mehr Verdienenden an der Tagesordnung. Damit einher gehen gesellschaftskritische Überlegungen, Rechtfertigungsansprüche an „Reiche“ etc. Ungleichheiten werden so unter Umständen deutlicher wahrgenommen und werden zu politisch brisanten Themen.

Das Wohlstandsniveau einer Gesellschaft läßt sich am besten durch internationale oder historische Vergleiche charakterisieren. Im internationalen Vergleich zählt Deutschland heute zu den Ländern mit den höchsten Realeinkommen in der Welt. Hinweise darauf geben die Bruttoinlandsprodukte pro Kopf der Bevölkerung, berechnet nach jeweiligen Preisen und Kaufkraftparitäten. Berücksichtigt man die erheblichen Wohlstandsungleichheiten zwischen West- und Ostdeutschland (s.u.), so zählen insbesondere große Teile Westdeutschlands zu den wohlhabendsten Regionen der Erde.

Vergleiche der heutigen materiellen Lage der Bevölkerung in der Bundesrepublik mit der Situation in früheren Zeiten sind problematisch. Zum einen gibt es hinreichende statistische Daten erst seit dem ersten Weltkrieg. Weiter zurückreichende Wohlstandsbestimmungen müssen sich auf Rückrechnungen und Schätzungen stützen. Zum andern „hinken“ historische Vergleiche u.a. deshalb, weil noch vor fünzig oder hundert Jahren viele der Güter und Dienstleistungen, die heute gegen Geld erworben werden, nicht bezahlt wurden. Häuser wurden mit Hilfe von Verwandten und Nachbarn errichtet, „die Frauen buken und nähten, und geschlachtet wurde – selbst in der Stadt – zumeist zu Hause“ (*Miegel* 1983, 172). Infolgedessen waren die Menschen früherer Zeit wahrscheinlich wohlhabender, als die Einkommens- und Vermögensdaten besagen.

Abb. 12: Nominales Bruttoinlandsprodukt verschiedener Länder je Einwohner 1997

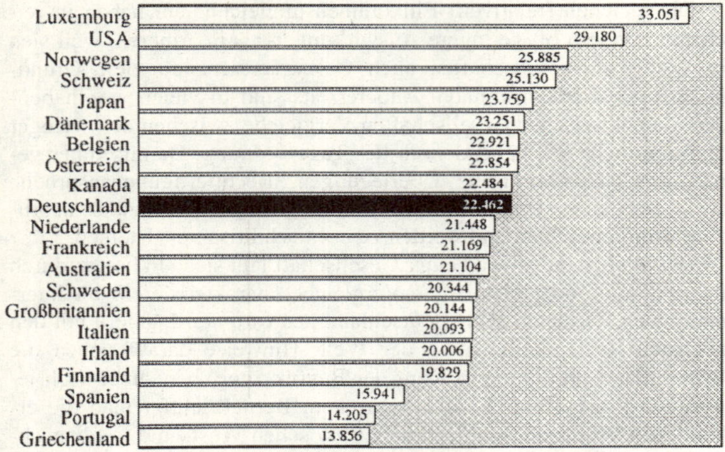

(Quelle: OECD; IDW 1998)

Die verfügbaren Informationen belegen eine Wohlstandsvermehrung in Deutschland seit dem Anfang des vorigen Jahrhunderts. Bis ca. 1870 war diese allerdings gering. In dieser Zeit waren die Verbesserungen des Volkseinkommens so bescheiden wie die allgemeinen Lebensverhältnisse. Um die Mitte des 19. Jahrhunderts lebten ca. zwei Drittel der Einwohner Deutschlands „ohne Eigentum, ohne Extras, ohne Ersparnisse, in jedem Sinne in engen Verhältnissen" (*Zapf* 1983, 52; vgl. *Miegel* 1983, 177).

Ab 1871, d.h. nach dem wirtschaftlichen Aufschwung im Gefolge der Reichsgründung und der französischen Reparationszahlungen nach dem Krieg von 1870/71, hat sich bis zum Ersten Weltkrieg das Realeinkommen der breiten Bevölkerung fühlbar vermehrt, je nach Schätzungsresultat um 60 bis 100%. Die weitere Wohlstandsentwicklung zwischen den Weltkriegen und noch bis in die fünfziger Jahre hinein war durch ein ständiges Auf und Ab gekennzeichnet (Erster Weltkrieg. Inflation, Weltwirtschaftskrise, nationalsozialistischer Rüstungsboom, Zweiter Weltkrieg). Insgesamt waren zu dieser Zeit keine Verbesserungen zu verzeichnen.

Abb. 13: Volkseinkommen in Deutschland je Einwohner in konstanten Preisen 1900-1986

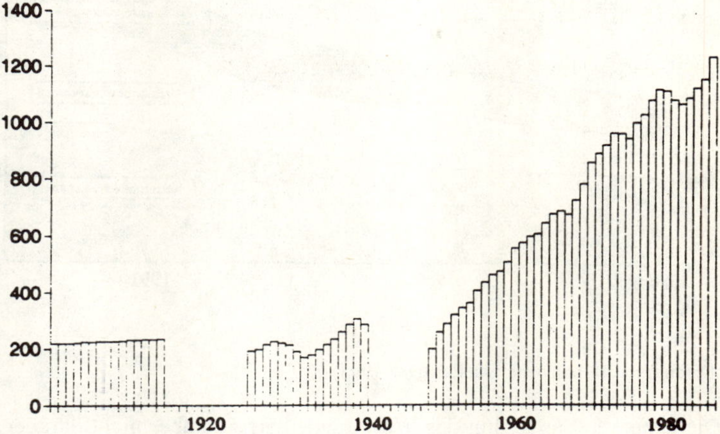

(Daten: Statistisches Reichsamt; DIW; Quelle: Lohauß 1991, 91)

Ab 1950 begann in Deutschland eine rasante Wohlstandssteigerung. Zwar wird erst acht Jahre nach Ende des Zweiten Weltkriegs der höchste Vorkriegsstand überschritten. Aber bis Ende der 80er Jahre hat sich dann das durchschnittliche reale (inflationsbereinigte) Volkseinkommen versechsfacht (*Zapf* 1991, 135). Zwar erlebten auch andere Länder einen Nachkriegsboom, aber die Deutschen wurden zu jener Zeit schneller wohlhabend als nahezu alle anderen Gesellschaften. Die Steigerung der finanziellen Möglichkeiten schlug sich unter anderem im Massenkonsum nieder, der den Westdeutschen wellenförmig bessere Lebensmittel, Bekleidung, Wohnungen und Autos erschloß. Mitte der 70er, in der ersten Hälfte der 80er und in den 90er Jahren mußten die Deutschen zwar vorübergehend Einbußen ihrer realen Einkommen hinnehmen. Dies änderte aber nichts an der anhaltenden Einkommens- und Wohlstandsmehrung insgesamt.

Abb. 14: Verfügbares Einkommen der privaten Haushalte 1980-1997 (Westdeutschland, in Milliarden DM)

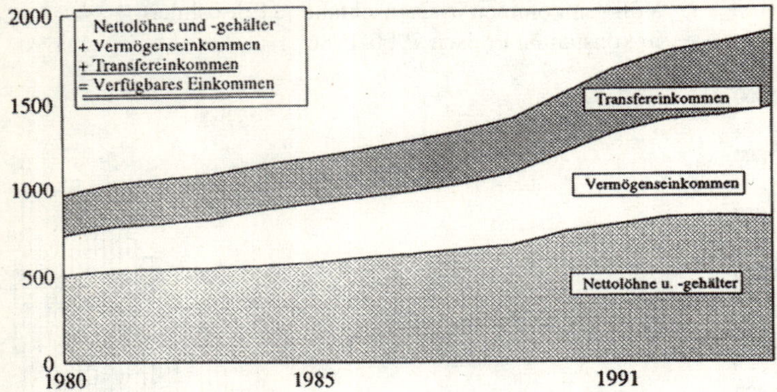

(Daten: Stat. Bundesamt; Quelle: IDW 1998)

Die generelle Steigerung des Wohlstands darf nun aber nicht darüber hinwegtäuschen, daß verschiedene Bevölkerungsgruppen in durchaus ungleichem Ausmaß an der Wohlstandsmehrung Anteil hatten und auch in der Gegenwart erhebliche Ungleichheiten der Einkommens- und Vermögenslage bestehen. Damit befassen sich die folgenden Abschnitte.

5.3.2 Einkommensverteilung

Jede Darstellung von Einkommensungleichheiten muß zunächst klären, was unter „Einkommen" verstanden werden soll.

Nach der jeweiligen Einkommensquelle ist zunächst zu unterscheiden zwischen: *Erwerbseinkommen*, das Menschen aufgrund einer Erwerbstätigkeit zufließt und *Besitzeinkommen*, das aus Vermietung, Verpachtung, Unternehmens- oder Wertpapierbesitz, Sparguthaben etc. entsteht. Erwerbs- und Besitzeinkommen entspringen den Marktaktivitäten unmittelbar und werden daher auch als Primäreinkommen bezeichnet. Sekundäreinkommen entstehen, wenn bereits erzielte Primäreinkommen nachfolgend umverteilt werden: *Transfereinkommen* (wie z.B. Kindergeld, Wohngeld, Sozialhilfe, Arbeitslosengeld und -hilfe, Rentenzahlungen, Pensionen usw.) sind Einkommen aufgrund staatlicher oder quasistaatlicher Umverteilungen.

Persönliche Einkommen sind jene, die bestimmten Personen zukommen, ohne Rücksicht darauf, ob nur diese Person allein oder auch andere hiervon leben. *Haushaltseinkommen* sind alle Einkommen, die einem Haushalt zufließen. Oft geht in diesen Begriff die (zweifellos oft fragwürdige) Annahme ein, daß ein bestimmtes Haushaltseinkommen allen Haushaltsmitgliedern gleichermaßen zugute kommt, weil „aus einem Topf" gewirtschaftet wird.

Bruttoeinkommen sind jene Einkommen, die dem einzelnen vor Abgabe von Steuern, Sozialbeiträgen etc. rechnerisch zustehen. *Nettoeinkommen* sind Einkommen nach Zahlung von Steuern, Sozialabgaben etc. „*Verfügbare Einkommen*" sind Nettoeinkommen zuzüglich erhaltener Transferzahlungen.

Welche der genannten Einkommenskategorien einer Darstellung von Einkommensungleichheit zugrundegelegt werden, hängt davon ab, was wir wissen wollen. Keine Einkommenskategorie ist per se informativer als eine andere. Das persönliche Bruttoerwerbseinkommen etwa gibt Auskunft über die Leistungsbewertung einer Berufsposition bzw. über den beruflichen Erfolg, berücksichtigt aber nicht den Verbrauchsbedarf aufgrund von Familienverhältnissen und gibt schon gar keine Antwort auf Fragen nach dem Lebensstandard. Das persönliche Nettoeinkommen gibt zum Teil Auskunft über die Leistungsbewertung und den Berufserfolg, zum Teil aber auch über die soziale Belastbarkeit des einzelnen aufgrund seiner Einkommenshöhe und seiner familiären Gegebenheiten.

Will man den Lebensstandard von Menschen erfassen, so wird man beim Haushaltseinkommen ansetzen. Ohne zusätzliche Berechnungen ist es aber wenig aussagefähig. Ein monatliches Haushaltsnettoeinkommen von z.B. 4.000 DM wird einem fünfköpfigen Haushalt nur ein bescheidenes Auskommen ermöglichen, ein Single wird hiervon gut leben können. Deshalb kann das Pro-Kopf-Haushaltseinkommen Fragen nach dem Lebensstandard besser beantworten als das Haushaltseinkommen. Aber auch das Pro-Kopf-Haushaltseinkommen gibt über den jeweiligen Wohlstand nur bedingt Auskunft. Denn mit dem gleichen Pro-Kopf-Haushaltseinkommen sind große Haushalte besser gestellt als kleine. Mit z.B. DM 1.000 pro Kopf kann ein Fünf-Personen-Haushalt erheblich großzügiger leben als ein Alleinlebender. In großen Haushalten kann nämlich sparsamer gewirtschaftet werden. Hier fallen viele Gemeinkosten nicht für jede Person in nochmals gleicher Höhe an. Ein Fünf-Personen-Haushalt zahlt weder für Miete, noch für Energie, noch für einen Wagen den fünffachen Betrag eines Ein-Personen-Haushalts. Zudem kosten Kinder üblicherweise weniger als z.B. junge Erwachsene. Deshalb hat man sog. „Äquivalenzskalen" entwickelt, die die wirtschaftlichen Vorteile großer Haushalte ausgleichen, indem sie deren Pro-Kopf-Haushaltseinkommen „künstlich hochrechnen".

Hierbei werden die Haushaltseinkommen je nach Zahl und Alter der einzelnen Haushaltsmitglieder gewichtet. Eine relativ einfache (ältere OECD-Skala) gewichtet das Haushaltseinkommen für das erste erwachsene Mitglied mit dem Faktor 1, für weitere Haushaltsmitglieder ab einem Alter von 15 Jahren mit dem Faktor 0,7 und für Kinder bzw. Jugendliche bis einschließlich 14 Jahre mit 0,5.[41] Die Division des gesamten Haushaltseinkommens durch die Summe dieser Personengewichte ergibt das sog. „Netto-Äquivalenzeinkommen" des Haushalts, auch „bedarfsgewichtetes Pro-Kopf-Haushaltseinkommen" genannt.

Die Ermittlung des Einkommens der einzelnen Personen oder Haushalte ist in empirischen Untersuchungen in der Praxis nur unter

41 Auch den Regelsatzproportionen der Sozialhilfe liegt eine Äquivalenzskala zugrunde, die häufig in empirischen Untersuchungen verwendet wird: Seit 1990 betragen die Bedarfsgewichte 1 für den Haushaltsvorstand, 0,8 für weitere Erwachsene und zwischen 0,5 und 0,9 für Kinder im Haushalt, je nach deren Lebensalter.

erheblichen Schwierigkeiten möglich. Sie geschieht in der Regel durch Befragungen (z.B. im Mikrozensus[42], in der Einkommens- und Verbrauchsstichprobe[43], im Europäisches Haushaltspanel[44] und im Sozio-ökonomischen Panel[45]). Viele Menschen verweigern hierbei allerdings Auskünfte über ihre Einkommensverhältnisse. Werden dazu Informationen gegeben, so neigen die Befragten dazu, ihre Einkünfte zu unterschätzen. Die so entstehenden Untererfassungen steigen mit der Höhe und der Komplexität der Einkommen. Deswegen wurde z.B. in der Einkommens- und Verbrauchsstichprobe 1993 auf die Einbeziehung von Beziehern von Einkommen über DM 35.000 pro Monat völlig verzichtet. Trotz dieser Probleme vermitteln die folgenden An-

---

42 Der Mikrozensus ist eine 1%-Haushaltsstichprobe der Bevölkerung, mit der das Statistische Bundesamt seit 1957 vielfältige Informationen über die wirtschaftliche und soziale Lage der Bevölkerung, der Familien und Haushalte erhebt. Die Stichprobe umfaßt etwa 800.000 Personen und rund 350.000 Haushalte. Im Rahmen des Mikrozensus werden in Form einer Substichprobe auch die Angabren für die von allen EU-Staaten durchzuführende Arbeitskräftestichprobe erhoben.

43 Die Einkommens- und Verbrauchsstichprobe (EVS) wird als Quotenstichprobe seit 1963 vom Statistischen Bundesamt in fünfjährigem Abstand durchgeführt. Ziel ist es, Daten über Einnahmen, Ausgaben und Vermögen nach sozio-ökonomischen Merkmalen von Haushalten und von Personen zu erheben. Dies geschieht teilweise, indem Haushaltsbücher geführt und ausgewertet werden. In der letzten verfügbaren EVS (1993) wurden Informationen über die Einnahmen und Ausgaben von etwa 70.000 Haushalten ermittelt.

44 Mit dem Europäischen Haushaltspanel werden seit 1994 Längsschnittdaten von immer wieder den gleichen Haushalten und Personen erhoben. In Deutschland werden 5.000 Haushalte, EU-weit ca. 60.000 Haushalte befragt. Das Panel umfaßt Daten über den Haushalt zur Haushaltsstruktur, die Wohnsituation und die wirtschaftliche Lage sowie zur Ausstattung mit langlebigen Gebrauchsgütern. Von Personen im Alter von mindestens 16 Jahren wird die gegenwärtige Lebensstituation, die Einkommenssituation und die Erwerbsbiographie erfragt.

45 Das Sozioökonomische Panel (SOEP) wird seit 1984 jährlich als Längsschnitt erhoben. 1997 lagen 13 Wellen vor. Befragt werden Deutsche, Ausländer und Zuwanderer in der Bundesrepublik (in Ostdeutschland seit 1990). Die Stichprobe umfaßte 1996 knapp 7000 Haushalte mit mehr als 13.500 Personen. Themenschwerpunkte sind unter anderem Haushaltszusammensetzung, Erwerbs- und Familienbiographie, Erwerbsbeteiligung und berufliche Mobilität, Einkommensverläufe, Gesundheit und Lebenszufriedenheit. Die Organisation des SOEP erfolgt durch die Projektgruppe „Das Sozio-ökonomische Panel“ am Deutschen Institut für Wirtschaftsforschung (DIW) in Berlin.

gaben brauchbare Anhaltswerte. Denn die empirische Sozialforschung kann viele der fehlenden Informationen näherungsweise ergänzen bzw. korrigieren.

Hat man die Einkommen der einzelnen Personen bzw. Haushalte aufgrund der dargestellten Kriterien festgestellt, so bleibt noch, das Ausmaß der Ungleichheit zwischen ihnen zu bestimmen. Hierzu existieren u.a. folgende Maße:

(1) Die *Verteilung von Personen bzw. Haushalten auf Einkommensgrößenklassen* ist eine naheliegende, aber mit Problemen behaftete Meßmethode. So hatten im Jahre 1995 18,1% der westdeutschen Haushalte monatliche Nettoeinkommen von 1800 bis 2500 DM und 18,2% zwischen 3000 und 4000 DM, aber nur 6,2% erzielten Monatseinkommen zwischen 6000 und 7000 DM (Stat. Bundesamt 1997, 105). Hieraus ist jedoch nicht zu erkennen, wie viele Personen mit diesen Einkünften wirtschaften konnten bzw. mußten. Zudem ergeben sich im Zeitvergleich Probleme dadurch, daß die gewählten Einkommensgrößenklassen z.B. für verschiedene Jahre infolge der Geldentwertung nicht vergleichbar sind. Schließlich hinken internationale Vergleiche wegen Wechselkurs- und Kaufkraftproblemen.

(2) Das Ungleichheitsmaß der *Verteilung auf Wohlfahrtspositionen* gibt darüber Auskunft, welche Bevölkerungsanteile z.B. um die Hälfte weniger als der Durchschnitt der Bevölkerung verdienen. So verdienten im Jahre 1994 in Westdeutschland 5,3% aller Personen mindestens das Doppelte und 11,5% der Personen höchstens die Hälfte des durchschnittlichen (bedarfsgewichteten Pro-Kopf-) Haushaltseinkommens (*Hauser/Becker* 1996, 288). Die zuletzt genannte Gruppe gilt nach konventionellen sozialwissenschaftlichen Maßstäben als arm.

(3) Der *Gini-Koeffizient* stellt eine Maßzahl dar, die das Ausmaß der Einkommenkonzentration in einer einzigen Zahl zwischen 0 und 1 zum Ausdruck bringt. Je höher dieser Wert ist, desto höher ist die Einkommensungleichheit.

Der Gini-Koeffizient beruht auf der sog. Lorenz-Kurve: In einem Koordinatensystem, in dem die waagrechte Achse den Bevölkerungsanteil bezeichnet und die senkrechte Achse den jeweiligen Anteil am Gesamteinkommen symbolisiert, gibt die Diagonale eine (fiktive) Gleichverteilung aller Einkommen wieder. Je weiter die Kurve der tatsächlich ermittelten Anteile bestimmter Bevölkerunganteile am Gesamteinkommen nach unten „durchhängt", desto ungleicher ist die Einkommensverteilung.

Abb. 15: Lorenzkurven der Einkommensverteilung in Westdeutschland 1992

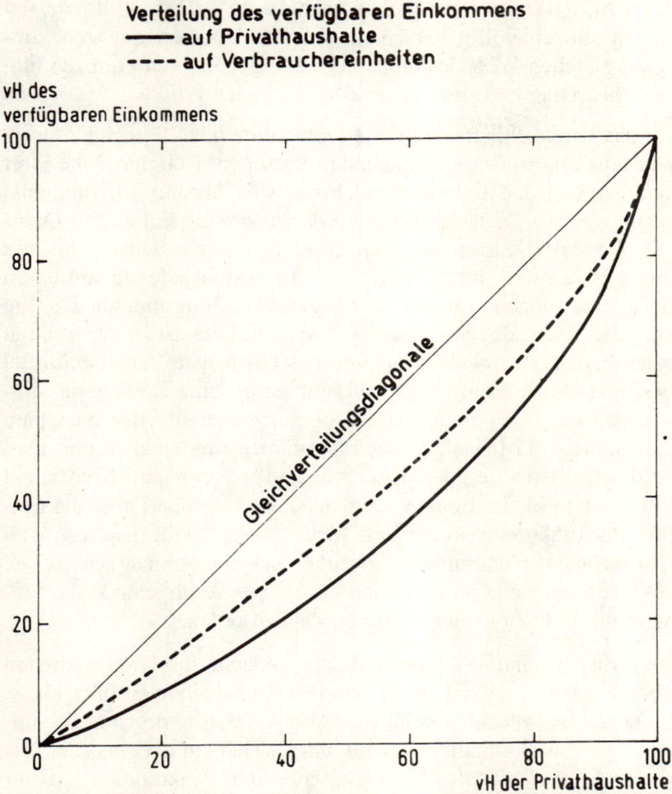

(Quelle: DIW-Wochenbericht 45/1994, 778)[46]

Der Gini-Koeffizient ist ein sehr übersichtlicher Kennwert der Ungleichheit. Er konzentriert die Information in einer einzigen Zahl. Zudem ist er ausgesprochen nützlich für zeitliche und internationale

46 Die unterbrochene Linie berücksichtigt (mittels Umrechnung per Äquivalenzskalen) die unterschiedliche Größe von Selbständigen-, Beamten-, Angestellen-, Arbeiter- und Rentnerhaushalten.

Vergleiche. Dennoch gehen durch ihn auch wertvolle Informationen verloren. Ganz unterschiedliche Lorenz-Kurven bzw. Einkommensverteilungen, z.B. mit solche viel und mit wenig Armut, infolgedessen mit sozialpolitisch völlig verschiedenen Problemkonsequenzen können einen gleichen Wert des Gini-Indexes ergeben, wenn nur die Fläche zwischen Diagonale und Lorenz-Kurve gleich groß ist.

(4) Um das Ungleichheitsmaß der *Quantilsanteile* zu berechnen, werden zunächst alle in Frage kommenden Personen nach der Höhe ihrer Einkommen von der einkommensschwächsten bis hin einkommensstärksten geordnet. Danach wird diese Personenreihe in Fünftel (Quintile), in Zehntel (Dezile) etc. vom einkommensschwächsten bis hin einkommensstärksten untergliedert und der Anteil jedes Quantils am gesamten Einkommen ermittelt. Bei Gleichverteilung müßten z.B. die Anteile aller „Quintile“ jeweils 20% betragen. Dies ist in der Realität nicht der Fall. So lenkt das einkommensschwächste Personenfünftel weit weniger als ein Fünftel der Einkommen in seine Kassen, das einkommensstärkste weit mehr. Die Einkommensanteile der einzelnen Quantile stellen so Maßzahlen der Einkommensungleichheit dar. Dieses Ungleichheitsmaß eignet sich ebensogut wie der Gini-Koeffizient für zeitliche und internationale Vergleiche, es vergröbert aber die Einzelheiten der Einkommensverteilung nicht so sehr. Stellt man fest, wieviel mal mehr das einkommensstärkste als das einkommensschwächste Quantil einnimmt, so kann man auch nach dieser Meßmethode die Einkommensungleichheit in einer einzigen Zahl ausdrücken.

(5) Alle bisher genannten Maße sind dazu gedacht, um Ungleichheiten zwischen *Personen* aufzudecken, seien es Einzelpersonen oder Haushalte. Die *Lohnquote*, das heißt der Anteil der Einkommen aus unselbständiger Tätigkeit am Volkseinkommen, hat ein anderes Ziel: Sie soll die *funktionale* Ungleichheit zwischen den Einkommen aus unselbständiger Erwerbsarbeit und den Einkommen aus Unternehmertätigkeit und Vermögen ermitteln. Da viele Personen Einkünfte aus beiden Quellen beziehen, lassen sich aus der Lohnquote keine Rückschlüsse hinsichtlich des Wohlstands von Personen ziehen. Wohl aber kann die Lohnquote zeigen, welchen Anteil am gesamten Volkseinkommen die unselbständig Arbeitenden in ihre Kassen lenken können. Die Lohnquote betrug 1996 in Deutschland 71,2%. (Stat. Bundesamt 1997, 260)

Die Einkommensverteilung im Überblick

Etwa 36 Millionen Menschen waren 1996 in Deutschland erwerbstätig. Gemäß der volkswirtschaftlichen Gesamtrechnung des Statistischen Bundesamtes verdiente jeder Arbeitende im Monatsdurchschnitt brutto 4130 DM (netto 2700 DM). Diese *persönlichen Erwerbseinkommen* verteilten sich jedoch durchaus ungleich.

Tab. 13: Erwerbstätige in West- und Ostdeutschland nach monatlichem Nettoeinkommen 1995 (in%)

	Westdeutschland	Ostdeutschland
unter 600	6,2	5,5
600-1000	7,1	7,7
1000-1400	7,1	13,2
1400-1800	8,2	19,4
1800-2200	13,1	21,8
2200-2500	12,9	13,0
2500-3000	14,4	9,3
3000-4000	15,7	6,8
4000 und mehr	15,3	3,3

(Quelle: Stat. Bundesamt 1995, Fachserie 1, Reihe 4.1.1., 204, 276)

Die Ungleichheit der Erwerbseinkommen der Erwerbstätigen gibt Aufschluß über deren Berufserfolg und -anerkennung, nicht aber über Wohlstand und Lebensstandard der gesamten Bevölkerung. Denn über die Hälfte der Bewohner Deutschlands sind nicht erwerbstätig. Und in fast zwei Drittel aller Haushalte leben mehrere Menschen, die gemeinsam mit dem Verdienst eines oder mehrerer Einkommensbezieher wirtschaften. Hierbei stammen die Einkommen keineswegs nur aus Erwerbstätigkeit, sondern auch aus Renten, Pensionen, Arbeitslosengeld und -hilfe, Sozialhilfe, BAFöG, Vermögenserträgen etc.

Die Verteilung der *Haushaltseinkommen* vermittelt daher weit bessere Einsicht in den Wohlstand der Menschen als das individuelle Erwerbseinkommen. Das monatliche Durchschnittseinkommen, über das Haushalte monatlich verfügen konnten, betrug einschließlich Weihnachtsgeld und aller anderen Zuflüsse im Jahre 1993 knapp 4600 DM in Westdeutschland (knapp 3200 DM in Ostdeutschland). Das sind knapp 2100 (1400) DM pro Haushaltsmitglied (Stat. Bundesamt 1997, 106f). Selbstverständlich liegen viele Haushalte deutlich über oder unter diesen Einkommensverhältnissen. Nach den Resultaten des Mikrozensus 1995 mußte ein Fünftel (20,6%) aller Haushalte in Gesamtdeutschland mit weniger als 1800 DM monatlich auskommen. Jeweils ein knappes Drittel der Haushalte konnte mit Einkommen zwischen 1800 und 3000 (30%) und zwischen 3000 und 5000 DM (31,2%) wirtschaften. Gut jeder achte Haushalt (13,1%) hatte zwischen 5000 und 7500 DM zur Verfügung. Nur jeder zwanzigste (5,2%) disponierte über ein noch größeres Monatsbudget (Stat. Bundesamt 1997, 104).

Abb. 16 zeigt die Verteilung der monatlichen Haushaltsnettoeinkommen in West- und Ostdeutschland im Jahre 1995.

Abb. 16: Einkommensverteilung 1995
(monatliches Haushalts-Nettoeinkommen in DM)

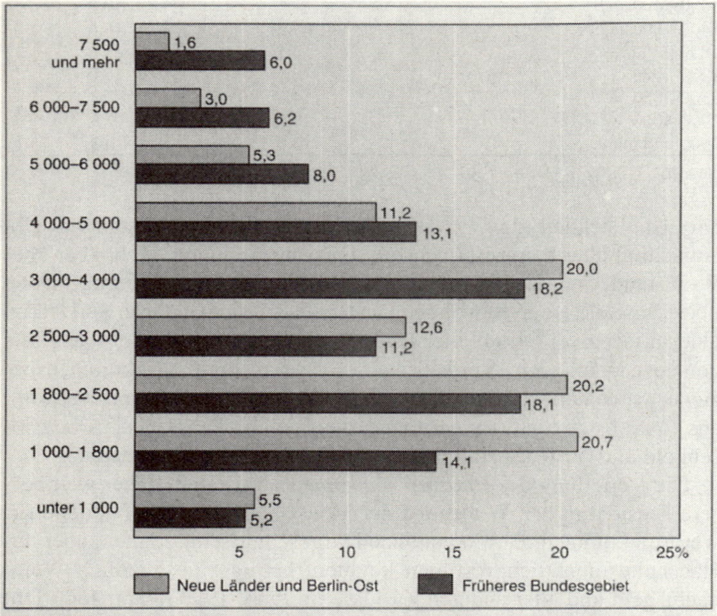

1 Ohne Selbständige in der Landwirtschaft, ohne mithelfende Familienangehörige und ohne Haushalte, die keine Angaben zum Einkommen machten.

(Quelle: Stat. Bundesamt 1997, 105)

Wie hoch Wohlstand und Lebensstandard der Haushalte sind, geht aus der Verteilung der Haushalte auf Einkommensgrößenklassen nur bedingt hervor. Wichtig wäre zusätzlich zu wissen, wie viele Personen mit den Einkommen haushalten müssen und wie alt die Haushaltsmitglieder sind. Diese Information ist in der Verteilung des Nettoäquivalenzeinkommens enthalten (s.o.). Was Wohlstand und Lebensstandard betrifft, erhalten wir dadurch die aussagefähigsten Informationen über Einkommensungleichheiten.

Im Jahre 1995 betrug das durchschnittliche Nettoäquivalenzeinkommen in Westdeutschland 2232 DM und in Ostdeutschland 1659 DM (Hauser 1997b, 68). Fast zwei Drittel der Westdeutschen verdienten weniger als dieses Durchschnittseinkommen: 24,7% bekamen bis zu einem Viertel weniger, 26,2% erhielten bis zur Hälfte weniger. Ein gutes Zehntel (11,9%) der Menschen mußte sogar mit weniger als der Hälfte des Durchschnittseinkommens haushalten. Sie gelten als arm. 36,6% der Westdeutschen hatten 1995 überdurchschnittliche Einkommen zur Verfügung. Ein Viertel (24,9%) nahm bis zu 50% mehr als der Durchschnitt ein. 6,8% der Menschen hatten ein Einkommen zwischen dem Eineinhalbfachen und Doppelten des Durchschnitts. Man könnte diese Personen als „gutgestellt" bezeichnen. Und 4,9% der Westdeutschen konnten über mehr als das Doppelte des durchschnittlichen bedarfsgewichteten Pro-Kopf-Haushaltseinkommens verfügen (*Hauser* 1997b, 70; vgl. *Huster* 1993, 42). Ihnen geht es finanziell sehr gut. Sie können im Hinblick auf ihre Einkommen als „reich" gelten.

In Ostdeutschland waren 1995 die Extremgruppen schwächer vertreten. Die Einkommensverteilung war dort gleicher als die westdeutsche. Sehr gut bezahlte Berufspositionen, vor allem im Dienstleistungsbereich, fanden sich in den neuen Bundesländern seltener als in Westdeutschland, ebenso aber auch Armut.

Tab. 14: Die Verteilung von Personen auf Wohlfahrtspositionen (Klassen von Vielfachen des durchschnittlichen Nettoäquivalenzeinkommens) 1995 (in %)

	Nettoäquivalenzeinkommensvielfache						
Vielfaches	*-0,5*	*0,5-0,75*	*0,75-1,0*	*1,0-1,25*	*1,25-1,5*	*1,5-2,0*	*2,0+*
Westdeutschland	11,9	26,2	24,7	14,9	10,0	6,8	4,9
Ostdeutschland	8,0	21,4	28,1	20,5	11,6	8,1	2,3

(Daten: SOEP; Quelle: *Hauser* 1997b, 70)

Ordnet man alle Personen nach der Höhe ihres (Äquivalenz-)Einkommens und unterteilt die Bevölkerung in fünf gleich große Teile vom Ärmsten bis zu den Reichsten (s.o.), so hatte 1995 das einkommensschwächste Fünftel in Westdeutschland weniger als die Hälfte des Fünftels aller Einkommen zur Verfügung, das ihm bei Gleichverteilung zugeflossen wäre, nämlich nur 9,1%. Das zweite Fünftel vereinnahmte 13,6%, das dritte Fünftel 17,3%, das vierte Fünftel 22,2% und das einkommensstärkste Fünftel 37,8% aller Einkünfte (*Hauser* 1997b, 68). Die Vergleichszahlen für Ostdeutschland gehen aus Tab. 15 hervor. Auch sie belegen, daß die Einkommen in Ostdeutschland Mitte der 90er Jahre gleicher als in Westdeutschland verteilt waren. Insbesondere Spitzeneinkommen waren seltener zu finden.

Tab. 15: Anteile der Bevölkerungsfünftel am Gesamteinkommen 1995 (in %)

	1. Fünftel	2. Fünftel	3. Fünftel	4. Fünftel	5. Fünftel
Westdeutschland	9,1	13,6	17,3	22,2	37,8
Ostdeutschland	10,4	15,2	18,8	22,8	32,8

(Daten: SOEP; Quelle: *Hauser* 1997b, 68)

Die Einkommensverteilung Gesamtdeutschlands wies im Jahre 1995 den Gini-Koeffizient 0,271 auf. Er faßt die obigen Angaben zusammen und mißt die Einkommenskonzentration (s.o.). Die Einkommen Westdeutschlands waren hierbei ungleicher verteilt (Gini-Keffizient 0,281) als in Ostdeutschland (0,215) (Stat. Bundesamt 1997, 506). Hierbei verdiente das einkommensstärkste Bevölkerungsfünftel in Westdeutschland gut vier Mal so viel, in Ostdeutschland nur gut drei Mal so viel wie das einkommensschwächste. Dies zeigt wiederum, daß die Einkommensverteilung Westdeutschlands ungleicher war als die Ostdeutschlands.

Um einschätzen zu können, ob die Einkommen in Deutschland eher gleich oder aber eher ungleich verteilt sind, sind Vergleiche mit anderen Ländern nützlich. Sie zeigen, daß sich die nationalen Einkommensverteilungen sehr unterscheiden. (West-)Deutschland weist im internationalen Vergleich eine mittlere Einkommenskonzentration auf. In einigen Ländern (Finnland, Schweden, Belgien, Norwegen, Dänemark) verdiente zu Beginn der 90er Jahre das einkommensstärkste Bevölkerungszehntel nur 2,75 bis 3 mal so viel wie das einkommensschwächste. In anderen Ländern (Großbritannien, Irland, Spanien) verdiente das einkommensstärkste Zehntel mehr als vier mal so viel wie das Zehntel mit den geringsten Einkommen. In den USA betrug dieses Verhältnis sogar 6 zu 1, in Deutschland 3,2 zu 1 (*Smeeding* 1997, 11).

Diese internationale Ungleichheit der Einkommenskonzentrationen ist nicht leicht zu erklären. Sie ist keine Frage des Modernisierungsgrades, das heißt der Technisierung, des Wohlstandes, der Bildungsexpansion usw. Unter hochmodernen Ländern befinden sich solche mit sehr ungleicher neben anderen mit eher gleicher Einkommensverteilung. Der Ausbaugrad sozialpolitischer Einrichtungen erklärt diese Differenzen wenigstens teilweise (vgl. 4.2.2: *Esping/Anderson* 1990) Zusätzlich wird man wohl historische und kulturelle Besonderheiten zur Erklärung heranziehen müssen.

In der Bevölkerung wurde in den 90er Jahren überwiegend die Meinung vertreten, die Einkommensverteilung in Deutschland werde immer ungleicher, die Spanne zwischen Reichtum und Armut rücke immer weiter auseinander, und zudem seien mehr Menschen reich und mehr Menschen arm als früher.

Viele Hinweise sprechen dafür, daß diese Meinung im Hinblick auf die westdeutschen Extremgruppen der „Reichen" und der „Armen" zutrifft. Die „Reichen" machten Mitte der 90er Jahre ca. 5% und die „Armen" gut 10% der Bevölkerung Westdeutschlands aus, wenn man jene als reich versteht, die mehr als das Doppelte des bedarfsgewichteten Pro-Kopf-Haushaltseinkommens (Nettäquivalenzeinkommens) zur Verfügung haben und jene als arm einstuft, die über weniger als die Hälfte hiervon verfügen. Was die Zunahme des Reichtums betrifft, so fehlen zwar exakte Daten, aber als Beleg mag dienen, daß der Anteil der Personen, die mehr als das Doppelte des durchschnittlichen bedarfsgewichteten Pro-Kopf-Haushaltseinkommens (Nettäquivalenzeinkommens) zur Verfügung hatten, allein zwischen 1990 und 1995 von 4,3 auf 4,9% gestiegen ist (*Hauser* 1997b, 70) und daß die Zahl der westdeutschen Haushalte mit einem verfügbaren Einkommen über DM 25.000 pro Monat allein in den Jahren von 1983 bis 1988 von 43.000 auf 111.000 zugenommen hat (Huster 1993, 34). Die Entwicklung der Armut verläuft ähnlich (s.u.). In Ostdeutschland dagegen läßt sich seit der Wende kaum eine Vermehrung von Reichtum, wohl aber eine Zunahme der Armut erkennen (*Hauser* 1997b, 70).

Abgesehen von den Extremgruppen der Reichen und der Armen blieb die Einkommensverteilung der Bevölkerungsmehrheit erstaunlich stabil. Dies ist um so verwunderlicher, als diese Konstanz schon seit der Nachkriegszeit bis Mitte der 90er Jahre anhielt.

Tab. 16: Die Anteile der Bevölkerungsfünftel Westdeutschlands am Gesamteinkommen 1950-1995 (in%)

	1. Fünftel	2. Fünftel	3. Fünftel	4. Fünftel	5. Fünftel
1950	5,4	10,7	15,9	22,8	45,2
1960	6,0	10,8	16,2	23,1	43,9
1970	5,9	10,4	15,6	22,5	45,6
1980	6,9	11,2	16,2	22,5	43,3
1990	9,5	14,0	17,7	22,4	36,4
1995	9,1	13,6	17,3	22,2	37,8

Die Werte für 1950–1980 beruhen auf volkswirtschaftlichen Gesamtrechnungen (DIW); die Werte für 1990 und 1995 beruhen auf dem Sozioökonomischen Panel; hieraus ergeben sich leichte Abweichungen (*Hauser* 1997, 68)

Einkommensungleichheiten zwischen gesellschaftlichen Gruppierungen

Die Einkommensungleichheit wird vor allem dann zum Gegenstand öffentlicher Aufmerksamkeit, wenn Angehörige *bestimmter Gruppierungen* wesentlich höhere oder niedrigere Einkommen erreichen als andere Gruppierungen. Chancenungleichheiten sind vor allem zwischen jenen Gruppierungen (wie z.B. Männer oder Frauen bzw. Alte oder Junge) besonders konfliktträchtig, die die einzelnen nichts aus eigener Kraft erreichen oder verlassen können und deren Zugehörigkeit für die Menschen eine Frage ihrer Identitität und Selbstdefinition darstellt.

Der Großteil des Einkommens wächst den Menschen aus Erwerbstätigkeit zu, sei es direkt oder indirekt (Rente, Pensionen, Arbeitslosengeld). Daher ist es naheliegend, zunächst nach den *persönlichen Einkommen* der Erwerbstätigen der einzelnen *Berufsgruppen* zu fragen.

Was die *Haushaltseinkommen* betrifft, so liegen die Selbständigen (außerhalb von Landwirtschaft und Fischerei) an der Spitze der Einkommenspyramide. Sie konnten im Jahre 1993 mit durchschnittlich 128.000 DM pro Jahr wirtschaften, mußten hiervon aber in der Regel auch ihre Alterssicherung bestreiten. Beamtenhaushalte hatten im Mittel 75.500 DM und Angestelltenhaushalte 63.300 DM zur Verfügung. Arbeiterhaushalte mußten sich 1993 mit einem verfügbaren jährlichen Einkommen von 54.400 DM begnügen. Die (meist kleinen) Haushalte von Rentnern und Pensionären hatten Durchschnittseinkommen von 40.000 DM bzw. 57.000 DM. Am knappsten waren die Haushalte von Arbeitslosengeld- und -hilfeempfängern sowie Sozialhilfeempfängern dran: Mehr als 32.000 DM bzw. 26.200 DM war 1993 nicht in ihrer Kasse (Stat. Bundesamt 1997, 106f).

Tab. 17: Erwerbstätige nach Stellung im Beruf und monatlichem Nettoeinkommen 1995 (in %)

Westdeutschland	Selbständige	Beamte	Angestellte	Arbeiter
unter 600	4,6	4,4	5,5	8,1
600-1000	3,5	1,5	7,7	8,3
1000-1400	4,8	2,0	8,4	7,0
1400-1800	5,4	3,2	8,9	9,0
1800-2200	7,7	6,3	12,8	16,1
2200-2500	6,9	8,1	11,5	17,2
2500-3000	9,9	12,2	12,8	18,2
3000-4000	16,4	24,7	15,7	13,5
4000 +	40,8	37,7	16,7	2,5
Ostdeutschland	**Selbständige**	**Beamte**	**Angestellte**	**Arbeiter**
unter 600	6,4	22,2	3,7	6,4
600-1000	9,1	3,1	6,9	8,6
1000-1400	11,7	5,7	11,0	16,6
1400-1800	11,6	6,5	16,4	24,7
1800-2200	13,7	11,3	21,5	24,1
2200-2500	10,0	11,1	15,1	11,3
2500-3000	9,6	16,2	12,1	5,7
3000-4000	12,3	18,4	9,3	2,3
4000 +	15,4	8,6	3,9	0,4

(Quelle: Stat. Bundesamt 1995, Fachserie 1, Reihe 4.1.1., 204, 277)

Allerdings sagen diese Mittelwerte wenig aus, weil innerhalb der einzelnen Berufsgruppierungen sehr große Ungleichheiten bestehen. Selbständige verfügen meist über hohe Einkommen, Beamtenhaushalte besonders häufig über höhere und mittlere Einkommen. Angestelltenhaushalte weisen die breiteste Streuung über alle Einkommensklassen auf. Die Einkommen von Arbeiterhaushalten konzentrieren sich dagegen in niedrigeren bis mittleren Einkommensbereichen. Die Einkommen der Haushalte von Nichterwerbspersonen (Rentner, Pensionäre, Arbeitslose, Sozialhilfeempfänger) sind in der Regel niedrig. Fast drei Viertel von ihnen kamen 1995 nicht über 3.000 DM netto monatlich hinaus. Freilich sind diese Haushalte oft klein und die Wohnkosten häufig niedrig.

Tab. 18: Haushaltsnettoeinkommen nach sozialer Stellung 1995

Stellung im Beruf der Haushaltsbezugsperson	Monatliches Haushaltsnettoeinkommen ... DM			
	unter 1 800	1 800-3 000	3 000-5 000	5 000 u. mehr
	Deutschland			
Selbständige	8,1	15,4	27,7	48,8
Beamte/Beamtinnen	2,9	12,1	37,4	47,6
Angestellte	9,3	25,3	35,7	30,8
Arbeiter/Arbeiterinnen	9,5	33,1	44,6	12,8
Nichterwerbspersonen	34,4	36,1	22,4	7,1
Insgesamt	20,6	29,8	31,2	18,3
	Früheres Bundesgebiet			
Selbständige	7,0	14,6	26,6	51,8
Beamte/Beamtinnen	2,5	11,8	37,4	48,4
Angestellte	7,8	25,3	34,5	32,4
Arbeiter/Arbeiterinnen	8,5	33,1	44,2	14,2
Nichterwerbspersonen	33,0	35,1	23,5	8,4
Insgesamt	19,2	29,3	31,3	20,2
	Neue Länder und Berlin-Ost			
Selbständige	14,0	20,2	34,0	31,8
Beamte/Beamtinnen	10,4	17,8	37,5	34,2
Angestellte	10,5	25,1	41,8	22,7
Arbeiter/Arbeiterinnen	12,9	33,0	46,2	8,0
Nichterwerbspersonen	40,0	39,8	18,1	2,1
Insgesamt	28,2	32,8	31,2	9,9

(Quelle: Stat. Bundesamt 1997, 106)

Berücksichtigt man die unterschiedliche Personenzahl der Haushalte sowie das Alter der dort lebenden Kinder und errechnet das jeweilige Äquivalenzeinkommen (bedarfsgewichtetes Pro-Kopf-Haushaltsnettoeinkommen), so ergibt sich die folgende Einkommensrangfolge (*Hauser/ Becker* 1996, 286). Sie ist maßgebend für den realisierbaren Lebensstandard:

1. An der Spitze standen 1993 die *Selbständigenhaushalte*. Sie waren durchschnittlich etwa doppelt so gut gestellt wie das Bevölkerungsmittel.
2. Dann folgten – für viele überraschend – die *Pensionäre*, das heißt die Beamten im Ruhestand mit ihren Haushaltszugehörigen. Sie verdienten 1993 ca. 35% mehr als der Durchschnitt.

3. In *Beamtenhaushalten* konnte man mit ungefähr 20% überdurchschnittlichen Einkommen wirtschaften.
4. Dicht dahinter rangierten die *Angestelltenhaushalte*, deren verfügbare Einkommen – bei allerdings großer Streuung – etwa 15% über dem allgemeinen Mittel liegen.
5. In *Rentnerrhaushalten* waren leicht unterdurchschnittliche Einkommen verfügbar.
6. Sie lagen wegen ihrer meist kleinen Haushalte in ihren Äquivalenzeinkommen aber noch vor den *Arbeiterhaushalten*, die nur ca. 85% des Mittelwertes erreichten.
7. Haushalte von *Landwirten* erzielten in den vergangenen Jahren etwa 75% des durchschnittlichen Äquivalenzeinkommens. Allerdings schwankten ihre Einkommen sehr, oft von Jahr zu Jahr.
8. *Arbeitslose* kamen 1993 auf ungefähr 60% des durchschnittlichen Einkommensniveaus, während
9. Haushalte von *Sozialhilfeempfängern* mit der Hälfte des durchschnittlichen Einkommensniveaus auskommen mußten.

Verfolgt man die zeitliche Entwicklung dieser Rangreihe, so fällt auf, daß sie sich seit Beginn der 70er Jahre im Grunde nie geändert hat. Lediglich die Haushalte von Landwirte schoben sich infolge ihrer unstetigen Einkommenszuflüsse kurzfristig über oder unter ihre unmittelbaren „Konkurrenten".

Die Einkommensungleichheit zwischen *Männern und Frauen* steht im Mittelpunkt des öffentlichen Interesses. Erwerbstätige Frauen verdienten in Deutschland Mitte der 90er Jahre etwa 30% (brutto) weniger als Männer. Dieser vieldiskutierte Abstand hat sich seit Jahrzehnten nur wenig verringert. Arbeiterinnen erzielten im Jahre 1995 um 29,5% geringere Bruttolöhne als ihre männlichen Kollegen; 1975 betrug der Abstand 32%. Weibliche Angestellte kamen 1995 auf 33% weniger Bruttogehalt als männliche Angestellte; 1975 lagen Frauen 35% hinter den Männern zurück (Stat. Bundesamt 1997, 338). Dabei ist allerdings zu bedenken, daß verheiratete Frauen im deutschen Besteuerungssystem meist sehr hohe steuerliche Abzüge hinnehmen müssen. Daher sind die Abstände der Nettoeinkommen zwischen Männern und Frauen höher als die der Bruttobezüge.

Die Einkommensungleichheit zwischen Männern und Frauen hat mehrere Ursachen. Erstens sind vor allem ältere Frauen weniger gut ausgebildet als Männer und erreichen so Berufe mit höheren Qualifikationsanforderungen und guter Bezahlung häufig nicht. Zweitens arbeiten Frauen aufgrund ihrer Ausbildungsart und ihrer Interessen überproportional häufig in Wirtschaftsbereichen und Berufen mit niedrigen Löhnen (Textilindustrie, Verkäuferin, Friseurin etc.). Drittens üben Frauen weit häufiger als Männer (vgl. 5.2) Teilzeittätigkeiten mit reduzierten Stundenzahlen und geringfügige Beschäftigungen mit entsprechend geringen Einkommen aus. Umgekehrt leisten Männer häufiger als Frauen gutbezahlte Überstunden. Viertens sind Frauen in gutdotierten Führungspositionen nach wie vor unterrepräsentiert (vgl. 5.4). Die wenigsten dieser Gründe sind, gemessen an den Wertvorstellungen einer modernen Gesellschaft, zu rechtfertigen. Daher muß die Einkommensungleichheit zwischen Männern und Frauen größtenteils als (illegitime) Benachteiligung von Frauen angesehen werden.

Einkommensungleichheiten zwischen Familientypen sowie zwischen Kinderreichen und Kinderlosen sind erst in letzter Zeit in den Blick von Öffentlichkeit und Wissenschaft geraten. Diese Disparitäten sind ähnlich weit gespannt wie die o.a. Einkommensungleichheiten zwischen Berufsgruppen. Somit entspricht die Entscheidung, mehrere Kinder zu bekommen, finanziell gesehen einem berufichen Abstieg um mehrere Hierarchieebenen. Für das Jahr 1992 hat man berechnet, daß ein Ehepaar mit einem Kind 61%, ein Ehepaar mit zwei Kindern 49% und ein Ehepaar mit drei Kindern nur 42% des Pro-Kopf-Haushaltseinkommens eines kinderlosen Ehepaars zur Verfügung haben (*Stutzer* 1994, zit. n. *Bertram* 1997, 134). Diese Einkommensabstände zwischen größeren Familien und Kinderlosen sind größer als beispielsweise jene zwischen Frauen und Männern.

Die Alleinlebenden standen im Jahr 1989/90 finanziell an der Spitze der Lebensformen, dicht gefolgt von den (Ehe-)Paaren ohne Kinder. Mit deutlichem Abstand folgen die Familien, deren Einkommmen je nach Zahl der Kinder knapp bis sehr deutlich unter den Bevölkerungsdurchschnitt lagen. Am Ende der Wohlstandsskala fanden sich die Alleinerziehenden, die mit weniger als zwei Drittel des Durchschnittseinkommens auskommen mußten. An diesen Verhältnissen hat sich seit Beginn der 90er Jahre in Westdeutschland nur wenig geändert. Die Gegebenheiten in Ostdeutschland haben sich denen in Westdeutschland angenähert.

Tab. 19: Die Einkommenspositionen verschiedener Lebens- und Familienformen

Haushaltstyp	Verhältnis des Gruppendurchschnitts zum Bevölkerungsdurchschnitt (= 100) Äquivalenzeinkommen	
	BRD	DDR
Ein-Personen-Haushalte	125,3	89,5
bis 60 Jahre		
Frauen	131,1	104,8
Männer	151,2	134,1
über 60 Jahre		
Frauen	98,5	67,2
Männer	135,1	82,4
Ehepaare ohne Kinder	121,7	112,9
Ehepaare mit Kindern alle unter 18 Jahren		
1 Kind < 18 J.	99,0	107,4
2 Kinder < 18 J.	81,2	89,7
3+ Kinder < 18. J.	68,9	74,1
Ein Elternteil-Familien		
alle Kinder unter 18 J.	63,5	79,3
1 Kind < 18 J.	66,2	84,3
2+ Kinder < 18 J.	59,7	68,3
Sonst. Haushalte mit mind. 1 Kind unter 18 Jahren	71,2	92,4
Sonst. Haushalte ohne Kinder unter 18 Jahren	102,9	112,5

1) Das Äquivalenzeinkommen wurde mit Hilfe einer aus der Sozialhilfe abgeleiteten Skala ermittelt.

(Daten: SOEP-West, 1989; SOEP-Ost 1990; Quelle: ber. von und zit. n. *Hauser* 1992, 51)

5.3.3 Vermögensverteilung

Die Einkommensverteilung einer Gesellschaft hat nicht nur für den alltäglichen Lebensstandard Bedeutung. Sie beeinflußt auch die Sparfähigkeit der Gesellschaftsmitglieder und damit die Vermögensbildung und den Vermögensbestand. Neben den Einkommen aus Erwerbsarbeit, aus staatlichen Transferzahlungen und fallweisen Vererbungen und Schenkungen sind es großenteils Einkünfte aus bereits vorhandenen Vermögensbeständen, die die Ansammlung von Vermögen bewirken. „Da einerseits die kleinen Einkommen fast ausschließlich zu Verbrauchsausgaben verwendet werden, während ein sehr erheblicher Teil der Großeinkommen gespart wird, da andererseits die hohen Einkommen vorwiegend aus Gewinn und Zinseinkommen bestehen, also Besitzeinkommen sind, fällt zwangsläufig der weitaus größte Teil des jeweils neugeschaffenen Volksvermögens denjenigen zu, welche besitzen." (*Föhl* 1964, 40)

Zum Vermögensbegriff

Bei der Ermittlung von Vermögensverteilungen muß zunächst geklärt werden, was unter Vermögen verstanden werden soll, welche Güter als Vermögensbestandteile gelten und welche nicht.

Vermögen kann definiert werden als „die Gesamtheit aller dem Haushalt zuzurechnenden Wirtschaftsgüter und Geldmittel zu einem bestimmten Zeitpunkt" (*Thiele* 1995, 17). Im Zusammenhang mit gesellschaftlich strukturierter Ungleichheit zwischen Menschen müssen innerhalb dieser Abgrenzung jedoch Einschränkungen vorgenommen werden: Erstens geht es nur um Privatvermögen, nicht etwa um das Vermögen von Körperschaften, Kirchen, Gewerkschaften, Parteien etc. Zweitens wird nur jenes Privatvermögen berücksichtigt, das materiell, geldwert (marktfähig) und disponibel (d.h. prinzipiell verkäuflich) ist, mithin eine Ressource zur Sicherung des Lebensstandards darstellt. Nicht einbezogen werden also immaterielle Güter wie das Humankapital, in ihrem Geldwert nicht ohne weiteres bestimmbare „Vermögen", wie z.B. Patente und Lizenzen sowie nicht liqudierbare „Vermögensbestände" wie Ansprüche an die Rentenversicherung aufgrund bereits gezahlter Beiträge (*Schlomann* 1993, 55).

Aus praktischen Gründen bleiben auch einige Vermögensbestandteile ausgeklammert, die durchaus dem soeben eingegrenzten Vermögensbegriff entsprechen. So wird Gebrauchsvermögen (Einrichtungsgegenstände, Hausrat, Kraftfahrzeuge, Schmuck, Kunstgegenstände etc.) im folgenden nicht einbezogen, obwohl es in seiner Gesamtheit einen enormen Geldwert verkörpert und in bestimmten Haushalten einen beträchtlichen Umfang erreicht. Aber viele dieser Güter werden statistisch nicht erfaßt, so daß wichtige Daten fehlen (*Schlomann* 1993, 55).

Vermögensbestände existieren in sehr unterschiedlicher Art. Üblicherweise werden Geldvermögen und Sachvermögen unterschieden. Zum *Geld*vermögen zählen Bankguthaben und Bargeld, Bausparguthaben, Guthaben bei Versicherungsgesellschaften (Lebens-, Sterbegeld-, Ausbildungs- und Aussteuerversicherungsverträge etc.), Wertpapiere (u.a. Rentenpapiere und Aktien) und Kredite. Zum *Sach*vermögen rechnen: Haus- und Grundvermögen, Betriebsvermögen und sonstiges privates Sachvermögen.

Eine vollständige Darstellung der Verteilung der Vermögen in Deutschland ist nach wie vor nicht möglich. Hierzu fehlen wichtige Datengrundlagen. Alle Quellen, aus denen sich Informationen zum Vermögenseigentum gewinnen lassen, sind unvollständig, so die o.a. Einkommens- und Verbrauchsstichproben des Statistischen Bundesamtes, die Vermögenssteuerstatistik, Finanzierungsrechnungen und Kreditstatistiken der Deutschen Bundesbank. Daher müssen die folgenden Angaben als grobe Hinweise betrachtet werden.

Die Vermögensverteilung im Überblick

Nach den Befragungsergebnissen der Einkommens- und Verbrauchsstichprobe (EVS) besaß Ende 1993 jeder private Haushalt in Westdeutschland ein durchschnittliches Bruttogeldvermögen[47] in Höhe von 65.300 DM. Dieser Mittelwert war dreimal so hoch wie in den neuen Bundesländern und Ostberlin (WiSta 94, 392). Der Vermögensabstand zwischen beiden Teilen Deutschlands ist also erheblich. Daher werden im folgenden die Verhältnisse in Ost- und Westdeutschland getrennt dargestellt.

Von den erwähnten Durchschnittswerten weichen viele Haushalte nach unten und wenige stark nach oben ab: So „hatten rund 21% aller erfaßten Haushalte mit Bruttogeldvermögen im früheren Bundesgebiet ein Geldvermögen bis unter 10 000 DM. Ihr Anteil am gesamten Bruttogeldvermögen betrug jedoch nur 1,4%.“ (WiSta 1995, 399) Ganz im Gegensatz zu dieser Gruppe der Unvermögenden nannten 5,6% der erfaßten Haushalte Geldvermögensbestände im Wert über 200.000 DM ihr eigen. Damit verfügte ein Zwanzigstel aller westdeutschen Haushalte über fast ein Drittel (31,0%) des Gesamtbruttogeldvermögens.[48] In Ostdeutschland waren Ende 1993 reiche Haushalte

47 Brutto, d.h. ohne Berücksichtigung von Schulden

48 Hierbei ist freilich zu bedenken, daß Haushalte mit monatlichen Nettoeinkommen von mehr als 35.000 DM in diese Erhebung (EVS) nicht einbezogen waren. Die tatsächliche Konzentration des Geldvermögens ist daher höher.

weit seltener und vermögenslose häufiger als in den alten Bundesländern: 35,1% der ostdeutschen Haushalte mit Geldvermögen hatten Vermögen bis unter 10.000 DM. Sie besaßen 7,0% des Gesamtvermögens in den neuen Bundesländern. Nur 1,5% der ostdeutschen Haushalte besaßen zwischen 100.000 und 200.000 DM. Ihr Anteil an den Vermögensbeständen belief sich auf 8,1% (WiSta 1995, 399).

Die Vermögen sind wesentlich ungleicher verteilt als die Einkommen. Dies ist, soweit bekannt, in allen modernen Ländern der Fall. Denn aus hohen Einkommen läßt sich prozentual mehr sparen und Vermögen bilden als aus geringen. So konnte 1988 in den Haushalten junger (bis 29 Jahre) Arbeitsloser und Nichterwerbstätiger im Durchschnitt überhaupt nichts gespart werden, während in den Haushalten älterer Selbständiger ein volles Viertel aller Einkommen zurückgelegt wurde (*Grimm* 1998, 40). Zudem wird aus Vermögen, insbesondere aus hohen Beständen, durch die Erzielung von Vermögenseinkommen wiederum Vermögen gebildet.

Die einzelnen Arten des Vermögens haben sehr unterschiedliche Eigenschaften und sind ungleich stark in bestimmten Händen konzentriert. Bargeld, Bestände auf diversen Sparguthaben und Bausparguthaben sind in der Bevölkerung breit gestreut. Sie finden sich auch in einkommensschwachen Haushalten. Für Gutverdienende sind sie jedoch als Vermögensanlage unrentabel. Versicherungsguthaben sowie Haus- und Grundbesitz sind schon konzentrierter verteilt. Sie sind häufig im Besitz mittel und gut verdienender Haushalte. Wertpapierbestände und Unternehmensbesitz sind besonders ungleich verteilt. Sie ballen sich im Besitz von Einkommensstarken und Reichen und machen dort das Gros der Vermögensbestände aus. Die „reichsten" 5% der westdeutschen Haushalte mit den größten Geldvermögen nannten am Jahresende 1988 30,2% des gesamten privaten Nettogeldvermögens[49] und 31,4% des privaten Nettogrundvermögens ihr eigen[50]. Diese begüterten Haushalte besaßen zwar nur 28,9% der Sparguthaben, aber 46,5% der Bausparguthaben, 47,9% der Lebensversi-

49 Im *Netto*geldvermögen sind die Schulden von den Vermögensbeständen abgezogen.

50 In diesen Ergebnissen der Einkommens- und Verbrauchsstichprobe 1988 sind allerdings Haushalte von Ausländern und Haushalte mit einem monatlichen Nettoeinkommen von mehr als 25.000 DM nicht enthalten. Die wirkliche Vermögenskonzentration dürfte daher höher sein als angegeben.

cherungsguthaben und 59,9% der Wertpapierbestände (*Grimm* 1998, 43ff.).

Abb. 17: Die Konzentration des Bruttogeldvermögens unter den Haushalten in West- und Ostdeutschland im Jahre 1993

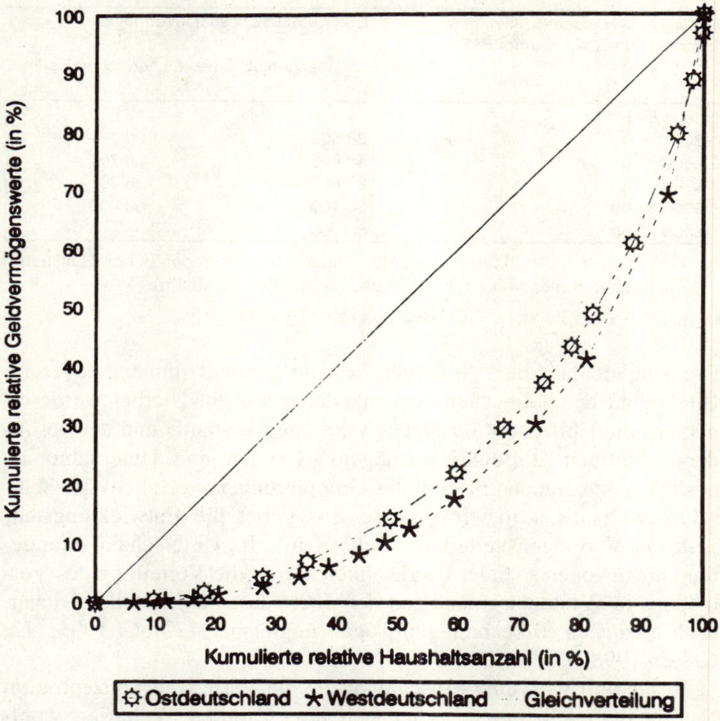

(Daten: EVS 1993; Quelle: Faik 1996, zit. n. *Hauser u.a.* 1996, 164)

Wie zu erwarten, ist das Geldvermögen der Privathaushalte im allgemeinen um so größer, je höher deren Einkommen ist. Hohe Einkommen sind hierbei sowohl Ursache (gesparte Einkommensteile schaffen Vermögen) als auch Folge (Vermögenserträge stellen Einkommen dar) großer Vermögensbestände. Haushalte mit monatlichen Nettoeinkommen zwischen 10.000 und 35.000 DM hatten Ende 1993 zwölfmal so hohe Geldvermögensbestände wie Haushalte mit Einkommen unter 1.800 DM.

Tab. 20: Private Haushalte nach Einkommen und durchschnittlichen Geldvermögen Ende 1993 (in DM)

Monatliches Haushaltsnettoeinkommen von ... bis ... unter DM	Durchschnittliches Geldvermögen	
	Früheres Bundesgebiet	Neue Länder und Berlin-Ost
unter 1 800	24 400	12 600
1 800-2 500	38 800	20 900
2 500-4 000	56 900	26 700
4 000-6 000	80 800	38 300
6 000-10 000	136 100	60 400
10 000-35 000	280 700	/

1 Ohne Anstaltsbevölkerung und Haushalte mit einem monatlichen Haushaltsnettoeinkommen von 35 000 DM und mehr. Ohne Landwirte.

(Daten: EVS 1993; Quelle: Stat. Bundesamt 1997, 127)

Die Ungleichheit der Vermögensverteilung stand immer wieder im Blickpunkt der politischen Auseinandersetzungen. Hierbei wurde einerseits die Konzentration großer Vermögensbestände und des besonders wichtigen „Produktivvermögens" (Aktien und Unternehmensbesitz) in den Händen bestimmter Gruppierungen, vor allem der Selbständigen (s.u.), kritisiert. Andererseits geriet die Entwicklungstendenz der Vermögensverteilung in die Kritik. Im Unterschied zu anderen Dimensionen sozialer Ungleichheit wurde die Verteilung des Vermögens in Westdeutschland seit den 70er Jahren keinesfalls gleicher, nach manchen Berechnungen sogar ungleicher (*Thiele* 1995, 12; *Grimm* 1998, 47).

In Zukunft wird eine Erbschaftswelle die Vermögenskonzentration eher noch beschleunigen: Die nach dem Zweiten Weltkrieg wohlhabend gewordene Generation hinterläßt ihr materielles Erbe. Allein in den Jahren zwischen 1995 bis 2000 vollziehen sich in Deutschland ca. 1,7 Mio Erbschaftsfälle. Das zu vererbende Vermögen wird auf etwa 2,6 Billionen DM geschätzt. Das entspricht rund 60 Prozent des gesamten Geldvermögens im Jahre 1994. Etwa 40% der Erben erhalten kleinere Beträge unter 200.000 DM. Ca. 20% werden bis zu 400.000 DM bekommen. 2,5% der Erben werden zu Millionären. Neben der Zahl der Vererbungs*fälle* steigen auch die *Beträge* der Erbschaften. Denn es gibt immer weniger Erben pro Erbschaft. Vor allem dies wird die Vermögenskonzentration beschleunigen (IWD 3/95).

Wer die Verteilung von Vermögen darstellt, muß auch Schulden in die Betrachtung einbeziehen. Die durchschnittlichen Schulden pro Haushalt haben in der Vergangenheit wesentlich stärker zugenommen als das (Brutto-)Geldvermögen (*Thiele* 1995, 28). Die privaten Haushalte hatten Ende 1993 in Westdeutschland durchschnittliche Schulden[51] in Höhe von 2.000 DM (1.600 DM in Ostdeutschland). Dies verminderte ihr durchschnittliches Bruttogeldvermögen von 63.100 DM auf ein Nettogeldvermögen von 61.000 DM (in Ostdeutschland von 22.800 DM auf 21.300 DM) (WiSta 1995, 398). Die Schulden waren wesentlich gleichmäßiger über alle Haushalte verteilt als die Vermögensguthaben. Mit anderen Worten: Gering verdienende und junge Haushalte haben fast so hohe Schulden wie gutverdienende und ältere (s.u.).

Einschlägige Berechnungen kommen zum Ergebnis, daß Mitte der 90er Jahre in Westdeutschland fast 1,5 Millionen (ca. 5%) und in Ostdeutschland fast 0,5 Mio. (ca. 7%) aller Haushalte überschuldet waren (*Korczak* 1997, 300). Diese Personen konnten ihre Zahlungsverpflichtungen auch bei großen Einschränkungen nicht mehr erfüllen. Der ökonomischen Auswegslosigkeit folgt in vielen Fällen die psychische und soziale Zerrüttung der Familien und ihrer Mitglieder.

Vermögensungleichheiten zwischen gesellschaftlichen Gruppierungen

Wieviel Vermögen die einzelnen Haushalte besitzen und um welche Vermögensarten es sich dabei handelt, hängt weitgehend von der beruflichen Zugehörigkeit ab. Die Ursachen hierfür liegen u.a. in den ungleichen Verdienstchancen von Arbeitern, Angestellten, Beamten, Selbständigen etc. (vgl. 5.3.1), in deren unterschiedlichen Mentalitäten (vgl. Kap. 7) sowie im Zwang zur eigenständigen Altersvorsorge der Selbständigen.

---

51 Ohne Hypotheken, Baudarlehen u.ä., Kredite und Dispositionskredite

Tab. 21: Bruttogeldvermögen[1)] privater Haushalte[2)] nach der sozialen Stellung und der Zusammensetzung des Vermögens Ende 1993 (in DM je Haushalt[3)])

Soziale Stellung der Bezugsperson	Sparguthaben		Bausparguthaben		Wertpapier		Versicherungsguthaben		Sonstiges Geldvermögen		Erfaßtes Bruttogeldvermögen
	aller Haushalte	der Haushalte mit Sparkonten	aller Haushalte	der Haushalte mit Bausparverträgen	aller Haushalte	der Haushalte mit Wertpapieren	aller Haushalte	der Haushalte mit Versicherungen	aller Haushalte	der Haushalte mit sonstigem Geldvermögen	aller Haushalte
					Früheres Bundesgebiet						
Landwirt	15 100	16 400	8 300	13 700	25 300	47 300	46 500	55 000	14 500	35 500	109 600
Selbständiger[4]	11 300	13 200	7 200	16 100	37 200	73 900	85 500	98 300	18 800	63 600	160 100
Beamter	12 600	13 000	9 900	14 700	22 200	39 200	23 900	29 600	8 300	32 800	77 000
Angestellter	10 500	11 200	6 300	11 900	19 500	35 900	26 200	33 900	6 900	29 700	69 400
Arbeiter	8 700	9 600	5 900	10 000	10 200	24 000	19 200	23 400	4 200	25 200	48 100
Arbeitsloser	5 600	7 800	2 200	8 300	9 000	36 200	12 800	25 600	3 300	26 800	33 000
Nichterwerbstätiger	13 000	14 500	2 000	9 300	22 700	53 900	8 800	17 600	5 600	32 400	52 200
					Neue Länder und Berlin-Ost[5]						
Selbständiger[4]	6 900	8 500	5 000	9 700	(12 300)	(27 100)	8 300	9 600	(11 500)	(33 800)	44 000
Beamter	6 500	8 100	3 600	5 600	6 700	13 700	2 800	3 400	(3 700)	(15 400)	23 300
Angestellter	8 200	9 300	3 900	7 800	9 300	18 400	2 700	3 500	6 900	21 200	31 000
Arbeiter	6 300	7 300	2 900	6 100	4 400	12 200	2 300	2 800	3 600	14 600	19 500
Arbeitsloser	4 700	6 200	1 700	5 800	4 000	14 100	2 000	2 800	3 100	14 700	15 500
Nichterwerbstätiger	8 100	9 000	1 000	6 800	5 600	18 800	1 200	2 600	3 900	16 100	19 700

1 Ohne Bestände an Bargeld und Sichteinlagen sowie ohne Forderungen an Dritte. – 2 Ohne Haushalte mit einem monatlichen Haushaltsnettoeinkommen von 35 000 DM und mehr und ohne Personen in Anstalten und Gemeinschaftsunterkünften. – 3 Auf volle Hundert gerundet. – 4 Gewerbetreibender, freiberuflich Tätiger. – 5 Ohne Landwirte

(Daten: EVS 1993; Quelle: WiSta 1995, 395)

Die höchsten Vermögenswerte besitzen *die Selbständigen* (außer Landwirten). Deren Geldvermögensbesitz belief sich Ende 1993[52] durchschnittlich auf 160.100 DM pro Haushalt. Davon machten Versicherungsguthaben mehr als die Hälfte aus. Da Selbständige in der Regel nicht in der gesetzlichen Rentenversicherung versichert sind, bilden Lebensversicherungen einen wesentlichen Bestandteil ihrer Altersvorsorge. *Die Landwirte-, die Beamten-, die Angestellten-, die Arbeiter- und die Arbeitslosen*haushalte folgten auf den nächsten Plätzen der Vermögenshierarchie. *Nichterwerbstätige* haben mit 52.000 DM vergleichsweise hohe Vermögensbestände, in denen jedoch wenige Bauspar- und Versicherungsguthaben enthalten waren. Bei den Nichterwerbstätigen handelt es sich meist um Rentner und Pensionäre, die allein aufgrund ihres Alters relativ hohe Vermögen ansammeln konnten, deren Bauspar- und Lebensversicherungsverträge aber großenteils ausbezahlt waren.

Im Jahre 1994 erhielt jeder Haushalt in Westdeutschland durchschnittlich 6.400 DM *Vermögenseinkommen*, in Ostdeutschland beliefen sich die jährlichen Zinsen und Dividenden nur auf 1.600 DM pro Haushalt. Ihren Vermögensbeständen entsprechend, nehmen die verschiedenen Berufsgruppen sehr unterschiedliche Vermögenserträge ein. Westdeutsche Beamten-, Angestellten- und Rentnerhaushalte erhielten jeweils 5.000–6.000 DM, Arbeiterhaushalte ca. 3.500 DM. Die Selbständigen (außerhalb der Landwirtschaft) kamen jedoch mit 21.000 DM auf den vierfachen Betrag der übrigen Gruppen (WiSta 1995, 395). Diese Ungleichheit der Vermögenseinkommen ist eine wichtige Quelle weiterer Vermögenskonzentration.

Vermögensungleichheit zwischen Altersgruppen

Im großen und ganzen steigt das Geldvermögen von Haushalte mit dem Alter der Mitglieder. Dafür sorgen die hohen Ausgaben und oftmals noch geringen Einkommen junger Familien und die längere Sparzeit älterer Menschen. So hatten Ende 1995 westdeutsche Haushalte, deren „Vorstand“ 30–35 Jahre alt war, im Durchschnitt 39.100 DM „auf der

52 Ergebnisse der Einkommens- und Verbrauchsstichprobe 1993. Haushalte mit monatlichen Nettoeinkommen über 35.000 DM sind darin nicht enthalten. Deswegen werden die Ungleichheiten der Vermögen, insbesondere die hohen Vermögensbestände von gutverdienenden Selbständigen und hohe Wertpapierbestände unterschätzt.

hohen Kante". Haushalte im Alter von 45–55 Jahren besaßen schon 90.400 DM. Nach der Pensionierung sinken die Vermögensbestände etwas ab, u.a. aufgrund ausbezahlter Versicherungen (WiSta 1995, 396).

Mit den Schulden verhält es sich in der Tendenz umgekehrt. Junge Haushalte haben praktisch genau so hohe Kreditverpflichtungen wie die Haushalte älterer Personen. Junge Haushalte im Alter von 30–35 Jahren standen mit 3.200 DM „in der Kreide". Ältere Haushalte von 45–55 Jahren hatten durchschnittliche Kreditverpflichtungen in Höhe von 2.800 DM. Bedenkt man die geringeren Einkommen und die oft hohen Ausgabenzwänge junger Haushalte, z.B. in der Familiengründungsphase, so ist deren Verschuldung weit gravierender als die der älteren. Im Prinzip gilt Ähnliches für die Haushalte mit geringem Einkommen. Sie haben im Verhältnis zu ihren Einkommenszuflüssen wesentlich höhere Schulden als die einkommensstärkeren Haushalte (WiSta 1995, 397).

Vermögensumverteilung

Die hohe Vermögenskonzentration in den Händen bestimmter Gruppen der Bevölkerung und insbesondere die Zusammenballung des „Produktivvermögens" (Wertpapiere und Unternehmensanteile) hat seit den 60er Jahren immer wieder Forderungen und Vorschläge zu einer gleichmäßigeren Verteilung des zuwachsenden Vermögens hervorgerufen. Viele dieser Anstöße wurden unter den Stichwort „Vermögensbildung in Arbeitnehmerhand" bekannt. Die Vorschläge reichen von der Verbesserung der steuerlichen Regelungen über verstärkte Maßnahmen staatlicher Sparförderung bis hin zu Modellen eines „Investivlohns". Sie sehen vor, daß ein Teil zukünftiger Lohnerhöhungen nicht ausbezahlt wird, sondern in Form von betrieblichen oder überbetrieblichen Unternehmensbeteiligungen angelegt wird. Die Arbeitnehmer würden entsprechende Fondsanteile erhalten.

Wenn man von den verschiedenen modellhaften – aber letztlich sporadischen – Ansätzen absieht, Beschäftigten bestimmter Unternehmen ein Miteigentum an „ihrem" Unternehmen einzuräumen, sind in gesamtgesellschaftlichem Rahmen bisher lediglich Maßnahmen zur Sparförderung (Prämiensparen, „Volksaktien", 312-, 624- und 936DM-Vermögensbildungsgesetz) verwirklicht worden. Sie zielen darauf ab, auch das Sparen kleinerer Beträge rentabel zu machen und so die Vermögensbildung einkommensschwächerer Gruppen anzuregen. Im

Hinblick auf eine Angleichung der Vermögensverteilung haben aber diese staatlich finanzierten Maßnahmen der Vermögenspolitik nur geringen Erfolg gehabt. Die unteren Einkommensgruppen wurden von ihnen wegen deren geringer Sparfähigkeit kaum erreicht, und besser verdienenden Bevölkerungsgruppen dienten sie in erster Linie zur Finanzierung langlebiger Verbrauchsgüter. Eine breitere Streuung von Vermögensbeständen ist eher von einer allgemeinen Erhöhung der Realeinkommen und der Sparfähigkeit zu erwarten.

5.3.4 Armut

Ungleichheiten des Wohlstands werden in demokratischen Sozialstaaten einerseits dann als problematisch angesehen, wenn sich Einkommen und Vermögen bei wenigen Personen konzentrieren. Andererseits finden Wohlstandsdisparitäten dann kritische öffentliche Aufmerksamkeit, wenn Teile der Bevölkerung „über so geringe (materielle, kulturelle und soziale) Mittel verfügen, daß sie von der Lebensweise ausgeschlossen sind, die in dem Mitgliedsstaat, in dem sie leben, als Minimum annehmbar ist." (Armutsdefinition der EU 1984) In diesem Fall haben wir Armut vor uns. Die wachsende Armut im „reichen" Deutschland wurde spätestens seit Mitte der 80er Jahre immer mehr zum Gegenstand politischer Debatten.

Das Ziel der Vermeidung und Bekämpfung von Armut wird in allen Sozialstaaten prinzipiell von allen Gruppierungen anerkannt, wenn auch unterschiedlich gewichtet und konkretisiert. Es wird moralisch begründet mit sozialphilosophischen Argumenten der Gerechtigkeit, mit humanistischen Idealen oder mit religiösen sozial-ethischen Lehren. Aber Armut wird nicht nur aus moralischen, sondern auch aus Zweckmäßigkeitsmotiven vermieden und bekämpft: Man befürchtetet Beeinträchtigungen der Nicht-Armen, den Zerfall der Gesellschaft, die Gefährdung des sozialen Friedens, die Entstehung von politischem Radikalismus und Kriminalität usw.

Zur Definition von Armut

Wer Armut analysieren will, muß über die o.a. Definition hinaus näher bestimmen, was im einzelnen unter „Armut" verstanden werden soll und wo die Grenze zwischen Armut und Nicht-Armut zu ziehen ist.

Gemeinhin wird ein mehrdimensionales Konzept der „Lebenslagen-Armut“ und ein eindimensionaler Begriff der „Ressourcen-Armut“ unterschieden. Die *Ressourcendefinition* geht davon aus, daß Armut dann vorliegt, wenn keine ausreichenden Hilfsmittel des Handelns, wenn insbesondere zu geringe Geldmittel vorhanden sind. Für das Ressourcenkonzept spricht, daß in modernen, marktwirtschaftlich organisierten Gesellschaften nahezu alle Grundbedarfsgüter gegen Geld erworben werden können. Dennoch wirft diese Definitionsweise Probleme auf: So liegt im Sinne einer Ressourcendefinition Armut dann *nicht* vor, wenn zwar ausreichende Geldmittel vorhanden sind, diese aber z.B. weitgehend in Alkohol umgesetzt oder verspielt werden und daher rundum miserable Lebensumstände bestehen. Andererseits muß eine Ressourcendefinition angesichts der finanziellen Ausstattung vieler Studierender zum Ergebnis der „Armut“ kommen, obgleich sich deren Lage durch Bildung, Kontaktmöglichkeiten, Zukunftsaussichten, Wohnmöglichkeiten, Gesundheitsbedingungen, geringe Ausgabenzwänge, Nebenverdienstmöglichkeiten etc. von der vieler Armer durchaus vorteilhaft abhebt.

Lebenslagendefinitionen lenken den Blick auf die Gesamtsituation der Versorgung und die hieraus resultierenden Handlungsmöglichkeiten von Menschen. Berücksichtigt werden Lebensbedingungen wie Ernährung, Bekleidung, Wohnung, Gesundheit, Bildung, Arbeitsplatz, Einkommen, Ansehen, Macht, Integration, Kommunikation, Freizeitchancen, Risiken, gesellschaftliche und politische Partizipation etc. In der empirischen Untersuchungspraxis freilich erweisen sich Lebenslagendefinitionen bislang als so anspruchsvoll, daß sie nur selten zur Anwendung gelangen: Es müssen Meßverfahren für alle relevanten Dimensionen der Lebenslage ausgearbeitet werden; innerhalb jeder Dimension sind Unterversorgungsgrenzen (Armutsgrenzen) zu spezifizieren; und vor allem sind umfangreiche und komplexe Daten für alle Gesellschaftsmitglieder zu beschaffen. Weiterhin sind Gewichtungen und Kompensationsregeln festzulegen, die bestimmen, inwieweit die Unterversorgung in einer Dimension durch andere Lagebereiche kompensiert werden kann.

In den Sozialwissenschaften besteht weitgehend Einigkeit darüber, daß Lebenslagendefinitionen eine umfassendere und sachlich angemessenere Sicht auf die Armutsproblematik als Ressourcendefinitionen ermöglichen. Die angedeuteten Schwierigkeiten führen jedoch dazu, daß sich Armutsstudien meist auf Ressourcendefinitionen beschränken. Auch in diesem Falle sind die *Grenzen* festzulegen, unterhalb derer von „Armut" gesprochen werden soll. Bestimmte Armutsbegriffe orientieren sich am *physischen Existenzminimum*. Armut im Sinne dieses Begriffes beginnt erst dann, wenn die Gefahr des Hungertodes oder des Erfrierens besteht. Solche Notlagen sind jedoch in modernen Gesellschaften selten geworden. Armutsbegriffe, die sich hierauf beziehen, verfehlen die spezifischen, keineswegs harmlosen Armutserscheinungen moderner Gesellschaften. Ihnen angemessene Armutsbegriffe beziehen sich auf das *sozio-kulturelle Existenzminimum* von Menschen. Es bestimmt sich durch die jeweiligen historisch, politisch und materiell geprägten Werthaltungen einer Gesellschaft. Die Vorstellung eines „soziokulturelles Existenzminimums" liegt auch der oben zitierten Definition zugrunde, wenn sie davon spricht, daß jene Menschen arm sind, die „von der Lebensweise ausgeschlossen sind, die in dem Mitgliedsstaat, in dem sie leben, als Minimum annehmbar ist." Die Standards des jeweiligen sozio-kulturellen Existenzminimums unterscheiden sich nicht nur von Land zu Land, sie ändern sich auch im Laufe der Zeit.

Die empirische Ermittlung von Armut

Es gibt mehrere Vorgehensweisen, um das sozio-kulturell definierte Existenzminimum im Bereich des Einkommens zu messen (*Hauser* 1997a, 529). Die beiden wichtigsten Verfahren sind folgende:

Entweder werden *die* Einkommenshöhen als Armutsgrenze angesehen, unterhalb derer Sozialhilfeleistungen gewährt werden. Wer Anspruch darauf hat, Sozialhilfe in Form „laufender Hilfe zum Lebensunterhalt" außerhalb von Einrichtungen zu erhalten, gilt als arm. Dieser *Sozialhilfestandard* stellt eine „politische" Operationalisierung der Armutsgrenze dar. Diese Festsetzung hat den Vorteil, daß sie mit sozialpolitischen Maßnahmen der Armenunterstützung zusammenfällt und daß die Sozialhilfeempfänger statistisch erfaßt werden. Aber dieser Standard bringt auch Probleme mit sich. Erstens werden Sozialhilfeleistungen zum Teil nach Ermessensentscheidungen gewährt. Daher unterscheiden sich die Einkommensgrenzen der Armut von Fall zu Fall. Zweitens sind Sozialhilfestatistiken notorisch unvollständig. Und drittens bestehen erhebliche Dunkelziffern derer, die zwar einen Anspruch auf Sozialhilfe haben, ihn aber nicht wahrnehmen.[53]

---

53 Grundsätzlich wird von seiten mancher Sozialpolitiker gegen den Sozialhilfestandard eingewendet, daß Sozialhilfeempfänger nicht arm seien. Diejeni-

Oder aber es gelten jene als arm, die weniger als 40% (strenge Armut), 50% (Armut) bzw. 60% (Niedrigeinkommen) des durchschnittlichen bedarfsgewichteten Pro-Kopf-Haushaltseinkommens (Äquivalenzeinkommen) zu Verfügung haben. Diese *relativen Armutsgrenzen* stellen einen „Wissenschaftsstandard" dar, der auf Übereinkunft beruht. Sie werden heute international in den meisten Armutsstudien verwendet. Die Abgrenzungen beziehen sich auf die Ungleichheit der Einkommensverteilung und setzen hierin eine im Grunde willkürliche Grenze als Armutsgrenze fest. Sie besagen nicht unmittelbar etwas über den jeweiligen Mindestlebensstandard und über Armut. Denn sie bringen weder das generelle Einkommensniveau der Betroffenen (*Kohl* 1992, 280) noch ihren Bedarf zum Ausdruck (*Piachaud* 1992, 67). „Nach dieser Sicht der Dinge sind Menschen, die gemeinsam hungern, niemals arm." (*Krämer* 1997, 12) In modernen Gesellschaften bewegen sich die genannten relativen Armutsgrenzen aber erfahrungsgemäß in der Nähe der Einkommensschwellen, unterhalb derer von Armut gesprochen wird. Zudem sind relativen Armutsgrenzen in empirischen Untersuchungen gut handhabbar, international und zeitlich vergleichbar und vermitteln insoweit zuverlässige Informationen.

---

gen, die die ihnen zustehenden Sozialhilfeleistungen in Anspruch nähmen, seien nicht mehr arm. Sozialhilfe bekämpfe Armut und schaffe sie nicht. Die Anwendung des Sozialhilfestandards habe die absurde Konsequenz, daß eine intensive Armutsbekämpfung durch eine über dem Anstieg der Lebenshaltungskosten liegende Anhebung der Regelsätze ein Ansteigen und nicht etwa ein Sinken der Armut signalisiere. Nur wer seinen Anspruch auf Sozialhilfeleistungen nicht wahrnehme, könne als arm gelten. (vgl. die Antwort der Bundesregierung auf die Große Anfrage von Abgeordneten und der Fraktion der SPD, BT-Drucksache 13/3339 vom 28. 11. 1995)
So verständlich diese Einwände aus der Sicht von Sozialpolitikern erscheinen mögen, so muß doch andererseits berücksichtigt werden, daß mit dem Bezug von Sozialhilfe, insbesondere von Laufender Hilfe zum Lebensunterhalt außerhalb von Einrichtungen, Erscheinungsformen der Armut einhergehen: So waren es die unzureichenden Möglichkeiten, die minimalen Ressourcen aus eigener Kraft zu gewinnen, die die einzelnen in Sozialhilfe gerieten ließen. Es ist das Angewiesen-Sein auf die Hilfe anderer, die die aktuelle Lebenssituation prägt. Es sind schließlich die Prozesse der gesellschaftlichen Stigmatisierung, der bürokratischen Unterordnung und des Verlusts von Sozialbeziehungen als „Sozialhilfeempfänger", die eine Armutssituation schaffen. Vor allem, dann, wenn auch nicht-materielle Aspekte in das Verständnis von Armut einbezogen werden, eignet sich aktueller Sozialhilfebezug u.E. durchaus aus Armutsindikator.

Faßt man Armut als *Sozialhilfeanspruch* auf, so kommt man zu folgenden Ergebnissen:

Die Gewährung von Sozialhilfe gilt in Deutschland als unterstes Netz der sozialen Sicherung und ist dazu gedacht, „dem Empfänger der Hilfe die Führung eines Lebens zu ermöglichen, das der Würde des Menschen entspricht" (§1 Bundessozialhilfegesetz). Neben der „Hilfe in besonderen Lebenslagen" (HBL) wird Sozialhilfe als „Laufende Hilfe zum Lebensunterhalt" (HLU) gezahlt. Diese wird bedürftigen Personen gewährt, die ihren „notwendigen Lebensunterhalt nicht oder nicht ausreichend aus eigenen Kräften und Mitteln" durch Erwerbstätigkeit oder Vermögen bestreiten können (§ 11 BSHG).

Als arm gelten alle Personen mit Einkünften bis hin zu den Einkommensgrenzen, unterhalb derer ihnen „Laufende Hilfe zum Lebensunterhalt" außerhalb von Einrichtungen (wie z.B. Pflegeheimen) zusteht, gleichgültig ob sie diese Leistungen erhalten („bekämpfte Armut") oder nicht beziehen („verdeckte Armut").

Die Anzahl derjenigen, die tatsächlich Sozialhilfe erhalten, stellt daher nur einen Teil der Menschen dar, die nach dem Sozialhilfestandard als arm gelten. Die Zahl der Sozialhilfebeziehenden ist nach den vorliegenden Untersuchungen (*Hauser/Hübinger* 1993; *Neumann/Hertz* 1998) um 50 bis 100% zu erhöhen, um die Gesamtzahl der Armen im Sinne von Sozialhilfeberechtigten zu erhalten. Denn eine große Anzahl meist älterer Menschen hat zwar Anspruch auf Sozialhilfeleistungen, macht ihn aber aus unterschiedlichen Gründen (Scham, Unkenntnis, Scheu vor Behörden oder Aufwand etc.) nicht geltend. Manches spricht dafür, daß diese sog. „Dunkelziffer der Armut" abnimmt. Vor allem jüngere Menschen betrachten es heute oft als ihr „gutes Recht", ggf. Sozialhilfe in Anspruch zu nehmen.

Die Zusammensetzung der Sozialhilfeleistungen ist kompliziert: Der sog. „Eckregelsatz" wird nach den Verbrauchsgewohnheiten der untersten Einkommensschichten errechnet. Er betrug im Jahre 1998 in den alten Bundesländern im Durchschnitt DM 539 (Quelle: Bundesmin. für Gesundheit). Von ihm erhält der erste Erwachsene einer „Bedarfsgemeinschaft" (einem sozialhilfeabhängigen Haushalt oder Haushaltsteil) 100%, der zweite Erwachsene 80%, die Kinder je nach Alter zwischen 50% und 90%. Hinzukommen sog. „Mehrbedarfszuschläge" u.a. für Alleinerziehende, Behinderte und Schwangere. Weiterhin werden die Miet- und Heizkosten bis zu einer angemessenen Höhe übernommen. Schließlich kommen einmalige Leistungen für Winterbekleidung etc. hinzu. Hierbei ist jedoch zu bedenken, daß im Einzelfall ein erheblicher Ermessensspielraum bei der Zuerkennung von Sozialhilfeleistungen besteht. Alles in allem beliefen sich im Jahre 1996 die Einkünfte eines sozialhilfeabhängigen Einpersonenhaushalts auf gut 1.000 DM, einer Alleinerziehenden auf knapp 2.000 DM (Quelle: Stat. Bundesamt).

Die Anzahl der Sozialhilfebezieher ist von der Nachkriegszeit an zunächst ständig gesunken. Im Jahre 1969 erhielten weniger[54] als 1,2% der Bevölkerung (707.000 Personen) laufende Hilfe zum Lebensunterhalt. Seither sind Zahl und Bevölkerungsanteil der Empfänger laufender Sozialhilfe ständig gestiegen. Ende 1994 erhielten erst 2,8% der Menschen, Ende 1996 bezogen schon 3,3% der Bevölkerung Deutschlands „Laufende Hilfe zum Lebensunterhalt" außerhalb von Einrichtungen.[55] Dies waren ca. 2,7 Mio. Personen. Berücksichtigt man die Dunkelziffer derjenigen, die, obwohl sie dazu berechtigt sind, keine Sozialhilfe beanspruchten, so waren *1996 knapp 5% der Bevölkerung (also fast 4 Mio. Menschen) in Deutschland arm nach den Standards der Sozialhilfegewährung.* Hinzuzurechnen waren 1996 ca. 0,55% der Wohnbevölkerung (ca. 450.000 Personen). Es handelt sich hierbei um Ausländer, die sich um Asyl bewerben. Sie erhalten seit Ende 1993 Leistungen nicht länger nach dem Sozialhilfegesetz, sondern nach dem „Asylbewerberleistungsgesetz" (Stat. Bundesamt 1998, 463).

In der ehemaligen DDR hatten lediglich 0,03% der Bevölkerung (ca. 5000 Personen) sog. Fürsorgeleistungen erhalten. Seit der Wende und der Einführung des westdeutschen Sozialhilfesystems hat sich in Ostdeutschland eine drastische Zunahme der Sozialhilfeempfänger er-

---

54 Hierbei handelt es sich um Jahresgesamtzahlen. Sie sind ca. ein Drittel höher als die für 1994 und 1996 angeführten Jahresendzahlen (Zahl der Sozialhilfeempfänger am 31. Dez.).

55 Verfolgt man die Veränderungen der Anzahl der Sozialhilfeempfänger im Zeitablauf, so geben diese Zeitreihen nur dann Veränderungen der (bekämpften) Armut wieder, wenn die Erhöhungen der Sozialhilfezahlungen exakt mit denen der Einkommen einhergeht. Übertreffen die Sozialhilfeerhöhungen die Lohnerhöhungen, so vermehrt sich die Armut, aber nur scheinbar; bleiben die Sozialhilfezahlungen hinter den Einkommen zurück, ergibt sich der fälschliche Eindruck, daß Armut zurückginge. Im Trend ist das Sozialhilfeniveau seit den 60er Jahren tatsächlich im gleichen Ausmaß wie die Nettolöhne gestiegen (*Hauser* 1997, 537).

geben (*Hauser u.a.* 1996, 280). Dennoch lag auch noch 1996 der Anteil der Sozialhilfeempfänger in den neuen Bundesländern mit 2,0% deutlich unter dem in Westdeutschland.

Tab. 22: Relative Einkommensarmut in West- und Ostdeutschland 1962/63 bis 1995 (Arme Personen in % der Gesamtbevölkerung)

Jahr	Westdeutschland			Ostdeutschland		
	40%	50%	60%	40%	50%	60%
1962/63	4,1	10,6	20,9			
1969	2,0	7,1	17,1			
1973	1,7	6,5	16,1			
1978	1,6	6,5	16,0			
1983	2,9	7,7	16,9			
1984	5,2	12,6	21,0			
1985	5,0	11,9	20,9			
1986	5,0	11,9	20,1			
1987	4,5	10,7	19,9			
1988	4,8	10,3	19,5			
1989	4,8	10,3	19,5			
1990	3,9	10,5	18,5	0,8	3,5	8,6
1991	4,2	10,0	18,4	2,4	4,3	9,4
1992	4,4	10,0	18,6	2,3	6,1	10,7
1993	5,2	11,1	19,8	3,0	6,3	11,8
1994	4,7	11,1	21,9	2,9	7,9	13,4
1995	5,6	11,8	21,6	2,6	8,0	13,9

Anmerkungen: Die Angaben bis 1983 und ab 1984 sind wegen unterschiedlicher Datengrundlagen und Berechnungsweisen nicht voll vergleichbar. Westdeutsche Angaben sind auf das westdeutsche, ostdeutsche Werte auf das ostdeutsche Durchschnittseinkommen bezogen.

(Daten 1962/63-1983: EVS, nur Deutsche, Jahreseinkommen, Äquivalenzgewichtung nach älterer OECD-Skala; Quelle: *Hauser* 1997a, 532; Daten 1984-1994: SOEP, Deutsche und Ausländer, Monatseinkommen, Äquivalenzgewichtung nach älterer BSHG-Skala; Quelle Stat. Bundesamt 1997, 518; Daten 1995: SOEP, Äquivalenzgewichtung nach älterer OECD-Skala; Quelle: *Hauser* 1996)

Ermittelt man Armut nach dem *„Wissenschaftsstandard" (relative Armutsgrenzen)* und betrachtet alle die als arm, die weniger als 40% (strenge Armut), 50% (Armut) bzw. 60% (Niedrigeinkommen) der durchschnittlichen Äquivalenzeinkommen verdienen, so *lebten im Jahre 1995 in Gesamtdeutschland etwas mehr als ein Zwanzigstel der Bevölkerung in „strenger Armut", ein gutes Zehntel in „Armut" und ca. ein Fünftel im Bereich der Niedrigeinkommen.*

Bis Mitte der 70er Jahre sank infolge zunehmenden Massenwohlstands und geringer Arbeitslosigkeit die Zahl der armen Personen in Westdeutschland ständig. Von da an nahm die Armut bis Mitte der 80er Jahre im Gefolge der Massenarbeitslosigkeit wieder deutlich zu, verharrte bis Anfang der 90er Jahre auf hohem Niveau und stieg seither wieder leicht an. Diese Entwicklungen stimmen in Größenordnung und Tendenz überein mit dem o.a. Anstieg von Armut im Sinne von Sozialhilfebedürftigkeit.

Nicht nur die Sozialhilfeabhängigkeit, auch die relative[56] Einkommensarmut in Ostdeutschland hat seit der Wende beträchtlich zugenommen. Westdeutsche Ausmaße wurden aber 1995 noch nicht erreicht.

In internationalen Vergleich findet sich Armut in Deutschland weder besonders häufig, noch besonders selten. Betrachtet man jene als arm, die weniger als die Hälfte des „nationalen Durchschnittskonsumenten“[57] ausgeben können (Personenäquivalenzausgaben) gab es Ende der 80er Jahre in Portugal, Italien, Griechenland, Spanien und Irland besonders viele arme Menschen. Mit Ausnahme von Italien sind dies die wirtschaftsschwächsten Länder Europas. Daß Armut aber nicht nur mit ökonomischer Entwicklung einhergeht, zeigt sich an so hochentwickelten Ländern wie Frankreich und Großbritannien, wo fast genau so viele Arme leben. Am seltensten war Armut in Dänemark, den Niederlanden und in Belgien.

Es sind vielfältige Folgeerscheinungen, die ein Leben in Armut nachteilig und zerstörend machen: Die Zahl der Bekannten und der eigenen Aktivitäten sinkt, Lethargie, Alkoholmißbrauch, Gesundheitsprobleme, familiäre Krisen werden häufiger. Inwieweit diese Folgen eintreten, hängt nicht zuletzt davon ab, wie lange die einzelnen in Armut leben. Hierüber geben die o.a. Befunde keine Auskunft. Alle bisher aufgeführten Angaben sind „Momentaufnahmen“. So legen zum Beispiel die o.a. Zahlenangaben die Interpretation nahe, es handle sich 1990 und 1991 um die gleichen 10% der Menschen in Deutschland,

56 Wegen der erheblichen Einkommensungleichheit zwischen West- und Ostdeutschland wurde der Armutsermittlung seit 1990 in Westdeutschland das westdeutsche Durchschnittseinkommen, der Armutsermittlung in Ostdeutschland das ostdeutsche Durchschnittseinkommen zugrunde gelegt.

57 An den Ausgaben und nicht an den Einnahmen bei der Messung von Armut anzusetzen, hat u.a. den Vorteil, daß evtl. bestehende Schuldentilgungen hierin einfließen.

die arm waren; es seien somit alle Armen wenigstens zwei Jahre lang arm geblieben. Dies trifft nicht zu.

Tab. 23: Armut in den Ländern der Europäischen Union
(Arme Personen in % der Bevölkerung; etwa 1988; gemessen an den Ausgaben pro Person in % der durchschnittlichen Ausgaben des jeweiligen Landes; Personenäquivalente nach modifizierter OECD-Äquivalenzskala)

Land	Arme Personen (40 %)	Arme Personen (50 %)	Arme Personen (60 %)
Frankreich	6,9	14,7	25,0
Spanien	8,7	16,9	26,6
Portugal	15,5	24,5	33,3
Italien	11,6	21,1	31,4
Griechenland	11,4	18,7	27,6
Irland	7,5	15,7	26,3
Belgien	2,2	7,4	15,5
Luxemburg	4,8	11,1	20,0
Dänemark	1,1	3,9	11,5
Niederlande	1,5	4,8	11,4
Großbritannien	6,4	14,8	25,3
Deutschland	4,5	10,9	19,9

(Quelle: *Hagenaars* 1994, 59 zit. n. *Hradil/Immerfall* 1996, 499)

Die meisten Armutsphasen dauern nicht allzu lang. Gemessen an relativen Standards (50%-Grenze) war Mitte der 90er Jahre nur jeder 25. Bewohner Deutschlands dauerhaft arm: In den sechs Jahren von 1990 bis 1995 lebten lediglich 4% der Bevölkerung fünf Jahre oder länger in Armut[58] (Stat. Bundesamt 1997, 521). Erhebungen unter den Sozialhilfeempfängern des Jahres 1994 erbrachten ähnliche Ergebnisse: Nur etwa 18% von ihnen hatten bereits mehr als drei Jahre und nur ca. 10% schon seit mehr als fünf Jahren Sozialhilfe bezogen. Auch Längschnittuntersuchungen von Sozialhilfeempfängern bestätigen diese Resultate: Während eines Untersuchungszeitraums von sechs Jahren erhielten nur 11% der untersuchten Sozialhilfeempfänger über fünf Jahre lang ständig Sozialhilfe (*Leibfried/Leisering* 1995, 83).

58 10,5% der Menschen waren ein Jahr lang arm, 4,6% zwei Jahre, 3,7% drei Jahre, 2,1% vier Jahre, 1,5% fünf Jahre und 2,5% die gesamten 6 Jahre des Befragungszeitraums (Stat. Bundesamt 1997, 521).

Diese Angaben zeigen, daß sich Armut sehr oft auf einen kurzfristigen Lebensabschnitt beschränkt, in dem sich kaum eine umfassende Lebenslage der Armut ausbilden dürfte. Andererseits wird aber auch deutlich, daß für weite Bevölkerungskreise ein erhebliches Risiko besteht, in Armut zu geraten. Fast ein Viertel (22,9%) der Bevölkerung Westdeutschlands war 1990 bis 1995 wenigstens ein Mal von „relativer" Armut betroffen (Stat. Bundesamt 1997, 521). *Was das Armutsrisiko betrifft, so ist Deutschland keine Zwei-Drittel-Gesellschaft. Man kann sie aber als eine Gesellschaft bezeichnen, in der 75% der Bevölkerung nie, 20% gelegentlich und 5% lange in Armut leben* (vgl. *Geißler* 1996, 201).

Manche Anzeichen weisen darauf hin, daß die Bedrohung durch Armut auch für die mittleren Schichten gewachsen ist. Längere Arbeitslosigkeit bringt in Verbindung mit finanziellen Verpflichtungen (z.B. für den Bau eines Hauses) offenbar auch zuvor gutverdienende Angestelle in zunehmendem Maße in Armut. Welche Gruppierungen von Armut besonders betroffen sind, und welche Bestimmungsgründe dem zugrunde liegen, geht aus den folgenden Abschnitten hervor.

Armutsrisiken in bestimmten Bevölkerungsgruppen

Bestimmte Bevölkerungsgruppen haben aus unterschiedlichen Gründen ein wesentlich größeres Risisko als andere, mit Einkommen an oder unterhalb der Armutsgrenzen auskommen zu müssen.

Häufig wird angenommen, *ältere Menschen* und *Frauen* seien besonders häufig arm. Dies war früher in der Tat der Fall. So war das Armutsrisiko (50%-Grenze) der Älteren zu Beginn der 60er Jahre noch etwa doppelt so hoch wie das der Gesamtbevölkerung. Und im Jahre 1963 bezogen fast doppelt so viele Frauen laufende Sozialhilfe wie Männer. Das relative Armutsrisiko beider Gruppen ist in den vergangenen Jahrzehnten stark gesunken. Rentenerhöhungen haben es ermöglicht, daß ältere Menschen – vermutlich erstmals in der Geschichte – seltener arm sind als der Bevölkerungsdurchschnitt. Und die immer häufigere Armut arbeitsloser Männer hat dazu geführt, daß Frauen nur noch unwesentlich häufiger arm sind als Männer.

Im Jahre 1995, als (nach der 50%-Grenze) ca. 12% der Menschen in Westdeutschland und 8% der ostdeutschen Bevölkerung als arm eingestuft wurden, waren „nur" 8% der über 65jährigen in Westdeutschland arm. In Ostdeutschland war Altersarmut in den 90er Jahren infolge der Sonderregelungen nach Übertragung der westdeutschen gesetzlichen Rentenversicherung kaum mehr vorhanden (*Hauser* 1996).

Frauen waren 1995 in Westdeutschland mit 12,7% nur noch geringfügig häufiger arm (50%-Grenze) als Männer. In Sozialhilfeabhängigkeit geraten Frauen jedoch nach wie vor deutlich häufiger als Männer. Sie bezogen Ende 1995 zu 3,4% laufende Sozialhilfe, während nur 2,7% der Männer von „laufender Hilfe zum Lebensunterhalt" existieren mußten.

Mögen die alten Armutsrisiken der Alten und der Frauen nicht mehr hervorstechen; es sind neue Risikogruppen der Armut entstanden. Ein Strukturwandel führte weg von der Armut der Älteren, der Frauen und der Alleinstehenden, hin zur Armut Jüngerer und größerer Familien: Die Haushalte von *Arbeitslosen*, *Alleinerziehende*, *kinderreichen Familien* und *Ausländern* geraten sehr viel häufiger in Armut als andere. Insbesondere müssen *Kinder* besonders häufig in Armut aufwachsen (zum folgenden: *Hauser* 1997a, 534ff.).

Arbeitslose, genauer gesagt: Haushalte mit mindestens einem arbeitslosen Mitglied, waren schon seit Anfang der 80er Jahre etwa drei Mal so oft arm wie der Rest der Bevölkerung. Daran hat sich bis heute kaum etwas geändert. Sie unterliegen nach wie vor in Westdeutschland einem Armutsrisiko von etwa 30%. In den neuen Bundesländern hat es bis zur Wende keine nominelle Arbeitslosigkeit gegeben. Von diesem Stand Null ist das Verarmungsrisiko Arbeitsloser in Ostdeutschland bis Mitte der 90er Jahre auf ca. 25% gestiegen. Da die Menschen in den neuen Bundesländern bis 1990 in einer extrem abgesicherten Gesellschaft gelebt haben und auf Arbeitslosigkeit in keiner Weise vorbereitet waren, wird dieser Anstieg als überaus bedrohlich empfunden.

Schon im Jahre 1962/63 waren doppelt so viele *Alleinerziehende* mit ihren Kindern arm als im Bevölkerungsquerschnitt. Seither ist die Armutsquote unter Alleinerziehenden bis 1995 auf das Dreifache des „Normalen" (31%) gestiegen. Vor allem sind es die ca. 85% weiblichen Alleinerziehenden, selten sind es die männlichen Alleinerziehenden, die in Armut geraten.

Im Gefolge wachsender Arbeitslosigkeit und zunehmender Anteile von Alleinerziehenden verarmen immer mehr Familien mit mehreren Kindern. Das Armutsrisiko der *Kinder* nimmt in Westdeutschland seit den 80er Jahren, in Ostdeutschland seit der Wende ständig zu. Während 1980 nur ca. 2% der Kinder unter 7 Jahren von Sozialhilfe leben mußten, etwa so häufig wie ältere Menschen, war bis 1993 die Sozialhilfequote der kleinen Kinder auf 7,3% gestiegen, jene der Alten dagegen auf etwa 1,5% gefallen. Damit mußte jedes 14. Kind unter 7 Jahren in einem Haushalt aufwachsen, dessen Lebensstandard lediglich auf Sozialhilfeniveau lag (*Hauser u.a.* 1996, 281f). Diese Zahlen zeigen die Tendenz hin zu einer *Infantilisierung der Armut* sehr deutlich. Armut wurde von der älteren auf die jüngere Generation verlagert.

Eine starke Verschiebung hat sich auch hin zur Armut von *Ausländern* ergeben. Bis etwa 1980 bezogen Ausländer seltener als Deutsche laufende Sozialhilfe. Im Jahre 1993 lebten Ausländer schon fünf Mal so häufig wie Deutsche von Sozialhilfe (einschl. Asylbewerber). Seit dem Jahre 1994 ist mit Inkrafttreten des „Asylbewerberleistungsgesetzes" die Versorgung von Asylbewerber aus der Sozialhilfe ausgegliedert. Asylbewerber erhalten nunmehr geringere Leistungen, als sie das Bundessozialhilfegesetz vorsieht. Danach war das Sozialhilferisiko von Ausländern ca. drei Mal so hoch wie das von Inländern.

5.3.5 Einige Anmerkungen zu Ursachen und Folgen ungleichen Wohlstands

Bei der Entstehung von Ungleichheiten des Einkommens, des Vermögens und der Armut wirken offenbar mehrere Ursachenbereiche zusammen und sorgen für sehr komplexe Kausalverhältnisse. Einerseits brachten technische und wirtschaftliche Modernisierungsprozesse, in erster Linie der Trend zur Dienstleistungsgesellschaft, mit den Angestellten und Beamten neue Mittelschichten hervor. Damit entschärften sich viele Wohlstandsungleichheiten. Auf der anderen Seite kamen erhebliche Einkommensdifferenzierungen zwischen Selbständigen und Unselbständigen sowie zwischen den einzelnen Qualifikations- und Hierarchiestufen zustande. Sie fördern die Motivation der Arbeitenden,stellen Investitionen und wirtschaftliche Leistungskraft sicher und halten so Unterbeschäftigung niedrig. Dies gilt für viele moderne Gesellschaften in ähnlicher Weise.

Dagegen unterscheiden sich die Institutionen und Organisationen in den einzelnen Ländern beträchtlich. Dies betrifft insbesondere den Bereich der Politik und Sozialpolitik. Weit ausgebaute Wohlfahrtsstaaten (z.B. in Skandinavien) weisen üblicherweise eine weniger ungleiche

Einkommensverteilung und geringere Armutsquoten auf als Gesellschaften mit mittelgroßen, erwerbsorientierten Sicherungssystemen (wie z.B. Deutschland) oder gar Gesellschaften, die nur über rudimentäre Wohlfahrtseinrichtungen (z.B. die USA) verfügen. Diese lassen den Marktkräften einen weiteren Spielraum, nehmen eine große Einkommens- und Vermögensspreizung und viel Armut in Kauf, können aber Arbeitslosigkeit oft geringer halten.

Weiterhin sind die kulturellen (z.B. religiösen) und historischen Gegebenheiten eines Landes für das jeweilige Ausmaß an materieller Ungleichheit maßgebend. Manche spezifische Verteilung von Einkommen und Vermögen dürfte nicht nur mit dem Modernisierungsgrad oder mit staatlichen Einrichtungen, sondern auch mit soziokulturellen Traditionen zusammenhängen.

Schließlich sorgen Bestimmungsgründe, die bei den einzelnen ansetzen, für finanzielle Ungleichheiten, aber auch für deren Ausgleich. So führen unter anderem die Nutzenkalkulationen und das Machtbewußtsein der Individuen dazu, daß auf die finanzielle „Rentabilität" von Bildungs- und anderen Investitionen gedrängt wird. Wissens-, Organisations- oder andere Macht soll sich in „klingender Münze" auszahlen. Andererseits sorgen Solidaritätsgefühle dafür, daß sozialstaatliche und familiäre Umverteilungen der auf dem Markt erzielten Einkommen stattfinden.

Auswirkungen

Die Auswirkungen von Einkommens- und Vermögensungleichheiten sind kaum zu überschätzen. Sie können hier nur angedeutet werden. Was die gesellschaftlichen und politischen Folgen betrifft, so müssen materielle Ungleichheiten als Kernbereich sozialer Ungleichheit gelten. Werden deren Veränderungen (z.B. eine Ausweitung der Spanne zwischen Armut und Reichtum, mehr Personen in Armut oder in Reichtum, verschärfte Wohlstandsdisparitäten zwischen Regionen, Ethnien oder Geschlechtern) nicht als gerecht angesehen, so schlägt sich dies unmittelbar in politisch relevanter Unzufriedenheit und sozialen Konflikten nieder. Es waren in der Geschichte immer wieder die als illegitim empfundenen Verschärfungen materieller Ungleichheit, die unter bestimmten Bedingungen zu Umstürzen und Revolutionen führten.

Auch die individuellen Folgen von Wohlstand und finanzieller Knappheit sind weit gespannt. Wer materiell besser gestellt ist, hat im allgemeinen mehr Erfahrungsmöglichkeiten, genießt eine positivere Selbst- und Fremdeinschätzung, kann mehr Optimismus und Gestaltungszuversicht entwickeln, hat es leichter, zu Prestige und Macht sowie zu angenehmeren, gesünderen und zufriedenstellenderen Lebensbedingungen zu kommen. Vielsagend ist der immer wieder bestätigte Befund, daß Menschen eine um so längere Lebenserwartung haben, je besser ihre Einkommens- und Vermögensverhältnisse sind (*Klosterhuis/Müller-Fahrnow* 1994, 325).

Insbesondere die Folgen von (Einkommens-)Armut, vor allem von längerfristiger Armut, beschränken sich nicht auf wirtschaftliche und materielle Entbehrungen. In zahlreichen Untersuchungen wurde nachgewiesen, daß mit der ökonomischen Mangellage oft soziale und psychische Veränderungen verbunden sind: Isolation und Gefühle der Einsamkeit, die Reduzierung von Aktivitäten und Interessen, negative Selbsteinschätzungen und ein entsprechend geringes Selbstvertrauen, negative Einschätzungen durch Mitmenschen und diesbezügliche Vorurteile machen die Situation der Armut in vielen Fällen erst wirklich belastend. Folgeerscheinungen dieser Art führen ofmals auch dazu, daß die Fähigkeit von Armen ständig sinkt, sich aus ihrer Situation selbst zu befreien.

5.4 Macht

Die Dimension ungleicher Macht wird oft als besonders wichtig eingeschätzt. Offenkundig greifen Machterscheinungen tief in die Lebensverhältnisse der Gesellschaftsmitglieder ein. Sie sind in nahezu allen Lebensbereichen der einzelnen spürbar, in Familie, Arbeitsleben, Freizeit und Politik. Machtdifferenzierungen prägen so die Gesellschaft auch in ihrem Gesamtzusammenhang.

5.4.1 Bedeutung, Begriffe und Erforschung der Macht

Die Erscheinungsformen der Macht sind überaus vielgestaltig. Einige Hinweise sollen dies veranschaulichen:

– Schon die *Grundlagen* (Ressourcen) der Macht können ganz unterschiedlicher Art sein. Neben Machtverhältnissen, die auf Befugnissen von Amtsträgern beruhen, finden sich solche, die sich auf Wissen, Reichtum, Prestige, persönliche Durchsetzungsfähigkeit etc. gründen.

- Es ist nicht nur unterschiedlich *womit*, sondern auch *wie* Macht ausgeübt wird. Das Arsenal der *Machtinstrumente* ist umfangreich: Hierzu zählt der Einsatz überlegener Argumente, materieller Belohnung bzw. Bestrafung, physischer Machtmittel, psychischer Abhängigkeit und manipulierender Information u.v.a.m.
- Weiterhin finden sich vielgestaltige *Beziehungen* zwischen Mächtigen und Unterlegenen: So können Personen Macht „haben", ihre Macht steht (potentiell) bereit, ohne daß notwendigerweise Aktivitäten der Mächtigen erkennbar wären. Dies schließt nicht aus, daß bereits bloße Machtpotentiale ihre Wirkungen haben und Beziehungen von Unterlegenen zu Mächtigen gestalten. Wer hätte noch nicht bemerkt, wie Menschen in „vorauseilendem Gehorsam" dem vermeintlichen Willen Mächtiger zuvorkommen?
  Oder aber: Personen können Macht (aktuell) über andere ausüben. Machtbeziehungen können hierbei (z.B. zwischen Polizei und Kraftfahrer) in immer wieder den gleichen Formen auftreten, mehr oder minder geregelt, u.U. von den Betroffenen anerkannt. Machtbeziehungen (z.B. zwischen Handelspartnern in bestimmten Situationen) können jedoch auch spontan, immer wieder anders, situativ und/oder kurzzeitig auftreten.
- Schließlich unterschieden sich Machterscheinungen auch hinsichtlich der *Reaktionen*, die sie bei den Unterlegenen bewirken. Auf Macht kann mit erbittertem Widerstand, mit resignierter Betroffenheit, mit einsichtsvoller Hinnahme oder mit ausdrücklicher Zustimmung reagiert werden. Macht kann von den Unterworfenen bemerkt, geahnt oder (im Falle der Manipulation) unerkannt erlitten werden.

Im Zusammenhang mit Fragen sozialer Ungleichheit interessieren keineswegs nur allgemein sichtbare Machtgefälle, sondern auch weithin unerkannte Spielarten der Macht, zum Beispiel der o.a. „vorauseilende Gehorsam" oder das Wirken von längst gewohnten „Regeln" und „Sachzwängen".

Machtungleichheiten sind eng mit anderen Dimensionen sozialer Ungleichheit verflochten. Wissen, Vermögen, Prestige etc. lassen sich unter Umständen in Macht überführen, wie auch umgekehrt Macht zur Ursache von Prestige-, Vermögens- oder Informationsdifferenzierungen werden kann.

Der Begriff der Macht

Will man Ungleichheiten der Macht untersuchen oder darstellen, so ist zunächst zu bestimmen, was unter Macht verstanden werden soll. Denn unter „Macht“ läßt sich durchaus Unterschiedliches fassen. Im folgenden geht es ausschließlich um Macht im Sinne der Überlegenheit von Menschen über andere Menschen, nicht zum Beispiel um die „Macht der Verhältnisse“ oder die „Macht des Schicksals“.

Weit verbreitet in der sozialwissenschaftlichen Literatur ist die Bezugnahme auf die Definition *Max Webers*. Hiernach ist Macht „die Chance, innerhalb einer sozialen Beziehung den eigenen Willen auch gegen Widerstreben durchzusetzen, gleichviel worauf diese Chance beruht“ (1980, 38). Im folgenden wird diese Begriffsbestimmung zugrundegelegt und teilweise noch erweitert, um sozialstrukturellen Machterscheinungen gerecht zu werden. Neben der von *Max Weber* einbezogenen willentlichen, direkten und persönlichen Macht sollen auch bestimmte ungewollte Effekte (z.B. als bedrohend aufgefaßte und mit Fügsamkeit beantwortete Aktivitäten), Formen indirekter Macht (z.B. in globalen Wirtschaftsgefügen) und beispielsweise per Rechtsordnung wirkende unpersönliche „strukturelle Gewalt“ (*Galtung* 1975) berücksichtigt werden. Eine diese Phänomene einschließende Definition der Macht könnte so lauten: „Macht soll jede wesentliche Beeinflussung heißen, die ein Bestandteil der Gesellschaft über einen anderen ausübt bzw. ausüben kann, ohne daß dieser in der Lage ist, sich der Einwirkung zu entziehen“ (*Hradil* 1980, 22).

Der Begriff der Macht stellt einen Überbegriff über andere verwandte Begriffe dar. Teilbereiche der Macht erfaßt z.B. der Begriff der *„Herrschaft“*. Darunter verstand *Max Weber* „die Chance, für einen Befehl bestimmten Inhalts bei angebbaren Personen Gehorsam zu finden“ (1980, 38). Als „Herrschaft“ wird institutionalisierte (z.B. legale), von den Unterlegenen (als legitim) hingenommene Macht bezeichnet. Herrschaftsverhältnisse sind in der Regel strukturiert und relativ stabil. Daher sind Herrschaftsbeziehungen wesentliche Bestandteile von Gefügen sozialer Ungleichheit. Der Begriff der *„Autorität“* hingegen richtet sich auf jene Durchsetzungsfähigkeit, die auf persönliche Achtung gegründet ist. Insoweit Autorität allein auf der Achtung bestimmter Einzelpersonen beruht, ist sie kaum aus Erscheinungsform sozialer Ungleichheit anzusehen.

Bedenkt man die oben angesprochenen vielfältigen Aspekte der Macht, so überrascht es nicht, daß verschiedenartige Verfahren zum Nachweis von Machtungleichheiten entwickelt worden sind. Drei von ihnen zählen mittlerweile zum Standardinstrumentarium der empirischen Machtforschung: die „Positionsmethode", die „Reputationsmethode" und die „Entscheidungsmethode".[59]

Die *Positionsmethode* beruht auf der Annahme, daß gesamtgesellschaftlich wirksame Macht in modernen Gesellschaften „institutionalisiert, das heißt, an Ämter gebunden" (*Bürklin* 1996, 2) ist und demnach vornehmlich von den Spitzenpositionen wichtiger Organisationen ausgeht. Infolgedessen besteht die Vorgehensweise der Positionsmethode darin, die Führungspositionen der bedeutendsten politischen, wirtschaftlichen, kulturellen etc. Organisationen zu bestimmen und deren Träger zu ermitteln. Die festgestellten Amtsinhaber werden als mächtigste Mitglieder des untersuchten sozialen Gebildes angesehen.

Die Positionsmethode wurde immer wieder verwendet. Denn sie ist relativ einfach durchzuführen und vielseitig anwendbar. Diese Methode stellt gegenwärtig die einzig verfügbaren Resultate zu den Spitzen gesamtgesellschaftlicher Macht in Deutschland bereit. Allerdings sind Positionsstudien und ihre Ergebnisse dadurch begrenzt, daß nur organisierte Macht berücksichtigt wird. Zudem sind die Resultate durch die Auswahl zu untersuchender Organisationen und Positionen geprägt. Diese Auswahl beruht aber im wesentlichen auf Annahmen und nicht auf Kenntnissen der jeweiligen Machtfülle. Daher läßt sich mit Sicherheit nur sagen, daß das Positionsverfahren einen bestimmten Aspekt der Macht erfaßt, nämlich die formalen Kompetenzen ausgewählter Führungsstellungen. Im dunkeln bleibt die Nutzung dieser Positionsbefugnisse sowie informelle Macht innerhalb und außerhalb von Organisationen (graue Eminenzen, finanzielle Abhängigkeiten etc.).

Wird die *Reputationsmethode* verwendet, so werden gut informierte Personen (z.B. Journalisten) danach gefragt, wer ihrer Ein-

---

59 Darstellungen und Beurteilungen dieser drei Verfahren finden sich u.a. in folgenden deuschsprachigen Schriften: *Ammon* 1967; *Drewe* 1967; *K.B. Mayer* 1975; *Sahner* 1975; *Hradil* 1980, Kap. 3

schätzung nach die mächtigsten Gesellschaftsmitglieder seien. Den am häufigsten genannten Personen wird die größte Machtfülle zugeschrieben.

Diese Methode erlaubt Aussagen über ganz unterschiedliche Formen der Macht und nicht nur über formale Herrschaftsansprüche von Führungspositionen. Der Vorteil der größeren Reichweite wird aber teuer erkauft. So bleibt in Reputationsuntersuchungen vielfach unklar, welche Formen von Macht tatsächlich Berücksichtigung gefunden haben, ob sich die Aussagen der Informanten zum Beispiel auf den bloßen Besitz von Ressourcen (Geld, Ansehen, Ämter etc.) beziehen oder ob sie bestimmte, tatsächlich wirksam gewordene Machtprozesse im Blickfeld haben. Vor allem aber ist schwer zu erkennen, ob die Auskunftspersonen wirklich Kenner der Szene sind oder nur Gerüchte wiedergeben. Sicher erscheint somit nur, daß sich die Befunde von Reputationsstudien auf den Besitz einer bestimmten Machtressource beziehen: Auf den Ruf, Macht zu besitzen, welcher ja durchaus tatsächlich Macht verleihen kann.

Das *Entscheidungsverfahren* vermeidet solche Unsicherheiten, indem ohne Rückgriff auf Unterstellungen (wie beim Positionsverfahren) oder auf subjektive Einschätzungen (wie beim Reputationsverfahren) Machtprozesse direkt zum Gegenstand der Forschung gemacht werden: Entscheidungsuntersuchungen richten sich auf gezielte Machthandlungen, die in öffentlichen Entscheidungsprozessen (z.B. in Parlamenten oder in Gemeinderäten) gegen Widerstand zum Erfolg führen. Die Methode geht davon aus, daß diejenigen die Mächtigsten sind, die in öffentlichen Streitfragen um wichtige Angelegenheiten (z.B. Industrieansiedlungen in einer Gemeinde) ihre Auffassung durchsetzen können. Deshalb werden kontroverse Entscheidungsprozesse ausgewählt, die Absichten und Aktivitäten der Beteiligten registriert und schließlich diejenigen ermittelt, die sich durchsetzen konnten.

Der Nachteil des Entscheidungsverfahrens liegt darin, daß zahlreiche Aspekte der Macht unberücksichtigt bleiben. Dem Entscheidungsverfahren entgehen u.a. alle Machtformen, die auf eine Unterbindung von öffentlichen Konflikten zielen. Mächtige können „Nicht-Entscheidungen" (*Bachrach/Baratz* 1962; 1963; 1970; 1977, Kap. 3)[60]

60 Das Konzept der „Nicht-Entscheidungen" und die Möglichkeit, entsprechende Phänomene empirisch zu erforschen, wurden zum Gegenstand einer eigenen Debatte (vgl. u.a. *Offe*, in: *Bachrach/Baratz* 1977).

hervorrufen, indem sie z.B. durch die Beeinflussung der öffentlichen Meinung, durch „Sachzwänge“ oder die Schaffung geeigneter Verfahrensregeln die „Weichen“ so stellen, daß für sie wesentliche Anliegen überhaupt nicht in Entscheidungsprozesse gelangen. Schließlich läßt die Auswahl der untersuchten Streitfälle in der Regel nicht erkennen, inwiefern es sich dabei um „wichtige“ Entscheidungsbereiche handelt. Daher lassen sich aus Entscheidungsanalysen kaum Aufschlüsse über strukturelle Machtungleichheiten gewinnen.

Die methodischen Auseinandersetzungen um das beste Verfahren der empirischen Machtforschung führten zu der Erkenntnis, daß jedes der drei Verfahren bestimmte Schwächen und Stärken hat. Daher wurden Kombinationen dieser Methoden eingesetzt, um dem mehrdimensionalen Charakter vieler Machtphänomene wenigstens annähernd gerecht zu werden.

Auf der Suche nach ergiebigeren Methoden sind u.a. *Netzwerkanalysen* in der empirischen Machtforschung verwendet worden (*Laumann/Pappi* 1973). Sie beruhen auf dem Grundgedanken, daß „Beziehungen“ Macht verschaffen. Infolgedessen versuchte man, durch Erforschung von Bekanntschaftskreisen, Kommunikationsnetzwerken usw. Aufschluß über Machtverhältnisse zu erlangen. Solche „Netzwerke“ ermittelte man z.B. durch das Erfragen der besten Bekannten, Geschäftsfreunde und Kontaktpersonen von wichtigen Positionsträgern einer Gemeinde. Mit Hilfe bestimmter Analyseverfahren wird dann herausgearbeitet, welche Personen innerhalb der Vielzahl solcher Verbindungen zentrale Stellungen einnehmen und welche Personen eher am Rande des Beziehungsgefüges stehen.

Als *Ressourcenverfahren* wird ein Vorgehen bezeichnet, bei dem aus dem Besitz bestimmter Machtressourcen (z.B. Wissen, Geld, Kapitalbesitz, Ämterhäufungen) direkt auf Machtbesitz geschlossen wird. Dahinter stehen Überlegungen, wie sie in den Redewendungen „Wissen ist Macht“ oder „Geld regiert die Welt“ zum Ausdruck kommen.

Überblickt man die bislang entwickelten Methoden der empirischen Machtforschung und ihre Anwendung, so wird deutlich, daß Machtstrukturen der Sozialforschung durchaus zugänglich sind, daß aber die verfügbaren Ergebnisse nur Einblick in bestimmte Erscheinungsformen gewähren und bislang keinen Überblick über das eingangs skizzierte vielgestaltige Spektrum ermöglichen.

5.4.2 Hypothesen zur Ungleichheit der Macht

Die folgende Darstellung wird sich auf ungleiche Macht konzentrieren und insbesondere die „Spitzen“ ungleicher Macht in Deutschenland hervorheben. Dadurch geraten bestimmte Machtkonstellationen, zum Beispiel wechselseitige Machtverhältnisse und komplexe Machtfigurationen mehrerer Parteien, aus dem Blickfeld (vgl. *Sofsky/Paris* 1994). Auch Machtstrukturen unterhalb der „Machtspitzen“, z.B. weniger weitreichende Machtungleichheiten in Gemeinden, Betrieben und Familien, können nur angedeutet werden.[61]

Studien gesamtgesellschaftlicher Machtstrukturen gehen in der Regel von bestimmten Hypothesen aus und versuchen, deren Realitätsgehalt zu bekräftigen oder zu entkräften. Im folgenden sollen die bekanntesten dieser Vorannahmen darstellt werden.

Historische Machtverhältnisse

John Kenneth Galbraith (1987, 13ff.) hat ein historisches Phasenmodell der Macht entwickelt. Hiernach dominierte in *traditionalen Gesellschaften* Macht, die von Personen ausging. Die geläufigen Methoden der Macht bestanden zu jener Zeit in repressiven Mitteln, oft in physischen Drohungen oder körperlichen Strafen (Folter, Galgen). In *industriellen Gesellschaften* stellte Besitz die wichtigste Quelle der Macht dar. Die meistverwendeten Methoden bestanden in materiellen Belohnungen (z.B. Entlohnung in der Lohnarbeit). In *postindustriellen Gesellschaften* sind es nach Meinung *Galbraith'* überwiegend Organisationen, die Macht hervorbringen. Die typische Methode der Machtausübung bestehe darin, Menschen zu „konditionieren“, d.h. ihr Bewußtsein und ihre Überzeugungen zu prägen (Werbung, Propaganda, Massenmedien etc.).

Mit diesem Modell wird eine Entwicklungsrichtung skizziert, die die grundlegenden historischen Schwerpunktverlagerungen im wesentlichen zutreffend wiedergibt. So wirkt körperliche Macht in postindustriellen Gesellschaften mittlerweile geradezu archaisch und ist von der Regel zur Ausnahme geworden. Gerade deshalb erregt sie so viel Aufmerksamkeit. Das Modell macht überdies sichtbar, daß Machtaus-

---

61 Zu den Kategorien- und Modell-Problemen, die sich einer Einbeziehung der Dimension Macht in die Beschreibung der Sozialstruktur entgegenstellen, vgl. *Imbusch* 1998.

übung in modernen Gesellschaften vielleicht „humaner", sicher aber auch raffinierter in ihrer Durchsetzung geworden ist.

Moderne Machtverhältnisse

Es konkurrieren ganz unterschiedliche, zum Teil widersprüchliche Hypothesen zu Machtverhältnissen in modernen Gesellschaften. Im folgenden sollen die wichtigsten aufgeführt werden, geordnet von jenen, die die geringsten Machtungleichheiten vorsehen bis hin zu jenen, die die schärfsten Machtungleichheiten diagnostizieren.

Elitentheorien gehen davon aus, daß mehr oder minder deutlich abgrenzbare Gruppen von Personen bzw. Amtsträgern als Zentren der Macht feststellbar sind. Unter den Mitgliedern einer „*Elite*" werden dabei nicht, wie vielfach in der älteren Literatur, die „Besten" einer Gesellschaft verstanden. Vielmehr „wird der Begriff Elite in der Regel verwendet, um einen Personenkreis zu beschreiben, der regelmäßig Einfluß auf gesamtgesellschaftlich wichtige Entscheidungen nehmen kann." (*Bürklin* 1996, 2) Die Macht von Eliten kann auf bestimmte Gesellschaftsbereiche begrenzt sein oder sich auf alle denkbaren Sektoren erstrecken. Von „*Funktionseliten*" wird dann gesprochen, wenn man „die Führungsgruppen der Gesellschaft und des Staates von den Funktionen her zu bestimmen sucht, die sie im gesellschaftlich-politischen Wirkungszusammenhang übernehmen." (*Stammer* 1972, 181) Die Inhaber von Führungspositionen verschiedener Funktionsbereiche der Gesellschaft (Wirtschaft, Politik, Kultur etc.) bilden danach die Funktionseliten.

Pluralistische Elitetheorien vertreten die Meinung, daß Macht von mehreren, konkurrierenden Eliten ausgeübt werde. Die klassischen Pluralismustheorien (*R. A. Dahl*, *N. W. Polsby*, *D. Riesman*) gehen hierbei von einer Machtbalance zwischen verschiedenen Eliten aus. Dies verhindere die Vorherrschaft eines bestimmten Bereichs. Die gewählte politische Führung habe die Aufgabe, Blockaden infolge des Machtgleichgewichts zu verhindern und Kompromisse zustandezubringen. Neuere Pluralismustheorien sehen dagegen gewisse strukturelle Machtvorsprünge vor allem des ökonomischen Bereichs (*Lindblom*), oder aber Machtvorteile für die Sektoren, die durch hochorganisierte Verbände (wie Gewerkschaften, Industrieverbände, Wohlfahrtsverbände) vertreten sind, welche mit staatlichen Organen kooperieren (vgl. Kap 4.2, Neokorporatismus).

Die frühen Elitetheorien, zum Beispiel jene von *Gaetano Mosca* (1858-1941), *Robert Michels* (1876-1936) und *Vilfredo Pareto* (1848-1923), vertraten die (voluntaristische) Auffassung, daß Eliten mehr oder minder aus freiem Willen handeln können und sehr große Handlungsspielräume haben. Diese Theorien trennten auch scharf zwischen den mächtigen Eliten einerseits und den machtlosen Massen der Nicht-Eliten andererseits. Neuere pluralistische Elitetheorien billigen Eliten dagegen nur noch begrenzten, zudem wechselnden Handlungsspielraum innerhalb gewisser struktureller Bedingungen zu und unterstreichen zudem die graduellen Machtabstufungen und die engen gegenseitigen Abhängigkeiten zwischen Elitenmitgliedern und den Mächtigen der zweiten und der dritten Reihe.

Unter den pluralistischen Elitetheorien gibt es solche, die einen eher *konflikttheoretischen* und andere, die einen eher *funktionalistisch-integrationstheoretischen* Hintergrund haben. Konflikttheoretiker lenken den Blick auf die Unabhängigkeit der einzelnen Eliten, unter anderem infolge verschiedenartiger Herkunft und Denkungsart der einzelnen Eliten. Funktionalistische Theoretiker heben dagegen die „horizontale Integration" der einzelnen Eliten hervor (*Hoffmann-Lange* 1991, 21), das heißt einen gewissen Grundkonsens und soziale Beziehungen über Elitegrenzen hinweg. – Die beiden theoretischen Blickwinkel machen uns darauf aufmerksam, daß es in modernen Gesellschaften eines Mittelwegs zwischen einer gewissen Grundüberstimmung und Kooperation zwischen Eliten einerseits und ihrer Unabhängigkeit, Andersartigkeit und Konkurrenz andererseits bedarf.

Monistische Elitetheorien („Elitisten") vertreten die Auffassung, daß nicht mehrere, sondern nur eine relativ geschlossene Gruppe von Machthabern am Ruder steht. So hat *C. Wright Mills* (1956) das Machtgefüge der USA als pyramidenförmige Hierarchie interpretiert, an deren Spitze die Mächtigen aus Wirtschaft, Staat und Militär stehen. Diese „Macht-Elite", in der die Vertreter der Wirtschaft eine besonders starke Position haben, bildet nach *Mills'* Auffassung einen relativ geschlossenen Zirkel, der wichtige Entscheidungen unter Umgehung demokratischer Strukturen unter sich ausmacht. Dies sei möglich geworden, da sich die Machtbereiche wirtschaftlicher, staatlicher und militärischer Organisationen überschneiden und deren Interessen zusammenfallen, die jeweiligen Machthaber aus den gleichen Kreisen stammen, eine gleichermaßen vorzügliche Ausbildung haben, eine ähnliche Weltanschauung aufweisen und enge gesellschaftliche

Beziehungen pflegen. Dieses Zusammentreffen institutioneller und psychologischer Faktoren wird außerdem durch einen Personenaustausch innerhalb und zwischen den drei institutionellen Bereichen ergänzt.

Strukturelle Machttheorien sehen im Gegensatz zu Elitetheorien nicht bestimmte Personen oder Positionen als Ausgangspunkte der Macht, sondern das Zusammenwirken von Systemen und organisatorischen Regeln. *Marxistischen Theorien der Klassenherrschaft* zufolge führen die Gesetzmäßigkeiten der kapitalistischen Wirtschaftsweise dazu, daß alle gesellschaftlichen Bereiche sich letzten Endes den Interessen der Wirtschaft unterordnen müssen. Dies gilt auch und gerade für die politischen Instanzen. Deren Aufgabe besteht nach marxistischer Auffassung darin, für die Wirtschaft die Bedingungen profitablen Kapitaleinsatzes sicherzustellen, um so das Ausmaß der Investitionstätigkeit zu erhalten, von dem das Gedeihen kapitalistischer Gesellschaften weitgehend abhängt. Somit liegt es „im Wesen des Systems, daß die Unternehmerschaft eine sehr viel bessere Position hat als irgendeine andere Interessengruppe; sie kann wirkungsvoller opponieren als jede andere Gruppe; sie kann die Regierung dazu bringen, ihre Wünsche und Bedürfnisse vorab zu erfüllen." (*Jaeggi* 1973, 117) Nicht alle Unternehmer verfügen jedoch nach Ansicht marxistischer Sozialwissenschaftler über so hervorragende Machtpositionen. An der Spitze des Machtgefüges stehen die Eigentümer und Manager des „Groß- und Monopolkapitals", die ohne Mühe in der Lage sind, Druck auf Regierungen und Öffentlichkeit auszuüben.

Im Unterschied zu diesen „klassisch"-marxistischen Vorstellungen kommen die *neo-marxistischen Theorien* von Forschern in der Nachfolge der „Kritischen Theorie" zum Schluß, daß staatliche Gremien heute keineswegs in völliger Abhängigkeit von der Wirtschaft stehen, sondern dieser gegenüber einen gewissen Autonomiespielraum haben. Er erlaube es ihnen in gewissen Grenzen durchaus, auch gegen die Interessen der Wirtschaft vorzugehen. Hinter dieser Annahme steht die Feststellung, daß sich die Wirtschaft im fortgeschrittenen Kapitalismus nicht länger selbst regeln kann, sondern staatliche Stellen zur Koordination, Entwicklungsplanung, Infrastrukturausstattung sowie allgemein zur Abwehr krisenhafter Erscheinungen benötigt. So vertreten *Jürgen Habermas*, *Claus Offe* und andere die Meinung, daß neben der Wirtschaft vor allem Staatsinstitutionen über gesamtgesellschaftlich wirkungsvolle Machtstellungen in der Bundesrepublik verfügen. (vgl. *Habermas* 1968, 75)[62]

Die erwähnten, einander widersprechenden Hypothesen sind von ihren Vertretern anhand von Beispielen jeweils plausibel gemacht worden. Es kann aber so lange nicht aufgrund gesicherter Erkenntnisse entschieden werden, welche Hypothesen zutreffen, wie sie nicht durch systematische empirische Untersuchungen überprüft worden sind. Deshalb sollen im folgenden die wichtigsten empirischen Befunde zusammengetragen werden, die zur Machtverteilung in Deutschland vorliegen.

5.4.3 Überblick über das gesamtgesellschaftliche Machtgefüge

Wir verfügen mittlerweile über Forschungsergebnisse, die es erlauben, bestimmte Entwicklungen an der Spitze gesamtgesellschaftlicher Macht sehr viel besser als früher einzuschätzen. Denn 1981 und 1995 wurden weitgehend gleich angelegte Elitenuntersuchungen in Deutschland durchgeführt.[63] Sie beruhen auf dem o.a. Positionansatz. Wir können dadurch ermessen, wie sich die Besetzung von Spitzenpositionen mit gesamtgesellschaftlich wirksamen formalen Befugnissen und Wirkungsmöglichkeiten seit Beginn der 80er Jahre entwickelt hat.

Im Jahre 1995 wurden 4.587 Spitzenpositionen von Organisationen in West- und Ostdeutschland als Elitenpositionen berücksichtigt. Sie waren von 3.942 Amtsinhabern besetzt. Diese Personen wurden als die Mitglieder der deutschen Eliten eingestuft. Im Jahre 1981 waren es 3.634 Spitzenpositionen aus westdeutschen Organisationen, die als gesamtgesellschaftlich mächtig angesehen wurden. Sie waren von gut 3000 Personen besetzt (*Bürklin* 1996, 2).

Die genannten Positionsuntersuchungen beruhen auf der Annahme, daß das Machtgefüge Deutschlands durch Machtzentren aus ganz unterschiedlichen Funktionsbereichen (Funktionseliten) charakterisiert werden kann. Einbezogen wurden daher Führungspositionen aus den Hauptsektoren Politik, Verwaltung, Wirtschaft (einschließlich Finanzwirtschaft), Wirtschafts- und Landwirtschaftsverbände, Gewerkschaften,

---

62 Die sog. „Disparitätenthese" (Kap. 4) beruht auf ähnlichen Überlegungen.

63 Zum Teil sind sie sogar vergleichbar mit älteren Studien aus den Jahren 1968 und 1972 (*Hoffmann-Lange* 1989, 249).

Massenmedien, Wissenschaft, Militär und Kultur. Außerdem wurden einzelne Führungspositionen aus der Justiz, den Kirchen, dem Bereich der Neuen Sozialen Bewegungen, der Berufsverbände, den Institutionen der Europäischen Union und der Kommunalen Spitzenverbände ausgewählt (*Bürklin* 1996, 2). Diese Bereiche stellten nach dem Ansatz der Forscher die Funktionseliten Deutschlands im Jahr 1995 dar.

Tab. 24 stellt die Positionsauswahl der Elitestudie 1995 dar und vergleicht sich mit den Funktionseliten der Untersuchung des Jahres 1981.

Tab. 24: Übersicht über die Positionsauswahl der Elitestudie 1995 und im Vergleich zur Elitestudie 1981

	1981		1995	
Sektor	(n)	(%)	(n)	(%)
Politik	578	15,9	1 082	23,6
Verwaltung	479	13,2	683	14,8
Wirtschaft	592	16,3	539	11,8
Finanzwirtschaft	303	8,3	338	7,4
Wirtschaftsverbände[1]	407	11,2	428	9,3
Gewerkschaften	155	4,3	168	3,7
Berufsverbände	58	1,6	79	1,7
Justiz	70	1,9	77	1,7
Wissenschaft	209	5,8	221	4,8
Massenmedien	376	10,3	529	11,5
Kultur	188	5,2	205	4,5
Kirchen	47	1,3	61	1,3
Zentrale Organisationen			17	0,4
Militär	172	4,7	160	3,5
Gesamt	3 634	100,0	4 587	100,0

1 Davon 18 Positionen (1981: 13) Arbeitsgemeinschaft der Verbraucherverbände.
(Quelle: *Bürklin/Rebenstorf* u.a. 1997, 38)

Um ein Elitengefüge als pluralistisch charakterisieren zu können, ist es nicht nur erforderlich, daß die Elitenmitglieder ihren Einfluß aus unterschiedlichen institutionellen Bereichen der Gesellschaft beziehen. Zugleich sollte eine gewisse „soziale Distanz" zwischen den Mächtigen bestehen. Diese kann durch unterschiedliche Merkmale aufgezeigt werden: durch nicht allzu häufige Ämterwechsel von Elite zu Elite, durch wenige Ämterhäufungen über Elitegrenzen hinweg, durch spezialisierte, von Elite zu Elite verschiedene Karrierewege, durch unterschiedliche Herkunft und Auswahlkriterien etc. Um ein pluralistisches Elitengefüge funktionsfähig zu erhalten, bedarf es andererseits einer „horizontalen

Integration", d.h. gewisser Grundübereinstimmungen, sozialer Beziehungen, Kommunikationen und Austauschprozesse von Elite zu Elite. – Die empirischen Befunde zeigen, daß „eine Vielzahl bereichsübergreifender Gemeinsamkeiten, aber auch sektoraler Spezifika vorliegen". (*Bürklin/Rebenstorf u.a.* 1997, 186) Betrachten wir die folgenden Befunde, so scheint es, daß in der Bundesrepublik eine Balance zwischen Eigenständigkeit und Zusammenhalt gegeben ist.

Eine gewisse Eigenständigkeit bringt die wachsende Spezialisierung der Ausbildungen mit sich: Die Funktionseliten früherer Zeit hatten zu sehr hohen Anteilen eine juristische Ausbildung und somit eine gemeinsame Sprache und Kultur, die nicht selten als problematisch, da als einseitig angesehen wurde (*Dahrendorf* 1965c). Die Vorherrschaft der Juristenausbildung ist im Sinken begriffen. Die Ausbildung der einzelnen Funktionseliten ist mehr und mehr auf deren jeweilige Aufgaben zugeschnitten.

Auf eine relative Unabhängigkeit der einzelnen Eliten deutet auch hin, daß deren Mitglieder 1995 dem jeweiligen Funktionsbereich meist schon sehr lange angehörten: Über 15 Jahre in der Politik Westdeutschlands, über 20 Jahre in der Verwaltungselite, 22 Jahre in der Medien- und in der Gewerkschaftselite, fast 25 Jahre in der Wirtschaft, fast 35 Jahre beim Militär. Selbst Quereinsteiger müssen sich noch über ein Jahrzehnt „hochdienen". Entsprechend spät werden die Spitzenpositionen erreicht, im Durchschnitt mit ca. 50 Jahren (*Bürklin/Rebenstorf u.a.* 1997, 187). Die besondere Prägekraft des jeweiligen Positionssektors ist daher im allgemeinen hoch.

Die relative Unabhängigkeit der Einzeleliten wirkt zwar Machtkonzentrationen im Elitengefüge insgesamt entgegen. Dennoch könnten lange Zugehörigkeiten die Gefahr von Machtverfestigungen innerhalb der einzelnen Eliten mit sich bringen. Dagegen spricht jedoch die recht schnelle Rotation an der Machtspitze, d.h. relativ kurze Zeit, die die befragten Elitenmitglieder schon in ihrer Spitzenposition waren: Zum Befragungszeitpunkt 1995 waren die führenden Militärs erst 2 Jahre, die Spitzenpolitiker 3 Jahre, die Verwaltungschefs 4 Jahre, die Wirtschaftsbosse gut 5 Jahre, die Medienleiter, Verbandschefs und Gewerkschaftsführer 6 Jahre lang in ihrer Stellung. (*Bürklin/Rebenstorf u.a.* 1997, 38)

Für die Eigenständigkeit von Eliten sprechen auch die vergleichsweise wenigen Ämterhäufungen und die relativ seltenen Ämterwechsel von Elite zu Elite. So belegt die schon erwähnte Tatsache, daß im

Jahre 1995 (1981) die 4.587 (3.634) Spitzenpositionen von fast 4.000 (über 3.000) Positionsinhaber besetzt waren, den begrenzten Umfang von Ämterhäufungen in der Bundesrepublik: Nur 645 Personen hatten 1995 in Personalunion zwei oder mehr Elitestellungen inne. Was die Elitenzirkulation, das heißt den Wechsel von Amtsträgern von Funktionselite in eine andere betrifft, so gelangten zwar bestimmte Staatssekretäre aus dem Verwaltungsbereich in die politische Spitze (*Derlien/Pippig* 1990, 106f.) und einige Industrieführer in die Leitung von Verbänden. Letzten Endes blieben dies jedoch Einzelfälle.

Auch die Gelegenheiten zu informeller Kommunikation zwischen Angehörigen unterschiedlicher Funktionseliten halten sich in Deutschland in Grenzen. Die Mitgliedschaften beruhen auf einem stark differenzierten System von getrennten Organisationen (*Bürklin/Rebenstorf u.a.* 1997, 121), nicht auf der Zugehörigkeit zu einem einheitlichen Herkunftsmilieu, zu einer gemeinsamen Konfession o.ä. Auch Elite-Ausbildungsstätten, in denen Gemeinsamkeiten von Elitenmitgliedern entstehen könnten, spielen in Deutschland, im Unterschied zu England, Frankreich und den USA, keine wesentliche Rolle.

Auf der anderen Seite bedarf es, wie erwähnt, einer hinreichenden „horizontalen Elitenintegration“, d.h. genügend Kommunikation und Gemeinsamkeiten über Elitengrenzen hinweg und hinreichender Erfahrungen in jeweils anderen Positionsbereichen, um Auseinanderentwicklungen, Betriebsblindheit etc. zu vermeiden.

Was die Herkunft betrifft, so haben sich die Mitglieder der deutschen Eliten einander angenähert. Sie kommen zwar auch heute keineswegs aus der gleichen Gruppierung, wie das z.B. die Thesen der „Elitisten“ befürchten, aber das Spektrum der Herkunft aus verschiedenen Schichten etc. ist ähnlicher geworden. Dies gilt auch für die traditionell häufig aus unteren Schichten stammende Gewerkschaftselite, „die zwar an ihrer Herkunft gemessen immer noch deutlich vom Durchschnitt der gesamten Führungsschicht abweicht, sich aber seit der Elitestudie von 1981 stark dem Herkunftsprofil der anderen Teileliten angenähert hat.“ (*Bürklin/Rebenstorf u.a.* 1997, 120)

Weitere Verbindungslinien zwischen den deutschen Funktionseliten sind dadurch gegeben, daß die Elitemitglieder des Jahres 1995 häufig Späteinsteiger sind, die durchaus auch Erfahrungen in anderen Sektoren sammeln konnten: Ein Drittel der Wirtschaftsführer, gut die Hälfte der Verwaltungsspitzen und 60% der Spitzenpolitiker haben ihre Tätigkeit in anderen der genannten Positionssektoren begonnen.

Naturgemäß ist dies beim Militär und in der Medienelite weit seltener der Fall. (*Bürklin/Rebenstorf u.a.* 1997, 186f).

5.4.4 *Chancen der Machtteilhabe spezifischer Gruppierungen*

Die verfügbaren Daten über die Rekrutierung von Eliten zeigen, daß in allen bekannten Gesellschaften die Mitglieder bestimmter privilegierter Bevölkerungsgruppen wesentlich größere Chancen haben, an die Schalthebel der Macht zu gelangen als andere Bevölkerungsteile. In Deutschland haben die besser (Aus-)Gebildeten, die oberen Schichten bzw. Klassen und Männer wesentlich bessere Aussichten, in Elitepositionen aufzusteigen, als weniger Gebildete, Kinder unterer Schichten und Klassen sowie Frauen.

Bildung und Ausbildung

Der Weg in die Elite führt durch die Hochschule. Wer einen Studienabschluß erwirbt, erfüllt eine fast schon notwendige – freilich längst nicht zureichende – Voraussetzung, einer Funktionselite anzugehören. Über drei Viertel (77%) der Elitenmitglieder hatten im Jahre 1995 ein abgeschlossenes Studium vorzuweisen. Zur gleichen Zeit waren in der Gesamtbevölkerung weniger als ein Zehntel (9%) zu akademischen Abschlüssen gelangt. Nur ganze drei Prozent der Elitemitglieder erreichten 1995 mit Volks- bzw. Hauptschulbildung und nur sechs Prozent mit einem Realschulabschluß die Machtzentralen (*Bürklin/Rebenstorf u.a.* 1997, 86).

Tab. 25: Die Bildung der Elitemitglieder 1995 (in %)

	Volks-/Hauptschule	Mittlere Reife	(Fach-)Hochschulreife		Studium
Eliten 1981	5	8	(2)	9	76
Bevölkerung 1981	73	19	(-)	4	5
Eliten 1995	3	6	(2)	12	77
Bevölkerung 1995	63	19	(4)	4	9

(Quelle: nach *Bürklin/Rebenstorf* u.a. 1997, 86)

Elitenmitglieder kamen noch in den 80er Jahren weit überwiegend aus den oberen beruflichen Klassen und Schichten. Um zu überprüfen, inwieweit dies nach wie vor der Fall ist, unterschied man eine „Dienstklasse" derjenigen, die leitende Positionen im Berufsleben besetzen oder eine Funktion ausüben, die eine akademische Ausbildung erfordert, von all jenen, die untergeordnete Dienstleistungen und Produktionstätigkeiten ausüben, und untergliederte die „Dienstklasse" nochmals ein eine obere und eine untere. Es wurde sichtbar, daß die soziale Zusammensetzung von Bevölkerung und Eliten stark voneinander abweicht. 1995 stammten nur 6% der Bevölkerung, aber 35% der Eliten aus der „oberen Dienstklasse" der Spitzenmanager und Wissenschaftler. Volle 73% der Bevölkerung, aber nur 35% der Eliten des Jahres 1995 hatten Eltern, die nicht den Dienstklassen angehörten, also untergeordnete und Produktionstätigkeiten leisteten.

Dieser krasse Unterschied zwischen der sozialen Herkunft von Eliten und Bevölkerung hat sich seit Beginn der 80er Jahre nur wenig verringert.

Vergleicht man die soziale Herkunft der einzelnen Funktionseliten, so wird deutlich, daß sich vor allem die Eliten aus Wirtschaft und Wirtschaftsverbänden und die Spitzenpolitiker der FDP aus der oberen Dienstklasse rekrutieren. Die obersten Befehlshaber des Militärs und die Verwaltungselite kommen eher aus der unteren Dienstklasse. Nur die Gewerkschaftselite entspricht in ihrer Zusammensetzung etwa dem Bevölkerungsquerschnitt. Seit 1981 haben in Eliten, deren Mitglieder zuvor überproportional aus unteren Klassen stammten (Gewerkschaft, SPD-Spitzenpolitiker) etwas öfter die bessergestellten „Dienstklassen" Einzug gehalten. Umgekehrt haben die Eliten, die sich noch 1981 ganz überwiegend aus oberen Schichten rekrutierten (Wirtschaft, Wirtschaftsverbände, FDP-Spitzenpolitiker, Militärelite) allmählich auch unteren Klassen Zugang gewährt (*Schnapp* 1996, 36).

Tab. 26: Soziale Zusammensetzung von Eliten und Bevölkerung Westdeutschlands nach der beruflichen Stellung des Vaters 1995 (in %)

1995	nicht Dienstkl.	untere Dienstkl.	obere Dienstkl.
Bevölkerung	73	21	6
Gesamtelite	35	31	35
Gewerkschaften	69	21	10
CDU/CSU-Pol.	40	29	31
B90/Grüne-Pol.	39	36	25
Wirtschaftsverb.	36	25	39
Wirtschaft	35	25	40
Wissenschaft	35	31	35
SPD-Politiker	34	31	35
Verwaltung	31	35	35
Massenmedien	31	35	35
Sonstige	31	36	33
Kultur	35	16	49
Militär	28	34	38
PDS-Politiker	25	63	13
FDP-Politiker	23	28	49

(Quelle: *Bürklin/Rebenstorf* u.a. 1997, 77)

Die dargestellten empirischen Befunde zeigen, daß Elitenmitglieder überwiegend sowohl aus oberen Berufsklassen als auch aus oberen Bildungsschichten stammen. Entsprechende Analysen ergaben, daß Kinder „höherer Kreise" über ihre Bildungsprivilegien hinaus auch direkt durch ihre Herkunft begünstigt werden und so leichter Zugang zu Elitepositionen finden (*Bürklin/Rebenstorf u.a.* 1997a, 92).

Allerdings haben die direkten Herkunftsprivilegien seit dem Jahre 1981 abgenommen. Und Personen aus niederen Herkunftsklassen können, wenn ihnen das gelingt, durch den Erwerb eines Studienabschlusses eine hohe Hürde auf dem Weg zur Elitenzugehörigkeit einnehmen.

Geschlecht

Gut die Hälfte der Bevölkerung sind bekanntlich Frauen. An den Erwerbspersonen hatten sie 1995 (1981) einen Anteil an 40% (38%). In den Machteliten waren Frauen im Jahre 1995 dagegen nur zu 13% zu finden.

Und selbst dieser geringe Anteil muß schon als Fortschritt gelten. 1981 waren ganze drei Prozent der Funktionseliten weiblich. Seither sind Frauen vor allem in die Eliten vorgedrungen, in denen der Frauenanteil durch gezielte Maßnahmen erhöht wurde, zum Beispiel durch Quotenregelungen. Dies war vor allem in der politischen Elite der Fall, wo der Frauenanteil von 6 auf 38% anstieg. In anderen Führungsgruppen muß man Frauen nach wie vor mit der Lupe suchen, z.B. in den Wirtschafts- und Verbandseliten: 1981 waren dort 1% der Elitestellen von Frauen besetzt, 1995 1% bzw. 2%. (*Bürklin/Rebenstorf u.a.* 1997a, 95) Auch im Bereich der Hochschulen gelingt es Frauen nur sehr langsam, in Führungspositionen vorzudringen: Von den 12.214 deutschen C 4-Professuren (15.397 C 3-Professuren) waren 1995 nur 4,8% (8,7%) von Frauen besetzt (Bundesministerium für Bildung, Wissenschaft, Forschung und Technologie (Hg.) 1997/98, 218).

Frauen aus niedrigen Herkunftsklassen und mit niedrigem Bildungsabschluß haben erwartungsgemäß noch deutlich schlechtere Chancen, an die Schalthebel der Macht zu gelangen. Ihre Möglichkeiten liegen im mikroskopischen Bereich: Ganze 0,04% der Elitemitglieder sind Frauen, die weder aus der Dienstklasse kommen noch einen Studienabschluß vorweisen können. Männer der gleichen Gruppe haben dagegen eine fünf Mal so hohe Chance. Andererseits sollte hervorgehoben werden, daß Frauen, die einer Dienstklassenfamilie entstammen und studiert haben, mittlerweile vergleichsweise oft in Machteliten zu finden sind. Sie haben immerhin fast ebenso gute Chancen wie Männer, dorthin zu gelangen.

5.4.5 Fazit

Faßt man die skizzierten Erkenntnisse über die Inhaber von Elitepositionen zusammen, so ergibt sich ein Bild, das in wesentlichen Zügen dem Modell der „Funktionseliten" entspricht. Die Mehrzahl der verfügbaren empirischen Befunde spricht also für ein pluralistisches, nach Funktionsbereichen gegliederten Elitengefüge in Deutschland.

Wenn die in Deutschland gewonnenen Erkenntnisse auf mehrere relativ eigenständige Machtgruppierungen hinweisen, so kann daraus aber keinesfalls geschlossen werden, daß alle diese Machtbereiche gleich mächtig sind. Zahlreiche Hinweise sprechen vielmehr dafür, daß bestimmte Funktionsbereiche ihre Anliegen im mancher Hinsicht sehr viel nachdrücklicher vertreten können als andere. Diese Meinung wird auch von den Eliteangehörigen selbst vertreten.

Danach werden im allgemeinen neben den Führungspositionen in den politischen und verwaltenden Zentren der Macht vor allem solche in den Interessenverbänden der Arbeitgeber und Arbeitnehmer sowie in großen, international operierenden Wirtschaftsunternehmen an die Spitze des Machtgefüges in Deutschland eingeordnet. Hinter dieser Rangordnung stehen unter anderem folgende Faktoren: So bedarf es zur langfristigen wirksamen Durchsetzung von Interessen erheblicher Ressourcen (Geld, Organisation, Wissen etc.). Außerdem erleichtert der Rückhalt in einer „Massenbasis“ (von Mitgliedern, Anhängern, Betroffenen) sowie der verbreitete Glaube an die Berechtigung (Legitimität) des Einflusses die Durchsetzung eigener Bestrebungen ganz erheblich – wenigstens in Gesellschaften vom Typ der Bundesrepublik. Die genannten, häufig als dominierend eingestuften Machtzentren vereinigen mehrere dieser Machtvoraussetzungen in besonderem Maße auf sich. Darüber hinaus besitzen sie auch eine sehr hohe „Konfliktfähigkeit“, das heißt sie können mit Leistungsverweigerung (Streik, Investitionsverlagerung usw.) drohen, die enorme Risiken für Staat und Gesellschaft in sich tragen.

Feststellungen über das Machtgefälle in der Bundesrepublik beruhen bisher – wie schon eingangs betont – in hohem Maß auf Einschätzungen. Empirische Methoden, um die Reichweite und Grenzen der Macht der einzelnen Sektoren zuverlässig messen zu können, liegen bisher allenfalls in Ansätzen vor. Trotz dieser Wissenslücken bleibt festzuhalten, daß das Machtgefüge der Bundesrepublik offenbar nicht nur dem Anspruch nach, sondern auch in seiner realen Ausgestaltung in weitem Maße pluralistischen Charakter trägt: Es bestehen mehrere, voneinander relativ unabhängige Zentren der Macht, die die Verfechtung durchaus unterschiedlicher Wertvorstellungen und Interessen erlauben. Allerdings erscheint dieser Pluralismus durch Machtschwerpunkte geprägt, die einigen Sektoren ein deutliches Übergewicht verleihen.

5.5 Prestige

Prestigedifferenzierungen – darunter sollen zunächst einmal ganz allgemein Wertschätzungen verstanden werden, die Menschen einander zuordnen – sind im Leben der Gesellschaftsmitglieder allgegenwärtig.

Prestigeabstufungen zeigen sich z.B. im Ehrgeiz von Erwerbstätigen, hervorgehobene berufliche Stellungen zu erlangen; Prestigeungleichheiten kommen im Geltungsnutzen vieler Konsumgüter zum Ausdruck; Prestigegrade werden im abgestuften Ansehen akademischer Titel deutlich, usw. Das Sinnen und Trachten vieler Menschen richtet sich auf die Erhöhung ihres Ansehens, auf die Vermeidung von Ansehensverlusten, auf die Einschätzung anderer.

Bei Prestigedifferenzierungen handelt es sich um sehr komplexe Zusammenhänge. Dies ist nicht zuletzt in der Verflechtung des Prestiges mit anderen Kriterien der Ungleichheit begründet. Prestigevor- oder -nachteile können an Bildungs-, Einkommens-, Vermögens-, und Machtungleichheiten anknüpfen, also an jene Ungleichheiten, die in den vorstehenden Abschnitten behandelt wurden. Darüber hinaus können auch weitere Merkmale ihren Trägern mehr oder minder großes Prestige verschaffen, so die Herkunft (z.B. aus dem Adel oder aber aus einer Obdachlosensiedlung), die Berufszugehörigkeit (Arzt vs. Schrotthändler), die ethnische Zugehörigkeit (Deutscher vs. Ausländer), das Geschlecht, der Wohnort etc. Umgekehrt kann Prestige aber auch zur Quelle von Macht und Einkommen werden. So hört man eher auf das, was ein besonders angesehener Arzt oder Wissenschaftler sagt, und man ist bereit, einem Künstler mit hohem Prestige mehr zu zahlen als einem unbekannten.

5.5.1 Begriff und Zuordnung des Prestige

Prestigedifferenzierungen zählen einerseits zu den „objektiven“ Lebensbedingungen. Für den einzelnen stellen sie äußere Rahmenbedingungen und Ressourcen des Lebens und Handelns dar. Andererseits ist Prestige als eine „subjektive“ Dimension sozialer Ungleichheit anzusehen, da es nicht – wie z.B. Vermögen oder Bildungsabschlüsse – unabhängig vom Denken und Handeln der einzelnen bestehen kann. Prestige ist nur anhand der Äußerungen von Menschen übereinander oder – ähnlich wie bestimmte Machterscheinungen – anhand ihres Verhaltens zueinander festzustellen. Prestige ist abhängig vom Blickwinkel der Mitmenschen.

Bei Prestige handelt es sich um eine „symbolische“ Dimension sozialer Ungleichheit. Prestige in einem generellen Sinne liegen immer bestimmte Merkmale von Menschen zugrunde, die Mitmenschen Anlaß zu Bewertung und zu bewertenden Verhaltensweisen geben. Prestige besteht aus den, oft in bestimmter Weise „verzerrten", symbolischen „Widerspiegelungen" von Kennzeichen wie dem Beruf, der Nationalität, der Herkunft, dem Aussehen, dem Wohnort, charakterlichen Eigenschaften, typischen Verhaltensweisen etc.

Bei genauerem Hinsehen lassen sich unter den prestigehaltigen Kennzeichen der Menschen soziale Positionen und persönliche Merkmale unterscheiden. *Soziale* Positionen (z.B. der Beruf, die Nationalität, das Einkommen, der Bildungsabschluß, Titel und Adelsprädikate) kennzeichnen, weitgehend unabhängig von der Person des jeweiligen Trägers, die jeweilige Stellung in gesellschaftlichen Beziehungsgefügen und geben daher Anlaß zu verallgemeinerbaren, wenn auch nicht notwendigerweise immer übereinstimmenden Bewertungsmustern. *Persönliche* Merkmale (z.B. Fleiß, Anständigkeit, Ehrlichkeit, Tüchtigkeit) kennzeichnen Eigenschaften und das Verhalten von einzelnen. Sie sind Grundlage von persönlichen, oft von ganz bestimmten Erfahrungen abhängigen Bewertungen. Daß dieser Unterschied landläufig bekannt ist, beweisen Redeweisen wie: „Sie ist zwar nur einfache Verkäuferin, aber tüchtig und anständig", oder: „Er ist zwar Direktor, aber unfähig und skrupellos".

Welche sozialen Positionen und persönlichen Merkmale in die Bewertung eines Menschen einfließen, ist weitgehend davon abhängig, inwieweit diese bekannt sind. Auch nur vermutete oder behauptete (Hochstapler), jedoch tatsächlich gar nicht vorhandene Merkmale können die Wertung mitbestimmen. Außerdem kann die Zuordnung von sozialer Wertschätzung nicht nur durch gegenwärtige, sondern genauso durch frühere Merkmale beeinflußt werden. So wird z.B. der frühere Beruf (soweit bekannt) auch die heute zugeordnete Wertschätzung mitprägen. Außerdem ist die Bewertung eines Menschen kein einmaliger Akt, sondern ein mehr oder weniger langer Prozeß. Selbst wenn wir jemand schon seit Jahren kennen, kann ein bisher unbekanntes, jetzt aber bekannt werdendes Merkmal, z.B. die Tatsache, daß er früher einmal eine Unterschlagung begangen hat, seine Wertung verschieben. Darüber hinaus wandeln sich die Merkmale eines Menschen und u.U. auch sein Verhalten im Laufe seines Lebens. Die Bewertung eines Menschen verändert sich auch mit der Situation und mit dem Bezugsrahmen, in dem der Wertende gerade denkt. „Wenn man zu jemand am Abend geht, und ihn über seine Nachbarn befragt, so wird er sofort an deren Lebensstil denken, denn den kennt und sieht er. Wenn man ihn aber am Arbeitsplatz aufsucht und über seine Arbeitskollegen befragt, dann wird er in technischen Kategorien und solchen der Über- und Unterordnung denken." (*Kahl* 1957, 86)

Prozesse der Zuordnung sozialer Wertschätzung hängen auch ganz wesentlich von der „sozialen Distanz" ab, die Gesellschaftsmitglieder trennt. Kennt man eine Person näher, so ist man weitgehend über sie informiert. Man kennt nicht nur die unpersönlichen sozialen Merkmale und Positionen (Beruf, Einkommensverhältnisse, Bildungsabschluß etc.), sondern auch persönliche Eigenheiten, wie das Wissen, moralische und fachliche Qualitäten, usw. Je ferner sich Menschen stehen, je größer also die soziale Distanz ist, um so stärker wird sich die Bewertung des anderen lediglich an personenunabhängigen sozialen Positionen und Merkmalen (Berufsstellung, Einkommenshöhe usw.) orientieren können, oder wenn auch diese unbekannt sind, sogar nur an äußerlichen Kennzeichen (Wagen, Kleidung, Wohnung, Sprache usw.), die als Symbole hierfür verstanden werden.

Für die Zwecke der folgenden Darstellung soll, übereinstimmend mit der eingangs vorgenommenen Bestimmung des Begriffs „sozialer Ungleichheit" (vgl. 2.1), zwischen sozialem Prestige und persönlichem Ansehen unterschieden werden: *Als Prestige wird ausschließlich die gesellschaftlich typische Bewertung der unpersönlichen sozialen Positionen und Merkmale von Menschen bezeichnet.* Prestigezuordnungen beruhen damit auf Bewertungen aus „mittlerer sozialer Distanz" bzw. aufgrund „kategorialer Kontakte" (*Scheuch* 1961, 72) zwischen Menschen. Die Bewertung von Menschen aufgrund ihrer persönlichen Merkmale und Eigenschaften soll im folgenden „Ansehen" genannt werden.

Die Erfahrung zeigt, daß bei Prestigezuordnungen zwischen dem Bewußtsein und dem Verhalten der Bewertenden zu unterscheiden ist. Es ist eine Sache, aufgrund vorliegender Informationen und der jeweiligen Standards zu bestimmten geistigen Einschätzungen von Mitmenschen zu kommen. In welchen konkreten Verhaltensweisen sich dies äußert, steht dahin. Im Abschnitt 5.5.4 (Übersicht über Berufsprestigestrukturen) werden Prestigeabstufungen zur Darstellung kommen, die sich auf mentale Einschätzungen beziehen. Im Abschnitt 5.5.5 (Statussymbole) wird dagegen auch vom Prestige im Verhalten die Rede sein.

5.5.2 *Bestimmungsgründe und Theorien der Prestigezuordnung*

Das Prestige eines Gesellschaftsmitglieds ist nicht nur von dessen sozialen Merkmalen abhängig, sondern auch von den Maßstäben der Mitmenschen. In vorindustriellen Gesellschaften stimmten diese weitgehend überein. Denn das Prestige, z.B. eines Gutsherrn oder des Handwerkers einer bestimmten Zunft, war so sehr geregelt und verrechtlicht, daß es generelle Gültigkeit beanspruchen konnte und nötigenfalls erzwingbar war. In modernen industriellen und postindustriellen Gesellschaften ist dies keineswegs mehr der Fall. Welche Bewertungen bestimmte Merkmale eines Menschen (z.B. sein Besitz oder sein Doktortitel) nach sich ziehen, kommt heute stark auf die Werthaltungen, Einstellungen, Milieuzugehörigkeiten und Lebensstile der jeweils Bewertenden an. Deshalb fallen diesbezügliche Prestigeeinstufungen von Gruppe zu Gruppe und von Lebensbereich zu Lebensbereich durchaus unterschiedlich aus. Wer z.B. mit seinem großen Wagen an einer Stelle enormen Eindruck hinterläßt, erleidet andernorts gerade dadurch eine Abfuhr.

Es gibt allerdings ein soziales Merkmal, das auch in modernen Gesellschaften von nahezu allen Gruppierungen in etwa gleichermaßen eingestuft wird, nämlich den jeweiligen Beruf. Die Prestigeeinstufungen der einzelnen Berufe (z.B. eines Lehrers oder eines Facharbeiters) ändern sich im Zeitablauf auch nur wenig. Die gesamtgesellschaftliche und zeitliche Stabilität des Berufsprestiges ist also relativ hoch, vorausgesetzt es handelt sich um konkrete, eindeutige und bekannte Berufsbezeichnungen. Deshalb haben sich Prestigestudien immer wieder auf die Untersuchung der Strukturen des Berufsprestige konzentriert.

Einschränkungen sind nur insoweit gegeben, als erstens Menschen mit geringer Bildung und niedrigem beruflichem Status die einzuschätzenden Berufe weniger differenziert als Menschen mit höherem Status beurteilen, als zweitens die Berufe, die dem eigenen Beruf eher nahe stehen, differenzierter und oft auch etwas positiver als fernstehende Berufe eingeschätzt werden und als drittens postmaterialistische Werthaltungen (vgl. 7.2) und starke Aufstiegsorientierungen dazu führen, daß die Abstände zwischen Prestigestufen geringer eingeschätzt werden (vgl. *Wegener* 1988, 194ff.)

Berufe erfahren unter anderem deshalb höhere oder tiefere Prestigeeinstufungen, weil mit ihnen ungleiche Einkommensmöglichkeiten, Qualifikationserfordernisse, Autonomiegrade, Einflußchancen und mehr oder minder große Beiträge zu wichtigen gesellschaftlichen Zielsetzungen (Gesundheit, Bildung, etc.) verknüpft sind. Dabei ist aber zu bedenken, daß sich diese Eigenschaften einer Berufsposition keineswegs unmittelbar in eine bestimmte, dem Inhaber dieser Position zugerechnete Wertschätzung umsetzen. Die Charakteristika von Berufen müssen erst in das Bewußtsein der Menschen treten, und das kann ein langsamer, von Ideologien überformter Prozeß sein, bevor sie für die Prestigeordnung Bedeutung bekommen. Damit hängt zusammen, daß Berufen (wie z.B. dem Pfarrer) u.U. Prestige zugerechnet wird, das nicht mehr den tatsächlichen Gegebenheiten (derzeitigen Einwirkungsmöglichkeiten, Einkommenschancen, Autonomiegraden usw.) entspricht oder ihnen vielleicht nie entsprochen hat.

Hinter den oben genannten Eigenschaften, die einer Berufsposition Prestige verleihen, stehen aber letztlich tieferliegende Verursachungszusammenhänge. Es entsteht die Frage, *warum* ein bestimmtes Einkommen, ein bestimmter Grad von Verhaltensautonomie usw. einem Beruf ein bestimmtes Prestige verleihen. In der Literatur finden sich im wesentlichen zwei Auffassungen darüber, worauf Prestigezurechnungen zu Berufen letzten Endes zurückzuführen sind. *Funktionalistische Integrationstheorien* betonen die – im Prinzip ähnlichen – Funktionserfordernisse moderner Gesellschaften. Die einzelnen Positionen der Arbeitsteilung werden hiernach entsprechend dem Grad bewertet und belohnt (mit Einfluß, Ansehen usw.), in dem sie zum Funktionieren der Gesellschaft beitragen. Diese These hat deutliche Gemeinsamkeiten mit der „funktionalistischen Schichtungstheorie“, und die gegen sie erhobenen Einwände gelten auch hier (vgl. 4.1). Ihre Anhänger verweisen aber auf empirische Studien, die zum Ergebnis kommen, daß die Berufsprestigeordnungen moderner Gesellschaften recht gut übereinstimmen (vgl. *Hodge/Treiman/Rossi* 1966; *Treiman* 1977).

Die Verfechter der *kulturellen* These machen geltend, daß im Gegenteil in verschiedenartigen Gesellschaften bestimmte Berufe durchaus unterschiedliches Ansehen genießen. Sie betonen, daß sich Menschen bei der Zuordnung von Prestige zu Berufen an mehrereren, im Rahmen der einzelnen (Sub-)Kulturen unterschiedlich werthaltigen „Attributen“ orientieren, die sie mit Berufspositionen verbunden sehen. Zuordnung von Berufsprestige erscheint daher als eine Art zusammenfassender Bewertungsprozeß, der Berufe danach ordnet, inwieweit sie ihrem Inhaber die Teilhabe an den Kriterien vermitteln können, die im Rahmen der jeweiligen Kultur obenan stehen (vgl. *Bolte* 1959). Die Bestimmungsgründe dieser „Attribute" können dabei sehr unterschiedlich sein.

5.5.3 Verfahren zur empirischen Untersuchung von Prestigedifferenzierungen

Je nachdem, welche Aspekte des Prestiges man untersuchen möchte (z.B. Prestige, das nur im ordnenden Bewußtsein der Menschen besteht oder sich auch im konkreten gegenseitigen Verhalten der Menschen äußert), bieten sich verschiedene empirische Verfahren an.

Registrierung prestigerelevanten Verhaltens

Eine erste Möglichkeit, Differenzierungen des Prestiges in einem sozialen Gebilde (Betrieb, Gemeinde, Gesellschaft usw.) zu erfassen, besteht darin, durch Beobachtungen und/oder Befragungen festzustellen, ob und wie sich die Mitglieder auf Grund der Zuordnung unterschiedlicher sozialer Wertschätzung im Verhältnis zueinander als mehr oder weniger angesehen verhalten. Für derartige Feststellungen sind eine ganze Anzahl von Techniken entwickelt worden. So läßt sich z.B. registrieren, ob es Verhaltensweisen gibt, die formell (z.B. gesetzlich) festgesetzten Rängen folgen, welche Familien untereinander heiraten, mit der Einheirat in welche Familien sich vom Blickpunkt anderer Familien Auf- oder Abstiegsvorstellungen ergeben, wer in welchen „Kreisen" verkehrt und es sich zur Ehre anrechnet, von wem eingeladen zu werden, wer bei bestimmten Veranstaltungen – an den Einladungen oder evtl. Sitzordnungen erkennbar – zu den „oberen Zehntausend" gerechnet wird, ob es Menschen gibt, die als „sozialer Bodensatz" behandelt und evtl. in bestimmte Wohngebiete hineingedrängt werden, ob es Symbole, d.h. äußerlich erkennbare Zeichen gibt, die andeuten, wo man im Verhältnis zu den anderen steht, z.B. das Wohnen in einem bestimmten Viertel, eine bestimmte Kleidung, der Besitz bestimmter Güter und ähnliches mehr (vgl. *Warner/Meeker/Eells* 1949, bes. Kap. 8-14; *Barber* 1957, bes. Kap. 5-8).

Am einfachsten sind derartige Erhebungen in kleinen sozialen Gebilden (z.B. in Gemeinden) sowie in solchen durchzuführen, in denen formell gesetzte Ränge (Militär) das Verhalten entscheidend prägen bzw. in denen sich Institutionalisierungen des Status herausgebildet haben.

Schwierig ist es, mit diesem Verfahren Auskunft über den Status jedes einzelnen Gesellschaftsmitglieds in der Prestigeverteilung moderner Gesellschaften im ganzen und über die Stärke der Besetzung der einzelnen Abstufungen der Prestigeverteilung zu bekommen. Man kann Untersuchungen, außer in ganz kleinen sozialen Gebilden, praktisch nicht so lange fortsetzen, bis es möglich ist, jeden einzuordnen. In größeren Gemeinden und in Gesellschaften, in denen es keine klare Institutionalisierung gesellschaftlicher Ränge gibt, wird die Registrierung prestigerelevanten Verhaltens auf Grund von Beobachtungen und Befragungen schwierig, weil nur Teile der untersuchten Bevölkerung miteinander Kontakt haben. Trotz dieser Schwierigkeiten sind aber Vorgehensweisen entwickelt worden, die den Vorteil der unmittelbar am Verhalten ansetzenden Forschung bewahren und dennoch in größeren sozialen Gebilden einsetzbar sind. So wurde z.B. im Rahmen einer Untersuchung von Heiratsbeziehungen (*Mayer* 1977) gezeigt, wie die unterschiedliche Heiratshäufigkeit zwischen Berufsklassen sich als mehr oder minder große Akzeptanz dieser Berufskategorien messen und diese Abstufung sich als Prestigeskala von Berufsgruppen interpretieren läßt. Diejenigen Stellen der Skala, die „Heiratsbarrieren" darstellten, also relativ selten durch Heiraten nach „oben" oder „unten" überwunden wurden, wurden als Grenzen zwischen Prestigegeschichten gedeutet.

Errechnung von Indizes

Um die oben erwähnten Schwierigkeiten der Erfassung statusbestimmten Verhaltens zu umgehen, bietet sich das Verfahren der Errechnung von Statusindizes an. Hierzu sucht man Kriterien, an denen sich die Prestigezuordnung im betrachteten sozialen Gebilde orientiert (z.B. am Beruf, an der Nationalität oder am Bildungsabschluß), erfaßt mittels Befragungen die Wertungen, die sich mit den Ausformungen dieser Kriterien verbinden (z.B. die Prestigeabstufung der Nationalitäten) und ordnet dann jedem Menschen, je nachdem, wie diese Kriterien auf ihn zutreffen, einen Prestigestatus zu.

Besonders häufig wurden Prestigeindizes auf der Grundlage des Kriteriums Beruf errechnet. Da es mindestens 20.000 verschiedene Berufe gibt, ist es praktisch unmöglich, die Prestigeabstufung jedes einzelnen Berufes zu ermitteln, um dann aufgrund der genauen Berufsangabe der Befragten den Grad ihres Berufsprestiges bestimmen zu können. Daher wird die Vielzahl der Berufe in der Regel in eine Klassifikation von Berufs*gruppen* zusammengefaßt, die sämtliche Einzelberufe einbezieht. Meist dient die Internationale Standardklassifikation der Berufe (ISCO) des Internationalen Arbeitsamtes hierfür als Grundlage. Jeder dieser Berufsgruppen wird aufgrund entsprechender Befragungen ein durchschnittlicher Berufswert zugeordnet. Je nachdem, in welche Berufsgruppe der konkrete Beruf des einzelnen Befragten entfällt, wird ihm daraufhin der Prestigewert der jeweiligen Gruppe zugemessen (vgl. u.a. *Treimann* 1977; *Wegener* 1988; und die im folgenden aufgeführten Berufsprestigeskalen).

Das Verfahren eines Index ist verhältnismäßig unproblematisch, solange ein Kriterium als ausreichend erachtet werden kann, um den Prestigestatus zu erkennen. Das wird erstens dann der Fall sein, wenn es ein „dominantes" Kriterium gibt, dem alle anderen untergeordnet sind. Nicht selten wird dem Kriterium Beruf in modernen Industriegesellschaften diese Kraft zugebilligt. Nur ein Kriterium kann zweitens für einen Index ausreichen, wenn zwar eine Mehrzahl von Kriterien den Prestigestatus bestimmen, für diesen sich aber charakteristische Symbole herausgebildet haben, d.h. jeder einzelne sich veranlaßt fühlt, ein seiner Statuslage entsprechendes äußeres Zeichen zu zeigen und durch die soziale Kontrolle verhindert wird, dabei hoch- oder tiefzustapeln. Dies ist in heutigen Gesellschaften üblicherweise nicht der Fall.

Reicht ein Merkmal zur Fixierung des Status nicht aus, weil dieser z.B. nicht allein auf Grund der Berufsposition zuerkannt wird, sondern – wie etwa beim Vergleich zweier Rechtsanwälte – auch nach dem sich im Einkommen ausdrückenden beruflichen Erfolg, dann wird die Konstruktion eines sogenannten „multiplen Index" erforderlich. Dabei wird den Abstufungen jedes zu berücksichtigenden Merkmals (z.B. Berufspositionen, Einkommenshöhen usw.) den ihnen zukommenden Wertakzenten entsprechend ein bestimmter Punktwert zugeordnet. Welche Wertakzente ihnen zukommen und wieviele Punkte ihnen zuzurechnen sind, muß in entsprechenden Voruntersuchungen (z.B. über Befragungen) ermittelt werden. Der Prestigestatus eines Gesellschaftsmitglieds ergibt sich dann aus der Summe der Punkte, die auf ihn entfallen. Die Einstufung der einzelnen in das gesellschaftliche

Prestigegefüge erfolgt aufgrund der individuellen Punktsummen (vgl. *Warner u.a.* 1949; *Mayntz* 1958a).

Zur Konstruktion von Indizes sind bisher die verschiedensten Kriterien verwendet worden. Die Kette reicht vom einfachen Index, der meist mit der Berufsposition[64] (*Centers* 1949; *Bolte* 1959; *Treiman* 1977; *Wegener* 1988) arbeitet, bis hin zu multiplen Indizes mit neun Variablen[65].

Die Verwendung *einfacher* Indizes ist unkompliziert in der Handhabung. Dennoch treten in der empirischen Praxis damit Probleme auf, zum Beispiel mit Berufsindizes: Zunächst bleibt fraglich, inwieweit der Indikator Beruf über das Prestige eines Gesellschaftsmitglieds schlechthin oder nur über sein Berufsprestige informiert. Dann sind viele Berufsbezeichnungen einfach zu unbestimmt, um exakte Einordnungen zu ermöglichen (*Moore/Kleining* 1960; *Bolte* 1959, 27f.; *Mayer* 1972). Die Verwendung des Berufs als Prestigeindikator setzt ferner voraus, daß die jeweiligen Berufe wirklich eindeutige Bewertungen erfahren und diese Übereinstimmung nicht „künstlich" methodisch erzeugt wird. *Coxon/Jones* (1978) und *Wegener* (1982) zeigten jedoch, daß die Übereinstimmung zwar häufig, aber keineswegs immer zutrifft. Schließlich ist zu bedenken, daß der Indikator Berufsposition nur Auskunft über die „generelle Wertschätzung" im Bewußtsein der Mitmenschen gibt. Auf das tatsächliche Verhalten untereinander erstreckt sich die Aussagekraft dieses Indikators nicht (*Goldthorpe/Hope* 1972, 21 ff.).

---

64 Trotz ihrer weiten Verbreitung ist dieses Verfahren umstritten. Es bestehen erhebliche Zweifel, ob die übereinstimmende Prestigebewertung der einzelnen Berufspositionen (innerhalb und erst recht über Gesellschaftsgrenzen hinweg) nicht in erster Linie das Produkt der verwendeten Erhebungs- und Berechnungsmethoden ist. Wenn diese Bedenken zutreffen, erscheinen so gewonnene (bes. internationale) Prestigeskalen als Instrument der vergleichenden Prestigeeinstufung nur sehr bedingt tauglich (*Alestalo/Uusitalo* 1980; *Coxon/Jones* 1978; als Versuch der methodischen Verbesserung: *Wegener* 1988).

65 So verwendete z.B. Scheuch bei seinen Untersuchungen zunächst folgende Variablen: 1. Relation Raum-pro-Person; 2. Beruf des Ehemannes bzw. eigener Beruf; 3. Einkommen des Haupternährers; 4. Pro-Kopf-Einkommen = Kaufkraft; 5. Wohlstandsindex = Besitz bestimmter Sachgüter; 6. Theaterbesuch; 7. Konzertbesuch; 8. Niveau des Lesens; 9. Schulbildung.
In einer späteren Fassung, in der er weite Verbreitung fand, wurde der Index dann auf drei Variablen reduziert: 1. Beruf des Haupternährers (wobei 17 Berufskategorien unterschieden wurden, deren Punktwertung bis zu 20 reichte); 2. Einkommen des Haupternährers (wobei 12 Einkommensstufen berücksichtigt wurden, deren höchste 20 Punkten entsprach); 3. Schulbildung des Befragten (wobei 11 Stufen gebildet wurden, deren höchste, „Hochschule mit Abschluß", 20 Punkte erhielt). Die „Gewichte" (Punkte) der Kriterien und ihrer Abstufungen wurden anhand von Beobachtungen des Einordnungsprozesses bei typischen Fällen im Rahmen von Interviews festgestellt (*Scheuch* 1961, 98 ff.)

Multiple Indizes sind entwickelt worden, um der Tatsache gerecht zu werden, daß in modernen Industriegesellschaften eine Mehrzahl von sozialen Merkmalen (Beruf, Einkommen, Herkunft usw.) zur Zuordnung von sozialem Ansehen beiträgt. Die Verwendung multipler Indizes wirft aber einige Schwierigkeiten auf.

Erstens ist kaum festzustellen, welches „Wertgewicht" den verschiedenen Kriterien (z.B. Beruf und Nationalität) im Verhältnis zueinander zukommt und ob diese Gewichtung alle Bevölkerungsgruppen teilen. Ist dies nicht der Fall, muß die Gewichtung als willkürlich gelten.

Zweitens fließen in die Zuteilung von Statuspunkten zu den Ausprägungen der berücksichtigten Kriterien „Wertungen" der Forscher mit ein. Soll z.B. ein Äquivalenzeinkommen von 1000 DM bis 1500 DM mit 2 Statuspunkten bewertet werden, oder wäre es besser, die Grenze bei 1.200 DM zu legen und ganz andere Punktwerte zuzuordnen? Im Grunde wäre es notwendig, genau zu untersuchen, ob es überhaupt übereinstimmende Bewertungen bestimmter Einkommenslagen in der Bevölkerung gibt. Geschieht das nicht – was meist der Fall ist –, so gehen in die Ergebnisse eher „Deutungen" des Forschers als die Wertschätzungen der Bevölkerung ein.

Drittens erschwert es die Verwendung eines multiplen Index zu erkennen, ob und ggf. wo sich im ermittelten Statusaufbau verhaltensrelevante oder sonst soziologisch aufschlußreich „Einschnitte" befinden. Die mit Hilfe eines multiplen Index eingeordneten Personen verteilen sich über eine Skala von Statuspunkten, die als solche nicht anzeigt, wo sich denn nun im einzelnen Gruppierungen befinden. Die späteren Darstellungen werden zeigen, daß die vogenommenen Abgrenzungen von Statusgruppen bzw. Schichten im Rahmen von Analysen mit multiplen Indizes eher ordnende Festlegungen durch Forscher sind und weniger Hinweise darauf, welche Gruppierungen Menschen selbst sehen und wie sie ihre Mitmenschen als gleich und ungleich behandeln.

Viertens wurde in Verbindung mit der Analyse von „Statusinkonsistenzen" (*Lenski* 1954; *Landecker* 1981; siehe 2.3) darauf hingewiesen, daß sich jemand, der z.B. durch einen hoch gewerteten Beruf und eine gering gewertete Herkunft charakterisiert ist, in einer anderen Lebenssituation befindet und sich typischerweise auch anders verhält als jemand, bei dem ein gering gewerteter Beruf und eine hochgewertete Herkunftsgruppe zusammentreffen, obwohl beide eventuell die gleiche Gesamtzahl von Statuspunkten haben. Der erste wird sich als „Aufsteiger" und der zweite als „Absteiger" empfinden, wodurch viele Verhaltensweisen entscheidend geprägt werden. Dabei entsteht außerdem die Frage, ob nicht z.B. die Tatsache einer niederen Herkunft im Urteil der Gesellschaftsmitglieder eine andere Bedeutung und ein anderes Gewicht bei der Zuteilung von Wertschätzung bekommt, je nachdem, ob sie mit einem hohen oder einem gering gewerteten Beruf zusammentrifft. Verschiedene Arten von Statuskombinationen führen also trotz gleicher Statuspunktsummen nicht nur zu unterschiedlichem Verhalten, sondern evtl. auch zur Verschiebung der „Maßstäbe", die für die Prestigezuerkennung relevant werden.

Diese Hinweise mögen zeigen, daß ein multipler Index ein nur scheinbar einfaches Verfahren der Prestigeermittlung ist. Es enthält manche Probleme und die Resultate derartiger Berechnungen, die den Eindruck einer übersichtlichen, rein vertikalen Prestigestruktur vermitteln, können weit in die Irre führen.

Selbsteinstufung

Soziologische Erkenntnisse belegen, daß sich Menschen in ihren Vorstellungen darüber, wo sie selbst in der Gesellschaft stehen, meist daran orientieren, wie andere sie einschätzen und behandeln. Die einzelnen wissen normalerweise, welchen „Kreisen" sie zugehören und wer ihre „höheren" und „tieferen" Nachbarn sind (*Janowitz* 1958, 28 ff.). Auf dieser Grundlage hat man Verfahren entwickelt, die Lage eines Menschen im Prestigestatusaufbau von ihm unmittelbar zu erfragen.

In *direkten* Methoden bietet man den Befragten ein bestimmtes Schema von Statusgruppen an, und bittet sie, sich selbst hierin einzustufen. Bei den ersten Versuchen mit diesem Forschungsansatz hat man den Befragten das Schema, Ober-, Mittel- und Unterschicht angeboten und hat sie gebeten, sich diesen Schichten zuzuordnen. Dabei ordneten sich jedoch große Teile der Befragten der Mittelschicht zu, die nach dem Urteil ihrer Mitmenschen der Unter- oder Oberschicht angehörten. Diese Nachteile lassen sich mindern, indem die diskriminierende Bezeichnung „Unterschicht" vermieden und stattdessen der Ausdruck „Grund-" oder „Arbeiterschicht" verwendet wird sowie eine „obere Mittelschicht" zusätzlich angeboten wird.

Allerdings ist offenkundig, daß auch dieses angebotene Ordnungsschema keineswegs immer den „Ordnungsmodellen" entspricht, in denen Menschen das soziale Höher und Tiefer ihre Umwelt tatsächlich begreifen (*Moore/Kleining* 1960, 87f.; 1959, 365 ff.). Besser ist es daher, zunächst zu erfassen, in welchen Kategorien (Arme und Reiche; obere Zehntausend; Gutgestellte; Mittelstand; einfache Menschen; „Asoziale" usw.) jemand seine Umwelt überhaupt begreift, und ihn sich dann selbst zu einer der genannten Gruppen zuordnen zu lassen. Der Vorteil dieses Vorgehens liegt darin, daß es erkennen läßt, wie unterschiedlich die Kategorien sind, in denen Menschen das soziale Höher und Tiefer begreifen. Der Nachteil besteht darin, daß sich im Fall sehr unterschiedlicher Ordnungsmodelle kein sinnvolles Gesamtbild gewinnen läßt, selbst wenn die Ergebnisse zeigen, daß alle Menschen durchaus ein soziales Höher und Tiefer empfinden.

Das *indirekte* Verfahren der „Sozialen Selbsteinstufung" (*Moore/Kleining* 1959; 1960) beruht auf der Feststellung, daß Berufsmodelle als Ordnungskategorien in den Prestigevorstellungen der meisten Menschen wiederkehren. Daher ermittelt man über Befragungen zunächst eine Prestigeskala von Berufsgruppen. Die zu untersuchenden

Menschen werden aufgefordert, sich der Berufsgruppe zuzuordnen, der der eigene Beruf angehört bzw. die dem eigenen Beruf „am ähnlichsten" ist. Wenn die Berufsgruppen dabei nicht in der Rangordnung ihres Prestiges angeordnet sind, erfolgt meist auch keine Zusammenballung in der Mitte. Die Vorteile des Verfahrens der „Sozialen Selbsteinstufung" liegen vor allem in der bequemen und schnellen Handhabung. Es hat sich zudem herausgestellt, daß die mit Hilfe der „Sozialen Selbsteinstufung" erlangten Resultate von den Ergebnissen wesentlich aufwendigerer Methoden nicht nennenswert abweichen (*Helfen/Laga* 1975). Problematisch ist bei diesem Verfahren aber die Grenzziehung zwischen Prestigeschichten. Sie stellt sich bei näherer Betrachtung meist als willkürliche Gliederung von Berufsgruppen und deren Prestigegraden durch die Forscher und nicht als verhaltensrelevante oder soziologisch wichtige Einschnitte der Abstufung heraus. Da das Verfahren der „Sozialen Selbsteinstufung" auf dem Indikator der Berufsposition basiert, machen sich außerdem die oben genannten Schwächen dieses Einzelindikators bemerkbar.

Die drei Forschungsansätze – Registrierung prestigerelevanten Verhaltens über Beobachtungen und Befragungen, Errechnung von Indizes und Ermittlung der Selbsteinstufung – können im Grunde nicht beliebig gegeneinander ausgetauscht werden, sondern ergänzen sich. Jeder erfaßt eine bestimmte Seite der Problematik der Statusdifferenzierung, und erst ihre Kombination und die Verbindung der durch sie gefundenen Ergebnisse vermag eine wirklich befriedigende Information über Prestigedifferenzierungen in einem sozialen Gebilde zu vermitteln.

5.5.4 Die gesamtgesellschaftliche Ungleichheit des Berufsprestiges

Unter den objektiv zurechenbaren prestigehaltigen Merkmalen, die zur Ermittlung gesamtgesellschaftlicher Prestigedifferenzierungen besonders geeignet sind, spielt, wie erwähnt, vor allem der Beruf eine wichtige Rolle. Er läßt sich als der „harte Kern" des Prestigegefüges industrieller Gesellschaften bezeichnen. Aus diesem Grund wurde die Erforschung des *Berufsprestiges* mit besonderem Nachdruck betrieben. Die Konzentration auf Berufsprestigestrukturen ging so weit, daß andere Prestigezuweisungsmerkmale (z.B. ethnische Zugehörigkeit) weit in den Hintergrund geraten sind.

Tab. 27: Das Prestige ausgewählter Berufe 1979/1980[66]

1 Arzt	26 KFZ-Mechaniker
2 Richter	27 Feinmechanikcr
3 Professor	28 Buchdrucker
4 Rechtsanwalt	29 Taxiunternehmer
5 Bankdirektor	30 Fotograf
6 Architekt	31 Maschinenschlosscr
7 Diplom-Psychologe	32 Omnibusfahrer
8 Apotheker	33 Zahnarzthelferin
9 Studienrat	34 Bundesbahnschaffner
10 Journalist	35 Fernfahrer
11 Lebensmittelchemiker	36 Briefbote
12 Bauingenieur	37 Maurer
13 Volksschullehrerin	38 Elektroinstallateur
14 Krankenschwester	39 Bauarbeiter
15 Programmierer	40 Friseur
16 Industriekaufmann	41 Dreher
17 Finanzbuchhalter	42 Eisengießer
18 Bäckermeister	43 Textilweber
19 Bibliothekarin	44 Schuhverkäuferin
20 Bankangestelltcr	45 Landarbeiter
21 Landwirt	46 Müllwerker
22 Polizist	47 Fabrikarbeiterin
23 Krankenwagenfahrer	48 Lagerarbeitcr
24 Sekretärin	49 Hilfsarbeiter
25 Kindergärtnerin	50 Autowäscher

(Quelle: *Wegener* 1983)

Ein Ziel solcher Untersuchungen besteht darin, die „Prestigerangordnung“ markanter Einzelberufe im Bewußtsein der Bevölkerung zu ermitteln. Es entspricht offenkundig einem weit verbreiteten Statusdenken der Gesellschaftsmitglieder, „Berufsprestigeskalen“ kennenzulernen und den eigenen Beruf hierin einzuordnen.

Die letzte umfassende Untersuchung dieser Art für die Bundesrepublik wurde u.W. im Jahre 1979/80 durchgeführt.

66 Die an ca. 2000 repräsentativ ausgewählte Personen gestellte Frage lautete: „Ich möchte jetzt gerne wissen, welches Ansehen diese ... Berufe heute Ihrer Meinung nach haben; d.h. wie sehr Leute mit diesen Berufen in unserer Gesellschaft heute geachtet werden.“ (*Wegener* 1983, 10)

Wie viele gesellschaftlich verbreitete und verfestigte Vorstellungen, so ändern sich auch die Prestigeeinschätzungen von Berufen nur langsam. Dennoch brachte der wirtschaftliche und soziale Wandel der letzten drei Jahrzehnte auch gewisse Verschiebungen in der Berufsprestigestruktur mit sich, so z.B. Schwankungen des Ansehens von Ingenieuren, Atomphysikern und Politikern.

Tab. 28: Das Prestige ausgewählter Berufe 1966, 1975, 1985, 1991 und 1995[67] (in %)

	Bevölk. insg.	Westdeutschland 1966	1975	1985	1991	1995	Ostdeutschland 1991	1995
Arzt	81	84	79	76	79	79	89	86
Rechtsanwalt	37	37	37	30	35	35	51	41
Pfarrer, Geistlicher	37	49	48	46	42	39	25	25
Hochschulprofessor	32	–	38	39	41	31	31	32
Botschafter, Diplomat	30	29	33	32	33	31	39	28
Unternehmer	30	21	22	21	36	30	21	29
Apotheker	29	34	28	23	30	30	32	27
Ingenieur	28	41	28	25	28	29	20	25
Grundschullehrer	24	37	26	17	17	21	34	34
Schriftsteller	23	–	–	–	–	22	–	25
Direktor in großer Firma	22	23	20	22	22	22	18	24
Atomphysiker	22	37	34	30	27	22	26	21
Journalist	17	15	11	18	18	17	20	15
Studienrat	16	28	26	15	16	7	11	14
Politiker	12	15	22	16	14	12	15	7
Offizier	11	12	16	9	9	13	7	8
Gewerkschaftsführer	11	–	–	–	–	11	–	11
Buchhändler	7	6	7	8	9	7	8	7

(Quelle: *Noelle-Neumann/Köcher* 1997, 964)

Berufsprestigeskalen erlauben manche Einsicht in das „image" bestimmter Berufspositionen und sind deshalb recht populär. Im Hin-

67 Die Angaben beziehen sich auf die Anteile (in %) der Personen, die den betreffenden Beruf zu den fünf meistgeschätzten der genannten Berufe zählen. Wegen dieser zusammenfassenden Berechnungsweise, der individualisierenden Fragestellung und der beschränkten Auswahl der Berufe sind die Angaben nur als grobe Hinweise zu verstehen.
Die gestellte Frage lautete: „Hier sind einige Berufe aufgeschrieben. Konnten Sie bitte vier oder fünf davon heraussuchen, die Sie am meisten schätzen, vor denen Sie am meisten Achtung haben?"

blick auf gesamtgesellschaftliche Prestigedifferenzierungen ist ihre Aussagekraft aber begrenzt. Sie enthalten nur einen kleinen Teil aller insgesamt vorhandenen Berufspositionen, erlauben daher keine Zuweisung aller Gesellschaftsmitglieder in die Rangordnung und somit auch nicht die Erstellung eines gesamtgesellschaftlichen Statusaufbaus. Ebenfalls lassen sie nicht erkennen, ob es Prestige-Schichten gibt, deren Abgrenzungen mehr als bloße wissenschaftliche Einordnungen darstellen, sondern in der Lebenswirklichkeit der Menschen erkennbar sind (vgl. *Wegener* 1988).

Berufsprestige und Heiratsverhalten

Aussagekräftiger im Hinblick auf das Prestigegefüge der Bundesrepublik sind Studien, in denen das Prestige von Berufsgruppierungen ermittelt wird, die insgesamt eine vollständige Berufsklassifikation bilden. Auf dieser Vorgehensweise beruhen die Ergebnisse einer Untersuchung von *Karl Ulrich Mayer* (1977). Er hat die Prestigerangordnung der Berufsgruppen und die Schichtgliederung innerhalb dieses Berufsprestigegefüges aufgrund des Heiratsverhaltens von Gesellschaftsmitgliedern ermittelt, geht also über das Bewußtsein der Menschen hinaus und bezieht ihr Verhalten mit ein. Es wurde davon ausgegangen, daß sich aus der Häufigkeit der Heiratsbeziehungen zwischen Berufsgruppen Auskünfte über das Prestige ihrer Mitglieder gewinnen lassen und daß deutliche „Heiratsbarrieren" auf Schichtgrenzen hinweisen.

Inwieweit Prestige*schichten* bestehen, die sich auch in Alltag und Verhalten der Menschen äußern, läßt sich aufgrund der o.a. Ergebnisse nur vorsichtig beantworten. Zum einen, weil Heiratsbeziehungen nur eine von mehreren schichtabgrenzenden Gegebenheiten darstellen und es daher einseitig sein könnte, Schlüsse auf Prestigeschichten zu ziehen. Zum anderen, weil es unklar erscheint, ab welcher „Verdünnung" von Sozialbeziehungen von einer Schichtgrenze zu sprechen ist. Es ergibt sich, daß weder die Annahme „eines Statuskontinuums noch die eines Systems weniger disjunktiver Schichten den Beobachtungen adäquat ist. Berücksichtigt man vor allem die quantitativ großen Kategorien der angelernten Industriearbeiter, der Industriefacharbeiter, der mittleren Angestellten und der gehobenen Angestellten sowie deren Umfeld, so lassen sich durchaus eindeutige maß- und methodeninvariante Statusgruppierungen ausmachen". Sie sind jedoch eher durch graduelle Distanzen und kleinere Zwischengruppen als durch wenige hohe Schichtbarrieren voneinander getrennt (*Mayer* 1977, 224).

Tab. 29: Prestigestatusskala von 34 Berufskategorien auf der Basis von Heiratsbeziehungen

Berufskategorie	Statuspunktwert
Ungelernte Arbeiter in der Landwirtschaft	10
Ungelernte Arbeiter in der Bauwirtschaft	12
Ungelernte Arbeiter in der gewerblichen Wirtschaft	34
Landwirt bis 9 Hektar Besitz	43
Facharbeiter in der Landwirtschaft	48
Ungelernte Arbeiter im Dienstleistungsbereich	50
Angelernte Arbeiter in der Bauwirtschaft	53
Landwirte, 10 bis 19 Hektar Besitz	63
Angelernte Arbeiter in der gewerblichen Wirtschaft	65
Facharbeiter in der Bauwirtschaft	76
Angelernte Arbeiter im Dienstleistungsbereich	76
Facharbeiter in der gewerblichen Wirtschaft	97
Facharbeiter im Dienstleistungsbereich	99
einfache Beamte	99
Landwirte 20 bis 49 Hektar Besitz	100
Vorarbeiter	101
einfache Angestellte im öffentlichen Dienst	122
Meister	125
einfache Angestellte in der Privatwirtschaft	127
Selbständige, bis 1 Mitarbeiter	132
Landwirte, mehr als 50 Hektar Besitz	135
Werkmeister	141
mittlere Beamte	152
mittlere Angestellte im öffentlichen Dienst	158
Selbständige, bis 9 Mitarbeiter	162
mittlere Angestellte in der Privatwirtschaft	167
gehobene Angestellte im öffentlichen Dienst	196
gehobene Angestellte in der Privatwirtschaft	207
Selbständige, mehr als 10 Mitarbeiter	208
gehobene Beamte	215
höhere Angestellte	247
freie Berufe, bis 1 Mitarbeiter	269
höhere Beamte	278
freie Berufe, bis 49 Mitarbeiter	311

(Quelle: *Mayer* 1977, 215)

Prestigeaufbau in der Bundesrepublik

Bis heute oft zitierte Aussagen über Prestigeschichtungen in der Bundesrepublik sind in zwei Studien enthalten, die in den 60er Jahren mit Hilfe „multipler Indizes“ (*Scheuch* 1961, 97ff.) bzw. des Verfahrens der „Sozialen Selbsteinstufung“ (*Moore/Kleining* 1960, 87f.) durchgeführt wurden. In beiden Fällen waren es nicht die Gesellschaftsmitglieder, sondern die Forscher, die die gefundenen Prestigestatusabstufungen in ihnen sinnvoll erscheinende Schichten untergliedert haben.

Tab. 30: Verteilung der Bevölkerung der Bundesrepublik auf Prestigeschichten

Scheuch (1961)		Moore/Kleining (1960)			
Untergliederung des Statusaufbaus	in % der Eingeordneten	in % der Eingeordneten		Untergliederung des Statusaufbaus	
Oberschicht (50 u. mehr Punkte)	2,5	1		z.B. Großunternehmer, Spitzenfinanz, Hochadel, Spitzenpolitiker	
Obere Mittelschicht (40-49 Punkte)	6,1	5		z.B. leit. Angest., Professoren, Ärzte, Richter, Rechtsanwälte	
Mittlere Mittelschicht (30-39 Punkte)	14,6	15		z.B. mittlere Angest. u. Beamte, Elektroingenieure, Fachschullehrer, Mittlere Geschäftsinhaber, Apotheker	
Untere Mittelschicht (23-29 Punkte)	20,7	17 (30)	13	z.B. untere Angestellte und Beamte, Malermeister, Friseurmeister, Kleinhändler	z.B. Werkmeister, höchstqualifizierte Arbeiter
Obere Unterschicht (15-22 Punkte)	36,6	10 (28)	18	z.B. unterste Angestellte u. Beamte, Kellner, Fleischergesellen Kleinsthändler	z.B. qualifizierte Industriearbeiter (auch qualifizierte angelernte)
Untere Unterschicht (0-14 Punkte)	19,5	17		z.B. Straßenarbeiter, Landarbeiter, Matrosen, harte Arbeit, z.T. im Freien	
Sozial Verachtete		4		z.B. Handlanger	

(Quellen: *Scheuch* 1961, 103; *Moore/Kleining* 1960, 91)

Trotz dieser Problematik vermitteln die Studien wesentliche Informationen über den Prestigestatusaufbau in der Bundesrepublik zur damaligen Zeit. Vergleicht man die Resultate, so ist deutlich zu erkennen, daß diese im wesentlichen übereinstimmen. Die Masse der Bevölkerung, nämlich fast 60%, liegt in einem Bereich des Statusaufbaus, der von den Autoren als untere Mitte oder oberes Unten bezeichnet wurde. Gewisse Abweichungen der Ergebnisse sind nur insoweit vorhanden, als die Anteile auseinandergehen, die die Autoren der unteren Mitte bzw. dem oberen Unten zuordneten.

Die in Tabelle 30 wiedergegebenen Befunde wurden Ende der fünfziger Jahre ermittelt. Deshalb ist die Frage interessant, ob und welche Veränderungen das Prestigegefüge im Laufe der Zeit erfahren hat. Um diese Frage zu beantworten, bedarf es Untersuchungen in größeren zeitlichen Abständen, die methodisch gleich angelegt sein sollten. Solche Folgestudien sind in der Bundesrepublik mit Hilfe des Verfahrens der „Sozialen Selbsteinstufung" bis in die 70er Jahre hinein durchgeführt worden (*Kleining* 1975, 276). Insgesamt erwies sich der Berufsprestigestatusaufbau der deutschen Bevölkerung als recht stabil. Es hat sich lediglich eine leichte Tendenz zur stärkeren Besetzung der mittleren und oberen Prestigegruppen ergeben. Das hängt im wesentlichen mit dem Zuzug der in diesen Untersuchungen nicht berücksichtigten ausländischen Arbeitskräfte und deren Konzentration in den unteren Statusgruppen zusammen.

5.5.5 Statussymbole

Begriff und Erscheinungsformen

Statussymbole wurden, ohne immer so genannt zu werden, bereits an verschiedenen Stellen dieses Lehrbuchs erwähnt. Im eingangs dargestellten Beispiel der mittelalterlichen Kleiderordnung war davon die Rede, daß Frauen, deren Männer Steuern in bestimmter Höhe an die Stadtkasse zahlten, die Erlaubnis bekamen, bestimmte Arten von Kleidung oder Schmuck zu tragen. Auch die erwähnten verschiedenen Schreibtischarten bei niederen oder höheren Angestellten in einem Kölner Versicherungsunternehmen hatten den Charakter von Rangabzeichen. Immer *wenn äußerlich erkennbare Gegebenheiten dazu geeignet sind zu erkennen, welchen Prestigestatus jemand hat, oder wenn sie absichtlich eingesetzt werden, um anderen zu zeigen, welchen Prestigegrad man hat bzw. haben möchte, dann hat man es mit*

Statussymbolen zu tun (vgl. *Goffman* 1951, 295; *Hörning* 1970, 109; *Csikszentmihalyi/Rochberg-Halton* 1989, 36).

Statussymbole können in äußerst vielfältigen Erscheinungsformen auftreten. Sie zeigen sich in Rangabzeichen an Uniformen, Wohngegenden, Haustypen und Wohnungseinrichtungen, Konsumgütern bestimmter Art (Autotyp, Uhr usw.), Lebensstilen, Sprachstilen, bestimmte Arten sich zu kleiden, Sportarten (Golf, Snowboarding, überhaupt sich sportlich zu geben), Gesten, Ritualen, Titel u.a.m. Statussymbole können formell (offiziell) festgelegt sein oder sich informell eingespielt haben. Sie können in allen Gruppen einer Gesellschaft oder sogar über mehrere Länder hinweg Geltung haben (so z.B. die Kleidung kirchlicher Würdenträger); sie können aber auch nur in Teilgruppen gültig und nur für deren Angehörige erkennbar sein (z.B. das Verfügen über einen Telefonapparat mit weltweitem Außenanschluß oder über einen reservierten Parkplatz ab Positionen bestimmter Höhe in Unternehmen).

Genaue Kenntnisse der einzelnen gesellschaftlichen Milieus und Gruppierungen entschlüsseln oft feine und feinste Schattierungen sowie Kombinationen von Statussymbolen. Ein Beispiel aus Hamburg: „Bei uns in den Hansestädten finden aber noch viel feinere gesellschaftliche Unterscheidungen statt; es kommt auf die Adresse an, ob Elbchaussee, trockene oder nasse Seite, die Zugehörigkeit zum richtigen Club und ähnliche Distinktionen, auf die eine sich selbst definierende Oberschicht sich verständigt hat und die wahrzunehmen schon Zugehörigkeit voraussetzt." (*Gross* 1994, 20)

Funktionen

Statussymbole dienen einerseits der Orientierung. Sie lassen erkennen, wer wer ist. Sie haben dabei sowohl den Zweck, die Zugehörigkeit zu bestimmten Bevölkerungsgruppen als auch die Abgrenzung von anderen zu signalisieren.[68] Ältere Beispiele für diese Funktion stellen Uniformen und die Regelungen der schon erwähnten Kleiderordnungen dar.[69] Neuere Beispiele finden sich u.a. in Wohnungsein-

---

68 Diese beiden Zwecke beschrieb schon *Georg Simmel* hinsichtlich von „Klassenmoden" (1992).

69 Die erste europäische Kleiderordnung wurde in einem Aufwandgesetz von Karl dem Großen im Jahre 808 erlassen. Sehr genaue Vorschriften über Stoffverwendung gab 1530 noch der Augsburger Reichstag heraus: Den Fürsten blieb „Zobel und dergleichen Futter" vorbehalten, den Grafen: Sammet und

richtungen, Kleidungsstilen und demonstrativen Vorlieben für bestimmte Musikstile. Häufig gehen hierbei „vertikale“ und „horizontale“ Abgrenzungs- bzw. Zugehörigkeitssignale Hand in Hand. Wer durch großflächige Bücherregale, weiße Wände und die unvermeidliche Birkenfeige (ficus benjamini) seine Intellektualität betont, setzt sich nicht nur „vertikal“ von minder Gebildeten, sondern auch „horizontal“ von bloß einkommensstarken Gruppierungen ab.

Statussymbole können andererseits auch als Machtinstrumente eingesetzt werden. Nicht selten lassen sich Menschen bereits dadurch einschüchtern, daß andere bestimmte Symbole ihrer „gehobenen Stellung“ zeigen (*Lauster* 1987). Hierbei schließen sich die Orientierungs- und Machtfunktionen von Statussymbolen nicht aus. Visitenkarten, Titel, bestimmte Sprechweisen etc. dienen oft beidem. Statussymbole haben Orientierungs- und Machtwirkungen aber immer nur insoweit, als sie verstanden werden. Die u.U. vom Nutzer eines Statussymbols absichtsvoll eingesetzte Bedeutung des Symbols muß dem Adressaten bekannt sein bzw. der Prestigewert muß von ihm geteilt werden.

Wandel

Statussymbole können verfallen. Sie haben im allgemeinen nur so lange Bestand, wie sie durch gewisse „Barrieren“ vor Mißbrauch oder vor zu leichter Zugänglichkeit für andere geschützt sind (*Goffman* 1951; *Hörning* 1970, 109f.). Die Exklusivität von Statussymbolen kann auf verschiedene Weise zustandekommen oder gesichert werden. Sie kann beruhen auf

- hohen Kosten,
- „natürlicher“ Seltenheit (z.B. Knappheit großer Diamanten),
- künstlich herbeigeführter Knappheit (z.B. Verleihung von Orden),

---

Carmoisin, den Aristokraten und Doctores: Damast, Seide und Atlas; dagegen war den höheren Bürgern Kamelot, der Masse des Volkes nur die Verwendung einheimischer Stoffe, d.h. wohl vor allem groben Linnens erlaubt. Damit wurde die gesellschaftliche Rangordnung auch im Äußerlichen sichtbar, die Mode war schichtspezifisch und demonstrativ. Daß der Adel dabei am auffälligsten demonstrierte, zeigt das Beispiel der Schnabelschuhe, einer in der Spätgotik von burgundischen Höfen ausgehenden Mode. Die Spitzen dieser Schuhe durften bei adeligen Rittern zwei Fuß, bei einfachen Rittern anderthalb Fuß, bei reichen Bürgern ein Fuß, bei gewöhnlichen Leuten einhalb Fuß lang sein.

- der Notwendigkeit einer bestimmten Herkunft und Erziehung (Sprechweise, „Stallgeruch"),
- einem bestimmten Bildungsgang (z.B. „Doktorgrad" durch Studium)
- einer bestimmten Lebensweise (früher: z.B. „zarte Hände" durch Vermeiden körperlicher Arbeit; heute eher umgekehrt: sportliche Bräune, die zeigt, daß man trotz vieler Arbeit und großer Erfolge souverän zu leben versteht).

Im übrigen kann sich auch die Bedeutung des gleichen Statussymbols im Laufe der Zeit verändern. Sie kann sich im Laufe der Zeit sogar in ihr Gegenteil verkehren. Der Judenstern war zunächst Zeichen der Erniedrigung, dann Symbol des Überlebens und Protestes. Das Hakenkreuz sollte einmal deutschen Nationalstolz symbolisieren und wurde letzten Endes zum Mahnmal für Grausamkeit, Erniedrigung und Völkermord (*Knapp* 1995).

Beweggründe des Gebrauchs von Statussymbolen

Die Motive der Menschen zum Zeigen von Statussymbolen sind vielfältig. Soweit Symbole *formell* festgelegt sind (z.B. Uniformen), wird jeder, der die „Regeln" des jeweiligen sozialen Gebildes befolgt, die verordneten Symbole benutzen und sich daran orientieren. Differenzierter sind die Motive im Hinblick auf *informelle* Symbole. Die Beweggründe zur Verwendung informeller Statussymbole wurden insbesondere im Bereich der Psychologie und der Konsumforschung analysiert (vgl. *Knapp* 1995).

Erstens können Statussymbole als Aufstiegshilfe eingesetzt werden. *Antizipatorische Sozialisation* steht hinter der Verwendung von Statussymbolen immer dann, wenn erhoffte oder im Gange befindliche Aufstiege vorweggenommen und die Statussymbole von Rangstufen (oft unbewußt) nachgeahmt werden, der man (noch) nicht angehört. Dieses Zeigen von „überhöhten" Statussymbolen steigert sich beim *Hochstapler* so weit, daß eine bestimmte gesellschaftliche Stellung bewußt vorgetäuscht wird, um sich Vorteile zu verschaffen. Aufsteiger, deren neue Stellung noch gefährdet erscheint, neigen häufig zu *Protzverhalten*. So rücken Neureiche die wirkliche oder vorgegebene Höhe des Preises von Gütern in den Vordergrund (vgl. *Veblen* 1993). Dieses Verhalten kann als Versuch angesehen werden, den eigenen Aufstieg in der Statushierarchie abzusichern (*Mason* 1994).

Zweitens betreiben Menschen, die sich in einem bestimmten *Status* durchaus eingerichtet haben, mittels Statussymbolen oft dessen langfristige Stabilisierung. Dies kann auf unterschiedliche Weise geschehen: So tendiert das *Mitläuferverhalten* allein deshalb zur Verwendung von Statussymbolen, weil auch andere, Statusgleiche dieses Gut erworben haben (*Leibenstein* 1950). Wenn indessen die Verwendung eines Statussymbols aufgegeben wird, weil zu viele andere dieses nutzen, liegt das Motiv des *Snob-Verhaltens* vor (*Leibenstein* 1950). *Aufstiegsdemonstrationen* entspringt die Verwendung von Statussymbolen dann, wenn erworbene Symbole vom kaufmännischem Kalkül her keinen zureichenden Gegenwert bieten, ihr Erwerb aber trotzdem erstrebenswert erscheint, weil man damit seinen Aufstieg und die nun erreichte Statusstufe demonstrieren kann (*Frank* 1985; *Csikszentmihalyi/Rochberg-Halton* 1989, 36; *Frey/Irle* 1984, 30). Eine *Diffusion* von Statussymbolen liegt dann vor, wenn statusniedrige Personen diejenigen Symbole aufgreifen, die von „oben" gewissermaßen „durchsickern", um ihren eigenen Status zu sichern (*Simmel* 1992; *McCracken* 1990). Die *Statusinkonsistenz*-Theorie schließlich betont, daß Statussymbole besonders häufig von Personen in inkonsistenter Statuslage gebraucht werden, weil sie danach streben, ihre relativ niedrige Statusmerkmale (z.B. geringes Berufsprestige) durch ihre hoch eingestuften (z.B. hohes Einkommen) zu überdecken (*Homans* 1968, 211; *Malewski* 1967, 133f.; *Wiswede* 1972, 147ff.).

Neben dem Statuserwerb und der Statusstabilisierung ist drittens die *Sicherung sozialer Identität* ein wichtiges Motiv, Statussymbole zu verwenden. In vielen traditionalen Gesellschaften ist die Zugehörigkeit zu gesellschaftlichen Gruppierungen strikt festgelegt und wird überwacht. In modernen Gesellschaften dagegen sind *Gruppenzugehörigkeiten* eher eine Frage der individuellen Wahl. Ein Weg, die Zugehörigkeit zu einer gesellschaftlichen Gruppe zu bewirken, zu festigen, oder sich von anderen abzusetzen, ist die Verwendung von Statussymbolen (Knapp 1995, 6). Auf andere Weise dienen Statussymbolen der sozialen Identität, indem ein Leitbild (z.B. ein Konsum-Leitbild oder ein Medienstar) durch Bevölkerungsgruppen mit geringem Selbstbewußtsein (z.B. Jugendliche) nachgeahmt wird (vgl. *Giffhorn* 1974, 90ff.; *Scherke* 1959).

Die zuvor genannten Motive sind den einzelnen in der Regel nur teilweise bewußt. Viertens können Statussymbole jedoch sehr bewußt und wohl kalkuliert *zu strategischen Zwecken* eingesetzt werden. *Strategische Selbstpräsentation* liegt dann vor, wenn ein Statussymbol der Eigenwerbung dient und Kompetenzen besonders auf jenen Gebieten hervorhebt, die als eigene Stärken gelten (*Jones/ Pittman* 1982). Das Motiv der *symbolischen Selbstergänzung* führt im Gegenteil Menschen dann zum Einsatz von Statussymbolen, wenn das Fehlen bestimmter Qualitäten und Eigenschaften (z.B. Körpergröße oder Aufstiegschancen) kompensiert werden soll. Dann werden andere Attribute in den Vordergrund gerückt (*Wicklund/Gollwitzer* 1980, S. 56ff.).

Welche Statussymbole werden genutzt?

Offizielle (d.h. geregelte) Statussymbole, wie sie die Rangabzeichen der Angehörigen bestimmter Organisationen darstellen, sind in modernen Gesellschaften nicht die Regel, sondern die Ausnahme. Gerade aus diesem Grund ist die Frage besonders interessant, welche äußerlich erkennbaren Gegebenheiten in welcher Situation auf welche Weise benutzt werden, um an ihnen erkennen zu lassen oder anderen zu zeigen, „wer wer ist".

Gewisse Aufschlüsse darüber sind aus den Ergebnissen einer Ende der 70er Jahre durchgeführten Untersuchung zu erhalten, in der eine Auswahl der Bevölkerung der Bundesrepublik darüber befragt wurde, an welchen äußerlichen Kriterien man sich bei der Zuerkennung von Prestige orientiert. Es ergab sich die nachstehende Rangfolge:

1. Die Art von Leuten, mit denen jemand verkehrt
2. Die Art, die Wohnung einzurichten
3. Die Art der Kleidung
4. Die Art der Bücher, die jemand liest
5. Wohnviertel, Wohngebiet
6. Die Veranstaltungen, die jemand besucht
7. Die Auswahl der Zeitungen
8. Die Art der besuchten Lokale, Restaurants
9. Die Wahl des Sportclubs
10. Das Auto
11. Wohin man in Urlaub fährt
12. Die Art von Geschäften, in denen man einkauft

(*Scheuch* 1980, Abb. 32)

Ein Vergleich mit älteren Erhebungen zeigt, daß man sich immer seltener am bloßen Besitzen oder Nicht-Besitzen eines bestimmten Gutes oder Merkmals und immer häufiger an dessen Qualität und „gekonnter" Nutzung orientiert. Der Besitz eines Autos, der Besuch eines bestimmten Urlaubsortes oder einer bestimmten Einkaufsstätte etc. sind offenbar infolge ihrer leichteren Zugänglichkeit für viele gegenüber der Art der Lebensführung (Kontaktkreise, Wohnungseinrichtung usw.) zweitrangig geworden. Neben dem Besitz bestimmter „Güter" (eines Hauses bestimmter Art, eines akademischen Titels u.a.m.) sind es daher in zunehmendem Maße der Lebensstil, die Art der Nutzung bestimmter Güter und die Kontaktkreise, die als Statussymbole verwendet werden.

Welche äußerlich erkennbaren Gegebenheiten den Charakter informeller Statussymbole bekommen, wurde in den fünfziger und sechziger Jahren meist mit dem sogenannten „trickle effect" erklärt (s.o. „Diffusion" und das Motiv der Statussicherung). Hiernach geht die Verwendung eines bestimmten Modestils, Gebrauchsgegenstandes etc. von den oberen Lagen des Statusaufbaus aus und „tröpfelt" dann, z.T. in Form von preisgünstigen Kopien, durch das Statusgefüge nach unten. Während sich die Angehörigen oberer Statuslagen bereits neuen Prestigesymbolen zugewandt hatten (*Lang/Lang* 1961; *Fallers* 1966), wurde die Verwendung älterer Symbole (z.B. große Stereoanlagen) dann oft geradezu zum Zeichen, daß jemand nicht diesen oberen Lagen zugehört.

Trickle-Effekte gibt es auch heute noch, aber sie haben sich offenbar abgeschwächt (*Wiswede* 1972, 155; *Pappi* 1978, 87). In den letzten Jahrzehnten gingen Modestile und andere Statussymbole immer häufiger von den Mittellagen (*König* 1968; *Wiswede* 1971, 88), z.T. sogar von den unteren Statusgruppen (*Blumberg* 1974) aus und verbreiteten sich von dort mehr oder weniger weit über die Sozialstruktur. In diesem Zusammenhang ist es wichtig, nochmals daran zu erinnern, daß die Statussymbole oft nicht nur zur Markierung „vertikaler" Statusansprüche dienen. Die gleichen Symbole stellen darüber hinaus oft auch Kennzeichen „horizontaler" Differenzierungen (Lebensformen, Altersstufen, Gruppenzugehörigkeiten usw.) dar. So künden der Nadelstreifenanzug des Bankangestellten und die Lederjacke des Kameramanns u.U. von ähnlich hohem beruflichen Ansehen, betonen jedoch gleichzeitig die Verschiedenartigkeit der beruflichen Milieus. Zusammen mit dem raschen modischen Wechsel mancher Arten von Statussymbolen tragen solche „horizontalen" Differenzierungen dazu bei, daß die Erscheinungsformen von Statussymbolen in der Bundesrepublik so vielgestaltig und schwer auf einen Nenner zu bringen sind.

5.5.6 Rückblick

Überblickt man die empirischen Befunde des vorstehenden Abschnitts so fällt auf, daß manche Angaben noch aus den 60er und 70er Jahren stammen. Wenn dies der Fall ist, wurden seither u.W. keine einschlägigen Untersuchungen mehr durchgeführt. Soziologische Studien zu gesamtgesellschaftlichen Prestigeabstufungen und Statussymbolen standen in der Nachkriegszeit im Mittelpunkt der Aufmerksamkeit. Danach flaute das Interesse daran deutlich ab.

Dies hat im wesentlichen folgende Gründe: Erstens handelt es sich, wie erwähnt, um vergleichsweise stabile Einstellungen der Bevölkerung, die sich nur langsam ändern. Es hat daher keinen Sinn, in kurzen Abständen immer wieder neue Untersuchungen durchzuführen.

Zweitens haben sich die Ergebnisse von Prestigestudien in der Praxis als nicht so erklärungskräftig erwiesen, wie man das zunächst erhofft hatte. Zwar hatten in der Konsumforschung Prestigegesichtspunkte größere Praxisrelevanz, aber z.B. die Differenzierungen politischen Verhaltens oder der Sozialisation ließen sich von daher kaum erklären.

Drittens hat sich der gesellschaftliche Hintergrund verändert. In der Wiederaufbauphase der Nachkriegszeit waren die gesellschaftlichen Zielsetzungen weithin übereinstimmend auf die Mehrung von Wohlstand und auf die individuelle Wahrnehmung der neuen beruflichen Chancen ausgerichtet. Verständlicherweise standen die jeweiligen Berufserfolge und das dadurch gewonnene Prestige im Vordergrund der Aufmerksamkeit. Diese Beachtung war in den mittleren Schichten besonders groß. Die Prestigeordnung lag aber durchaus auch den oberen und unteren Schichten am Herzen. Im Vergleich zu späteren Entwicklungen ließen sich damals Berufshierarchien, Berufserfolge und entsprechende Symbole mit der Meßlatte eines relativen Wertkonsenses einschätzen und in einem durchgängigen Oben und Unten einordnen.

Seit den 70er Jahren fächerten sich die gesellschaftlichen Gruppierungen, ihre Wertmaßstäbe und ihre Gewichtung der Prestigeproblematik auf. Prestige wurde mehr und mehr zu einer Frage des jeweiligen Standorts. Schon bald verdichteten sich Hinweise darauf, daß die Wahrnehmung der Ungleichheits- und besonders der Prestigestruktur zu hohen Graden eine Frage des Lebensstils (*Wegener* 1988, 203) und der Milieuzugehörigkeit ist. Einzig die Bewertung von Berufen mündete noch in eine einigermaßen übereinstimmende Prestigehierarchie. Aber auch das Interesse hieran flaute ab. „Lebensqualität" und später dann die jeweiligen Lebensweisen, gemessen an durchaus unterschiedlichen Standards, gewannen an Bedeutung.

5.6 Weitere Dimensionen sozialer Ungleichheit

Die bislang dargestellten Ungleichheiten der Bildungsabschlüsse, der Erwerbschancen bzw. der Arbeitslosigkeit, der Einkommen und Vermögen, der Macht und des Prestiges prägen die Lebenschancen der

Mitglieder moderner Gesellschaften und beeinflussen ihr Denken und Verhalten entscheidend (vgl. Kap. 7). Dennoch bestehen soziale Ungleichheiten nicht nur innerhalb dieser Dimensionen. Es gibt weitere Lebensbedingungen, die die Lage der Menschen zum Besseren oder Schlechteren beeinflussen. Die meisten von ihnen stellen keine Ressourcen dar, die Menschen zu mehr oder weniger Handlungsfähigkeit verhelfen, sondern existenzielle Randbedingungen, von denen dauerhaft vorteilhafte oder nachteilige Einflüsse auf Menschen ausgehen. Zu diesen Lebensbedingungen zählen Arbeits-, Freizeit-, Wohn-, Umwelt- und Infrastrukturbedingungen. Sie werden gelegentlich als „neue soziale Ungleichheiten" bezeichnet. Nur wenige von ihnen sind indessen wirklich neu. Was in der Tat neu ist, ist die verstärkte Bedeutung, die sie in letzter Zeit gewonnen haben. Z.B. arbeiten und wohnen Menschen schon seit Jahrhunderten unter gesunden oder weniger gesunden Bedingungen. Dieser altbekannte Umstand rückte jedoch in der letzten Zeit weit in den Vordergrund der Aufmerksamkeit. Entsprechend nahmen die individuelle Betroffenheit, die öffentliche Thematisierung und die ausgleichenden Maßnahmen zu.

Auf folgende Dimensionen sozialer Ungleichheit wird in diesem Abschnitt näher eingegangen werden:

Im Gegensatz zur gelegentlich verbreiteten Behauptung, unsere Gesellschaft sei eine „Freizeitgesellschaft", ist nach wie vor etwa die Hälfte der Bevölkerung in das Erwerbsleben einbezogen und wird in seinem Denken und Verhalten von Erwerbsarbeit wesentlich beeinflußt. Ein erheblicher Teil der Bevölkerung sieht nach wie vor die „Arbeit" als Kernbereich menschlichen Lebens an. Nur erscheinen die Umstände und Inhalte der Arbeit immer weniger selbstverständlich. Den Menschen wird immer wichtiger, *wie* sie arbeiten und ob die Arbeit auf ihre Bedürfnisse zugeschnitten ist. Daher gelten günstige oder ungünstige *Arbeitsbedingungen*, die es seit jeher gegeben hat, heute als ein wichtiges Kriterium sozialer Ungleichheit.

Die Beschaffenheit der *Wohnung* und des *Wohnumfeldes* ist seit langem als eine wichtige Rahmenbedingung menschlichen Lebens erkannt. In den letzten Jahren richtete sich jedoch die Aufmerksamkeit immer stärker auf die Tatsache, daß hinsichtlich der Wohnqualität nach wie vor erhebliche Ungleichheiten bestehen. Im Zuge der allgemeinen Verbesserung materieller Lebensverhältnisse hat die Sensibilität für das Umfeld und die Umwelt des Menschen zugenommen. Infolge kürzerer Arbeitszeiten werden große Teile der Freizeit in der Wohnung verbracht. Deren Zuschnitt und Ausstattung dient der Selbstverwirklichung der einzelnen sowie dem Ausdruck und der Stilisierung ihrer persönlichen Lebensweise.

Die Einschränkung der zur Sicherung des Lebensunterhalts notwendigen Arbeitszeit und die Ausdehnung der *Freizeit*, die dem einzelnen als autonomer Gestaltungsraum zur Verfügung steht, ist seit mehr als hundert Jahren das Ziel der einzelnen und der politischen Vertretungen der Arbeitnehmerschaft. Es waren u.a. gerade die Erfolge dieser Bestrebungen, die den Umstand ins Blickfeld rückten, daß auch heute die Freizeitsituation bestimmter Gruppen der Bevölkerung nach Umfang, zeitlichem Zuschnitt und bereitstehenden Möglichkeiten ungleich günstig ist.

Wie die folgende Darstellung zeigen wird, sind die eben genannten Bereiche sozialer Ungleichheit z.T. nicht weniger bedeutsam als die herkömmlicherweise als existenzbestimmend angesehenen Ungleichheiten der materiellen Lage, der Bildung, der Macht und des Ansehens. Arbeits-, Wohnungs-, Freizeitbedingungen entscheiden über Gesundheit, Handlungschancen, persönliche Entwicklung und individuelle Entfaltung.

5.6.1 Arbeitsbedingungen

Ungleiche Arbeitsbedingungen existieren seit Jahrhunderten. Seit langem ist auch bekannt, daß bestimmte Arbeitstätigkeiten vorteilhafter (gesünder, sicherer, interessanter etc.) sind als andere. Besonders die Industrialisierung brachte, in Deutschland etwa seit Mitte des 19. Jahrhunderts, zahlreiche neue Arbeitsformen mit sich, die mit extremer Belastung, Gesundheitsgefährdung und Monotonie einhergingen. Außerdem nahm die zeitliche Beanspruchung und die Unfallgefahr für viele Arbeitende stark zu. Diese Veränderungen waren den Betroffenen auch deutlich bewußt. Seit langem war es denn auch ein wichtiges Ziel der Arbeiterbewegung und der staatlichen Arbeitsschutzpolitik, gegen übermäßige Arbeitsbelastungen und Risiken anzugehen (*Kern* 1982).

Obwohl diese Bemühungen viele Erfolge hatten, ist seit den 70er Jahren die Beachtung ungleicher Arbeitsbedingungen nochmals deutlich gewachsen. Zum einen haben neue Technologien (z.B. Informationstechnologien) neben Erleichterungen auch neue Belastungen und

Ungleichheiten mit sich gebracht. Das gleiche gilt für den verschärften internationalen und nationalen Wettbewerb.

Zum andern hat der „Wertewandel" die Kommunikations- und Selbstverwirklichungschancen auch im Bereich der Erwerbsarbeit in den Vordergrund gerückt. Es wurde den Beschäftigten immer wichtiger, ob die Tätigkeit vielseitig und sinnvoll ist, wie der Kontakt zu Kollegen beschaffen ist, ob die Arbeitszeit günstig und flexibel ist, usw. Die Arbeitenden sind immer weniger bereit, sich der jeweiligen Erwerbstätigkeit anzupassen. Sie wollen vielmehr die Arbeit so wählen bzw. gestalten, daß ihre Ansprüche erfüllt werden. Daran hat auch die Massenarbeitslosigkeit seit Mitte der 70er Jahre wenig geändert. Die Ansprüche an die Arbeit nahmen auch angesichts der Verknappung von Arbeit kaum ab.

Auch in der Öffentlichkeit hat man erkannt, daß schlechte Arbeitsbedingungen nicht nur die Gesundheit beeinträchtigen, sondern auch viele nachteilige Verhaltensweisen und Einstellungen (z.B. Aggressionen, Sprachstile, Intelligenzentwicklung, Selbstvertrauen, Planungsverhalten etc.) nach sich ziehen. Die Verbesserung ungünstiger Arbeitsbedingungen wurde daher auch als sozialstaatliche Aufgabe angesehen. Die vieldiskutierten und mit erheblichen öffentlichen Mitteln geförderten Bestrebungen zur „Humanisierung der Arbeit" (*Schmidt* 1982; *Wachtler* 1979; *Schäuble* 1979; *Didicher* 1981) zeigen die Aufmerksamkeit, die die Verbesserung belastender Arbeitsbedingungen bei staatlichen Stellen findet. Sozialstaatliche Schutzregelungen und andere Verbesserungen von Arbeitsbedingungen (z.B. bei der Gestaltung von Bildschirmarbeitsplätzen) tragen ihrerseits zur weiteren Sensibilisierung für Vor- und Nachteile während der Erwerbsarbeit bei.

Infolge der gezeigten Entwicklungen wurden im Laufe der Zeit immer mehr Aspekte der Arbeitssituation als Ungleichheiten wahrgenommen. Die soziologisch relevanten Bereiche ungleicher Arbeitsbedingungen erweisen sich so bei näherem Hinsehen als sehr vielgestaltig.

Im wesentlichen geht es um Ungleichheiten der

- der *Sicherheit des Arbeitsplatzes*
- der *Arbeitszeiten*
- der *Arbeitsbelastungen und*
- der *Arbeitszufriedenheit.*

Der Bereich der Arbeitsplatzsicherheit, das heißt ungleicher Arbeitslosigkeitsrisiken und (Wieder-)Beschäftigungschancen, wurde bereits in Kapitel 5.2 ausführlich dargestellt. Der Bereich der Arbeitszufriedenheit wird im Zusammenhang mit anderen Bereichen der (Un-)Zufriedenheit in Kapitel 7 dargestellt werden. Im folgenden ist daher auf Ungleichheiten der Arbeitszeiten und der Arbeitsbelastungen einzugehen.

Arbeitszeiten

Dauer, Lage und Verfügbarkeit der Arbeitszeit haben einen kaum zu überschätzenden Einfluß auf das Wohlbefinden, die Gesundheit, das Familienleben, die sozialen Kontakte, das Freizeitverhalten und die Teilnahme am öffentlichen Leben. Es ist daher kein Wunder, wenn sich die Gewerkschaften schon früh um die Verminderung überlanger Arbeitszeiten, der Nacht-, der Sonn- und der Feiertagsarbeit sowie der Schichtarbeit bemühten.

Dauer, Lage und Verfügbarkeit der Arbeitszeit lassen sich im Hinblick auf vier Zeithorizonte (mit jeweils anderen Endpunkten) betrachten: Tagesarbeitszeit (Feierabend), Wochenarbeitszeit (Wochenende), Jahresarbeitszeit (Urlaub) und Lebensarbeitszeit (Pensionierung).

Hinsichtlich aller vier Perspektiven hat sich die *Dauer* der Arbeitszeit in den vergangenen Jahrzehnten deutlich vermindert. Mußten die Erwerbstätigen im früheren Bundesgebiet im Jahre 1972 noch 42 Wochenstunden (ca. 1800 Jahresarbeitsstunden) arbeiten (Stat. Bundesamt 1992, 154), so waren es 1997 in Westdeutschland nur noch 37,1 Stunden (etwa 1550 Stunden im Jahr) (Mikrozensus 1997, Mitt. Stat. Bundesamt). Damit zählte Deutschland zu den Ländern mit den geringsten tariflichen Arbeitszeiten in der Welt. Ende der 90er Jahre ergab sich die widersprüchliche Situation, daß gleichzeitig Arbeitszeitverlängerungen und -verkürzungen zur Debatte standen: Um Kosten und Soziallasten zu senken, wurden längere Arbeitszeiten (z.B. Lebensarbeitszeiten) erwogen. Um Arbeit auf mehr Schultern zu verteilen und Arbeitslosigkeit zu vermindern, wurde an Verkürzungen (z.B. der wöchentlichen) Arbeitszeiten gedacht.

Die wöchentlichen und jährlichen Arbeitszeiten von Arbeitern, Angestellten und Beamten unterscheiden sich in Deutschland kaum noch. Freilich gibt es innerhalb dieser Berufsgruppen enorme Ungleichheiten. So gibt es bestimmte Berufe, für die lange Arbeitszeiten typisch sind.

Höherqualifizierte und höher gestellte Arbeiter und Angestelle arbeiten durchschnittlich länger als andere Arbeitnehmer. So sind die leitenden Angestellten die „Überstundenkönige". Zwei Drittel von ihnen machten 1993 regelmäßig Überstunden. Das sind etwa doppelt so viele wie in den Gruppen der einfachen und mittleren Angestellten. Auch Vorarbeiter und Meister machen häufiger Überstunden als Facharbeiter und un- bzw. angelernte Arbeiter (*Bauer/Groß/Schilling* 1994, 20). In Deutschland arbeiteten 1991/92 die „Besserverdiener" fast eine Stunde länger als schlechter Verdienende (*Garhammer* 1998, 25). Dieser Zusammenhang besteht jedoch nicht nur in Deutschland, sondern in der gesamten EU. So betrug 1996 für 53% aller Manager in der EU die Wochenarbeitszeit 45 Stunden und mehr, bei „einfachen Tätigkeiten" waren dies nur 18% (European Foundation 1997, zit. n. *Garhammer* 1998, 25) Allerdings fallen in die Gruppe der Vielarbeiter auch 42% der Beschäftigten in Landwirtschaft und Gastgewerbe, was häufig mit relativ geringem Einkommen verbunden ist (*Garhammer* 1998, 25).

Abb. 18: Die Vielarbeiter

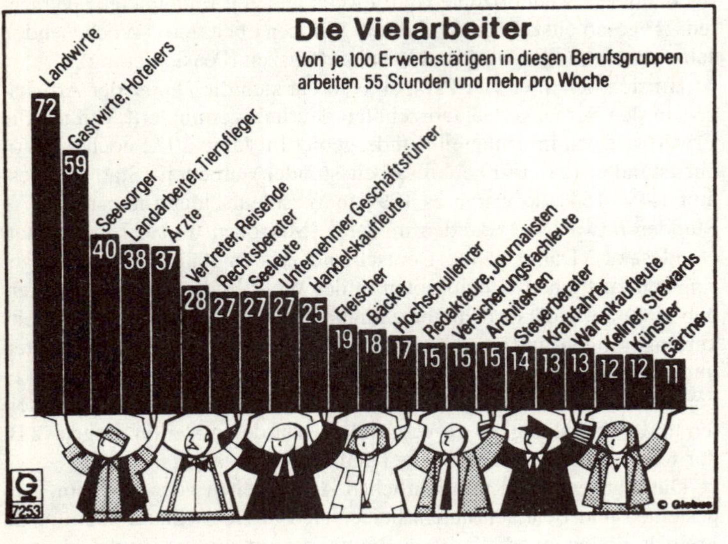

(Quelle: *Globus* 7253, zit. n. *Hradil* 1994a, 47)

Die Arbeitszeiten in Ostdeutschland waren Mitte der 90er Jahre erheblich länger als in Westdeutschland. Während in den neuen Ländern durchschnittlich 39,3 Stunden in der Woche gearbeitet wurde, betrug die Arbeitszeit in den elf alten Ländern durchschnittlich nur noch 37,1 Stunden (Mikrozensus 1997, Mitt. Stat. Bundesamt). „1995 gab es immerhin noch 4,6 Millionen (12,9%) Erwerbstätige in ganz Deutschland, die normalerweise 41 Stunden oder mehr in der Woche an ihrem Arbeitsplatz verbrachten. Hierin unterschieden sich die neuen Bundesländer (9,1%) vom früheren Bundesgebiet (13,8%). Dagegen war der Anteil der Erwerbstätigen, die weniger als 21 Stunden in der Woche arbeiteten, in den elf alten Ländern deutlich höher (12,2%) als in den neuen Ländern (3,2%).“ (Stat. Bundesamt 1997, 147)

Was die *Lage* der Arbeitszeit betrifft, so interessieren in diesem Zusammenhang vor allem die nachteiligen Arbeitsformen der Schicht-, Nacht- und Sonntagsarbeit. Sie kapseln die Arbeitenden von ihrem sozialen Umfeld ab und beeinträchtigen Gesundheit sowie Erholung.

Der Anteil der Arbeitenden, die Schichtarbeit leisten, nahm in den 80er (*Seifert* 1991, 33) und 90er Jahren ab. 1997 mußte ein gutes Zehntel (10,6%) aller Erwerbstätigen in Deutschland regelmäßig Schichtdienst leisten. Auch die Nachtarbeit nahm, nach einem Anstieg in den 80er Jahren, in den 90er Jahren ab. Mitte der 90er Jahre arbeitete jede(r) 14. Beschäftigte regelmäßig nachts (Mikrozensus 1997, Mitt. Stat. Bundesamt).

Im Gegensatz hierzu nahmen Wochenendarbeit in den 90er Jahren zu. Fast ein Viertel aller Erwerbstätigen leistete 1997 regelmäßig Samstagsarbeit und jede(r) neunte arbeitete ständig sonntags (Mikrozensus 1997, Mitt. Stat. Bundesamt; vgl. *Seifert* 1993, 133; *Garhammer* 1994, 72). Der Zwang zur Auslastung der kapitalintensiven Produktionsanlagen trägt zur Ausweitung dieser ungünstig gelegenen Arbeitszeiten ebenso bei wie die Fülle der Dienstleistungen in Verkehr, Gastgewerbe, Polizeidienst, Gesundheitswesen etc. die auch sonntags und nachts angeboten werden (müssen).

Flexible Arbeitszeiten weiten sich infolge des Einsatzes von Computern und häufigerer Dienstleistungstätigkeiten immer mehr aus. Sie erfreuen sich großer Beliebtheit. Etwa vier von zehn Beschäftigten, die starren Zeitregelungen unterliegen, wünschen sich die Einführung der „Gleitzeit“ (*Hradil* 1994a, 48). Flexible Arbeitszeiten sind vorteilhaft, wenn sie den persönlichen Bedürfnissen angepaßt werden können. Sie geraten jedoch dann zum Nachteil, wenn der einzelne den wechselnden Arbeitzeiten ausgeliefert ist oder gar auf Abruf bereitstehen muß (z.B. im Falle der „kapazitätsorientierten variablen Arbeitszeit"). Es ist also die Verfügbarkeit und nicht die Flexibilität, die soziale Ungleichheit ausmacht.

Der Grad der *Verfügbarkeit* der Arbeitszeit bewegt sich zwischen starrer Fremdbestimmung (feste Arbeitszeiten, Arbeit auf Abruf) über viele Zwischenstufen (z.B. rollierende Schichtsysteme mit Tauschmöglichkeit, Gleitzeit) bis hin zu den völlig frei verfügbaren Arbeitszeiten (von „Zeitpionieren" und vielen Tele-Heimarbeitern).

Jeder fünfte Erwerbstätige gab zu Beginn der 90er Jahre an, seine Arbeitszeit nicht länger als zwei Wochen im voraus planen zu können, war also flexiblen Arbeitszeiten ausgesetzt, ohne sie maßgeblich beeinflussen zu können. Ebenfalls ein Fünftel (19%) genoß dagegen die Vorzüge der Gleitzeit (*Garhammer* 1994, 64). Ein knappes weiteres Fünftel erfreute sich einer informell möglichen Zeitdisposition. Diese Vorteile einer weitgehend verfügbaren Arbeitszeit konzentrieren sich allerdings bei den Inhabern der oberen Qualifikationsstufen und Berufsstellungen.

Arbeitsbelastungen

Der Belastungsgrad der Arbeitenden, gemessen an ihrer Gesundheit, Erschöpfung und gedeihlichen Entwicklung insgesamt, gilt seit jeher als zentraler Aspekt ihrer Arbeitssituation.

Technologische Veränderungen, wohlfahrtsstaatliche Regelungen und gewandelte Prioritäten der Bevölkerung haben dazu geführt, daß Arbeitsbelastungen heute nur noch zum Teil mit denen der beginnenden Industrialisierung vergleichbar sind. Körperlich beeinträchtigende und gesundheitsgefährdende Arbeitsplätze sind seltener, psychische Belastungen sind häufiger geworden.

Bei näherem Hinsehen zeigt sich, daß eine kaum zu übersehende Vielfalt von Arbeitsbedingungen belastende Wirkungen hat. Sie lassen sich in drei Gruppen zusammenfassen (*Noll* 1982, 184; *Marstedt/ Mergner* 1986, 127-131):

Arbeitsumgebung: Hierzu zählen unter anderem Belastungen durch Lärm, Hitze, Kälte, Staub, Schmutz, Zugluft, Feuchtigkeit, Erschütterungen, Gase, Zeitdruck, Streß, Störungen bei der Arbeit, ungünstige Körperhaltungen, lange Wege, schweres Werkzeug und Akkordentlohnung.

Arbeitsbeziehungen: Dazu gehören unter anderem die Isolation von den Arbeitskollegen, völlige Anweisungsgebundenheit, hohe Kommunikationsanforderungen (z.B. der „Zwang zur Freundlichkeit"), extreme Kontrolle, belastende Erwartungen anderer (z.B. Erfolgszwang) und problematische Führungsstile.

Arbeitsinhalte: Belastend sind unter anderem extreme Arbeitszerlegung, Eintönigkeit, geringe eigene Gestaltungsmöglichkeiten, geringe intellektuelle Anforderungen, einseitige Beanspruchung, schwierig zu verarbeitende Informationen (z.B. Zwang zur extremen Konzentration und schnellen Reaktion bei Überwachungsarbeiten), Gleichzeitigkeit von Schnelligkeits- und Genauigkeitsanforderungen, Gleichzeitigkeit sehr unterschiedlicher Arbeiten, körperlich schwere Arbeiten, Unfall- und Verletzungsgefahr, hohe oder aber sehr geringe Verantwortung, geringe Möglichkeiten zu sozialer Anerkennung, Entfremdung von Arbeitsprodukten und -zielen.

Es kann an dieser Stelle nicht auf die umfangreichen Studien zu Arbeitsbelastungen eingegangen werden (vgl. z.B. *Kudera* 1976). Es mag daher genügen, anhand einer zusammenfassenden Übersicht zu zeigen, wie häufig *körperliche* Arbeitsbelastungen (immer noch) sind, und wie sich ihre Verbreitung seit Ende der 70er Jahre entwickelt hat.

Unter den körperlich hoch Belasteten finden wir besonders viele männliche an- und ungelernte Arbeiter sowie landwirtschaftlich Tätige. Als physisch wenig belastet erweisen sich zahlreiche Angestellte und Selbständige (außer Landwirten).

Besonders problematisch ist die Arbeitssituation derjenigen, die mehreren Belastungen zugleich ausgesetzt sind. (Obgleich man natürlich Belastungen nicht ohne weiteres addieren kann. Unter Umständen bewirkt auch nur eine Belastung, z.B. der Streß eines selbständigen Kaufmanns, einen Raubbau an der Gesundheit. Oder gerade Kombinationen extremer Belastungen auf der einen und Entlastungen auf der anderen Seite, z.B. die Meßwartentätigkeit in voll automatisierten Betrieben, ergeben problematische Gesamtsituationen.)

Die Unterschichtung der deutschen Bevölkerung durch Ausländer (vgl. 5.7.3) wird im Bereich der Arbeitsbedingungen besonders augenfällig. Ausländer, insbesondere Türken, müssen im Vergleich zu ihren deutschen Kollegen wesentlich öfter monotone Arbeit verrichten. Deutlich mehr ausländische als deutsche Arbeitnehmer, vor allem ausländische Frauen, sind strengen Kontrollen am Arbeitsplatz ausgesetzt. Das Aufeinandertreffen von drei und mehr negativen Arbeitsplatzmerkmalen findet sich bei ausländische Beschäftigten viel öfter als bei deutschen (*Seifert* 1995a, 177).

Die Folgen nachteiliger Arbeitsbedingungen zeigen sich u.a. in schlechterer Gesundheit (Morbidität) und früherem Tod (Mortalität).

Tab. 31: Körperliche Arbeitsbedingungen bei deutschen Erwerbstätigen 1979 und 1985

Belastungsart	Jahr	kommt „praktisch immer/häufig" vor bei ... % der Erwerbstätigen
Lasten von mehr als 20 kg tragen/heben	1985	23
	1979	17
bei Rauch, Staub, Gasen, Dämpfen arbeiten	1985	15
	1979	19
unter Kälte, Hitze, Nässe, Feuchtigkeit, Zugluft arbeiten	1985	21
	1979	23
unter Lärm arbeiten	1985	25
	1979	30
in gebückter, hockender, kniender, liegender Stellung arbeiten; Arbeit über Kopf	1985	15
	1979	21
im Stehen arbeiten	1985	57
	1979	56
Arbeit mit Öl, Fett, Schmutz, Dreck	1985	20
Arbeit bei starken Erschütterungen, Stößen, Schwingungen	1985	6
Arbeit bei grellem Licht, schlechter/zu schwacher Beleuchtung	1985	12
Umgang mit gefährlichen Stoffen, beachten von Sicherheitsvorschriften, Schutzkleidung tragen	1985	10

1 Ohne mithelfende Familienangehörige, Soldaten, Auszubildende.

Daten: IAB/BiBB-Befragungen von 1979 und 1985/86.

(Quelle: *Hradil* 1994a, 53)

Morbidität

Arbeitende mit niedrigem beruflichem Status weisen etwa doppelt so häufig (und zudem schwerere) gesundheitliche Beeinträchtigungen als Höhergestellte auf (*Oppolzer* 1994, 127). Hierbei gehen die selbst eingeschätzten Krankheiten kaum, die tatsächliche Krankheitshäufigkeit (nach Maßgabe der Krankschreibungen) jedoch sehr deutlich mit den jeweiligen Einkommensverhältnissen und beruflicher Stellung einher (*Weber* 1994, 205).

Ganz sicher sind es nicht die ungünstigen Arbeitsbedingungen allein, die die hohen Gesundheitsrisiken der beruflich niedrig Gestellten hervorbringen. Hinzu kommen ihre sonstigen Lebensbedingungen (Wohnung, Wohnumfeld, Existenzunsicherheit, etc.) und Lebensweisen (Ernährung, Rauchen, Alkohol, Bewegung; vgl. Kap 7). Dennoch lassen sich durchaus Zusammenhänge zwischen bestimmten Arbeitsbelastungen und bestimmten gesundheitlichen Risiken nachweisen: So tragen Lärm und Streß (z.B. infolge Akkord- oder Fließbandarbeit) zur Entstehung koronarer Herzkrankheiten bei. Zu Herzinfarkten kommt es daher – entgegen der Volksmeinung von der „Managerkrankheit" – in unteren Berufsgruppen häufiger als in oberen. Beschäftigte in niedrigen Berufsstellungen werden mit einem erlittenen Herzinfarkt zudem weniger gut fertig (*Weber* 1994, 210). Auch Magen- und Darmerkrankungen stehen oft im Zusammenhang mit der Arbeitsbelastung: Nacht- und Schichtarbeiter haben darunter besonders häufig zu leiden, da ihnen eine „normaler" Arbeitsrhythmus nicht möglich ist.

Es sind vor allem inhaltsarme, monotone Arbeiten mit geringem Handlungs- und Entscheidungsspielraum, aber auch Arbeiten mit intensivem und fremdbestimmten Arbeitstempo, die häufig psychische Probleme, wie Depressivität, psychosomatische Erkrankungen und Persönlichkeitsstörungen nach sich ziehen. Bei ungelernten Arbeitern kamen schwere *psychische Krankheiten* 3,8 mal so oft vor wie bei qualifizierten Arbeitern; untere Angestellte und Beamte waren 3,2 mal so oft von solchen Krankheiten betroffen wie leitende Angestellte und Beamte; ungelernte Arbeiter hatten sogar 12,2 mal so oft schwere psychische Erkrankungen wie leitende Angestellte und Beamte (*Oppolzer* 1994, 132).

Die selteneren Psychosen stehen kaum im Zusammenhang mit Arbeitsbelastungen, wohl aber die weit häufigeren Neurosen und psychosomatischen Erkrankungen: Hierbei erleiden Männer häufiger hypochondrische Neurosen, zwanghafte Persönlichkeitsstörungen, sowie psychosomatische Erkrankungen des Magen-Darm-Trakts und des Herz-Kreislauf-Systems; Frauen erkranken eher an depressiven Neurosen, Angstneurosen und hysterischen Neurosen, nervösen Erschöpfungen und psychogenen Kopfschmerzen (*Weber* 1994, 208).

Etwa ein Viertel aller auftretenden Fälle von *Berufskrankheiten* konzentrieren sich auf ganz bestimmte Berufsgruppen. Sie zählen alle zu den relativ gering qualifizierten: Vor allem Bergleute, Schlosser, Krankenschwestern und -pfleger sowie Hilfsarbeiter haben unter Berufskrankheiten zu leiden (*Weber* 1987, 173).

Eine ähnliche Tendenz zeigt sich im Hinblick auf die Risiken von *Berufsunfällen*. Insbesondere Bauberufe, Installateure, Schlosser, Mechaniker, Metallerzeuger, -verformer, -oberflächenbearbeiter und -verbinder sowie Ernährungsberufe haben hohe Unfallrisiken zu tragen (*Oppolzer* 1994, 135).

Es kann nach dem Vorstehenden nicht erstaunen, daß sich Arbeitsbelastungen oft in Form vorzeitiger *Berufs- oder Erwerbsunfähigkeit* niederschlagen. Die Wahrscheinlichkeit, aus Invaliditätsgründen vorzeitig in Rente zu gehen, ist in unteren Statusgruppen wesentlich höher als in mittleren und oberen. Berufsunfähig vor dem 50. Lebensjahr wurde in den 80er Jahren fast jeder fünfte Arbeiter, aber nur jeder zehnte Angestellte (*Noll* 1982).

Mortalität

Auch Arbeitsunfälle mit tödlichem Ausgang konzentrieren sich auf ganz bestimmte Berufe, in der Regel auf gering qualifizierte Arbeiterberufe. Drastisch zeigt dies die Liste der 24 gefährlichsten Berufe:

- Decksleute (140 Unfalltote je 100.000 Beschäftigte)
- Nautiker (130)
- Sprengmeister (128)
- Binnenschiffer (117)
- Gerüstbauer (111)
- Dachdecker (65)
- Schiffsoffiziere (61)
- Hauer (52)
- Luftverkehrsberufe (49)
- Gastwirte/Hoteliers (44)
- Erdbewegungsarbeiter (41)
- Bergleute (41)
- Baggerführer (36)
- Fischer (36)
- Baumaschinenführer (35)
- Sonstige Tiefbauer (34)
- Schienenfahrzeugführer (34)
- Zimmerer (34)
- Textilverflechter (33)
- Erdöl-, Erdgasberufe (32)

- Steinbrecher (31)
- Tierärzte (31)
- Bergbau-, Hütteningenieure (31)
- Weinküfer (30)

Demgegenüber arbeitet der Autor eines wissenschaftlichen Lehrbuchs weit sicherer: 100.000 Bürobeschäftigte erleiden jährlich nur 1,5 tödliche Arbeitsunfälle (*Ritz* 1989, 83).

Nach alledem erklärt sich, daß an- und ungelernte Arbeiter sowie einfache Angestellte und Beamte einem weit überdurchschnittlichen Risiko der Frühsterblichkeit ausgesetzt sind. Sie war bei ihnen 2,6 mal so hoch wie bei den höheren und leitenden Angestellten und Beamten (*Oppolzer* 1994, 129).

Auf dem Sektor der Arbeitsbelastungen und -risiken haben sich in den vergangenen Jahrzehnten große Umwälzungen vollzogen: Viele unfallhäufige und körperlich gesundheitsgefährdende Tätigkeiten wurden abgebaut. So gingen Arbeitsunfälle und die meisten Berufskrankheiten in den vergangenen drei Jahrzehnten stark zurück. Von 1000 Vollzeitbeschäftigten erlitten im Jahre 1970 noch 103 meldepflichtige Arbeitsunfälle, im Jahre 1980 nur noch 76 und im Jahre 1991 gar nur noch 53 (*Hradil* 1994a, 58).

Dennoch geben einige neuere Entwicklungen zu denken: Bildschirmarbeitsplätze zwingen zur Konzentration auf das optisch immer Gleiche, Rationalisierungen erhöhen Leistungsdruck und Intensität der Arbeit und die Furcht um den eigenen Arbeitsplatzverlust greift um sich. Insgesamt kann von nervlichen und psychischen Beanspruchungen in der Arbeitswelt nicht gesagt werden, daß sie rückläufig sind.

5.6.2 Wohnbedingungen

Die Lebenschancen von Menschen werden erheblich durch ihre Wohnbedingungen beeinflußt. Die Konfliktträchtigkeit von Familienbeziehungen, die Möglichkeiten persönlichkeitsorientierter Kindererziehung, die Chancen zur Erholung von Arbeitsbelastungen und anderes mehr sind u.a. von der Art der Wohnung abhängig. Mit der Beseitigung der unmittelbaren Wohnungsnot der Nachkriegszeit, mit der wachsenden Befriedigung von Grundbedürfnissen und mit der allgemeinen Erhöhung des Lebensstandards richtete sich in der Bundesrepublik zunehmende Aufmerksamkeit auf ungleiche Wohnbedingungen und deren Folgen. Insbesondere Wohnverhältnisse, die als nicht menschenwürdig gelten, wurden immer weniger akzeptiert.

Die Qualität von Wohnverhältnissen bemißt sich vor allem an der Größe, der Ausstattung, der Umwelt und dem Preis der Wohnung sowie der Sicherheit gegen ihren Verlust. Im Hinblick auf diese Kriterien hat sich die durchschnittliche Qualität der Wohnungen seit Kriegsende ständig verbessert. Dies zeigt sich z.B. daran, daß im Jahre 1950 durchschnittlich 1,2 Personen, 1960 nur noch 0,9 Personen und 1978 im Mittel nur noch 0,6 Personen in einem Raum lebten (Stat. Bundesamt 1981, 55)[70]. Der international gültige Mindeststandard, nach dem jede Person einen eigenen Raum zur Verfügung haben soll, wurde also in Deutschland vom Durchschnitt der Haushalte seit langem überschritten. Dennoch wohnten im Jahre 1995 noch 13% der Haushalte in Ostdeutschland und 8% in Westdeutschland so beengt, daß nicht jedes Mitglied einen Raum für sich hatte (Hauser u.a. 1996, 211). Diese Defizite bezüglich des Wohnraums finden sich in Ostdeutschland häufiger als in Westdeutschland und konzentrieren sich vor allem auf kinderreiche Familien, auf Ausländer und auf die Gruppe der un- und angelernten Arbeiter. Unterversorgt mit Wohnraum sind oft auch 18- bis 25jährige (*Landua/Habich* 1994, 8; Stat. Bundesamt 1997, 529).

Die aktuellen Angaben zur Wohnungsgröße gehen aus Tab. 32 hervor.

Tab. 32: Wohnflächenversorgung privater Haushalte in West- und Ostdeutschland 1995

	Westdeutschland		Ostdeutschland
	Deutsche	Ausländer	
Durchschnittliche Haushaltsgröße in Personen	2,2	2,9	2,3
Durchschnittliche Wohnfläche in m^2	92	72	70
Wohnflächenversorgung (Anteil in%)			
bis 40 m^2	5	10	13
41-80 m^2	43	62	62
81-120 m^2	33	23	18
über 120 m^2	19	5	7

(Datenbasis: SOEP 1995; Quelle: Stat. Bundesamt 1997, 530)

70 Als „Raum zählen alle Wohn- und Schlafräume sowie Küchen mit mehr als 6 m^2 Fläche.

Ungleichheiten der verfügbaren Wohnungsgröße bestehen nicht nur zwischen Ost- und Westdeutschland und zwischen Ausländern und Deutschen, sondern auch zwischen großen und kleinen Familien. Zwar haben größere Familien im allgemeinen auch größere Wohnungen, aber die Fläche, die auf jedes Mitglied entfällt, nimmt mit wachsender Familiengröße ab (WiSta 1995, 748). So lebten Ehepaare mit Kindern 1993 in recht großen Wohnungen (98,9 qm), aber auf jede Person entfielen nur 26,3 qm, während im Durchschnitt jede/r Westdeutsche 37,8 zur Verfügung hatte (WiSta 1995, 748).

Auffällig ist, daß ein hoher Anteil älterer Menschen, insbesondere dann, wenn sie Eigentümer der Wohnung sind, den Eindruck haben, ihre Wohnung sei „zu groß" (Stat. Bundesamt 1997, 530). Dies ist insbesondere dann der Fall, wenn Witwen bzw. Witwer nach dem Auszug der Kinder und dem Tode des Partners alleine Häuser bzw. Wohnungen bewohnen, die zuvor für eine Familie reichten. In Deutschland ist die Frage von Umzügen älterer Menschen in (auch bzgl. der Größe) altengerechte Wohnungen weder kulturell noch organisatorisch gelöst. Die gegenteilige Einschätzung, ihre Wohnung sei „zu klein", äußerten 1995 22% der Ost- und 16% der Westdeutschen sowie 36% der Ausländer in Westdeutschland (Stat. Bundesamt 1997, 530).

Die Ausstattung der Wohnungen mit Heizung, Bad und Innentoilette hat sich in Westdeutschland auf hohem Niveau angeglichen. In Ostdeuschland ist eine allmähliche Annäherung an westdeutsche Verhältnisse festzustellen (*Hauser* 1996, 205)

Wohnungen und Wohnungsausstattungen sind in marktwirtschaftlich organisierten Gesellschaften ein käufliches Gut. Deswegen ist es nicht verwunderlich, daß die Wohnbedingungen einkommensschwacher und kinderreicher Bevölkerungsgruppen ungünstiger sind als die anderer Gruppierungen. Besonders deutlich kommt dies in der *Mietbelastung* zum Ausdruck. Schon im Jahre 1968 hat der Berliner Statistiker Schwabe das nach ihm benannte „Schwabesche Gesetz" aufgestellt: „Je ärmer jemand ist, desto größer ist die Summe, die er im Verhältnis zu seinem Einkommen für Wohnungsmiete verausgaben muß." Und in der Tat sinkt die Mietbelastung mit steigendem Einkommen der Haushalte (Stat. Bundesamt 1997, 532; *Ulbrich* 1993, 25). Die Mietbelastung steigt jedoch mit der Größe der Familie: Im Durchschnitt mußten die Haushalte in Deutschland 1993 18,9% ihres Nettoeinkommens für Miete abzweigen. Alleinlebende und große Familien (vier und mehr Kinder) hatten jedoch eine durchschnittliche

Mietbelastung von fast einem Viertel ihrer Nettoeinkommen zu tragen (WiSta 1997, 312).

Die Güte einer Wohnung bzw. eines Hauses bemißt sich auch an der jeweiligen Umwelt, zum Beispiel was die Luftqualität, landschaftliche Schönheit, die Verkehrssicherheit und den Lärmpegel betrifft, und an der infrastrukturellen Ausstattung des Wohnumfeldes mit Einkaufsmöglichkeiten, Kinderbetreuungseinrichtungen, Spielplätzen, Grünanlagen, Verkehrsanbindungen, Kinos, Theatern, Bibliotheken, Ärzten und Altenheimen, Krankenhäusern, sozialen Beratungsstellen usw. Diese Gegebenheiten sind Voraussetzung für viele Aktivitäten der Gesellschaftsmitglieder (vgl. WiSta 1997, 313f).[71]

Im allgemeinen sind in den Stadtvierteln bzw. Regionen die Umweltbelastungen am größten, in denen der Anteil der unteren Sozialschichten am höchsten ist. Dies schlägt sich unter anderem im schlechteren Gesundheitszustand und in höherer Sterblichkeit der dortigen Bewohner nieder (*Oppolzer* 1994, 150).

Unterscheidet man sehr grob nach typischen Wohnvierteln von Arbeitern und „bürgerlichen" Gruppierungen, so erwiesen sich in letzteren die Infrastrukturausstattungen[72] als deutlich besser. Zum Beispiel waren die Versorgung mit Kindergartenplätzen, die Ausstattung mit Grün- und Freiflächen sowie die Ärzte-, insbesondere die Fachärztedichte weit besser als in Arbeiterquartieren (*Oppolzer* 1994, 151).

Was die kulturelle Infrastruktur betrifft, so haben viele Städte große Anstrengungen unternommen, Museen, Konzerthäuser und Bibliotheken auf- und auszubauen, historische Bauwerke zu restaurieren, Schausammlungen und Kunsthandwerkermärkte zu errichten u.v.a.m. Das Vorhandensein solcher „öffentlichen", im Prinzip für alle zugänglichen Anziehungspunkte bestimmt die lokale Standortqualität in hohem Maße. Nur haben die verschiedenen sozialen Milieus, Berufs- und Status-

---

71 Häufig unterscheidet man hierbei die „Bandinfrastruktur" (Verkehrsanbindungen, Energieversorgungseinrichtungen wie Gas-, Wasser- und Elektrizitätsinstallationen, Entsorgungseinrichtungen wie die Müllabfuhr und Abwasserbeseitigung, Fernmeldeeinrichtungen) und die „soziale Infrastruktur". Hierzu zählen kulturelle Einrichtungen (Kindergärten, Schulen, Kulturzentren, Theater etc.), Freizeiteinrichtungen (Bäder, Spielplätze, Jugendzentren, Sporteinrichtungen, Grünflächen etc.), Einrichtungen des Gesundheitswesens, Beratungsdienste, Verwaltungseinrichtungen etc.

72 Kartendarstellungen regionaler Ungleichheiten der Wohnumwelt im Hinblick auf zahlreiche Kriterien finden sich in Korczak 1995.

gruppierungen aufgrund ihrer Vorbildung und ihrer durch den Alltag geprägten Interessen sehr ungleiche Chancen und Neigungen, manche dieser Einrichtungen zu besuchen (vgl. *Klein* 1996). Die Oper und die „Museumsmeile“ sind nur bedingt „öffentliche Güter“. Sie dienen in erster Linie Akademikern und den Dienstleistungsmittelschichten.

5.6.3 Freizeitbedingungen

Wie erwähnt hat die durchschnittliche Arbeitszeit der Berufstätigen in Deutschland während der vergangenen Jahrzehnte ständig abgenommen. Dies trug dazu bei, daß sich die Lebensziele und Interessen vieler Menschen zunehmend auf den Bereich der Freizeit verlagerten. Ungleichheiten der Freizeitchancen gewannen an Bedeutung.

Was im einzelnen unter „Freizeit“ verstanden wird, ist im allgemeinen Sprachgebrauch ebenso unterschiedlich wie in den Sozialwissenschaften (vgl. *Eichler* 1979, 13f.; *Opaschowski* 1994; *Scheuch* 1977). Im folgenden soll unter „Freizeit“ nicht jede Zeit außerhalb der beruflichen Arbeit verstanden werden, sondern nur jene, die weitgehend frei ist von notwendigen Tätigkeiten wie Schlafen, Essen, Behördengänge, Hausarbeiten etc. und daher mehr oder minder der freien Gestaltung offensteht. Eingeschlossen in dieses Freizeitverständnis ist auch die sogenannte „Halbfreizeit“ (*Dumazedier* 1962), in der sich Pflichten mit freigewählten Verhaltensweisen mischen (z.B. bei häuslichen Reparaturen oder der Wahrnehmung von Ehrenämtern). Freizeit in diesem Sinne haben Menschen in Form von Tagesfreizeit (nach Feierabend), Wochenendfreizeit, Urlaubsfreizeit und Lebensfreizeit (nach der Pensionierung).

Freizeit im Sinne eines eigenständigen Lebensbereichs entstand erst mit der modernen Industriegesellschaft, als ein feststehender „Feierabend“, Urlaubs- und Pensionsregelungen geschaffen wurden. Zunächst waren es die unteren Schichten, die über wenig Freizeit verfügten. Diese diente zudem fast völlig der Regeneration, war also keineswegs „frei“ verfügbar. Erst seit einigen Jahrzehnten trat eine Umkehrung ein. Die unteren Schichten gewannen viel an Freizeit, während die oberen Schichten von ihrer Freizeit verloren. Allerdings wird dieser Verlust dadurch wieder wettgemacht, daß die oberen Schichten oft frei und selbständig arbeiten können, einer individuell befriedigenden und gesellschaftlich anerkannten Tätigkeit nachgehen können, innerhalb ihrer beruflichen Arbeitszeit mehr Zeit zu ihrer eigenen Verfügung haben (*Opaschowski* 1994, 27) und nicht zuletzt über ihre Freizeit besser als andere disponieren können. Wer Einfluß auf die Lage seiner Freizeit hat oder über genügend Einkommen verfügt, kann eigene Wartezeiten (in Verkehr, in Läden, beim Arzt etc.) reduzieren. Wer über hinreichend Macht verfügt, kann andere warten lassen (*Garhammer* 1998, 16).

Inwiefern bessere oder schlechtere Freizeitchancen bestehen, bemißt sich also nach mehreren, oft konkurrierenden Gesichtspunkten. Hierbei spielen neben dem Umfang der Freizeit auch ihre Regelmäßigkeit und ihr Zeitpunkt, die eigenständige Gestaltbarkeit und die verfügbaren Möglichkeiten (Geld, Informationen, landschaftliche Umgebung, kulturelle und sportliche Einrichtungen etc.) eine wesentliche Rolle.

Hinsichtlich dieser Kriterien haben bestimmte Personengruppen deutliche Vor- und Nachteile gegenüber anderen Bevölkerungsteilen:

- Im Hinblick auf die Jahresfreizeit, bestehend aus Urlaub und Feiertagen, zählt Deutschland nach Finnland und Italien zu den Spitzenreitern in der Welt. Sie machte 1997 in den USA 21 Tage, in Japan 31 Tage und in Deutschland 41 Tage aus (*iwd* 21. 5. 1998; vgl. *Opaschowski* 1994, 31)
- Erwerbstätige haben täglich weniger Freizeit als andere Gruppen: In Deutschland verfügten 1991/92 Rentner und Pensionäre über 6,3 Stunden, Arbeitslose sowie Schüler und Studierende über 6,2 Stunden, Hausfrauen über 5,0 Stunden, Teilzeit-Erwerbstätige über 4,8 Stunden und Vollzeit-Erwerbstätige über 4,5 Stunden Freizeit (*Garhammer* 1998, 16).
- Leitende Angestellte und höhere Beamte hatten 1990 nach eigenen Aussagen weniger Freizeit als der Rest der Angestellten und Beamten; diese verfügten über weniger Freizeit als Selbständige und Freie Berufe; am meisten Freizeit unter den großen Berufsgruppen hatten die Arbeiter (*Opaschowski* 1990).
- Einige Arbeitsbereiche ermöglichen den dort Tätigen nur relativ wenig Freizeit: Erwerbstätige im Gaststättenbereich hatten 1996 arbeitstäglich nur 4,1 Stunden, im Gesundheitsbereich 4,7 Stunden und im Einzelhandel 5 Stunden Freizeit (*Garhammer* 1998, 19).
- Besonders wenig Freizeit hatten 1996 Familien mit kleinen (tgl. 4,1 Std.) und größeren Kindern (4,5) (*Garhammer* 1998, 17). Wenig Freizeit haben außerdem berufstätige Mütter, leitende Angestellte, viele Selbständige (z.B. Landwirte) und freiberuflich Tätige.

- Obwohl die effektiven Erwerbsarbeitszeiten der Männer länger sind, haben Frauen wegen Hausarbeiten und Kinderbetreuung täglich etwa eine halbe Stunde weniger Freizeit als Männer (*Garhammer* 1998, 17; 1994, 117).
- Schicht- und Wochenendarbeitende, viele Landwirte und Hausfrauen haben häufig eine ungünstig liegende und damit schlecht nutzbare Freizeit. So hat ein Schichtarbeiter u.U. gerade dann frei, wenn seine Bekannten arbeiten müssen und weder Sport- noch Kinoveranstaltungen etc. stattfinden.
- Wer in seiner Arbeitszeit besonders hohen körperlichen oder nervlichen Belastungen ausgesetzt ist, benötigt einen erheblichen Teil der Freizeit zur schieren Erholung. Dadurch ist das Freizeitverhalten solcher Personen weniger frei gewählt als vom Beruf diktiert. Ihre Freizeitsituation ist insofern ungünstiger als die weniger beanspruchter Menschen.
- Die Verfügung über Geld, sowie die Kenntnis und die Zugänglichkeit von Freizeiteinrichtungen beeinflussen erheblich die Möglichkeit, die arbeitsfreie Zeit nach eigenen Wünschen gestalten zu können. So haben arbeitslose Personen oft viel Freizeit, meist aber wenig Hilfsmittel, sie nach eigenen Vorstellungen zu nutzen. Gutverdienende Akademiker dagegen haben zwar oft wenig arbeitsfreie Zeit, sie sind jedoch in der Lage, sich von manchen Verpflichtungen außerhalb der Arbeit loszukaufen (z.B. andere mit Reinigungs- und Reparaturarbeiten zu beauftragen) und besitzen auch die finanziellen Mittel, die Informationen – sowie oft auch den geeigneten Wohnort –, um ihre Freizeit in relativ autonomer Weise zu gestalten (*Garhammer* 1994; *Opaschowski* 1993, 1994).

Faßt man die Ungleichheiten der Freizeitbedingungen zusammen, so ergibt sich ein Bild großer Vielgestaltigkeit. Es ist jedoch unübersehbar, daß es bestimmte Bevölkerungsgruppen gibt, die besonders vielen ungünstigen Freizeitvoraussetzungen zugleich unterliegen. Zu diesem „Freizeitproletariat" zählen vor allem alleinstehende berufstätige Mütter, kinderreiche Familien, Schichtarbeiter und Landwirte. Hieraus wird deutlich, daß Benachteiligungen im Freizeitbereich zwar häufig, aber durchaus nicht immer diejenigen treffen, die sich im Hinblick auf andere Kriterien sozialer Ungleichheit in ungünstigen Lebensverhältnissen befinden.

5.7 Randgruppen

Bestimmte Bevölkerungsgruppen sind zwar nicht unbedingt im Hinblick auf alle Kriterien sozialer Ungleichheit schlecht gestellt, vereinigen aber solche sozialen Benachteiligungen auf sich, daß sie vom üblichen Leben in der Gesellschaft mehr oder minder ausgeschlossen sind und daher einer „Randgruppe" angehören. Diese Zugehörigkeit kann sowohl aus ungünstigen materiellen Lebensbedingungen (z.B. Armut oder Wohnungslosigkeit) als auch aus einem besonderen Verhältnis zu staatlichen Stellen (Betreuung, Aufsicht, Haft etc.) oder aus problematischen Beziehungen zur übrigen Bevölkerung (Vorurteile, Diskriminierungen, Isolation o.ä.) herrühren.[73]

Im Vergleich mit anderen Schlechterstellungen ist der unfreiwillige Ausschluß vom „normalen" gesellschaftlichen Leben besonders fühlbar. Er greift weit in das Alltagsleben ein und läßt Benachteiligungen immer wieder neu spürbar werden. Er kann insofern als ein „harter Kern" sozialer Ungleichheit bezeichnet werden, als eine ganze Reihe von bisher genannten Benachteiligungen (zum Beispiel des Einkommens, der Bildung, des Ansehens, der Wohnbedingungen etc.) dann eine besonders intensive Qualität annimmt, wenn sie zur Ausgrenzung von Menschen führt (infolge z.B. von Armut, Analphabetismus, der vorurteilshaften Verachtung oder der Wohnungslosigkeit). Hinzu kommen können verfehlte Versuche der Einbindung, Ausstattung und Anpassung von Randgruppen, die deren Ausgrenzung vollends machen (*Sidler* 1989, 155).

Randgruppen, die nicht nur innerhalb des Gefüges sozialer Ungleichheit „unten", sondern zugleich in gewisser Hinsicht „außerhalb" der Kultur und Einrichtungen einer Gesellschaft stehen, gab es auch schon in der Vergangenheit (vgl. 3.1). Erinnert sei an das Schicksal der Juden, der „unehrlichen" Berufe und der „unterständischen" Gruppierungen im europäischen Mittelalter. Auch die Stellung der Arbeiterschaft war im 19. Jahrhundert trotz wachsender Anzahl in vieler Hinsicht durch Randständigkeit gekennzeichnet.

In der Literatur werden heute folgende Personenkreise als Randgruppen angesprochen: Behinderte, Wohnungslose, Drogenabhängi-

---

73 Vgl. hierzu den Randgruppenbegriff von *Kögler* 1976, 13ff.; Weitere Begriffsbestimmungen finden sich u.a. bei *Fürstenberg* 1965, 237; Iben 1971, 19; *Bellebaum/Braun* 1974, 8; *Heinze* 1979, 39; *Bango* 1994, 133-157; *Sidler* 1989, 143-166

ge, Strafentlassene, aus stationärer psychischer Therapie Entlassene sowie langjährige Insassen von Strafanstalten, psychiatrischen Krankenhäusern, Pflege- und Fürsorgeerziehungsheimen. Darüber hinaus werden je nach den Gegebenheiten Teilgruppen der ausländischen Bevölkerung, der alten Menschen, der Arbeitslosen, der Alleinerziehenden und der Spätaussiedler zu den Randgruppen gerechnet.

Bei dieser Aufzählung von Randgruppen fallen mehrere Punkte auf: Erstens weisen deren Lebensverhältnisse im einzelnen große Unterschiede auf. Zwar unterliegen alle Randgruppen gehäuften Benachteiligungen. Um welche es sich aber jeweils handelt und wie sich diese zu einer spezifischen Lebenslage verknüpfen, ist von Gruppe zu Gruppe sehr verschieden. Zweitens läßt die obenstehende Auflistung erkennen, daß Randgruppen keinesfalls Gruppen im Sinne soziologischer Fachterminologie darstellen. Randgruppenmitglieder verfügen normalerweise weder über ein Zusammengehörigkeitsgefühl, noch gibt es zwischen ihnen gegenseitige Beziehungen. Randgruppen sind jedoch mehr als eine bloße Sozialkategorie, der bestimmte „statistische" Merkmale gemein sind. Jede Randgruppe weist vielmehr sozial relevante Gemeinsamkeiten der Lage, der Mentalität und des Verhaltens auf. Drittens macht schon die Nennung der verschiedenen Randgruppen darauf aufmerksam, daß sie im Hinblick auf ihre Größe keineswegs eine „Randerscheinung" darstellen. Insbesondere die Behinderten, die Wohnungslosen und die Randgruppen unter der ausländischen Bevölkerung sind durchaus umfangreiche Bevölkerungsteile. Die folgende Darstellung wird sich auf die zuletzt erwähnten drei größeren Gruppierungen konzentrieren.

5.7.1 Behinderte

In unserer Gesellschaft gelten Menschen als „behindert", wenn sie „von den Auswirkungen einer nicht nur vorübergehenden Funktionsbeeinträchtigung betroffen sind, die auf einem regelwidrigen körperlichen, geistigen oder seelischen Zustand beruht" (3. Bericht der Bundesregierung zur Lage der Behinderten und die Entwicklung der Rehabilitation 1994).[74] Die Längerfristigkeit der Beeinträchtigung unter-

---

74 Vgl. die ähnlichen Definitionen der Behinderung im Bundessozialhilfegesetz und im Schwerbehindertengesetz: Danach ist Behinderung ein „regelwidriger

scheidet eine Behinderung von einer Krankheit oder einer kurzfristig heilbaren Unfallfolge. Behinderte zählen dann zu einer Randgruppe der Gesellschaft, wenn ihre Funktionsbeeinträchtigung sie vom üblichen Leben in der Gesellschaft ausschließt.

Behinderung ist nicht nur ein biologischer oder medizinischer, sondern auch ein sozialer Tatbestand. Der soziale Charakter von Behinderungen kommt vor allem dadurch zum Ausdruck, daß nicht allein die eingeschränkten Fähigkeiten bestimmter Personen, sondern immer auch die ästhetischen Normen und Leistungsanforderungen der sie umgebenden Gesellschaft zur Entscheidung führen, ob ein Defekt als „Behinderung" oder als „normal" gilt. So wird z.B. einem bestimmten Grad von Bildungsschwäche in modernen Gesellschaften die Eigenschaft einer Behinderung („Lernbehinderung") zuerkannt, nicht dagegen in Ländern mit weniger hohen Anforderungen an den Bildungs- und Wissensstand der Bevölkerung, wo oft das Analphabetentum noch an der Tagesordnung ist.

Moderne Gesellschaften verfügen über viele Möglichkeiten, Behinderte am Leben der Gesellschaft teilnehmen zu lassen. In dem Maße, in dem dies nicht geschieht, wird die Randständigkeit Behinderter zu einem sozialen Tatbestand. Am 15. November 1994 trat die neue Verfassung für das geeinte Deutschland in Kraft. In Artikel 3, Absatz 3 wurde der Satz hinzugefügt: „Niemand darf wegen seiner Behinderung benachteiligt werden."

Zahl und Art von Behinderungen

Die Abhängigkeit der Definition von schwankenden und unterschiedlichen gesellschaftlichen Vorstellungen macht es verständlich, daß die Grenzen dessen, was im Einzelfall als „Behinderung" gilt, fließend sind und zum Zweck der statistischen Erfassung eigens festgesetzt werden müssen. Häufig werden hierzu die formalen Abgrenzungen

---

Zustand von mehr als sechsmonatiger Dauer, der die Eingliederung des Betroffenen in die Gesellschaft infolge körperlicher oder seelischer Störungen in erheblichem Umfang beeinträchtigt oder zu beeinträchtigen droht." (§ 39 BSHG) Bzw. Behinderungen sind die „Auswirkungen einer nicht nur vorübergehenden (d.h. mehr als 6 Monate dauernden) Funktionsbeeinträchtigung, die auf einem regelwidrigen (d.h. von dem für das Lebensalter typischen abweichenden) körperlichen, geistigen oder seelischen Zustand beruht." (§ 3 SchwbG)

von „Behinderungen“ verwendet (z.B. die Kriterien zur Feststellung einer Minderung der Erwerbsfähigkeit), die zum Bezug von sozialpolitischen Leistungen berechtigen. Dem Schwerbehindertengesetz zufolge sind diejenigen Behinderten „schwerbehindert“, deren Grad der Minderung ihrer Erwerbsfähigkeit mindestens 50% beträgt. Seit 1985 werden in der Statistik nur noch „Schwerbehinderte“ erfaßt.

Die Statistiken besagen, daß zum Jahresende 1995 in Deutschland insgesamt 6,5 Mio. Schwerbehinderte mit gültigem Ausweis bei den Versorgungsämtern registriert waren (*Der Schwerbehinderte* 1997, 19). Schon diese große Anzahl macht die Schwerbehinderten zur größten Randgruppe in der Bevölkerung Deutschlands. Dennoch ist diese Angabe mindestens in zweierlei Hinsicht unvollständig, wenn sie eine Vorstellung von der Zahl der Behinderten insgesamt vermitteln soll: Einmal sind geringere Grade der Behinderung hierin definitionsgemäß nicht enthalten. Zum andern beantragen bestimmte Personenkreise, vor allem wenn sie nicht erwerbstätig sind, durchaus nicht immer eine Anerkennung. Daher ist nicht einmal der eingeschränkte Kreis der Behinderten voll erfaßt, der nach amtlichen Kriterien eine mindestens 50%ige Minderung der Erwerbsfähigkeit aufweist.

Die Zahl der registrierten Behinderten ist seit Jahren im Steigen begriffen. Dabei ist aber zu berücksichtigen, daß diese Zunahme weniger durch Verschlechterungen des Gesundheitszustandes der Bevölkerung als durch Prozesse erhöhter Aufmerksamkeit, erweiterter Definitionen, verbesserter medizinischer und sozialer Versorgung, die Einbeziehung Ostdeutschlands in das Versorgungssystem sowie vor allem durch die Alterung der Bevölkerung zustandegekommen ist. Denn ältere Menschen weisen wesentlich häufiger Behinderungen auf als jüngere. So waren 1995 die Hälfte (50,6%) aller mindestens 65jährigen, ein Viertel (24,8%) der 55- bis 64jährigen, ein Fünftel (20,8%) der 25- bis 54jährigen und nur 3,8% der Jüngeren als schwerbehindert anerkannt (Stat. Bundesamt 1997, 194). Weil das Auftreten von Behinderungen in hohem Maße eine Frage des Alters ist, werden angesichts der weitergehenden Alterung der Bevölkerung in Zukunft noch mehr behinderte Menschen unter uns leben: Im Jahre 2000 werden 9,5% und im Jahre 2030 gar 11,8% Schwerbehinderte erwartet (*Wolfin/Schmied* 1993, 16).

Häufig wird angenommen, daß Behinderungen zumeist durch Unfälle oder angeborene Defekte entstehen. Dies ist nicht so. Die weitaus meisten schweren Behinderungen – nämlich 84,2% der Fälle – waren 1995 durch Krankheit verursacht. Meist handelt es sich dabei um Verschleißkrankheiten. Dies erklärt auch, weshalb im Alter so viele Behinderungen auftreten. Nur 3,7% der Schwerbehinderten hatten dauernde Schäden in Krieg, Wehrdienst oder Zivildienst erlitten, in lediglich 4,6% der Fälle war die Behinderung angeboren, und nur 2,8% der schweren Behinderungen hatten einen Unfall oder eine Berufskrankheit als Hintergrund (Stat. Bundesamt 1987, 195).

Zu den Ursachen von Behinderungen sind mittelbar auch die Lebensverhältnisse zu zählen. So entstehen bestimmte Behinderungen (z.B. Lernbehinderungen oder unfallbedingte Behinderungen) besonders häufig im Rahmen belastender Lebensbedingungen. Dort wird auch die Verhinderung drohender oder die Beseitigung bereits eingetretener Behinderungen vergleichsweise wenig nachdrücklich betrieben. Daher tragen insbesondere die unteren Statusgruppen ein relativ hohes Behinderungsrisiko.

Anders als oft vermutet, leidet die weit überwiegende Mehrzahl der Behinderten unter körperlichen Beeinträchtigungen. Die Art dieser Behinderungen ist hierbei sehr unterschiedlich. Ein Drittel (31,1%) aller Schwerbehinderten litt 1995 unter Funktionsmängeln innerer Organe. Etwa die Hälfte hiervon (15,8%) waren Herz- und Kreislaufkranke. Ungefähr ebensoviele Menschen (15,6%) waren durch eine mangelhafte Wirbelsäule oder durch eine Deformierung des Brustkorbs behindert. Wiederum eine ähnlich große Gruppe (15,3%) war durch Funktionsmängel der Arme und Beine beeinträchtigt. Eine Querschnittslähmung, zerebrale Störungen, geistig-seelische Behinderungen oder eine Suchtkrankheit wurden in 14% der Fälle diagnostiziert (Stat. Bundesamt 1997, 195).

Die Lage der Behinderten

Materiell sind viele Behinderte schlecht gestellt, trotz erheblicher sozialpolitischer Hilfen. Dies liegt primär an ihren schlechten Chancen auf dem Arbeitsmarkt. Das Risiko der Arbeitslosigkeit ist für Schwerbehinderte deutlich höher als in der übrigen Bevölkerung. 1995 war fast jede fünfte schwerbehinderte Person, die dem Arbeitsmarkt zur Verfügung stand, arbeitslos (vgl. 5.2.3). Die schlechten Erwerbschancen der Schwerbehinderten sind dabei nicht nur in ihrer Behinderung begründet, sondern auch in anderen oftmals zugleich vorliegenden

Merkmalen: in ihrem durchschnittlich hohen Alter, ihrer z.T. unzureichenden Qualifikation, ihrer ungünstigen berufsfachlichen Ausrichtung und ihrer häufig schon lange andauernden Arbeitslosigkeit (*Wolfin/Schmied* 1993, 21). Während zu Beginn der 90er Jahre ein Drittel aller Arbeitslosen schon länger als ein Jahr ohne Beschäftigung war, betrug der Anteil der Langzeitarbeitslosen unter Behinderten über 50% (*Wolfin/Schmied* 1993, 21).

Behinderte, die gleichwohl Arbeit finden, arbeiten überproportional häufig in wenig qualifizierten Berufspositionen mit entsprechend niedrigen Einkommen. Der Einkommensrückstand schwerbehinderter Erwerbstätiger betrug Mitte der 90er Jahre 20% brutto, 13% netto (*Hauser u.a.* 1996, 296). Behinderte, die wegen der Schwere ihrer Behinderungen auf dem Arbeitsmarkt kaum Chancen haben und dennoch ein Mindestmaß an wirtschaftlich verwertbarer Arbeitsleistung erbringen können, arbeiten oft in „Werkstätten für Behinderte". 1997 gab es in Deutschland ca. 650 „Werkstätten für Behinderte", in denen ca. 150 000 Behinderte Arbeit fanden. Die Löhne dort sind im allgemeinen sehr niedrig. Sie lagen 1997 bei durchschnittlich DM 220 monatlich. Schließlich gelingt es zahlreichen Behinderten überhaupt nicht, eine Arbeitsstelle zu finden. Viele von ihnen sind daher auf familiäre Unterstützung oder völlig auf den Bezug von Sozialhilfe angewiesen.

Benachteiligt sind viele Behinderte auch durch für sie ungeeignete bauliche Gegebenheiten in ihrer Umwelt. Es fehlen nach wie vor behindertengerechte Wohnstätten (Wohnheime, Wohngruppen, Wohngemeinschaften, Einzelwohnungen; vgl. *BMJFFG* 1990). Auch außerhalb von Wohnungen behindern, trotz erheblicher Verbesserungen der letzten Zeit, noch zahlreiche bauliche Barrieren (Rinnsteine, Treppen etc.) die Eigenständigkeit und Mobilität von Körperbehinderten.

Behinderte sind in den vergangenen Jahrzehnten das Ziel weitreichender sozialpolitischer Bemühungen gewesen. So ist z.B. das System der Sonderschulen bis Anfang der 80er Jahre erheblich ausgebaut worden. Der Anteil der Sonderschüler an allen Schülern in allgemeinbildenden Schulen betrug im Jahre 1960 2,15% und liegt seit 1980 bei ca. 4% (*Bundesministerium für Bildung* 1997/98, 70). Auch die Einrichtungen zur beruflichen Rehabilitation hat man mit großem finanziellen Aufwand erweitert. Schließlich hatte das „Schwerbehindertengesetz" zum Ziel, die beruflichen Chancen Behinderter zu verbessern.

Wie manche anderen sozialpolitischen Maßnahmen, so hatten auch die genannten durchaus zwiespältige Wirkungen. Einerseits verbesserten sie, wie beabsichtigt, die Situation der Behinderten. In Sonderschulen wurde eine intensive, professionelle Förderung der Kinder unter Berücksichtigung der jeweiligen Behinderungsart möglich. Die Einrichtungen zur beruflichen Rehabilitation vermittelten Tausenden von Behinderten die Qualifikation für einen (Wieder-)Eintritt ins Berufsleben. Das „Schwerbeschädigtengesetz" sicherte die Arbeitsplätze von Behinderten und diente so nicht nur ihrer Existenzsicherung, sondern auch ihrem Selbstwertgefühl und ihrer gesellschaftlichen Eingliederung. Andererseits zeigten sich aber im Gefolge dieser weitreichenden sozialpolitischen Bemühungen auch unbeabsichtigte negative Effekte. So trug die Schaffung eigener Einrichtungen für Behinderte (z.B. Sonderschulen) oftmals dazu bei, ihren Klienten den Stempel des vom Normalen Abweichenden („Sonderschüler") aufzudrücken und ihre Integration zu erschweren. In manchen Ländern wurde die Ausgliederung von Sonderschulen deshalb schon frühzeitig vermieden, z.B. durch „Schulkliniken", die an Grundschulen angegliedert wurden, durch die Kombination von allgemeinen Schulen mit speziellen Schulen für eine Behinderungsform (in Dänemark) oder die völlige Abschaffung von Sonderschulen (in Italien). Auch in Deutschland wurde das System der Sonderschulen seit den frühen 80er Jahren nicht mehr ausgeweitet. Vor allem die räumliche Konzentration und Absonderung sozialpolitischer Einrichtungen für Behinderte (z.B. Rehabilitationszentren oder Sonderschulinternate) förderte ihre Isolation. Die sozialpolitischen Schutzmaßnahmen des „Schwerbehindertengesetzes" schließlich brachten es mit sich, daß vielfach gerade die erweiterten Kündigungsschutzbestimmungen und Urlaubsansprüche für Schwerbehinderte mit als Gründe genannt wurden, deretwegen immer mehr größere Unternehmen zögerten, ihrer Beschäftigungspflicht nachzukommen, das heißt gemäß § 5 SchwbG 6% Schwerbehinderte einzustellen, und es vorzogen, stattdessen eine Ausgleichsabgabe (in Höhe von derzeit DM 200 pro nicht eingestellten Schwerbehinderten) zu zahlen.

Das Leben von Behinderten wird auch ganz wesentlich durch die alltäglich spürbaren Einstellungen und Verhaltensweisen der Bevölkerung geprägt. Fragt man Nichtbehinderte nach ihrer Meinung über Behinderte, so wird heute im Gegensatz zu früher nur noch selten offene Ablehnung geäußert. Die unbewußt gefühlsmäßige Einstellung und das tatsächliche Verhalten der Gesellschaftsmitglieder verraten aber durchaus noch in starkem Maße Desinteresse, Distanzierung und gelegentlich sogar Ablehnung (*IMW* 1982; *Cloerges* 1982, 348 ff.; *Arnade* 1997) Wie distanziert oder ablehnend sich die Haltung Behinderten gegenüber darstellt, hängt in erster Linie von der Art der vorgefundenen Behinderung ab. Geistige Behinderungen gelten als die schwersten. Die Empfindungen gegenüber geistig Behinderten reichen von Unsicherheit bis hin zu Entsetzen und Grauen. Lernbehinderungen werden meist als weniger gravierend angesehen. Dennoch bestehen in der Praxis erhebliche Distanzierungstendenzen, so z.B. Spielverbote mit Sonderschulkindern. Körperbehinderte unterliegen solchen Vermeidungshaltungen noch am wenigsten, obwohl auch Begegnungen mit ihnen z.T. aus dem Wege gegangen wird. Es sind nicht zuletzt solche Einstellungsmuster, die dazu führen, daß etwa zwei Drittel der Bevölkerung keinen Kontakt mit Behinderten haben (*IMW* 1982) und die Errichtung von Einrichtungen für Behinderte in der Nähe der eigenen Wohnung von weiten Kreisen der Bevölkerung abgelehnt wird. Diese Trennung zwischen Behinderten und Nicht-Behinderten begünstigt die Entstehung von Vorurteilen (*Bracken* 1976; *Buch u.a.* 1980), die dann ihrerseits wieder auf die Lebenslage der Behinderten rückwirken. Sie mindern deren Berufschancen, sie beeinträchtigen das Prestige von Behinderten und deren Familien und tragen zu einer weiteren Isolation bei.

5.7.2 Wohnungslose

Als wohnungslos gilt, wer weder Eigentümer einer Wohnung ist, noch über einen mietvertraglich abgesicherten Wohnraum verfügt.

Wohnungslose Menschen können

- aufgrund ordnungsrechtlicher Maßnahmen einer Gemeinde ohne Mietvertrag, d.h. lediglich mit Nutzungsverträgen, in Wohnraum eingewiesen oder in kommunalen Notunterkünften untergebracht sein,
- aufgrund sozialhilferechtlicher Maßnahmen ohne Mietvertrag (z.B. in Billighotels oder Pensionen) untergebracht sein, wobei die Kosten durch den Sozialhilfeträger übernommen werden,
- sich in Heimen, Anstalten, Notübernachtungen, Asylen, Frauenhäusern aufhalten, weil keine Wohnung zur Verfügung steht,

– als Selbstzahler in Billigpensionen leben,
– bei Verwandten, Freunden und Bekannten vorübergehend untergekommen sein,
– in Aussiedlerunterkünften untergebracht sein, weil sie noch keine Mietwohnraum finden konnten, oder sogar
– ohne jegliche Unterkunft auf der Straße leben, das heißt „Platte machen".

(vgl. *Bundesarbeitsgemeinschaft Wohnungslosenhilfe 1995*)

Die zuletzt genannte Gruppe Wohnungsloser wurde früher oft als „Nichtseßhafte" bezeichnet. Auch die Durchführungsverordnung zum § 72 des Bundessozialhilfegesetzes spricht noch von „Personen, die ohne gesicherte wirtschaftliche Lebensgrundlage umherziehen oder die sich zur Vorbereitung auf eine Teilnahme am Leben in der Gemeinschaft oder zur dauernden persönlichen Betreuung in einer Einrichtung für Nichtseßhafte aufhalten." (*Trabert* 1995, 9) Wegen seiner diskriminierenden Anklänge wird der Begriff „Nichtseßhafte" heute weitgehend vermieden und stattdessen die Bezeichnung „alleinstehende Wohnungslose" verwendet (*Petersen* 1996, 18f).

„Obdachlose" werden meist die zuerst genannten, ordnungsrechtlich untergebrachten Menschen genannt, insbesondere Familien, die ohne Mietvertrag in kommunale Unterkünfte eingewiesen werden. Diese behördliche Einweisung ist nur als vorübergehende Maßnahme zur notdürftigen Unterbringung gedacht und soll in der Regel den Zustand der Wohnungslosigkeit abwenden, der aus sozialen Gründen als unzumutbar und aus juristischer Sicht als Störung der öffentlichen Ordnung angesehen wird. Das Fehlen eines Mietvertrags und der Abschluß eines „Nutzungsvertrags" haben u.a. zur Folge, daß gewisse Rechte und Vorteile privatrechtlicher Mietverhältnisse nicht zur Verfügung stehen. So kann die Unterkunft von Behörden betreten und dadurch in gewisser Weise kontrolliert werden.

Umfang und Ursachen der Wohnungslosigkeit

Die Datengrundlagen zur Erfassung der Wohnungslosigkeit sind schlecht. Es gibt in Deutschland keine zusammenfassende Statistik. Alle Angaben über die Zahl der Wohnungslosen beruhen auf lokalen Stichproben, die auf die Gesamtbevölkerung hochgerechnet wurden und daher Schätzungen mit erheblichen Fehlerbandbreiten darstellen.

Man schätzte, daß 1998 insgesamt etwa 690.000 Personen in Deutschland wohnungslos waren. Dies waren ca. 360.000 Menschen in Mehrpersonenhaushalten, die meist in kommunalen Unterkünften wohnten, und ca. 180.000 alleinstehende Personen. Sie lebten in Heimen, Asylen oder auf der Straße. Zusätzlich galten ca. 150.000 Aussiedler als wohnungslos, die in provisorischen Unterkünften untergebracht sind (*Bundesarbeitsgemeinschaft Wohnungslosenhilfe 1998*).

Tab. 33: Wohnungslosigkeit in Deutschland 1994-1998 (in Tausend Personen)

Haushaltsstruktur und Unterbringungssituation	1994	1995	1996	1997	1998
Mehrpersonenhaushalte	380	400	400	390	360
sozialhilferechtlich untergebracht	35	40	40	40	
ordnungsrechtlich untergebracht	340	360	360	350	
Einpersonenhaushalte	170	180	200	200	180
sozialhilferechtlich untergebracht	110	120	130	130	
ordnungsrechtlich untergebracht	60	60	70	70	
Wohnungslose insgesamt (ohne Aussiedler)	550	580	600	590	540
Wohnungslose Aussiedler	330	340	340	270	150
Alle Wohnungslosen	880	920	940	860	690

(Quelle: *Bundesarbeitsgemeinschaft Wohnungslosenhilfe* 1997, 11; BAG W 1998)

Menschen geraten aus sehr unterschiedlichen Anlässen in Wohnungslosigkeit: Der wichtigste ist der Verlust der bisherigen Wohnung, meist wegen Mietschulden oder (weit seltener) wegen unzumutbaren Verhaltens bzw. vertragswidrigen Gebrauchs der Wohnung. Daneben kann auch die ehemalige Wohnung infolge Brand, Baufälligkeit oder Umbau unbewohnbar geworden sein. Auch wenn vorher keine Wohnung bestand (z.B. bei Strafentlassenen oder nach dem Verlust der Unterkunft bei Bekannten) und eine eigene Wohnung nicht zu finden ist, kommt es zur Wohnungslosigkeit. Schließlich sind Zuwanderung und Flucht aus der bisherigen Heimat immer häufigere Auslöser der Wohnungslosigkeit (vgl. *Landessozialbericht NRW* 1993, 43ff).

Dahinter stehen von Fall zu Fall sehr unterschiedliche und häufig komplexe Ursachenbündel. Individuelle Gründe (u.a. Krankheit, Kriminalität, Eheschwierigkeiten, Arbeitsplatzverlust, schlechte Sozialisations- und Ausbildungsbedingungen, Persönlichkeitsprobleme) und gesellschaftliche Ursachen (z.B. ungünstige Konjunktursituationen und hohe Arbeitslosigkeit, Wohnungsmangel, mietrechtliche Regelungen) wirken hierbei meist zusammen.

Die genannten Bestimmungsgründe führen dazu, daß bestimmte Gruppen der Bevölkerung weit häufiger in Wohnungslosigkeit geraten als andere. Auffällig ist in kommunalen Unterkünften der hohe Anteil kinderreicher Familien, oft von Alleinerziehenden und häufig mit beruflich schlecht qualifizierten und arbeitslosen Ernährern. In den wohnungslosen Mehrpersonenhaushalten befanden sich 1997 daher ca. 47% Minderjährige, etwa 34% erwachsene Frauen und nur ca. 19% Männer (*Bundesarbeitsgemeinschaft Wohnungslosenhilfe* 1997). Alleinstehende Wohnungslose sind meist Männer im Alter zwischen 20 und 50 Jahren. Unter den alleinstehenden Wohnungslosen ist jedoch der Anteil der Frauen, der früher sehr gering war, in den letzten Jahren ständig gestiegen: Er lag in den frühen 90er Jahren bei 6% und dürfte heute um 20% betragen. Während wohnungslose Mehrpersonenhaushalte und Familien regelmäßig mit Unterkünften versorgt werden, verfügt ein Teil der Einpersonenhaushalte nicht einmal über eine Notunterkunft. Etwa 15-20% der wohnungslosen Einpersonenhaushalte, das waren in Deutschland 1998 ca. 31.000 Personen, darunter 3.000 bis 4.000 Frauen, lebten in den 90er Jahren buchstäblich auf der Straße. (*Bundesarbeitsgemeinschaft Wohnungslosenhilfe* 1997, 12; *Hauser/Kinstler* 1993, 415)

Die Zahl der Wohnungslosen in Westdeutschland war Ende der 90er Jahre im Sinken begriffen. Dies wurde erreicht durch vermehrte Beratungsangebote und Wohnraumvermittlungen für von Wohnungsverlust bedrohte Personen, durch häufigere Mietschuldenübernahmen von seiten der Kommunen sowie durch eine hohe Anzahl neu fertiggestellter und nach dem Wegzug der alliierten Truppen freigewordener Wohnungen. In Ostdeutschland war Wohnungslosigkeit dagegen im Steigen begriffen. Die Gründe hierfür liegen in der großen Anzahl arbeitsloser und im steigenden Anteil sozialhilfeabhängiger Personen, im bislang lückenhaften Hilfesystem und der nur teilweise erfolgenden Übernahme von Mietrückständen durch die ostdeutschen Gemeinden (*Bundesarbeitsgemeinschaft Wohnungslosenhilfe* 1998).

Die Lage der Wohnungslosen

Die Mehrzahl der in kommunalen Unterkünften lebenden Wohnungslosen ist arm. Vier Fünftel von ihnen müssen mit Einkommen an oder nicht wesentlich über der Sozialhilfeschwelle auskommen (*Hauser/Kinstler* 1993, 415; *Ruhstrat* 1991, 62ff.). In den oft abseits gelegenen und engen Quartieren können günstige Einkommensmöglichkeiten und kostensparende Vorratshaltungen selten wahrgenommen werden. Dies verschlechtert die finanzielle Situation nochmals.

Die Wohnverhältnisse in den Unterkünften sind durch Überfüllung gekennzeichnet. Durchschnittlich leben hier auf gleicher Fläche doppelt so viele Menschen wie in Sozialwohnungen. Die Ausstattung der Unterkünfte (sanitäre Einrichtungen, Heizmöglichkeiten etc.) liegen trotz erheblicher Verbesserungen in den letzten Jahren unter dem Niveau von Normal- und Sozialwohnungen.

Die ungünstige Lebens- und Wohnsituation wirkt sich nicht zuletzt negativ auf den Gesundheitszustand der Wohnungslosen aus. In kommunalen Unterkünften findet sich eine Reihe von Krankheiten (besonders Infektionskrankheiten und Ernährungsstörungen) bedeutend häufiger als unter der Gesamtbevölkerung. Hierzu tragen auch das vergleichsweise geringe Angebot an und die unterdurchschnittliche Nachfrage nach ärztlicher Versorgung bei (*Vaskovics/Weins* 1979, 105ff.).

Besonders schlecht ist der Gesundheitszustand und das Gesundheitsverhalten alleinstehender wohnungsloser Männer, die „auf der Straße" leben. Folgende Anteile Erkrankter wurden unter ihnen festgestellt (*Trabert* 1995, 127):

- Herz- und Kreislaufkrankheiten 52,5%
- Krankheiten an Atmungsorganen 47,5%
- Infektionskrankheiten 50%
- Ohrenerkrankungen 47,5%
- Lebererkrankungen 30%
- Nierenkrankheiten 25%
- Krankheiten an Verdauungsorganen und am Venensystem je 20%
- Verdacht auf gewohnheitsmäßigen Alkoholmißbrauch 25%
- Chronischer Alkoholismus 17,5%
- Drogenabhängigkeit 5%
- regelmäßige Medikamenteneinnahme 30%

Gesundheitliche Beeinträchtigungen waren häufig schon beim Beginn der Wohnungslosigkeit Alleinstehender vorhanden. Sie nehmen vor allem in den ersten Jahren der Wohnungslosigkeit deutlich zu. Es ist daher nicht erstaunlich, daß die Lebenserwartung alleinstehender Wohnungloser um etwa 10 Jahre verkürzt ist.

Obwohl die Unterbringung in Unterkünften von seiten der Behörden als Provisorium gedacht ist, gerät das Leben dort für mindestens ein Viertel der Menschen zum Dauerzustand (*Vaskovics/Weins* 1979, 67; *Angele* 1989). Die durchschnittliche Belegungsdauer betrug 1998 z.B. in Mainz 10 Jahre. In dem Unterkünften vieler Städte wächst z.T. bereits die dritte Generation heran. Von den alleinstehenden Wohnungslosen lebte 1993 ein Drittel schon drei Jahre und ein Fünftel sogar fünf Jahre auf der Straße, in Asylen etc. (*Bundesarbeitsgemeinschaft Wohnungslosenhilfe* 1995) Es sind besonders diese langfristigen Wohnungslosen, die häufig resignieren, in Apathie verfallen und „Versorgungsmentalitäten" entwickeln.

Bei Wohnungslosen treten bestimmte Verhaltenseigentümlichkeiten häufiger auf als in der sonstigen Bevölkerung: Aggressivität (*Vaskovics/Weins* 1979, 85), eine z.T. planlose Wirtschaftsweise (Impulskäufe, Verschuldung) (*Vaskovics/Weins* , 91f.), eine erhöhte Kriminalität (bes. Diebstahl, Trunkenheitsdelikte, leichte Körperverletzung; vgl. *Schmid* 1990, 67) sowie ein sprunghaftes, zwischen Verwöhnung und überharter Bestrafung pendelndes Erziehungsverhalten (*Vaskovics/Weins* 1979, 103). Unter anderem führen solche Sozialisationsbedingungen dazu, daß ein weit überhöhter Anteil (je nach Örtlichkeit 10-50%) der Obdachlosenkinder die Sonderschule besucht (vgl. *Specht* 1990, 202). Zum Vergleich: Im Bundesdurchschnitt gingen 1995 ca. 4% der Kinder in die Sonderschule. Nur selten werden qualifizierte Berufsausbildungen erreicht. So entstehen in vielen Fällen Lebensläufe, die zurück in die Obdachlosigkeit führen, wenn sie überhaupt je aus ihr hinausgeführt hatten.

Die übrigen Gesellschaftsmitglieder begegnen Obdachlosen oft mit deutlich negativen Einstellungen. So werden Wohnungslose von großen Teilen der Bevölkerung mit herabsetzenden Bezeichnungen versehen, viele verwenden den Ausdruck „Asoziale". Vergleicht man diese negativen Einschätzungen mit den wirklichen Eigenschaften, so wird deutlich, daß tatsächlich vorhandene Negativa im öffentlichen Bewußtsein weit überschätzt und verallgemeinert werden (*Vaskovics/Weins* 1979, 72). Da die wenigsten Gesellschaftsmitglieder Erfahrungen und Kontakte mit Wohnungslosen haben, handelt es sich hierbei in der Regel um Vorurteile. Die Verbreitung solcher Vorurteile wird durch die räumliche Konzentration und Absonderung von Wohnungslosen begünstigt. Häufig genügt so bereits die Angabe einer allseits bekannten „Adresse" zur Identifizierung eines Wohnungslosen und zur Zuschreibung der vermutlich negativen Eigenschaften (faul, Alkoholiker, Choleriker, unzuverlässig etc.). Vorurteile dieser Art wirken sich auf die Betroffenen in vieler Hinsicht negativ aus. Man will mit ihnen keinen Kontakt haben; Lehrer, Arbeitgeber und Amtspersonen lehnen Obdachlose gefühlsmäßig ab u.a.m. Vielfach rufen die dadurch negativ beeinflußten Lebens- und Berufschancen bei Obdachlosen erst die Eigenschaften hervor, die in Vorurteilen von vornherein unterstellt wurden.

Das Leben von Obdachlosen ist in weit stärkerem Maße von Behördenakten, sozialen Diensten und juristischen Regelungen geprägt als das der übrigen Bevölkerung. Früher herrschten hierunter Kontrollmaßnahmen (die z.B. über die Einhaltung der Unterkunftsordnung wachten) eindeutig vor. Heute werden diese durch vielfältige soziale Hilfen ergänzt.

Auch im Falle der Wohnungslosenhilfe zeigt sich wieder der zwiespältige Charakter mancher sozialer Maßnahmen. So dienen „begleitende Maßnahmen" (*Adams* 1976; *Vaskovics/Weins* 1979, 195 ff.) während des Aufenthalts in kommunalen Unterkunftsanlagen (z.B. Spielgruppen und Tagesstätten für Kinder, Beratungsdienste und Sozialhilfeleistungen für Erwachsene) einerseits der Entlastung und der Vorbereitung für das Verlassen der Notquartiere. Andererseits machen manche dieser Maßnahmen die Empfänger aber auch zu bloßen „Betreuungsobjekten" und verschütten so Eigeninitiativen. Maßnahmen zur Beendigung der Obdachlosigkeit (dezentralisierende Aussiedlung, Auflassung und Sanierung von Unterkunftsanlagen etc.) haben sich in den siebziger Jahren bei Anwendung begleitender sozialer Hilfen als wirksame Mittel zur Verminderung der Obdachlosigkeit bewährt. Zugleich entstand aber häufig das Problem der „Aussiebung" (*Adams* 1976, 28ff.): In vielen Siedlungen blieben vor allem die „Problemfälle" der langfristigen und schwer integrierbaren Obdachlosen zurück, was von den Betroffenen häufig als „Aufgegebenwerden" aufgefaßt wurde und nicht selten dazu führte, daß sie sich selbst aufgaben und in Lethargie absanken. Die zunehmend angewendeten „vorbeugenden Maßnahmen" (z.B. Übernahme von Mietrückständen, Wohnungsangebote, Mietvorauszahlungen) können vielfach Obdachlosigkeit schon im Vorfeld vermeiden. Sie scheitern allerdings immer noch häufig daran, daß Problemfälle den Behörden nicht rechtzeitig vor der Wohnungsräumung bekannt werden und daß preisgünstige Ersatzwohnungen nicht zu beschaffen sind.

5.7.3 Ausländer

Als Ausländer werden üblicherweise jene Bewohner eines Landes bezeichnet, die nicht dessen Staatsbürgerschaft besitzen. Dies ist ein primär rechtliches Verständnis von „Ausländern". Soziologisch ist es eher fragwürdig, weil es keine Rücksicht auf Sprache, Kultur, Verhalten etc. nimmt. So ist z.B. das Kind einer rechtlich ausländischen Familie, die in dritter Generation in Deutschland lebt, soziologisch gesehen eher als Inländer anzusprechen. Allerdings sind Ausländer im Sinne des Staatsbürgerrechts eindeutiger von Inländern zu unterscheiden als im soziologischen Sinne. Auch die verfügbaren Informationen beruhen weitgehend auf einem juristischen Verständnis von Ausländern. Daher sollen im folgenden als Ausländer alle die gelten, die nicht die Staatsbürgerschaft ihres Wohnlandes aufweisen.

Die Zahl der Ausländer in Deutschland hielt sich bis zum Anfang der 60er Jahre in engen Grenzen. Sie ist seither fast durchgängig gestiegen. Sie betrug in Westdeutschland im Jahr 1951 0,5 Millionen, 1961 0,7 Millionen und 1967 1,8 Millionen (*Stat. Bundesamt* 1997, 40).

Die dann folgende rasche Zunahme der Ausländerbevölkerung geht aus Abb. 19 hervor.

Im Jahre 1996 lebten 7,3 Millionen Ausländer (8,9% der Bevölkerung) in Deutschland. Damit war Deutschland nach den USA weltweit das Land mit den meisten ausländischen Zuwanderern. Im Verhältnis zur Einwohnerzahl hatten unter den EU-Staaten nur die kleinen Länder Luxemburg, Österreich und Belgien mehr Ausländer aufzuweisen.

Selbstverständlich sind nicht alle in Deutschland lebenden Ausländer eine Randgruppe. Mehr oder minder randständig sind jedoch folgende Gruppierungen:

Ein Teil der ehemaligen *„Gastarbeiter"*, ihrer Familienangehörigen und Nachkommen. Die ehemaligen „Gastarbeiter", ihre Familienmitglieder und Nachfahren machten 1996 ca. zwei Drittel der in Deutschland wohnenden Ausländer aus. Ende 1997 wohnten alleine 2,1 Mio. Türken, 0,7 Mio. Jugoslawen, 0,61 Mio. Italiener, 0,36 Mio. Griechen, 0,28 Mio. Bosnier, 0,2 Mio. Kroaten, 0,13 Mio. Spanier sowie 0,13 Mio. Portugiesen in Deutschland (Stat. Jahrbuch 1998, 66). Zwar leben längst nicht alle diese Menschen am Rande der Gesellschaft. Aus materiellen, (wohlfahrts)staatlichen und/oder sozio-kulturellen Gründen sind jedoch besonders viele Türken und auch manche ehemaligen „Gastarbeiter" anderer Nationen in Randgruppensituationen geraten.

Abb. 19: Ausländer in der Bundesrepublik Deutschland 1967-1996

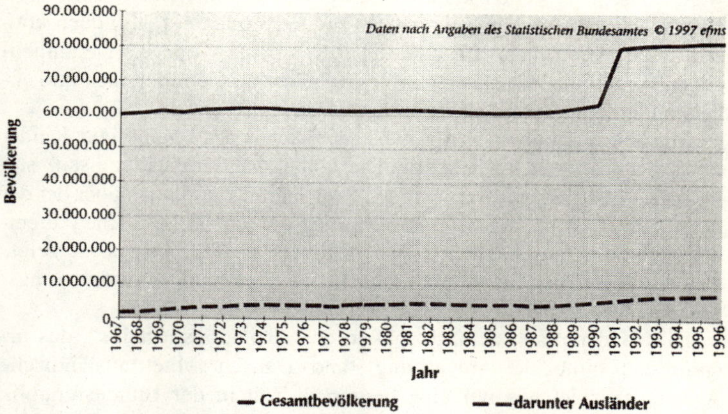

(Quelle: *Beauftragte* 1997c, 19)

Die „Gastarbeiter" kamen nach Deutschland, als Ende der fünfziger Jahre die expandierende Wirtschaft der Bundesrepublik ihren Bedarf an Arbeitskräften nicht länger im eigenen Lande decken konnte. Die Bundesregierung entschloß sich damals im Einvernehmen mit den Arbeitgeberverbänden und Gewerkschaften zur Anwerbung von Arbeitskräften aus Südeuropa. Diese ausländischen Arbeitnehmer wurden in erster Linie als un- oder angelernte Arbeiter eingesetzt.

Aufgrund von Anwerbemaßnahmen in Italien, Griechenland, Spanien, Portugal, Türkei und Jugoslawien sowie infolge der Freizügigkeit für Bewohner der EG-Länder stieg die Beschäftigung ausländischer Arbeitnehmer in der Bundesrepublik von 1961 bis zum Jahre 1973 stark an. Ein auslösender Faktor war auch der Bau der Berliner Mauer, der den Zustrom von Flüchtlingen aus der DDR blokierte und damit den Arbeitskräftemangel vergrößerte. Im Jahre 1961 arbeiteten ca. 550.000 Ausländer auf dem Gebiet der ehemaligen Bundesrepublik, im September 1973 schon 2,6 Millionen. Wegen der schlechteren Wirtschaftslage und der zunehmenden Arbeitslosigkeit verfügte die Bundesregierung im November 1973 einen Anwerbestopp. Die Beschäftigung von Ausländern sank hierauf von 2,6 auf 1,9 Millionen. Gleichzeitig holten aber viele der verbleibenden „Gastarbeiter" Familienangehörige nach, auch wenn diese einstweilen keine Arbeitserlaubnis erhielten. So blieb die Gesamtzahl der Ausländer von 1973 bis 1978 mit ca. 4 Millionen konstant. Seit 1979 wuchs die Zahl der „Gastarbeiter" und ihrer Familienangehörigen in der Bundesrepublik infolge hoher Geburtenraten und anhaltenden Zuzugs von Familienmitgliedern wieder an.

Mit dem Familiennachzug nahm der Anteil der Frauen und Kinder unter den Ausländern ständig zu. Der Anteil der Berufstätigen sank stetig. Die „Erwerbsquote" lag seit den 80er Jahren kaum noch über der der deutschen Bevölkerung. Gleichzeitig stieg die durchschnittliche Aufenthaltsdauer der ausländischen Arbeitnehmer ständig. Insgesamt zeigte sich ein Prozeß der Etablierung ihrer Familien, also ein Einwanderungsprozeß.

Dies widersprach dem Gedanken des „Rotationsprinzips", das ursprünglich hinter der Anwerbung stand. Danach sollten ausländische Arbeitskräfte jeweils nur eine begrenzte Zeit in der Bundesrepublik arbeiten und dann heimkehren. Man glaubte, daß damit sowohl den Interessen der Bundesrepublik an flexibel einsetzbarer Arbeitskraft als auch jenen der Anwerbeländer gedient werde, weil die Angeworbenen Erfahrungen, Qualifikationen und Kapital mit nach Hause nehmen würden. Weder die deutschen Arbeitgeber noch die ausländischen Arbeitnehmer hatten jedoch ein Interesse an baldiger Rückkehr. Die einen scheuten ständig wiederkehrende Anlernkosten, die anderen lernten Vorteile des Lebens in Deutschland schätzen. Mit den Einwanderungstendenzen vermehrten sich jedoch die Probleme: Standen früher nur die Arbeits, Wohn- und Freizeitbedingungen alleinlebender Arbeiter im Vordergrund, so traten seit den 70er Jahren auch Fragen der Eingliederung ausländischer Familien im Alltagsleben, im schulischen und politischen Bereich hinzu.

Dominierte in den 60er Jahren die Zuwanderung von Arbeitsmigranten und in den 70ern ihrer Familienangehörigen, so wuchs seit den 80er Jahren der Zustrom von *Flüchtlingen und Asylbewerbern*. Nach der Genfer Flüchtlingskonvention ist ein Flüchtling „jede Person, die (...) aus der begründeten Furcht vor Verfolgung wegen ihrer Rasse, Religion, Nationalität, Zugehörigkeit zu einer bestimmten sozialen Gruppe oder wegen ihrer politischen Überzeugung sich außerhalb des Landes befindet, dessen Staatsangehörigkeit sie besitzt, und den Schutz dieses Landes nicht in Anpruch nehmen kann oder wegen dieser Befürchtungen nicht in Anspruch nehmen will, oder die sich als staatenlos infolge solcher Ereignisse außerhalb des Landes befindet, in welchem sie ihren gewöhnlichen Aufenthalt hatte und nicht dorthin zurückkehren kann oder wegen der erwähnten Befürchtungen nicht dorthin zurückkehren will."

Kriege, Bürgerkriege, politische Verfolgung, wirtschaftliche Probleme, Menschenrechtsverletzungen von Regimen, Umweltschäden, aber auch der Anwerbestopp von „Gastarbeitern", der Arbeitsmigranten dazu zwang, andere Zugangswege zu suchen, führten dazu, daß in den 80er und bis zum Beginn der 90er Jahre immer mehr Menschen als Flüchtlinge nach Deutschland kamen und sich um Asyl bewarben. So wurden allein 1992 438.000 Asylbewerber registriert. Mitte 1993 trat dann die Änderung von Artikel 16 GG und die „Drittstaatenregelung" nach Art 16a GG in Kraft: Bei Personen, die über einen „sicheren Herkunftsstaat" nach Deutschland kommen, wird seither vermutet, daß sie nicht verfolgt sind, ihr Antrag wird als „offensichtlich unbegründet" abgelehnt. Im Zuge dieser gesetzlichen Einschränkung des Asylverfahrens sank die Zahl der Asylsuchenden im Jahr 1993 auf 323.000 und in den folgenden Jahren auf rund 127.000 (1994) und 128.000 (1995) (vgl. *Sommer/Voit* 1997, 26).

1996 waren bereits ein Viertel aller Ausländer in Deutschland Flüchtlinge, Asylbewerber und Asylberechtige: Von diesen ca. 1,8 Millionen Menschen waren

- 18,8% *Asylberechtigte* und Familienangehörige: Sie sind anerkannt nach Art 16, 16a GG, haben Anspruch auf Erteilung einer unbefristeten Aufenthaltserlaubnis und auf Ausstellung eines Flüchtlingsausweises, können Eingliederungshilfe wie z.B. Sprachkurse in Anspruch nehmen.
- 6,4% sog. *Kontingentflüchtlinge*: Dies sind im Rahmen humanitärer Hilfsaktionen aufgenommene Flüchtlinge, z.B. „boat people" oder Juden aus Rußland, denen ohne ein Anerkennungsverfahren eine dauerhaftes Bleiberecht in der BRD gewährt wird. Ihnen steht eine Arbeitserlaubnis zu.
- 1,1% *heimatlose Ausländer*: Sie oder ihre Vorfahren wurden während des 2. Weltkriegs verschleppt. Sie sind den deutschen Staatsbürgern nahezu gleichgestellt, bedürfen keiner Aufenthaltsgenehmigung, sondern bekommen wie ausländische Familienangehörige Deutscher eine Aufenthaltserlaubnis.

Abb. 20: Asylantragsteller in der Bundesrepublik Deutschland 1959-1996

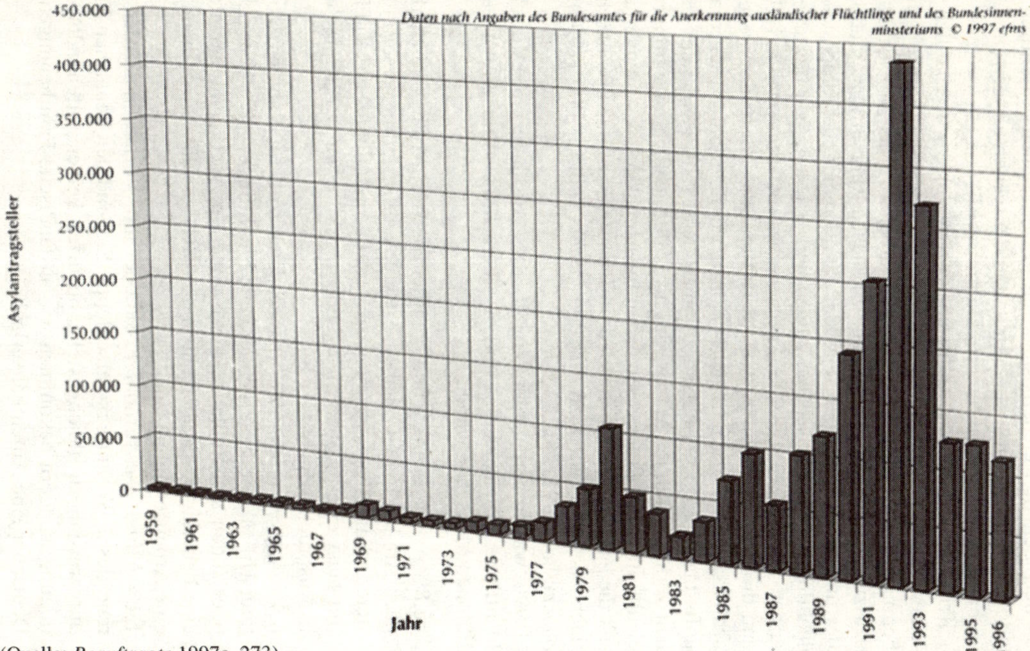

(Quelle: *Beauftragte* 1997c, 273)

- 31,3% *„de facto-Flüchtlinge"*: Sie haben entweder keinen Asylantrag gestellt oder er wurde abgelehnt. Von der Abschiebung wurde jedoch abgesehen, da sie dadurch in erhebliche Gefahr geraten wären. Diesen geduldeten Ausländern kann nach einjähriger Wartezeit eine Arbeitserlaubnis erteilt werden.
- 20,6% *Asylbewerber*: Ihnen ist der Aufenthalt in Deutschland gestattet, solange ihr Antrag nicht abgelehnt ist. Sie sind verpflichtet, bis zu drei Monaten in den für sie zuständigen Aufnahmeeinrichtungen zu wohnen. Der Aufenthalt danach ist ihnen nur im Bezirk der zuständigen Ausländerbehörde erlaubt. In der Regel leben sie in Gemeinschaftsunterkünften, müssen ihre Pässe abgeben, dürfen für die Dauer des Anerkennungsverfahrens keine Erwerbstätigkeit ausüben und haben auch keinen Anspruch auf Integrationsleistungen. Seit 1994 sieht das „Asylbewerberleistungsgesetz" geringere Leistungen als die des Bundessozialhilfegesetzes vor.
- 20,6% *Kriegs- und Bürgerkriegsflüchtlinge*: Ihnen wird seit Juli 1993 die Möglichkeit einer vorübergehenden Aufnahme ohne Einzelfallprüfung eingeräumt. Sie erhalten eine Aufenthaltsbefugnis zur vorübergehenden Aufnahme. Eine Arbeitserlaubnis kann erteilt werden. Sie dürfen aber keinen Asylantrag stellen und haben keinen Anspruch auf Aufenthalt an einem bestimmtem Ort. Wird die staatliche Anordnung zur Aufnahme zurückgenommen, muß der Flüchtling binnen vier Wochen die Bundesrepublik verlassen.
- 1,0% *Konventionsflüchtlinge*: Dies sind Flüchtlinge nach der Genfer Flüchtlingskonvention, die von Deutschland wie von allen Signatarstaaten dr Flüchtlingskonvention als schutzbedürftig anerkannt sind, die jedoch nicht durch Art. 16 GG geschützt werden.

(*Beauftragte* 1997a, 22)

Bei der dritten Gruppierung handelt es sich um *deutschstämmige Aussiedler*, die vor allem aus Polen, der ehemaligen Sowjetunion, der ehemaligen Tschechoslowakei, Rumänien und dem ehemaligen Jugoslawien nach Deutschland kamen. Zwischen 1950 und 1996 reisten ca. 3,7 Mio. Aussiedler nach Deutschland ein, davon allein von 1987 bis 1996 mehr als 2 Mio., wovon gut 1,4 Mio. aus dem Gebiet der ehemaligen Sowjetunion kamken (*Beauftragte* 1997c, 235). Ausländer sind sie zum Teil im soziologischen Sinne, in rechtlicher Hinsicht haben sie einen Anspruch auf Einbürgerung (s.u.). Im Gegensatz zu Flüchtlingen und Asylbewerbern stellt nur ein geringer Teil der Aussiedler eine „Randgruppe“ dar. Nur wenige sind aufgrund bestimmter Nachteile vom üblichen Leben in der Gesellschaft ausgeschlossen. Die Zuwanderung von Aussiedlern war lange Zeit politisch erwünscht und wurde von der öffentlichen Hand durch zahlreiche finanzielle Zuwendungen gefördert und unterstützt. Sie kamen zunächst mehrheitlich aus Polen. Seit Ende der 80er Jahre stammen sie ganz überwiegend aus der ehemaligen Sowjetunion.

Abb. 21: Zuzug von (Spät-)Aussiedlern in die Bundesrepubik Deutschland 1950–1996

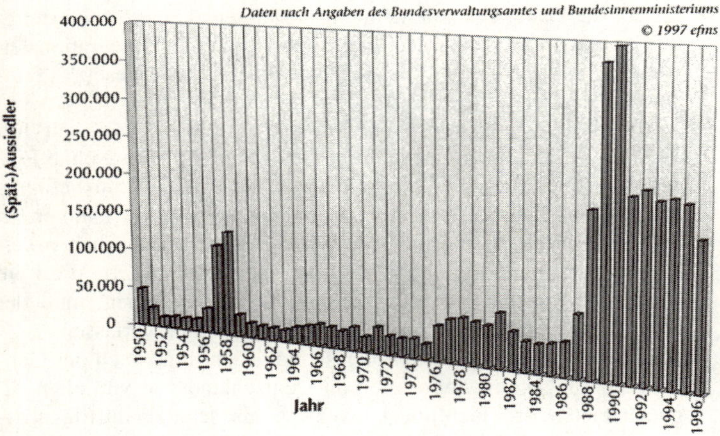

(Quelle: Beauftragte 1997c, 233)

Seit den 90er Jahren wird die Zuwanderung von Aussiedlern nur noch geduldet. Ihre Zahl wurde auf gut 200.000 pro Jahr eingeschränkt. Die Unterstützungsleistungen wurden drastisch gekürzt, da der Arbeitsmarkt angespannt und die öffentlichen Mittel knapp waren (*Veith* 1994, 363).

Eine letzte ausländische Randgruppe in Deutschland bilden „neue Arbeitsmigranten“, dies sind *meist osteuropäische Saison- und Kontraktarbeiter.* Da nach Öffnung der Grenzen Osteuropas staatliche deutsche Stellen die dauerhafte Einwanderung von dort (mit Ausnahme Deutschstämmiger) unterbanden, wurden zeitweilige Zugänge zum deutschen Arbeitsmarkt in Form von Saison- oder Kontraktarbeit sowie ein kleines Kontingent von Gastarbeitern zu Qualifizierungszwecken geschaffen. Die meisten dieser Arbeiter kamen aus Polen nach Deutschland. So lebten im Jahre 1995 allein 277.000 polnische Staatsbürger in Deutschland (*Seifert* 1998, 50).

Abb. 22: Werkvertragsarbeitnehmer und Kontingenzplätze in der Bundesrepublik Deutschland 1988–1996

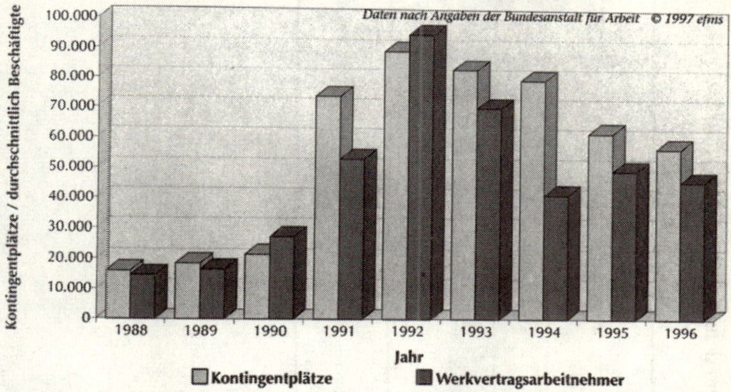

Neben den dargestellten Zuzügen nach Deutschland darf nicht vergessen werden, daß zur gleichen Zeit auch viele Menschen von Deutschland fortgezogen sind. Die genannten Bestandszahlen der vier Gruppierungen und der Ausländer insgesamt ergeben sich aus der Aufrechnung beider Bewegungen. So sind in den sieben Jahren von 1989 bis 1995 insgesamt 8,5 Millionen Menschen nach Deutschland gezogen, zugleich haben aber fast 4,6 Millionen ihren Wohnsitz ins Ausland verlegt. Abb. 23 stellt beide Prozesse einander gegenüber. Es wird ersichtlich, daß der Saldo in (West-)Deutschland fast durchgängig einen Zustrom ergab. Nur in zwei kurzen Perioden, in den ökonomischen Krisen der frühen 70er und frühen 80er Jahre, überwogen die Fortzüge.

Abb. 23: Wanderungen zwischen Deutschland und dem Ausland 1965-1996

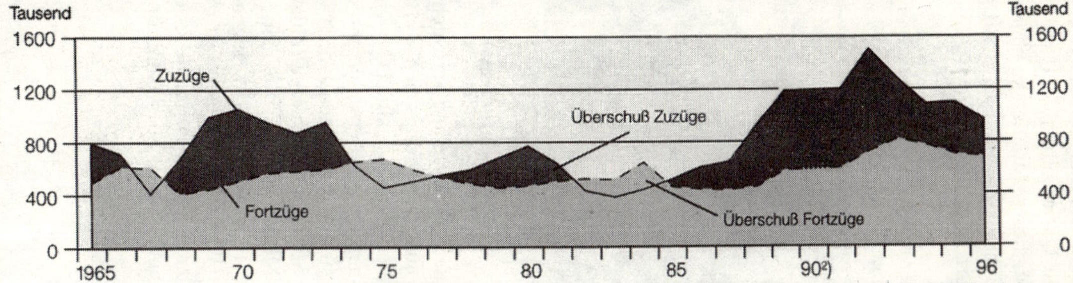

¹) Ab 1991 einschl. der Fälle, bei denen das Herkunfts- bzw. Zielland ungeklärt ist oder keine Angaben darüber vorliegen.– ²) Für 1990 liegt kein gesamtdeutsches Ergebnis vor.

(Quelle: *Stat. Jahrbuch* 1998, 79)

Im allgemeinen lassen sich Zuzüge und Fortzüge exakt feststellen. Dies trifft für die Wegzüge der Mehrheit der Asylbewerber jedoch nicht zu. Über deren Verbleib ist wenig bekannt. Von den insgesamt 1,83 Millionen Menschen, die von 1987 bis Ende 1995 einen Asylantrag gestellt hatten, wurden 125.000 als asylberechtigt anerkannt (7%), 130.000 wurden abgeschoben, etwa 130.000 sind nach Ablehnung ihres Antrags freiwillig ausgereist, die Verfahren von 83.000 sind in Bearbeitung oder vor Gericht. Wo sich die restlichen 1,1 Millionen befinden, wissen wir nicht. Sie leben vielleicht in der Illegalität oder als geduldete Flüchtlinge oder sie sind ausgereist (*Beauftragte* 1997c, 294).

Ökonomische Lage

Die Chancen, eine Erwerbstätigkeit, zumal eine gutdotierte, und Zugang zu einheimischen Einrichtungen und Bevölkerungsgruppen zu finden, sind in hohem Maße an den Besitz weiterführender *Bildungs- und Ausbildungsabschlüssen* gebunden. (Aus-)Bildungszertifikate können so als „Eintrittskarten“ zu gesellschaftlicher Integration angesehen werden.

Die *erwachsenen* Ausländer verfügen sehr selten über einen höheren Bildungsabschluß: 1995 hatten von allen Ausländern, die im erwerbsfähigen Alter waren und in Deutschland lebten,

- mehr als 20% weder in Deutschland noch im Herkunftsland einen Schulabschluß erworben,
- 42% nur eine Pflichtschule im Herkunftsland besucht,
- 11% einen höheren Bildungsabschluß im Ausland erlangt, und
- 27% bereits eine Schule in Deutschland besucht.

(*Seifert* 1998, 50)

Die Bildungschancen (vgl. 5.1.3) ausländischer *Kinder und Jugendlicher* sind besser als die der Erwachsenen, haben sich in den vergangenen Jahren auch deutlich verbessert, bleiben jedoch nach wie vor hinter der Bildungsbeteiligung deutscher Kinder und Jugendlicher zurück. Mehr als zwei Drittel der deutschen Schüler verließen Mitte der 90er Jahre die Schule mit der Hochschulreife oder mit mittlerem Abschluß. Dagegen erreichte 1994 nur etwa jeder dritte ausländische Schulabgänger einen weiterführenden Bildungsabschluß. Mehr als ein Viertel der deutschen Schulabgänger, aber nur jeder zehnte ausländische Schüler erlangte die Hochschulreife. Andererseits verläßt beinahe jeder sechste (15,8%) ausländische, aber nur 8,3% der deutschen Schulabgänger die Hauptschule ohne Abschluß, und 4,5% der ausländischen (3,4% der deutschen) verlassen das Bildungssystem aus der Sonderschule. Inbesondere die Jugendlichen ohne Schulabschluß und Sonderschulabgänger haben schlechte Chancen, eine Lehrstelle und eine Erwerbstätigkeit zu finden (*Beauftragte* 1997c, 114).

Gleichwohl hat sich das Bildungsniveau ausländischer Jugendlicher in Deutschland in letzter Zeit erhöht. Noch im Jahre 1983 startete mehr als ein Drittel aller ausländischen Jugendlichen den Lebensweg ohne Hauptschulabschluß (*Beauftragte* 1997). Der Anteil der ausländischen Jugendlichen mit Realschulabschluß stieg von 1985 bis 1994 von 19% auf 24% und der Anteil der Abiturienten unter ihnen verdoppelte sich von 5,6 auf fast 10% (*Seifert* 1998, 51f.).

Ähnlich ist die Situation in der Berufsausbildung: Ausländische Jugendliche schließen zwar zu den deutschen auf, noch trennt sie aber viel (vgl. 5.1.3).

Die Gründe für den Bildungsabstand zwischen ausländischen und deutschen Schülern sind – anders als oft vermutet – zum geringeren Teil ethnischer, großenteils jedoch beruflicher Art. Die meisten Arbeitsmigranten gehörten, anders als viele Flüchtlinge und Asylbewerber, schon in ihren Herkunftsländern zur sozialen Unterschicht. Auch in Deutschland bleiben die meisten Angehörigen der ersten Einwanderergeneration in untergeordneter beruflicher und sozialer Stellung. Vor allem dies und nicht so sehr ihre ethnische Zugehörigkeit reduziert bei ausländischen Kindern die Bildungschancen. Zusätzlich können Sprachprobleme hinzukommen, und viele ausländische Eltern sind kaum in der Lage, ihre Kinder bei der Bewältigung des Lernstoffes zu unterstützen.

In den frühen 70er Jahren waren fast zwei Drittel aller Ausländer in Deutschland sozialversicherungspflichtig *erwerbstätig*. Dieser Anteil ist bis zum Jahre 1996 auf 28,4% gefallen (*Beauftragte* 1997c, 124): Denn im Laufe der Zeit sind viele nicht erwerbstätige Familienmitglieder nachgezogen, immer mehr Ausländer arbeiteten selbständig, immer mehr übten eine sozialversicherungsfreie (geringfügige) Beschäftigung aus, und Ausländer wurden zu immer höheren Anteilen arbeitslos oder durften als Asylbewerber nicht arbeiten.

In den 60er und frühen 70er Jahren war in Deutschland die Zahl der *arbeitslosen* Ausländer und Inländer gleichermaßen unbedeutend.

Schon seit Ende der 70er Jahre ist in Westdeutschland das Risiko der Ausländer, arbeitslos zu werden, höher als das der Inländer und der Erwerbspersonen insgesamt. Insbesondere seit den 90er Jahren überstieg das Arbeitslosigkeitsrisiko von Ausländern das der Deutschen immer mehr und war Mitte der 90er Jahr gut doppelt so hoch.

Als die Zuwanderung von Ausländern in den 60er und frühen 70er Jahren noch weitgehend aus Arbeitsmigranten bestand, arbeiteten die meisten von ihnen in der industriellen Massenfertigung und im Bergbau (1975: 62,1%), zum Beispiel in Gießereien, im Fahrzeugbau, in der Schwerindustrie und der Gummiverarbeitung. Tätigkeiten im Dienstleistungssektor waren selten, und wenn, dann wurden sie in wenig begünstigten Sektoren, zum Beispiel in Hotels und Gaststätten ausgeübt. Dies änderte sich mit der Zeit. Mitte der 90er Jahre waren nur noch vier von zehn (41,9%) ausländischen Erwerbstätigen in Industrie und Bergbau beschäftigt. Dies waren zwar noch immer weit höhere Anteile als die der Deutschen. Aber der allmähliche Abbau dieser Arbeitsplätze, die bessere Qualifikation der zweiten und dritten „Gasstarbeiter"-Generation sowie der später einwandernden Flüchtlinge und Aussiedler sorgten dafür, daß immer mehr Ausländer in Handel und Verkehr sowie in den sonstigen Dienstleistungsbereich einrückten (*Seifert* 1998, 54).

Die „Gastarbeiter" der 60er und 70er Jahren waren zunächst, wie schon der Name sagt, in aller Regel als Arbeiter beschäftigt. So waren 1970 sechs von sieben (84,9%) ausländischen Erwerbstätigen als Arbeiter tätig. Seither hat sich der Arbeiteranteil unter Ausländern vermindert, bis zum Jahre 1995 auf 64,6%. Damit waren Ausländer aber nach wie vor wesentlich häufiger in Arbeiterstellungen tätig als Deutsche, die nur noch zu 37% Arbeiter waren. Auf der anderen Seite hat sich von 1970 bis Mitte der 90er Jahre der Anteil der Angestellten unter ausländischen Erwerbstätigen (auf 26,6%) verdoppelt und der der Selbständigen (auf 8,8%) verdreifacht. Dies kann man als Anzeichen wachsender Integration werten. Trotzdem waren Mitte der 90er Jahre Deutsche mit 55% immer noch gut doppelt so oft Angestellte als Ausländer (*Seifert* 1998, 54; *Beauftragte* 1994, 26).

Die *Kinder* von „Gastarbeitern", die bereits in Deutschland geboren oder zur Schule gegangen sind, kamen in der Berufshierarchie weiter voran als ihre Eltern: Unter ihnen reduzierte sich „zwischen 1991 und 1995 (..) der Anteil der ungelernten Arbeiter von 10% auf 2% und der angelernten Arbeiter von 33% auf 25%. Immerhin 26% waren 1995 in mittleren und höheren Angestelltenpositionen tätig und weitere 16% waren als einfache Angestellte beschäftigt. Deutsche der gleichen Altersgruppe waren jedoch wesentlich häufiger in Angestelltenpositionen beschäftigt und seltener in Arbeiterberufen. Die zweite Generation nimmt somit auf dem Arbeitsmarkt eine Position zwischen der Generation der Eltern und der entsprechenden deutschen Altersgruppe ein." (*Seifert* 1998, 55)

Von Beginn der Anwerbeaktionen an wurden Ausländer besonders häufig an Arbeitsplätzen eingesetzt, wo körperlich schwere, gefahrenträchtige, gesundheitsbelastende und schmutzige Arbeit geleistet werden mußte. Außerdem waren Wechselschichtarbeit oder dauernde Nachtarbeit besonders häufig. Es handelte sich vor allem um Arbeiten, für die schon in den 60er Jahren keine deutschen Arbeitnehmer mehr zur Verfügung standen. So ermöglichten „Gastarbeiter" deutschen Arbeitern einen Aufstieg in angenehmere Tätigkeiten.

An der hohen *Arbeitsbelastungen* von Migranten hat sich seither nicht allzuviel geändert: Eine Untersuchung zu Beginn der 90er Jahre ergab, daß

- 38% der befragten ausländischen Arbeitnehmer mehr als 20 kg an Lasten heben oder tragen müssen,
- 49% unter Lärm zu arbeiten haben,
- 37% Rauch, Staub, Gasen und Dämpfen,
- 36% Öl, Fett, Schmutz und Dreck ausgesetzt sind,
- 36% in körperlichen Zwangshaltungen arbeiten, sowie
- 15% Nachtschicht zwischen 23.00 Uhr und 5.00 Uhr und
- 33% Wechselschicht leisten. (*Beauftragte* 1994, 27)

Zudem müssen Migranten bei ihrer Einstellung oft mit ungesicherten Positionen als Leiharbeiter, als Aushilfskräfte, mit befristeten Verträgen etc. vorlieb nehmen. Sie haben auch geringere Aufstiegschancen, sind seltener in Qualifizierungs- und Umschulungsangeboten vertreten und werden häufiger entlassen (Beauftragte 1994, 31). Schätzungsweise zwischen 500 000 und 1 Mio. Ausländer waren Mitte der 90er Jahre illegal beschäftigt. Sie unterliegen in jeder Hinsicht den größten Unsicherheiten (vgl. *Beauftragte* 1997a, 50).

Die *Einkommen* der ausländischen Arbeitnehmer lagen zu Beginn der 90er Jahre durchschnittlich um 12% unter denen der deutschen. Hierbei wurden keine großen Unterschiede des monatlichen Haushaltsnettoeinkommens zwischen Spaniern, Italienern, Jugoslawen, Griechen und Türken festgestellt. Gründe für den Einkommensabstand waren die geringere berufliche Qualifikation, die häufigere Beschäftigung in einer „ungünstigen“ Branche sowie die geringere Kapitalausstattung der Arbeitsplätze von Ausländern (Beauftragte 1994, 28). Bei der Entlohnung findet in der Regel keine Ungleichbehandlung zwischen Deutschen und Ausländern statt. Für gleiche Arbeit wird durchweg gleicher Lohn gezahlt. Allerdings verrichten Migranten selbst bei gleicher Qualifikation wesentlich häufiger Arbeiten unterer Lohngruppen als Deutsche (*Beauftragte* 1994, 31).

Wenn sich Zuwanderer auf einen längeren oder dauernden Aufenthalt einrichten, werden ihre *Wohnbedingungen* wichtig. Sie sind in mehrerer Hinsicht schlechter als die der deutschen Bevölkerung: Ausländer wohnen häufiger zur Miete, in Altbauten und besonders Türken und Ex-"Jugoslawen“ haben, anders als Deutsche und Ausländer anderer Nationalität, noch keinesweg immer eine Zentralheizung zur Verfügung. Nicht zuletzt wohnen Ausländer wesentlich beengter als Deutsche: Diese haben durchschnittlich pro Kopf 48,3 Quadratmeter zur Verfügung, Ausländer nur 25,2 Quadratmeter, Türken lediglich 20,6 (Daten: SOEP 1995; Quelle: *Seifert* 1998, 55).

Rechtliche und administrativ bedingte Lage

Deutsche werden mit *Rechtsvorschriften* in der Regel nur dann konfrontiert, wenn sie straffällig werden oder einschneidende berufliche oder private Veränderungen in ihrem Leben vornehmen. In den Alltag von Ausländern greifen jedoch ständig komplizierte Gesetze und Vorschriften ein. Viele von ihnen, insbesondere aufenthalts- und arbeitsrechtliche Normen, schaffen Ungleichheiten zwischen Deutschen und Ausländern sowie unter diesen. Eine Benachteiligung von Ausländern insgesamt liegt schon allein darin, daß die verwirrende Vielfalt der sie betreffenden Rechtsvorschriften für sie kaum zu durchblicken ist.

Was das *Aufenthaltsrecht* betrifft, so genießen Ausländer aus den Staaten der EU weitgehende Freizügigkeit und Aufenthaltssicherheit in Deutschland. Alle anderen Ausländer unterliegen den aufenthaltsrechtlichen Bestimmungen des Ausländergesetzes. Sie sehen folgende Abstufungen des Aufenthaltsstatus vor: (*Beauftragte* 1997c, 88f.)

- Eine Aufenthalts*berechtigung* (27 § AuslG) wird in der Regel nach 8 Jahren legalen Aufenthalts auf Antrag erteilt. Voraussetzung ist ferner, daß der Lebensunterhalt selbständig bestritten werden kann, daß mindestens 60 Monatsbeiträge zur gesetzlichen Rentenversicherung geleistet wurden, und daß in den letzten drei Jahren keine Verurteilung wegen einer größeren vorsätzlichen Straftat erfolgte. Nach Erhalt der Aufenthaltsberechtigung ist eine Ausweisung nur schwer möglich. Damit ist die Aufenthaltsberechtigung der sicherste Aufenthaltsstatus im Rahmen des Ausländergesetzes.

- Eine Aufenthalts*erlaubnis* (§§ 15, 17 AuslG) kann insbesondere jugendlichen Ausländern, Ehegatten und minderjährigen Kindern zuerst auf ein und dann zwei mal auf zwei Jahre befristet erteilt werden. Wenn seit fünf Jahren eine Aufenthaltserlaubnis besteht, zudem mündliche Kenntnisse der deutschen Sprache und ausreichender Wohnraum vorhanden sind und kein Ausweisungsgrund vorliegt, oder aber wenn einem Asylantrag stattgegeben wurde, besteht ein Rechtsanspruch darauf, daß die Aufenthaltserlaubnis unbefristet erteilt wird. Die Aufenthaltserlaubnis ist nicht an einen bestimmten Zweck (z.B. Erwerbstätigkeit) gebunden.
- Eine Aufenthalts*befugnis* (§ 39 AuslG) wird längstens auf zwei Jahre gewährt und kann danach verlängert werden. Sie wird vor allem dann erteilt, wenn eine Aufenthaltserlaubnis ausgeschlossen ist und dennoch (z.B. aus völkerrechtlichen, humanitären oder politischen Gründen) der Aufenthalt in Deutschland erlaubt werden soll. Bestimmte Asylbewerber, die Abschiebeschutz genießen („kleines Asyl") und abgelehnte Asylbewerber, die seit zwei Jahren im Besitz einer „Duldung" (s.u.) sind, können ebenfalls eine Aufenthaltsbefugnis erhalten. Wer seit acht Jahren in deren Besitz ist, kann eine unbefristete Aufenthaltserlaubnis erhalten.
- Eine Aufenthalts*bewilligung* (§§ 28, 29 AuslG) ist auf einen ganz bestimmten Zweck beschränkt (Werkverträge, Gastarbeitnehmer, Studenten, Auszubildende, Besucher, Geschäftsreisende) und befristet. Danach müssen die Betreffenden Deutschland wieder verlassen. Auf die Erteilung besteht kein Anspruch.
- Eine *Duldung* (§ 55 AuslG) können Personen erhalten, die zwar rechtlich verpflichtet sind, Deutschland zu verlassen, aber nicht abgeschoben werden können. Nach einem Jahr kann eine Duldung verlängert werden. Geduldete Ausländer können eine Arbeitserlaubnis bekommen.
- Asylbewerber erhalten für die Dauer des Verfahrens eine Aufenthalts*gestattung* (§§ 55, 56 AuslG), die auf den jeweiligen Bezirk der Ausländerbehörde begrenzt ist. Wird Bewerbern Asyl gewährt,

erhalten sie eine unbefristete Aufenthaltserlaubnis; werden sie als Flüchtlinge im Sinne der Genfer Konvention anerkannt, erhalten sie eine Aufenthaltsbefugnis.

Außer EU-Staatsangehörigen benötigen in Deutschland alle Ausländer eine *Arbeitserlaubnis* (§ 19 AFG), wenn sie unselbständig erwerbstätig sein wollen. Zu unterscheiden ist eine *allgemeine* und eine *besondere* Arbeitserlaubnis. Letztere wird unbefristet erteilt und stellt die Betreffenden Deutschen und EU-Bürgern gleich. Die allgemeine Arbeitserlaubnis wird, oft nach Wartezeiten, in der Regel jeweils nur auf ein Jahr und nur dann erteilt, wenn ein Arbeitsplatz nicht an einen deutschen oder an einen EU-Bürger vergeben werden kann (*Beauftragte* 1997c, 135).

Volle Sicherheit, in Deutschland bleiben zu können, ist nur durch eine Einbürgerung möglich. Im Gegensatz zu vielen anderen Ländern beruhen Einbürgerungsmöglichkeiten hierzulande auf dem Rechtsgrundsatz des „ius sanguinis", des Abstammungsprinzips. Danach hat jeder, der Deutscher war oder von Deutschen abstammt und wieder nach Deutschland zurückgekehrt ist[75], das Recht auf eine *Anspruchseinbürgerung*. Über solche Einbürgerungsansprüche verfügen heute vor allem (Spät-)Aussiedler.

Dagegen herrscht unter anderem in Belgien, Großbritannien, den Niederlanden, Portugal und Spanien der Rechtsgrundsatz des „ius soli", des Territorialprinzips. Kinder ausländischer Eltern erwerben dort durch ihre Geburt im betreffenden Land die jeweilige Staatsangehörigkeit (ggf. unter bestimmten Voraussetzungen).

Ausländer in Deutschland, die nicht von Deutschen abstammen, können lediglich eine *Ermessenseinbürgerung* anstreben. Ob sie erfolgt, steht, wie der Name sagt, im Ermessen der Behörden. Voraussetzungen waren 1997 ein Mindestaufenthalt von 10 Jahren und eine weitgehende Integration in Deutschland. In der Regel wurde von ihnen verlangt, die bisherige Staatsbürgerschaft aufzugeben. Seit 1991 ist in Deutschland die Einbürgerung für Ausländer leichter und billiger geworden. Junge Ausländer, die seit mindestens acht Jahren und alle Ausländer, die seit 15 Jahren legal in Deutschland leben, haben seither einen *Rechtsanspruch* auf Einbürgerung.

75 Deutscher ist, wer „als Flüchtling oder Vertriebener deutscher Volkszugehörigkeit oder als dessen Ehegatte oder Abkömmling in dem Gebiete des Deutschen Reiches nach dem Stande vom 31. Dezember 1937 Aufnahme gefunden hat". (Art 116 GG)

Bis zum Ende der 80er Jahre hielt sich die Zahl der Einbürgerungen in Deutschland, verglichen z.B. mit Frankreich, den Niederlanden, Schweden, Großbritannien und erst Recht den Vereinigten Staaten, in engen Grenzen. Erst seither ist ein deutlicher Anstieg erkennbar. Allerdings haben in erster Linie die Anspruchseinbürgerungen von Aussiedlern zugenommen, vor allem von jenen, die aus der ehemaligen Sowjetunion kamen. Die Einbürgerungen von „echten" Ausländern nahmen kaum zu. Die eigentliche Problematik niedriger Einbürgerungszahlen liegt in der Zukunft: Wenn die Quote der Einbürgerungen von Ausländern weiterhin so niedrig bleibt wie bisher, ist damit zu rechnen, daß im Jahre 2030 wenigstens ein Fünftel der Einwohner Deutschlands Ausländer sind.

Da immer mehr Ausländer in Deutschland arbeitslos (vgl. 5.2.3) und arm (vgl. 5.3.3) sind, kommen immer mehr Ausländer mit wohlfahrtsstaatlichen Instanzen auch in Form der Sozialhilfe in Berührung. Ende 1996 erhielten mehr als 638 000 Ausländer Laufende Hilfe zum Lebensunterhalt. Während 1996 von der deutschen Bevölkerung nur 2,8% von Sozialhilfe abhängig waren, erhielten von den Ausländern in Deutschland 8,5% Laufende Hilfe zum Lebensunterhalt (Stat. Jahrbuch 1998, 463). Hinzu kamen fast 500.000 Asylbewerber, die seit Ende 1993 nicht mehr Sozialhilfe, sondern (niedrigere) Leistungen nach dem Asylbewerberleistungsgesetz erhalten.

Soziale Beziehungen

Die verschiedenen Zuwanderungsbewegungen nach Deutschland spiegeln sich in den unterschiedlichen *Aufenthaltsdauern* wider. Ende 1996 lebte fast ein Viertel aller Ausländer erst weniger als vier Jahre lang in Deutschland. Dies sind vor allem Asylsuchende, Kriegs- und Bürgerkriegsflüchtlinge und Werkvertragsarbeitnehmer. Andererseits wohnte fast ein Drittel (29,2%) bereits mehr als 20 Jahre im Land. Dies sind im wesentlichen die „Gastarbeiter", die bis zum Anwerbestopp des Jahres 1973 zugewandert sind. Weitere 11% der Ausländer lebten zwischen 15 und 20 Jahre lang, und nochmals 8,3% schon 10 bis 15 Jahre lang in Deutschland (*Beauftragte* 1997c, 56). Daher spricht allein die lange Zeit ihres Hierseins dafür, daß der Aufenthalt von mindestens der Hälfte aller Ausländer in Deutschland auf Dauer angelegt ist.

Abb. 24: Erwerb der deutschen Staatsangehörigkeit durch Einbürgerung 1972-1995

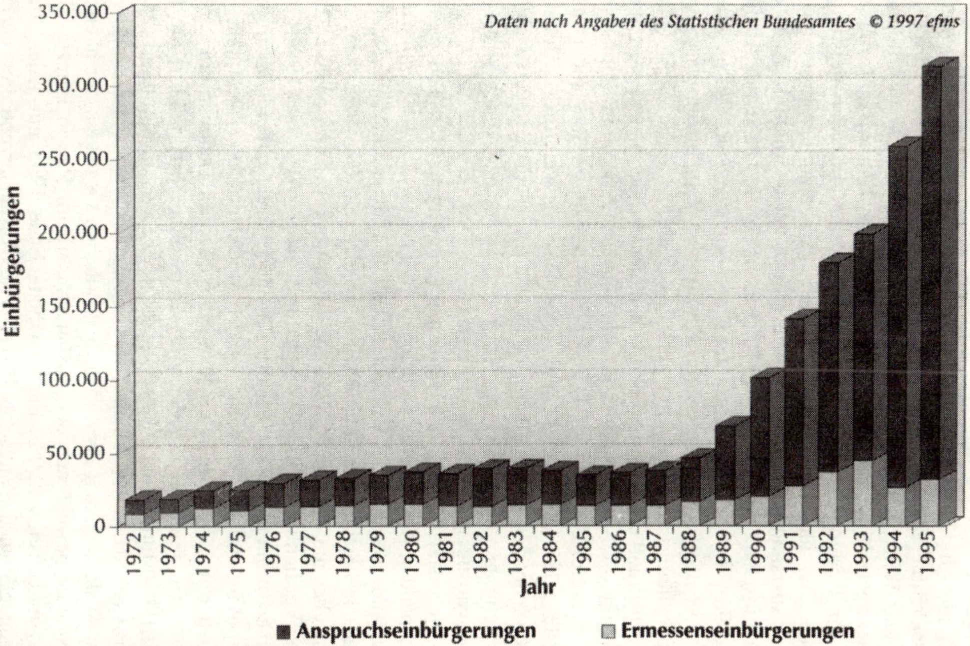

(Quelle: *Beauftragte* 1997c, 61)

In die gleiche Richtung weisen auch die Absichten der Ausländer: 1984 beabsichtigten erst weniger als ein Drittel der Ausländer, für immer in Deutschland zu bleiben. 1995 hatte sich schon die Hälfte von ihnen, von der zweiten Generation sogar zwei Drittel, für einen ständigen Aufenthalt in Deutschland entschieden. Aber auch von denen, die angaben, nicht in Deutschland bleiben zu wollen, hat kaum jemand konkrete Rückkehrabsichten (*Seifert* 1998, 56; Stat. Bundesamt 1997, 587).

Der Wille, im Lande zu bleiben, bewirkt noch keine Integration. Wichtigste Voraussetzung hierfür sind *Sprachkenntnisse*. Insbesondere für Bildungserfolge und Berufstätigkeiten im Dienstleistungsbereich, aber auch für intensivere Beziehungen zwischen Einheimischen und Ausländern sind gute Sprachfertigkeiten unerläßlich. Nach eigener Einschätzung beherrschte 1995 mehr als die Hälfte der Ausländer und 93% der zweiten Migrantengeneration die deutsche Sprache gut (*Seifert* 1998, 56). Unterdurchschnittliche Sprachkenntnisse weisen oft ausländische Frauen und Türk(inn)en auf.

Aufgrund der langen Aufenthaltsdauer und der meist guten Sprachkenntnisse von Ausländern könnte man annehmen, daß immer sie intensive Beziehungen zu Deutschen unterhalten. Aber mehr als die Hälfte aller Ausländer nannte unter den drei wichtigsten Bekannten außerhalb des Haushalts keine Deutschen. Zudem haben sich enge Beziehungen zwischen Ausländern und Deutschen in den 90er Jahren eher verringert als vermehrt (*Seifert* 1998, 56).

Ein erster Grund für die nur mäßig häufigen, zum Teil sogar abnehmenden Kontakte zu Deutschen liegt darin, daß die *Wohnorte* von Ausländern sich nach wie vor in den Ballungsräumen Westdeutschlands in bestimmten Stadtteilen konzentrieren. Gut 40% der Ausländer, aber nur 25% der Gesamtbevölkerung leben in den Kernstädten der Verdichtungsräume Westdeutschlands (*Göddecke* 1994, 380f). Daher wohnen drei Viertel aller Ausländer Deutschlands allein in Baden-Württemberg, Bayern, Hessen und Nordrhein-Westfalen. Hier existieren ausgesprochene städtische Siedlungsschwerpunkte: Ende 1995 war mindestens jeder vierte Einwohner in Frankfurt am Main (30,1%), München (23,5%), Offenbach (29,5%) und Stuttgart (24,1%) ein Ausländer. In vielen anderen Großstädten Westdeutschlands beträgt der Ausländeranteil über 15%. In ländlichen Gegenden der alten Bundesländer bewegt sich der Ausländeranteil um 5%. In Leipzig (3,1%) und in Dresden (2,9%) dagegen hatte Ende 1995 nur jeder 30. Bewohner einen ausländischen Paß (Quelle: Ausländerzentralregister).

Ein zweiter Grund liegt in abweisenden *Einstellungen* bestimmter Bevölkerungsteile. 23% aller Deutschen fühlten sich 1994 durch die Anwesenheit von Ausländern gestört. Deutsche liegen gleich hinter Belgiern, zusammen mit Dänen und Franzosen in der Spitzengruppe der EU-Länder, was den Wunsch betrifft, die Rechte von Nicht-EU-Immigranten einzuschränken (*Hofrichter/Klein* 1994, 329) Damit einher gehen manche Diskriminierungen von Ausländern im alltäglichen Leben, so etwa durch Vermieter, durch Versicherungen, durch Arbeitgeber und in Gaststätten.

Drittens ist es der Integration von Ausländern abträglich, daß sie kaum *Mitspracherechte* in der politischen Willensbildung haben. Nur EU-Ausländer besitzen in Deutschland das kommunale Wahlrecht.

Schließlich wurden viertens 1996 mehr als 2300 *Straftaten mit fremdenfeindlichen Hintergrund* begangen. (*Beauftragte* 1997c, 169) Als man 1994 Ausländer nach ihren „größten Sorgen" fragte, nannten 31,3% der befragten Ausländer, darunter 41,2% der Türken, „Ausländerfeindlichkeit in Deutschland" als ihre größte Sorge. Sie rangierte noch vor „finanziellen Problemen" (21,6%) und der „Trennung von der Heimat" (20,7%) (*Beauftragte* 1995, 21).

Von zahlreichen Deutschen wird, um ihre Distanz zu Ausländern zu rechtfertigen, deren hohe Kriminalität angeführt. Und in der Tat scheint der erste Blick in die polizeiliche Tatverdächtigenstatistik diese Meinung zu rechtfertigen. Bei einem Bevölkerungsanteil von 8,8% waren im Jahre 1996 volle 28,3% all derer, die von der Polizei einer Straftat verdächtigt wurden, Ausländer (*Beauftragte* 1997c, 150).

Ein genauerer Blick macht jedoch eine wesentlich geringere Kriminalität von Ausländern sichtbar, als diese Zahl vermuten läßt. Erstens leben Ausländer, wie erwähnt, weit überproportional in Großstädten. Aber auch unter Deutschen ist die Kriminalität in Großstädten doppelt so hoch wie landesweit. Zweitens werden Ausländer eher als Deutsche einer Straftat verdächtigt, aber wesentlich seltener als bei Deutschen erhärtet sich dieser Verdacht und mündet in eine gerichtliche Verurteilung. Drittens richtet sich etwa jeder dritte polizeiliche Verdacht gegen Ausländer auf einen Verstoß gegen das Ausländer- und Asylverfahrensgesetz. Solche Verstöße können aber praktisch nur von Ausländern begangen werden. Schließlich und viertens gehören Ausländer überproportional häufig der Unterschicht an. Deren Mitglieder geraten aber auch unter Deutschen öfter als andere Schichten in die Kriminalität.

Insgesamt verhalten sich die seit langem in Deutschland lebenden Ausländer und die EU-Ausländer mindestens genau so gesetzeskonform wie Deutsche. Kriminalität von Ausländern konzentriert sich in Deutschland vor allem auf jene, die sich nur für kurze Zeit oder illegal in Deutschland aufhalten (*Bulletin der Bundesregierung* Nr. 48/1997, 542f.; *Beauftragte* 1995, 22).

5.8 Gruppierungen im Gefüge sozialer Ungleichheit: Modelle und Befunde zu sozialen Klassen, Schichten und Lagen

In diesem Abschnitt sollen die wichtigsten Gruppierungen im Gefüge sozialer Ungleichheit dargestellt werden. Diese Gruppierungen haben jeweils bestimmte Entstehunggründe, erfahrbare Lebensbedingungen und/oder alltägliche Folgeerscheinungen sozialer Ungleichheit gemeinsam. Die Darstellung dieser Gruppierungen und ihrer Größenverhältnisse ermöglicht es, das Gefüge sozialer Ungleichheit im ganzen zu erkennen. Hierzu werden in den vorigen Abschnitten getrennt aufgeführte soziale Ungleichheiten (synthetisch) zusammengeführt, um deren Zusammenwirken in bestimmten Gruppen und Gesamtgefügen zu verdeutlichen.

Die Unterscheidung, Benennung und Charakterisierung der wichtigsten Gruppierungen sozialer Ungleichheit stand schon immer im Mittelpunkt des allgemeinen Interesses. Es war stets eine Frage der als wichtig angesehenen Gruppierungen und ihrer Eigenschaften, wie das Gefüge sozialer Ungleichheit insgesamt genannt und gesehen wurde (z.B. als Klassen- oder als Schichtgefüge), welche strukturtypischen Eigenschaften darin hervorgehoben wurden (z.B. Geschlossenheit oder Offenheit, Konfliktgegensätze oder Zusammenwirken), an welche Stelle des Ungleichheitsgefüges sich die einzelnen verorteten (z.B. in die Mittelschicht oder in die Arbeiterklasse) und hieraus Interessen, Identität und Selbstwertgefühl bezogen.

In diesem Kapitel wird hauptsächlich von Gruppierungen und Gefügen die Rede sein, die aufgrund „objektiver" Lebensbedingungen, Lebenschancen und deren Bestimmungsgründen zustandekommen. Es geht im folgenden also weniger um die Kultur oder um die Mentalität von Menschen (vgl. hierzu 7.2).

Welche Gruppierungen unterschieden werden und wie sich das Gefüge sozialer Ungleichheit im ganzen darstellt, ist nicht nur eine Frage empirischer Erkenntnisse. Es sind im hohem Maße auch theoretische, begriffliche und modellhafte Vorentscheidungen, die die Sicht von Gefügen sozialer Ungleichheit und der darin enthaltenen Gruppierungen prägen.

Die Unterscheidung der wichtigsten Gruppierungen und Gefüge sozialer Ungleichheit kann verschiedenen Zwecken dienen. Je nachdem werden andere theoretische bzw. Modell-Annahmen getroffen: Zum einen kann das Ziel darin bestehen, wichtige (erklärende) Ursachen und Determinanten sozialer Ungleichheit zu lokalisieren. Zum andern kann der Zweck in der Beschreibung der (un)gleichen Lebensbedingungen wichtiger Gruppierungen liegen. Schließlich will man ermitteln, wo sich Gemeinsamkeiten bzw. Unterschiede des Denkens und Verhaltens finden. Es kann hierbei um individuelle Denk- und Verhaltensweisen (wie Werthaltungen, Erziehungsstile, Sprachstile, das Konsumverhalten und politische Einstellungen) und/oder auch um kollektive Handlungsweisen, z.B. sozialer und politischer Bewegungen gehen.

5.8.1 Herkömmliche Modelle von Klassen und Schichten

Als wichtigste Gruppierungen in den Ungleichheitsgefügen moderner Industriegesellschaften gelten Klassen und Schichten.

„*Klasse*" wird eine Gruppierung von Menschen mit ähnlicher Stellung im Wirtschaftsprozeß, sich hieraus ergebender ähnlicher ökonomischer Macht- bzw. Marktstellung und Lebensbedingungen genannt (vgl. 2.5). So hielt z.B. *Max Weber* Besitz- und Erwerbsklassen auseinander, und *Karl Marx* stellte der produktionsmittelbesitzenden Bourgeoisie das zum Verkauf seiner Arbeitskraft gezwungene Proletariat gegenüber (vgl. 4.1). Klassen werden also nicht primär nach der Vielfalt ihrer konkreten Lebensbedingungen unterschieden. Vielmehr sollen in Klassenbegriffen die wesentlichen Bestimmungsgründe bestimmter Lebenslagen, ggf. dadurch auch von Klasseninteressen und Klassenkämpfen hervorgehoben werden. Der Klassenbegriff zielt somit eher auf Ursachen als auf Beschreibungen sozialer Ungleichheit. Dies kommt auch darin zum Ausdruck, daß der Klassenbegriff in der Regel ein Bestandteil einer erklärenden Klassentheorie darstellt und nur in deren Kontext voll zu verstehen ist. Unter den vielen denkbaren

Ursachen von Lagen und Interessen konzentrieren sich Klassentheorien bzw. die darin eingeschlossenen Klassenbegriffe auf ökonomische: Wer von Klassen spricht, betont die Wurzeln sozialer Ungleichheit, die sich in der Wirtschaftsweise der Menschen finden. Das Verhältnis zwischen Klassen wird in der Regel als ein konflikthaftes, mindestens aber als ein Konkurrenzverhältnis angesehen (vgl. 2.5).

Dies ist ganz anders, wenn von *„Schichten"* die Rede ist: Die Angehörigen von „Schichten" (vgl. 2.5) werden durch ihre Qualifikation, ihre berufliche Stellung, ihr Einkommen und ihr Prestige unterschieden. Mit „Schichten" sind in der Regel vertikal übereinander anzuordnende Gruppierungen gemeint. Der Schichtbegriff richtet sich nicht auf die Erklärung, sondern auf die Beschreibung ungleicher Lebensbedingungen. Wer die Gesellschaft in Schichten untergliedert sieht, braucht daher eine zusätzliche Theorie, um dies zu erklären. Häufig, aber nicht immer, dienen hierzu funktionalistische Integrationstheorien (vgl. 4.1.3). Mit der Vorstellung, das Gefüge sozialer Ungleichheit sei im wesentlichen in Schichten gegliedert, geht also oft die Annahme einher, soziale Ungleichheit beruhe auf „Belohnungen" für ungleiche Leistungen, die nach übereinstimmenden Kriterien gemessen werden. Mag Schichtungssoziologen auch das Ausmaß sozialer Ungleichheit Anlaß zu Kritik geben, im Grunde bestreiten sie die Legitimität der Verteilungsprinzipien nicht. Wer dagegen die Struktur sozialer Ungleichheit als Klassengefüge sieht, übt häufig allein schon dadurch Kritik sowohl an den Resultaten wie auch an den Kriterien der Güterverteilung.

Zur Bestimmung sozialer Schichten benötigt man neben einer Vorstellung über die relevanten Ungleichheitsdimensionen (vgl. 2.5) auch Konzeptionen über die Abgrenzungen der höher oder tiefer anzuordnenden Gruppierungen. Solche Grenzziehungen zwischen den einzelnen Schichten können auf *„objektiven"* Tatbeständen beruhen, z.B. indem vorhandene Zusammenballungen der Bevölkerung auf bestimmten Stufen des sozialen Höher und Tiefer als Schichten und wenig besetzte Statuszonen als Schichtgrenzen interpretiert werden. Als Schichtgrenzen können aber auch „subjektive" Kriterien herangezogen werden, z.B. Trennlinien zwischen unterschiedlichen Mentalitäten, Wir-Gefühlen, Sprachstilen, Heiratskreisen oder Verkehrskreisen. Bei allen bisher genannten Schichtgrenzen handelt es sich um *reale*, in der Wirklichkeit vorhandene Abgrenzungen. Lassen sich keine wirklichen Abgrenzungen erkennen, findet sich zum Beispiel nur ein stufenloses Höher und Tiefer, so kommt ein Schichtbegriff, der darauf besteht, daß nur *real vorhandene* Grenzen Schichten zu unterscheiden erlauben, zum Ergebnis, daß u.U. zwar soziale Ungleichheiten, nicht aber Schichten existieren.

Anders ist dies, wenn Schichtbegriffe auch *nominale* Grenzziehungen zulassen. In diesem Falle kann der Forscher nach Gutdünken Ordnungslinien im Statusgefüge festsetzen, die z.B. die Unterschicht von der Mittelschicht trennen, auch dann, wenn in der Wirklichkeit nur kontinuierliche Abstufungen bestehen. Verwendet man einen mehrdimensionalen Schichtbegriff, d.h. benutzt man zugleich mehrere, voneinander logisch unabhängige Dimensionen sozialer Ungleichheit zur Bestimmung sozialer Schichten, so wird die Bestimmung der Schichtgrenzen und damit auch Anzahl der Schichten in der Regel ohnehin nur auf nominale Weise möglich sein. In der Forschungspraxis wird dies meist so gelöst, daß individuelle erzielte Statuspunkte aus verschiedenen Dimensionen addiert und alle jene, die Punktwerte innerhalb gewisser Grenzen erhalten, einer „Schicht" zugeschlagen werden (vgl. 5.5.3). Nominale Grenzziehungen zwischen Schichten wurden häufig bemängelt. Es leuchtete vielen Kritikern nicht ein, wieso z.B. die Unterschicht willkürlich an einer zuvor festgesetzten Stufe des Statusaufbaus enden sollte.

Als Beispiel für die Darstellung des Ungleichheitsgefüges der 60er Jahre auf Basis eines Prestige-Schichtbegriffs, der reine Ordnungsgrenzen verwendet, kann das Modell von *Erwin K. Scheuch* (1961, 79) dienen. Die Zahl der Schichten und damit auch deren Größe ist hier von der jeweils gewählten Grenzziehung abhängig.

Abb. 25: Erwin Scheuchs Modell der Prestige-Schichtung (60er Jahre)

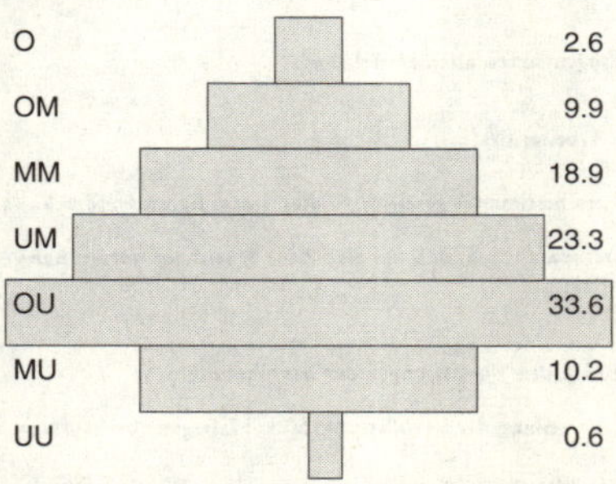

(Quelle der Daten: *Scheuch* 1961, 79; Quelle der Abb.: *Kreckel* 1972, 21)

Stellt man das Ungleichheitsgefüge auf der Grundlage eines Schichtbegriffs dar, der nur real vorhandene Unterschiede zwischen Statusgruppen als Schichtgrenzen anerkennt, sind diese aber in der Realität nicht klar vorhanden, so gelangt man zum Modell einer Ungleichheitsstruktur ohne soziale Schichten. In den 60er Jahre brachte dies das bekanntgewordene Modell der „Zwiebel" zum Ausdruck. Es enthält keine „künstlichen" Schichtgrenzen, sondern veranschaulicht ein Oben und Unten, in dem Überlappungen von Gruppierungen und unscharfe Zonen des individuellen Status vorherrschen (*Bolte/Hradil* 1988, 220).

Abb. 26: K. M. Boltes „Zwiebel"-Modell des Prestige-Statusaufbaus (60er Jahre)

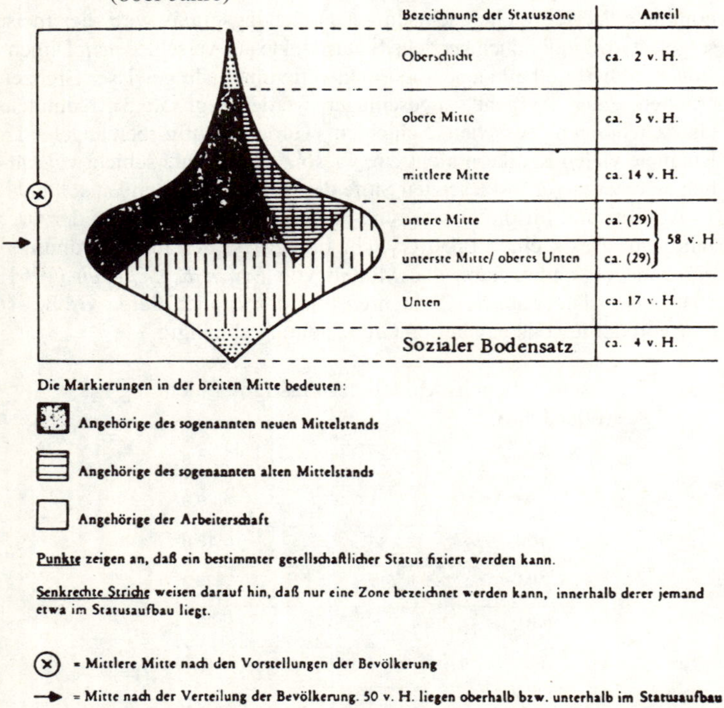

(Quelle: *Bolte/Hradil* 1988, 220)

„Der Prestigeaufbau der deutschen Bevölkerung der Bundesrepublik hat eine Form, die etwa einer Zwiebel ähnlich sieht. 60% aller Gesellschaftsmitglieder liegen in den breiten – allerdings auch in sich abgestuften – Mittellagen des Prestigeaufbaus, ca. 15% schließen sich dicht daran nach unten und oben an, und nur ca. 4 v.H. lassen sich nach unten und sogar nur 1-2 v.H. nach oben als deutliche Enden des Aufbaus charakterisieren (siehe Abb. 28). Deutliche Prestigeschichten – wie sie in kleineren Gemeinden durchaus feststellbar sind – gibt es im Hinblick auf die Gesamtbevölkerung der Bundesrepublik nicht. Zwar liegen bestimmte Berufsgruppen in bestimmten Bereichen des Prestigeaufbaus, aber die Grenzen zwischen ihnen nach oben und unten sind fließend. Schichtähnliche Abgrenzungen deuten sich am ehesten ganz oben und vor allem ganz unten an, wo als äußerstes Extrem die nicht seßhaften Obdachlosen (z.B. Stadtstreicher) verortet sind. Aufgrund ihrer Berufsgliederung ordnen sich die in der Bundesrepublik lebenden ausländischen Arbeitskräfte in diesen Aufbau von der oberen Mitte (Ärzte) bis zum „Unten" ein. Die Masse der Ausländer liegt dabei aber deutlich im unteren Drittel." (*Bolte/Hradil* 1988, 218f)

Insgesamt fand von der Nachkriegszeit bis zum Ende der 60er Jahre, als das Ungleichheitsgefüge (West-)Deutschlands üblicherweise als Rangordnung sozialer Schichten gesehen wurde, in der Soziologie und in der Gesellschaft eine Entwicklung hin zu „objektiven", berufsnahen und mehrdimensionalen Schichtverständnissen statt. Dies ging einher mit der faktischen Durchsetzung einer modernen Industriegesellschaft mit ihrer „meritokratischen Triade" (*Reinhard Kreckel*) von Bildung, Beruf und Einkommen. Die Wandlung von Schichtkonzeptionen steht aber auch im Zusammenhang mit der Entwicklung der quantifizierenden empirischen Sozialforschung: Die Abstufungen des Berufsstatus, des Einkommens und der Bildung waren vergleichsweise einfach zu messen.

Die Renaissance des Klassenbegriffs

In den späten 60er und in den 70er Jahren wurde die Kritik an den bestehenden gesellschaftlichen Verhältnissen immer lauter. In deren Gefolge erlebte der marxistische Klassenbegriff eine Renaissance.

Die bloße Gegenüberstellung der beiden marxistischen Grundklassen Bourgeoisie und Proletariat reichte zur Darstellung der Klassenstruktur allerdings offenkundig nicht mehr aus. Dazu war die Ausdifferenzierung der mittleren Klassenlagen zu weit fortgeschritten. Deswegen enthielten alle damaligen Analysen der Klassenstruktur nach marxistischem Verständnis auch Mittelklassen (vgl. 4.2.1).

Zwei westdeutsche Untersuchungen sollen herausgegriffen werden: Das orthodox-marxistische *Projekt Klassenanalyse* (PKA) ging strikt im Sinne der Marxschen Theorie von der ökonomischen Formbestimmung der Lohnarbeit aus. Aus Arbeitslohn einerseits und Profit andererseits wurde die folgende Klassengliederung der Bundesrepublik der 70er Jahre abgeleitet (Projekt Klassenanalyse 1973/74).

Es wurden drei Klassen unterschieden (vgl. Tab. 34): Die *Arbeiterklasse* bezieht ihr Einkommen, den Arbeitslohn, aus den von ihr selbst geschaffenen Werten (primäre Revenue). Unterscheidungen innerhalb der Arbeiterklasse wurden lediglich danach getroffen, ob Arbeitende in den Diensten „kapitalistischer“ (= größerer) oder „nichtkapitalisitischer“ (= kleinerer) Betriebe stehen, oder aber arbeitslos sind. Die *Bourgeoisie* verfügt über die Produktionsmittel und kann die von der Arbeiterklasse geschaffenen Werte, unter Abzug der Arbeitslöhne, vereinnahmen. Unterscheidungen wurden nur insofern eingeführt, als „fungierende Kapitaleigentümer“ (Eigentümer-Unternehmer), deren „Dirigenten“ (z.B. Kapitalbesitzende im Aufsichtsrat) und unternehmerisch funktionslose Kapitaleigner auseinandergehalten wurden. Zu den *„Mittelklassen“* wurden alle Personen gezählt, deren Einkommen nicht direkt aus Lohnarbeit oder Kapital zustandekommt. Das sind die Kleingewerbetreibenden und Bauern, deren Produktionsmittelbesitz so gering ist, daß sie gezwungen sind, selbst zu arbeiten. Das sind weiterhin alle Personen, deren Einkommen aus Steuern, Mitgliedsbeiträgen, Versicherungsbeiträgen etc., d.h. aus Arbeitslöhnen bzw. Profiten anderer bezahlt werden (Rentner, Staatsbeschäftigte. Sozialhilfeempfänger, Versicherungsangestellte, persönliche Bedienstete etc.).

Man sieht, das Klassenkonzept des Projekts Klassenanalyse bewegt sich insofern in der Tradition von *Karl Marx*, als es die schieren Produktionsverhältnisse als Erklärungshintergrund der Ungleichheitsgefüges betont. Auf Arbeitsinhalte, Arbeitsbeziehungen, Einkommenshöhen und weitere Lebensbedingungen geht es genauso wenig ein, wie auf Lebensweisen und politische Bestrebungen. Das führt zu einem Sozialstrukturmodell mit Eigenschaften, die selbst für Marxisten wenig dienlich erscheinen, sofern sie an einer realistischen Sicht der Lebensverhältnisse und an praktischer Politik interessiert sind: Der höhere Angestellte zählt zur Arbeiterklasse, der Gastarbeiter im öffentlichen Dienst und der Minister rechnen gleichermaßen zu den Mittelklassen, der selbständige Handwerker mit 5 Mitarbeitern ist Kapitalist.

Auch das Klassenkonzept des DKP-nahen *„Instituts für Marxistische Studien und Forschungen“* (IMSF 1973) ging davon aus, daß der von *Karl Marx* aufgezeigte Klassengegensatz zwischen Bourgeoisie und Proletariat das Ungleichheitsgefüge der Bundesrepublik prägt. Es wurden aber nicht nur die ökonomische Form, sondern auch die Arbeitsinhalte, die Stellung in Arbeits- und Führungsorganisationen sowie die materielle Lebenslage als Klassenkriterien berücksichtigt. Hieraus entstand eine Klassenmodell, das sichtlich auf politischen Pragmatismus hin ausgerichtet war.

Zur *Arbeiterklasse* wurde nicht nur die Masse der „Lohnabhängigen" im „privatkapitalistischen Sektor" gezählt, sondern auch relativ schlechtgestellte Staatsbeschäftigte und Gewerbetreibende (vgl. Tab. 34). Die *Mittelschichten* rekrutierten sich aus den relativ gutgestellen „Lohnabhängigen", aus „selbständigen Mittelschichten" und aus der „Intelligenz". An der Spitze der *Kapitalistenklasse* standen, im Einklang mit der Theorie des „staatsmonopolistischen Kapitalismus", die Groß- und Monopolkapitalisten, worunter nicht nur unternehmerisch tätige Eigentümer, sondern auch Spitzenmanager und die oberste Staatsspitze verstanden wurden. Die mittleren Kapitalisten werden aus den im Hinblick auf Macht und Kapital darunter anzuordnenden Personen der drei genannten Gruppen gebildet. Die „kleinen Kapitalisten" setzten sich aus den Spitzen der Landwirtschaft und der Kleingewerbetreibenden zusammen.

Die starke Berücksichtigung der Arbeitsposition und Lebenslage zuzüglich zu den Produktionsverhältnissen brachte in das Klassenmodell des Instituts für Marxistische Studien und Forschungen (IMSF) eine starke hierarchische Komponente. Dadurch geriet dieses Klassenmodell in mancher Hinsicht in die Nähe von herkömmlichen Schichtungsvorstellungen. Es zeigte sich, daß im Zwiespalt zwischen der politisch notwendig erscheinenden Einbeziehung individuell erfahrbarer Lebensumstände einerseits (die DKP brauchte schließlich Bündnispartner) und der politökonomischen Theorie andererseits (man war schließlich Marxist) das IMSF sich weit auf die erste Seite geschlagen hatte und dabei auch theoretische Inkonsistenzen in Kauf nahm. So ist klassentheoretisch z.B. durchaus nicht einsichtig, was Staatsbedienstete im Proletariat zu suchen haben und wieso die Einkommenshöhe und der Bildungsgrad als Klassenkriterien fungieren sollten. Deshalb kann man das Modell des IMSF trotz äußerlicher Ähnlichkeiten (beide Modell enthalten drei Klassen, zudem sind deren Größenanteile nicht allzu verschieden) als Gegenmodell zu dem des Projekts Klassenanalyse bezeichnen, das auf einer „reinen" theoretischen Ableitung basiert. Zugleich markieren diese beiden marxistischen Versuche der Klassengruppierung das grundsätzliche Dilemma marxistischer Ungleichheitstheoretiker, die in modernen Industriegesellschaften zwischen der Marxschen Theorie einerseits und Lebensnähe andererseits zu wählen haben.

Tab. 34: Zwei marxistische Klassenanalysen der 70er Jahre

Projekt Klassenanalyse		Institut für Marxistische Studien und Forschungen	
Arbeiterklasse	*65%*	*Arbeiterklasse*	*75,6%*
Lohnarbeiter des „Kapitals"	60,95%	Beschäftigte im privatkapitalistischen Sektor	49,14%
Lohnarbeiter der „nicht-kapitalistischen Warenproduktion und -zirkulation"	3,55%	Staatsbeschäftigte	15,04%
		Gewerbliche Mittelschichten	8,45%
Arbeitslose	0,60%	Sonstige	2,87%
Mittelklassen	*31,7%*	*Mittelklassen*	*22,3%*
aktive Staatsbeschäftigte	5,4%	Lohnabhängige Mittelschichten	3,9%
passive „Staatsagenten"	7,9%	Intelligenz	3,0%
nichtkapitalistische Warenproduzenten	6,3%	Selbständige Mittelschichten	15,4%
Personen mit abgeleiteten Einkommen	12,1%		
Bourgeoisie	*3,3%*	*Kapitalistenklasse*	*2,1%*
Fungierende Kapitalisten	2,3%	Groß- und Monopolkapitalisten (einschl. Staatsspitze)	0,09%
Kapitaleigentümer	0,57%	Mittlere Kapitalisten	0,84%
		Kleine Kapitalisten	1,16%

Anm: Stand von 1970; 100% waren 27 Mio. Erwerbspersonen in Westdeutschland (Quellen: Projekt Klassenanalyse 1973/74; IMSF 1973)

Die Hinwendung zur marxistischen Klassentheorie und -begrifflichkeit wurde aber in den späten 60er und den 70er Jahren nur von einem Teil der westdeutschen Soziologie mit vollzogen. Ein anderer Teil blieb bei der schichtungssoziologischen Sichtweise des Ungleichheitsgefüges. Infolgedessen standen sich in den späten 60er und in den 70er Jahren zwei nahezu entgegengesetzte Deutungen des Gefüges sozialer Ungleichheit gegenüber:

Wer die Gruppen im Gefüge sozialer Ungleichheit als „Schichten" sah, galt als „bürgerlich" und „systembejahend". Er interpretierte die Struktur sozialer Ungleichheit in der Regel als vertikal und graduell abgestuft; er richtete den Blick auf individuelle Schichtungsmerkmale wie Bildungsgrade oder Berufsprestigeränge; er sah die Gesellschaftsstruktur als relativ integriert und die Schichtzugehörigkeit als eine Art Belohnung; er erwartete schichtspezifisch differenzierte, aber nicht unbedingt gegeneinander gerichtete Denk- und Verhaltensweisen infolge von Anpassungsprozessen an die jeweiligen Lebensbedingungen, wobei die Lebensweisen (z.B. Sprachstile) der unteren Schichten in der Konkurrenz mit höheren Schichten als nachteilig galten.

Wer das Gefüge sozialer Ungleichheit dagegen von „Klassen" geprägt sah, galt als „systemkritisch". Er interpretierte die ungleich ausgestatteten Gruppierungen als einander konflikthaft gegenüberstehend; er richtete den Blick eher auf die jeweiligen sozialen Beziehungen als auf individuelle Attribute; er erwartete letzten Endes einander feindlich gegenüberstehende Lebensweisen infolge der Prägung durch Lebensbedingungen hieraus entstehender unversöhnlicher Interessen.

Das Gegenüber dieser beiden anscheinend völlig unvereinbaren, da widersprüchlichen Deutungen des Ungleichheitsgefüges mündete in den westdeutschen Sozialwissenschaften der 70er Jahre in einen intellektuell unergiebigen Grabenkampf. Schichtungssoziologen wurde vorgeworfen, oberflächlich, willkürlich, „subjektivistisch" und affirmativ zu sein. Klassentheoretikern wurden beschuldigt, dogmatisch, lebensfern, „objektivistisch" und stets verneinend vorzugehen. Während sich die Gesellschaft seit den 60er Jahren erheblich veränderte, unter anderem durch wachsenden Wohlstand, die Bildungsexpansion, die Vermehrung von Dienstleistungs- und die Verminderung von Produktionstätigkeiten, die gewandelte Stellung der Frau, die Zuwanderung von „Gastarbeitern" und den „Wertewandel", blieben die sozialstrukturellen Modelle zur Erforschung von Gruppierungen im Ungleichheitsgefüge bis in die 70er Jahre hinein im wesentlichen die gleichen.

5.8.2 Neuere Klassen- und Schichtungsmodelle

Im Laufe der 70er Jahre kritisierten die Nutzer von Klassen- und Schichtungsanalysen die zugrundeliegenden Modelle und deren Ergebnisse immer mehr: Lehrer erkannten einen Großteil ihrer Schüler in Schicht- und Klassenmodellen nicht wieder, die Strategien von Wahlkämpfern und Marketing-Experten liefen ins Leere, weil Zielgruppenanalysen nicht zutrafen usw. Als man den Ursachen dieser

Mängelrügen nachging und nach zeitgemäßeren Modellen suchte, ergab sich, daß Klassen- und Schichtanalysen so gegensätzlich nun auch wieder nicht waren, sondern eine Reihe gemeinsamer Eigenschaften und Probleme aufwiesen:

1. Beide konzentrierten sich auf *ökonomische Ursachen* sozialer Ungleichheit, ausdrücklich in Klassenstudien, implizit auch in Schichtungsanalysen, jedenfalls in den berufsnahen neueren. Dagegen fehlten in beiden der Wohlfahrtsstaat und kulturelle Faktoren als Bestimmungsgründe sozialer Ungleichheit (vgl. 4.2).
2. Schicht- und Klassenmodelle richteten sich in erster Linie auf den *Beruf* als *Determinante* sozialer Ungleichheit: In beiden Ansätzen fehlten außerberufliche Determinanten. Daher konnten Ungleichheiten zwischen Geschlechtern, Regionen, ethnischen Gruppierungen, Altersgruppen, Kohorten (d.h. Geburtsjahrgangsgruppen) etc. in Klassen- und Schichtmodellen nicht erklärt und beschrieben werden. Obendrein brachte es die Konzentration auf die Determinante Beruf mit sich, daß etwa die Hälfte der Bevölkerung (Rentner, Hausfrauen, Studierende, Kinder, Arbeitslose) nicht oder nur mittels fragwürdiger Hilfskonstruktionen („Haushaltsvorstand", „Ernährer", früherer Beruf) in Klassen- und Schichtmodelle einbezogen werden konnte.
3. Klassen- und Schichtmodelle konzentrierten sich konsequenterweise auf die *Dimensionen* sozialer Ungleichheit, die relativ eng mit der beruflichen Stellung einhergingen, ausdrücklich in Schichtmodellen, stillschweigend in Klassenstudien. Berufsferne Aspekte der Ungleichheit (z.B. ungleiche Freizeit-, Wohn-, Wohnumfeld- und Umweltbedingungen) fehlten oder es wurde unterstellt, daß die diesbezügliche Lage der Menschen mit ihrer Schicht- bzw. Klassenlage einherging.
4. Sowohl Schicht- als auch Klassenmodelle unterstellten eine im Prinzip *vertikale* Anordnung von Gruppierungen. Die sog. „horizontalen" Ungleichheiten, die zwischen Angehörigen gleicher Klassen bzw. Schichten und über Klassen- und Schichtgrenzen hinweg bestanden, bleiben daher unberücksichtigt. Dies galt z.B. für geschlechts- und altersspezifische sowie ethnische Ungleichheiten, aber auch für Disparitäten zwischen dem alten Mittelstand der Kleingewerbetreibenden und dem sog. neuen Mittelstand der Angestellten und Beamten.

5. Es erwies sich, daß Klassen- und Schichtkonzepte beide auf Ungleichheiten *innerhalb der Grenzen eines (National-)Staates* beschränkt waren. Dies führt dazu, daß man sich zwar mit vergleichsweise subtilen Ungleichheiten z.B. zwischen mittleren und gehobenen Beamten, nicht aber mit den krassen Ungleichheiten zwischen Menschen aus der Ersten und aus der Dritten Welt beschäftigte.
6. Schließlich zeigte sich, daß beiden, Klassen- und Schichtungsanalysen, ein *psychologischer Determinismus* oder wenigsten ein psychologischer Probabilismus zu eigen war: Entweder es wurde ausdrücklich unterstellt und im Begriff der Schicht bzw. der Klasse gleich mit definiert, daß Menschen gleicher Schichtzugehörigkeit auch gleiche bzw. ähnliche Denk- und Verhaltensmuster aufweisen. Oder es wurde erwartet, daß Lebensweisen überwiegend schicht- bzw. klassenspezifisch verlaufen und es wurde empirisch vor allem nach schichtspezifischen Sprachstilen, Erziehungsstilen etc. geforscht.

Insgesamt stellte sich also in den 70er Jahren heraus, daß Klassen- und Schichtkonzepte neben Gegensätzlichkeiten auch viele Gemeinsamkeiten aufwiesen. Beide zeigten sich als Konzeptionen, die auf die Arbeitshierarchie als zentraler Achse sozialer Ungleichheit in Industriegesellschaften zugeschnitten sind. Die Aufdeckung dieser Ähnlichkeiten machte klar, daß es sich bei den oben dargestellten Defiziten um gemeinsame Probleme der älteren Klassen- und Schichtmodelle handelte. Diese Erkenntnis führte zu zwei Reaktionen: einerseits zur Weiterentwicklung herkömmlicher Klassen- und Schichtkonzepte (s.u.), andererseits (vgl. 5.8.3) zum Entwurf neuartiger Modelle.

Auf seiten der Schicht- und Klassenmodelle wurde versucht, die genannten Unzulänglichkeiten dadurch zu vermeiden, daß man auf ältere Modelle zurückgriff und diese weiterentwickelte: Im Grunde gehen diese „Neu"-Konzeptionen auf das Erwerbsklassenkonzept *Max Webers* (1980; vgl. 4.1) und auf das nachfolgend dargestellte Schichtungsmodell *Theodor Geigers* (1932; vgl. 4.2.1) zurück.

Tab. 35: Theodor Geigers Schichtkonzeption (1925)

Kapitalisten	0,92%
Alter Mittelstand	17,77%
Mittlere und kleinere Unternehmer	
Neuer Mittelstand	17,95%
Lohnbezieher mit höherer Qualifikation	
Proletaroide	12,65%
„Tagewerker für eigene Rechnung"	
Proletariat	50,71%
Lohnbezieher ohne besondere Qualifikation	

(Datenbasis: Berufszählung 1925; Quelle: *Geiger* 1932, 73ff.)

Die Vorteile des *Geigerschen* Modells bestehen unter anderem darin, daß darin wichtige Elemente von Klassen- und Schichtkonzeptionen vereint sind, daß von rigiden Vertikalitätsvorstellungen abgegangen wurde und daß wirkliche soziale Gruppen abgebildet wurden. „Schichten" in *Geiger*s Sinne weisen nicht nur eine gemeinsame berufliche und soziale Stellung, sondern per definitionem mit hoher Wahrscheinlichkeit auch gemeinsame Mentalitäten[76] auf, so daß ein je eigenes „wirtschaftliches und politisches Verhalten erwartet werden darf" (*Dahrendorf* 1971, 94). *Ralf Dahrendorf* (1971, 97) hat das *Geigersche* Modell wieder aufgegriffen. *Dahrendorf* hat diese Konzeption auf die Gegebenheiten der späten 60er Jahre hin fortgeschrieben und in das Bild eines „Hauses" umgesetzt:

Das *Dahrendorf*sche „Haus" enthält sieben Schichten, die nach ihrer Stellung im Beruf, ihrer sozialen Lage und ihrer typischen Mentalität teils über-, teils nebeneinander angeordnet sind:

- Die „Eliten": die mächtigsten Entscheidungsträger der einzelnen Funktionsbereiche (Wirtschaft, Politik, Verwaltung etc.; vgl 5.4)
- Die „Dienstklasse"[77]: „nichttechnische Beamte und Verwaltungsangestellte" (Dahrendorf 1971, 98),
- Der „Alte Mittelstand": die Selbständigen

76 Mentalität nach *Geiger* ist eine „geistig-seelische Disposition, ist unmittelbare Prägung des Menschen durch seine soziale Lebenswelt und die von ihr ausstrahlenden, in ihr gemachten Lebenserfahrungen (1932, 77).

77 Der Begriff stammt von Karl Renner, der damit die Helfer fungierender Kapitalisten bezeichnete, „die ihn in seiner Funktion als Kapitalist allmählich ablösen" (Renner 1953: Wandlungen der modernen Gesellschaft, Wien, S. 211f.).

Abb. 27: Ralf Dahrendorfs Modell der sozialen Schichtung (60er Jahre)

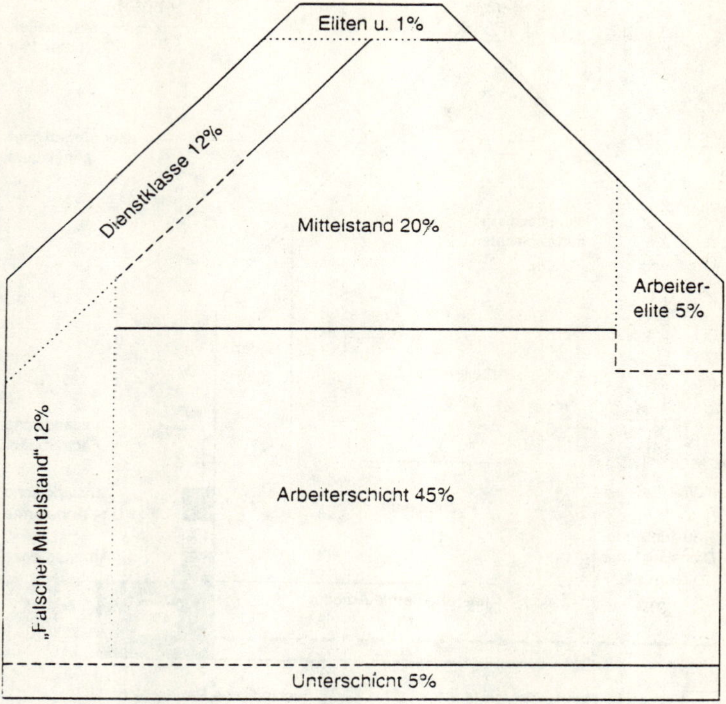

(Quelle: *Dahrendorf* 1971, 97)

- Die „Arbeiterelite“: Meister, Spitzenverdiener
- Die „Arbeiterschicht“
- Der „falsche Mittelstand“: sozial weniger gut gestellte Angestellte, die sich gleichwohl zur Mittelschicht rechnen
- Die Unterschicht: Dauererwerbslose, Kriminelle etc.

Rainer Geißler hat dieses Modell den Gegebenheiten der 80er Jahre angepaßt, weiter ausdifferenziert und kommt zu folgendem Schichtmodell.

Abb. 28: Rainer Geißlers Modell der sozialen Schichtung der westdeutschen Bevölkerung (80er Jahre)

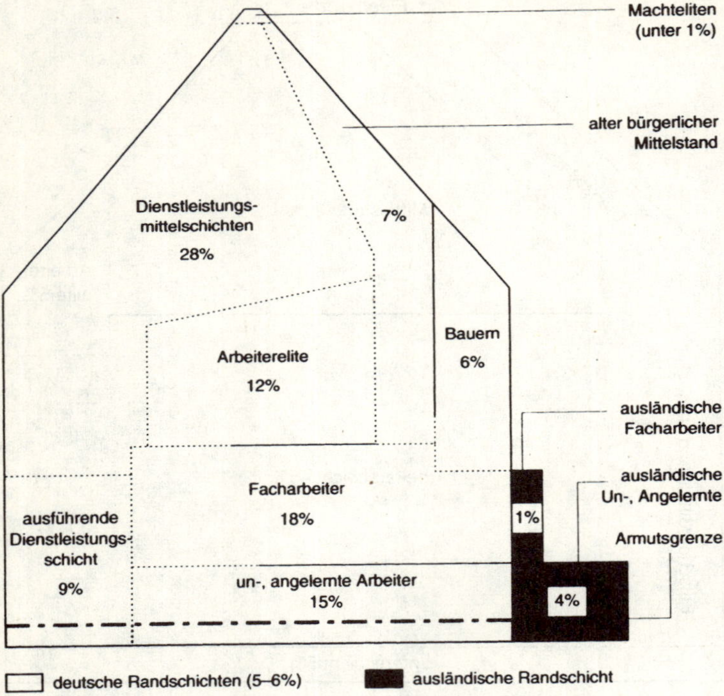

(Quelle: *Geißler* 1996, 86)

Im Unterschied zum *Geiger*schen Modell fallen die Vergrößerung der Dienstleistungsschichten, die Ausdifferenzierung der Arbeiterschaft und die Verkleinerung des „Alten Mittelstandes" (Selbständige) ins Auge. „Neben" das Schichtungsgebäude wurden Ausländer und Arme angeordnet. Das signalisiert, daß es sich um Gruppierungen handelt, die wegen ihrer geringen Ressourcen (Arme) oder aber wegen ihrer soziokulturellen Andersartigkeit (Ausländer) nicht vollständig in die deutsche Gesellschaft integriert sind.

In international vergleichenden Untersuchungen wird seit Ende der 70er Jahre sehr häufig ein differenziertes neueres Klassenmodell verwendet, das als *Goldthorpe*-Schema bezeichnet wird (vgl. *Erikson/Goldthorpe/Portocarero* 1979, 419ff.). Es ist derzeit das international am meisten verwendete Klassen- und Schichtenschema in modernen Gesellschaften. In diesem Modell, das in unterschiedlich differenzierten Versionen Anwendung findet, werden „Klassen" nach mehreren Aspekten ihrer Klassenlage unterschieden: Die wichtigsten sind „Qualifikationsniveau der Tätigkeit, Teilhabe an Herrschaft und Stellung zu den Produktionsmitteln" (*Mayer* 1991b, 58).

1. Dienstklasse
   (Freie Berufe, leitende Beamte und Angestelle, hochprofessionalisierte Fachleute und Aufsichtsführende über manuell Arbeitende)
2. Nicht-manuelle Routinetätigkeiten
   (ausführende Angestellte und Beamte, Verwaltungs-, Handels- und Verkaufspersonal)
3. Kleinbürger
   (Kleinhändler und Handwerker mit und ohne Mitarbeiter)
4. Landwirte
5. Facharbeiter
6. An- und Ungelernte Arbeiter
7. Landarbeiter

(Quelle: *Erikson/Goldthorpe* 1992, 38f)

Im Zentrum dieses Klassenschemas stehen die „Dienstklassen", die sich in der Angestellen- und Beamtenschaft als eigene Klassen herausbildeten. Dazu werden Arbeitskräfte gerechnet, die aufgrund ihres professionellen Wissens eine leitende Funktion und eine gehobene Position in Unternehmen, Verwaltungen und großen öffentlichen und privaten Dienstleistungsunternehmen einnehmen. Grundlegend für diese Klassen ist, daß ihre Arbeitsverhältnisse weniger einer Kontrolle unterliegt, als durch das Vertrauen der beschäftigenden Organisationen gekennzeichnet ist. Der Begriff „Dienstklasse" zielt also weniger auf den Arbeitsinhalt (Verrichtung von Dienstleistungen) als auf das Dienstverhältnis, daß durch Autonomie, Dispositionsfreiheit, relative Arbeitsplatzsicherheit und die Erfüllung wichtiger „Dienste" der Kapitaleigner und Entscheidungsträger gekennzeichnet ist.

In Westdeutschland waren Mitte der 80er Jahre folgende Anteile der Bevölkerung und der Erwerbstätigen den einzelnen Klassenlagen dieses (etwas ausdifferenzierten) Modells zuzurechnen.

Abb. 29: Goldthorpes Modell der Klassenlagen, bezogen auf die Bundesrepublik Deutschland

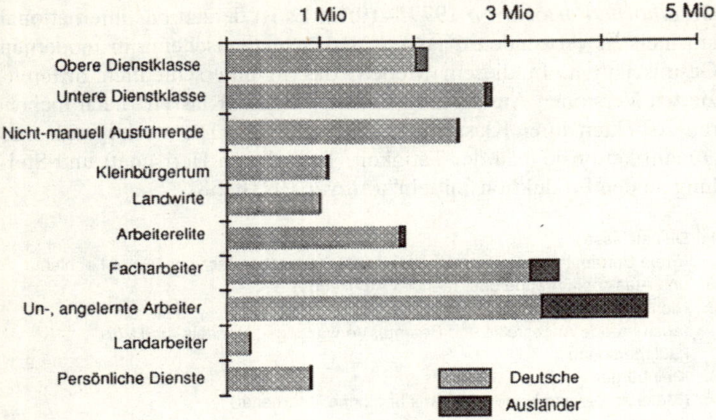

(Quelle: *Noll/Habich* 1990, 167)

Während frühere Klassenschemata recht eindeutig in machtorientierte (Marx) und marktorientierte (Weber), in produktionsorientierte (Marx) und reproduktionsorientierte (Weber) unterschieden werden konnten, verschmelzen im *Goldthorpe*-Schema diese beiden Aspekte.

Durch seine enge Anbindung an die empirischen Resultate vieler, auch international vergleichender Studien ist sichergestellt, daß Mobilitätschancen, Einkommensabstufungen und andere Lagemerkmale mit den oben angeführten Klassenstrukturen eng einhergehen. Offenbar entspricht dieses Modell der Marktmacht der großen Berufsgruppen recht gut.

Dennoch bleiben Fragen offen: Die Ursachen, z.B. die Art von Arbeitskontrakten und Arbeitsbeziehungen, Tätigkeitsmerkmale, Entscheidungsbefugnisse, Schließungsprozesse auf dem Arbeitsmarkt oder die Marktmacht bestimmter Qualifikationen, (vgl. *Müller* 1977, 24ff.; *Erikson/Goldthorpe* 1992, 37ff.) und die logischen Zuordnung dieser Ursachen lassen sich aus diesem Modell kaum erschließen. Damit im Zusammenhang bleibt auch unklar, inwieweit das *Goldthorpe*-Schema rein vertikal gedacht ist oder aber auch „nebeneinanderstehende“, bloß unterschiedliche Ursachenbündel abbildet.

Vergleicht man die zuletzt darstellten neueren Modelle vor dem Hintergrund der oben vorgenommenen Unterscheidungen, so ist es schwierig einzuschätzen, ob es sich dabei um Klassen- oder um Schichtmodelle handelt: Einerlei, wie sie heißen, sie stützen sich sowohl auf die Stellung der einzelnen im Wirtschaftsprozeß und auf die ökonomische Macht- und Marktstellung (also auf Klassenattribute) als auch auf die Qualifikation, Anweisungsbefugnis und die Einkommenssituation der Menschen (also auf Schichtmerkmale), teilweise auch auf mentale Eigenschaften. Klassen- und Schichtinterpretationen des Ungleichheitsgefüges sind in den 80er Jahren einander so ähnlich geworden, daß kaum noch Unterschiede auszumachen sind.

Durch die Synthese von Klassen- und Schichtmodellen wurden wechselseitige Schwächen beseitigt, so z.B. die Lebensferne marxistischer Klassenschemata und die rein beschreibende Qualität von Schichtmodellen. Auch bestimmte gemeinsame Mängel früherer Klassen- und Schichtkonzeptionen weisen die neueren Modelle nicht mehr auf: Unter anderem sind sie nicht mehr rein vertikale Gliederungen, sondern lassen durchaus ein Nebeneinander von Gruppierungen zu.

Dennoch blieben auch in den neueren Klassen/Schicht-Modellen einige der Probleme bestehen, die Klassen- und Schichtmodelle schon immer aufwiesen:

1. Sie stellen im Grunde Berufsgruppenmodelle dar, die sich nach wie vor auf die Erwerbssphäre konzentrieren. Daher sind nicht berufstätige Gesellschafts- und Haushaltsmitglieder (Studierende, Rentner, Arbeitslose, Hausfrauen etc.) darin nur unter Kompromissen einzuordnen. Es macht nicht immer Sinn, Studierende nach der beruflichen Stellung der Eltern, Rentner und Arbeitslose nach ihrem früheren Beruf und Hausfrauen nach dem Beruf ihres Ehemannes einzuordnen. Die neuen wie die älteren Klassen- bzw. Schichtmodelle laufen darauf hinaus, die Mitglieder der Familie bzw. des Haushalts nach der Stellung des „Haupternährers“ der Familie zu klassifizieren. Dies ist in der Regel nach wie vor der männliche Teil. Dagegen wenden sich insbesondere Sozialforscherinnen, die der Frauenbewegung nahestehen.

2. Auch die neueren Klassen und Schichtmodelle sind blind für jene sozialen Ungleichheiten, die seit den 70er Jahren für öffentlichen und

politischen Zündstoff sorgen, zum Beispiel für bestimmte Ungleichheiten zwischen Männern und Frauen, zwischen Ost- und Westdeutschland sowie zwischen In- und Ausländern.

3. Offen oder stillschweigend gehen auch manche neueren Klassen- bzw. Schichtmodelle davon aus, daß die jeweils hervorgehobenen Gruppierungen nicht nur „objektive" Lebensbedingungen" sondern auch bestimmte „subjektive" Lebensweisen (Mentalitäten, Verhaltensstile, politische Interessen etc.) gemeinsam haben. Es wird erwartet, daß die einzelnen Klassen ihre soziale Lage im großen und ganzen auch in jeweils ähnlicher Weise sehen und damit umgehen. Dies wird vor allem dann zum Problem, wenn die äußere Lage und die innere Haltung von (Teilen der) Gruppierungen auseinandertreten.

5.8.3 Lagenmodelle

Mit Modellen der „sozialen Lage" und der „Lebenslage" wird versucht, einige der zuletzt genannten Nachteile zu vermeiden. Lagenmodelle dienen dazu, die gesamte Bevölkerung nach Gruppen zu unterscheiden, die im Hinblick auf die relevanten Dimensionen jeweils ähnliche (un-)vorteilhafte Lebensbedingungen aufweisen.

Im Unterschied zu Klassen- und Schichtkategorien erfassen diese Modelle die gesamte Bevölkerung (z.B. auch Rentner) und nicht nur den erwerbstätigen Teil. In Lagenmodellen kommen auch Gruppierungen zur Geltung, deren Versorgung (wie bei Studierenden oder Arbeitslosen) primär von wohlfahrtsstaatlichen Instanzen abhängt. Lagenmodelle erlauben es, nach Alter, nach Regionen (z.B. Ost- und Westdeutschland), nach Männern und Frauen sowie nach In- und Ausländern (s.o.) zu unterscheiden und damit auch einige der vieldiskutierten „horizontalen Ungleichheiten" einzubeziehen. Lagenkonzepte beschränken sich, wie der Name verrät, auf die äußere Lebenslage der Menschen und lassen es offen, inwieweit damit auch innere Haltungen einhergehen. Um dies zu erforschen, wurden eigene Lebensstil- oder Milieumodelle entwickelt.

Freilich hat diese differenzierte Beschreibungsfähigkeit der Lagenmodelle auch ihren Preis. Sie haben haben rein beschreibende Qualitäten und verfügen in der Regel über keine theoretische Grundlage, die erklären könnte, wie es zur Herausbildung der einzelnen Lagen kommt.

Lagenvorstellungen sind im Grunde nicht neu (vgl. 2.5). Neu ist ihre Renaissance. Es zeigt sich, daß sie auf moderne Gesellschaften mit ihrer Mischung aus ökonomisch, wohlfahrtsstaatlich und soziokulturell bedingten Ungleichheiten sehr gut „passen". Neu ist auch, daß Lagenvorstellungen empirisch umgesetzt werden und seit einiger Zeit wirklich zur Darstellung des Gefüges sozialer Ungleichheit herangezogen werden. Es sind vor allem zwei Konzeptionen, die in diesem Zusammenhang Verbreitung fanden.

Bei der Konzeption *„sozialer Lagen"* geht man von jeweils einer Determinante sozialer Ungleichheit aus (vgl. 2.5), die die Lebenssituation einer bestimmten Gruppierung weitgehend prägt. Hierzu werden bei Erwerbstätigen die Stellung im Beruf, bei Nichterwerbstätigen das Alter herangezogen. Diese Lagenkonzeption wurde in erster Linie im Wissenschaftszentrum für Sozialwissenschaft Berlin von *Wolfgang Zapf* und seinen Mitarbeitern entwickelt und empirisch umgesetzt (*Buhlmann* 1996, 25ff.). Teilweise kommen so beruflich geprägte „soziale Lagen" zustande, die den o.a. Klassen und Schichten ähneln. Dies sind: Selbständige, freie Berufe, leitende Angestellte, hochqualifizierte Angestellte und Beamte, Arbeiterelite, qualifizierte Angestellte und Beamte, Facharbeiter, einfache Angestellte und Beamte, un- und angelernte Arbeiter. Andernteils entstehen auf diese Weise altersgepägte „soziale Lagen", deren Situation vor allem Bildungs- oder Sozialversicherungseinrichtungen geschuldet ist: Arbeitslose, in Ausbildung, Wehrdienst, Freistellung, Frührentner, Rentner (Stat. Bundesamt 1997, 590). Diese „sozialen Lagen" fügen sich zusammen zu einem Gesamtbild der Sozialstruktur.

Abb. 30 zeigt diese „sozialen Lagen West- und Ostdeutschlands" im Jahre 1990 und 1995. Sie unterscheiden sich unter anderem durch die jeweiligen Mobilitätschancen, Einkommensverhältnisse und ihre Zufriedenheit. Dies zeigt, daß soziale Lagen als Handlungskontexte von Bedeutung sind, die ungleiche Chancen der Lebensgestaltung bieten (Stat. Bundesamt 1997, 590).

Abb. 30: Soziale Lagen in West- und Ostdeutschland 1990 und 1995

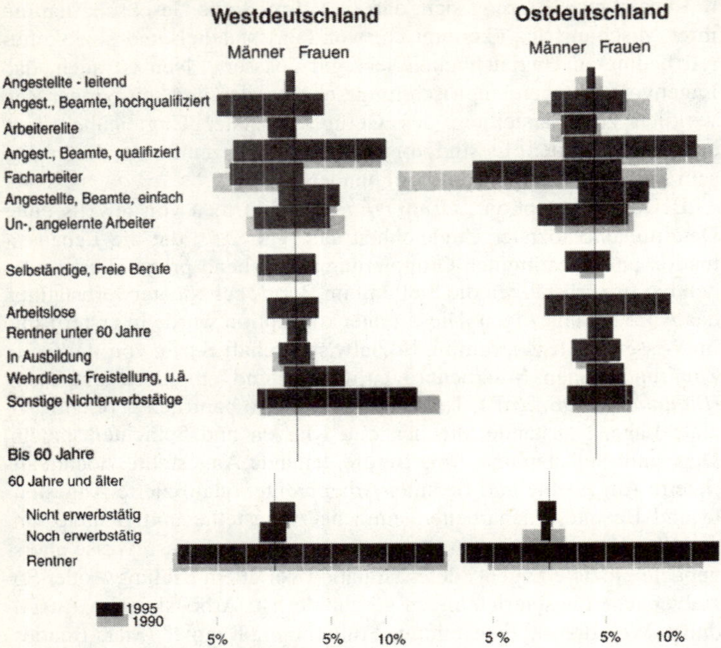

(Quelle: Stat. Bundesamt 1997, 590)

„Lebenslage" (vgl. 2.5) wird die Gesamtheit (un)vorteilhafter Lebensbedingungen eines Menschen genannt. Eine bestimmte Lebenslage kann z.B. durch hohe Arbeitsplatzsicherheit, mäßiges Einkommen, ausreichend viel Freizeit, eine billige, gesunde und gut gelegene Dienstwohnung, hohe Integration in die Gemeinde, schlechte Arbeitsbedingungen im Schichtdienst und geringe Qualifikation gekennzeichnet sein.

Während das Konzept der „Sozialen Lage" sich auf *Bestimmungsgründe* von Lebensbedingungen (wie z.B. die Berufsstellung oder den Rentnerstatus) bezieht, von denen *mittelbar* auf die Lebensbedingungen einer gesellschaftlichen Gruppierung (z.B. von Rentnern) geschlossen wird, richtet sich der Begriff der „Lebenslage" auf die *unmittelbar erfahrbaren Lebensbedingungen* eines Menschen (auf die jeweilige Kombination seines Einkommens, seines Bildungabschlusses, seiner Wohnbedingungen usw.). Aus solchen individuellen Lebenslagen werden gruppentypische, indem eine größere Zahl von Menschen zusammengefaßt wird, die (zwar nicht absolut gleiche, wohl aber) ähnliche Konstellationen von Lebensbedingungen aufweist (*Hradil* 1987, 139ff.).

Die jeweils herangezogenen Lebensbedingungen bilden die definitorischen Bestandteile einer „Lebenslage". Um die sozialen Kennzeichen der Gruppierung deutlich zu machen, die gemeinsam einer gruppentypischen Lebenslage angehören, werden zusätzlich deren typische demographische Merkmale (Alter, Berufsgruppen, Stadt- oder Landbewohner, Familienstand usw.) ermittelt (vgl. *Berger-Schmitt* 1997; *Schwenk* 1997).

So verfügt die nachfolgend dargestellte „Lebenslage Nr. 2" in Westdeutschland über ein konkurrenzlos hohes Einkommen, eine immerhin überdurchschnittlich gute Bildung, Wohnung und Wohnungsausstattung sowie über durchschnittliche Umwelt- und Integrationsbedingungen. – Die Mitglieder dieser recht kleinen (4,3% der Bevölkerung) „Lebenslage" setzen sich überproportional häufig aus hochqualifizierten (Vollzeit-)Erwerbstätigen mittleren Alters in gehobenen Positionen zusammen, sind überwiegend männlich, meist ledig, oft geschieden und wohnen in stadtnahen Gebieten. Ihre Einstellungen sind eher „postmaterialistisch", aber oft stark berufsorientiert. Diese ergänzenden Merkmale bestärken den Eindruck, daß es sich bei der dargestellten Lage um einen gutgestellten Bevölkerungsteil handelt, der sich sehr intensiv dem Berufsleben widmet und besonders einkommensstark ist.

Dagegen bildet „Lebenslage Nr. 10" einen Teil der Unterschicht Westdeutschlands. 11,5% der westdeutschen Bevölkerung läßt sich ihr zurechnen. Die Lage kann durch eine recht geringe (Aus-)Bildung und kleine Wohnungen, leicht unterdurchschnittliche Einkommen und Wohnungsausstattungen, schlechte Wohnumweltbedingungen, sowie durch befriedigende soziale Integration gekennzeichnet werden. – Es handelt sich hierbei häufig um erwerbstätige Arbeiter und einfache Angestellte in der Stadt. Paare ohne Kinder und Alleinerziehende sind überrepräsentiert.

Abb. 31: Zwei ungleiche Lebenslagen in Westdeutschland

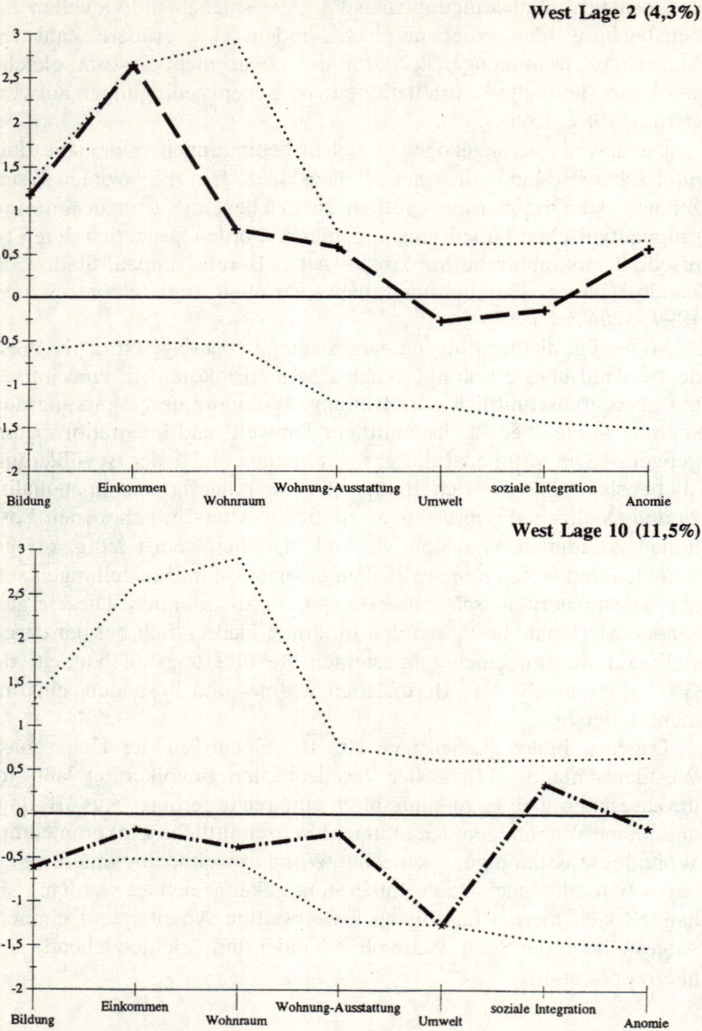

(Quelle: *Schwenk* 1997, 320f)

Die dargestellten Begriffe und Modelle der „Sozialen Lage“ und der „Lebenslage“ erlauben es, innerhalb sozialer Klassen und Schichten, aber auch über deren Grenzen hinweg, sehr differenzierte Unterscheidungen von gesellschaftlichen Gruppierungen zu erkennen. Anders als in Klassen- und Schichtmodelle können auch nicht berufstätige Personen ohne Kompromisse einbezogen werden. Lagenmodelle rücken vom reinen Über- und Untereinander der Gruppierungen ab, indem sie das Nebeneinander von Vor- und Nachteilen im Leben der Menschen berücksichtigen. Sie verfallen aber keineswegs in bloße Abbildungen von sozialer Unterschiedlichkeit, sondern konzentrieren sich auf vorteilhafte und nachteilige Lebensverhältnisse und halten im Hinblick darauf insgesamt bessere und schlechtere Lagen auseinander.

6. Vertikale soziale Mobilität: Sozialer Auf- und Abstieg

6.1 Einführung: Was ist vertikale soziale Mobilität und warum interessiert sie uns?

Grundbegriffe

Unter sozialer Mobilität versteht man Bewegungen von Menschen zwischen sozialen Positionen aller Art. Damit können Bewegungen zwischen Wohnorten, Berufen, Familienständen, Lebensstilen, religiösen Bekenntnissen, politischen Parteien, Schichten, Klassen, bestimmten Lebenslagen usw. gemeint sein.

Vertikale soziale Mobilität heißt eine Bewegung zwischen solchen Positionen, die sich als besser oder schlechter bzw. als höher oder tiefer unterscheiden lassen (z.B. Berufspositionen mit geringerem und höherem Einkommen). Horizontale Mobilität wird dagegen die Bewegung zwischen Positionen genannt, die sich nur nach ihrer „Art" und nicht nach ihrem „Rang" unterscheiden (vgl. *Geiger* 1962c, 115; *Sorokin* 1959 [1927], 133). Dies ist z.B. beim Wechsel des Wohnorts oder des Familienstands der Fall. Im Zusammenhang mit der Thematik sozialer Ungleichheit steht die vertikale und nicht die horizontale Mobilität im Vordergrund.

Da der Beruf die wichtigste Determinante sozialer Ungleichheit ist und vergleichsweise leicht registriert werden kann, und weil Klassen und Schichten die gebräuchlichsten vertikalen Gruppierungen von Berufen darstellen, wird vertikale soziale Mobilität in der Forschungspraxis meist als berufliche Mobilität zwischen Klassen und Schichten erfaßt (vgl. *Herz* 1986, 13; *Berger* 1996, 158).

Vertikale Mobilität in diesem Sinne kann als Generationenmobilität oder als Karrieremobilität untersucht werden. Von *Generationenmobilität* oder *intergenerationaler Mobilität* wird gesprochen, wenn die in der Elterngeneration erreichten Berufspositionen mit den Berufsstellungen der Kindergeneration verglichen werden. Dieser Vergleich zwischen Generationen ist bis heute die verbreitetste Art der Mobilitätsforschung. Hierbei geht es unter anderem um die „Weitergabe" von Bildungsgütern oder um die Vererbung von materiellen

Gütern und deren Wirkung auf das Fortkommen der Kinder. Daher ist die Analyse der Generationenmobilität häufig mit der Untersuchung ungleicher Bildungschancen und ungleicher Zugangschancen zu Berufspositionen verknüpft.

Wird dagegen die soziale Mobilität im Lebenslauf betrachtet, so spricht man von *intragenerationaler Mobilität* oder von *Karrieremobilität*. Diese Forschungsperspektive gewinnt in jüngerer Zeit an Bedeutung, weil immer mehr von den dazu erforderlichen Längsschnittdaten verfügbar werden.

In „mobilen Gesellschaften" finden viele soziale Auf- und Abstiege statt. Als *„offene Gesellschaft"* bezeichnet man eine mobile Gesellschaft, in der vertikale Mobilität nicht durch Barrieren oder Schließungsmechanismen behindert ist, welche bestimmte Gruppen am Zugang zu begehrten Positionen hindern. In solchen Gesellschaften besteht also Chancengleichheit im Wettbewerb um vorteilhafte soziale Positionen. Üblicherweise wird unter Chancengleichheit eine formale, proportionale Chancengleichheit (vgl. Kap. 5.1) verstanden, in der jede relevante Gruppierung zu jenen Anteilen auf allen Etagen des Klassen- bzw. Schichtungsgefüges vertreten ist, welche ihrem Bevölkerungsanteil entspricht.

Um die Mobilitätschancen gesellschaftlicher Gruppierungen in Zahlen fassen und miteinander vergleichen zu können, unterscheidet man *absolute* und *relative* Mobilitätschancen. In beiden Fällen geht es um die Frage, ob eine Berufsgruppe bessere oder schlechtere Mobilitätschancen als andere Berufsgruppen hat.

Absolute Mobilitätchancen bestehen in der Häufigkeit bzw. Wahrscheinlichkeit, mit der die Angehörigen einer bestimmten sozialen Herkunftsgruppe in eine bestimmte Zielgruppe gelangen. Das Ausmaß absoluter Mobilitätschancen ist vom Größenverhältnis der jeweiligen Herkunfts- und Zielgruppen abhängig. Wenn z.B. eine bestimmte Herkunftsgruppe klein und eine bestimmte Zielgruppe groß ist (weil es z.B. nur noch wenige Landwirte und immer noch viele Arbeiter gibt), so ist die Chance groß, daß ein Landwirtssohn Arbeiter wird.

Relative Mobilitätschancen sind das Verhältnis der Chancen sozialen Auf- und Abstiegs, das sich zwischen einer sozialen Gruppierung und dem Bevölkerungsdurchschnitt ergibt. So war im Jahre 1986 die Chance der Söhne ausführender Angesteller, qualifizierte Angestellte zu werden, um 30% größer als die Durchschnittschance. Die Chance von Facharbeitersöhnen, qualifizierter Angestellter zu werden, lag dagegen um 20% unter dem Durchschnitt (vgl. *Berger* 1996, 180f.)

Vergleicht man die Chancen absoluter Mobilität der Kinder verschiedener sozialer Gruppierungen, so ergeben sich sehr anschauliche Resultate. Aber es werden Ungleichheiten der Mobilitätschancen vermischt, die sich einerseits durch die Berufsstruktur und ihren Wandel (Größenverhältnisse, Wachsen oder Schrumpfen bestimmter Berufsgruppen) und andererseits durch spezifische Mobilitätshemmnisse oder Mechanismen der sozialen Schließung (z.B. Bildungsbarrieren) ergeben. Beim Vergleich relativer Mobilitätschancen wird auf statistischem Wegen von den unterschiedlichen Größenverhältnissen der Berufsgruppen abstrahiert. Es werden nur diejenigen Chancenungleichheiten berücksichtigt, die auf Mobilitätshindernisse und Schließungsmechanismen zurückzuführen sind. Aber die Befunde relativer Mobilitätschancen sind wenig anschaulich, da recht abstrakt.

Absolute Mobilitätschancen werden gerne herangezogen, wenn die Verbreitung von Mobilitätserfahrungen in einer Bevölkerung untersucht werden soll. Für die „erlebte Mobilitätsbiographie" (*Berger* 1996, 170) eines Menschen ist es nebensächlich, ob sein Abstieg in das Dasein eines ungelernten Arbeiters vom strukturellen Schwinden der Bauernschaft oder z.B. von spezifischen Bildungsbarrieren auf dem Lande verursacht wurde. Es ist ebenso nebensächlich, ob im Vergleich zum allgemeinen Risiko das Abstiegsrisiko von Bauernsöhnen besonders hoch ist. Die Hauptsache ist, daß er mit anderen zusammen mit der Tatsache seines Abstiegs biographisch umgehen muß.

„Fluktuationen" nannte *Theodor Geiger* (1962, 14ff., 139f.) die Bewegungen von Menschen in einer gegebenen Sozialstruktur. Als *„Umschichtungen"* bezeichnete er dagegen die Veränderung der Sozialstruktur in Anzahl, Größe oder Charakter der relevanten gesellschaftlichen Gruppierungen, zwischen denen Fluktuationen stattfinden, z.B. im Übergang von einer Klassen- zur Schichtengesellschaft. Statische Mobilitätsanalysen beschränken sich auf die Beschreibung von Fluktuationen. Dynamische Mobilitätsanalysen beziehen auch die im Beobachtungszeitraum anfallenden Umschichtungen mit ein.

Die Bedeutung sozialer Mobilität

Der vielleicht wichtigste Grund für das große wissenschaftliche und öffentliche Interesse an vertikaler sozialer Mobilität ist das Streben nach *sozialer Gerechtigkeit.* Vor allem aus Sicht der liberalen Bestrebungen nach Chancengleichheit, aber auch aus Sicht eines sozial(istisch)en Ideals der Verteilungsgleichheit rühren Mobilitätschancen bzw. Mobilitätsbarrieren an den Nerv des jeweiligen Gerechtigkeitsverständnisses.

In der *liberalen Vorstellungswelt* soll der jeweils fähigste Bewerber für eine Stellung ausgewählt werden und dadurch der Nutzen des einzelnen für die Gesellschaft möglichst groß sein. Im freien Leistungswettbewerb wird die Möglichkeit gesehen, die jeweils fähigsten Bewerber zu ermitteln. Gesellschaften, in denen sich dieses Prinzip durchgesetzt hat, werden Leistungsgesellschaften genannt. Mobilitätsbarrieren sind nicht mit den Prinzipien einer Leistungsgesellschaft vereinbar.

Das Wichtige aus liberaler Sicht sind also gleiche Auf- und Abstiegschancen. Weniger wichtig erscheint es, wie ungleich die Lebensbedingungen sind. Sie werden als die mehr oder minder lohnenden Ziele von Aufstiegsbemühungen und nicht so sehr als Hinderungsgründe für sozialen Auf- und Abstieg gesehen. Eine Angleichung von Mobilitätschancen legitimiert somit selbst wachsende Ungleichheiten der Lebensbedingungen. Die Chancengleichheit rangiert vor der Verteilungsgleichheit.

Auch aus Sicht des *„sozial(istisch)en" Ideals der Verteilungsgleichheit* gelten Mobilitätsbarrieren prinzipiell als ungerecht. Es ist jedoch die Ungleichheit der Lebensbedingungen (Einkommen, Macht etc.), die als wichtig und als wesentliches Mobilitätshemmnis angesehen wird. Bessere Mobilitätschancen rechtfertigen daher aus dieser Perspektive wachsende Verteilungsungleichheiten nicht. Als Mittel zur Angleichung von Lebensbedingungen ist die Verbesserung der Mobilitätschancen jedoch durchaus willkommen. Die Verteilungsgleichheit rangiert vor der Chancengleichheit.

Beiden gesellschaftspolitischen Grundpositionen ist also an einer „offenen" Gesellschaft gelegen: Für erstere ist sie das wichtigste Ziel, für letztere ist sie ein zentrales Mittel ihrer Bemühungen.

Der zweite Grund für das große Interesse vor allem von Sozialwissenschaftlern an sozialen Auf- und Abstiegen ist die Erwartung, dadurch *das Denken, Verhalten und Handeln sozialer Gruppierungen erklären zu können.* Geläufige Erklärungen (z.B. in Klassen- und Schichttheorien) unterstellen, daß durch die Zugehörigkeit zu einer sozialen Gruppierung, deren Mitglieder ähnliche Lebensbedingungen aufweisen, die einzelnen in spezifischen Prozessen der Sozialisation, der persönlichen Erfahrung oder der selektiven Kommunikation in gemeinsamer Weise geprägt werden. Derart erworbene bzw. vermittelte Muster der Wahrnehmung, Einstellung, des Bewußtseins und des Gesellschaftsbilds bringen ähnliche Ausprägungen sozialen Handelns hervor. Das Problem dieser Erklärungsweisen ist, daß sie (meist stillschweigend) voraussetzen, daß die Zugehörigkeit zu der jeweiligen sozialstrukturellen Gruppierung und ihren Lebensbedingungen lange genug dauert, um eine Prägung von Mentalität, Persönlichkeit und Verhaltensweisen zu erreichen.

Wie lange die einzelnen jedoch in den Lebensbedingungen bestimmter Gruppierungen verbleiben, ist eine Frage ihrer sozialen Mobilität. Mobilitätsstudien können und müssen also herangezogen werden, um zu sozialstrukturellen Erklärungen gemeinsamen bzw. zwischen verschiedenen Gruppierungen unterschiedlichen Denkens und Handelns zu gelangen.

Unter Umständen kommen empirische Mobilitätsstudien zum Ergebnis, daß die Mitglieder einer sozialen Gruppierung stark fluktuieren. *Robert Michels* verglich für diesen Fall die soziale Klasse mit einem „Omnibus", dessen Mitfahrer häufig ein- und aussteigen. So kann häufige soziale Mobilität es unwahrscheinlich machen, daß bestimmte Lebensbedingungen sich in gemeinsamen Mustern sozialen Handelns niederschlagen. Unter Umständen können es jedoch gerade die häufigen Auf- und Abstiege und nicht die konstanten Einflüsse gleichbleibender Lebensbedingungen sein, die bestimmte Muster des Denkens und Handelns erklärlich machen. So mögen z.B. Handlungsweisen der Arbeiterschaft im Ruhrgebiet in der Frühzeit der Industrialisierung weniger ihren damaligen Lebens- und Arbeitsbedingungen als ihrer Herkunft aus der katholischen Bauernschaft Polens entsprungen sein.

Wie untersucht man vertikale Mobilität?

Die empirische Untersuchung sozialer Mobilität und deren Ergebnis ist stark beeinflußt vom jeweils gewählten Bezugsrahmen. Er bestimmt nicht nur welche, sondern auch, wie viele Bewegungen als Mobilität gelten. *Wie viele* Bewegungen als Mobilität registriert werden, hängt davon ab, wie fein die zugrundegelegte Klassifikation von beruflichen

Schichten oder Klassen untergliedert ist. Wird ein feingestufter Maßstab (z.B. von vielen sozialen Schichten) zugrundegelegt, so ergibt die gleiche Art und Zahl von Bewegungen das Resultat von „mehr“ sozialer Mobilität, als sie ein gröberer Bezugsrahmen sichtbar macht. *Welche* Bewegungen als Mobilität gezählt werden, hängt davon ab, wo die Grenzen der Klassen oder Schichten gezogen werden. In der Mobilitätsforschung werden sehr viele und sehr unterschiedliche Ordnungsschemata zugrunde gelegt. Dies ist nicht einfach auf Willkür der Forscher zurückzuführen. Spezielle Fragestellungen erfordern es, Berufe so zu gruppieren, daß die jeweils interessierenden Bewegungen zwischen ihnen sichtbar werden. Es gibt keine berufliche Klassifikation, die für jede erdenkliche Forschungsfrage gleichermaßen geeignet ist (vgl. *Jencks* 1990, 112).

Indessen fluktuieren nicht nur die Menschen zwischen Positionen. Auch die Positionen bzw. Strukturen (z.B. die Berufsstrukturen), zwischen denen Personen wechseln, verändern sich. Vergleicht man Prozesse des sozialen Auf- und Abstiegs, die zeitlich auseinanderliegen, muß man dies berücksichtigen und veränderliche Bezugsrahmen vorsehen. Die Dynamik der Positionen bzw. der soziologischen Bezugsrahmen, der diese gewandelten Positionen (z.B. in veränderten Klassenschema) abbildet, kann ihrerseits eine Frage der Mobilität von Personen sein.

Soziale Mobilität wird entweder vor dem Hintergrund von graduellen oder von kategorialen Klassifikationen erforscht (vgl. *Berger* 1996, S. 171ff.). Im Falle einer *kategorialen* Klassifikation werden Berufe zu relativ wenigen Gruppen zusammengefaßt und es entstehen Klassen-, Schichten- oder einfach Berufsgruppenschemata, denen häufig – aber nicht immer – eine vertikale bzw. hierarchische Anordnung im Gefüge sozialer Ungleichheit unterstellt wird. Ein kategoriales Klassenmodell ist das (in Abschnitt 5.8 dargestellte) *Goldthorpe*-Schema, das in der international vergleichenden Mobilitätsforschung viel verwendet wird.[78]

---

78 An diesem Schema läßt sich zeigen, warum die vertikale Interpretation von kategorialen Klassifikationen problematisch ist. Zwischen einigen Klassenpaaren, wie z.B. zwischen den nichtqualifizierten Angestellten und der oberen Dienstklasse, mag es durchaus angemessen sein, vertikale Unterscheidungen zu treffen. Für andere jedoch nicht: Eine *vertikale* Unterscheidung von Facharbeitern oder gar Meistern und Technikern einerseits und nichtqualifizierten Angestellten andererseits macht dagegen weder hinsichtlich des Qualifikationsniveaus ihrer Tätigkeit noch in bezug auf ihre Teilhabe an Herrschaft Sinn. Allenfalls läßt sich im Hinblick auf die Bundesrepublik die Trennung dieser Klassenlagen insofern rechtfertigen, als die nichtqualifizierten Angestellten wesentlich bessere Aufstiegschancen in höhere nicht-

Bei den *graduellen* Klassifikationen handelt es sich in jedem Falle um vertikal interpretierbare Skalen des sozio-ökonomischen Status oder des Berufprestiges. Sie umfassen eine große Anzahl von Abstufungen, mit denen man „rechnen" kann. So unterscheiden sich in der Berufsprestigeskala von *Donald Treiman* beispielsweise Soziologen (68) und Hafenarbeiter (20) um 48 Prestigepunkte (1979, 147ff.; vgl. 5.5).[79]

Entwicklungsetappen der Mobilitätsforschung

Als „Vater" der Analyse von sozialen Auf- und Abstiegen gilt der in die USA emigrierte russische Soziologe *Pitrim A. Sorokin*. Sein 1927 erschienenes Buch „Social Mobility" legte viele der begrifflichen, theoretischen und methodischen Grundlagen.

Entscheidende Fortschritte in der Mobilitätsforschung wurden dann erst wieder nach dem Zweiten Weltkrieg erzielt. Die Entwicklung läßt sich in drei Etappen einteilen (vgl. *Ganzeboom/Treiman/Ultee* 1991, 277ff.; *Berger* 1996, 163ff.). In jeder der drei Phasen dominierte ein anderes methodisches und theoretisches Verständnis der Mobilitätsanalyse. Die Kenntnis dieser Abfolge ist hilfreich zum Verständnis der Erforschung sozialer Mobilität überhaupt.

In der *Nachkriegszeit* wurde vertikale Mobilität als Bewegung zwischen Berufsgruppen aufgefaßt, die als Berufsprestigeschichten eingeteilt wurden. Die Methoden der damaligen Mobilitätsforschung bestanden in der Errechnung und Interpretation von *Mobilitätstabellen*, das heißt der Errechnung absoluter Mobilitätsraten (s.o.) und zusammenfassender Indices wie z.B. der Mobilitätsquote (vgl. *Berger* 1996, 162).

In den *60er und 70er Jahren* rückte die *Statuserwerbsforschung* in den Vordergrund (vgl. *Goldthorpe* 1985, 177; *Breiger* 1990, 1). Ausgangspunkt war die Studie „The American Occupational Structure" von *Peter M. Blau* und *Otis D. Duncan* (1967). Soziale Mobilität wur-

---

manuelle Berufe haben als Arbeiter. Vertikale Interpretationen von Mobilitätsvorgängen im Rahmen eines solchen Klassenmodells beschränken sich auf jene Gruppen, zwischen denen eindeutige Statusunterschiede angenommen werden können.

79 In der Sprache der statistischen Methodenlehre handelt es sich bei den kategorialen Klassifikationen um nominale oder – wenn sie vertikal interpretiert werden – um ordinale Variablen, während den graduellen Skalen ein metrisches Niveau unterstellt wird.

de zwar weiterhin im Kontext sozialer Schichtung begriffen, aber statt kategorialer, abgegrenzter Schichtmodelle kamen nun die quasi-kontinuierlichen, graduellen Skalen des Berufsprestiges und des sozio-ökonomischen Status zum Einsatz (*Treiman* 1979; *Wegener* 1988; *Mayer* 1977; *Handl* 1977; vgl. *Wolf* 1995). Am Ausmaß sozialer Mobilität und an der Chancengleichheit zwischen Schichten war die Statuserwerbsforschung dieser Zeit weniger interessiert als an Determinanten und Wegen des sozialen Auf- und Abstiegs (vgl. *Breiger* 1990, 2).

Ziel der Statuserwerbsforschung war eine kausale *Erklärung* des Statuserwerbsprozesses im Lebenslauf von Individuen (vgl. *Herz* 1986, 91ff.). Statt nur Zusammenhänge zwischen Herkunft und Berufserfolg zu beschreiben, wollte die Statuserwerbsforschung die ursächlichen Mechanismen von Mobilität und Statusvererbung aufgrund *aller* beteiligten Faktoren im Lebensverlauf verstehen. Die soziale Herkunft wird nur noch als einer von vielen Einflüssen betrachtet, denen die Individuen in Kindheit und Adoleszenz ausgesetzt sind. Zusätzlich wurde mindestens die Ausbildung, die erste und die letzte Berufsposition des Befragten berücksichtigt. In vielen Studien wurden auch weitere Variablen (geistige Fähigkeiten, Motivationen, Wohnort, Religionszugehörigkeit oder Familienentwicklung) einbezogen. In einer solchen Perspektive wird die Unterscheidung von inter- und intragenerationaler Mobilität bedeutungslos. Mit Hilfe des Kausalmodells der Pfadanalyse wurden die direkten und indirekten Effekte dieser Faktoren auf Statuserwerb und erreichte Berufsposition ermittelt.

In den 70er und besonders in den 80er Jahren entzündete sich Kritik an der Statuserwerbsforschung. Zum einen wurde die eindimensionale Anordnung von Berufspositionen in graduellen Skalen des Prestiges und des sozio-ökonomischen Status bemängelt. Dies führe dazu, verschiedene Berufspositionen auf eine gleiche oder ähnliche Statusstufe zu stellen, obwohl sie wenig gemein haben. „So findet man z.B. oft Industriearbeiter zusammen mit Kleingewerbetreibenden und Verkäufern oder Elektrotechniker mit Börsenmaklern und Bürovorstehern oder Werkstättenmeister mit Landwirten und paramedizinischem Personal auf eine Stufe gestellt.“ (*Goldthorpe* 1985, 178) Zum anderen geriet die einseitig individualistische Erklärung von Mobilität und Chancen(un)gleichheit durch ausschließlich personenbezogene Merkmale in die Kritik. Struktur, Verfügbarkeit und Eigenschaften von *Positionen* seien wichtiger als die individuellen Eigenschaften von Personen (vgl. *Berger* 1996, 163).

In den 80er und 90er Jahren etablierte sich mit der *quantitativen Lebensverlaufsforschung* eine neue Richtung zur Erforschung vertikaler Mobilität (vgl. *Mayer* 1991, 313f.; *Mayer* 1995). Grundlage sind meist Daten von individuellen Lebensverläufen von Angehörigen verschiedener Geburtskohorten. Das wichtigste statistische Instrument der Lebensverlaufsforschung ist die *Ereignisanalyse* (*Diekmann/Mitter* 1993; *Blossfeld/Hamerle/Mayer* 1986; *Blossfeld/Rohwer* 1995). Sie hat zeitlich bedingte Übergangswahrscheinlichkeiten zwischen verschiedenen Zuständen (z.B. aus der Arbeitslosigkeit in Beschäftigung oder aus einer niedrigen Schicht in eine höhere) zum Gegenstand. Die Lebensverlaufsforschung und die Ereignisanalyse tragen dazu bei, Mobilitätsverläufe in ihrer zeitlichen Struktur zu verstehen. Gefragt wird in diesem Zusammenhang z.B. nach der Verweildauer von Personen auf bestimmten Statuspositionen, nach Art und Geschwindigkeit der Abfolge von Statuspositionen oder nach der Phase des Lebensverlaufs, in der bestimmte Statuswechsel typischerweise vorkommen. Der Lebensverlauf wird dabei als innerer Kausalzusammenhang betrachtet, „das heißt, spätere Ereignisse, aber auch Zielsetzungen und Erwartungen der Individuen, werden aus Bedingungen, Entscheidungen, Ressourcen und Erfahrungen der vorausgegangenen Lebensgeschichte erklärt" (*Krais* 1996, 132).

6.2 Theorien und Hypothesen vertikaler Mobilität

Die geläufigen Theorien zur Bestimmung der Ursachen vertikaler Mobilität lassen sich untergliedern in sozioökonomische Erklärungsansätze einerseits und soziokulturelle bzw. soziopolitische andererseits (vgl. *Herz* 1983, 159). Die beiden Erklärungsrichtungen ergänzen sich häufig. Internationale Gemeinsamkeiten der Entwicklung werden meist durch sozioökonomische Ursachen erklärt, während die nationalen Sonderwege oft auf kulturelle und politische Bestimmungsgründe zurückgeführt werden.

Die liberale Theorie des Industrialismus

Diese Theorie (vgl. *Erikson/Goldthorpe* 1992, 5) besagt, daß im Gegensatz zum typischen vorindustriellen Mobilitätsmuster in industriellen Gesellschaften hohe und weiterhin wachsende Mobilitätsraten vorherrschen, wobei der Anteil der Aufstiege den der Abstiege übersteigt. Weiterhin haben in industriellen Gesellschaften Mobilitätschancen immer weniger mit der sozialen Herkunft zu tun. Der Grad der Chancengleichheit steigt langfristig an.

Begründet werden diese Erwartungen damit, daß (vgl. *Erikson/Goldthorpe* 1992, 5f.) die technologische und wirtschaftliche Entwicklung Umverteilungen von Arbeitskräften hin zu moderneren Wirtschaftssektoren und höherqualifizierten Tätigkeiten erzwinge. Aufgrund der zunehmenden Geschwindigkeit der technologischen Entwicklung und der damit verbundenen gesellschaftlichen Differenzierung beschleunigten sich die Mobilitätsraten immer mehr. Zudem verlören im berufsstrukturellen Wandel eigentumsgebundene gegenüber qualifikationsgebundenen Berufspositionen an Bedeutung. Der Prozeß der Statuszuweisung werde dadurch leistungsgerechter. Die Bildung als Indikator der Leistungsfähigkeit werde für den Prozeß der Statuszuweisung immer wichtiger. Das Prinzip der Vererbung von (Sach-)Kapital, das nur für bestimmte Gesellschaftsmitglieder gilt, werde durch das Prinzip der Bildung ersetzt, welches für alle Mitglieder der Gesellschaft Gültigkeit beansprucht. Der Mechanismus der Statuszuweisung verschiebe sich von der herkunftsbedingten Status*zuschreibung* („ascription") zum leistungsbedingten Status*erwerb* („achievement"). Von dieser Entwicklung profitierten zunehmend auch niedrige Statusgruppen, weil es die Logik der Industrialisierung gebiete, das gesellschaftliche Humankapital ungeachtet der sozialen Herkunft seiner Träger zu mehren. Deshalb steige auch der Grad der Chancengleichheit bzw. der gesellschaftlichen Offenheit.

Neomarxistische Theorien

Das optimistische Modernisierungsszenario, welches die liberale Theorie des Industrialismus zeichnet, steht in scharfem Gegensatz zu den pessimistischen Prognosen neomarxistischer Theoretiker.

Die kapitalistische Produktionsweise neige aus Gründen der Gewinnmaximierung und der Effizienzkontrolle zu einer Zerlegung komplexer Arbeitsprozesse in immer beschränktere (Teil-)Tätigkeiten mit immer geringeren Qualifikationsanforderungen und Verantwortungsbereichen (*Braverman* 1977, 40). Die Folge solcher Rationalisierungsprozesse sei die massenhafte Dequalifizierung von Arbeitsplätzen (*Braverman* 1977, 336) und eine „Massen-Proletarisierung". Diese werde sich in zunehmender Abwärtsmobilität und schlechteren Arbeitsmarktchancen für nachrückende Berufseinstiegskohorten äußern (vgl. *Erikson/Goldthorpe* 1992, 10f.). Überdies sei entgegen der liberalen These vom Abbau der Mobilitätsbarrieren eine zunehmende Trennung von ausführenden und anweisenden Tätigkeiten zu erwarten (*Braverman* 1977, 322). Diese pessimistischen Prognosen sind nicht auf den produzierenden Sektor beschränkt, sondern beziehen den Büro- und Dienstleistungssektor ausdrücklich mit ein (*Braverman* 1977, 39f.; *Esping-Andersen* 1993, 10f.).

Trendlose Schwankungen sozialer Mobilität

Bereits *Pitrim A. Sorokin* stand der These eines fortwährenden Anstiegs der sozialen Mobilität im Verlauf der wirtschaftlichen Entwicklung sehr skeptisch gegenüber: „Die Reichweite und das Ausmaß vertikaler Mobilität unterscheiden sich von Gesellschaft zu Gesellschaft und von Zeit zu Zeit (Schwankungen in Raum und Zeit). In der Geschichte eines sozialen Körpers gibt es einen Rhythmus von vergleichsweise immobilen und mobilen Perioden. In diesen Schwankungen scheint kein fortwährender Trend in Richtung einer Zunahme oder Abnahme vertikaler Mobilität zu bestehen." (*Sorokin* 1959 [1927], 160, eig. Übers.)

Sorokin weist in seiner Begründung darauf hin, daß zwar in Zeiten des Umbruchs und insbesondere nach revolutionären Phasen (vgl. *Sorokin* 1959 [1927], 143f.) ein Abbau von Mobilitätshemmnissen und ein hohes Ausmaß an Mobilität zu beobachten sei. Aber diese Aufhebung von juristischen und religiösen Mobilitätsbarrieren (z.B. im Verlauf der „industriellen Revolution") würde bald durch die Einführung von Mobilitätsbarrieren neuer Art konterkariert. Denn jegliche Art von sozialer Schichtung berge eine Tendenz zu sozialer Schließung in sich. „Und es ist bisher unbekannt, welche Art von Hindernissen – die alten oder die neuen – die soziale Zirkulation effizienter verhindert" (*Sorokin* 1959 [1927], 154, eig. Übers.). In diesem Zusammenhang hat *Sorokin* auch die Zwiespältigkeit von Bildung in sehr „modernen"

Bildern beschrieben: „In Gesellschaften, in denen die Schulen allen Gesellschaftsmitgliedern offenstehen, repräsentiert das Schulsystem einen ‚sozialen Fahrstuhl', der sich zwischen dem tiefsten Grund der Gesellschaft und ihrer Spitze bewegt. In Gesellschaften, in denen die Schulen generell oder die privilegierten Schularten nur den höheren Schichten offenstehen, repräsentiert das Schulsystem einen Fahrstuhl, der sich zwischen den oberen Stockwerken eines sozialen Gebäudes bewegt und nur die Bewohner dieser oberen Stockwerke auf und ab transportiert." (*Sorokin* 1959 [1927], 169, eig. Übers.)

Gleiche Mobilitätsmuster in allen modernen Industriegesellschaften?

Nach der sog. *Lipset/Zetterberg*-These ist das Ausmaß von Auf- und Abstiegen in industriellen Gesellschaften hoch und „das allgemeine Muster (...) sehr ähnlich" (*Lipset/Zetterberg* 1959, 13, zit. n. *Ganzeboom/Treiman/Ultee* 1991, 281, eig. Übers.). Mit dieser Behauptung hat sich die international vergleichende Mobilitätsforschung bis zum heutigen Tag immer wieder auseinandergesetzt (vgl. *Herz* 1986, 16ff.).

Diese These gleicht, oberflächlich betrachtet, der liberalen Theorie des Industrialismus. Im Unterschied zu ihr wird jedoch keine Angleichung der Mobilitätschancen und ebensowenig eine stetige Steigerung der Mobilitätsraten erwartet. Die hohen Mobilitätsraten seien vielmehr das Resultat eines „Schwelleneffekts", der sich relativ früh im Verlauf der Industrialisierung ergeben habe (*Erikson/Goldthorpe* 1992, 21). Danach seien die Verhältnisse konstant geblieben.

Begründet wird die „Familienähnlichkeit" der Mobilitätschancen mit der Gleichartigkeit der Strukturprinzipien moderner Gesellschaften: Die Marktwirtschaft und das System der Kernfamilie, die sektorale Trennung und besonders die Hierarchie der beruflichen Arbeitsteilung sowie die damit verküpfte Verteilung von Einkommen und anderer Ressourcen seien international sehr ähnlich (*Erikson/Goldthorpe* 1987a, 55; *Grusky/Hauser* 1994, 275f.).

Im Hinblick auf *absolute* Mobilitätsraten, die ja vom international unterschiedlich verlaufenden wirtschaftlichen und beruflichen Strukturwandel beeinflußt werden, kann die *Lipset/Zetterberg*-These seit längerem als widerlegt gelten (*Erikson/Goldthorpe* 1987a, 54). In bezug auf *relative* Mobilitätsraten sind die Überprüfungen noch im

Gange (*Erikson/Goldthorpe* 1987a; 1987b; 1992; *Grusky/Hauser* 1994). Wenn sich ein gemeinsames Muster von Mobilitätschancen trotz unterschiedlichen Industrialisierungsgrads belegen ließe, so spräche dieses Ergebnis gegen die liberale Theorie des Industrialismus, die ein unterschiedliches Ausmaß an Chancengleichheit zwischen ungleich industrialisierten Gesellschaften vorsieht.

Politische und kulturelle Besonderheiten

Wie erwähnt beziehen sich die Begründungen für internationale *Ähnlichkeiten* der Mobilität meist auf sozioökonomische Gegebenheiten. Die Ursachen von international *unterschiedlichen* Mobilitätsmustern werden dagegen häufig in der politischen und kulturellen Entwicklung von Gesellschaften gesucht (*Erikson/Goldthorpe* 1992, 13). Populäre nationale Mythen und Werthaltungen (vgl. *Allmendinger* 1989, 20) werden dabei ebenso wie spezifische Ausgestaltungen gesellschaftlicher Institutionen (z.B. des Bildungssystems oder der Staatsform) herangezogen, um besondere Mobilitätsmuster zu erklären.

Ein Paradebeispiel für solche Erklärungsmuster ist der „amerikanische Traum". Nach ihm wird individuelle Leistung durch materiellen Erfolg und sozialen Aufstieg belohnt (vgl. *Erikson/Goldthorpe* 1992, 14 u. 311; *Herz* 1986, 11). Immer wieder wurde der „American Creed" als Ursache für hohe Mobilitätsraten in den USA angesehen. Eine beinahe ebenso populäre Theorie behauptet eine ausgeprägte Chancengleichheit in Gesellschaften, deren historische Entwicklung stark durch sozialdemokratische Regierungen oder staatssozialistische Regimes geprägt ist (*Erikson/Goldthorpe* 1992, 16ff.). Entsprechende Argumente verweisen auf eine egalitärere Bildungspolitik oder insgesamt auf eine wohlfahrtsstaatliche Politik, die nicht nur Chancengleichheit, sondern darüber hinaus auch stärkere Verteilungsgleichheit anstrebt.

Im Fall der Bundesrepublik Deutschland werden u.a. folgende Gegebenheiten als Bestimmungsgründe für besondere Strukturen sozialer Auf- und Abstiege angesehen (*Allmendinger/Hinz* 1997, 252ff.; *Müller* 1986, 342ff.). In der Nachkriegszeit habe sich die zuvor geschlossene Statushierarchie aufgrund relativ geringer Chancen zur Besitzvererbung (Flucht, Vertreibung, Währungsreform) und zunehmender Aufstiegschancen („Wirtschaftswunder") geöffnet (*Erikson/Goldthorpe* 1992, 15). Eine „restaurative Wirtschaftsordnung, der restitutive Lastenausgleich sowie die besitzsichernde und Kapitalvermehrung unterstützende Wirtschaftspolitik" habe allerdings mobilitätshemmend gewirkt (*Müller* 1986, 344).

Die Arbeitnehmerschaft in der Bundesrepublik sei vergleichsweise scharf gespalten. Dies habe seine Wurzeln in der historischen Entwicklung einer Angestelltenschaft, die sich bezüglich ihrer Privilegien stark am deutschen Beamtentum orientierte und deren Sonderstellung gegenüber der Arbeiterschaft sozialversicherungsrechtlich abgesichert war. Damit seien Motive sowohl für Beamte als auch für Angestellte vorhanden, ihren vorteilhaften Status an ihre Kinder weiterzugeben. Im internationalen Vergleich der Generationenmobilität sei daher, so die Hypothese, eine besonders starke Schließung zwischen Arbeitern einerseits und Angestellten und Beamten andererseits zu erwarten.

Eine weitere Hypothese sieht eine Barriere der Generationenmobilität im deutschen Schulwesen. Die Bundesrepublik Deutschland verfüge mit dem dreigliedrigen Schulsystem über ein sehr „geschichtetes" allgemeinbildendes Schulwesen. Beim Übergang in eine weiterführende Schule entscheidet sich die weitere Bildungslaufbahn für die meisten Schülerinnen und Schüler bereits in dem frühen Alter von ca. 10 Jahren. Die Selektion nach der sozialen Herkunft an diesem Übergang sei ausgeprägt und die gefällten Entscheidungen im späteren Bildungsverlauf nur schwer zu revidieren (*Müller/Haun* 1994, 35; *Shavit/Blossfeld* 1993, 44; *Henz/Maas* 1995b, 613ff.).

Das deutsche Berufsausbildungssystem gilt oft als Hindernis der Karrieremobilität. Es ist (u.a. durch Berufsschulen und deren Lehrpläne) fachlich in hohem Maße standardisiert und auf die Lebensphase vor der Erwerbsarbeit konzentriert. Die entsprechenden Ausbildungszertifikate sind in der Regel unerläßlich, um überhaupt Einstiege in Karriereleitern zu finden. Daher wird hinsichtlich der Karrieremobilität die Hypothese vertreten, daß die Ausgebildeten langfristig an ein Berufsfeld gebunden bleiben und kaum Zugang zu weiterer Ausbildung auf höherem Qualifikationsniveau finden. Das „geschichtete" System schulischer Bildung erzwingt zudem, daß die für eine höhere Ausbildung (z.B. in Fachhochschulen) notwendige allgemeinbildende Qualifikation (z.B. Hochschulreife) nur über zusätzliche schulische Bildung erreicht werden kann. Schon deshalb seien in Deutschland im Laufe der Karriere nur wenige Klassenwechsel zu erwarten. „Die Sicherheit (gut ausgebildet zu werden) geht auf Kosten der Freiheit, sich stärker zu verändern und führt zu ausgeprägter Gebundenheit." (*Allmendinger/Hinz* 1997, 254)

6.3 *Soziale Auf- und Abstiege im Überblick*

Im folgenden sollen die wichtigsten empirischen Befunde zum sozialen Auf- und Abstieg in Deutschland zusammengefaßt werden. Um einschätzen zu können, ob vertikale Mobilität hierzulande eher „hoch" oder „niedrig" ist, werden einige internationale Vergleichsdaten hinzugefügt werden.

Generationenmobilität

Untergliedert man die Berufsstruktur in acht Klassen, so ergibt sich, daß in den letzten Jahrzehnten 65% aller Männer und 80% aller Frauen in Westdeutschland im Vergleich zu ihren Vätern auf- oder abgestiegen sind. Sie erreichten zwischen 1941 und 1980 einen Einstiegsberuf aus einer anderen Klasse als der Beruf ihrer Väter. Unterteilt man die Berufe feiner, nämlich in 15 Kategorien, die demnach mehr Mobilität „registrieren", so steigt die Mobilitätsquote für Männer auf 73% und für Frauen sogar auf 85% (*Berger* 1996, 180).

Auf den ersten Blick erscheint diese Häufigkeit von Auf- und Abstiegen hoch. Aber Vergleiche (*Kappelhoff/Teckenberg* 1987, 319) zeigten, daß die Intergenerationen-Mobilität in der Bundesrepublik deutlich geringer ist als z.B. in den USA. Der Mobilitätsabstand zwischen beiden Gesellschaften erscheint sogar noch größer, wenn nicht der *Einstiegsberuf*, sondern der *gegenwärtige* Beruf der Söhne bzw. Töchter herangezogen wird. Der Grund hierfür liegt in der wesentlich geringeren Karrieremobilität in der Bundesrepublik (s.u.).

In Abb. 32 ist die Intergenerationenmobilität von Männern der Geburtsjahre 1910 bis 1945 aus neun Nationen dargestellt. Die Auf- und Abstiege im Vergleich zu den Väterberufen wurden gemessen am gegenwärtigen Beruf der Söhne zum Untersuchungszeitpunkt in der zweiten Hälfte der 70er Jahre. Die Bundesrepublik Deutschland befand sich demnach im „unteren Mittelfeld" der internationalen Mobilitätshäufigkeit. Was die zeitliche Entwicklungstendenz betrifft, so zeigt sich insgesamt keine Tendenz zu höheren Mobilitätsräten. Die Befunde sprechen also eher für die o.a. Hypothese einer „trendlosen Veränderung" (*Erikson/Goldthorpe* 1992, 74).

Abb. 32: Mobilitätsquoten für Männer aus neun Nationen nach Geburtsjahren

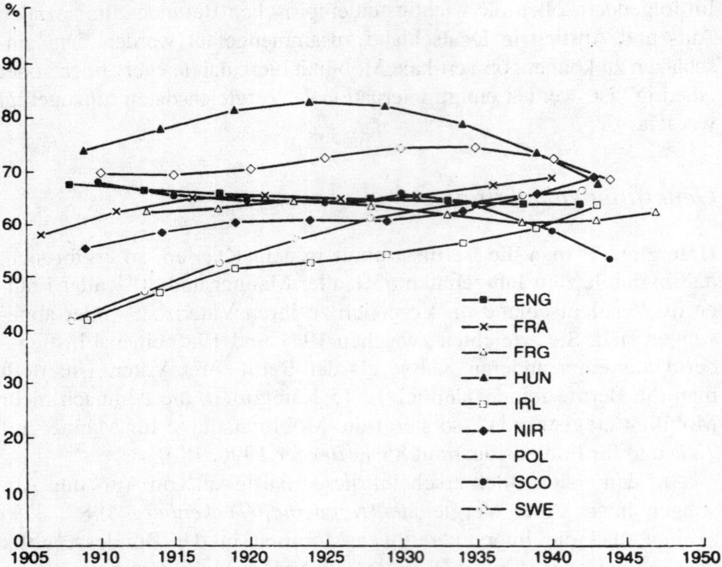

Quelle: *Erikson/Goldthorpe* 1992, 74

In der Bundesrepublik stagnierte von den 40er bis zum Ende der 70er Jahre die intergenerationelle Mobilitätshäufigkeit, aber nur die der Männer. Zudem hielten sich bei ihnen Auf- und Abstiege fast die Waage. Bei den Berufschancen von Männern machten sich die Folgen der Bildungsexpansion, die allgemeine Verschärfung der Arbeitsmarktlage und der Arbeitsmarkteintritt starker Geburtsjahrgänge hemmend bemerkbar. Zieht man jedoch die Frauen in die Betrachtung mit ein, so verändert sich das Bild. Sie wurden von Jahrzehnt zu Jahrzehnt mobiler; d.h. sie begannen ihre Berufstätigkeit immer häufiger in einer anderen Berufsklasse als ihre Väter. Genauer gesagt: Frauen stiegen zwischen 1941 und 1980 im Vergleich zu ihren Vätern in immer höheren Berufen ins Erwerbsleben ein. Während die intergenerationellen Aufstiege von Frauen also stark zugenommen haben, wurden Abstiege von Frauen in den jüngeren Jahrgangsgruppen seltener (*Berger* 1996, 181ff.).

Abb. 33: Intergenerationelle Mobilität von Männern und Frauen nach Berufseintrittskohorten (Beruf des Vaters und erste berufliche Stellung der Söhne und Töchter)

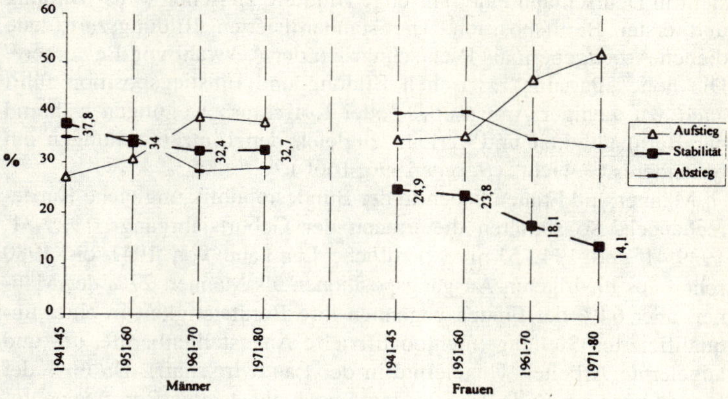

Quelle: *Berger* 1996, 182

Insgesamt signalisiert die Entwicklung der Generationenmobilität, daß die Modernisierung der westdeutschen Berufs- und Qualifikationsstruktur zu einem – vorläufigen – Abschluß gelangt sein dürfte. Die Struktur sozialer Auf- und Abstiege über Generationengrenzen hinweg scheint Anschluß an das „Normalmaß" fortgeschrittener westlicher Industrie- und Dienstleistungsgesellschaften gefunden zu haben (*Berger* 1996, S. 244f.).

Karrieremobilität

International vergleichende Studien zur Karrieremobilität kommen ausnahmslos zum Schluß, daß Auf- und Abstiege während der Berufslaufbahn in der Bundesrepublik geringer als in anderen Ländern ausfallen (*Allmendinger* 1989, 99ff.; *Allmendinger/Hinz* 1997, 271ff.; *Kappelhoff/Teckenberg* 1987, 319; *Mayer u.a.* 1989, 236f.).[80]

Die geringere Karrieremobilität wird in der Regel auf die Ausgestaltung des Bildungs- und Ausbildungswesens der Bundesrepublik zurückgeführt. Im Gegensatz zu vielen anderen Industrienationen besteht in Deutschland eine sehr enge Bindung zwischen (Aus-)Bildung und erster Berufsposition. Die standardisierten Bildungszertifikate dienen Arbeitgebern als Richtschnur bei der Auswahl von Bewerbern. Die hohe „Passung" zwischen Bildung und Einstiegsposition führt auch „zu weniger Anpassungs- oder Korrekturbewegungen während der Berufstätigkeit und verleiht zugleich den Eintrittsstellungen ein besonderes Gewicht" (*Berger* 1996, 166f.).

Männer und Frauen haben in der Bundesrepublik ungleiche Karrierechancen. So starteten die Frauen der Geburtsjahrgänge 1929-31, 1939-41 und 1949-51 ihre berufliche Laufbahn von 1941 bis 1980 schon aus niedrigeren Ausgangspositionen als Männer. 27% der Männer, aber 64% der Frauen begannen ihre Berufstätigkeit in einer unqualifizierten Stellung (nichtqualifizierte Angestelltenberufe, un- und angelernte Arbeiter, Ungelernte in der Landwirtschaft). Da 60% der Frauen auch am Ende der 80er Jahre noch als „letzten Beruf" eine unqualifizierte Tätigkeit ausübten, liegt der Schluß nahe, daß Frauen diese Hypothek in ihrer beruflichen Laufbahn selten abtragen konnten (*Mayer* 1991b, 59f.). Anders als Frauen erreichten die Männer im Karriereverlauf einen Aufstieg aus ihrer ohnehin schon besseren Anfangsstellung. Nur noch 19% arbeiteten in ihrer „letzten Berufsposition" als Unqualifizierte.

Die schlechteren Mobilitätschancen von Frauen zeigen sich auch im Karriereverlauf. Aufstiege in die obere und untere Dienstklasse, in die Klasse der Meister, Techniker, Vorarbeiter oder der Facharbeiter, realisierten bei den Männern 32% der Ungelernten in der Landwirt-

80 Diese Studien basieren häufig auf Lebensverlaufs- bzw. „echten" Längsschnittdaten, die sich im Hinblick auf die valide Abbildung von Prozessen der Karrieremobilität als wesentlich tauglicher herausgestellt haben als die klassischen Vergleiche von zwei Zeitpunkten (vgl. Mayer u.a. 1989, S. 236). Da solche Längsschnittdaten erheblich seltener sind als die klassischen Querschnittsdaten mit Retrospektivinformationen zur sozialen Herkunft der Befragten, werden in internationale Vergleiche der Karrieremobilität im Gegensatz zu solchen der Generationenmobilität in der Regel nur zwei oder drei Nationen berücksichtigt.

schaft, 39% der un- und angelernten Arbeiter und sogar 61% aus den nichtqualifizierten Angestelltenberufen. Entsprechende Aufwärtsbewegungen waren nur bei 10% der ungelernten Frauen in der Landwirtschaft, bei 9% der un- oder angelernten Arbeiterinnen und bei 20% der nichtqualifizierten weiblichen Angestellten zu verzeichnen (*Mayer* 1991b, 60). Darüber hinaus tragen Frauen, die ihre Laufbahn in der oberen oder unteren Dienstklasse oder als Facharbeiterinnen begonnen haben, auch ein höheres Abstiegsrisiko als ihre männlichen Kollegen. Eine wesentliche Rolle hierbei spielen Unterbrechungen der Erwerbstätigkeit, meist aus familiären Gründen.

„Männer konnten also in der jüngsten Vergangenheit mit erheblichen Karriereentwicklungen rechnen. Für sie gab es kollektive Aufstiegswege, selbst aus ungünstigen Ausgangsberufen heraus. Frauen dagegen mußten nicht nur in vergleichsweise ungünstigen Berufsbereichen ihr Erwerbsleben beginnen, sie hatten auch nur geringe Chancen des beruflichen Aufstiegs. Zu einem Teil mußten sie sogar berufliche Abstiege hinnehmen." (*Mayer* 1991b, 61)

Das Ausmaß der Karrieremobilität nahm in der Bundesrepublik in den jüngeren Geburtskohorten zu. Dabei überwogen Aufstiege die Abstiege, wobei Aufstiege mehr zunahmen als die Abstiege zurückgingen (*Noll* 1987, 456). Obwohl die jeweils jüngeren Kohorten aufgrund ihrer besseren Ausbildung bereits beim Berufseinstieg Gewinne gegenüber den jeweils älteren Kohorten verzeichnen konnten (*Blossfeld* 1989, 137ff.), setzte sich der Aufwärtstrend im Erwerbsverlauf fort: „Die jeweils Jüngeren erreichten, obgleich sie in der Regel eine zunehmend längere Zeit ihres Lebens im Bildungssystem verbracht hatten, jeweils schneller zu größeren Anteilen qualifiziertere und im Sinne des Tertiarisierungsprozesses modernere Berufspositionen." (*Blossfeld* 1989, 148)

6.4 Die Mobilitätschancen bestimmter Bevölkerungsgruppen

Berufsgruppen

Verwendet man das *Goldthorpe*-Klassenschema (vgl. 5.8) als Maßstab, so zeigt sich, daß die intergenerationellen Auf- und Abstiegschancen der einzelnen Klassen im Verhältnis zu den Chancen der anderen

Klassen in neun europäischen Gesellschaften einander sehr ähnlich sind. Dies scheint die sog. *Lipset/Zetterberg*-Hypothese von der internationalen Strukturähnlichkeit der Mobilitätschancen (s.o.) zu bestätigen.

Die Bundesrepublik Deutschland gehört allerdings zu den Nationen, welche die größten Abweichungen von der gemeinsamen internationalen Chancenstruktur aufweisen (*Erikson/Goldthorpe* 1992, 148ff.; *Müller* 1986, 350ff.; *Kappelhoff/Teckenberg* 1987, 322ff.). Hier bestätigen sich die o.a. Hypothesen, denen zufolge besonders in Deutschland das standardisierte System beruflicher Ausbildung und die ausgeprägte „Kragenlinie" zwischen Angestellen und Arbeitern Mobilitätshindernisse darstellen. Beide Charakteristika der bundesdeutschen Klassenstruktur zusammengenommen reduzieren vor allem die relative Chance der Kinder unqualifizierter Arbeiter, in nichtmanuelle Tätigkeiten zu wechseln, und zwar nicht nur in höherqualifizierte nichtmanuelle Tätigkeiten sondern auch in unqualifizierte. Demgegenüber ist die relative Chance der nichtqualifizierten Angestellten und des Kleinbürgertums (z.B. selbständige Handwerker, Inhaber kleinerer Geschäfte etc.) in der Bundesrepublik vergleichsweise hoch, in die „Dienstklassen" einzutreten.

Die Kinder nichtmanuell arbeitender Klassen sind in der Bundesrepublik besser als in vielen anderen Ländern dagegen gesichert, in Arbeiterberufe abzusteigen. Ebenso deutlich lassen sich die starken internen Differenzierungen innerhalb der bundesdeutschen Arbeiterschaft aufgrund des deutschen Berufsausbildungssystems nachweisen, denn „während in der Bundesrepublik die Chancen von Kindern qualifizierter Arbeiter und vor allem der Meister besser sind als in den Vergleichsländern, sind die der Kinder un- und angelernter Arbeiter umso schlechter" (*Müller* 1986, 352).

Über die *zeitliche Entwicklung* von gruppenspezifischen Mobilitätschancen wissen wir wenig. Insbesondere ist umstritten, ob sich ein international einheitlicher Trend zu größerer Chancengleichheit beobachten läßt. Für Deutschland schien bis zum Ende der 70er Jahre festzustehen (*Handl* 1991, 711f.), daß sich die Chancen der höheren und gehobenen Angestellten und Beamten verbessert haben, ihren Berufsstatus an ihre Kinder zu „vererben". Dies spricht für weniger Chancengleichheit. Allerdings haben sich auch, ausgehend von niedrigem Niveau, die Chancen der Söhne von un- und angelernten Arbeitern verbessert, in die höhere und gehobene Angestellten- und Beamtenschaft vorzudringen. Das spricht wiederum für etwas mehr Chancengleichheit.

Neuere Studien kommen für die 80er und 90er Jahre zum Ergebnis, daß die in Deutschland schon traditionelle Abschließung der „oberen Dienstklasse" gegen intergenerationellen Aufstieg allmählich aufzuweichen beginnt. Die trotz mäßiger wirtschaftlicher Bedingungen und relativ hoher Arbeitslosigkeit größere Zugänglichkeit wird auf die immer bessere Qualifikation der Bevölkerung zurückgeführt. Über die hohe Bildung, die für die Positionen höherer Angestellter und Beamter notwendig ist, verfügen immer öfter auch die Kinder anderer Berufsgruppen (*Hall* 1997, 132f.; *Mayer/Solga* 1993, 11f., 20).

Allerdings hat sich die Sozialstruktur der Bundesrepublik seit den 80er Jahren nicht durchgehend geöffnet. Bei anderen Klassenübergängen als in die obere Dienstklasse ist offenbar keine Veränderung festzustellen.

Zusammenfassend kann festgehalten werden, daß sich trotz Differenzen im Industrialisierungsgrad ein international gemeinsames Muster von Mobilitätschancen abzeichnet. Die Austauschbeziehungen zwischen sozialen Klassen sind in den einzelnen Ländern recht ähnlich, obwohl infolge von nationalen Modernisierungsabständen große Unterschiede in den Klassengrößen existieren. Das Mobilitätsmuster der Bundesrepublik ist bis zu einem gewissen Grade von eigener Gestalt. Bestimmte Mobilitätsbarrieren, die in der Spaltung der Arbeitnehmerschaft und in deutlicheren Qualifikationsgrenzen begründet liegen, sind ausgeprägter als in anderen Ländern. Die Entwicklung des relativen Chancenmusters der Bundesrepublik Deutschland folgt keinem eindeutigen Trend. In jüngster Zeit ist eine Tendenz zur Öffnung von Spitzenpositionen der Sozialstruktur zu erkennen, die mit der zunehmenden Bildungsbeteiligung in Verbindung gebracht wird.

Westdeutschland und Ostdeutschland

Im Hinblick auf Generationenmobilität dominierte in der Deutschen Demokratischen Republik bis in die 70er Jahre hinein die Zielvorstellung der „proportionalen Chancengleichheit": Die gesellschaftliche Elite und die sozialistische Intelligenz sollten demnach dem Größenverhältnis der gesellschaftlichen Gruppen entsprechend rekrutiert werden. Dieses „Proporz-Dogma" (*Geißler* 1996, 528) wurde zum Teil mit rigorosen Mitteln durchgesetzt, beispielsweise mit Studienverboten für Kinder von „Bürgerlichen". Von den 70er Jahren an hat man dann, um die ökonomische Effektivität zu verbessern, das Leistungsprinzip in den Vordergrund gerückt und nahm nur mehr wenig Rücksicht darauf, aus welchen Gruppierungen die Leistungsträger kamen.

Was den Abbau von Mobilitätshemmnissen betrifft, genauer gesagt: den Abbau der schlechteren *intergenerationellen Aufstiegschancen* z.B. der Söhne unqualifizierter Arbeiter im Vergleich mit den besseren Chancen der Söhne qualifizierter Angestellter, so ist die Entwicklung in beiden Gesellschaften sehr unterschiedlich verlaufen. In der DDR ist die Ungleichheit der intergenerationellen Aufstiegschancen in der „Aufbaukohorte" (Jahrgänge 1929-31) am geringsten gewesen. Arbeiterkinder konnten es damals im Vergleich zu „Bürgerkindern" weit bringen. In der Kohorte der Geburtsjahrgänge 1939-41 stieg die Ungleichheit bereits an. In der Kohorte der 1951-53 Geborenen stellte sich aufgrund der Kombinatsreorganisation wieder etwas mehr Chancengleichheit ein. Die DDR-Geburtsjahrgänge 1959-61 erlebten dann einen krassen Anstieg der Ungleichheit, das heißt eine Aufstiegsblockade vor allem der Arbeiterkinder im Vergleich zu den Aufstiegschancen der Kinder bessergestellter Berufsgruppen (*Mayer/-Solga* 1993, 12). In der Bundesrepublik war die Ungleichheit der Aufstiegschancen dagegen für diejenigen am größten, die Anfang der 40er Jahre geboren wurden, um danach stetig zu fallen (*Mayer/Solga* 1993, 11f.). Festzuhalten ist allerdings, daß sich die Ungleichheit der Aufstiegschancen zwischen Ost- und Westdeutschland für die ersten drei der genannten Kohorten nicht wesentlich unterschieden. Erst für die 1960er Geburtsjahrgänge wird die Chancenungleichheit in der DDR deutlich größer als in der BRD. Die jüngeren DDR-Bewohner, die nicht privilegierten Kreisen entstammten, mußten in den 80er Jahren also erkennen, daß ihre Aufstiegswege weitgehend blockiert waren. Vermutlich haben diese Erfahrungen mit zur „Wende" beigetragen.

Was die *Karrierechancen* betrifft, so hat sich die Sozialstruktur in Ostdeutschland seit der Wende beträchtlich verändert. Die Transformation in Ostdeutschland führte zunächst zu einer weit höheren Mobilität als in Westdeutschland. Während zwischen 1990 und 1994 69% der Westdeutschen in ihrer Statuslage verblieben, waren es nur 56% der Ostdeutschen. Die erhöhte Mobilität in Ostdeutschland äußerte sich weitgehend in höherer Abstiegsmobilität. Die Anteile der Aufsteiger hielten sich in Ost- und Westdeutschland die Waage.

In den neuen Bundesländern hat jedoch kein Austausch der höheren Schichten stattgefunden (*Adler/Kretzschmar* 1995, 19). Nur die

DDR-Machtelite wurde durch einen Import aus Westdeutschland ersetzt. Die übrigen höheren Statusgruppen der DDR retteten ihre Position zu hohen Teilen über die Wende (*Mathwig/Habich* 1997, 31; *Diewald/Sørensen* 1996, 82). Sie gerieten auch vergleichsweise selten in Arbeitslosigkeit. „Insgesamt zeigt sich, daß (...) *nicht* von einer ‚neuen' oberen Dienstklasse gesprochen werden kann. Die obere Dienstklasse Ostdeutschlands ist ‚alt', d.h. der weit überwiegende Teil ihrer Angehörigen bekleidete bereits in der DDR derartige Positionen. Ein Austausch der oberen Dienstklasse durch ‚unbelastete' ostdeutsche Männer und Frauen blieb aus." (*Solga* 1997, 364)

Der transformationsbedingte „Mobilitätsschub" in Ostdeutschland ist seit 1994 weitgehend „zur Ruhe" gekommen (*Mathwig/Habich* 1997, 33). Die Mobilitätsmuster haben sich fast vollständig an die westdeutschen Formen angeglichen.

Karrierechancen ausländischer Arbeitnehmer

Über die vertikale *Intergenerationen-Mobilität* der Ausländer in Deutschland ist wenig bekannt. Erhebliche methodische Probleme führen dazu, daß Ausländer aus vielen empirischen Studien ausgeklammert bleiben. So erhebt sich zum Beispiel bei der Untersuchung der Generationenmobilität von Ausländern die kaum zu überwindende Schwierigkeit, die Klassen- oder Schichtpositionen der Väter für ganz unterschiedliche Länder vergleichbar zu berücksichtigen.

Etwas besser sind unsere Kenntnisse der *Karrieremobilität* von Türken, Italienern, Griechen, Spaniern und ehemaligen jugoslawischen Staatsangehörigen. Ausländische Arbeitnehmer finden sich erwartungsgemäß besonders häufig im „Jedermanns-Arbeitsmarkt" (vgl. 4.2.1). Sie „rutschen" aber auch wesentlich häufiger als ihre deutschen Kollegen aus dem betriebsspezifischen in den Jedermanns-Arbeitsmarkt ab. Sie haben schlechte Chancen, aus diesem Segment in den fachspezifischen Arbeitsmarkt aufzusteigen. Zwar gelingt es Ausländern durchaus, in den privilegierten betriebsspezifischen Arbeitsmarkt zu gelangen. Dort müssen sie sich in der Regel jedoch mit Arbeitsplätzen geringerer Qualität bescheiden. „Es kann also festgehalten werden, daß ausländische Arbeitnehmer zwar den Übergang in qualifizierte Bereiche des Arbeitsmarkts schaffen, jedoch nicht an den Karrierelinien des betriebsspezifischen Arbeitsmarktsegments partizipieren können." (*Seifert* 1995, 214f.)

Die berufliche Eingliederung wird in modernen Gesellschaften als zentraler Aspekt der sozialen Integration von Zuwanderern betrachtet. Dies gilt auch und gerade für *Flüchtlinge* aus der sowjetisch besetzten Zone (SBZ) bzw. aus der späteren DDR und *Vertriebene*, also Migranten aus den ehemaligen Deutschen Ostgebieten (z.B. Sudetendeutsche oder Schlesier) oder aus Gebieten außerhalb der Grenzen des deutschen Reichs (*Handl/Herrmann* 1994, 20f.; *Lüttinger* 1989, 57ff.).

Obwohl bis zum Jahre 1950 ca. 8 Mio. Vertriebene im früheren Bundesgebiet aufgenommen wurden und bis 1961 ca. 3 Mio. SBZ- und DDR-Flüchtlinge in das frühere Bundesgebiet gelangten (*Statistisches Bundesamt* (Hg.) 1994, 20f.), sank die Arbeitslosenquote von 10,4% im Jahre 1950 auf 1,3% im Jahre 1960 (*Wilke* 1990, 22). Die Zuwanderer konnten also ebenso wie die einheimische Bevölkerung auf dem Arbeitsmarkt Fuß fassen. Es fragt sich allerdings, unter welchen Bedingungen dies geschehen ist: Wurden die Neuankömmlinge auf Berufe am Boden der sozialen Schichtung verwiesen, wenn ja, konnten die Zuwanderer diesen schlechten Start in ihrem weiteren Erwerbsverlauf durch Aufstiege ausgleichen?

Das Qualifikations- und Berufsniveau der Flüchtlinge und Vertriebenen lag vor der Migration im Durchschnitt über dem der einheimischen Bevölkerung. Es waren im Zweifelsfall die besser Ausgebildeten und die höher Gestellten, die nach Westdeutschland kamen. Gleichwohl waren die Vertriebenen (im Gegensatz zu den Flüchtlingen) bis zum Jahr 1950 starker Deklassierung ausgesetzt. Doch „sowohl die zugewanderten Männer als auch die Frauen verbesserten sich in ihren beruflichen Plazierungen deutlich schneller als die Einheimischen und konnten daher bis 1971 mit diesen gleichziehen" (*Handl/Herrmann* 1994, 134).

Dieser Aufholprozeß verlief jedoch bei Älteren und Jüngeren so uneinheitlich, daß man von einer „Polarisierung" sprechen kann (vgl. *Handl/Herrman* 1994, 136):

„Während die im Erwachsenenalter von der Vertreibung betroffenen eine nachhaltige Störung ihrer beruflichen Karriere erlitten, d.h. nicht mehr an ihren vor dem Krieg bereits erreichten Status anschließen konnten und/oder dauerhaft unterhalb des Statusniveaus der gleichaltrigen Einheimischen verblieben, schien die jüngere Vertriebenengeneration in hohem Maß für den beruflichen Aufstieg motiviert bzw. mobilisiert. (...) Die älteren Vertriebenen (...) wurden zwar ebenfalls zu einem Teil über den Einbezug in Angestellten- oder Beamtenpositionen in das Erwerbssystem integriert, charakteristisch für sie war jedoch ein deutlich erhöhter Ungelerntenanteil bis an das Ende ihres Erwerbslebens. Dieser rekrutierte sich (...) aus den ehemaligen Selbständigen und vor allem den Landwirten. Diese Polarisierung (...) zeigte sich in ähnlicher Weise auch bei der Statusentwicklung der Frauen. (...) Die nach dem Krieg über 40jährigen [waren] in erheblichem Ausmaß auf das ‚Hausfrauen-Dasein' verwiesen." (*Handl/Herrmann* 1994, 136f.)

Überblickt man die vorangegangen Abschnitte, so läßt sich erkennen, welche der o.a. Theorien vertikaler Mobilität zutreffen und welche nicht: Aus einer langfristigen Rückschau auf ca. 50 Jahre Bundesrepublik spricht die Entwicklung der Generationenmobilität eher für die These von trendlosen Schwankungen als für die Theorie eines steten Anstiegs der Mobilität im Gefolge der Modernisierung. Die Karrieremobilität ist in Deutschland wesentlich geringer als in den meisten anderen Industrieländern, was mit der engen Koppelung von erreichtem Ausbildungsabschluß und Berufsverlauf in unserem Lande zusammenhängt. Dies spricht für Theorien, die nationalen Besonderheiten, insbesondere Institutionen der Bildung und der Politik großes Gewicht beimessen. Pessimistische Theorien allgemeiner Abstiegsprozesse bestätigten sich nicht. Es gibt z.B. in Deutschland keine Klasse des „Dienstleistungsproletariats". Aber es zeigte sich eine nur langsam aufweichende Abschließung der oberen „Dienstklasse".

6.5 Die Konsequenzen der vertikalen Mobilität

Immer wieder wurden soziale Auf- und Abstiege mit bestimmten Denk- und Verhaltensweisen der Menschen in Verbindung gebracht. So wurde u.a. Aufsteigern Optimismus und Absteigern politische Radikalität nachgesagt. Exaktes Wissen über die Konsequenzen sozialer Mobilität ist aber bisher kaum vorhanden. Wie Aufstiege und Abstiege erlebt werden, ob sie die Einstellungen, Werthaltungen und Handlungsorientierungen der mobilen Menschen verändern, ist weitgehend unerforscht.

Ein Bereich, in dem die Konsequenzen sozialer Mobilität für das Handeln von Menschen wenigstens ansatzweise bekannt sind, ist der des klassenspezifischen Wahlverhaltens bzw. der klassenspezifischen Parteipräferenzen. Die (schwache) Neigung bestimmter Berufsklassen, gewisse Parteien zu bevorzugen, ist seit langem bekannt. In der Industriearbeiterschaft der Bundesrepublik zum Beispiel bestand in den 70er und 80er Jahren ein Übergewicht von 55% an Linkswählern (*De Graaf/Nieuwbeerta/Heath* 1995, 997). Die Klassenzugehörigkeit kann also bis zu einem (recht begrenzten) Grade Parteipräferenz und Wahlverhalten erklären (vgl. 7.5.2). Es fragt sich, inwieweit das Wissen über Mobilitätsprozesse dazu beitragen kann, die diesbezügliche Erklärungskraft von Klassenmodellen anzuheben.

Das Wahlverhalten ist auch von der Herkunft abhängig. Unter den 12% der westdeutschen Industriearbeiter, deren Väter Landwirte waren, wählten (nicht 55%, sondern) nur 37% links. Aber dies ist schon einer der stärksten Mobilitätseffekte, die sich beobachten lassen. Üblicherweise laufen starke Anpassungsprozesse ab. Während jüngere Klassenwechsler dem Wahlverhalten ihrer Herkunftsklasse noch stark verhaftet sind, tendieren ältere bald dazu, das Wahlverhalten ihrer derzeitigen Klasse zu übernehmen. Insgesamt können Auf- und Abstiege daher nicht allzuviel zur Erklärung parteipolitischen Verhaltens beitragen. Lediglich zwei Mobilitätseffekte bleiben einigermaßen stabil: „Personen, die aus der Arbeiter- in die untere Mittelschicht wechseln, halten an ihren linken parteipolitischen Neigungen fest, während umgekehrt die Aufsteiger aus dem landwirtschaftlichen Sektor in die Arbeiterschicht konservativ bleiben." (*Herz* 1995, 191)

Diese Befunde sprechen dafür, daß Auf- und Abstiege nicht viel daran ändern, daß das Denken und Handeln der einzelnen durch die Lebensbedingungen ihrer Klasse bzw. Schicht beeinflußt wird. Allenfalls ist davon auszugehen, daß soziale Mobilität klassen- bzw. schichtspezifisches Denken und Handeln abschwächt.

7. Lebensweisen

Die in den vorigen Kapiteln beschriebenen Lebens*bedingungen* von Menschen stehen in mehr oder minder engem Zusammenhang mit ihren Lebens*weisen*, das heißt mit typischen Mustern ihres Denkens und Verhaltens. Gruppen mit vorteilhafteren Lebensverhältnissen weisen häufig andere Mentalitäten und Verhaltensgewohnheiten auf als Bevölkerungsteile mit ungünstigeren Lebensbedingungen. Zusammenhänge dieser Art sind in ihrer Bedeutung kaum zu überschätzen. In vielen Fällen bringen sie erst die Vor- oder Nachteile der jeweiligen äußeren Lage voll zur Geltung. Nicht selten ziehen sie auch weitere Vor- bzw. Nachteile nach sich. So schlägt sich die verhältnismäßig günstige Lage eines materiell gut gestellten, beruflich angesehenen und gebildeten Gesellschaftsmitglieds u.U. in Form vorteilhafter Freizeit- und Konsumchancen, in Gestalt eines imponierenden „Auftretens" und zahlreicher sozialer Kontakte nieder, aus denen sich wiederum Gewinn ziehen läßt.

Im Hinblick auf dergleichen Zusammenhänge wird in der Soziologie meist eine bestimmte Wirkungsrichtung unterstellt. Man vermutet, die Lebens*weisen* der Menschen (z.B. Sprachstile, Freizeitverhaltensweisen oder Gerechtigkeitsvorstellungen) seien abhängig von ihren mehr oder minder vorteilhaften Lebens*bedingungen* (z.B. von Einkommensverhältnissen oder Wohnbedingungen). Diese Annahme ist sicher in vielen Fällen zutreffend. Jedoch können umgekehrt auch bestimmte, u.U. von Lebensbedingungen relativ unabhängige Lebensweisen (z.B. ein mehr oder weniger selbst gewählter Lebensstil) dazu führen, daß dem einzelnen bessere oder schlechtere Lebensbedingungen zuteil werden (indem er zum Beispiel einen beruflichen Aufstieg erlebt) oder andere Vorteile oder Nachteile zwischen Menschen entstehen (wie etwa Sympathie oder Abneigung, Integration oder Ausschluß). Gegebenenfalls können sich so spezifische, durch Ungleichheiten gekennzeichnete gesellschaftliche Gefüge von Mentalitäten und Lebensstile herausbilden. Auf solche Zusammenhänge wird im folgenden ebenfalls zu achten sein.

Zusammengefaßt können Lebensweisen in Gefügen sozialer Ungleichheit also folgendes bedeuten:

- Lebensweisen können Auswirkungen „objektiv" ungleicher Lebensbedingungen darstellen. So schlägt sich beispielsweise längerfristige Armut oft in Form von Lethargie nieder.
- Lebensweisen können „objektive" Vorteile bzw. Nachteile vermehren oder vermindern. So macht sich Arbeitslosigkeit bei Menschen, die nur ihrem Beruf gelebt haben, belastender bemerkbar als bei Menschen, die ihre Erwerbsarbeit von vorneherein als ungeliebte Tätigkeit ansahen.
- Lebensweisen können allgemeine Vor- und Nachteile (z.B. Einkommensvorteile) konkretisieren. Inwiefern z.B. ein monatliches Gehalt in bestimmter Höhe für einen Menschen einen Vorteil darstellt, hängt nicht zuletzt davon ab, was er daraus macht.
- Bestimmte Lebensweisen können Vor- oder Nachteile per se darstellen. So werden riskante, in sich zerrissene oder unstetige Lebensstile die Menschen weniger autonom, weniger glücklich oder unzufriedener machen als andere Lebensweisen.
- Lebensweisen können zur Quelle weiterer Vor- oder Nachteile werden. So können soziale Kontakte berufliche oder private Erfolge hervorrufen, zu Prestige, Wohlstand, Zugehörigkeit führen. Eine zurückgezogene Lebensweise mag dagegen Ausgrenzung, sozialen Abstieg usw. hervorrufen.
- Gemeinsame Lebensweisen können in der Außensicht zum Kriterium der Zusammengehörigkeit werden und vor allem dann zum Moment sozialer Ungleichheit, wenn damit höhere oder (vgl. z.B. die Situation der Roma und Sinti in vielen Ländern) geringere Einschätzungen einhergehen.
- Lebensweisen können ein Bewußtsein der Gemeinsamkeit beinhalten. Sie ermöglichen Menschen dann Selbstdefinitionen und konstituieren soziale Gruppen im eigentlichen Sinne. Falls aus der Sicht der jeweiligen Gruppe andere verachtet oder ausgeschlossen werden, werden solche Lebensweisen zu Determinanten sozialer Ungleichheit.
- Lebensweisen können mangelnde Lebensbedingungen bewahren oder aber langfristig verändern. So sind bestimmte Einstellungen

(z.B. des ökonomischen Liberalismus) darauf gerichtet, viele Ungleichheiten (im Falle des Liberalismus zugunsten von individuellen Entfaltungsmöglichkeiten) billigend in Kauf zu nehmen. Andere Einstellungen oder soziale Bewegungen (wie die Frauenbewegung) haben das Ziel, bestimmte Ungleichheiten abzubauen. Bestimmte durch Sozialisation erworbene Verhaltensweisen (z.B. Sprachstile) tragen dazu bei, daß Ungleichheitsgefüge sich in der Generationenfolge immer wieder herstellen. Solche Verknüpfungen machen es häufig auch erklärlich, warum die Angehörigen bestimmter Gruppierungen gelegentlich über Generationen hinweg in ihrer sozialen Stellung verbleiben und das Gefüge sozialer Ungleichheit eine relative Beständigkeit aufweist.

Lebensweisen werden in den folgenden Abschnitten in allen genannten Ungleichheitsfunktionen dargestellt werden. Nicht berücksichtigt werden dagegen Lebensweisen als bloße Erscheinungsformen sozialer Differenzierung. Daß z.B. bestimmte Menschen ihre Freizeit auf dem Fußballplatz und andere in der Familie verbringen, hat mit Ungleichheit nicht unbedingt etwas zu tun.

Die Abfolge der Abschnitte beginnt mit der Wahrnehmung der eigenen Lebensbedingungen und dem Umgang der Menschen damit. Sie entfernt sich dann von der eigenen Situation der Menschen, indem Denk- und Verhaltensweisen zur Sprache kommen, die nur mittelbar mit der eigenen Lage im Zusammenhang stehen.

7.1 Wahrnehmung und Beurteilung sozialer Ungleichheit

Blickt man auf die Darstellungen der vorigen Kapitel zurück, so lassen sich daraus bestimmte Gesamtbilder des Gefüges sozialer Ungleichheit erkennen. Sie wurden in Abschnitt 5.8 zusammenfassend dargestellt.

Hier soll zunächst danach gefragt werden, welches „Bild" sich die Gesellschaftsmitglieder selbst von diesem Gefüge machen. Es wird deutlich werden, daß dabei charakteristische Unterschiede zwischen bestimmten Bevölkerungsgruppen bestehen.

7.1.1 Vorstellungen über die Struktur sozialer Ungleichheit

Zunächst ist zu fragen, ob Menschen von sich aus ihre Mitmenschen überhaupt in soziologisch relevante Kategorien einteilen. Wenn ja, so fragt sich, ob Merkmale sozialer Ungleichheit hierbei eine wesentliche Rolle spielen. Anders formuliert: Wie wichtig sind Menschen soziale Ungleichheiten bei der Betrachtung ihrer Mitmenschen?

Schon in den 70er Jahren hat man Befragte gebeten, die Bevölkerung in selbstgewählte Kategorien einzuteilen: Nur 12% konnten oder wollten ihre Mitmenschen überhaupt nicht einteilen. Alle anderen Menschen ordneten ihre Mitmenschen in bestimmte Kategorien ein. Fast die Hälfte (43%) benutzten zur Untergliederung in irgendeiner Form Merkmale sozialer Ungleichheit (wie z.B. Arme und Reiche; obere Zehntausend, Mittelschicht, Unterschicht usw.). 15% hielten sowohl Einteilungen des Höher und Tiefer als auch andere Gliederungen (z.B. regionale oder konfessionelle) für angebracht. Nur 30% verwandten ausschließlich „horizontale" Differenzierungen der Andersartigkeit. Hieraus ergibt sich, daß die Mehrheit der Gesellschaftsmitglieder ihre Mitmenschen nicht nur in bestimmte Kategorien einteilt, sondern hierbei zuerst an Unterscheidungen im Sinne sozialer Ungleichheit, an Besser- oder Schlechter-, Höher- oder Tiefergestellte denkt (*Mayer* 1975a, 82ff.).

Wenn den meisten Menschen Ungleichheiten in unserer Gesellschaft recht deutlich vor Augen stehen, so fragt sich, wie viele und welche der diesbezüglichen Dimensionen sie als besonders wichtig empfinden. Wie in der sozialwissenschaftlichen Forschung, so dominiert auch im Denken der Bevölkerung kein einzelner Bereich sozialer Ungleichheit. Ganz überwiegend werden mehrere Kriterien nebeneinander zur Darstellung der Verhältnisse verwendet. Am häufigsten wurden die wirtschaftlichen Lage, das Prestige, die Bildung sowie verschiedene Unterscheidungen der beruflichen Stellung genannt (*Mayer* 1975a, 84ff.).

Es hat sich immer wieder herausgestellt, daß bestimmte Bevölkerungsgruppen einzelnen Kriterien sozialer Ungleichheit besonders große Bedeutung zumessen. So betonen un- und angelernte Arbeiter moralische Bewertungen (Fleißige – Faule, Anständige – Nichtanständige). Facharbeiter heben ökonomische Gesichtspunkte (arm – reich) hervor. Für mittlere Angestellte, mittlere Beamte und „kleine Selbständige" haben Prestigegesichtspunkte einen hohen Stellenwert (*Mayer* 1975a, 86). Beamte erwähnen Bildungsabstufungen besonders häufig (*Sandberger*

1977, 14). Keiner dieser Gesichtspunkte drängt im Denken eines Bevölkerungsteils die übrigen aber völlig zurück.

Welche Gesichtspunkte jeweils in den Vordergrund geschoben werden, wird aus der jeweiligen Gesamtsituation einer Gruppierung mit ihren Problemen, Zielsetzungen und Vergleichsmaßstäben verständlich. So spielen im aufstiegsorientierten Milieu vieler mittlerer Angestellte und Beamter Prestigegesichtspunkte als Zeichen und Mittel von Karrieren eine große Rolle. Häufig empfinden Menschen auch jene Aspekte sozialer Ungleichheit als besonders wichtig, die ihnen eine positive Selbstbewertung ermöglichen. Dies erklärt zum Beispiel, warum die untersten Statusgruppen z.B. des „traditionslosen Arbeitermilieus" (vgl. 7.2.2) relativ häufig zu moralisierenden Kriterien greifen. Im Gegensatz zu Einkommen, Bildung, Ansehen etc. ist dies ein Aspekt, bei dem sie im Vergleich mit anderen Gruppierungen nicht von vorneherein schlecht abschneiden (*Mayer* 1975a, 92).

Von besonderem Interesse, z.B. für die Beurteilung politischer Einstellungen, ist die Frage, wie die Menschen das Gefüge von Vor- und Nachteilen und die Verteilung der Menschen darauf wahrnehmen. Sehen sie die Gesellschaft (dichotomisch) geteilt in ein Oben und Unten? Unterscheiden sie (hierarchisch) mehrere Stufen oder Schichten? Fassen Sie das Gefüge sozialer Ungleichheit als stufenloses (kontinuierliches) Höher und Tiefer auf? Sehen sie ein Nebeneinander von Vor- und Nachteilen?

In einer Untersuchung aus der Mitte der 70er Jahre wurden den Befragten vier Modelle vorgegeben:

- 17,5% der Befragten entschieden sich für eine stufenlose Struktur sozialer Ungleichheit ohne klare Schichtgrenzen.
- 45,7% meinten, daß drei Schichten mit einer besonders breiten Mittelschicht zu erkennen seien.
- 32,7% hielten ein Drei-Schichten-Modell mit breiter Unter- und Mittelschicht für realistisch.
- Lediglich 4% nahmen eine Zweiteilung in eine breite Unterschicht und eine schmale Oberschicht wahr (*Sandberger* 1977, 14).

Auch neueren Untersuchungen ist zu entnehmen, daß sich die Mehrzahl der Menschen ein Bild von unserer Gesellschaft macht, in dem das Oben und Unten der besitzenden und besitzlosen Klassen sowie der beruflich höher oder tiefer gestellten Schichten eine wesentliche Rolle spielt. „Alles in allem hat die heutige Bundesrepublik bei weiten Teilen der Bevölkerung – in der ostdeutschen Bevölkerung jedoch viel ausgeprägter als in der westdeutschen – das Image einer Gesellschaft, in der Wohlstand und Lebenschancen noch nach den traditionellen Kriterien der Zugehörigkeit zu Klassen und Schichten verteilt werden" (*Noll* 1998, 68).

Wenn das gesellschaftliche Oben und Unten im Gesellschaftsbild der Bevölkerung durchweg einen wichtigen Platz einnimmt, so müssen diese hierarchischen Vorstellungen nicht notwendigerweise der Wirklichkeit entsprechen. Sie könnten auch von gesellschaftlichen Deutungsangeboten beeinflußt sein, an denen nicht selten auch die Soziologie mitwirkt.

Es fragt sich, ob die Struktur sozialer Ungleichheit in allen Bevölkerungsgruppen gleich gesehen wird. Arbeitern wurde früher die Tendenz zu einem dichotomischen Gesellschaftsbild, Angestellten eine feingestufte Sicht des Gefüges sozialer Ungleichheit zugeschrieben. Seit den 80er Jahren kommen Untersuchungen jedoch übereinstimmend zum Ergebnis, daß diese Wahrnehmungsunterschiede minimal geworden sind (*Sandberger* 1977, 14; *Mayer* 1975a, 82).

Mit dem jeweiligen „Bild", das sich Gesellschaftsmitglieder von den Verhältnissen sozialer Ungleichheit in der Bundesrepublik machen, sind meist auch Vermutungen über die Entwicklungstendenzen entweder hin zu einer Nivellierung oder zu einer Verschärfung sozialer Ungleichheit verbunden. In den 70er Jahren war noch fast die Hälfte der Menschen, darunter besonders viele Selbständige, der Auffassung, die sozialen Ungleichheiten seien in den letzten Jahren geringer geworden. Nur ein Viertel der Bevölkerung meinte, im ganzen sei alles beim alten geblieben und ein weiteres Viertel glaubte, die Kluft zwischen Oben und Unten sei eher größer geworden. Allem Anschein nach haben sich diese Einschätzungen deutlich verschoben. In den 90er Jahren waren mehr Menschen als zuvor der Auffassung, soziale Ungleichheiten seien in letzter Zeit gewachsen.

7.1.2 Beurteilung der eigenen sozialen Lage

In diesem Abschnitt wird danach gefragt, wo sich Menschen im Gefüge sozialer Ungleichheit sehen, wie sie ihre Lage bewerten und wie wichtig ihnen diese Situation ist.

Aus vielen Gründen ist es von Bedeutung zu wissen, an welcher Stelle Menschen ihre eigene Lage innerhalb der von ihnen wahrgenommenen Struktur sozialer Ungleichheit wahrnehmen und inwieweit sie ihre eigene, als besser oder schlechter im Vergleich zu anderen gesehene Situation als nachteilig oder vorteilhaft bewerten. Diese Beurteilungen schließen in der Regel auch Empfindungen der (Un-)Zufriedenheit ein und lassen so erkennen, inwieweit die Lebensbedingungen der Menschen für sie „Lebensqualität" darstellen. Informationen über die Sicht und Bewertung der eigenen Situation sind u.a. deshalb aufschlußreich, weil damit grundlegende Orientierungen, Interessen, Mentalitäten und Lebensperspektiven einhergehen. Dies macht auch verständlich, wieso zahlreiche gesellschaftliche Einrichtungen großes Interesse an diesbezüglichen Informationen haben: Politische Instanzen benötigen Informationen über die Loyalität und evtl. zu erwartende Protesthaltungen bestimmter Bevölkerungsgruppen. Interessenverbände (z.B. Gewerkschaften) sind auf Informationen über die Zufriedenheit und die Interessenlage ihrer Mitglieder angewiesen usw.

In diesem Zusammenhang ist auch zu fragen, ob die Menschen den Erscheinungsformen sozialer Ungleichheit und ihrer eigenen sozialen Lage im Vergleich zu Mitmenschen im Laufe der Zeit steigende, gleichbleibende oder sinkende Bedeutung zumessen. Manche Forscher (z.B. *Müller-Schneider* 1996, 197) vermuten, daß mit dem „Fahrstuhleffekt" (*Beck* 1986) wachsenden Wohlstands, vermehrter Bildung und Freizeit usw. die Abstände der Schichten zwar gleichbleiben, soziale Ungleichheit für die einzelnen aber immer weniger Bedeutung habe. Die ungleiche Verfügung über knappe und begehrte Güter der Gesellschaft und die diesbezügliche eigene Lage rücke an den Rand der Aufmerksamkeit, weil immer mehr Güter verfügbar seien und Ungleichheit so für die eigene Existenz immer weniger spürbar sei. – Demgegenüber wird angeführt (*Schnierer* 1996), daß die Aufmerksamkeit auf Erscheinungen sozialer Ungleichheit und das Gewicht, das der eigenen Lage darin zugemessen werde, im Gegenteil im Steigen begriffen sei: Die verschärfte Konkurrenz, die besseren Vergleichsmöglichkeiten und die im Wettbewerb mit anderen trotz (absolut) vermehrter Mittel oftmals (relativ) nicht verbesserte Position führe dazu, daß soziale Ungleichheit und der eigenen Lage mehr Beachtung denn je finde (vgl. *Hirsch* 1980, 23).

Wo sehen die Menschen ihre soziale Lage im Gefüge sozialer Ungleichheit?

Abb. 34: Subjektive Schichteinstufung 1991–1996

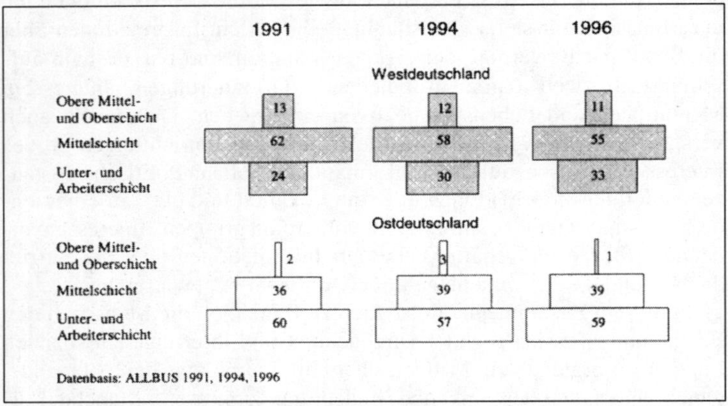

Quelle: *Noll* 1998, 65

Im Jahre 1996 ordneten sich in Westdeutschland mehr als die Hälfte der Menschen der „Mittelschicht" zu und nur ca. ein Drittel der „Unter- und Arbeiterschicht". Der „Oberen Mittel- und Oberschicht" fühlte sich gut ein Zehntel der Westdeutschen zugehörig. Hieran hat sich in den alten Bundesländern seit Jahren kaum etwas geändert. In Ostdeutschland dagegen stufte sich 1996 das Gros (59%) der Menschen in die „Unter- und Arbeiterschicht" ein. Der „Mittelschicht" ordneten sich nur 39% zu und fast niemand (1%) der „Oberen Mittel- und Oberschicht". Auch diese Selbstzuordnungen haben sich seit der Wende kaum verändert. Damit ergibt sich aufgrund der Selbsteinstufungen in Ostdeutschland nicht wie in Westdeutschland die „Zwiebelform" einer Mittelschichtsgesellschaft, sondern die Pyramidenstruktur einer Arbeitergesellschaft (*Noll* 1998, 65; vgl. *Noll/Schuster* 1992, 213). Die unterschiedlichen Selbsteinstufungen in den alten und neuen Bundesländern spiegeln großenteils die realen Unterschiede der individuellen Lebenslagen in beiden Teilen Deutschlands und die Orientierung an westdeutschen Verhältnissen. Die Bewohner der neuen

Bundesländer vergleichen ihre eigene Lage vor allem mit den Gegebenheiten in Westdeutschland und ordnen sich so relativ häufig niedrigen und sehr selten höheren Statuslagen zu.

Die jeweiligen Selbsteinstufungen stimmen im allgemeinen recht genau mit der „objektiven" Lage der Menschen überein. So ordneten sich z.B. drei Viertel der un- und angelernten Arbeiter Westdeutschlands der „Unter-/Arbeiterschicht" zu.

Wie bewerten die Menschen ihre soziale Lage?

Eine Sache ist es, *wo* sich die einzelnen im Gefüge sozialer Ungleichheit einordnen. Eine andere Sache ist, ob sie diese Stellung *„gerecht"* finden und *„zufrieden"* damit sind. 1996 meinten zwei Drittel der Menschen in Westdeutschland, daß sie ihren „gerechten Anteil" oder gar mehr erhalten. Dies hat sich gegenüber 1991 kaum verändert. In Ostdeutschland ist dies ganz anders. Dort glaubten 1991 drei Viertel und 1996 immerhin noch zwei Drittel der Menschen, *nicht* ihren „gerechten Anteil" zu erhalten (*Noll* 1998, 70; 1992, 6). Dies liegt einesteils daran, daß die Menschen in Ostdeutschland etwas andere Gerechtigkeitsmaßstäbe haben, andernteils sind sie seltener als Westdeutsche der Meinung, daß Gerechtigkeitsstandards in ihrem Fall verwirklicht sind (s.u.).

Wie Gesellschaftsmitglieder ihre soziale Lage insgesamt bewerten, läßt sich auch anhand ihrer (Un-)Zufriedenheit ermessen. Sie kann als (Nicht-)Übereinstimmung von wahrgenommener eigener Lage (Ist-Vorstellungen) einerseits und Erwartungen, Ansprüchen und Gerechtigkeitsvorstellungen (Soll-Vorstellungen) andererseits begriffen werden. Da es sich bei (Un-)Zufriedenheit nicht um eine Spiegelung realer Gegebenheiten, sondern um eine mehr oder minder große Differenz zwischen Ist- und Sollvorstellungen handelt, kündet Zufriedenheit keineswegs immer von einer günstigen sozialen Lage. Unzufriedenheit signalisiert auch nicht notwendigerweise eine wirklich schlechte Situation. Unter dem „Zufriedenheitsparadox" (*Wolfgang Zapf*) versteht man Zufriedenheit trotz schlechter Lebensbedingungen, was vor allem durch geringe bzw. im Laufe des Lebens reduzierte Ansprüche (etwa eines älteren Menschen) zu erklären ist. Als „Unzufriedenheitsdilemma" bezeichnet man Unzufriedenheit trotz einer günstigen Situation, entstehend durch sehr hohe Ansprüche (wegen Vergleichsprozessen mit noch besser Gestellten, wegen eines früheren Lebens im Luxus oder dergleichen).

Alles in allem ist die Bevölkerung Westdeutschlands verglichen mit Bewohnern anderer Länder recht zufrieden mit ihrem Leben insgesamt. Auf einer zehnstufigen Skala stuften die Menschen in Deutschland die Zufriedenheit mit ihrem Leben von 1978 bis zum Jahre 1993 stets zwischen 7,7 und 7,9 ein. 1994 ist, vor allem angesichts der breit diskutierten wirtschaftlichen Probleme und steigender Arbeitslosigkeit, die durchschnittliche Zufriedenheit auf 7,5 und 1995 auf 7,0 gesunken. Der Anteil der Hochzufriedenen ist entsprechend von 17% im Jahre 1988 auf 7% (1995) zurückgegangen. Parallel hierzu waren nach 1993 auch mehr Menschen „unzufrieden“: Von 1988 bis 1993 waren nur 3% der Westdeutschen „unzufrieden“ mit ihrem Leben, 1995 immerhin schon 12% (*Mau* 1996, 71f.).

In Ostdeutschland ist die Zufriedenheit mit dem Leben insgesamt geringer als in Westdeutschland. 1995 erreichte die durchschnittliche Zufriedenheit nur den Wert von 6,2 auf der zehnstufigen Skala. Nur 7% bezeichneten sich als „hochzufrieden“, volle 21% waren ausgesprochen „unzufrieden“. Mehr als ein Viertel der Ostdeutschen und 17% der Westdeutschen klagten 1995 über häufige Sorgen oder Ängste. Die ostdeutsche Zufriedenheit ist im Durchschnitt der Bevölkerung insgesamt so gering wie in Westdeutschland nur in typischen Problemgruppen (*Mau* 1996, 71f.).

Fragt man die Menschen nach ihrer Zufriedenheit mit spezifischen Lebensbereichen, so erkennt man Unterschiede. Mit ihrer Wohnsituation, ihrer familiären und partnerschaftlichen Lage sind die Menschen wesentlich zufriedener als mit dem Leben im ganzen. Mit ihrem Arbeitsplatz, ihrem Lebensstandard und ihrer Freizeit sind sie immerhin etwa gleich zufrieden wie mit ihrem Leben insgesamt. Mit ihrem Einkommen dagegen sind die Menschen durchweg weniger zufrieden als mit ihrem Leben im allgemeinen. Das gleiche gilt für alle Bereiche des öffentlichen Lebens, beispielsweise für die Möglichkeiten politischer Teilhabe, für die soziale Sicherung und insbesondere für den Zustand öffentlicher Sicherheit (Kriminalität). In dieser Hinsicht sind die Menschen in Deutschland am wenigsten zufrieden (*Mau* 1996; Stat. Bundesamt 1997, 445).

Von besonderem Interesse ist die Frage, welche Bevölkerungsgruppen eher zufrieden und welche eher unzufrieden sind. Sind die Bessergestellten zufriedener oder sind, wie häufig angenommen, gerade sie besonders unzufrieden? Die Daten zeigen, daß im großen und ganzen die, die bessere Lebensbedingungen als andere haben, auch etwas zufriedener als diese sind. Dieser Zusammenhang ist aber nur schwach ausgeprägt, und Zufriedenheit trotz schlechter Lebensbedingungen sowie Unzufriedenheit bei Gutgestellen ist keineswegs selten. Für die Analyse sozialer Ungleichheit ist das von großer Bedeutung. Offenkundig schlägt sich die Verbesserung der „objektiven" Lebensbedingungen nicht zwangsläufig in einem entsprechenden Bewußtsein gestiegener Lebensqualität nieder.

Welche Komponenten der eigenen Lage beeinflussen die Zufriedenheit am meisten? Die empirischen Befunde zeigen, daß es die Höhe des Haushaltseinkommens, die Selbsteinstufung in eine bestimmte soziale Schicht, der Erwerbsstatus (erwerbstätig oder erwerbslos) und der Bildungsgrad sind, die Zufriedenheit und „Lebensqualität" am stärksten prägen. Eine Reihe weiterer Faktoren, von denen sehr häufig angenommen wird, sie schlügen sich in (Un-)Zufriedenheit nieder, macht sich indessen kaum bemerkbar: So haben z.B. das Geschlecht, die politische Orientierung und die Werthaltung (materialistisch oder postmaterialistisch; vgl. 7.2) sowie die Wohnregion (mit Ausnahme des erwähnten Zufriedenheitsunterschieds zwischen Ost- und Westdeutschland) nur geringen Einfluß auf Zufriedenheit (*Weller* 1996; *Buhlmann* 1996a).

Die genannten Faktoren bewirken, daß im großen und ganzen die Zufriedenheit desto höher ausfällt, je besser die Lebenslage ist. Andere Bestimmungsgründe machen jedoch verständlich, wieso diese Zusammenhänge nur gering und „Ausnahmen" häufig sind: So werden Grade der Zufriedenheit auch vom „Zeitgeist" und von (ver)öffentlich(t)en Diskussionen stark beeinflußt. Gerät z.B. der Zustand des Systems sozialer Sicherung und der Anstieg der Kriminalität in die Schlagzeilen, schlägt sich das quer durch alle Schichten in wachsender Unzufriedenheit nieder. Aber im Hinblick auf andere Aspekte fällt es vielen Menschen schwer, sich anderen gegenüber als unzufrieden darzustellen, und sei die diesbezügliche Lage noch so miserabel. Dies gilt unter anderem für die Familien- und Ehesituation. Weiterhin schaffen Vergleichsmöglichkeiten im engeren Erfahrungsbereich, z.B. Konfrontation der eigenen Lage mit der von Freunden und Bekannten sowie die Gegenüberstellung der jetzigen mit der persönlich als erreichbar empfundenen Lage, (Un-)Zufriedenheiten, die die eigene Situation nur bedingt spiegeln. Schließlich hängt die Zufriedenheit nicht nur von aktuellen Erfolgen, sondern auch von der Lebensgeschichte insgesamt ab (z.B. von einem langfristigen Abstieg). Früh angelegte Standards können hierbei eine sehr langfristige Wirkung entfalten (*Meulemann* 1991, 499).

Diese Zusammenhänge bestätigen erneut, daß das Denken und Empfinden der Menschen in bezug auf ihre Lage nicht nur von dieser selbst bestimmt wird. Auch die sonstigen Lebensumstände und die Art der inneren „Verarbeitung" äußerer Einflüsse (z.B. in Form von Vergleichsprozessen und spezifischen Ansprüchen) spielen eine große Rolle. Dies zeigt, daß weder einfache „objektivistische" Erklärungen („Das Sein bestimmt das Bewußtsein") noch die entgegengesetzten „subjektivistischen" Theorien (Unabhängigkeit des Bewußtseins von der materiellen Lage) dem komplizierten Zusammenhängen angemessen sind (vgl. *Hradil* 1992).

7.1.3 Vorstellungen über die Berechtigung sozialer Ungleichheit

Soziale Ungleichheit ist in modernen Gesellschaften keineswegs generell unerwünscht. Bestimmte Ungleichheiten gelten als tolerierbar oder als akzeptabel oder sogar ausdrücklich als gewollt (z.B. ungleiche Bildungsabschlüsse, berufliche Über- und Unterordnung, leistungsentsprechende Einkommensunterschiede). Ob eine gegebene ungleiche Verteilung knapper und begehrter Güter ein gesellschaftliches Problem darstellt und Anlaß zu Konflikten gibt, oder aber hingenommen bzw. gewünscht wird, hängt zum einen von den faktischen Gegebenheiten ab, wie sie in den vorigen Kapiteln dargestellt wurden. Zum andern kommt es darauf an, wie soziale Ungleichheiten von den Gesellschaftsmitglieder wahrgenommen und als „gerecht" oder „ungerecht" bewertet werden.

Nachdem in den vorigen Abschnitten dieses Kapitels der Frage nachgegangen wurde, wie sich den Menschen soziale Ungleichheiten darstellen und wie sie ihre eigene Stellung in diesem Gefüge bewerten, soll nun gefragt werden, ob und inwieweit die wahrgenommene Ungleichheitsstruktur als gerecht oder ungerecht empfunden wird.

Vom Geburts- zum Leistungsprinzip

In den meisten Gesellschaften gibt es gewissermaßen „offizielle" Begründungen und Rechtfertigungen für vorhandene Ungleichheiten. In Mitteleuropa haben sich diese im Laufe der Zeit grundlegend verändert. Im Mittelalter wurde von den Herrschenden die Vorstellung verbreitet, daß die Gesellschaft als ein Organismus mit einer „gottgewollten" hierarchischen Gliederung der einzelnen Teile (Stände und deren Untergruppen) zu verstehen sei, in die man, von Ausnahmen abgesehen, hineingeboren werde und die sich durch die Vererbung spezifischer Begabungen reproduziere. Durch standesgemäße Lebensführung gelte es, den eigenen Platz in dieser Hierarchie zu wahren und zu sichern. Als Mitglied einer bestimmten Gruppe (z.B. einer Zunft) hätte man in und mit dieser Gruppe jenen Beitrag zu erbringen, der ihr im Rahmen des Ganzen zugeordnet sei.

Seit dem auslaufenden 15. Jahrhundert kam es dann in der europäischen Geschichte zu Entwicklungen, die u.a. zu einer Individualisierung und Intensivierung des Leistungsstrebens führten. So brachten religiöse Vorstellungen und ihre Verweltlichung die Auffassung mit sich, daß es die Aufgabe des Menschen sei, das Reich Gottes in dieser Welt durch Arbeit zu verwirklichen, daß unermüdliches Schaffen daher ein gottgewolltes Tun sei. Und mit der Ausbreitung liberalistischer Gedanken, nach denen die Ordnungskräfte menschlichen Zusammenlebens in der „Natur" des Menschen liegen und die freie Entfaltung des einzelnen letztlich das größte Wohl für alle mit sich bringen werde, wurde die „vorindustrielle" Vorstellung, bestimmte Gruppen hätten bestimmte Beiträge in der und für die Gesellschaft zu erbringen, nun von dem Gedanken überlagert, daß jeder durch individuelle Leistung seinen Platz in der Gesellschaft bestimmen, sich aus bisherigen Gruppenzugehörigkeiten lösen und sich von anderen in der eigenen Gruppe abheben könne.

Dieser individualisierte Leistungsgedanke entfaltete sich im frühindustriellen Bürgertum Europas (vgl. 3.2), breitete sich mit dessen wachsendem politischen und geistigen Einfluß in andere Bevölkerungsgruppen aus und wurde zur herrschenden Ideologie vieler Industrieländer. Er förderte auf der einen Seite einen generellen Leistungswillen und eine Leistungsbereitschaft, die sich im historischen Geschehen auf durchaus wechselnde Einzelziele konzentrierten und u.a. zu einer erheblichen Wohlstandssteigerung in Industrieländern führten. Auf der anderen Seite brachte er das „Leistungsprinzip" hervor, das heißt jene Ordnungsvorstellung, nach der sich die sozialen Belohnungen, die an Gesellschaftsmitglieder zur Verteilung kommen, im wesentlichen nach der individuellen Leistung bemessen sollen (*Bolte* 1979).

Verteilungsprinzipien in der Bundesrepublik

Das Leistungsprinzip wird in Deutschland wie in den anderen modernen Gesellschaften im Grundsatz von nahezu allen Gruppen und Institutionen bejaht. Es kommt auch in der politischen Forderung zum Ausdruck, der Einfluß von Kriterien wie Herkunft, Beziehungen, Geld der Eltern etc. auf die Zuteilung sozialer Positionen solle abgebaut und durch vorschulische Erziehungseinrichtungen, Veränderungen des Schulsystems, Vergabe von Stipendien u.a.m. solle alles getan werden, um die Leistungsfähigkeit der einzelnen zum entscheidenden Zuteilungskriterium zu machen.

Trotz der prinzipiellen Zustimmung zum Leistungsprinzip hat es immer wieder Kritik daran gegeben (vgl. *Bolte* 1979; *Lenk* 1976). So wurde darauf hingewiesen, daß eine perfekte Leistungsgesellschaft eine unmenschliche Gesellschaft wäre, die auf Alte, Kranke, Kinderreiche etc. keine Rücksicht nähme. Sie alle hätten in ständiger Konkurrenz zu Jungen, Gesunden, Kinderlosen etc. zu stehen (*Seibel* 1973, 142). Weiterhin wird geltend gemacht, daß die Festlegung konkreter Leistungsziele, Leistungsinhalte und Leistungsmaßstäbe in vielen Einzelbereichen und erst Recht in gesamtgesellschaftlich vergleichender Weise nicht möglich sei. Die Definition von „Leistung" werde so oftmals zu einer Frage der jeweiligen Herrschaftsverhältnisse. Das Leistungsprinzip könne so auch als Ausbeutungswerkzeug benutzt werden (*Krokow* 1974, 54ff.; *Offe* 1970, 115ff.; *Dreitzel* 1974, 39f.). Schließlich wurde darauf hingewiesen, daß gerade in Bereichen, wo dem Leistungsprinzip weitgehend zur Geltung verholfen wurde, Folgeerscheinungen zu beobachten seien, die an seinem Nutzen und seiner Menschlichkeit zweifeln ließen. Mit ihm nähmen Streß, Konflikte, Aggressivität und Konkurrenz zu. Entspannung, Solidarität und Lust kämen zu kurz (*Steinkamp* 1971, 130; *Seibel* 1973, 66ff.; *Dreitzel* 1974, 46; *Marcuse* 1967). Kritisiert wurde auch, daß sich die Zuteilungen nach dem Leistungsprinzip auf bestimmte Sektoren wie Beruf,

Schule und Sport konzentrieren und diesen so ein Übergewicht verleihen. Anderen Aktivitäten wie Kindererziehung, künstlerischen und ehrenamtlichen Tätigkeiten bliebe dadurch gesellschaftliche Anerkennung weitgehend versagt.

Es ist hier nicht der Ort, die Kritik am Prinzip der leistungs-„gerechten" Verteilung im einzelnen zu diskutieren (vgl. z.B. *Lenk* 1976). Was jedoch gelegentlich übersehen wird und einige der genannten Einwände relativiert, ist die Tatsache, daß die Verteilung nach „Leistung" durchaus nicht das einzige legale und legitime Verteilungsprinzip in modernen Gesellschaften darstellt (*Bolte* 1979, 34ff.).

Daneben hat vor allem das *Sozialprinzip* erhebliche Bedeutung. Hiernach sollte eine (Um-)Verteilung der knappen, begehrten Güter nach Maßgabe der Bedürfnisse der Menschen insbesondere durch sozialstaatliche Einrichtungen erfolgen. Die Zuteilungen sollten sich nach dem Gerechtigkeitsverständnis des Sozialprinzips vorrangig an jene Menschen richten, die zu adäquaten Eigen- und Gegenleistungen weniger in der Lage sind (kinderreiche Familien, Kranke, Alte etc.).

Außerdem erfolgen in modernen Gesellschaften manche Verteilungen aufgrund weiterer Prinzipien, die – wenn auch zum Teil eingeschränkt – als gerecht gelten: Es handelt sich dabei um das Prinzip der *politisch ausgehandelten Zuteilung oder Belastung* (z.B. Subventionen), das *Verhandlungs- und Kampfprinzip* (z.B. Aushandeln von Löhnen und Gehältern in Tarifauseinandersetzungen), das *Vererbungsprinzip*, die *Wahl* in Ämter, die Zuteilung nach *Lebens- und Dienstalter*, die Verteilung nach *Zufall* (Lotterie) u.a.m. Berücksichtigt man diese Verteilungsprinzipien, so wäre es falsch zu behaupten, daß in Deutschland und in anderen modernen Gesellschaften „wertvolle Güter" ausschließlich aufgrund individueller Leistung verteilt werden und werden sollen. Vielmehr bestehen mehrere legitime Verteilungsprinzipien nebeneinander. Dabei ist aber die Verteilung nach individueller Leistung insofern von besonderer Bedeutung, als im Endeffekt keine Zuteilung von Lebensbedingungen zustandekommen soll, die ihr krass zuwiderläuft. Die Pluralität von Verteilungskriterien mit einem gewissen Vorrang des Leistungsprinzips wird in Deutschland von allen maßgebenden Gruppen und Parteien grundsätzlich bejaht. Allerdings gehen die Vorstellungen der gesellschaftlichen und politischen Kräfte weit auseinander, wie das „Mischungsverhältnis" zwischen dem Leistungs- und anderen Prinzipien (vor allem dem Sozialprinzip) im einzelnen zu gestalten sei, wie groß die leistungsentsprechenden Ungleichheiten sein sollen und was „leistungsgerecht“ im Einzelfall bedeutet (vgl. *Bolte* 1979).

Wenn sich bestimmte (Kombinationen von) Zuteilungskriterien im öffentlichen Diskurs als legitim durchgesetzt haben, heißt das nicht notwendigerweise, daß alle Personen diese Zuteilungsprinzipien vertreten. 1994 wurde festgestellt, daß 62% der Menschen in Westdeutschland, aber nur 44% in Ostdeutschland, dem Leistungsprinzip Vorrang einräumen. Sie halten erhebliche soziale Ungleichheit für erforderlich, um eine ausreichende Leistungsmotivation zu gewährleisten, so wie das auch in der sog. „funktionalistischen Schichtungstheorie“ (vgl. 4.1.3) zum Ausdruck kommt. Sie bejahten die Feststellung: „Nur wenn die Unterschiede im Einkommen und im sozialen Ansehen groß genug sind, gibt es auch einen Anreiz für persönliche Leistung“. Schon 1976 verfocht ein ähnlich großer Bevölkerungsanteil in Westdeutschland wie 1994 eine Verteilung nach Leistung und befürwortete entsprechend große Belohnungsunterschiede. In den 80er Jahren war die westdeutsche Zustimmung vorübergehend auf 55% gesunken. In Ostdeutschland war 1991 die Zustimmung zum Vorrang des Leistungsprinzips mit 58% nur wenig geringer als in Westdeutschland (64%) gewesen, um dann auf 44% zurückzugehen (*Noll* 1998, 73; vgl. *Noll* 1992, 11).

Allerdings wollte 1991 fast die Hälfte und 1994 immer noch gut 40% der Deutschen, daß das Leistungsprinzip durch das Sozialprinzip stark abgemildert sein solle. 40% der Westdeutschen und 42% der Ostdeutschen bejahten 1994 die Forderung: „Das Einkommen sollte sich nicht allein nach der Leistung des einzelnen richten. Vielmehr sollte jeder das haben, was er mit seiner Familie für ein anständiges Leben braucht.“ (*Noll* 1998, 73; vgl. *Noll* 1992, 11) Volle neun Zehntel der Westdeutschen und praktisch alle Menschen in Ostdeutschland waren 1991 dafür, daß der Staat das Minimum des Sozialprinzips garantiert, nämlich ein gutes Auskommen auch bei Krankheit, Not, Arbeitslosigkeit und im Alter (*Noll* 1992, 11).

Die meisten Menschen wissen sehr wohl zwischen wünschenswerten und tatsächlich wirksamen Faktoren zu unterscheiden. Wenn sie das Leistungsprinzip als Verteilungskriterium begrüßen, so heißt das nicht notwendigerweise, daß sie es auch in der Praxis für erfolgswirksam halten. Im großen und ganzen vollzieht sich jedoch in der Sicht der einzelnen die Verteilung von „wertvollen Gütern“ und Lebenschancen nach Maßgabe der Leistung. 1994 stimmten 57% der

Westdeutschen, aber nur 35% der Ostdeutschen der Aussage zu: „Die Rangunterschiede zwischen den Menschen sind akzeptabel, weil sie im wesentlichen ausdrücken, was man aus den Chancen, die man hatte, gemacht hat.“ 1991 waren mindestens 95% der Menschen in West- und Ostdeutschland der Meinung, Bildung und Ausbildung, Initiative und Durchsetzungsvermögen, Intelligenz und Begabung sowie Fleiß und Leistung führten in unserer Gesellschaft nach oben (*Noll* 1992, 3). Das Leistungsprinzip hat seit Mitte der 80er Jahre nicht nur als Soll-Vorstellung, sondern auch als Ist-Feststellung in Westdeutschland wachsende Verbreitung erfahren. In Ostdeutschland nahmen diese Einschätzungen dagegen ab (*Noll* 1998, 73; vgl. *Mayer* 1975; *Sandberger* 1983; *Noll* 1992, 73)

Allerdings war 1991 die Hälfte bis vier Fünftel der Menschen der Auffassung, daß (auch) Verteilungsmechanismen am Werke sind, die weder dem Leistungs- noch dem Sozialprinzip gerecht werden und durchaus ungerecht sind: Beziehungen und Protektion (81%), Zufall und Glück (60%), Geld und Vermögen (57%), Soziale Herkunft und die „richtige“ Familie (51%) sowie Opportunismus und Rücksichtslosigkeit (45%) werden ebenfalls als wirkungsmächtige Zuteilungskräfte angesehen. Allerdings wurden alle eben genannten illegitimen Faktoren Mitte der 80er Jahre noch von mehr Menschen als wirksam genannt als Anfang der 90er Jahre (*Noll* 1992, 3).

Während die propagierten *Prinzipien* der Verteilung von der Bevölkerung großenteils bejaht und auch als wirksam angesehen werden, wird das tatsächliche *Ausmaß* sozialer Ungleichheit überwiegend als zu groß beurteilt. 84% der Westdeutschen und volle 98% der Ostdeutschen hielten 1992 die Einkommensunterschiede in Deutschland für zu groß (*Noll* 1998, 68). Insgesamt bezeichneten nur 48% der Westdeutschen und gar nur 15% der Menschen in Ostdeutschland 1991 „die sozialen Unterschiede in unserem Lande“ als gerecht. Damit hatte sich die Akzeptanz der Ungleichheiten seit den 80er Jahren verringert. Noch 1988 sahen sie 59% der Bundesbürger als gerecht an (*Noll* 1992, 13).

Im internationalen Vergleich nehmen die Deutschen zusammen mit Engländern und Niederländern damit eine mittlere Haltung ein. Österreicher, Italiener, Polen und Ungarn sind wesentlich kritischer gegen vorhandene Ungleichheiten und auch im allgemeinen egalitärer eingestellt. US-Amerikaner, Australier und Schweizer weisen dagegen eher anti-egalitäre Einstellungen auf und stimmen vorhandenen Ungleichheiten relativ stark zu (*Haller* 1996, 201).

In Deutschland weist der Grad der Billigung sozialer Ungleichheiten charakteristische Unterschiede auf: Relativ kritisch stehen den Verteilungsergebnissen folgende Gruppierungen gegenüber: Jüngere, einfacher Gebildete, Einkommensschwächere, unqualifizierte Arbeiter, Arbeitslose, nach eigener Einschätzung der Unterschicht Zugehörige und politisch eher links Eingestellte. Wer eher rechts bzw. konservativ eingestellt ist, sich der Oberen Mittel- oder der Oberschicht zurechnet, Selbständiger oder Beamter ist, ein gutes Ein- und Auskommen hat und älter ist, hält die vorhandenen Ungleichheiten eher für gerechtfertigt (vgl. *Noll* 1992, 15; 1998, 74ff.). Dies war in Ost- und in Westdeutschland sehr ähnlich. In allen erwähnten Gruppen war die Zustimmung zu den Gegebenheiten sozialer Ungleichheit in Ostdeutschland jedoch geringer als in Westdeutschland.

Selbst die Einwände der besonders kritischen Bevölkerungsteile reichen jedoch nur bei wenigen zu einer ausdrücklichen Protesthaltung. Ein pragmatisches Sich-Arrangieren mit den gegebenen Verhältnissen sowie Hoffnungen auf die Verbesserung der eigenen und der allgemeinen Lebensbedingungen sind die Regel.

7.2 Werthaltungen, soziale Milieus und Lebensstilgruppierungen

Das Verhalten der Menschen wird wesentlich beeinflußt durch ihre Werthaltungen, das heißt durch ihre „Auffassungen vom Wünschenswerten" (*Kluckhohn* 1951). Werthaltungen sind psychologisch „tiefsitzende", großenteils unbewußte, in vielen Lebensbereichen wirksame und allenfalls langsam veränderliche Grunddispositionen von Menschen.[81]

81 Dagegen sind *Einstellungen* zwar ebenfalls eher unbewußte und psychologisch grundlegende Dispositionen, sie richten sich aber auf bestimmte Bereiche (Einstellung zu Familie, Politik etc.). *Meinungen* hingegen sind meist bewußte Vorstellungen, lassen sich sehr viel leichter verändern und richten sich oft auf sehr konkrete Tagesfragen.

7.2.1 Werte und Wertewandel

Eine bekannt gewordene These und umfangreiche, daran anschließende Forschungen gehen davon aus, daß in modernen Gesellschaften ein „Wertewandel“ von „materialistischen“ hin zu „postmaterialistischen“ Werthaltungen stattfindet. Immer weniger Menschen stellen hiernach die Vermehrung von Besitztümern oder die Erfüllung von Pflichten obenan. Immer mehr Menschen halten Selbstverwirklichung und Kommunikation für primär wünschenswert.[82] Im großen und ganzen hat sich in vielen entwickelten Ländern empirisch bestätigt, daß immer mehr „Postmaterialisten“ aufzufinden sind. Dieser „Wertewandel“ bezieht sich jedoch keineswegs auf Grundwerte, wie z.B. auf

---

82 Die Erforschung des Wertewandels beruht auf den Forschungen des US-amerikanischen Politikwissenschaftlers *Ronald Inglehart* (1977). Er ging erstens davon aus, daß Menschen die Dinge am höchsten schätzen, die in ihrer Umwelt relativ knapp sind (Mangelhypothese). In Anlehnung an die vom amerikanischen Psychologen Abraham Maslow in den 50er Jahren herausgearbeitete „Bedürfnishierarchie“ trachten Menschen nach Ingleharts Auffassung danach, zunächst materielle und danach erst soziale und individuell-psychische Bedürfnisse zu befriedigen. Zweitens nahm Inglehart an, daß Werte zum größten Teil in der Jugendzeit (bis etwa zum 20. Lebensjahr) geprägt werden und sich dann im Laufe des Lebens in aller Regel kaum mehr verändern (Sozialisationshypothese).
Aufgrund des dramatischen Anstiegs des materiellen Wohlstands in den westlichen Industriestaaten nach dem 2. Weltkrieg schloß Inglehart aufgrund der beiden Hypothesen, daß eine neue Generation der nach 1945 Geborenen herangewachsen sei, die eher postmaterialistische Orientierungen aufweise, relativ wenig Wert auf materielle Dinge lege und statt dessen eher nach immateriellen Dingen wie Selbstentfaltung, Lebensqualität, Achtung oder nach politischer Mitbestimmung etc. strebe. Diese Generation wachse langsam „von unten her“ in die bisherige Gesellschaft hinein („stille Revolution“).
Zur Erforschung dieses „Wertewandels“ fragte man in der Regel danach, welche beiden der vier folgenden Zielsetzungen den Menschen am wichtigten sind:
1. Aufrechterhaltung von Ruhe und Ordnung in diesem Lande
2. Mehr Einfluß der Bürger auf die Entscheidungen der Regierung
3. Kampf gegen steigende Preise
4. Schutz des Rechts auf freie Meinungsäußerung
Die Ziele 1 und 3 gelten als materialistische, die Ziele 2 und 4 als postmaterialistische Ziele. Befragte, die in beiden Fällen materialistische oder aber postmaterialistische Ziele nennen, werden als Materialisten bzw. Postmaterialisten eingestuft. Befragte, die jeweils ein materialistisches und ein postmaterialistisches Ziel nennen, werden einer Mischgruppe zugeordnet.

Humanität, Individualismus oder Nächstenliebe, sondern betrifft sehr viel konkretere persönliche Lebensziele und politische Zielsetzungen. Auch kann von diesem Wertewandel keineswegs auf einen allgemeinen „Werteverfall" geschlossen werden. Auch und gerade wer die Verwirklichung seiner selbst verficht, kann für humanitäre Zielsetzungen eintreten.

„Materialisten" bzw. „Postmaterialisten" sind nicht in allen Bevölkerungsgruppen gleich häufig zu finden. Jüngere, in Städten lebende, gebildetere und aus oberen Schichten stammende Menschen weisen häufiger postmaterielle Werthaltungen auf als ältere, auf dem Land lebende, weniger gebildete und aus unteren Schichten kommende Personen (*Schumann* 1990, 322). Bis zu einem gewissen Grade ist der Postmaterialismus also eine schichtspezifische Erscheinung. Das war nach den beiden zugrundeliegenden Hypothesen auch zu erwarten.

Die Verschiebung vom Materialismus hin zum Postmaterialismus in den Werthaltungen der Menschen verläuft allerdings zögernd und keineswegs so eindeutig, wie zunächst erwartet. Im Jahre 1992 galten erst 16,7% der Westdeutschen als „Postmaterialisten", immer noch 26,1% wurden als „Materialisten" eingeordnet. Volle 50,6% der Menschen in den alten und gar 63,2% in den neuen Bundesländern wurden als „Mischtypen" registriert (*Gabriel/Brettschneider* 1994, 570).

Diese Ergebnisse sprechen dafür, nicht eindimensional nur materialistische und postmaterialistische Werte zu unterscheiden, wobei erstere durch letztere verdrängt werden. Vielmehr sollten mehr als zwei Wertedimensionen auseinandergehalten werden. Dementsprechend könnte sich ein Wertewandel vollziehen, der in den einzelnen Dimensionen unabhängig voneinander verläuft. Dabei könnten sich im Denken der einzelnen vielerlei, auch widersprüchliche Wertekombinationen ergeben (z.B. gleichzeitig Pflicht- und hedonistische Werte vorhanden sein) und die einzelnen Werte darin sehr unterschiedlich intensiv vertreten sein.

Auf dieser Grundlage solcher Überlegungen kommen *Helmut Klages* und *Thomas Gensicke* (1996) dazu, fünf Wertetypen (typische Kombinationen von Wertedimensionen und -intensitäten) zu unterscheiden:

Tab. 36: Wertetypen 1993

	Bevölkerungsanteil 1993 (in %)	**Pflicht- und Akzeptanzwerte**	**Hedonistisch-materialistische Selbstentfaltung**	**Idealistische Selbstentfaltung**
„Ordnungsliebende Konventionalisten"	17	hoch	niedrig	niedrig
„Perspektivenlos Resignierte"	15	niedrig	niedrig	niedrig
„Aktive Realisten"	17	hoch	hoch	hoch
„Hedonistische Materialisten"	34	niedrig	hoch	niedrig
„Nonkonforme Idealisten"	17	niedrig	niedrig	hoch

Quelle: *Gensicke* 1996, 25,56

7.2.2 Soziale Milieus

Die obengenannten Befunde stellen individuelle Kombinationen von Werthaltungen dar, die in der Bevölkerung weit verbreitet sind. Auf diese Weise lassen sich tyische „Wertegruppierungen" unterscheiden. Ähnlich wie soziale Lagen, Lebenslagen, Klassen und Schichten (vgl. 5.8) sind dies Gruppierungen, die hinsichtlich sozialstrukturell wichtiger Gegebenheiten homogen sind. Im Unterschied zu den Gruppierungen, die im Abschnitt 5.8 herausgearbeitet wurden, sind jedoch die Gemeinsamkeiten der o.a. „Wertegruppierungen", wie auch der im folgenden dargestellten sozialen Milieus und Lebensstilgruppierungen, im Denken und Verhalten der Menschen aufzufinden und nicht in ihren äußeren Lebensbedingungen.

In Untersuchungen des Gefüges sozialer Ungleichheit auf der Grundlage von Klassen- und Schichtkonzepten (vgl. 2.5 und 5.8) wird in der Regel davon ausgegangen, daß mit bestimmten äußeren Lebensbedingungen mehr oder minder eng bestimmte innere Haltungen (Klassenbewußtsein, Klassenpraxis, schichtspezifisches Denken und Verhalten etc.) einhergehen.[83] Hinter diesen „klassischen" Konzepten stehen Vor-

83 Entweder sind diese „subjektiven" Komponenten bereits in der Definition von Klasse oder Schicht enthalten. Oder, wenn Klassen oder Schichten nur aufgrund „objektiver" Gegebenheiten definiert sind, wird klassen- bzw. schichtspezifisches Denken und Verhalten als empirische Gegebenheit erwartet und vorrangig danach gesucht.

stellungen und Erfahrungen, nach denen „das Sein das Bewußtsein" bestimmt. Demgegenüber geht in die Konzeption von „Sozialen Milieus" und „Lebensstilgruppierungen" die Annahme ein (vgl. 4.1.2), daß die „subjektiven" Lebensweisen einer sozialen Gruppierung durch deren „objektive" Lebensbedingungen zwar angeregt, beeinflußt oder begrenzt sein mögen, keineswegs aber völlig geprägt sind. Um diese Zusammenhänge herauszufinden, erscheint es notwendig, Lebensbedingungen und Lebensweisen zunächst einmal getrennt zu ermitteln. Dies erfordert die eigenständige Analyse von Wertegruppierungen, sozialen Milieus, und Lebensstilgruppierungen.

Neuere soziologische Milieubegriffe[84] beziehen neben dem Umfeld von Menschen auch dessen typische Wahrnehmung und die damit im Zusammenhang stehenden Werthaltungen der Menschen in die Betrachtung ein. So fassen auch die nachfolgend dargestellten „sozialen Milieus" Gruppen Gleichgesinnter zusammen, die jeweils ähnliche Werthaltungen, Prinzipien der Lebensgestaltung, Beziehungen zu Mitmenschen und Mentalitäten aufweisen. Diejenigen, die dem gleichen sozialen Milieu angehören, interpretieren und gestalten ihre Umwelt in ähnlicher Weise und unterscheiden sich dadurch von anderen sozialen Milieus. Kleinere Milieus, zum Beispiel Organisations- oder Stadtviertelmilieus, weisen darüber hinaus häufig einen inneren Zusammenhang auf, der sich in einem gewissen Wir-Gefühl und in verstärkten Binnenkontakten äußert (vgl. *Schulze* 1992, 746).

Die Abbildung des Milieugefüges in Westdeutschland zeigt durch die Anordung entlang der senkrechten Achse, daß die Zugehörigkeit zu einem bestimmten sozialen Milieu keineswegs unabhängig von der Schichtzugehörigkeit ist. Es gibt vielmehr typische Unterschicht-, Mittelschicht und Oberschicht-Milieus. Welche Werthaltungen und Lebenseinstellungen ein Mensch aufweist, ist also durchaus mitbestimmt von seiner Einkommenshöhe, seinem Bildungsgrad und seiner Berufsstellung. Aber diese schichtungsrelevanten Lebensbedingungen

---

84 Der Milieubegriff ist keineswegs neu (*Hradil* 1992a). Schon vor der Etablierung der Soziologie als eigenständige Wissenschaft wurde er von französischen Aufklärern (z.B. von Montesquieu) benutzt, um ein Ensemble von äußeren (natürlichen, sozialen und geistigen) Kräften zu kennzeichnen, das auf Menschen einwirkt, und so z.B. Vererbungstheorien gegenübergestellt. Auch viele Klassiker der Soziologie (Hippolyt Taine, Emile Durkheim, Max Scheler, Aaron Gurvitsch) sprachen von Milieus und rückten dabei die soziale Umgebung der Menschen in den Vordergrund.

geben keineswegs zureichend über die Milieuzugehörigkeit Auskunft. Innerhalb der einzelnen Schichten finden sich in aller Regel mehrere Milieus „nebeneinander". Zum Teil erstrecken sich soziale Milieus auch „senkrecht" über Schichtgrenzen hinweg.

Die sozialen Milieus unterscheiden sich ferner nach dem Grade ihrer Traditionsverhaftung, nach dem Grade des Wertewandels von „alten" hin zu „neuen" Werten. Dies macht die Abbildung durch die Anordnung der einzelnen Milieus entlang der waagrechten Achse deutlich. Die Angehörigen z.B. des „Kleinbürgerlichen Milieus" und des „Traditionellen Arbeitermilieus" weisen Mentalitäten auf, die dem Bewahren, dem Festhalten am Bewährten, den Pflichten der Menschen und ihrem Eingebunden-Sein in Regeln und moralische Normen großes Gewicht beimessen. Dem entgegengesetzten Pol nahe stehen Milieus, in denen die Menschen dem jeweils Neuen nachstreben und sich als einzelne relativ losgelöst von Bindungen und Zugehörigkeiten empfinden. Im Rahmen dieser „modernen" Milieus finden sich zwar Gemeinsamkeiten des individuellen Bewußtseins und Verhaltens, aber kaum ein Bewußtsein der Gemeinsamkeit mit anderen Milieuzugehörigen und schon gar nicht Gefühle des Zusammengehörens und Zusammenstehens.

Die einzelnen sozialen Milieus Westdeutschlands lassen sich wie folgt beschreiben (*Sinus* 1998, 13ff.):[85]

Konservativ-technokratisches Milieu (1977: 10% der westdt. Bevölkerung): Die *Lebensziele* der Milieuzugehörigen konzentrieren sich auf beruflichen und materiellen Erfolg durch Leistung, Zielstrebigkeit, Führungs- und Gestaltungsbereitschaft. Sie empfinden sich als zur gesellschaftlichen Elite gehörig und weisen ein erkennbares Status- und Machtbewußtsein auf. Man legt Wert auf einen distinguierten Lebenszuschnitt, auf finanzielle Unabhängigkeit, einen hohen Lebensstandard und ein intaktes Familienleben. Die *Lebensweise* ist geprägt durch Abgrenzung nach unten. Im Privatleben und in der Freizeit bleibt man gerne „unter seinesgleichen". Ausgeprägt ist das Bedürfnis nach Exklusivität und Traditionsbezügen. Es wird versucht, diese traditionellen Stilansprüche mit technischer Modernität zu verbinden. Die *soziale Lage* der Milieuangehörigen ist gekennzeichnet durch ein überdurchschnittlich hohes Bildungsniveau und hohe Einkommensklassen; es finden sich viele leitende Angestellte, höhere Beamte und Selbständige.

85 Bei der empirischen Ermittlung sozialer Milieus werden Menschen mittels Faktoren- und Clusteranalysen hauptsächlich aufgrund ihrer Werthaltungen und Lebensziele bestimmten Milieus zugeordnet (definitorische, „aktive" Variablen) (*Becker/Nowak* 1985,13). Die angeführten Charakteristika der Lebensweise und der sozialen Lage dienen der Beschreibung der typischen Milieumitglieder (demographische, beschreibende, „passive" Variablen).

Abb. 35: Soziale Milieus in Westdeutschland 1997

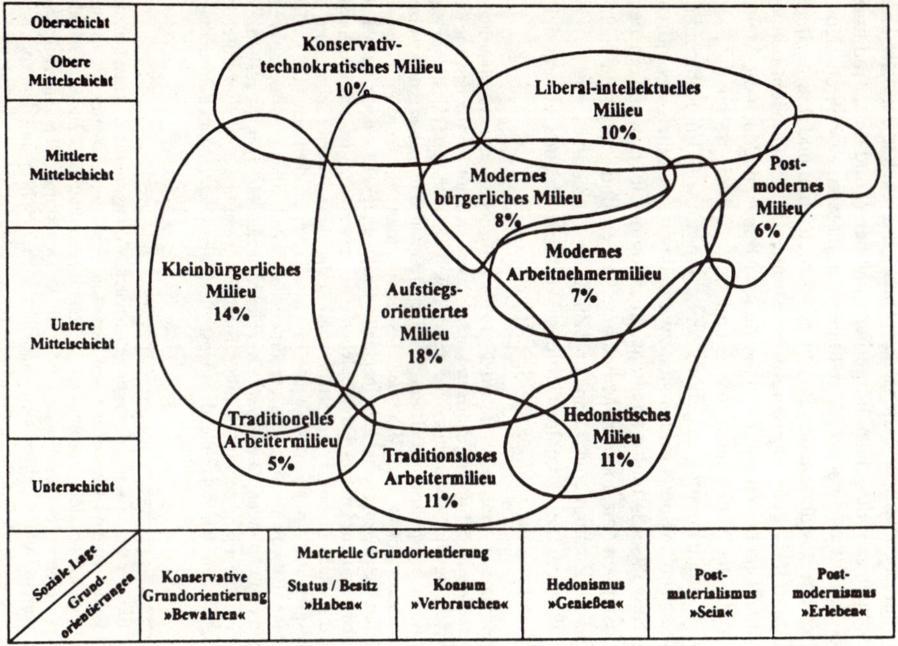

Quelle: *Sinus* 1998

Kleinbürgerliches Milieu (14%): Die *Lebensziele* der Milieumitglieder richten sich auf das Festhalten an traditionellen Werten, Pflichterfüllung, Verläßlichkeit, Ordnung und Disziplin. Die Menschen wollen bleibende Werte schaffen, materielle Sicherheit und einen Ausbau des Lebensstandards erreichen. Man ist primär an der Absicherung des Erreichten interessiert und will in geordneten Verhältnissen leben. Die *Lebensweise* läßt sich charakterisieren durch die Stichworte Konventionalität, Anpassung, Sicherheit, Selbstbeschränkung und Verzichtbereitschaft. Man bevorzugt „zeitlos"-gediegene Produkte. Ordnung und Sauberkeit sind Lebensprinzipien. Die *soziale Lage* des kleinbürgerlichen Milieus ist gekennzeichnet durch überwiegende Hauptschulabschlüsse mit abgeschlossener Berufsausbildung, kleine bis mittlere Einkommen, einen hohen Anteil von kleinen und mittleren Angestellten und Beamten sowie kleine Selbständige und Landwirte.

Traditionelles Arbeitermilieu (5%): Die *Lebensziele* der Milieuzugehörigen beschränken sich darauf, ein gutes Auskommen, einen sicheren Arbeitsplatz und ein gesichertes Alter zu haben. Man will bei Freunden, Kollegen und Nachbarn anerkannt sein. Bescheidenheit und Anpassung an die Notwendigkeiten gelten als Tugenden. Die *Lebensweise* ist nüchtern und pragmatisch, einfach und sparsam. Solide, handfeste und haltbare Produkte werden bevorzugt. Prestigegüter werden abgelehnt. Gegenüber modischen Neuerungen besteht Skepsis. Die Angehörige dieses Milieus sind meist Facharbeiter oder angelernte Arbeiter, zum Teil auch Rentner. Deren *soziale Lage* ist geprägt durch überwiegenden Hauptschulabschluß mit anschließender Berufsausbildung sowie kleine bis mittlere Einkommen.

Traditionsloses Arbeitermilieu (11%): Die Angehörigen dieses Milieus wollen vor allem Anschluß an den Konsum-Standard der breiten Mittelschicht halten. Sie wollen anerkannt werden, „dazugehören" zur Normalität und Bürgerlichkeit. Weitergehende *Lebensziele* sind häufig „Träume" von einem Leben mit viel Geld, Luxus und Prestige. Die faktische *Lebensweise* ist gekennzeichnet durch Spontankäufe, rasches Aufgreifen von Moden und Trends. Man lebt „von der Hand in den Mund" und häufig über seine Verhältnisse. Die Zukunft wird verdrängt, die Daseinsvorsorge ist oft ungenügend, man konzentriert sich auf das Hier und Heute. Merkmale der *sozialen Lage* sind eine geringe Formalbildung, häufig auch geringe Einkommen. Überrepräsentiert sind un- und angelernte Arbeiter sowie Arbeitslose.

Aufstiegsorientiertes Milieu (18%): Die Mitglieder wollen sich hocharbeiten. Beruflicher und sozialer Aufstieg ist ihre zentralen *Lebensziele*. Dabei wollen sie ihre Erfolge durchaus vorzeigen und ihr Ansehen genießen. Deshalb wird geltungsorientierter Konsum (Auto, Urlaub, Freizeit) angestrebt. Die *Lebensweise* orientiert sich an Standards gehobener Schichten. Man will allen Erwartungen in Beruf und sozialem Leben gerecht werden. Statussymbole werden hoch geschätzt. *Soziale Lage*: Dem Milieu gehören viele Facharbeiter und qualifizierte Angestellte, aber auch Selbständige und Freiberufler an, die häufig einen mittleren Bildungsabschluß mit abgeschlossener Berufsausbildung aufzuweisen haben und gehobenen Einkommensklassen angehören.

Modernes bürgerliches Milieu (8%): Ein harmonisches, angenehmes, idyllisches Leben in Familie mit Kindern ist oberstes *Ziel*. Man strebt nach umfassender Sicherheit. Angestrebt wird ein Ausgleich zwischen individueller Selbstbestimmung und der Bereitschaft sich anzupassen und einzufügen. Die tatsächliche *Lebensweise* ist „bürgerlich" mit Komfort, Genuß in Maßen und Lebensqualität. Man lebt gemeinschaftsorientiert, will Ausgleich und Frieden mit Nachbarn und der Umwelt. Bevorzugt wird eine konventionelle und gleichzeitig moderne Ästhetik, aber ohne die festen Ordnungsvorstellungen des Kleinbürgertums. *Soziale Lage*: Die Milieuangehörigen sind meist einfache bis mittlere Angestellte und Beamte mit Familien und mehreren Kindern, mittleren Bildungsabschlüssen und Einkommensverhältnissen.

Liberal-intellektuelles Milieu (10%): Die *Lebensziele* und Werthaltungen sind postmateriell, d.h. auf Selbstverwirklichung, Persönlichkeitswachstum, Individualität und Freiräume ausgerichtet. Soziale Gerechtigkeit und die Versöhnung von Menschen und Natur, aber auch Identität und Erfolg im Beruf werden angestrebt. Die *Lebensweise* ist umwelt- und gesundheitsbewußt, „überflüssiger" Konsum wird abgelehnt. Im Genuß wird Kennerschaft und Verfeinerung, Understatement und Distinktion praktiziert. Man ist weltoffen, die Teilnahme am gesellschaftlichen und kulturellen Leben ist rege. In der *sozialen Lage* der Milieumitglieder fallen die hohe Formalbildung und das gehobene Einkommensniveau auf. Qualifizierte und leitenden Angestellte und Beamte, Freiberufler und Studierende sind weit überproportional vertreten.

Modernes Arbeitnehmermilieu (7%): Die Menschen haben das *Ziel*, sich das Leben so angenehm zu machen, wie es die eigenen Mittel erlauben, dabei aber autonom, kreativ zu bleiben. Lebenslanges Lernen wird angestrebt. Die *Lebensweise* verrät Aufgeschlossenheit, Mobilitätsbereitschaft, Toleranz. Besonders fällt die Neigung zur Verwendung aller technischen Möglichkeiten in Beruf und Freizeit auf. Das „Moderne" in Konsum und Freizeit besticht. In diesem Milieu finden sich viele junge Menschen mit relativ guter (Aus-)Bildung, hochqualifizierte Facharbeiter, qualifizierte Angestellte, deren soziale Lage nicht zuletzt infolge vieler Doppelverdiener auch durch mittlere bis gehobene Einkommen geprägt ist.

Hedonistisches Milieu (11%): Die Menschen wollen das Leben genießen, intensiv leben, Spaß, Kommunikation und „action" haben. Die Werte und *Ziele* der Menschen richten sich daher auf Freiheit und Spontaneität: Sicherheits- und Geborgenheitsstreben wird krass abgelehnt. In der tatsächlichen *Lebensgestaltung* fallen das Leben im Hier und Jetzt, der Mangel an Lebensplanung, der spontane Konsum und der unkontrollierte Umgang mit Geld auf. Die Freude am guten Leben, an Luxus und Komfort dominiert. Man demonstriert Unangepaßtheit und zelebriert den Protest als Stil. Die *soziale Lage* der meist jungen Mitglieder, darunter viele Schüler und Auszubildende, Arbeitslose, un- und angelernte Arbeiter sowie ausführende Angestellte mit „Jobbewußtsein", läßt sich charakterisieren durch eine häufig geringe, oft abgebrochene Formalbildung und meist kleine bis mittlere Einkommen.

Postmodernes Milieu (6%): Hochbewertet werden die ungehinderte Entfaltung der eigenen Persönlichkeit, das Ausleben der eigenen Gefühle, Begabungen und Sehnsüchte. Abgelehnt werden äußere Zwänge, Normen, Ideologien und Leitbilder, langfristige Festlegungen und die eigene Etablierung. Oberstes *Lebensziel* dieses extrem individualisierten Milieus ist es, die eigene Existenz in körperlicher, geistiger und sinnlicher Hinsicht an Grenzen zu treiben. Die *Lebenspraxis* ist ichbezogen: Haben, Sein und Genießen ohne Einschränkungen wird weitmöglichst ausgelebt. Man experimentiert mit „pluralen Identitäten", widersprüchlichen Lebensstilen, lebt in möglichst vielen Welten. Selbstverliebt inszeniert man/frau sich selbst durch Konsum, in Kommunikation, Unterhaltung und Bewegung. Unter den Zugehörigen gibt es viele junge Menschen, viele Singles, viele mittlere Berufsstellungen, viele Schüler, Studierende und junge Akademiker. Die *soziale Lage* bezüglich der Einkommen entspricht der der übrigen Bevölkerung.

Die Grenzen zwischen den soeben dargestellten Milieus sind fließend. Sie stellen keine „echten" gesellschaftlichen Gruppen mit bekannten Namen, symbolisch-deutlichen Grenzen und einem Zusammengehörigkeits-Gefühl der Menschen dar. Es sind vielmehr von Sozialwissenschaftlern „geordnete" Gruppierungen von Menschen mit jeweils ähnlicher Mentalität. Überschneidungen, Randstellungen und Doppelzugehörigkeiten sind daher häufig. Diese Eigenschaften entspringen aber nicht methodischen Unzulänglichkeiten oder einem noch unzureichenden Forschungsstand, sondern sind Abbild der Realität einer Gesellschaft, in deren Sozialstruktur keine „festgefügten" Gruppierungen mit jeweils eigener Kultur und Lebensweise (mehr) existieren, wie dies vordem der Adel und in Teilen auch die Industriearbeiterschaft wohl einmal waren.

Die einzelnen Milieus veränderten seit den frühen 80er Jahren, als ihre Untersuchung begann, ihre Größe und teilweise auch ihre Eigenschaften. Dabei wuchsen im allgemeinen die „moderneren", individualisierteren Milieus. Dagegen haben die „traditionelleren" Milieus, wo die einzelnen stärker in Gemeinschaften und ihre Normen eingebunden sind, meist an Größe verloren. Besonders stark gewachsen sind das „Aufstiegsorientierte", das „Hedonistische" und das „Traditionslose Arbeitermilieu". Sehr geschrumpft sind dagegen das „Kleinbürgerliche Milieu" und das „Traditionelle Arbeitermilieu" (vgl. Tab. 37).

Im Bereich der „moderneren" (in der obigen Abbildung eher rechts eingezeichneten) Milieus ergaben sich auch erhebliche Veränderungen der Struktur und der Eigenschaften. So ist beispielsweise das „Alternative Milieu", das immerhin einmal 4% der Bevölkerung umfaßte, praktisch verschwunden, während das „Postmoderne Milieu" oder das „Moderne Arbeitnehmermilieu" sich völlig neu bildeten. Hinter diesen Größen- und Strukturveränderungen in Milieugefügen stehen die soziokulturellen Entwicklungsprozesse der Individualisierung, der Pluralisierung und der Entkoppelung von Mentalitäten und Lebensbedingungen. Aber auch Veränderungen materieller Lebensbedingungen infolge neuer Technologien und ökonomischer Umbrüche haben zum Milieuwandel beigetragen (vgl. *Vester u.a.* 1993, 38ff.; vgl. 4.2.3).

Die Zugehörigkeit zu einem sozialen Milieu muß nicht lebenslang andauern. Durch Umbrüche im privaten oder beruflichen Leben, durch den Wechsel von Sozialkontakten sowie durch damit in Verbindung stehenden Einstellungsänderungen können sich die Werthaltungen der Menschen von einem Milieu zum andern bewegen. Gleichwohl kann die Milieuzugehörigkeit nicht umstandslos durch bewußte Entscheidungen „gewählt“ oder gewechselt werden. Tiefsitzende Einstellungen und Sozialisationserfahrungen sowie die Verwobenheit in Sozialkontakte lassen im allgemeinen nur langsame Änderungen von Milieustrukturen und -zugehörigkeiten zu[86].

Das Milieugefüge *Ostdeutschlands* war zum Zeitpunkt der Vereinigung in fast allen Teilen verschieden von den westdeutschen Milieus. Seither sind Annäherungsprozesse unübersehbar. Aber auch Ende der 90er Jahre unterschieden sich die ostdeutschen Milieus noch deutlich von denen der alten Bundesländer (vgl. *Vester u.a.* 1995; *Hauser u.a.* 1996, 381ff.; *Müller/Hofmann/Rink* 1997). Traditionellere und gemeinschaftsbewußte Mentalitäten waren in den neuen Bundesländern wesentlich verbreiteter, insbesondere in den Bevölkerungsteilen mit den typischen Mentalitäten von Arbeiter- und Bauern-Unterschichten auf der einen und in den oberschichttypischen Milieus auf der anderen Seite. Die typischen Mittelschichtmilieus, zumal individualistisch-konkurrenzorientierten und jene mit den „neuen“ Werthaltungen, blieben in den neuen Bundesländern (noch) in der Minderheit. Die westdeutschen Milieus konzentrierten sich dagegen in mittleren Soziallagen, weil moderne Dienstleistungsberufe und individualisiertere Lebensweisen größeren Raum einnehmen. Erst fünf von elf ostdeutschen Milieus sind westdeutschen so ähnlich geworden, daß sie Teile gesamtdeutscher Milieus darstellen. Sie sind in der folgenden Abbildung markiert.

86 Allerdings ist hierzu erst wenig exaktes Wissen verfügbar. Die empirische Erforschung „soziokultureller Mobilität“ steht erst am Beginn (vgl. Vester u.a. 1993).

Abb. 36: Soziale Milieus in Ostdeutschland 1997

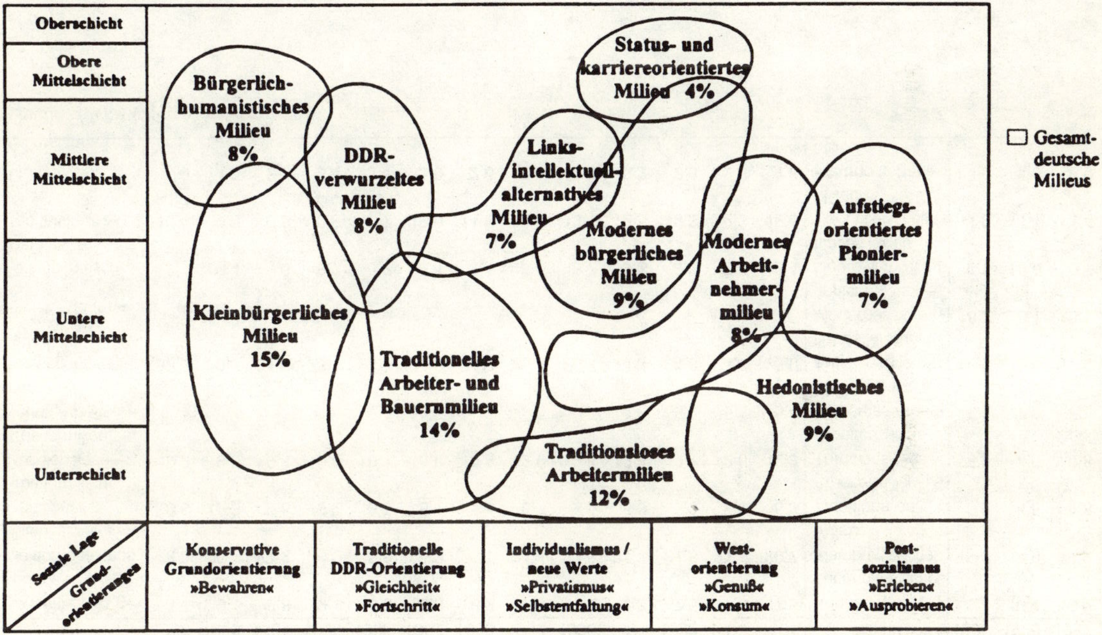

Quelle: *Sinus* 1998, 25

Tab 37: Die Milieustruktur Westdeutschland 1982-1997

	1982	1983	1984	1985	1986	1987	1988	1989	1990	1991	1992	1993	1994		1995	1996	1997
Konservatives gehobenes	8,7	9,1	8,8	9,1	8,6	8,6	8,2	7,9	7,4	7,5	7,5	7,5	7,5	Konservativ Technokratisches	9,8	10,4	10,2
Kleinbürgerliches Milieu	28,3	28,1	27,2	26,0	25,6	25,3	25,1	24,4	23,5	21,4	21,5	21,5	20,7	Kleinbürgerliches Milieu	15,9	14,9	14,2
Traditionelles Arbeitermilieu	9,8	10,3	9,8	9,2	8,5	8,1	7,4	6,7	5,5	5,3	5,3	5,1	5,3	Traditionelles Arbeitermilieu	5,2	4,5	4,8
Traditionsloses Arbeitermilieu	9,2	9,5	9,4	9,6	10,1	10,6	10,9	12,0	12,8	12,4	12,1	12,6	12,3	Traditionsloses Arbeitermilieu	5,2	4,5	4,8
Neues Arbeitnehmer										4,9	5,0	5,1	5,4	Modernes Arbeitnehmer-	7,1	7,2	72,
Aufstiegsorientiertes	20,3	20,7	21,5	23,1	23,7	24,2	24,9	25,4	26,7	24,4	24,8	24,7	25,0	Aufstiegsorientiertes Milieu	18,3	18,0	17,9
														Modernes bürgerliches	8,2	8,1	8,1
Technokratisch-liberales	9,1	9,4	9,6	9,7	9,7	9,4	9,1	8,8	8,7	9,3	9,3	9,2	9,4	Liberal-intellektuelles Milieu	9,5	10,0	9,7
Hedonistisches Milieu	10,4	9,0	9,8	9,9	10,7	10,8	11,8	12,2	13,1	12,5	12,3	12,3	12,6	Hedonistisches Milieu	11,0	11,1	11,4
Alternatives Milieu	4,0	4,0	3,7	3,4	3,4	3,0	2,6	2,6	2,3	2,2	2,3	2,0	1,8	Postmodernes Milieu	4,5	4,9	6,0

(Quelle: *Jacob* 1998, 65)

Die sechs, 1997 in Ostdeutschland anders als in Westdeutschland gearteten Sozialmilieus lassen sich wie folgt beschreiben (*Sinus* 1998, 27ff.):

Bürgerlich-humanistisches Milieu (8% der Bevölkerung Ostdeutschlands): Die *Lebensziele* der diesem Milieu Zugehörigen konzentrieren sich auf christliche und humanistische Wertvorstellungen. Die Tugenden Pflichterfüllung, Selbstdisziplin und berufliche Strebsamkeit dominieren. Es besteht ein ausgeprägtes gesellschaftlichen Verantwortungsgefühl. Häufig werden Ehrenämter übernommen. Die anerkannte Hochkultur (klassische Musik, Theater, Gemälde, Architektur) wird überaus geschätzt, nicht dagegen Populärkultur oder gar „verwahrloste Umgangsformen". Die *Lebensweisen* in diesem Milieu verraten Distanz gegenber modischen Neuerungen sowie Wertschätzung des familiären und nationalen Erbes. Familiärer Zusammenhalt wird als Stütze in Zeiten des Umbruchs hochgehalten. Die Lebensführung beruht auf Maßhalten, auch im Luxuskonsum, und auf Ausgewogenheit. Der Genuß des Immateriellen und des selbst Hervorgebrachten, wie z.B. Hausmusik, steht über dem Genuß des Materiellen. Die Milieuangehörigen sind durchweg im mittleren und höheren Alter. Ihre *soziale Lage* ist gekennzeichnet durch hohe und höchste Bildungsabschlüsse, gehobene Einkommen auch und gerade nach der Wende, durch berufliche Stellungen in Wissenschaft und Forschung, Medizin und Verwaltung, Kirche und Politik.

Traditionelles Arbeiter- und Bauernmilieu (14%): Das Milieu ist nicht nur größer als das ähnliche westdeutsche Traditionelle Arbeitermilieu, sondern auch anders. Die *Lebensziele* richten sich (noch) mehr auf klassisch-proletarische Ziele wie Hilfsbereitschaft, Direktheit und Bescheidenheit. Häufig ist noch ein Klassen- und Arbeiterbewußtsein lebendig: Man ist stolz auf das selbst Erarbeitete und auf den ehemaligen Status in der DDR. (Die eigene) Arbeitslosigkeit gilt als Schande. Die *Lebensweise* ist daraufhin angelegt, sich nicht hervorzutun und sich einzuordnen. Gegen Veränderungen besteht Skepsis. Man lebt sparsam, bescheiden und hat keine unrealistischen Wünsche. Man gibt sich „so, wie man ist", sagt offen und ehrlich die Meinung. Bodenständigkeit und eine gewisse Verklärung der DDR-Verhältnisse dominieren. Über den Vereinigungsprozess herrscht Enttäuschung, Resignation und Pessimismus. Die *soziale Lage* der Milieuangehörigen – darunter viele Rentner, Vorruheständler und Arbeitslose, aber auch Facharbeiter, traditionelle Handwerksberufe, einfache Angestellte und Genossenschaftsbauern – ist geprägt durch meist kleine Einkommen.

DDR-verwurzeltes Milieu: 8% der Bevölkerung identifizieren sich nach wie vor mit den *Werten und Zielen* des Sozialismus, wie soziale Gerechtigkeit, Fortschritt, Solidarität, Frieden etc. Man vertraut auf Vernunft, Wissenschaft und Technik. Alte preußische Tugenden, u.a. Verantwortlichkeit, Disziplin, Fleiß, Ordnung und Sauberkeit, werden hochgehalten. Seit der Wende herrschen Verbitterung und Rückzugstendenzen vor. *Lebenspraxis*: Der bevorzugte Stil ist einfach, zweckmäßig und ästhetisch unsicher. Die westliche Konsumgesellschaft und Unterhaltungsindustrie werden kritisiert. Man hat das Gefühl, nicht mehr gebraucht zu werden und kompensiert dies oft mit Heimwerken, Hausumbau, Lesen und gesellschaftspolitischem Engagement. Die *soziale Lage* der oft älteren Mitglieder ist gekennzeichnet durch einen massiven Statusverlust seit der Wende. Es handelt sich oft um ehemalige Führungskader in Partei, Verwaltung, Wirtschaft und Kultur mit teils einfacher Bildung, teils aber auch Hochschulabschlüssen.

Linksintellektuell-alternatives Milieu (7%): Die *Lebensziele* verraten eine strenge, moralisch korrekte Version des Postmaterialismus: Zwar will man Persönlichkeitsentfaltung, Selbstverwirklichung und Kommunikation, will dabei jedoch gesellschaftlich nützlich sein, anderen helfen, man lehnt westliches Wirtschaftlichkeitsdenken ab, und tritt für soziale Gerechtigkeit, Frieden, ökologische Verantwortlichkeit ein. Der *Lebenszuschnitt* ist selbstreflexiv, naturnahe, verzichtet auf modische Trends, zu viel Technik und Konsum. Man versteht sich als das Gewissen der Gesellschaft und engagiert sich für die eigenen Ideale und Werte in Politik, Gesellschaft und Kunst. Die *soziale Lage* läßt sich kennzeichnen durch ein gehobenes Bildungsniveau, mittlere bis gehobene Einkommen, sowie Berufe in Bildung, Geistes- und Sozialwissenschaften, Theologie, Gesundheitswesen, Kunst und Kunsthandwerk.

Status- und karriereorientiertes Milieu (4%): Die *Lebensziele* richten sich auf beruflichen und sozialen Aufstieg. Man will über Geld verfügen und den erreichten Status auch nach außen zeigen. Der westliche Lebensstandard gilt als Maßstab. Hierfür investiert man viel. Aber über die Wege und Erfolgsrezepte besteht oft Unsicherheit. Häufig ist die kritiklose Überanpassung an marktwirtschaftliches Denken. Die *Lebensweise* ordnet das Privatleben dem Beruf unter. Statussymbole und prestigeorienterter Konsum spielen eine große Rolle. High-Tec fasziniert: die neuen technischen Entwicklungen werden sofort angewendet. Die *soziale Lage* erstreckt sich über alle Bildungsgrade, Berufspositionen und mittlere bis gehobene Einkommensklassen.

Aufstiegsorientiertes Pioniermilieu (7%): Man will etwas aus seinem Leben machen, sich beweisen, eine Existenz aufbauen, die neuen Chancen nach der Wende nutzen. Durchsetzungsfähigkeit, Selbstsicherheit, Unabhängigkeit, Risikobereitschaft und Beharrlichkeit gelten als Ideale. Der „hemdsärmelige Macher" ist das Leitbild. Im Alltagsleben hebt man sich ab durch wirtschaftlichen Erfolg, bewußte Unkonventionalität, Anspruchslosigkeit neben Edelkonsum („Sekt-oder-Selters"). Angestrebt wird ein repräsentativer Lebensstil („Landhaus", „Geländewagen"). Die meist jungen Milieuangehörigen verfügen oft über eine gehobene Bildung und Einkommensverhältnisse. Sie haben sich meist nach der Wende selbständig gemacht, oder sie sind aufstrebende Angestellte.

Da es sich bei milieutypischen Mentalitäten im Kern um psychologisch „tiefsitzende" Werthaltungen handelt, lassen sich viele alltägliche Denk- und Verhaltensweisen, u.a. in Familie, Politik und Freizeit, recht gut mit der Milieuzugehörigkeit der Menschen erklären. In den folgenden Abschnitten wird daher an einigen Stellen nicht nur auf das Gefüge sozialer Klassen, Schichten und Lagen, sondern auch auf die Milieustruktur zurückgegriffen werden, z.B. politische Einstellungen und Parteipräferenzen zu erklären. Auch die ganz unterschiedliche Art und Weise, wie Menschen die eigene soziale Lage gestalten, wie sie beispielsweise die völlig veränderten Lebensbedingungen in Ostdeutschland bewältigen, ist zum erheblichen Grade eine Frage der Milieuzugehörigkeit.

7.2.3 Lebensstile

Unter „Lebensstil" versteht man eine bestimmte Organisationsstruktur des individuellen Alltagslebens (*Hradil* 1995a; vgl. *Zapf u.a.* 1987, 14; *Lüdtke* 1989, 40). Ein Lebensstil ist demnach ein regelmäßig wiederkehrender Gesamtzusammenhang von Verhaltensweisen, Interaktionen, Meinungen, Wissensbeständen und bewertenden Einstellungen eines Menschen (vgl. *Spellerberg* 1995, 231; *Müller* 1992, 377; *Klocke* 1993, 152). Nicht jeder Mensch hat einen anderen Lebensstil. Ähnlichkeiten, Gemeinsamkeiten und damit Lebensstilgruppierungen ergeben sich u.a. deshalb, weil sich Menschen bei der Gestaltung ihres Lebens an Muster, Vorbilder und Mitmenschen anlehnen.[87]

Wer von Lebensstilen spricht, setzt voraus, daß Menschen eine gewisse Freiheit in der Gestaltung ihres Alltags besitzen. Je weiter Wohlstand, Bildung und Liberalität gediehen sind, desto leichter ist der relativ eigenständige Zuschnitt von Lebensstilen. In den 70er und 80er Jahren hat in Westdeutschland eine Reihe von Entwicklungen die Pluralisierung der Lebensstile gefördert: die Erhöhung des Lebensstandards, der Ausbau des Wohlfahrtsstaates, eine mit der Bildungsexpansion einhergehende freiere Jugendphase, der Wertewandel und kulturelle Ausdifferenzierungen. In den 90er Jahren stagnierte mit der ökonomischen Krise auch die Lebensstilpluralisierung (*Spellerberg* 1995, 231).

Den Menschen in modernen Gesellschaften wird ihr Lebensstil zunehmend selbst wichtiger. Sie definieren sich in wachsendem Maße nicht nur über beruflichen Erfolg und familiäres Glück, sondern auch über ihre persönliche Lebensweise. Sie gestalten und „stilisieren" ihr Leben oft sehr bewußt, sind dabei immer häufiger auch auf Außenwirkungen bedacht und machen gerade diese zum Maßstab für ein ge- oder mißlungenes Leben.

Die einzelnen können ihren Lebensstil keineswegs völlig frei wählen. Ältere, gebildetere, in Familie lebende oder männliche Personen unterliegen anderen Prägefaktoren als jüngere, weniger gebildete, alleinlebende oder weibliche Gesellschaftsmitglieder (vgl. *Spellerberg* 1996). Auch die Berufsposition und das verfügbare Einkommen eines Menschen wirken sich auf seinen Lebensstil aus (*Spellerberg* 1996, 173ff.; 1966a, 214f; *Georg* 1995, 116).

---

87 Einen Überblick über den Stand der Lebensstilforschung vermitteln u.a.: *Dangschat/Blasius* (Hg.) 1994; *Drieseberg* 1995; *Schwenk* (Hg.) 1996

Anders als die Zugehörigkeit zu einem bestimmten sozialen Milieu ändert sich der Lebensstil eines Menschen, das heißt seine Verhaltens- und Denkroutinen, unter Umständen recht schnell. Denn sie sind weit mehr als die typischen Werthaltungen eines sozialen Milieus abhängig von den jeweils verfügbaren Ressourcen, von aktuellen Lebenszielen, von der momentanen Lebensform und von persönlichen Entscheidungen der einzelnen.

Abb. 37: Lebensstile in Westdeutschland 1996

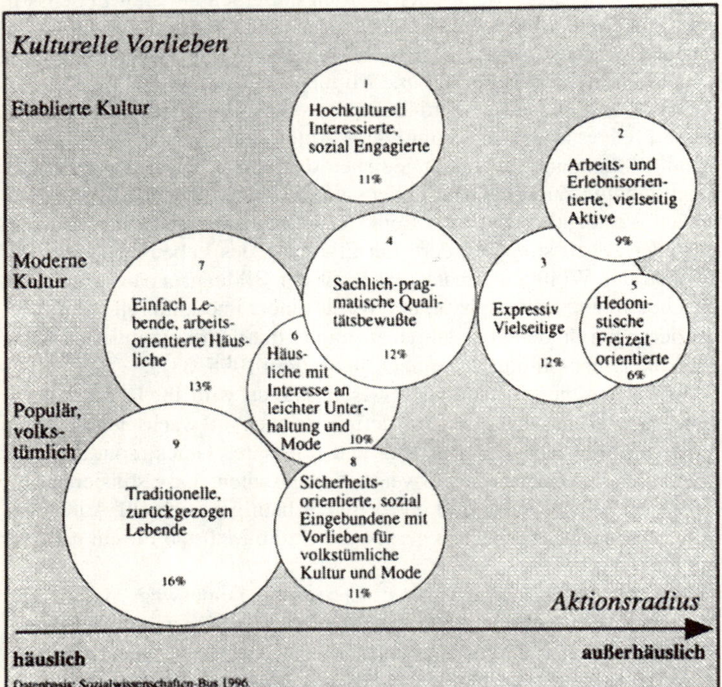

Daten: Sozialwissenschaften-Bus 1996 (Befragte bis zu 61 Jahren);
Quelle: *Schneider/Spellerberg* 1999, 106

Beschreibt man die Lebensstile der Menschen aufgrund des jeweiligen Freizeitverhaltens und Musikgeschmacks, der Lektürgewohnheiten, Fernsehinteressen, des Kleidungsstils, der Lebensziele und der Wahrnehmung des persönlichen Alltags (*Schneider/Spellerberg 1999, 101)* und ordnet die Personen aufgrund der genannten Merkmale in einander ähnliche Gruppierungen, so ließen sich im Jahre 1996 sowohl in West- wie in Ostdeutschland jeweils neun Lebensstile erkennen.

Die Lebensstile in der hier zitierten Untersuchung wurden zum einen nach ihrem Aktionsradius angeordnet (waagerechte Achse in der Abb.): Sie erstrecken sich von häuslichen, auf die Privatsphäre zurückgezogenen bis hin zu äußerhäuslichen, „öffentlichen" Lebensstilen. Zum andern wurden die Lebensstile nach ihrem „kulturellen Status" rangiert (senkrechte Achse): „Oben" wurden Lebensstile mit Vorlieben für etablierte Kulturgüter, „in der Mitte" wurden Lebensstile mit Vorlieben für moderne Unterhaltung und „unten" wurden Lebensstile mit Präferenzen für volkstümliche Kulturformen angeordnet. Damit haben Lebensstile mit sozialen Milieus nicht nur die ungefähre Zahl sondern auch eine Struktur gemeinsam, in der sich in bestimmter Hinsicht durchaus „vertikale" Schichten von Lebensstilen unterscheiden lassen, wobei sich freilich innerhalb jeder „Schicht" nicht nur eine Lebensweise findet, sondern deutlich voneinander verschiedene Lebensstile anzutreffen sind.

Die einzelnen Lebensstile in Westdeutschland können wie folgt charakterisiert werden (*Schneider/Spellerberg* 1999, 107ff.).

Die Menschen der Lebensstilgruppe I *„Hochkulturell Interessierte, sozial Engagierte"* (11% der westdeutschen Bevölkerung) streben nach politischem Engagement, Sparsamkeit und Hilfsbereitschaft. Ihr Geschmack wird u.a. durch Opern, Dokumentationen zur Zeitgeschichte, klassische Literatur, Romane, Gedichte, Biographien, Sachbücher sowie durch elegante, qualitativ hochstehende Kleidung getroffen. Das Alltagsverhalten dieser besonders aktiven Bevölkerungsgruppe richtet sich auf die Familie und den Einsatz für Hilfebedürftige, auf eigene künstlerische Aktivitäten und Weiterbildung. – Die Mitglieder sind meist im mittleren und höheren Alter, überdurchschnittlich gebildet, beruflich erfolgreich und gut verdienend.

In der Lebensstilgruppe 2 *„Arbeits- und Erlebnisorientierte, vielseitig Aktive"* (9%) überwiegen die Lebensziele Abwechslung, Führungspositionen, politisches Engagement und gutes Aussehen. Der Geschmack richtet sich auf Rockmusik, Pop und Opern, auf Dokumentationen und Spannung im Fernsehen, auf Lesestoff aller Art. Der Alltag wird eher grnußvoll und zwanglos verbracht. Der Kleidungsstil ist elegant und jugendlich. Die Freizeit wird häufig mit Theaterbesuchen, Weiterbildung, Computern, künstlerischen Aktivitäten und Besuchen von Freunden gestaltet. – Die Gruppenmitglieder sind eher jung, besonders gut gebildet, beruflich obenstehend und einkommensstark. Es überwiegend ledige.

Die Mitglieder der Lebensstilgruppe 3 *„Expressiv Vielseitige"* (12%) streben nach vielen Zielen zugleich. Ihr Geschmack geht in Richtung Schlager, Popmusik sowie Fernsehsendungen und Bücher vieler Art. Der Alltag ist zugleich familien-, arbeits-, genuß- und sozial orientiert. – Unter den Mitgliedern überwiegen mittlere

Altersgruppen, mittlere bis höhere Bildungsabschlüsse, Durchschnittseinkommen und das Leben in einer Familie.

Wer der Lebensstilgruppe 4 *„Sachlich-pragmatische Qualitätsbewußte"* (12%) zugehört, will vor allem Abwechslung, politisches Engagement und Führungspositionen erreichen. Der Alltag ist oft arbeitsbezogen. Die Freizeit ist durch Computer und Weiterbildung, weniger durch Fernsehen, kulturelle Veranstaltungen oder Freunde geprägt. Gelesen werden allenfalls Sachbücher. – Die Mitglieder weisen oft mittlere und höhere Bildungsabschlüsse auf. Überproportional viele arbeiten Vollzeit, haben leicht überdurchschnittliche Einkommen, sind verheiratet und haben Kinder.

Der Lebensstil 5 *„Hendonistische Freizeitorientierte"* (6%) ist durch die Lebensziele eines abwechslungsreichen Lebens, Anerkennnung durch andere, gutes Aussehen und Sicherheit, dagegen kaum durch soziales Engagement charakterisiert. Das Alltagsverhalten ist arbeitsorientiert, aber auch genußvoll und selbstbestimmt. Verpflichtungen und Einschränkungen spielen kaum eine Rolle. Moderne Unterhaltungsmusik, Action- und Horrorfilme, Sport und Shows im Fernsehen, Sachbücher und Comics, ein jugendlicher und „praktischer" Kleidungsstil kennzeichnen den Geschmack. Die Freizeit wird mit Freunden und Computern, vor dem Fernseher oder Musik hörend verbracht. – Wer diesen Lebensstil pflegt, ist meist jung und männlich, verdient gut, hat eine eher geringe Bildung, ist (oft als Arbeiter) erwerbstätig, ledig und kinderlos.

Die Lebensstilgruppe 6 (10%) *„Häusliche mit Interesse für leichte Unterhaltung und Mode"* zeichnet sich durch keine hervorstehenden Ziele aus. Bevorzugt werden leichte Unterhaltung, Schlager und Marschmusik, Heimatfilme, Serien und Shows im Fernsehen, Unterhaltungs- und Arztromane sowie Esoterik. Im Alltag dominiert ein einfaches Leben für die Familie. Die Freizeitaktivitäten halten sich insgesamt in Grenzen und sind eher häuslich orientiert. – Es handelt sich um eher ältere Menschen, oft um Frauen, häufig mit niedrigerer Bildung, eher selten um Erwerbstätige. Die Einkommen liegen meist im Mittelfeld.

Die Menschen, die zur Lebensstilgruppe 7 *„Einfach Lebende, arbeitsorientierte Häusliche"* (13%) zählen, haben durchschnittlich intensive Lebensziele. Ihr Alltag läßt sich als familienorientiert, einfach und arbeitsorientiert beschreiben. Ihr Geschmack richtet sich auf Schlager, Action- und Horrorfilme, nicht auf Opern oder auf Lektüre. Die Freizeit wird oft mit der Familie oder im Garten, nicht in kulturellen Veranstaltungen verbracht. Die Kleidung soll praktisch und bequem sein. – Diese Menschen sind unterschiedlich alt, zu gleichen Teilen Männer und Freuen, meist Hauptschulabsolventen, meist verheiratet mit Kindern, mit eher geringem Einkommen.

Der Lebensstilgruppe 8 *„Sicherheitsorientierte, soziale Eingebundene mit Vorlieben für volkstümliche Kultur und Mode"* (11%) sind soziale Ziele wie Hilfsbereitschaft, Sicherheitsorientierungen und Sparksamkeit wichtig. Schlager und Märsche, Shows, Heimatfilme und Serien, aber auch Informationssendungen im Fernsehen werden bevorzugt. Opern, Rockmusik und Horrorfilme werden abgelehnt. Der Alltag gestaltet sich einfach, familien-, sozial-, arbeits- und genußorientiert. Die Kleidung ist ebenso höherwertig und elegant wie praktisch und bequem. Die

Freizeit wird zu Hause verbracht. – Die Gruppe besteht meist aus Frauen unterschiedlichen Alters, mit niedriger Bildung, die eher selten erwerbstätig sind und ein bescheidenes Einkommen haben.

Den Mitgliedern der Lebensstilgruppe 9 (16%) *„Traditionelle, zurückgezogen Lebende"* sind Sparsamkeit und Sicherheit besonders wichtig. Deutsche Schlager und Marschmusik, TV-Serien, Heimatfilme und Shows werden befürwortet. Bücher, Informationssendungen sowie schnelle Actionfilme werden abgelehnt. Der Alltag verläuft einfach und familienorientiert. Die Freizeitaktivitäten reduzieren sich oft aufs Fernsehen. – Es handelt sich oft um relativ alte Menschen, mit eher geringer Bildung, häufig um Frauen. Die Einkommen sind niedrig. Erwerbstätigkeit ist selten. Viele leben (schon) allein. In dieser und in der vorigen Gruppen finden sich viele Ausländer.

Abb. 38: Lebensstile in Ostdeutschland 1996

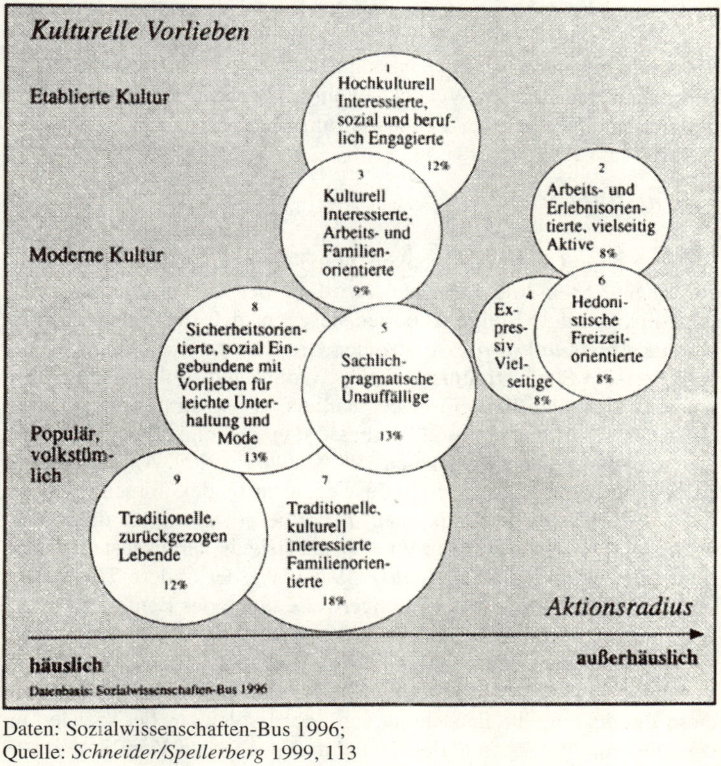

Daten: Sozialwissenschaften-Bus 1996;
Quelle: *Schneider/Spellerberg* 1999, 113

Vergleicht man die typischen Lebensstile Westdeutschlands mit denen in Ostdeutschland, so wird deutlich, daß sich – trotz aller Veränderungen – in Ostdeutschland nach wie vor wesentlich norm-, konventions- und traditionsgebundenere Lebensstile als in Westdeutschland finden. Auch die Erwartungen an Autoritäten und staatliche Stellen sind höher als in Westdeutschland. Männer und Frauen leben in Ostdeutschland stärker familien- und arbeitsorientiert und weniger freizeit- und öffentlichkeitsorientiert als im Westen. Kulturelle Interessen beziehen sich im Osten häufiger auf Spannung und Erlebnisvermittlung sowie auf volkstümliche Unterhaltung. Westdeutsche sind dagegen häufiger an „bürgerlichen", etablierten Kulturformen interessiert. Kreativität, Hedonismus und außerhäusliche Freizeitgestaltung sind im Westen von größerer Bedeutung. Teilweise hängt dies mit den geringeren verfügbaren finanziellen Mittel und der großen Zahl von Arbeitslosen zusammen. Teilweise sind dies aber auch noch die Nachwirkungen der vor der Wende gewohnten wesentlich familienorientierteren und häuslicheren Lebensführungen.

Lebensstiltheorien

Wieso es zur Unterschiedlichkeit von Lebensstilen kommt und die einzelnen Lebensstile entstehen, wird in der Literatur ganz unterschiedlich erklärt. Einige Theorien besagen, daß die Lebensstile im Grunde *Anpassungsprozesse* sozialer Gruppen an „objektive" Gegebenheiten der Sozialstruktur (Arbeits-, Wohn- und Einkommensbedingungen) darstellen bzw. in zweckmäßiger Weise strategischen Interessen an der Erhaltung und Verbesserung der eigenen Position im Klassengefüge dienen (*Bourdieu* 1982; *Müller* 1992). Andere Theorien behaupten, daß Lebensstile deswegen zustandekommen, weil sie sich aus der Sicht der Individuen in Probierprozessen als die *zweckmäßigste Organisationsform* ihres Alltagslebens herausgestellt haben (rationales Wahlverhalten; *Lüdtke* 1989). Wieder andere Theoretiker betonen, daß Lebensstile notwendigerweise durch das Bemühen zustande kommen, eine eigene *soziale Identität*, das heißt Selbstzuordnung und Zugehörigkeit einerseits und Absetzung und Distanz andererseits, zu entwickeln (*Hörning/Michailow* 1990; *Michailow* 1996). Während diese Begründung die Entstehung von Lebensstilen aus der sozialen Integration von Menschen herleitet, sind andere eher auf Konfliktprozesse ausgerichtet. Laut *Berking und Neckel* (1990) kommen Lebensstile primär durch *Abgrenzungsprozesse* von sozialen „Territorien“ und durch Prozesse der Herstellung von Differenz(en) zustande.

Der Lebensstil als Produzent sozialer Ungleichheit

Lebensstile stellen bis zu einem bestimmten Grad, jedoch nicht in erster Linie, die Konsequenz ungleicher „vertikaler“ Lebensbedingungen dar, wie z.B. von Einkommensverhältnissen. Darüberhinaus finden sich aber zahlreiche „horizontale“ Unterschiede zwischen Lebensstilgruppierungen. Sie bestehen teils innerhalb sozialer Schichten, teils über Schichtgrenzen hinweg. Dieser Befund hat auf dem ersten Blick nichts mit der Problematik sozialer Ungleichheit zu tun. Er bezieht sich auf bloße Erscheinungen sozialer Unterschiedlichkeit. Bei näherem Hinsehen zeigt sich jedoch, daß manche dieser „horizontalen“ Unterschiede durchaus ungleiche „vertikale“ Auswirkungen haben: So sind Menschen mit bestimmten Lebensstilen üblicherweise zufriedener als andere. Von den westdeutschen Lebensstilen (s.o.) weisen die „expressiv Vielseitigen“ (Lebensstil 6) die größte Zufriedenheit auf[88]. Diese Gruppen haben gemeinsam, sich intensiv für bestimmte Angelegenheiten in ihrem Alltag zu engagieren. Relativ unzufrieden sind die älteren, eher passiven und „zurückgezogen Lebenden“ (9), gerade wegen ihrer zurückgezogenen Lebensweise. Es gibt also durchaus vorteilhafte und unvorteilhafte, „erfolgreichere“ und weniger „erfolgreiche“ Lebensstile (*Spellerberg* 1996, 198ff.)

7.3 Familie, Erziehung und Sozialisation

Die soziale Stellung von Gesellschaftsmitgliedern, ihre Werthaltungen, Milieu- und Lebensstilzugehörigkeiten machen sich unter anderem im Familienleben der Menschen bemerkbar und rufen dort wiederum Vor- und Nachteile hervor. So finden sich in Familien mit besseren Lebensbedingungen, bestimmten Werthaltungen und Lebens-

88 Dies gilt auch dann, wenn auf statistischem Wege gleiche Lebensbedingungen der einzelnen Lebensstilgruppierungen hergestellt werden und so allein die jeweiligen Lebens*weisen* berücksichtigt werden.

weisen gewisse Umgangsformen, Erziehungsprinzipien und Sprachstile häufiger als in anderen Familien. Damit zusammenhängend steigt sich auch die Wahrscheinlichkeit, daß bei Kindern in diesen Familien bestimmte Persönlichkeitsmerkmale entstehen, zum Beispiel eine ausgeprägte Leistungsmotivation, die Erfolge und weitere Vorteile nach sich ziehen.

7.3.1 Heiratsverhalten

Die Einflüsse ungleicher Lebensbedingungen und damit mehr oder weniger eng zusammenhängender Werthaltungen zeigen sich bereits bei der Eheschließung. Zwar unterscheidet sich die Heiratshäufigkeit in verschiedenen Bevölkerungsgruppen kaum. Personen mit hohem Ausbildungsstand sind jedoch seltener verheiratet als solche mit geringerer Bildung (*Bertram* 1991, 648). Dies gilt für Männer erst seit kurzem, für Frauen schon seit längerer Zeit. Frauen heiraten seltener, weil sie befürchten müssen, daß eine Heirat und vor allem die Gründung einer Familie sie daran hindern werden, ihre hohe Qualifikation im Berufsleben entsprechend zu „verwerten" (*Brüderl/Diekmann* 1994). Hochqualifizierte Frauen und Männer heiraten im allgemeinen auch später als geringer qualifizierte (*Diekmann* 1990). Denn lange Bildungs- und Ausbildungsphasen ermöglichen erst in höherem Lebensalter materielle Sicherheit und führen so zu einem höheren Heiratsalter.

Die meisten Ehen werden zwischen Angehörigen gleicher (Bildungs-, Berufs- und Einkommens-)Schichten geschlossen. Diese sogenannte Schichtungs-Homogamie ist keineswegs, wie man meinen könnte, im Abnehmen begriffen, sondern trat im Gegenteil in den vergangenen Jahrzehnten immer deutlicher hervor: So zeigte sich Anfang der 90er Jahre, daß die Schichtzugehörigkeit von Partnern der jüngeren Altersgruppe (zwischen 1958 und 1967 Geborene) stärker übereinstimmt als in der älteren Gruppe der zwischen 1933 und 1942 Geborenen (*Bertram* 1991, 643; ähnlich *Wirth* 1996; *Diekmann* 1990). Von den an- und ungelernten Arbeitern der jüngeren Altergruppe haben ca. 53% einen Partner aus diesen beiden unteren Schichtungsgruppen, von der ältesten Gruppe nur ca. 50% (*Bertram* 1991, 645). Die romantische Annahme, Liebe sei an „Standesgrenzen" nicht gebunden und Aufstieg per Heirat stelle besonders für Frauen eine durchaus realistische Chance dar, orientiert sich also an der Ausnahme und nicht an der Regel.

„Gleich und gleich gesellt sich gern“, sagt der Volksmund. Die Ursachen dafür, daß dies insbesondere für das Heiraten von Bildungsgleichen gilt, sind unter anderem in der Bildungsexpansion zu finden. In den 50er und 60er Jahren, als Frauen noch wesentlich seltener als Männer höhere Bildungsabschlüsse erreichten, blieb Männern schon aus Gründen der Häufigkeit nichts anderes übrig, als sich mit Frauen geringerer Bildung (und damit häufig auch geringerer beruflicher Stellung und Einkommensstufe) zusammenzufinden (*Ziegler* 1985). Dies ist heute nicht mehr der Fall. Seit den 80er Jahren sind Frauen auch in Einrichtungen weiterführender Bildung wenigstens so häufig vertreten wie Männer. Dadurch sprechen heute bereits die Häufigkeits-, Gelegenheits- und Begegnungsstrukturen in Schule, Beruf etc. dafür, einen Partner von gleichem Bildungsstatus zu finden.

Die Auswirkungen der Homogamie werden häufig darin gesehen, daß die sozialen Schichten dadurch homogener und die Schichtgrenzen undurchlässiger werden (*Wirth* 1996; *Diekmann* 1990; *Ziegler* 1985). Dies ist aber nur dann so, wenn in den immer häufigeren statuskonsistenten Ehen auch das Denken, das Handeln und die Bekanntschaftskreise der Partner schichttypisch verlaufen und so zur Geschlossenheit sozialer Schichten beitragen. Wenn freilich die Werthaltungen, Einstellungen und Lebensstile der (Ehe-)Partner trotz ähnlichen Bildungsgrades und Berufes nicht übereinstimmen und sich die Bekanntenkreise der (Ehe-)Partner auch über Schichtgrenzen hinweg erstrecken, wird Homogamie allein noch keine Verfestigung der sozialen Schichtung bewirken.

Ähnlich wie bei der Schließung von Ehen zeigen sich auch bei Ehescheidungen gewisse Einflüsse ungleicher Lebensbedingungen. Anders als bestimmte Berichte von Prominentenscheidungen in Massenmedien vermuten lassen, werden mit steigendem Status der Ehepartner Scheidungen seltener und nicht häufiger. Die höheren Alltagsbelastungen in den unteren Schichten tragen zum Zerbrechen von Beziehungen bei. Allerdings sollte man diese Tendenzen nicht überbewerten. Andere Faktoren haben einen größeren Einfluß als ungleiche Lebensbedingungen: Kinderlose und in Städten lebende Eheleute, sowie berufstätige Frauen werden wesentlich häufiger geschieden als kinderreiche und auf dem Land lebende Ehepartner sowie Hausfrauen.

Heirat und Familiengründung sind seit den 70er Jahren keineswegs mehr selbstverständlich. Vor allem unter den jüngeren Menschen mit höherer (Aus-)Bildung geht die Heiratsneigung zurück. Von den jüngeren Altersgruppen werden höchstens noch drei Viertel der Männer und vier Fünftel der Frauen heiraten (*BMFSFJ* 1998, 78). Andere Lebensformen, wie Nichteheliche Lebensgemeinschaften, Alleinerziehende und Singles finden sich dagegen immer häufiger. Diese sog. „Pluralisierung der Lebensformen" verbreitete sich zunächst hauptsächlich bei den gebildeteren, finanziell besser gestellten und in Ballungsgebieten lebenden Angestellten und Beamten. Seit den 80er und 90er Jahren finden sich „unkonventionelle" Lebensformen, wenn auch in geringererm Maße, auch in finanziell und beruflich bescheidener gestellten Lebenslagen.

7.3.2 Generatives Verhalten

Als generatives Verhalten bezeichnet man alle Verhaltensweisen, die sich auf die Fortpflanzung der Menschen beziehen. Die durchschnittlichen Kinderzahlen je Familie bzw. Ehe sind seit Ende des vorigen Jahrhunderts laufend zurückgegangen. Zunächst begann das Besitzbürgertum in der zweiten Hälfte des 19. Jahrhunderts, die Zahl der Kinder einzuschränken. Dieses Verhalten breitete sich dann in immer mehr Bevölkerungsgruppen aus, sobald deren wirtschaftliches Interesse an Kindern nachließ, empfängnisverhütende Mittel verfügbar waren und die Lockerung religiöser Bindungen deren Verwendung zuließ. So kam es, daß noch vor wenigen Jahrzehnten die durchschnittlichen Kinderzahlen der Familien verschiedener sozioökonomischer Gruppen sich erheblich voneinander unterschieden. Vor allem die Landbevölkerung und die industrielle Arbeiterschaft hatten noch in der Zwischenkriegszeit wesentlich mehr Kinder als der Rest der Bevölkerung. Seither haben auch diese Gruppen die Zahl ihrer Kinder an die durchschnittliche Kinderzahlen angeglichen.

Heute sind nur noch geringe Zusammenhänge zwischen den Lebensbedingungen von Familien und ihrer Kinderzahl festzustellen (*Bertram* 1991, 264). Lediglich die Kinderzahl in Beamtenfamilien ist im allgemeinen etwas höher als üblich. Dies steht vermutlich im Zusammenhang mit der gesicherten Berufsstellung von Beamten.

Frauen mit höherer Bildung heiraten nicht nur seltener und später (s.o.), sie gründen auch Familien später und bleiben wesentlich häufiger kinderlos. Ein Teil von ihnen schiebt die Familiengründung zugunsten des beruflichen Fortkommens auf, ein anderer Teil will die

Erwerbstätigkeit nicht unterbrechen bzw. findet keine geeignete Lösung, Beruf und Familie zu vereinbaren, und entscheidet sich schließlich gegen Kinder (*Klein/Lauterbach* 1994).

In den Prozeß der Angleichung der Kinderzahlen sind auch die ausländischen Familien einbezogen. Zwar bringen ausländische, insbesondere türkische Frauen nach wie vor mehr Kinder als deutsche zur Welt. 1995 hatten 27% der ausländischen Ehepaare, aber nur 12% der deutschen Ehepaare drei und mehr Kinder im Haushalt (Stat. Bundesamt 1997). Aber die Ausländer, die schon seit längerer Zeit in Deutschland leben, passen ihre Kinderzahlen hiesigen Standards an.

7.3.3 Erziehung und Sozialisation

Von besonderem Interesse ist die Frage, ob in besser- bzw. schlechtergestellten Familien Erziehungs- und Sozialisationsprozesse unterschiedlich ablaufen, und wenn ja, welche Auswirkungen diese Unterschiede auf die Entwicklung der Kinder und ihre Chancen in Schule und Beruf haben.

Unter Erziehung versteht man hierbei „absichtsvolle und planvolle Maßnahmen, (...) durch die Erwachsene in den Prozeß des kindlichen Lernens einzugreifen versuchen, um Lernvorgänge zu unterstützen oder in Gang zu bringen, (...) welche von den Erwachsenen als wünschenswert angesehen werden." (*Brezinka* 1964, 198, zit. n. *Fend* 1976, 50). Während „Erziehung" stets eine zielgerichtete Einwirkung darstellt, bezeichnet der übergreifende Begriff der Sozialisation beabsichtigte und unabsichtliche Einwirkungen auf die Persönlichkeit. Sie können von Menschen, von bestimmten Verhältnissen oder von Aktivitäten der Sozialisierten selbst (z.B. von Kindern) ausgehen.

Der Ablauf der familiären Sozialisation wird wesentlich durch die Werte, Einstellungen und Erziehungsziele der Eltern geprägt. Hierbei wurde festgestellt, daß im Laufe der vergangenen Jahrzehnte in den nachwachsenden Elterngenerationen die Werthaltungen und Einstellungen immer größere Verbreitung erfahren haben, die die individuelle Selbstbestimmung betonen. Dagegen haben die Werte an Häufigkeit verloren, die auf die Anpassung der einzelnen an gegebene Verhältnisse oder Erwartungen hinauslaufen (*Feldkircher* 1994, 185). Diese Tendenzen stehen im Einklang mit dem oben skizzierten „Wertewandel" in modernen Gesellschaften.

Dieser Wandel hin zur höheren Einschätzung individueller Autonomie ist sowohl in den Arbeiter- als auch in den Dienstleistungsschichten zu beobachten, die schon seit Jahrzehnten individualistischere Erziehungsziele als die Arbeiterschaft vertraten. Daher blieben die relativen Unterschiede zwischen den unteren und den mittleren Schichten erhalten, wenn auch gewissermaßen auf höherem Niveau der Individualität. Die konkreten Erziehungsziele weisen so nach wie vor einen deutlichen Zusammenhang mit der Schichtzugehörigkeit auf. In „Dienstklassen" werden Erziehungsziele zum Beispiel hin zur Förderung des „eigenen Menschenverstandes" und der „eigenen Urteilsgabe", des „Verantwortungsbewußtseins", der „Rücksicht" und des „Interesses an den Dingen" deutlich höher bewertet als in den Arbeiterklassen. Dort stehen „Gehorsamkeit", „gute Umgangsformen" und „Ordnung und Sauberkeit" höher im Kurs (*Feldkircher* 1994, 187ff.).

Damit haben sich auch noch in den 90er Jahren empirische Ergebnisse bestätigt, die seit in den 60er Jahren in den USA und in vielen anderen Ländern gewonnen wurden. So schreibt z.B. *Melvin Kohn* 1981 (zit. n. *Feldkircher* 1994, 186): „Je höher die soziale Stellung, desto größer ist die Wahrscheinlichkeit, daß Selbstbestimmung hoch bewertet wird und daß das Orientierungssystem auf dem Glauben an die Möglichkeit und Wirksamkeit der Selbstbestimmung beruht. Je niedriger die Stellung, desto größer ist die Wahrscheinlichkeit, daß Anpassung an äußere Autorität hoch bewertet wird und der Glaube an die Befolgung der Gebote der Autorität als die klügste und vielleicht die einzig mögliche Handlungsweise betrachtet wird."

Die erwähnten Wertorientierungen und Erziehungsziele, die in unteren Schichten eher Konformität, in mittleren und oberen Schichten eher Selbstbestimmung obenan setzen, machen sich im gesamten Familienleben bemerkbar: Die Rollenverteilungen, Interaktionen und Kommunikationsweisen in den unteren Schichten eher auf die Erfüllung herkömmlicher Regeln bezogen, in mittleren und oberen Schichten sind oft an den Bedürfnissen der einzelnen Personen orientiert. Dies kommt auch im Verhältnis der Geschlechter zum Ausdruck: So stimmten auch in den 90er Jahren Personen mit niedrigen Bildungsabschlüssen deutlich öfter als als andere folgenden Meinungen zu:

– „Ein Kleinkind würde sicherlich darunter leiden, wenn seine Mutter berufstätig ist".

– „Für eine Frau ist es wichtiger, ihrem Mann bei seiner Karriere zu helfen, als selbst Karriere zu machen."
– „Eine verheiratete Frau sollte auf eine Berufstätigkeit verzichten, wenn es nur eine begrenzte Anzahl von Arbeitsplätzen gibt, und wenn ihr Mann in der Lage ist, für den Unterhalt der Familie zu sorgen." (Daten: Allbus 1991; *Braun/Nowossadeck* 1992, 134ff.)

Die dargestellten Unterschiede der Werthaltungen, Erziehungsziele und Familienstrukturen resultieren häufig aus Anpassungsprozessen der einzelnen an vorteilhafte Lebensbedingungen (Berufsstellung, Einkommenshöhe, Qualifikation), die persönliche Handlungsmöglichkeiten begünstigen, oder aber an nachteilige, einengende Lebensbedingungen. Es sind insbesondere die jeweiligen Erfahrungen am Arbeitsplatz, die die Werthaltungen, Familienrollen und Erziehungsziele beeinflussen. Viele Arbeiter machen immer wieder Erfahrungen, die ihre Selbstbestimmung eher beschneiden, während von Angehörige der Dienstleistungsmittelschichten umgekehrt oftmals gerade Selbstbestimmung gefordert wird. Diese Arbeitserfahrungen der verschiedenen Schichten schaffen eine bestimmte Weltanschauung und prägen damit Rollenvorstellungen und Erziehungsleitlinien.

Die Diskussion um die „schichtspezifische Sozialisation" (vgl. *Hurrelmann* 1988, 107ff.; *Rolff* 1997, 100ff.) hat deutlich gemacht, daß man sich bei der Erklärung dieser Zusammenhänge vor Vereinfachungen hüten sollte (*Steinkamp/Stief* 1978, 246ff.; *Grüneisen/Hoff* 1977; *Bertram* 1978). Bei der Prägung von Sozialisationsprozessen sind die Wirkungsebenen der Lebens- und Arbeitsbedingungen, der familiären Prozesse und der Individuen mit ihren je eigenen Verläufen zu unterscheiden, über die wir aber zum Teil nur wenig wissen. Auch Väter und Mütter haben jeweils eigene Wirkungsbereiche. Außer schichtspezifischen Momenten spielen noch weitere, u.U. durchaus ungleiche Faktoren eine Rolle. Hierzu zählen u.a. Wohnbedingungen, Bekanntschaftskreise, persönliche Eigenschaften, die außerfamiliale Sozialisation in Kindergarten, Schule, Gleichaltrigengruppen und Massenmedien sowie die ethnische und regionale Zugehörigkeit. Schließlich ist Sozialisation offenbar immer weniger eine Einbahnstraße. Je mehr die Eigenständigkeit von Personen zum Ziel von Sozialisations- und Erziehungsprozessen wird, desto mehr sind die Sozialisierten selbst auch an ihrer Sozialisation beteiligt. Weder die Faktoren sozialer Schichtung, noch die Sozialisationsprozesse in der Familie haben also eine Monopolstellung im Sozialisationsprozess.

Das tatsächliche Erziehungsverhalten von Eltern stimmt keineswegs immer mit den Zielvorstellungen überein. Untersuchungen zeigen, daß sich die Erziehungspraktiken in verschiedenen Statusgruppen weniger deutlich unterscheiden als die Erziehungsvorstellungen. Dennoch gibt es Unterschiede (*Steinkamp/Stief* 1978). Sie treten bereits beim Anlaß des Eingreifens auf. Eltern aus unteren (Einkommens-, Bildungs- und Prestige-)Statuslagen reagieren vornehmlich auf das beobachtbare Verhalten ihrer Kinder und dessen Konsequenzen. (Das Kind hat z.B. einen Teller zerschlagen.) Eltern aus mittleren Soziallagen orientieren sich dagegen eher an der Absicht, die die Kinder verfolgen. (Das Kind wollte u.U. der Mutter helfen.)

Unterschiede zeigen sich auch bei der Wahl der verwendeten Kontrollmittel. Körperliche Strafen kommen in den unteren Statuslagen häufiger vor, verbale Argumentationen häufiger in mittleren Statusgruppen (*Steinkamp* 1980, 258). Wenn man körperliche Strafen, Arrest, Entzug von begehrten Objekten usw. als „machtorientierte Disziplinierungstechniken" zusammenfaßt und sie „psychologischen Kontrollformen" (Argumente, rationale Konfliktlösung, Ermahnung, Appell an die Verantwortung, Appell an das Schuldgefühl etc.) gegenüberstellt, so zeigt sich, daß erstere in unteren und letztere in mittleren Statusgruppen häufiger verwendet werden (*Steinkamp/Stief* 1978, 237ff.). So nimmt wahrscheinlich eine Mutter aus mittleren Statuslagen ihrem Kind die Schere, die es unbedacht als Spielzeug benutzt, nicht ohne weiteres mit einem „Laß das" aus der Hand. Sie erläutert vielmehr dem Kind den Zusammenhang zwischen Schere, Verletzungsgefahren, möglichen Folgen und dem tatsächlichen Verwendungszweck des Instruments, verbietet die künftige Verwendung als Spielzeug und droht mit Strafe (*Rolff* 1997, 113). Wie schon bei den elterlichen Erziehungsleitbildern, so lassen sich auch bei der Erziehungspraxis besonders deutliche Zusammenhänge mit den Arbeitsbedingungen der Eltern (besonders des Vaters) erkennen. Mit zunehmenden intellektuellen Anforderungen und Entscheidungsmöglichkeiten am Arbeitsplatz geht indessen, ungeachtet der dargestellten Unterschiede, in nahezu allen Statuslagen eine allmähliche Tendenz hin zu „psychologischen" und weg von sanktionierenden Erziehungstechniken einher.

7.3.4 Sprache und Mediennutzung

Neben den Erziehungszielen und -techniken der Eltern können die Sprachstile, die in der Familie vorherrschen, die Persönlichkeit von Kindern erheblich formen. Fast alle Studien, die sich mit Zusammenhängen zwischen ungleichen Lebensbedingungen und Sprachstilen befassen, nehmen Bezug auf die Arbeiten von *Basil Bernstein*. Er konnte nachweisen, daß in England die Sprechweise der Mittelschicht und der Unterschicht durch unterschiedliche „linguistische Codes" gesteuert wird. Solche Codes stellen Prinzipien dar, die die Auswahl von Wörtern und ihre Anordnung aus dem Repertoire der gemeinsamen Kultursprache regulieren (*Bernstein* 1972, 203; vgl. *Gecas* 1979, 384).

In der Mittelschicht ist nach Bernstein häufiger der „elaborierte Code", in der Unterschicht eher der „restringierte Code" anzutreffen. Die beiden Sprachcodes sind gekennzeichnet durch folgende Merkmale (*Bernstein* 1972, 203f.):

Die Unterschiede im Sprachverhalten sind nach Auffassung Bernsteins für die Mitglieder der Unterschicht besonders problematisch, weil sie nicht in der Lage seien, sich den Sprachstil der Mittelschicht anzueignen. Dieser stellt jedoch in öffentlichen Einrichtungen, Schulen etc. weitgehend die geforderte Grundlage der Verständigung dar. Außerdem wurde vermutet, daß dem eingeschränkten Sprachvermögen der Unterschicht Behinderungen ihrer Erkenntnis- und Lernfähigkeit entsprächen.[89] Der „restringierte Sprachcode" der Unterschicht sei somit nicht nur im sozialen Leben, sondern auch hinsichtlich der intellektuellen Entwicklung nachteilig (Defizit-Hypothese).

89 Dahinter steht die *Basil Bernstein* und anderen oft zugeschriebene Position des *Sprachdeterminismus*. Nach ihr bestimmt das verfügbare Sprachvermögen die Denkfähigkeit (vgl. B. L. *Whorf* 1963). Als Gegenposition kann der Sprachinstrumentalismus gelten. Nach ihm stellen Sprachformen lediglich die, durchaus unterschiedlichen, „Hülsen" für Gedanken dar, die zuvor entstand sind. Sprachinstrumentelle Annahmen schätzen daher die intellektuellen Behinderungen durch einen „restringierten Code" wesentlich geringer ein.

„Elaborierter Code" in mittleren Schichten	*„Restringierter Code" unteren Schichten*
Vielfalt verfügbarer grammatikalischer Konstruktionspläne	wenige, eingeschliffene Konstruktionen
geringe Vorhersagbarkeit des Satzaufbaus und der Wortwahl	hohe Vorhersagbarkeit des Satzaufbaus und der Wortwahl (Formelhaftigkeit)
kontextunabhängiger Sprachgebrauch (Rede ist auf für den verständlich, der die Umstände nicht kennt.)	kontextabhängiger Sprachgebrauch (Rede impliziert die Kenntis der Umstände, Vorgeschichte, Randbedingungen etc.)
Es bestehen zahlreiche Möglichkeiten, individuelle Absichten, Differenzierungen, Gefühle, unterschiedliche Beziehungen zu Objekten, Verallgemeinerungen ausdrücklich zu formulieren.	Es bestehen beschränkte Möglichkeiten zur Formulierung individueller Absichten; deren Vermittlung erfolgt oft durch implizite Wendungen oder nicht verbal (durch Gesten, Tonfall etc.)
Beobachtbare Sprache in mittleren Schichten	*Beobachtbare Sprache in unteren Schichten*
komplexe, hypotaktische Satzkonstruktionen (untergeordnete Nebensätze etc.)	kurze, oft unfertige Sätze
häufige Verwendung von Konjunktionen, Präpositionen, unpersönlichen Pronomen, Adjektiven, Adverbien	häufige Verwendung gleicher einfacher Konjunktionen (z.B. und), kurzer Befehle, Fragen und eingeschliffener Wendungen; seltener Gebrauch von unpersönlichen Pronomen, Adjektiven und Adverbien
deutliche Unterscheidung von Begründung und Schlußfolgerung	häufige Verwechslung von Begründung und Schlußfolgerung

Die dargestellten Forschungsergebnisse *Basil Bernsteins* wirken überaus geschlossen und plausibel. Nicht zuletzt deswegen haben sie weite Verbreitung über Großbritannien hinaus erlangt und auch die deutsche Forschung zu entsprechenden Untersuchungen angeregt. Diese brachten die Erkenntnis, daß in der Bundesrepublik statusspezifische Sprachunterschiede insgesamt wesentlich schächer ausgeprägt sind (*Oevermann* 1972; *Neuland* 1975; vgl. *Steinkamp* 1980, 260). Erhebliche sprachliche Differenzierungen innerhalb gleicher Statuslagen sowie deutliche sprachliche Gemeinsamkeiten über Statusgrenzen hinweg lassen es in Deutschland kaum zu, von geschlossenen „schichtspezifischen Sprachstilen" zu sprechen.[90] Die hierzulande wahrnehmbaren sta-

90 In England hat Sprache offenkundig einen weit höheren Stellenwert zur Unterscheidung und Identifizierung sozialer Schichten als in Deutschland. Insofern erscheint dort die Existenz geschlossener „Sprachcodes" plausibler.

tusspezifischen Sprachdifferenzierungen bestehen lediglich darin, daß in bessergestellten Gruppen im allgemeinen überhaupt mehr gesprochen und geschrieben wird, daß die Satzlängen und der verwendete Wortschatz größer sind, die Inhalte sich z.T. auf höherem Abstraktionsniveau bewegen und apodiktische Aussagen sowie vorhersagbare Wendungen (Floskeln, Redensarten) eher vermieden werden (*Oevermann* 1992; *Hager/Haberland/Paris* 1975; *Steinkamp* 1980, 260). Eine entscheidende Zurechtrückung erfuhren die Aussagen Bernsteins durch Studien, die zeigten, daß im Gegensatz zu der ihm zugeschriebenen Defizithypothese[91] die Sprechweise unterer Statusgruppen durchaus ihre eigene Logik und Vollständigkeit besitzt, kommunikativ sehr zweckmäßig sein kann und der Erkenntnismöglichkeiten der Sprecher nicht hinderlich sein muß (*Labov* 1970). Allerdings bleibt die Tatsache bestehen, daß der in unteren Schichten gebräuchliche Sprachstil – so nützlich er im eigenen Arbeits- und Lebensbereich sein mag – u.a. in der höheren Schule, in vielen Berufsbereichen, Organisationen und öffentlichen Ämtern erhebliche Behinderungen mit sich bringt. So wird „das Arbeiterkind, das in seinem Elternhaus gelernt hat, oft unmittelbar und auf nicht-sprachlichen externen Zwang hin zu reagieren, in der Schule gezwungen, mittelbar auf die mehr symbolischen Stimuli und Anhaltspunkte der differenzierten Sprache anzusprechen.“ (*Rolff* 1997, 127)

Kommunikation und Wissensvermittlung verlaufen immer weniger über das unmittelbar zu anderen gesprochene Wort, sondern mehr und mehr auch über Medien. Hierbei treten neben die verbreiteten Massenmedien (Fernsehen, Hörfunk, Presse), wodurch gleichartige Nachrichten an eine Vielzahl von zunächst passiven Empfängern gelangen, zunehmend neue Medien. (Mobil-)Telefon, Internet und e-mail, Computerspiel- und -lernprogramme etc. erlauben es, nahezu jederzeit sehr unterschiedliche Nachrichten an spezifisch ausgewählte Adressaten zu richten und diesen Gelegenheit zu geben, sofort und persönlich darauf zu reagieren.

Diese alten und neuen Medien sind in vieler Hinsicht von Bedeutung für Prozesse sozialer Ungleichheit. Obwohl sie mehr oder minder allen

91 Auch *Basil Bernstein* selbst hat sich in späteren Arbeiten gegen die Interpretation seiner Arbeiten im Sinne der Defizithypothese und hierauf beruhende pädagogische Versuche zur kompensatorischen „Sprachverbesserung“ gewandt.

Gesellschaftsmitgliedern offenstehen, haben bestimmte soziale Gruppierungen durchaus unterschiedliche Chancen und Kompetenzen, die einzelnen Medien zu nutzen. So ist nach wie vor eine erhebliche Scheu vieler Frauen zu erkennen, sich des Computers zu bedienen. Die Häufigkeit z.B. des Fernsehens, des Lesens von Büchern und Tageszeitungen sowie des Surfens im Internet ist eine Frage des Bildungsgrades, der Milieuzugehörigkeit und der sprachlichen Sozialisation. Je höher der soziale Status und das formale Bildungsniveau der Menschen ist, desto häufiger werden Bücher, Zeitungen und Zeitschriften gelesen und desto weniger Zeit wird vor dem Fernsehapparat verbracht; beide Medienarten werden zudem informationsorientierter, aufmerksamer und differenzierter genutzt (*Bonfadelli* 1994, 222). Unter Arbeitslosen erwies sich der Anteil der (primär Unterhaltung suchenden) Dauerfernseher drei Mal so hoch und der Anteil der Leser von Tageszeitungen (mit dem Wunsch nach Information) nur halb so hoch wie unter den Erwerbstätigen mit ansonsten gleichen sozialen Merkmalen (*Voltenauer* 1996).

Vieles spricht so für die These, daß die einzelnen Medien bzw. deren Sparten den Mitgliedern der einzelnen Bildungs- und Statusgruppierungen ungleich viele und ungleich differenzierte Informationen vermitteln. In mehr als der Hälfte der 1994 verfügbaren empirischen Längsschnittuntersuchungen wurde festgestellt, daß der auch zu Beginn der Studien durchaus vorhandene Wissensabstand zwischen Statusgruppierungen sich im Zuge der unterschiedlichen Mediennutzung verstärkte; nur in einem Fünftel der Studien blieb der Wissensabstand gleich (*Bonfadelli* 1994, 223).

7.3.5 Sozialisation und Persönlichkeitsentwicklung

Die unterschiedlichen Sozialisations-, Sprach- und Mediennutzungsprozesse erlangen vor allem dann Bedeutung für das Gefüge sozialer Ungleichheit, wenn dadurch typische Persönlichkeitsunterschiede zwischen Kindern verschiedener Gruppen entstehen, die ihrerseits ungleiche soziale Chancen in Schule, Beruf und Öffentlichkeit mit sich bringen. Auf diese Weise würden nachteilige Lebensbedingungen von Eltern auf dem Wege über familiäre Sozialisation, die Sprach- und Persönlichkeitsentwicklung der Kinder und deren Schul- und Berufserfolge auf die nächste Generation übertragen. Das Gefüge sozialer Ungleichheit würde sich so stets aufs neue wieder herstellen.

In Familien höherer Statusgruppen finden sich nachweislich mehr Kinder, die durch ihre Einstellungen und Verhaltensweisen zeigen, daß sie sich durch Selbständigkeit und Selbstkontrolle auszeichnen und über eine gewisse Distanz zu vorgegebenen Rollenerwartungen verfügen. Sie haben dadurch Vorteile bei der Bewältigung widersprüchlicher oder unklarer Anforderungen. Bei Kindern aus niedrigen Statusgruppen sind dagegen häufiger Einstellungen anzutreffen, die an Konventionen und Autoritäten ausgerichtet sind. Im ganzen sind diese Zusammenhänge jedoch schwächer, als nach ihrer unterschiedlichen Erziehung zu erwarten gewesen wäre (*Steinkamp/Stief* 1978).

Besonders intensiv erforscht wurden die Zusammenhänge zwischen sozialer Lage und Sozialisationsweise einerseits und der *Intelligenzentwicklung* von Kindern andererseits. Unter Intelligenz wird hierbei die allgemeine Fähigkeit eines Individuums verstanden, „sein Denken bewußt auf neue Forderungen einzustellen; sie ist die allgemeine geistige Anpassungsfähigkeit an neue Aufgaben und Bedingungen des Lebens“ (*G. Stern* 1912, zit. n. *Huber/Mandl* 1980, 635). Intelligenztests kamen, auch wenn man in Rechnung stellt, daß sie wegen ihrer sprachlichen und kulturellen Anforderungen die mittleren und oberen Statuslagen begünstigen, immer wieder zum Ergebnis, daß die Intelligenz von Kindern im allgemeinen um so größer ist, je besser die Lebensbedingungen ihrer Eltern sind (*Jensen* 1973; *Jencks* 1973). Diese statusspezifischen Intelligenzabstände vergrößern sich noch mit dem Alter der Kinder (*Huber/Mandl* 1980, 635f.). Als Ursachen hierfür werden u.a. die erwähnten Erziehungs- und Sprachunterschiede sowie die größeren Leistungserwartungen und die vermehrten geistigen Anregungen in mittleren und höheren Statuslagen angeführt (*Bertram* 1977, 463ff.). Strittig ist, welches Gewicht darüber hinaus Erbfaktoren für die Häufung intelligenter Kinder in Familien höherer Statuslagen besitzen[92].

Über den schulischen und beruflichen Erfolg von Kindern entscheidet neben ihrer Intelligenz u.a. auch ihre *Leistungsbereitschaft*. Wiederholte Untersuchungen (vgl. *Rolff* 1980, 87ff.) haben ergeben,

92 Verfechter der Vererbungsthese (z.B. *R. Jensen*, *H.J. Eysenck*, *R.J. Herrnstein*) schätzen die Erblichkeit des Intelligenzquotienten auf 80% oder mehr. Die Vertreter von Umwelttheorien (z.B. *Hans Bertram, Ulrich Oevermann*) bezweifeln, ob gruppentypische Vererbungseinflüsse bislang überhaupt schlüssig nachgewiesen wurden.

daß auch diese mit der Stellung der Familie im Gefüge sozialer Ungleichheit zusammenhängt. In Familien aus unteren Statusgruppen ist das Verhalten der Kinder oft an der Vermeidung von Strafe und an der Erwartung materieller Belohnungen orientiert (extrinsische Leistungsmotivation). In höheren Statusgruppen herrscht eher eine an inhaltlichen Zielen (intrinsische) und erfolgsorientierte Leistungsmotivation vor. Letztere ist offenbar der Entwicklung kindlicher Fertigkeiten und dadurch der Entstehung von Leistungsorientierung eher förderlich als eine Haltung, die aus dem Bestreben kommt, eigenes Scheitern zu vermeiden. „Mißerfolgsmotivierte setzen sich kaum erreichbare Ziele oder so niedrige, daß die eigene Tüchtigkeit nicht gesteigert wird" (*Schiefele* 1974, 266; vgl. *Rolff* 1980, 93ff.). Einige Autoren vermuten als Gründe für die Herausbildung dieser unterschiedlichen Leistungsmotivationen, daß in mittleren und oberen Statuslagen den Kindern ein höheres Anregungspotential und größere Leistungserwartungen, aber z.T. auch ein geringerer Leistungsdruck entgegegengebracht werden (*Trudewind* 1975, 188, 202ff.).

Hierbei wirken sich offenbar sowohl die äußere soziale Lage (z.B. mit ihren Anregungsvor- und -nachteilen) als auch die Art und Weise der familiären Sozialisation förderlich oder aber hinderlich auf Intelligenzentwicklung und Leistungsbereitschaft von Kindern aus. Dabei ergeben sich Verbundeffekte. Eine unterstützende, zu Leistung motivierende Sozialisation wirkt sich unter vorteilhaften äußeren Lagebedingungen besonders förderlich auf Wissen und schulische Leistungsbereitschaft aus. In einer Armutssituation dagegen hilft sie wenig und hemmt eher, weil sie zu den Handlungsanforderungen dieser Welt nicht „paßt" (*Grundmann* 1998, 179).

Mit den dargestellten sozialstrukturellen Unterschieden in der Entwicklung von „elaborierten" Sprachstilen, persönlicher Intelligenz und Leistungsbereitschaft gehen erwartungsgemäß deutliche Ungleichheiten des Schulerfolgs einher. Es verwundert nicht, daß sprachgewandte, intelligente, erfolgsmotivierte und intrinsisch leistungsmotivierte Kinder wesentlich häufiger weiterführende Schul- und Ausbildungsabschlüsse erreichen. Zusammenhänge dieser Art können viel von der anhaltenden schichtspezifischen Ungleichheit der Bildungschancen erklären (vgl. 5.1.4). Die gerade in Deutschland (vgl. Kap. 6.) besonders starke Koppelung der Karrierechancen an die (Aus-)Bildungsnachweise sorgt dafür, daß sich so viele Strukturen sozialer Ungleichheit in der Generationenfolge wieder herstellen.

Gleichwohl wissen wir noch viel zu wenig über *die* Ungleichheiten und ihre Reproduktion im Bereich von Familie und Sozialisation, die nicht mit der Stellung der Menschen im Beruf und dem Schichtungsgefüge einhergehen. So ist z.B. stark zu vermuten, daß sich spezifische Lage- und Milieudifferenzierungen (vgl. 5.8.3 und 7.2.2) in Sozialisationunterschieden niederschlagen, die die Persönlichkeitsentwicklung und das Fortkommen von Kindern positiv oder negativ beeinflussen.

7.4 Soziale Beziehungen

Die Stellung von Menschen im Gefüge sozialer Ungleichheit beeinflußt auch die Beziehungen, die zu anderen Menschen außerhalb des Familienkreises und zu gesellschaftlichen Einrichtungen unterhalten werden. Dergleichen „Beziehungen" und Beziehungsnetze können ihrerseits weitere Vorteile bzw. Nachteile verschaffen, zum Beispiel bei der Erlangung beruflicher Stellungen, bei der Durchsetzung eigener Interessen usw. Die jeweils vorhandenen sozialen Beziehungen der Gesellschaftsmitglieder werden z.B. von *Pierre Bourdieu* (1983) als so wichtig angesehen, daß er sie als eine Art des „Kapitals" von Menschen ansieht, das nahezu gleichrangig neben Geld- und Bildungskapital rangiert.

7.4.1 Beziehungen zu Organisationen und Institutionen

In modernen Gesellschaften vollziehen sich zahlreiche Selbstverwirklichungs-, Ein- und Mitwirkungsmöglichkeiten für die einzelnen über die Teilnahme an gesellschaftlichen Organisationen und Institutionen. Solche Kontakte werden von den Angehörigen mittlerer und oberer Statusgruppen deutlich häufiger unterhalten als von Personen in niederen Statuslagen. So sind Arbeiter in Vereinen und Bildungseinrichtungen (Volkshochschulen, Museen, Theatern etc.), in Selbstverwaltungsgremien (z.B. der Schulen und Kirchen), in politischen Organisationen (Parteien, Bürgerinitiativen etc.) und den meisten Interessenverbänden eindeutig unter- und Angestellte sowie Beamte deutlich überrepräsentiert.

Die Kirchenferne von Arbeitern hat unter anderem historische Ursachen, die z.T. in der politischen Parteinahme der Kirchen zur Zeit der Industrialisierung liegen. Darüber hinaus sind für das weitgehende Fehlen von Arbeitern in den Leitungsgremien und Beiräten der Kirchen die gleichen Gründe maßgebend, die der Institutionenscheu der unteren Statusgruppen überhaupt zugrunde liegen: Aus ihrer beruflichen und sozialen Lage heraus haben viele von ihnen die Erfahrung gewonnen, daß sich Erfolge oder wenigstens die Sicherung der Existenz vor allem durch die Befolgung von Regeln und weniger durch aktives Wirken nach außen erreichen lassen. Darüber hinaus ist in unteren Statusgruppen die resignative Vorstellung zu finden, daß man sich infolge geringer Sprachfertigkeit, unzureichender Informationen und mangelhaften „Auftretens" in Organisationen und Gremien ohnehin nur schlecht durchsetzen kann. Unter anderem hieraus resultiert häufig eine gewisse Schwellenangst vor Institutionen. Besonders in den untersten Statusgruppen der un- und angelernten Arbeiter, der „kleinen" Rentner und erst recht der Ausländer und Randgruppen steigert sich dieses Verhalten zu z.T. ausgeprägten Rückzugstendenzen und fatalistischen Einstellungen. Mittlere und obere Angestellte, Beamte und viele Selbständige vertrauen dagegen eher darauf, daß sich Umstände gestalten und die eigenen Lebensverhältnisse erfolgreich steuern lassen. Diesem grundsätzlichen Optimismus entsprechen auch tatsächlich vorhandene Erfolgschancen. Im Vergleich zu unteren Statusgruppen haben bessergestellte Gesellschaftsmitglieder immer wieder die Erfahrung gemacht, daß sie sich aufgrund größeren Besitzes an Geld, Bildung, Macht, Prestige, Sprach- und Kontaktfertigkeiten etc. gegenüber ihrer jeweiligen Umwelt durchsetzen können. Die Teilnahme an Organisationen und Institutionen, in denen sich diese Ressourcen und Fertigkeiten nutzbringend anwenden lassen, liegt für sie daher nahe.

7.4.2 Persönliche Kontakte

Ältere Untersuchungen aus den 50er Jahren kamen wiederholt zum Ergebnis, daß sich Gesellschaftsmitglieder, die in weniger günstigen Einkommens-, Bildungs- und Arbeitsbedingungen leben, in ihrem Wirkungs- und Beziehungskreis auf das Private und Familiäre konzentrieren. Dieser „Familismus" der unteren Statusgruppen wurde als der Versuch gedeutet, Zurücksetzungen in der Gesellschaft zu entgehen und ein „Glück im stillen Winkel" zu finden sowie die verhältnismäßig seltenen Außenkontakte durch besonders intensive

Familien-, Verwandtschafts- und Nachbarschaftsbeziehungen auszugleichen.

Neuere Studien ermittelten zwar, daß die durchschnittliche Anzahl der persönlichen Kontakte nach wie vor mit der Einkommenshöhe abnimmt. Aber die Unterschiede halten sich in Grenzen. So hatten 1991 in Westdeutschland 43% der Personen im unteren Einkommensbereich keinen Kontakt zu einem Freund oder Bekannten, waren also isoliert, während es in anderen Einkommensgruppen nur 35% waren (*Andreß u.a.* 1995, 309). Überhaupt keine Unterschiede zwischen Besser- und Schlechtergestellten waren im Hinblick auf die durchschnittlich Anzahl von Verwandten festzustellen, mit denen außerhalb des eigenen Haushalts Kontakte bestehen. Allerdings wohnten die Verwandten von einkommensschwachen Personen häufiger in räumlicher Nähe als bei anderen Statusgruppen (*Andreß u.a.* 1995, 309).

Persönliche Kontakte sind, besonders im Bereich niedriger Einkommen, eine wichtige Quelle der Hilfeleistung. 1986 gaben 62% der einkommensschwachen Personen an, keine Freunde oder Bekannte zu haben, von denen sie eine tätige Hilfe erwarten könnten. Unter den finanziell besser Gestellten waren dies nur 55% (Andreß u.a. 1995, 310). Indessen erhielten einkommensschwache Personen faktisch genau so oft wie einkommensstärkere Hilfeleistungen von Mitmenschen, ohne daß dies aber ihren selbst empfundenen Bedarf gedeckt hätte (*Andreß u.a.* 1995, 311).

Während ältere Befunde zwar nicht von vielen, aber von besonders engen Kontakten der unteren Schichten zu Freunden und Nachbarn berichten, finden sich hierfür in neuerer Zeit kaum mehr Belege. Die lokalen Bindungen der Menschen aus „einfachen Verhältnissen" reichen nicht (mehr) so weit, daß Nachbarschaftskontakte für sie besonders große Bedeutung hätten. Arbeiter berichten im Durchschnitt sogar von distanzierteren Nachbarschaftsverhältnissen als mittlere Statusgruppen (*U. Herlyn* 1982, 176f.). Offenbar haben sich die traditionellen Nachbarschaftshilfen und -gespräche der Arbeiterschaft allenfalls noch in älteren Vierteln mit hohen Arbeiteranteilen erhalten (*U. Herlyn* 1982, 178).

7.5 Politische Beteiligung

Eine ganze Reihe der Denk- und Verhaltensweisen, die in diesem Kapitel bislang angesprochen wurden, sind im weiteren Sinne politisch relevant. So ist es z.B. für politische Prozesse von erheblicher Bedeutung, wie Menschen ihre eigene sozialen Lage einschätzen, wie (un-)zufrieden sie sind und inwieweit sie an Organisationen und gesellschaftlichen Einrichtungen teilnehmen. In diesem Abschnitt soll es um politisches Denken und Handeln im engeren Sinne gehen, d.h. um Einstellungen der Bevölkerung im Hinblick auf die Zielsetzungen von Regierungen, Parlamenten und Interessengruppen, um die aktive Mitwirkung in diesen Einrichtungen sowie um das Wahlverhalten.

7.5.1 Politische Orientierungen und Aktivitäten

Voraussetzung jeder politischen Beteiligung ist ein gewisses Interesse an Fragen der Politik. Dessen Ausmaß ist jedoch in den einzelnen Bevölkerungsteilen sehr verschieden:

Ausmaß des politischen Interesses

Ausgeprägtes Interesse an politisches Angelegenheiten ist keineswegs allgemein, sondern nur bei etwa einem Drittel der Bürger(innen) vorhanden. Betrachtet man die Bevölkerung in vertikaler Hinsicht und untergliedert sie nach dem jeweiligen Status in (Aus-)Bildung und Beruf, so ergibt sich, daß die oberen Statusgruppen, Selbständige (außerhalb der Landwirtschaft), Beamte und ganz besonders Personen mit höherer Schul- und Berufsausbildung politisch wesentlich interessierter sind als die unteren Statusgruppen, die Arbeiterschaft, Arbeitslose und vor allem Personen ohne weitere Schulbildung.
Allerdings zeigen sich hierbei markante Unterschiede innerhalb gleicher Schichten und Statusgruppen. Besonders viel Desinteresse bis hin zur „politischen Verdrossenheit" weisen innerhalb der unteren und mittleren Statusgruppen Personen auf, die dem „Kleinbürgerlichen Milieu", dem „traditionellen Arbeitermilieu" und dem „traditionslosen Arbeitermilieu" zugerechnet werden (vgl. 7.2). Es handelt sich dabei oft um Menschen, deren Lage durch Modernisierungsprozesse bedroht ist. Politisch interessiert hingegen sind häufig Menschen, die inner-

halb der oberen und mittleren Schichten dem „konservativ gehobenen", dem „aufstiegsorientierten", dem „alternativen" und dem „technokratisch liberalen Milieu" zuzuordnen sind (*Vester u.a.* 1993, 19). Die meisten Angehörigen dieser Milieus sind Gewinner der ökonomischen und technologischen Modernisierung.

Tab. 38: Politisches Interesse 1993 (in %)

	Westd.	Ostd.
Insgesamt	35	27
Männer	47	37
Frauen	25	19
Abitur	55	57
Mittlere Reife	39	22
Hauptschule	25	19
Beamte	70	k.A.
Selbständige	54	32
Höhere Angestellte	55	48
Einf. u. mittl. Angest.	25	13
Facharbeiter, Meister	32	21
Un- und angelernte Arb.	13	16
Rentner	36	36
Arbeitslose	26	15

Daten: Wohlfahrtssurvey 1993; Quelle: *Stat. Bundesamt* (Hg.) 1994, 618

Thesen und Theorien zu den Inhalten politischer Orientierungen

Neben der Frage, in welchem Ausmaß politische Interessen und Orientierungen vorhanden sind, fragt sich nach ihren Inhalten. Hierüber sind ganz unterschiedliche Vermutungen verbreitet:

Gesellschaftsmitgliedern in den unteren Statuslagen wird oftmals eine veränderungsorientierte Haltung, Personen in vorteilhaften Lebensverhältnissen eine konservative Einstellung zugeschrieben. „Die Unterklasse" – so hieß es schon bei *Max Scheler* – „muß stets dazu neigen, die vergangene Geschichte anzuklagen und anzuschwärzen, da diese sich in ihre Lage versetzte, (...) andererseits neigt die Oberklasse, insbesondere auf dem Gipfel ihre Aufstiegs, zur genau entgegengesetzten Einstellung: Dankbar und ehrerbietig blickt sie auf die Vergangenheit" (*Scheler* 1960, 172). Dementsprechend sagt man Arbeitern und den unteren Statusgruppen oft Bestrebungen nach, die auf mehr soziale Gleichheit, soziale Sicherheit, Gerechtigkeit und Solidarität zielen. Bei den oberen und den „bürgerlichen" Statusgruppen werden dagegen häufig Zielvorstellungen vermutet, die die Aufrechterhaltung von Recht und Ordnung, von Pflichterfüllung, Sitte und Moral zum Inhalt haben.

Der „Puffer-Theorie" zufolge stellen die mittleren Statusgruppen eine Art „Polster" dar, „das die harten Stöße des Klassenkampfes abfängt, indem es, bildlich gesprochen, seine beharrende Masse zwischen die Fronten schiebt." (*Geiger* 1932, 123) Allerdings spricht die historische Erfahrung dagegen, daß diese Theorie zu allen Zeiten zutraf. So ging z.B. der Nationalsozialismus in Deutschland nicht zuletzt von „mittelständischen", oft „kleinbürgerlichen" Gruppen aus. Dementsprechend behauptet die „Zwickmühlen-Theorie", daß jene Teile der mittleren Schichten, die ökonomisch unter Druck geraten, zu erheblichem politischem Radikalismus neigen (*Lipset* 1962, 140)

Im Grunde beruhen die bisher skizzierten Vermutungen auf der Annahme, es seien im wesentlichen *Klasseninteressen*, die die jeweilige politische Orientierung prägen: Die ökonomische Lage führe dazu, daß Menschen ihre materiellen Ressourcen und Lebensbedingungen zu verbessern bzw. zu erhalten suchen.

Dagegen weisen soziokulturell argumentierende Thesen darauf hin, daß es Gedankenwelten und sich im alltäglichen Umgang mit Gleichgesinnten verfestigende Einstellungen seien, die die politische Orientierung prägten. Hierbei schlage sich in Deutschland vor allem die jeweilige *Konfession* in politischen Anschauungen besonders deutlich nieder. So werden Katholiken, insbesondere wenn sie eine hohe Bindung an ihre Kirche aufweisen, konservative politische Orientierungen nachgesagt.

Rainer M. Lepsius (1966) verband die beiden Grundgedanken, daß Klasseninteressen und konfessionelle Kulturen politische Einstellungen prägten, und unterschied im Hinblick auf das Kaiserreich und die Weimarer Zeit vier *„sozialmoralische Milieus"*:

1. Das katholische Sozialmilieu, dem als politische Gesinnungsgemeinschaft das Zentrum entspreche,
2. das konservativ-protestantische Sozialmilieu, ein vor allem ländlich-bäuerliches Milieu, das den Konservativen nahestehe,
3. das protestantisch-bürgerliche Sozialmilieu, das vor allem in Städten vorhanden sei und die Liberalen repräsentiere, sowie
4. das sozialdemokratische Sozialmilieu, ein Arbeitermilieu, das bei den Sozialisten und Kommunisten seine politische Heimat gefunden habe.

Lepsius vertrat die Auffassung, daß die Bindung an diese Milieus nicht nur bestimmte politische Orientierungen und Parteineigungen der einzelnen hervorgebracht habe, sondern daß umgekehrt auch die Parteien diese Milieus immer wieder bestärkten und stabilisierten. Die Parteien seien auf die einmal mobilisierten Gesinnungsgemeinschaften regelrecht fixiert gewesen. Sie ritualisierten und stabilisierten deren Konfliktlinien. Über 60 Jahre lang sei so, wegen der unmittelbaren Verbindung der Parteien mit relativ geschlossenen Sozialmilieus in Deutschland ein relativ stabiles Parteiensystem erhalten geblieben. Erst der Nationalsozialismus habe die vier genannten traditionellen politischen Milieus in Deutschland zerstört (vgl. *Alemann* 1992, 89-130).

Die von *Seymour Martin Lipset* und *Stein Rokkan* in den 60er Jahren entwickelte *cleavage-Theorie* geht davon aus, daß aus dem Modernisierungsprozeß von Gesellschaften Interessen- und Wertekonflikte erwachsen. In Deutschland gelten in diesem Zusammenhang die konfessionelle Spaltung zwischen Protestantismus und Katholizismus und der Gegensatz zwischen Arbeiterschaft und Bürgertum als prägend. Es sind, der cleavage-Theorie zufolge, in modernen Gesellschaften bestimmte *Organisationen* (vor allem die katholische Kirche und die Gewerkschaften), die jene gruppenspezifischen Orientierungen aktualisieren, stabilisieren und „Spaltungen" (cleavages) der politischen Orientierung auf Dauer stellen (*Lipset/Rokkan* 1967; *Pappi* 1977; *Gabriel* 1996, 296)

Schließlich unterstellt die *Wertewandel-These* (vgl. 7.2), daß der Gegensatz zwischen materialistischen und postmateriellen Werthaltungen sich auch in einer neuen Konfliktfront politischer Orientierungen äußere. Diese stünde großenteils „quer" zu Klassenspannungen. So seien postmaterielle Bestrebungen nach Reformen zugunsten von Selbstverwirklichung und ökologischen Zielsetzungen in Teilen der oberen Mittelschicht, vor allem im Bereich hochqualifizierter Dienstleistungsberufe besonders häufig zu finden. Viele der „neuen sozialen Bewegungen" (Frauenbewegung, Friedensbewegung, Anti-Kernkraftbewegung, Umweltschutzbewegung) seien dort stark vertreten. Diese Veränderungsbestrebungen stünden im Gegensatz zu den materialistischeren Bestrebungen, die z.B. bei Selbständigen, aber auch in den unteren Schichten und der Arbeiterschaft vorherrschten.

Abb. 39: Gesellschaftspolitische Grundeinstellungen in Westdeutschland

Ideologische Lager	Kritisch-Engagierte 23,6%		Desillusionierte ca. 25%
Typen der ‚Politikstile'	Sozialintegrative (12,8%)	Radikaldemokraten (10,8%)	Skeptisch-Distanzierte (17,7%)
Politikziele	Frauen, Ausländer, Arbeitnehmer, sozial Schwache	Frauen, Ausländer; geringere Wahrnehmung von Arbeitnehmern und sozial Schwachen	indifferent bis skeptisch gegenüber mehr Rechten für Frauen, Ausländer und sozial Schwache, aber nicht feindselig
Parteipolitik und Engagement	sehr enttäuscht; aktiv in unkonventionellen Politikformen; viele Gewerkschaftsmitglieder	kritisch in Parteien und in unkonventionellen Politikformen aktiv	in Teilgruppen enttäuscht; aktiv in unkonventionellen Formen; gewerkschaftlich aktiv
Soziale Lage und Gesellung	moderne Berufe in mittleren Lagen; häufiger Aufstieg aus Facharbeitermilieus; jung, gesellig	moderne Berufe in höheren Lagen; häufig Herkunft aus dem Bildungsbürger-tum; jung, gesellig	Facharbeiter, mittlere Angestellte; häufiger Aufstieg aus Arbeitermilieus; jung, begrenzte Geselligkeit; Unsicherheit in der Konkurrenzgesellschaft
überdurchschnittliche Parteisympathie	SPD GRÜNE Nichtwähler	SPD GRÜNE FDP	SPD REP
unterdurchschnittliche Parteisympathie	CDU/CSU REP	CDU/CSU REP	GRÜNE

Daten: Repräsentativbefragung 1991: n = 2 684
deutschsprachige Wohnbevölkerung ab 14 Jahren in Privathaushalten der BRD (West) und Berlin (West)

Zufriedene ca. 24		Deklassierte 27,2%	
Gemäßigt-Konservative (17,6%)	Traditionell-Konservative (13,8%)	Enttäuscht-Apathische (13,4%)	Enttäuscht-Aggressive (13,8%)
für Ausländerrechte, aber wohlstandschauvinistisch; für Leistungshierarchie, aber Sicherung von Arbeitnehmern und sozial Schwachen	gegen ausgeprägte Rechte für Ausländer, Frauen, sozial Schwache, Arbeitnehmer u. Gewerkschaften; für Leistungshierarchie	stark gegen vermehrte Rechte für Frauen und vor allem Ausländer: Ungleichheit als Schicksal; arbeitnehmerorientiert	stark gegen vermehrte Rechte für Ausländer; für Leistungshierar-chie; Ungleichheit als Schicksal
Vertrauen zur Parteipolitik; gegen unkonventionelle Formen; politisch eher passiv; relativ viele Gewerkschaftsmitglieder	Vertrauen zur Parteipolitik; gegen unkonventionelle Formen; politisch interessiert	sehr enttäuscht; gegen unkonventionelle Politikformen; häufig Gewerkschaftsmitglieder, inaktiv u. fatalistisch	sehr enttäuscht; Sympathie für unkonventionelle Politik- und aggressive Konfliktformen
Facharbeiter, bei den jüngeren mittlere Angestellte u. Beamte; Herkunft aus Bauern-, Arbeiter- u. mittleren Milieus; kein Altersschwerpunkt; rege konventionelle Geselligkeit	höhere Angestellte und Beamte, Selbständige; v.a. mittelständische Herkunft; älter, konventionell-distanzierte Gesellungsformen	einfache Arbeiter, Angestellte, Arbeitslose u. Nichterwerbstätige; Herkunft aus Arbeitermilieus, häufig Rentner u. Alleinlebende; Gesellung konventionell, familienreduziert	einfache Selbständige, Arbeiter, Angestellte; Herkunft: Arbeiter- und Bauernmilieus; Rentner, oft alleinlebend; Gesellung konventionell, familien- und gruppenreduziert
CDU/CSU	CDU/CSU FDP	SPD REP Nichtwähler	REP
FDP GRÜNE REP	SPD GRÜNE Nichtwähler	CDU/CSU FDP GRÜNE	FDP GRÜNE

Quelle: Forschungsgruppe Sozialstrukturwandel, Universität Hannover
Parteisympathien: Die Werte liegen jeweils eine Standardabweichung über bzw. unter dem Wählerdurchschnitt.

Empirische Befunde zu den Inhalten politischer Orientierungen

Die oben dargestellten Vermutungen bezüglich *statusspezifischer* politischer Einstellungen treffen in Deutschland nur mit erheblichen Einschränkungen zu.

So ist in den *unteren* Berufs- und Einkommensgruppen zwar die Zufriedenheit mit den „Möglichkeiten, sich politisch zu betätigen" und mit den „demokratischen Einrichtungen in unserem Land" geringer als in besser gestellten Gruppierungen. Trotzdem veraten die politischen Einstellungen wenig politische Veränderungsbestrebungen. Insbesondere Arbeiter betonen die Bedeutung von „Ruhe und Ordnung", sowie von ökonomischer und innenpolitischer Sicherheit sehr stark. Einer Ausweitung politischer Teilhabe stehen sie eher gleichgültig oder mit gemischen Gefühlen gegenüber. Dieser Haltung entspricht auch die in unteren Statusgruppen weit verbreitete Einstellung, den Staat als Sicherheitsgaranten anzusehen und eher für eine Ausweitung als für eine Einschränkung seiner Aktivitäten einzutreten (Stat. Bundesamt 1997, 609).

Auch die *oberen* Statusgruppen entsprechen dem oben gezeichneten Bild einer konservativ eingestellten Gruppierung nur in Teilen. Mehr als die Hälfte der Personen, die der „oberen Mittelschicht" oder der „Oberschicht" zugerechnet werden, weisen im Gegenteil durchaus veränderungsorientierte Politikeinstellungen auf. Die Unterschiede werden verständlich, wenn man die heterogene Zusammensetzung der oberen Statusgruppen berücksichtigt, in der es keine „tonangebenden" Kreise mehr gibt, wie noch bis zum Ersten Weltkrieg den Adel. So differieren die Angehörigen der einzelnen Funktionseliten (aus Politik, Wirtschaft, Verbänden, Kultur, Medien, Gewerkschaften, Verwaltung und Militär; vgl. 5.4) und der einzelnen sozialen Milieus der oberen Schichten beträchtlich in ihren politischen Einstellungen.

Die politischen Orientierungen vieler *mittlerer* Statusgruppen richten sich verhältnismäßig stark an aktuellen Zeitströmungen und der jeweils gegebenen Situation aus. Dies gilt vor allem für Angestellte und Beamte. Diese aktive und bewegliche Orientierung kommt u.a. dadurch zum Ausdruck, daß Ordnungs- und Sicherheitsforderungen eine recht geringe Rolle spielen. Besondere Betonung finden dagegen Möglichkeiten aktiver Beteiligung am politischen Geschehen, die Gewährleistung von Meinungsfreiheit, die Gleichheit individueller Chancen und Forderungen humaner Gesaltung der menschlichen Mit- und der natürlichen Umwelt. Mittlere Statusgruppen melden zwar deutlich mehr Forderungen als untere an staatliche Instanzen an. Sie wollen insgesamt jedoch eher eine Beschränkung als eine Ausweitung staatlicher Aktivitäten. Eine Sonderstellung innerhalb des politischen Bewußtseins mittlerer Statusgruppen nehmen viele Landwirte ein. Sie übertreffen die politische Unzufriedenheit, aber auch die Ordnungs- und Sicherheitsansprüche der Arbeiter.

Michael Vester u.a. haben in einer neueren Untersuchung (1993, 329ff.) typische Komplexe politischer Orientierungen ermittelt und so sieben westdeutsche Politikstile herausgearbeitet, die sich den vier politischen Lagern der „Kritisch Engagierten" (23,6% der westdeutschen Bevölkerung), den „Desillusionierten" (25%), den „Zufriedenen" (24%) und den „Deklassierten" (27,2%) zuordnen lassen. Sie konzentrieren sich innerhalb des Gefüges sozialer Ungleichheit jeweils in bestimmten Schichten und sozialen Milieus (vgl. Abb. 39). Insgesamt kommt dadurch ein differenziertes Bild politischer Einstellungen und deren „Verortung" zustande.

Politische Aktivitäten

Gesellschaftsmitgliedern steht in freiheitlichen Demokratien eine ganze Reihe von Möglichkeiten offen, sich politisch zu betätigen. Die Spannweite reicht hierbei von weniger aktiven Handlungsweisen wie der Lektüre politischer Texte, der politischen Diskussion und der Beteiligung an Wahlen bis hin zu engagierten Parteiarbeit, der Teilnahme an Bürgerinitiativen und öffentlichen Demonstrationen sowie der direkten Einwirkung auf politische Instanzen. Unter diesen Partizipationsformen läßt sich auch ein Spektrum von konventionellen bis hin zu sehr unkonventionellen Aktivitäten ausmachen: Es reicht von der Beteiligung an Wahlen und Diskussionen, über Unterschriftensammlungen, Bürgerinitiativen und Demonstrationen, bis hin illegalen Verkehrsblockaden und gewalttätigen Demonstrationen.
Denkt man an die oben dargestellen Unterschiede des politischen Interesses und der in verschiedenen Statusgruppen vorhandenen Ressourcen (Wissen, Einkommen, Sprachfertigkeiten usw.), so erstaunt es nicht, daß Arbeiter, Personen mit niedrigeren Bildungsgraden und Einkommensschwächere an allen genannten politischen Aktivitäten unterdurch-

schnittlich sowie Angestellte und Beamte, höher Gebildete und Einkommensstärkere überdurchschnittlich beteiligt sind (*Rudzio* 1996, 526).

Tab. 39: Die Berufsstruktur der Parteimitgliedschaft 1957, 1983 und 1994

	SPD 1957	SPD 1983	SPD 1994	CDU 1957	CDU 1983	CDU 1994	CSU 1983	CSU 1994	FDP 1965	FDP 1983
Arbeiter	40	27,6	24,0	10	10,2	10,8	14,9	18,2	14	5,0
Angestellte		25,7	27,9		28,0	28,8	23,0	30,8	25	
	14			38						40
Beamte		10,9	10,9		12,3	11,4	12,7	16,0	15	
Selbständige		4,3					18,1			
	7		4,5	39	24,5	22,1		31,6	36	23,3
Landwirte		0,2					10,4			
Rentner	25	8,3	9,8	5	4,8	6,7	4,4	–	–	10,7
Hausfrauen	14	12,0	11,5	7	11,1	10,2	4,9	–	–	10,7
iin Ausbildung	–	6,8	8,5	–	6,5	3,7	4,6	5,6	–	6,0
Sonst./k.A.	–	4,2	3	1	2,6	6,3	7,0	–	11	–

Quelle: *Tempel* 1987, zit. n. *Alemann* 1992, 98; *Rudzio* 1996, 178

Auch die Statistiken der großen Parteien weisen aus, daß sich ihre Mitgliederbasis zu überproportional hohen Anteilen aus Angestellten und Beamten mit Ausnahme der SPD auch aus Selbständigen, zusammensetzte.

Insbesondere die unkonventionelleren Partizipationsformen und jene, die besondere Aktivitäten erfordern, wie z.B. in Bürgerinitiativen, werden vor allem von jüngeren Personen mit höheren Bildungsabschlüssen betrieben. Arbeiter und Angehörige der unteren Statusgruppen sind hier in noch geringerem Ausmaß vertreten als in den Parteien.

Berücksichtigt man, daß Mitglieder unterer Statusgruppen konformitätsorientierter erzogen werden, sprachlich weniger geübt sind und eher öffentlichkeitsabgewandt aufwachsen, so werden einige Gründe für ihre verhältnismaßig geringe politische Beteiligung deutlich. Gleichzeitig wird verständlich, wieso die Hochqualifizierten unter den Angestellten und Beamten besonders politisch aktiv sind: Offenbar stellen ihre Informationen, Sprachfertigkeiten, Kontakte und Verkehrsformen entscheidende Voraussetzungen politischer Betätigung dar.

Tab. 40: Unkonventionelle politische Teilnahme und Parteimitgliedschaft in Westdeutschland nach Beruf 1992

Von 100 Befragten haben sich bereits einmal beteiligt an:

	Unterschriftensammlung	Demonstration	Bürgerinitiative	Boykott	Partei
Bevölkerung ab 18 J.	45	14	17	7	4
Lt. Angest./Beamte	62	27	33	16	14
Große Selbst./fr. Berufe	61	33	24	24	11
gehob. Angest./Beamte	61	26	26	15	5
Meister	47	15	27	9	6
Kleine Selbständige	44	11	19	8	6
Mittl. Angest./Beamte	50	16	18	5	4
Facharbeiter	39	11	13	6	3
Einf. Angest./Beamte	39	5	13	3	2
Un- und Angelernte	27	7	6	2	1
Landwirte	25	5	10	0	5

Datenbasis: Allbus 1992; Quelle: *Geißler* 1996c, 329

Zahlreichen Sozialwissenschaftlern erscheint das Übergewicht der oberen, besonders der hochgebildeten Statusgruppen im Bereich der unkonventionellen politischen Aktivitäten (Bürgerinitiativen, neue soziale Bewegungen) problematisch. Zu einen sehen sie die Gefahr, daß hierdurch die in den herkömmlichen Beteilungungsformen (Parteien, Verbände usw.) ohnehin „schon vorhandene Ungleichheit der Zugangschancen zu politischen Entscheidungen" (*Feist/Liepelt* 1983, 98) noch erhöht wird. Das demokratische Prinzip „One Man, One Vote" werde unterlaufen und die Ziele der weniger artikulationsfähigen Gruppen „durch einen Prozeß der zunehmenden politischen Ungleichheit immer weniger berücksichtigt" (*Kaase* 1981, 377).

7.5.2 Wahlverhalten

Das ungleiche Interesse an politischen Angelegenheiten, die ungleichen Frustrationsgrade bestimmter Gruppierungen und andere Faktoren schlagen sich in einer ungleichen Wahlbeteiligung der verschiedenen Gruppierungen nieder. Die soziale Struktur der Nichtwähler läßt sich so zusammenfassen: „Frauen neigen eher zur Wahlenthaltung als Männer, junge Leute und Senioren eher als „Mittelalte", Protestanten eher als Katholiken. Die Stadt beteiligt sich in geringerem Maße als das Land, Menschen mit geringerem Sozialstatus und Randgruppen sind teilnahmsloser als angesehene, integrierte Bürger mit höherem Bildungs-, Einkommens- und Lebensniveau.“ (*Eilfort* 1991, zit. n. *Feist* 1994, 42) Außerdem stellte sich in den 90er Jahren heraus, daß sich die ostdeutsche Bevölkerung seltener an Bundestagswahlen beteiligte als die westdeutsche.

Wer keine Stimme bei politischen Wahlen abgibt, kann dies aus sehr unterschiedlichen Gründen tun. Er kann von vornherein unpolitisch sein, er kann verdrossen über Form und Inhalt der von ihm beobachteten Politik sein, er kann schließlich aus Kritik oder Protest gegen ganz bestimmte politische Entwicklungen die Stimmabgabe verweigern. Hierbei überwiegen die beiden zuletzt genannten Gruppierungen: Fast drei Viertel der Nichtwähler in der Bundesrepublik waren nicht unpolitisch, sondern der Auffassung, in Bürgerinitiativen oder durch andere Formen „selbstbestimmter“ Politik erreiche der einzelne mehr als mit dem Stimmzettel (*Meyer u.a.* 1994, 73f.).

In einer Analyse aus den frühen 90er Jahren wurden folgende Typen von Nichtwählern ermittelt. Diese Typisierung (*Kleinhenz* 1995, 201ff.) läßt Rückschlüsse auf die Beweggründe zu, sich nicht an Wahlen zu beteiligen: 1. Der *aktive Postmaterialist* beteiligt sich trotz großen politischen Engagements nicht an Wahlen, weil seine hohen Erwartungen (z.B. im Umweltbereich) enttäuscht wurden und er sich von Wahlen keine Veränderung erwartet. 2. Der *gehobene Jungkonservative* ist zwar mittelstark politisch, aber noch viel mehr an Karriere und Freizeit interessiert. 3. Der *isolierte Randständige* verfügt typischerweise über wenig Einkommen und Bildung. Er ist häufig arbeitslos und lehnt politische und gesellschaftliche Einrichtungen durchweg ab. Politik spielt in seinem Leben keine Rolle. 4. Der *desinteressierte Passive* neigt zwar oft einer Partei zu, sein politisches Interesse, sein Wissen und erst recht sein praktisches Engagement sind aber gering. 5. Die Nichtwähler der *saturierten Mittelschicht* sind zufrieden. Ihre Haltung zur Politik ist wohlwollend, aber gleichgültig. Sie sind zwar politisch interessiert, gehen aber aus punktuellen Gründen gleichwohl oft nicht zur Wahl. 6. Der *junge Individualist* ist zu hedonistisch und mit seiner Selbstentfaltung befaßt, er hält auch von Parteien und Politik zu wenig, um zur Wahl zu gehen. 7. Die *enttäuschte Arbeiterschaft* hat hohe Erwartungen an den Staat, fühlt sich aber von ihm alleine gelassen, ist daher unzufrieden und wählt nicht.

Die Wahlentscheidung vieler Menschen wird von langfristigen, oft gefühlsbetonten Bindungen an eine bestimmte Partei bestimmt. Diese Bindungen werden häufig schon im Laufe der frühkindlichen Sozialisation erworben, und sind z.T. Ausdruck der in bestimmten Bevölkerungsgruppen vorherrschenden Normen und Interessen. So tendieren die unteren Statusgruppen, die Arbeiterschaft und gewerkschaftlich organisierte Gesellschaftsmitglieder zur SPD; die oberen Statusgruppen, insbesondere Beamte und Selbständige sowie aktive Katholiken wählen überproportional häufig die CDU/CSU.

Tab. 41: Die Wahlentscheidung der Berufsgruppen in den Bundestagswahlen 1994

	CDU/CSU	SPD	FDP	Bündnis/Grüne	PDS	Andere
Gesamt	41,4	36,4	6,9	7,3	4,4	3,6
Arbeiter	36,9	45,3	3,5	4,7	4,7	4,9
Angestellte	38,4	36,4	7,5	8,8	5,8	3,1
Beamte	42,7	32,9	8,0	10,9	2,6	2,9
Selbständige	52,2	17,5	14,9	7,7	3,4	4,3
Landwirte	64,3	14,0	8,6	4,3	2,7	6,1
Rentner	48,9	35,7	6,5	2,6	3,9	
In Ausbildung	28,8	32,9	6,8	20,9	6,0	
Arbeitslose	30,7	42,4	3,7	6,8	12,0	

(Quelle: Forschungsgruppe Wahlen, Befragung am Wahltag, zit. n. *Jung/Roth* 1994, 10 und n. *Rudzio* 1996, 189)

Die Anhänger der GRÜNEN und der FDP haben im Durchschnitt einen wesentlich höheren Bildungsgrad als die der großen Parteien. Was die erreichten Bildungsabschlüsse betrifft, so unterscheiden sich die Wähler der großen Parteien nicht wesentlich. Dies war früher anders, als die SPD eine noch weitgehende Arbeiterpartei war und dementsprechend hauptsächlich von Personen mit niedrigerer formaler Bildung gewählt wurde. Im übrigen bestehen scharfe Bildungsunterschiede zwischen dem Anhang der Linken (PDS, GRÜNE), der aus vielen höher Gebildeten besteht, und den Parteigängern der äußersten Rechten (NPD, REP), die eine eher geringe Bildung aufweisen.

Tab. 42: Bildungsgrad und Wahlorientierung 1994
(in % der Bildungsschichten)

	CDU/CSU		SPD		FDP		GRÜNE		PDS
	West	Ost	West	Ost	West	Ost	West	Ost	Ost
Insgesamt	42,2	38,5	37,6	31,9	7,7	4,0	7,8	5,3	17,6
Hauptschule	47	47	41	35	5	4	3	1	13
Mittl. Reife	39	41	42	33	6	4	8	2	17
Abitur/Studium	35	30	29	26	14	4	16	10	30

Quelle: *Veen u.a.* 1994, B31

Wie sehr eine Mitgliedschaft in der Gewerkschaft die Wahlentscheidung hin zur der SPD lenkt, wird daraus deutlich, daß z.B. in der Bundestagswahl 1990 nur 39% (27%) aller Arbeiter (Angestellten und Beamten), die nicht Gewerkschaftsmitglied waren, SPD wählten. Unter den Arbeiter-Gewerkschaftsmitgliedern wählten jedoch 52% und unter den

Angestellten- bzw. Beamten, die Mitglied einer Gewerkschaft waren, 47% die SPD. Ähnlich stark tendieren aktive Katholiken zur CDU/CSU: 1990 wählten 75% der Katholiken mit starker Kirchenbindung (regelmäßiger Kirchgang) die Unionsparteien, aber nur 35% der Katholiken ohne Kirchenbindung. Von den Katholiken mit starker Kirchenbindung gaben nur 12% ihre Stimme der SPD (*Gibowski/Kaase* 1991, 16).

Allerdings schwächten sich diese sozialstrukturell begründeteten Parteineigungen im Laufe der letzten Jahrzehnte ab, hauptsächlich deshalb, weil die Gruppen mit den stärksten Parteibindungen, die engagierten Katholiken, die Arbeiter, die Landwirte und die Gewerkschaftsmitglieder allesamt schrumpften (*Gabriel/Brettschneider* 1994). Dagegen nahm der Anteil der Wähler zu, die einer bestimmten Partei zuneigen, weil sie – relativ unabhängig von ihrem Beruf oder ihrer Konfession – bestimmte Mentalitäten aufweisen und dadurch bestimmten „sozialen Milieus" angehören. Es handelt sich hierbei um Milieus im Sinne von unscharf abzugrenzenden „Gruppierungen Gleichgesinnter" (vgl. 7.2.2).[93]

Den Werthaltungen und Interessen der einzelnen Milieus entsprechend (vgl. *Faltin* 1990), wählten besonders viele Angehörige des „Konservativ-gehobenen Milieus" und des „Kleinbürgerlichen Milieus" die Unionsparteien. Die CDU/CSU bezog in den frühen 90er Jahren fast die Hälfte ihrer Wähler allein aus diesen beiden Gruppierungen. Die Wählerschaft der SPD ist gespalten: Einerseits kommen viele Wähler der „alten" „Arbeiter-SPD" aus dem „Traditionellen Arbeitermilieu" und aus dem „Traditionslosen Arbeitermilieu", andererseits werden viele Wähler der „neuen SPD" dem „Technokratisch-liberalen Milieu" und dem „Hedonistischen Milieu" zugerechnet. Die FDP hat ihre Wählerschwerpunkte im „Aufstiegsorientierten Milieu" und im „Technokratisch-liberalen Milieu". Die Grünen finden viele Wähler im „Hedonistischen Milieu".

---

93 Es handelt sich nicht länger um Milieus im Sinne der zuvor beschriebenen vier großen „sozialmoralischen Milieus", die das Wahlverhalten im Kaiserreich und in der Zwischenkriegszeit prägten. Es handelt sich auch nicht um Milieus im Sinne von von lokalen Gruppierungen mit hoher Verpflichtungs- und Integrationskraft (wie etwa ein niederbayrisches CSU-Milieu oder das SPD-Milieu einer Bergarbeitersiedlung im Ruhrgebiet).

Abb. 40: Die Positionierung der Parteien in der Milieustruktur Westdeutschlands 1991

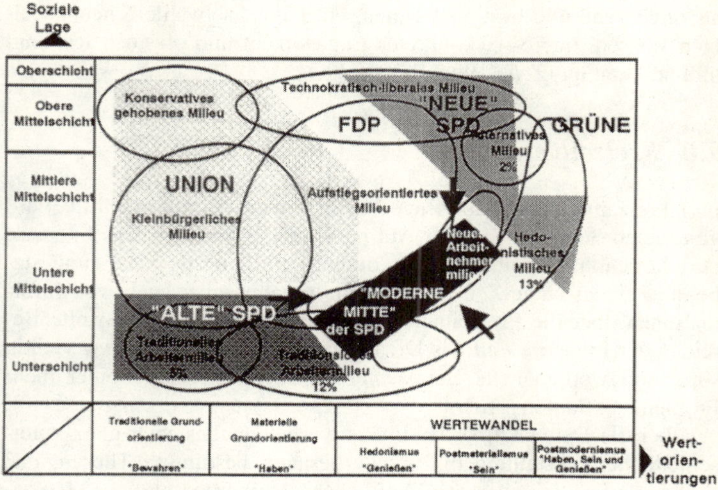

Quelle: *Flaig/Meyer/Ueltzhöffer* 1993, 144

Die Situation ist insofern schwierig für die CDU/CSU, weil ihre Stamm-Milieus ständig kleiner werden (vgl. 7.2.2). Daher suchten die Unionsparteien in den letzten Jahren neue Wählerkreise vor allem im „Aufstiegsorientierten Milieu". Die SPD dagegen hat das Problem, kaum vereinbaren Erwartungen gerecht werden zu müssen: Die Angehörigen des „Traditionellen Arbeitermilieus" sind eher sicherheitsorientiert, das „Hedonistische Milieu" und das „Technokratisch-liberale Milieu" besteht dagegen aus sehr individualisierten Personen. Die SPD richtete ihre Bemühungen in den 90er Jahren daher auf die „moderne Mitte" zwischen beiden Hochburgen, um durch diese „Brücke" neue Wählergruppen zu gewinnen und zugleich das Problem der Unvereinbarkeit abzuschwächen (vgl. *Flaig/Meyer/Ueltzhöffer* 1993, 144).

Gleichzeitig stieg in den vergangenen Jahrzehnten die Zahl der Wechselwähler. Die Gruppen mit flexiblerem, situativem Wahlverhalten, vor allem junge, gut gebildete Angestellte und Beamte, nahmen ständig zu. Die Parteien können sich daher auf ihre Wähler aus den gehobenen Dienstleistungsschichten aus dem „Aufstiegsorientierten" und dem „Technokratisch-liberalen Milieu" nicht mehr unbedingt verlassen (vgl. *Kort-Krieger* 1994, 61). Während früher Wechselwähler als unwissend und irrational galten, wird Wechselwählern heute vielfach Wissen, Interesse, konkretes Engagement und oft auch Rationalität bescheinigt (*Zelle* 1994, 75).

7.6 Freizeitverhalten

Das Freizeitverhalten der Bevölkerung in der Bundesrepublik wird von vielen Seiten mit großer Aufmerksamkeit verfolgt. Das Interesse besteht schon deshalb, weil die durchschnittlich zur Verfügung stehende Freizeit lange Zeit immer mehr zunahm, aber auch weil Informationen über die Freizeitaktivitäten der Bevölkerung für weite Bereiche der Industrie und des Dienstleistungsgewerbes existenzwichtig sind, und weil manche Beobachter im Freizeitbereich immer mehr Probleme auflaufen sehen.

Über die Entwicklung des Freizeitverhaltens bestehen ganz unterschiedliche Vorstellungen: *Erstens* besagen bestimmte Thesen, daß Entwicklungen hin zu gesellschaftlicher Nivellierung und zur Massengesellschaft auch das Freizeitverhalten der Bevölkerung immer ähnlicher werden lasse. Als Ursachen hierfür werden u.a. die massenhaften Angebote der „Freizeitindustrie", die gestiegenen finanziellen Möglichkeiten breiter Bevölkerungskreise und das gewachsene Ausmaß ihrer Freizeit genannt. *Zweitens* verweisen andere Thesen darauf, daß durchaus noch erhebliche Unterschiede im Freizeitverhalten bestehen und sogar neue entstehen, daß diese jedoch immer weniger mit ungleichen Lebensbedingungen zu tun hätten. Infolge des gestiegenen Wohlstands seien sie eher Ausdruck „horizontaler" Verschiedenartigkeiten des Lebensstils und persönlicher Vorlieben. Schließlich wird *drittens* die Meinung vertreten, daß sich auch heute noch ungleiche Lebensbedingungen im Freizeitverhalten der Menschen niederschlagen. Neben der ungleichen Verfügung über freie Zeit (vgl. 5.6.3) und den ungleichen regionalen und infrastrukturellen Voraussetzungen (vgl. 5.6.2) seien hierfür vor allem ungleiche Bildungsgrade (vgl. 5.1), Arbeitsbedingungen (vgl. 5.6.1) und finanzielle Mittel (vgl. 5.3) der Gesellschaftsmitglieder verantwortlich. Nicht selten zieht, dieser These zufolge, das Freizeitverhalten der begünstigten Bevölkerungsgruppen weitere Vorteile nach sich (z.B. durch außerhäusliche Erfahrungen, Kontakte und Lernprozesse).

Trotz ihrer Widersprüche treffen alle drei Thesen zu. Es zeigen sich sowohl Tendenzen der Angleichung als auch der „horizontalen" und der „vertikalen" Differenzierung. Dies soll im folgenden in Ausschnitten gezeigt werden.

Empirische Befunde

Die Konsumchancen in der Freizeit werden u.a. geprägt von den jeweils verfügbaren Geldmitteln und den unterschiedlichen „Ausgabezwängen" der Haushalte zur Befriedigung des Grundbedarfs. Die Haushalte in der Bundesrepublik gaben im Jahre 1994 durchschnittlich ein gutes Fünftel (21,1%) ihrer verfügbaren Einkommen für Nahrungsmittel, Getränke und Tabakwaren und 17,5% für Wohnungsmieten aus (Stat. Bundesamt 1997, 111). Hierbei müssen allerdings die einkommensschwächeren Haushalte im allgemeinen einen höheren Budgetanteil für Miete aufwenden als die einkommensstärkeren.[94] Und die Haushalte mit niedrigeren Einkommen sind im allgemeinen auch gezwungen, einen relativ hohen Anteil ihrer Einkünfte für Lebens- und Genußmittel auszugeben.[95]

Dagegen ist die Anschaffung von Gütern und Dienstleistungen, die der Freizeitgestaltung dienen (z.B. Fotoapparate, Reisen) oder die (wie Kraftfahrzeuge, Geschirrspülmaschinen, Mobiltelefone) Freizeitaktivitäten unterstützen, verständlicherweise stark von den Geldmitteln abhängig, die nach der Befriedigung der erwähnten Grundbedürfnisse noch verfügbar sind. Die lange Zeit steigende Kaufkraft der meisten Gesellschaftsmitglieder brachte es mit sich, daß (mit Ausnahme der Mieten) der Ausgabenanteil für Grundbedürfnisse in allen Bevölkerungsgruppen gesunken ist. Eine ganze Reihe von langlebigen Freizeitgütern und Freizeitausgaben für Wohnen, Bildung und Unterhaltung, die zuvor

94 Dieser Zusammenhang wurde schon 1868 von dem Berliner Städtestatistiker Schwabe erkannt und ging als das „Schwabesche Gesetz" in die Volkswirtschaftslehre ein.

95 Ernst Engel entdeckte im Jahre 1857 das nach ihm benannte „Engelsche Gesetz", wonach der Anteil der Ausgaben für Nahrungsmittel ein „untrüglicher" Maßstab für die finanzielle Lage eines Haushalts, einer Gruppe oder eines Landes ist.

nur Besserverdienenden zugänglich waren, haben inzwischen weite Verbreitung gefunden. Die erste der oben genannten Thesen ist also insoweit zutreffend, als für immer mehr Menschen die Nutzung bestimmter Freizeitgestaltungsmöglichkeiten und Freizeitgüter zugänglich geworden ist. Gleichzeitig bestätigen die Daten aber auch die dritte These, wonach nach wie vor bestimmte Freizeitgestaltungen in finanziell schlechtergestellten Haushalten weniger oft möglich sind als in bessergestellten. So machte der Posten „Bildung, Unterhaltung, Freizeit" im Jahre 1995 unter den Ausgaben westdeutscher Haushalte des Typs 1 (Kinderloses Ehepaar mit geringem Einkommen) nur 6,7% aus. Der Haushaltstyp 2 (Ehepaa it 2 Kindern und mitlerem Einkommen) und der Haushaltstyp 3 (Ehepaar mit 2 Kindern und höherem Einkommen) konnten dagegen einen doppelt so hohen Anteil aus einem ohnehin höheren Einkommen hierfür ausgeben (Stat. Bundesamt 1997, 113).

Zwar kann man im ganzen nicht von „schichtspezifischen Freizeitstilen" sprechen, aber vor allem das Bildungsniveau hat erhebliche Auswirkungen: So erhöhen sich mit der Höhe der Schulbildung insbesondere die außerhäuslichen Freizeitaktivitäten, wie Theater-, Konzert- und Vortragsbesuche, Teilnahme an Weiterbildungen, das Essen im Restaurant und sportliche Aktivitäten, während parallel dazu die passiven Tätigkeiten zu Hause seltener werden (*Herlyn* 1994, 165). Gesellschaftsmitglieder mit einfacher Schul- und Berufsausbildung konzentrieren ihr Zeit- und Finanzbudget dagegen auf die Nutzung elektronischer Massenmedien (Fernsehen, Hörfunk, Musikwiedergabe), Do-it-yourself-Tätigkeiten, Ausflüge sowie den Besuch von Verwandten und Bekannten.

Schließlich sind bestimmte Aspekte des Freizeitverhaltens auch eine Frage des Berufs und der Arbeitsbedingungen. Berufstätige mit hohen körperlichen Belastungen weisen eine überwiegend häusliche und erholende Freizeitgestaltung auf (Ausruhen, Fernsehen, häusliche Reparaturen, Gartenarbeit). Erwerbstätige mit psychischen Beanspruchungen (wie viele Angestellte) betreiben oft außerhäusliche und ausgleichende Freizeitaktivitäten (Ausgehen, Sport, kulturelle Veranstaltungen).

Dementsprechend wurden in den einzelnen Berufsgruppen Konzentrationen u.a. auf folgende Freizeitverhaltensweisen ermittelt (*Herlyn u.a.* 1994, 164): Un- und angelernte Arbeiter verbringen ihre Freizeit besonders häufig mit Ausspannen, Erholen und Nichtstun. Dabei fällt unter den Freizeitaktivitäten der angelernten Arbeiter ein hohes Maß an Fernsehen auf. Bevorzugte Freizeittätigkeiten von Facharbeitern sind Aufräumen, Reparieren und Nebenjobs. Leitende Angestellte und Beamte lesen häufig Zeitungen und Zeitschriften, haben Gäste zu Besuch, verreisen, sind in Vereinen und sportlich aktiv, betreiben Weiterbildung, verbringen ihre Freizeit mit kulturellen und Bildungsaktivitäten sowie mit gesellschaftspolitischem Engagement. Zahlreiche der zuletzt genannten Aktivitäten von bessergestellten Berufsgruppen werden für sie zur Quelle weiterer sozialer Vorteile und Lebenschancen.

Tab. 43: Anteil der Ausgaben für ... am privaten Verbrauch im früheren Bundesgebiet 1965 und 1995 (in %)

	Haushaltstyp 1		Haushaltstyp 2		Haushaltstyp 3	
	1965	1995	1965	1995	1965	1995
Privater Verbrauch insgesamt (in DM)	384	2211	881	4103	1572	5862
davon (%)						
Nahrungsm., Getränke, Tabak	50,2	24,4	40,0	21,8	28,4	19,6
Wohnungsmieten	16,2	30,1	11,2	23,9	12,1	21,5
Energie (ohne Kraftstoffe)	7,1	7,1	4,5	5,0	3,8	4,0
Kleidung, Schuhe	7,3	4,5	11,9	6,7	11,0	7,0
zusammen	80,0	66,1	67,6	57,4	55,3	52,1
Verkehr, Nachrichtenübermittl.	2,8	12,3	9,7	17,1	16,2	16,7
Bildung, Unterhaltung, Freizeit	3,4	6,7	6,5	11,3	8,0	12,2
Übrige Güter u. Dienstl.	13,0	14,9	16,2	14,2	20,5	19,0

Quelle: Stat. Bundesamt 1997, 113

Die zuletzt wiedergegebenen Befunde bestärkten vor allem die dritte der eingangs erwähnten Thesen, die eine „vertikale" Differenzierung des Freizeitverhaltens behauptete. Aber auch die zweite These von dessen „horizontaler" Verschiedenartigkeit hat viel für sich. Dies zeigen zahlreiche empirische Studien zur Lebensstilforschung (vgl. 7.2.3), die sich ganz oder teilweise auf das Freizeit- und Konsumverhalten der Menschen richten. So wurden „horizontale" Unterschiede der Zeiteinteilung, des Urlaubsverhaltens, des Ausgehens, des Medienverhaltens, der Wohnungseinrichtung, der Speisegewohnheiten, der Kleidungspräferenzen, des Musik- und Kunstgeschmacks ermittelt[96]. Da viele der genannten Verhaltensweisen mit dem Kauf von

96 u.a. von *Bourdieu* (1982), *Conrad/Burnett* (1985), *Ganzeboom* (1990), *Lüdtke* (1989), *Schulze* (1988), *Pappi/Pappi* (1978) und *Zablocki/Kanter* (1976)

Gütern und Dienstleistungen einhergehen, ist es nicht erstaunlich, daß Marketingstudien häufig auf Lebensstilbefunde zurückgreifen.

Das Freizeitverhalten der Menschen ist also nicht nur eine Konsequenz ihrer (un)vorteilhaften Lebensbedingungen, sondern weist zum Teil auch unabhängig hiervon „horizontale" Unterschiede zwischen Lebensstilgruppierungen auf. Sie bestehen teils innerhalb sozialer Schichten, teils über Schichtgrenzen hinweg. Dieser Befund hat auf dem ersten Blick nichts mit der Problematik sozialer Ungleichheit zu tun. Er bezieht sich auf bloße Erscheinungen sozialer Unterschiedlichkeit. Bei näherem Hinsehen zeigen sich jedoch durchaus Hinweise, daß manche der „horizontal" unterschiedlichen Verhaltensweisen in der Freizeit ungleiche Auswirkungen haben. Es gibt durchaus vorteilhafte und unvorteilhafte, „erfolgreichere" und weniger „erfolgreiche" Verhaltensweisen in der Freizeit. So wurde bereits (7.2) erwähnt, daß Menschen mit bestimmten Lebensstilen üblicherweise zufriedener als andere sind (*Spellerberg* 1996, 198ff.) und Personen mit bestimmtem Medienverhalten (vgl. 7.3.4) dadurch Wissen und nützliche Verbindungen mehren können.

7.7 Abweichendes Verhalten und Kriminalität

Unter „abweichendem Verhalten" wird in den Sozialwissenschaftren ein Verhalten verstanden, das nicht den Regeln, Normen und Verhaltenserwartungen entspricht, die in der Gesellschaft oder in einem ihrer Teilbereiche (Familie, Schule, Freundeskreis, Betrieb etc.) gelten. Im folgenden soll nicht der Gesamtbereich abweichenden Verhaltens, sondern nur dessen „harter Kern" behandelt werden, das gegen Gesetze verstoßende Verhalten. Dieses kriminelle Verhalten ist selbstverständlich nicht gleichzusetzen mit der polizeilich registrierten oder der gerichtlich sanktionierten Kriminalität. Läßt man Verkehrsdelikte unberücksichtigt, so wurden 1996 von den schätzungsweise 18 Millionen begangenen Straftaten ca. 6,7 Millionen bekannt. Hieraus ermittelte die Polizei ca. 2,1 Millionen Strafverdächtige. Die Gerichte verurteilten 764 Tausend Personen, davon 114 Tausend zu Freiheitsstrafen, einschließlich solchen zur Bewährung (*Stat. Bundesamt* 1998, 357ff.).

Im Laufe des Prozesses der Taterkennung und Strafverfolgung findet also eine erhebliche „Filterung" statt.

7.7.1 Schicht und kriminelles Verhalten

Unter denjenigen, die von der Polizei einer kriminellen Handlung *verdächtigt* werden und insbesondere unter denen, die deswegen gerichtlich *bestraft* werden, befinden sich überproportional häufig Angehörige unterer Schichten. Entdeckte und geahndete Kriminalität tritt um so häufiger auf, je niedriger der Status von Gesellschaftsmitgliedern ist.

Aber hierbei ist nach Delikatarten zu unterscheiden: Bestimmte unter den entdeckten Straftaten werden von Mitgliedern der unteren Schichten ganz besonders häufig begangen, andere werden in etwa gleichem Ausmaß in allen Bevölkerungsgruppen registriert, und wieder andere sind typisch für die mittleren und oberen Schichten: Aggressionstaten wie Nötigung, Bedrohung, Körperverletzung, Totschlag und Mord sind typische Unterschicht-Delikte. Auch die ermittelten Täter von Eigentumsstraftaten wie Bankraub, Einbruchs- und Kfz-Diebstahl sowie von Bagatellbetrügereien und von Sittlichkeitsdelikten kommen überwiegend aus unteren Schichten. Ladendiebstähle und Verkehrsstraftaten werden dagegen, den Akten von Polizei, Staatsanwaltschaft und Gerichten zufolge, von allen Schichten etwa gleichermaßen begangen. Bei Unterschlagungen und schweren Formen des Betrugs sind schließlich die mittleren und oberen Schichten, insbesondere die Selbständigen, deutlich überrepräsentiert (*Geißler* 1994, 162).

Das tatsächliche Ausmaß kriminellen Verhaltens, das heißt auch die ansonsten unentdeckt gebliebene Kriminalität, verteilt sich gleichmäßiger über die sozialen Schichten, als Zahlen über Verdächtige und Verurteilte vermuten lassen. Dennoch ergibt sich auch aufgrund von Dunkelfeld- und Selbstmeldeuntersuchungen, daß in unteren Schichten etwas häufiger gegen Gesetze verstoßen wird als in anderen, und daß hierbei Delikte gegen die körperliche Unversehrtheit und das Eigentum anderer im Vordergrund stehen (*Albrecht/Howe* 1992, 697ff.)

7.7.2 Erklärungen schichtspezifischer Kriminalität

Noch vor wenigen Jahrzehnten wurde die Straffälligkeit bestimmter Personen(kreise) mit deren erbbiologischen Anlagen in Verbindung gebracht. So glaubte man gelegentlich sogar aus der äußeren Erscheinung eines Menschen Rückschlüsse auf seine kriminelle Veranlagung ziehen zu können. Der Turiner Arzt *C. Lombroso* beschrieb im Jahre 1902 Verbrecher wie folgt: „Im allgemeinen sind bei Verbrechern die Ohren henkelförmig, das Haupthaar voll, der Bart spärlich, die Kinnlade enorm, das Kinn viereckig oder vorragend, die Backenknochen breit – kurz, ein mongolischer und bisweilen negerähnlicher Typus (...)". (zit. n. *Giese* 1980, 9)

Im Laufe der Entwicklung der Kriminalitätsforschung konzentrierte sich die Aufmerksamkeit dann auf Persönlichkeitsmerkmale als Kriminalitätsursachen. Insbesondere Aggressivität und Antisozialität wurden stark hervorgehoben. Zur Gegenwart hin wurden immer stärker sozialstrukturelle Bestimmungsgründe der Kriminalität betont (*Matza*, zit. n. *Haferkamp* 1972). In neuerer Zeit finden zur Erklärung statusspezifischer Kriminalität insbesondere drei Ansätze Verwendung (vgl. *Lamnek* 1979, 141; *Geißler* 1994, 163ff.).

Anomietheorien (*Merton* 1968, 282ff.), auch Sozialstrukturtheorien genannt, erklären das Zustandekommen normwidriger Verhaltensweisen aus einem Auseinanderklaffen von allgemein verbindlichen kulturellen Zielen einerseits (z.B. Wohlstand) und den bestimmten Personengruppen zugänglichen legalen Mitteln zur Zielerreichung andererseits (z.B. das Fehlen von formaler Qualifikation, Sprachfertigkeit und anderen karrierefördernden Eigenschaften), woraus das Bestreben folgt, sich die Ziele mit illegalen Mitteln zu verschaffen. Dieser Diskrepanz sind untere Statusgruppen verstärkt ausgesetzt, so daß es für sie näher liegt als für andere, die Kluft durch normwidrige Verhaltensweisen (z.B. Diebstahl, Raub) zu überbrücken.

Subkulturtheorien (*Cohen* 1961, 70ff.; *Yinger* 1960; *Miller* 1968; *Cohen/Short* 1968) gehen davon aus, daß in komplexen Gesellschaften bestimmte Gruppen (z.B. Cliquen von Jugendlichen aus unteren Statusgruppen) in sozialstrukturellen Verhältnissen leben, die andere Werte und Normen als die gesamtgesellschaftlich üblichen hervorbringen. Wenn solche subkulturellen Verhaltenserwartungen (z.B. körperliche Gewalt als Mittel der Interessendurchsetzung) gesetzlichen Bestimmungen (Körperverletzung) widersprechen, kann gerade das Befolgen dieser gruppenspezifischen Normen zur Kriminalität führen. Kriminalität ist hiernach Ausdruck eines Kulturkonflikts innerhalb einer Gesellschaft.

Definitionstheorien (Labelingtheorien; Stigmatisierungstheorien; *Lemert* 1951, 1975; *Becker* 1973; *Sack* 1972, 1977, 1978) gehen im Unterschied zu den vorgenannten Ansätzen nicht von der bloßen Existenz von Normen und normabweichendem Verhalten aus, sondern konzentrieren sich auf die Prozesse des Zustandekommens und der Anwendung von Normen. Hiernach werden die Verhaltensweisen bestimmter Personengruppen (z.B. unterer Statusgruppen oder Ausländer) eher als die anderer (von der Bevölkerung, dem Gesetzgeber, der Polizei, den Gerichten etc.) als „abweichend" angesehen. Diese Personengruppen geraten so von vornherein eher in den Verdacht der Kriminalität. Es gelingt den Strafverfolgungsbehörden, die als „abweichend" definierten und aufmerksam verfolgten Handlungen leichter als bei anderen Gruppen als Gesetzesverstöße zu ahnden. Durch die Abstempelung dieser Personen als „kriminell" werden ihre legalen Handlungsmöglichkeiten u.U. so sehr eingeschränkt, daß sie in eine kriminelle „Karriere" gedrängt werden.

Der Definitionsansatz stimmt recht gut mit der empirisch belegten Tatsache überein, daß in unteren Statusgruppen eine intensivere Strafverfolgung abläuft (vgl. *Feest/Blankenburg* 1972; *Blankenburg/Feest* 1975; *Geißler* 1994, 169ff.). So sind Straftaten, die gemeinhin von Personen aus unteren Gesellschaftsgruppen begangen werden (s.o.), bereits gesetzlich relativ exakt und umfassend definiert und in der Praxis auch recht auffällig, während typische „Weiße-Kragen-Delikte" oft juristisch schwer faßbar und schwierig zu ermitteln sind. Bei ungeklärter Täterschaft sucht und findet die Polizei Tatverdächtige eher in unteren als in oberen Statusgruppen. Ist der Täter bekannt oder besteht ein bestimmter Verdacht, so werden Delikte von seiten der Opfer, der Zeugen und der Polizei häufiger als kriminell definiert und zur Anzeige gebracht, wenn die Tat einer Person aus unteren Statusgruppen zugeschrieben wird. Gegen solche Gesellschaftsmitglieder stellt die Staatsanwaltschaft Ermittlungsverfahren auch seltener ein und Gerichte lassen Verfahren häufiger zu. In Gerichtsverfahren schließlich ist die Verurteilungswahrscheinlichkeit, besonders für Haftstrafen, für statusniedrige Personen größer als für bessergestellte. Die jährlich ca. 35.000 Vollstreckungen von Haftstrafen betreffen fast ausschließlich Männer, zwei Drittel davon kommen aus dem unteren Zehntel der Gesellschaft ohne Hauptschulabschluß (*Geißler* 1996c, 331).

Diese soeben dargestellte Filterwirkung des Strafverfolgungsprozesses wirkt sich auf jeder einzelnen Stufe nicht sehr stark aus. Da aber die Effekte auf allen Ebenen in die gleiche Richtung gehen, erscheinen – unabhängig von ihrem tatsächlichen Verhalten – die Angehörigen unterer Statusgruppen häufiger als andere in der polizeilichen Tatverdächtigen- und in der gerichtlichen Verurteilungsstatistik. Insgesamt spricht also manches dafür, daß die Annahmen der *Definitionstheorien* zutreffen.

Allerdings kann nicht das gesamte Ausmaß statusspezifischer Kriminalität auf Definitionsprozesse und die Tendenzen selektiver Strafverfolgung zurückgeführt werden. Unabhängig hiervon stellen auch die Lebensbedingungen und Lebensstile der unteren Statusgruppen Gegebenheiten dar, die die Wahrscheinlichkeit kriminellen Verhaltens erhöhen, vor allem im Hinblick auf Deliktformen wie Diebstahl, Körperverletzung usw. So wurde in Dunkelfelduntersuchungen ermittelt, daß Klein- und Gelegenheitskriminalität in allen Schichten etwa gleich häufig vorkommen, schwererwiegende kriminelle Verhaltensweisen, insbesondere Gewaltdelikte, sich jedoch in unteren Schichten häufen (*Kaiser* 1993, 207). Mithin spricht auch etliches für die Erklärung der *Anomietheoretiker*, daß Personen mit relativ ungünstigen Lebensbedingungen und Erfolgschancen eher als andere unerlaubte Wege zum Erfolg gehen, weil ihnen die erlaubten weitgehend versperrt sind.

Die *Subkulturtheorien* schließlich trafen in den 50er und 60er Jahren in den USA, wo sie entwickelt wurden, eher zu als in den damals kulturell noch recht homogenen Ländern Europas. Einiges spricht dafür, daß Zuge der kulturellen Pluralisierung durch Flüchtlinge und Arbeitsmigranten dieser Theorietyp auch hierzulande größere Erklärungskraft gewonnen hat und bestimmte Formen der Kriminalität mit der Prägung der Täter durch diese Subkulturen in Verbindung gebracht werden können.

Ähnliches gilt auch für die Pluralisierung von sozialen Milieus und Lebensstilen in modernen Gesellschaften. Obgleich sich soziale Milieus und Lebensstilgruppierungen von Andersdenkenden in der Regel nicht so deutlich wie Subkulturen abgrenzen, weisen auch diese Gruppierungen ein durchaus ungleiches Ausmaß an abweichenden Verhaltensweisen auf, das mit der jeweiligen soziokulturellen Ausrichtung zu erklären ist. Neuere Untersuchungen (*Heitmeyer* 1996; *Ulbrich-Herrmann* 1996) der Gewaltbereitschaft und Gewaltausübung unter Jugendlichen haben gezeigt, daß insbesondere die Angehörigen des „Traditionslosen Arbeitermilieus", das „Aufstiegsorientierten Milieus" und des „Hedonistischen Milieus" (vgl. 7.2.2) zu Gewalt stärker bereit sind als die übrigen Jugendlichen.

8. Entwicklungstendenzen im Überblick

Blickt man auf die Darstellungen der vorstehenden Kapitel zurück und sieht diese im Zusammenhang, so werden bestimmte allgemeine Entwicklungstendenzen sichtbar. Sie haben das Ungleichheitsgefüge seit Gründung der Bundesrepublik Deutschland sehr verändert. Die wichtigsten dieser Trends sind u.a. folgende:

1. Die Erscheinungsformen und Bestimmungsgründe sozialer Ungleichheit haben sich ausdifferenziert. Eine Reihe von Prozessen, u.a. die Zuwanderung von Migranten, die Ausweitung wohlfahrtsstaatlicher Leistungen und die Wiedervereinigung Deutschlands, haben dazu geführt, daß in den vergangenen Jahrzehnten weitere Erscheinungsformen und Bestimmungsgründe sozialer Ungleichheit neben die bisher maßgebenden getreten sind. So ist das Gefüge sozialer Ungleichheit der 90er Jahre u.a. durch Nachteile vieler Ausländer und Disparitäten zwischen Ost- und Westdeutschland gekennzeichnet. Zudem wuchsen die Aufmerksamkeit und die Sensibilisierung für bestimmte Ungleichheiten, die bislang eher im Hintergrund standen. Beispielsweise fanden die Ungleichheiten zwischen Männern und Frauen immer stärkere Beachtung. Dementsprechend nahmen die diesbezüglichen gesellschaftlichen und politischen Auseinandersetzungen zu.

Damit differenzierte sich das Gefüge sozialer Ungleichheit aus. Neben den herkömmlichen Dimensionen des Wohlstands, der Bildung, des Ansehens und der Macht wurden (den Menschen) weitere Vor- und Nachteile immer wichtiger, unter anderem der Arbeits-, Wohn- und Freizeitbedingungen. Nicht nur der Beruf, der für die Gesellschaftsmitglieder nach wie vor den wichtigsten Zugangsweg zu sozialen Vor- und Nachteilen darstellt, sondern u.a. auch das Geschlecht, die Lebens- und Familienform, die ethnische Zugehörigkeit, der Wohnort (z.B. in Ost- oder Westdeutschland) ziehen Vor- und Nachteile nach sich, und dies wurde auch immer stärker beachtet.

Nicht alle der in letzter Zeit ausdifferenzierten Phänomene und Bestimmungsgründe sind also wirklich neu. Neu enstanden sind zum Beispiel, zumindest in diesem Ausmaß, viele Ungleichheiten zwischen Deutschen und Nichtdeutschen. Keineswegs neu sind aber zum Beispiel die Ungleichheiten der Arbeits- und der Wohnbedingungen oder die Ungleichheiten zwischen Mann und Frau. Diese sehr „alten" Aspekte sozialer Ungleichheit sind in den vergangenen Jahrzehnten allenfalls weiter in den Vordergrund des Bewußtseins und der öffentlichen Diskussion getreten.

Die Ausdifferenzierung der Struktur sozialer Ungleichheit bedeutet nicht, daß alle Dimensionen und Bestimmungsgründe gleiches Gewicht besitzen: Im Hinblick auf die alltäglichen Folgen und die Prägung von Denk- und Verhaltensweisen kommt den Ungleichheitsdeterminanten Beruf und Lebensform, sowie den Ungleichheitsdimensionen Bildung, Erwerbstätigkeit und Einkommen besonders hohe Kraft zu.

Die wachsende Vielfalt relevanter Aspekte sozialer Ungleichheit brachte es mit sich, daß sich nicht nur ein gesellschaftliches Oben und Unten, sondern immer mehr auch disparate Lagen auseinanderzuhalten lassen, die nicht ohne weiteres vertikal anzuordnen sind. So sind innerhalb der unteren Schichten Rand- und Problemgruppen mit je besonderen Problemkonstellationen zu erkennen. Und innerhalb der mittleren Schichten finden sich gesicherte Beamtenstellungen mit geregelter Freizeit neben ungesicherten, jedoch besonders gut verdienenden Selbständigen (z.B. im Bereich der neuen Computertechnologien) mit minimaler Freizeit; qualifizierte Männer haben gute Berufschancen, während hochqualifizierte Frauen eine Berufskarriere nur schwer mit Familienwünschen vereinbaren können usw.

2. Soziale Ungleichheit wurde im Laufe der Zeit immer weniger sichtbar. Anders als noch vor wenigen Jahrzehnten ist die Stellung eines Menschen im Gefüge des sozialen Höher oder Tiefer heute in vielen Fällen nicht auf den ersten Blick erkennbar. Weder die Kleidung, noch der Wagentyp, noch bestimmte Verhaltensweisen geben Hinweise auf die gesellschaftliche Stellung. Auch die Wohnverhältnisse vermitteln häufig nur noch geringe Anhaltspunkte über den Status der jeweiligen Bewohner. Selbstverständlich finden sich auch heute noch Gegenbeispiele, wo sich gesellschaftliche Vor- bzw. Nachteile unmittelbar ablesen lassen: Stadtviertel, in denen vornehmlich Arbeitslose, Ausländer und Bezieher von Niedrigeinkommen leben, stechen von Vororten ab, wo Gutgestellte in Villen wohnen. In Fußgängerzonen betteln alleinstehende Wohnungslose mit den Worten „Haste mal ne Mark?“. In den Chefetagen großer Firmen begegnen wir fast nur Männern. Aber es dürfte kaum noch möglich sein, von solchen unmittelbar erfahrbaren Eindrücken auf das Ganze des Gefüges sozialer Ungleichheit zu schließen. Dazu verraten die direkt beobachtbaren Kleidungs-, Konsum-, Wohn- und Verhaltensstile in großen Teile der Sozialstruktur zu wenig über die Berufsstellungen, Einkommenslagen etc. der Menschen (vgl. *Geißler* 1996c).

Die wachsende „Unsichtbarkeit“ sozialer Ungleichheiten darf aber nicht über bleibende und teilweise sogar wachsende Disparitäten hinwegtäuschen. Zahlreiche Indikatoren belegen, daß die sozialen Ungleichheiten im ganzen gesehen in den letzten Jahrzehnten keinesfalls geringer geworden sind. Es läßt sich im Gegenteil zeigen, daß bestimmte Vor- und Nachteile ausgeprägter geworden sind. Dazu zählen etwa Reichtums- und Armutsphänomene.

3. Das Gefüge sozialer Ungleichheit wurde immer internationaler: Wer von sozialer Ungleichheit spricht, vergleicht zwischen Gesellschaftsmitgliedern. Noch vor wenigen Jahrzehnten erschien es selbstverständlich, diese Vergleiche innerhalb der Grenzen der einzelnen Nationalstaaten vorzunehmen. Mit dem allmählichen Verschwinden von Landesgrenzen und dem Wachsen von Kommunikationsmöglichkeiten verlagerten sich die Vergleichspunkte immer häufiger auch in Zonen jenseits der Landesgrenzen. Auch die Bestimmungsgründe sozialer Ungleichheit lassen sich kaum noch erschöpfend innerhalb eines Landes ermitteln. Weltwirtschaftliche Arbeitsmarktslagen und Konkurrenzsituationen über Landesgrenzen hinweg sorgen zum Beispiel dafür, daß Arbeitsplätze auch in zuvor sicher geglaubten Dienstleistungsbereichen in Gefahr gerieten.

In kommenden Jahrzehnten wird es sicher nicht mehr ausreichen, eine Darstellung der Problematik sozialer Ungleichheit – wie die vorliegende Veröffentlichung – auf die Gegebenheiten innerhalb eines Landes zu konzentrieren und nur an wenigen Stellen darüber hinauszugreifen.

Im Zuge der Internationalisierung sozialer Ungleichheit wurde auch immer deutlicher, wie sehr sich die Ungleichheitsgefüge in den einzelnen Ländern unterscheiden. Dadurch rückte ins Blickfeld, daß soziale Ungleichheiten auch von den oft verschiedenartigen Institutionen (sozialpolitischen Regelungen, Bildungssystemen und Steuerbestimmungen etc.) der einzelnen Länder abhängig sind. Diese Auswirkungen von spezifischen Organisationsformen und Regelungen auf die Struktur sozialer Ungleichheit blieben bislang oft unbeachtet.

4. Von den (un-)vorteilhaften Lebensbedingungen der Menschen läßt sich immer weniger auf ihre innere Haltung schließen. Noch bis in die 70er Jahre hinein hat die Soziologie weitgehend vom Sein der Menschen auf ihr Bewußtsein geschlossen (vgl. *Hradil* 1992). Sie hat das Klassenbewußtsein von Gesellschaftsmitgliedern erforscht und ist schichtspezifischen Sozialisations-, Denk- und Sprachstilen nachgegangen. Heute steht fest, daß sich innerhalb der gleichen Statuslagen durchaus unterschiedliche Werthaltungen und Einstellungen finden. In gleichen Berufsgruppen und Einkommensklassen stehen zum Beispiel individualistische Gruppierungen mit offensiven Aufstiegsbemühungen anderen Gruppen gegenüber, die eher kleinbürgerliche, anpassende Mentalitäten aufweisen. Nach wie vor schließen es zwar manche äußeren Lebensbedingungen eines Menschen (sein Beruf, sein Einkommen, seine Wohnung usw.) nahezu aus, daß er bestimmte Denk- und Verhaltensweisen aufweist. Ein ungelernter Arbeiter wird kaum konservativ-elitäre Einstellungen annehmen und Golf spielen. Jedoch kann von der Schichtzugehörigkeit eines Gesellschaftsmitglieds kaum zureichend auf seinen Denk- und Verhaltensstil geschlossen werden. Das typische Denken und Verhalten der Gesellschaftsmitglieder ist eher Maße ihres Frage des Alters, der Bildung und des Geschlechts.

5. Die Selbstdefinition und das Alltagshandeln der Menschen sind in wachsendem Maße durch ihre Milieuzugehörigkeit und ihrem Lebensstil geprägt. Die Entscheidung, bestimmte politische Parteien zu wählen, Kleidungsstile zu bevorzugen, Arten von Musik zu hören oder sich bestimmten gesellschaftlichen Gruppierungen bzw. „Orten" zugehörig zu fühlen, ist nicht nur eine Frage des Alters, der Bildung, oder (in Grenzen) des Berufs bzw. der Schichtzugehörigkeit. Auch die Zugehörigkeit zu bestimmten sozialen Milieus und Lebensstilen ist im Laufe der Zeit zur Quelle des Denkens und Alltagsverhaltens geworden. Allerdings erstreckt sich deren Kraft nicht auf alle Verhaltensbereiche gleichermaßen. So ist beispielsweise die Entscheidung, die

„Grünen“ oder überhaupt nicht zu wählen, durchaus eine Frage des Lebensstils. Die Entscheidung, CDU oder SPD zu wählen, geht aber eher von der materiellen und beruflichen Lage der einzelnen aus (*Otte* 1997). Auch ästhetische und kulturelle Verhaltensweisen (z.B. der Stil der Wohnungseinrichtung und die Art der besuchten Konzerte) sind eher eine Frage des Milieus und Lebensstils. Andere Denk- und Verhaltensbereiche, wie zum Beispiel der Grad der gesellschaftlichen und politischen Teilhabe, sind hingegen stark geprägt von der Klassen- und Schichtzugehörigkeit.

6. Das Gefüge sozialer Ungleichheit im ganzen befindet sich auf dem Wege von einer pluralen Wohlstandsgesellschaft hin zu einer Gesellschaft des prekären Wohlstands. Die deutsche Gesellschaft des ausgehenden 19. Jahrhunderts war insofern eine Klassengesellschaft, als die Wohlstandsdifferenz und der Interessengegensatz zwischen den Besitzenden und den Nichtbesitzenden die zentrale Konfliktlinie im Ungleichheitsgefüge darstellte. Bis zur Mitte des 20. Jahrhunderts ging die Klassengesellschaft in eine Schichtungsgesellschaft über. Das Schichtungsgefüge, das heißt die Ungleichheit zwischen höher oder niedriger gestellten, besser und schlechter entlohnten und ungleich qualifizierten Erwerbstätigen und ihren Familien, überlagerte andere Ungleichheitsstrukturen. Die wichtigste Trennlinie im Gefüge sozialer Schichtung stellte der Abstand zwischen den meist im Produktionsbereich tätigen Arbeitern einerseits und den Angestellten und Beamten des Dienstleistungsbereichs andererseits dar. In den 70er und 80er Jahren verwandelte sich die Schichtungsgesellschaft allmählich in eine multidimensional differenzierte, mittelschichtdominante Wohlstandsgesellschaft mit spezifischen Randgruppenerscheinungen (vgl. *Bolte/Hradil* 1988, 359). Hieran waren die o.a. Entwicklungen hin zu ausdifferenzierten Ungleichheitsstrukturen und eigenständigeren Lebensweisen maßgeblich beteiligt.

In den 90er Jahren hat sich an diesem Ungleichheitsgefüge manches geändert. Bestimmend hierfür waren u.a. die verschärfte internationale Konkurrenz, der beschleunigte technische Wandel, die Folgen der deutschen Vereinigung, die hieraus entstehenden Arbeitsmarktprobleme und eine angebotsorientierte Wirtschaftspolitik, die durch vermehrte Gewinnchancen Investitionen zu stärken und dadurch Arbeitsplätze zu schaffen versuchte. Diese Faktoren führten dazu, daß sich in der Mitte der Gesellschaft die Gefährdungen durch Arbeitslosigkeit und Dequalifizierung bis weit in die Dienstleistungsmittelschichten hinein erstreckten. Aktueller Wohlstand schützte vor diesen Gefahren nicht immer. Am unteren und oberen Rand der Gesellschaft nahmen Armut und Reichtum zu. Das Armutsrisiko von kinderreichen Familien, Alleinerziehenden, Langzeitarbeitslosen und Ausländern wuchs. Aber das Leben in Armut und in Randgruppensituationen blieb, nicht zuletzt dank wirksamer Instrumente sozialer Sicherung, in der Regel auf bestimmte Lebensphasen beschränkt. Nicht die fortdauernde Verfestigung von Deklassierung und Ausschließung ganzer gesellschaftlicher Gruppierungen, sondern die Gefährdung großer Bevölkerungsteile wurde typisch. Während noch in der 80er Jahren eine scharfe Grenze zwischen dem gesellschaftlichen „Drinnen" und dem „Draußen" zu entstehen schien, wurde in den 90er Jahren das Ungesicherte typisch. Es entstand eine *Gesellschaft prekären Wohlstands* (vgl. *Hübinger* 1996).

Literatur

Abkürzungsverzeichnis:

AJS	American Journal of Sociology
ANBA	Amtliche Nachrichten der Bundesanstalt für Arbeit
APSR	American Political Science Review
APUZ	Aus Politik und Zeitgeschichte (Beilage zur Wochenzeitschrift Das Parlament)
ASR	American Sociological Review
BJS	British Journal of Sociology
KZfSS	Kölner Zeitschrift für Soziologie und Sozialpsychologie
MittAB	Mitteilungen aus der Arbeitsmarkt- und Berufsforschung
ÖZS	Österreichische Zeitschrift für Soziologie
PVS	Politische Vierteljahresschrift
ZfS	Zeitschrift für Soziologie
WiSta	Wirtschaft und Statistik

Abendroth, Wolfgang 1965: Sozialgeschichte der europäischen Arbeiterbewegung, Frankfurt am Main: Suhrkamp

Adams, U. 1976: Soziale Dienste für Obdachlose, Bonn

Adamy, Wilhelm/Hanesch, Walter 1990: Erwerbsarbeit und soziale Ungleichheit. Benachteiligung und Ausgrenzung am Arbeitsmarkt, in: Döring, Diether/Hanesch, Walter/Huster, Ernst-Ulrich (Hg.): Armut im Wohlstand, Frankfurt am Main: Suhrkamp, S. 161-184

Adler, Frank/Kretzschmar, Albrecht 1995: Vertikale Mobilität im ostdeutschen Transformationsprozeß, in: Andreß, Hans-Jürgen (Hg.): Fünf Jahre danach. Zur Entwicklung von Arbeitsmarkt und Sozialstruktur im vereinten Deutschland (Gesellschaften im Wandel 4), Berlin-New York: de Gruyter, S. 11-39

Aglietta, Michel 1979: A Theory of Capitalist Regulation, London

Alber, Jens 1984: Versorgungsklassen im Wohlfahrtsstaat. Überlegungen und Daten zur Situation in der Bundesrepublik, in: KZfSS 36, S. 225-251

Albrecht, Günter/Howe, Carl-Werner 1992: Soziale Schicht und Delinquenz, in: KZfSS 44, S. 697-730

Alemann, Ulrich von 1992: Parteien und Gesellschaft in der Bundesrepublik, in: Mintzel, Alf/Oberreuter, Heinrich (Hg.): Parteien in der Bundesrepublik Deutschland, Bonn, S. 89-130

Alestalo, Matti/Uusitalo, Hannu 1980: Prestige and Stratification (Commentationes Scientiarum Socialum 15), Helsinki: Societas Scientiarum

Allmendinger, Jutta 1989: Career mobility dynamics. A comparative analysis of the United States, Norway and West Germany (Studien und Berichte 49), Berlin: Max-Planck-Institut für Bildungsforschung

Allmendinger, Jutta/Hinz, Thomas 1997: Mobilität und Lebensverlauf: Deutschland, Großbritannien und Schweden im Vergleich, in: Hradil, Stefan/Immerfall, Stefan (Hg.): Die westeuropäischen Gesellschaften im Vergleich, Opladen: Leske und Budrich, S. 247-285

Ammon, Alf 1967: Eliten und Entscheidungen in Stadtgemeinden, Die amerikanische „Community Power“-Forschung und das Problem ihrer Rezeption in Deutschland, Berlin

Andreß, Hans-Jürgen/Lipsmeier, Gero/Salentin, Kurt 1995: Soziale Isolation und mangelnde soziale Unterstützung im unteren Einkommensbereich? Vergleichende Analysen mit Umfragedaten, in: ZfS 24, S. 300-315

Angele, Gebhard 1989: Obdachlosigkeit, Weinheim: Dte. Studien-Verlag

Arbeitsmarkt 1995. Amtliche Nachrichten der Bundesanstalt für Arbeit, Jg. 44. Sondernummer, Juni 1996. Nürnberg: Bundesanstalt für Arbeit

Arbeitsmarkt 1996. Amtliche Nachrichten der Bundesanstalt für Arbeit, Jg. 45. Sondernummer, Juni 1997. Nürnberg: Bundesanstalt für Arbeit

Arendt, Hannah 1960: Vita activa oder Vom tätigen Leben, Stuttgart

Aristoteles 1965: Politik, Rowohlt: Reinbek

Arnade, Sigrid u.a. (Red.) 1997: Die Gesellschaft der Behinderer. Das Buch zur Aktion Grundgesetz, Reinbek: Rowohlt

Autorengemeinschaft, 1996: Der Arbeitsmarkt 1995 und 1996 in der Bundesrepublik Deutschland, in: MittAB 29, S. 5-35

Bach, Hans-Uwe u.a. 1993: Kurzfristige Arbeitsmarktanalyse, in: Buttler, Friedrich (Hg.): Arbeitsmarkt- und Berufsforschung (Aufgaben und Praxis der Bundesanstalt für Arbeit 4), 2. neubearb. Auflage, Stuttgart u.a.: Kohlhammer, S. 58-73

Bachrach, Paul/Baratz, Morton S. 1962: The Two Faces of Power, in: APSR 56, S. 947-952

Bachrach, Paul/Baratz, Morton S. 1963: Decisions and Nondecisions. An Analytical Framework, in: APSR 57, S. 641-651

Bachrach, Paul/Baratz, Morton S. 1970: Power and Poverty, New York (dt. 1977: Macht und Armut, Frankfurt am Main: Suhrkamp)

Baethge, Martin 1970: Ausbildung und Herrschaft. Unternehmerinteressen in der Bildungspolitik, Frankfurt am Main

Bango, Jenö 1994: Soziologie für soziale Berufe, Stuttgart

Barber, Bernard 1957: Social Stratification, New York

Bauer, Frank/Groß, Hermann/Schilling, Gabi 1994: Arbeitszeit ’93. Arbeitszeiten, Arbeitszeitwünsche, Zeitbewirtschaftung und Arbeitzeitgestaltungschancen von abhängig Beschäftigten, Köln: Ministerium für Arbiet, Gesundheit und Soziales des Landes NRW

Beauftragte der Bundesregierung für die Belange der Ausländer (Hg.) 1994: Bericht der Beauftragten der Bundesregierung für die Belange der Ausländer über die Lage der Ausländer in der Bundesrepublik Deutschland, Bonn

Beauftragte der Bundesregierung für die Belange der Ausländer (Hg.) 1995: Bericht der Beauftragten der Bundesregierung für die Belange der Ausländer über die Lage der Ausländer in der Bundesrepublik Deutschland, Bonn

Beauftragte der Bundesregierung für die Belange der Ausländer (Hg.) 1997: Daten und Fakten zur Ausländersituation, Bonn

Beauftragte der Bundesregierung für die Belange der Ausländer (Hg.) 1997a: Bericht der Beauftragten der Bundesregierung für die Belange der Ausländer über die Lage der Ausländer in der Bundesrepublik Deutschland, Bonn

Beauftragte der Bundesregierung für die Belange der Ausländer (Hg.) 1997b: Mitteilungen Nr. 7, April 1997

Beauftragte der Bundesregierung für die Belange der Ausländer (Hg.) 1997c: Migration und Integration in Zahlen, Bonn

Beck, Ulrich 1983: Jenseits von Stand und Klasse? Soziale Ungleichheit, gesellschaftliche Individualisierungsprozesse und die Entstehung neuer sozialer Formationen und Identitäten, in: Kreckel, Reinhard (Hg.): Soziale Ungleichheiten (Soziale Welt, Sonderband 2), Göttingen: Schwartz, S. 35-74

Beck, Ulrich 1986: Risikogesellschaft. Auf dem Weg in eine andere Moderne, Frankfurt am Main: Suhrkamp

Beck, Ulrich/Beck-Gernsheim, Elisabeth 1994: Individualisierung in modernen Gesellschaften. Perspektiven und Kontroversen einer subjektorientierten Soziologie, in: Beck, Ulrich/Beck-Gernsheim, Elisabeth (Hg.): Riskante Freiheiten, Frankfurt am Main: Suhrkamp, S. 10-39

Beckenbach, Niels 1991: Industriesoziologie, Berlin-New York: de Gruyter

Becker, Gary S. 1964: Human Capital, New York: Univ. of Chicago Press

Becker, Howard S. 1973: Außenseiter. Zur Soziologie abweichenden Verhaltens, Frankfurt am Main: Fischer (zuerst am. 1963)

Becker, Ulrich/Nowak, Horst 1985: „Es kommt der ‚neue' Konsument". Analysen, Thesen, Vermutungen, Modelle. Werte im Wandel, in: form – Zeitschrift für Gestaltung, Heft 111, S. 14ff.

Beer, Dagmar u.a. 1997: An der Schwelle zum Berufsleben: Erfahrungen und Perspektiven von Auszubildenden in Ost- und Westdeutschland, in: APUZ, B 25, S. 25-34

Bell, Daniel 1975: Die nachindustrielle Gesellschaft, Frankfurt am Main: Campus 1975 (zuerst am. 1973)

Bellebaum, Alfred/Braun, H. 1974: Reader Soziale Probleme, Bd. I: Empirische Befunde, Frankfurt am Main-New York: Herder und Herder

Below, Susanne v. 1997: Bildung und soziale Ungleichheit in Ostdeutschland, in: Hauser, Richard/Olk, Thomas (Hg.): Soziale Sicherheit für alle? Beiträge zu den Berichten zum sozialen und politischen Wandel in Ostdeutschland, Bd. 2.3, Opladen: Leske + Budrich, S. 135-172

Bender, Stefan/Karr, Werner 1993: Arbeitslosigkeit von ausländischen Arbeitnehmern. Ein Versuch, nationalitätenspezifische Arbeitslosenquoten zu erklären, in: MittAB 26, S. 192-206

Berger, Peter A. 1986: Entstrukturierte Klassengesellschaft? Klassenbildung und Strukturen sozialer Ungleichheit im historischen Wandel, Opladen: Westdt. Verlag

Berger, Peter A. 1996: Individualisierung. Statusunsicherheit und Erfahrungsvielfalt, Opladen: Westdt. Verl.
Berger, Peter A./Hradil, Stefan (Hg.) 1990: Lebenlage, Lebensläufe, Lebensstile (Soziale Welt, Sonderband 2), Göttingen: Schwartz
Berger, Peter A./Hradil, Stefan 1990a: Die Modernisierung sozialer Ungleichheit – und die neuen Konturen ihrer Erforschung, in: Berger, Peter A./Hradil, Stefan (Hg.) 1990: Lebenslage, Lebensläufe, Lebensstile (Soziale Welt, Sonderband 2), Göttingen: Schwartz, S. 3-25
Berger, Peter A./Vester, Michael (Hg.) 1998: Alte Ungleichheiten – Neue Spaltungen, Opladen: Leske + Budrich
Berger-Schmitt, Regina 1997: Mobilität sozialer Lagen in den neuen Bundesländern seit 1990, in: Hradil, Stefan/Pankoke, Ekart (Hg.): Aufstieg für alle?, Opladen: Leske + Budrich, S. 155-236
Bergmann, J. u.a. 1969: Herrschaft, Klassenverhältnis und Schichtung, in: Adorno, Theodor W. (Hg.): Spätkapitalismus oder Industriegsellschaft? Stuttgart
Berking, Helmuth/Neckel, Sighard 1990: Die Politik der Lebensstile in einem Berliner Bezirk, in: Berger, Peter A./Hradil, Stefan (Hg.) 1990: Lebenslage, Lebensläufe, Lebensstile (Soziale Welt, Sonderband 2), Göttingen: Schwartz, S. 481-500
Bernstein, Basil u.a. 1970: Lernen und soziale Struktur, Aufsätze 1965-1970, Amsterdam
Bernstein, Basil 1972: Ein soziolinguistischer Ansatz zur Sozialisation, in: Ders.: Studien zur sprachlichen Sozialisation, Düsseldorf: Pädag. Verl. Schwann
Bertram, Hans 1977: Sozialstruktur und Intelligenz. Ein altes Thema – eine neue Antwort? in: KZfSS 29, S. 461-486
Bertram, Hans 1978: Gesellschaft, Familie und moralisches Urteil, Weinheim: Beltz
Bertram, Hans 1981: Sozialstruktur und Sozialisation. Zur mikroanalytischen Analyse von Chancenungleichheit, Darmstadt
Bertram, Hans 1991: Soziale Ungleichheit, soziale Räume und sozialer Wandel. Der Einfluß sozialer Schichten, sozialer Räume und sozialen Wandels auf die Lebensführungen von Menschen, in: Glatzer, Wolfgang (Hg.): Die Modernisierung moderner Gesellschaften. 25. Deutscher Soziologentag 1990, Frankfurt am Main: Campus, S. 636-663
Bertram, Hans 1997: Familien leben, Gütersloh: Bertelsmann Stiftung
Blankenburg, Erhard/Feest, J. 1975: Über die schichtspezifische Chance, kriminalisiert zu werden, in: Abele, A. u.a.: Abweichendes Verhalten, Stuttgart und Cannstatt
Blasius, Jörg/Winkler, Joachim 1989: Gibt es die „feinen Unterschiede"? in: KZfSS 41, S. 72-94
Blossfeld, Hans Peter 1993: Changes in Educational Opportunities in the Federal Republic of Germany. A Longitudinal Study of Cohorts Born between 1916 and 1965, S. 51-74, in: Shavit, Yossi/Blossfeld, Hans Peter

(Hg.): Persistent Inequality: Changing Educational Stratification in Thirteen Countries, Boulder, Col.: Westview Press

Blossfeld, Hans-Peter/Hamerle, Alfred/Mayer, Karl Ulrich 1986: Ereignisanalyse. statistische Theorie und Anwendung in den Wirtschafts- und Sozialwissenschaften, Frankfurt am Main-New York: Campus

Blossfeld, Hans-Peter/Mayer, Karl Ulrich 1988: Arbeitsmarktsegmentation in der Bundesrepublik Deutschland. Eine empirische Überprüfung von Segmentationstheorien aus der Perspektive des Lebensverlaufs, in: KZfSS 40, S. 123-140

Blossfeld, Hans-Peter/Rohwer, Götz 1995: Techniques of Event History Modelling. New Approaches to Causal Analysis, Hillsdale, New Jersey: Lawrence Erlbaum

Blossfeld, Hans-Peter/Shavit, Yossi 1993: Dauerhafte Ungleichheiten. Zur Veränderung des Einflusses der sozialen Herkunft auf die Bildungschancen in dreizehn industrialisierten Ländern, in: Zeitschrift für Pädagogik 39., S. 25-52

Blumberg, P. 1974: The Decline and the Fall of the Status Symbols: Some Thoughts on Status in Post-Industrial Society, in: Social Problems 21, S. 480-498

Bolte, Karl Martin 1959: Sozialer Aufstieg und Abstieg. Eine Untersuchung über Berufsprestige und Berufsmobilität, Stuttgart

Bolte, Karl Martin 1961: Einige Anmerkungen zur Problematik der Analyse von „Schichtungen" in sozialen Systemen, in: Glass, David V./König, René (Hg.): Soziale Schichtung und soziale Mobilität (Sonderheft 5 der KZfSS), Köln-Opladen: Westd. Verlag

Bolte, Karl Martin 1963: Typen sozialer Schichtung in der Bundesrepublik, in: Hamburger Jahrbuch für Wirtschafts- und Gesellschaftspolitik, 8. Jg., S. 150-165

Bolte, Karl Martin 1979: Leistung und Leistungsprinzip, Opladen

Bolte, Karl Martin 1983: Anmerkungen zu Aspekten und Problemen der Erforschung sozialer Ungleichheit, in: Kreckel, Reinhard (Hg.): Soziale Ungleichheiten (Soziale Welt, Sonderband 2), Göttingen: Schwartz

Bolte, Karl Martin 1990: Strukturtypen sozialer Ungleichheit. Soziale Ungleichheit in der Bundesrepublik Deutschland im historischen Vergleich, in: Berger, Peter/Hradil, Stefan (Hg.): Lebenslagen, Lebensläufe, Lebensstile (Soziale Welt, Sonderband 7), Göttingen: Schwartz, S. 27-50

Bolte, Karl Martin/Hradil, Stefan 1988: Soziale Ungleichheit in der Bundesrepublik Deutschland, Opladen: Leske+Budrich

Bolte, Karl Martin/Recker, Helga 1976: Vertikale Mobilität, in: König, René (Hg.): Handbuch der empirischen Sozialforschung, Bd. 5, Soziale Schichtung und Mobilität, Stuttgart: Enke 2. neubearb. Aufl., S. 40-103

Bonfadelli, Heinz 1994: Die Wissenskluft-Perspektive. Massenmedien und gesellschaftliche Information, Konstanz: UVK-Ölschläger

Bormann, Cornelia/Schroeder, Ernst 1994: Soziale Ungleichheiten im Krankenstand, dargestellt am Beispiel des Indikators „Tage mit gesund-

heitlicher Beeinträchtigung“, in: Mielck, Andreas (Hg.): Krankheit und soziale Ungleichheit, Opladen: Leske + Budrich, S. 209-225
Boudon, Raymond 1974: Education, Opportunity, and Social Inequality, New York: Wiley
Bourdieu, Pierre 1979: Entwurf einer Theorie der Praxis, Frankfurt: Suhrkamp
Bourdieu, Pierre 1982: Die feinen Unterschiede. Kritik der gesellschaftlichen Urteilskraft, Frankfurt am Main: Suhrkamp
Bourdieu, Pierre 1983: Ökonomisches Kapital, kulturelles Kapital, soziales Kapital, in: Kreckel, Reinhard (Hg.): Soziale Ungleichheiten, (Soziale Welt, Sonderband 2), Göttingen: Schwartz, S. 183-198
Bourdieu, Pierre 1985: Sozialer Raum und „Klassen“, Frankfurt am Main: Suhrkamp
Bracken, Helmut von 1974: Vorurteile gegen behinderte Kinder, ihre Familien und Schulen, Berlin
Braun, Michael/Nowossadeck, Sabine 1992: Einstellungen zur Familie und zur Rolle der Frau, in: Mohler, Peter Ph./Bandilla, Wolfgang (Hg.): Blickpunkt Gesellschaft 2. Einstellungen und verhalten der Bundesbürger in Ost und West, Opladen: Westdeutscher Verlag, S. 127-140
Braverman, Harry 1977: Die Arbeit im modernen Produktionsprozeß, Frankfurt am Main-New York: Campus
Breiger, Ronald L. 1990: Introduction: On the Structural Analysis of Social Mobility, in: Breiger, Ronald L. (Hg.): Social Mobility and Social Structure (Structural Analysis in the Social Sciences 3), Cambridge: Cambridge Univ. Press, S. 1-23
Brezinka, Wolfgang 1964: Die Pädagogik und die erzieherische Wirklichkeit, in: Röhrs, Hermann (Hg.): Erziehungswissenschaft und Erziehungswirklichkeit, Frankfurt am Main
Brockstedt, Jürgen 1981: Familiengröße und Wohnsituation von Handwerkern und Arbeitern in Kiel 1800-1867, in: Conze, Werner/Engelhardt, Ulrich (Hg.): Arbeiterexistenz im 19. Jahrhundert. Lebensstandard und Lebensgestaltung deutscher Arbeiter und Handwerker, Stuttgart: Klett-Cotta, S. 138-162
Brüderl, Josef/Diekmann, Andreas 1994: Bildung, Geburtskohorte und Heiratsalter. Eine vergleichende Untersuchung des Heiratsverhaltens in Westdeutschland, Ostdeutschland und den Vereinigten Staaten, in: ZfS 23, S. 45-73
Buch, Alois u.a. 1980: An den Rand gedrängt – Was Behinderte daran hindert, normal zu leben, Hamburg
Buch, Holger 1995: Steigende Sozialversicherungsbeiträge durch Zunahme von ungeschützten Beschäftigungsverhältnissen, in: Sozialer Fortschritt, Nr. 6, S. 148-154
Büchel, Felix/Wagner, Gert 1996: Soziale Differenzen der Bildungschancen in Westdeutschland – Unter besonderer Berücksichtigung von Zuwandererkindern, in: Zapf, Wolfgang/Schupp, Jürgen/Habich, Roland (Hg.):

Lebenslagen im Wandel: Sozialberichterstattung im Längsschnitt, Frankfurt am Main: Campus, S. 80-96

Büchner, Georg 1957 (zuerst 1834): Der Hessische Landbote, Stuttgart: Reclam

Büchner, Peter/Krüger, Heinz-Hermann 1996: Soziale Ungleichheiten beim Bildungserwerb innerhalb und außerhalb der Schule, in: APUZ B 11, S. 21-30

Bürklin, Wilhelm 1996: Einführung, in: Bürklin, Wilhelm (Hg.): Kontinuität und Wandel der deutschen Führungsschicht. Ergebnisse der Potsdamer Elitestudie 1995, Universität Potsdam, S. 2-4

Bürklin, Wilhelm/Rebenstorf, Hilke u.a. 1997: Eliten in Deutschland. Rekrutierung und Integration, Opladen: Leske + Budrich

Bulmahn, Thomas 1996: Sozialstruktureller Wandel: Soziale Lagen, Erwerbsstatus, Ungleichheit und Mobilität, in: Zapf, Wolfgang/Habich, Roland (Hg.): Wohlfahrtsentwicklung im vereinten Deutschland. Sozialstuktur, sozialer Wandel und Lebensqualität, Berlin: Sigma, S. 25-50

Bulmahn, Thomas 1996a: Determinanten des subjektiven Wohlbefindens, in: Zapf, Wolfgang/Habich, Roland (Hg.): Wohlfahrtsentwicklung im vereinten Deutschland. Sozialstuktur, sozialer Wandel und Lebensqualität, Berlin: Sigma, S. 79-96

Buhr, Petra 1995: Dynamik von Armut. Dauer und biographische Bedeutung von Sozialhilfe, Opladen: Westd. Verlag

Bundesarbeitsgemeinschaft für Nichtseßhaftenhilfe (Hg.) 1987: Bürger ohne Wohnung, Bielefeld, 2. Aufl.

Bundesarbeitsgemeinschaft Wohnungslosenhilfe 1995: Informationen, Bielefeld

Bundesarbeitsgemeinschaft Wohnungslosenhilfe 1997: Jahresbericht, Bielefeld

Bundesarbeitsgemeinschaft Wohnungslosenhilfe 1998: Pressemitteilung

Bundesministerium für Arbeit und Sozialordnung (Hg.) 1996: Situation der ausländischen Arbeitnehmer und ihrer Familienangehörigken in der Bundesrepublik Deutschland, Bonn

Bundesministerium für Bildung, Wissenschaft, Forschung und Technologie (Hg.) 1996: Grund- und Strukturdaten. Ausgabe 1995/96, Bad Honnef

Bundesministerium für Bildung, Wissenschaft, Forschung und Technologie (Hg.) 1997: Grund- und Strukturdaten. Ausgabe 1997/98, Bad Honnef

Bundesministerium für Familie, Senioren, Frauen und Jugend (Hg.) 1998: Die Familie im Spiegel der amtlichen Statistik, Bonn (zit. als BMFSJ 1998)

Bundesminister für Jugend, Familien, Frauen und Gesundheit (Hg.) 1990: Wohnen Behinderter, Bonn

Chazan, Robert 1987: European Jewry and the First Crusade. Berkeley, Los Angeles, London: University of California Press

Claessens, Dieter 1995: Sozialgeschichte für soziologisch Interessierte, Stuttgart: Teubner

Cloerkes, Günther 1982: Einige Thesen zur Struktur von Einstellungen Nichtbehinderter gegenüber Behinderten und deren Modifikation, in: Heinze, Rolf G./Runde, P. (Hg.): Lebensbedingungen Behinderter im Sozialstaat, Opladen

Cohen, A. K. 1961: Kriminelle Jugend, Hamburg (zuerst am. 1955)

Cohen, A. K./Short, J. F. 1968: Zur Erforschung delinquenter Subkulturen, in: Sack, Fritz/König, René (Hg.): Kriminalsoziologie, Wiesbaden: Akad. Verl. Ges., S. 372-394

Conrad, M./Burnett, Leo 1985: Life-Style-Research 1985, München: Burda

Conze, Werner 1966: Vom „Pöbel" zum „Proletariat". Sozialgeschichtliche Voraussetzungen für den Sozialismus in Deutschland, in: Wehler, Hans-Ulrich (Hg.): Moderne deutsche Sozialgeschichte, Köln-Berlin, S. 111-136 (zuerst in: Vierteljahresschrift für Sozial- und Wirtschaftsgeschichte, Bd. 41, Wiesbaden 1954)

Cornelsen, Carsten 1994: Konsequenzen des wirtschaftlichen Wandels für den Arbeitsmarkt, in: Merk, Hans Günther (Hg.): Wirtschaftsstruktur und Arbeitsplätze im Wandel der Zeit, Stuttgart: Metzler – Poeschel, S. 66-92.

Cornelsen, Carsten 1996: Erwerbstätigkeit der ausländischen Bevölkerung. In: WiSta, S. 147-155

Coxon, Anthony/Jones, Ch. 1978: The Images of Occupational Prestige, London: Macmillan

Cristie, Gerhard 1980: Schichtspezifische Sozialisation – ein Konzept zur Legitimation sozialer Ungleichheit? Frankfurt am Main-New York: Campus

Csikszentmihalyi, Mihaly/Rochberg-Halton, Eugene 1989: Der Sinn der Dinge. Das Selbst und die Symbole des Wohnbereichs, Weinheim: Psychologie-Verlags-Union

Dahrendorf, Ralf 1957: Soziale Klassen und Klassenkonflikt in der industriellen Gesellschaft, Stuttgart

Dahrendorf, Ralf 1961a: Über den Ursprung der Ungleichheit unter den Menschen (Heft 232 der Reihe: Recht und Staat), 1. Aufl. Tübingen (2. Aufl. in: Ders.: Pfade aus Utopia, München, S. 352-379)

Dahrendorf, Ralf 1961b: Gesellschaft und Freiheit, München

Dahrendorf, Ralf 1965a: Bildung ist Bürgerrecht, Hamburg

Dahrendorf, Ralf 1965b: Arbeiterkinder an deutschen Universitäten, Tübingen

Dahrendorf, Ralf 11971: Gesellschaft und Demokratie in Deutschland. München: dtw

Dahrendorf, Ralf 1979: Lebenschancen. Anläufe zur sozialen und politischen Theorie, Frankfurt am Main

Dahrendorf, Ralf 1983: Wenn der Arbeitsgesellschaft die Arbeit ausgeht, in: Matthes, Joachim (Hg.): Krise der Arbeitsgesellschaft? Verhandlungen des 21. Deutschen Soziologentages in Bamberg 1982, Frankfurt am Main-New York: Campus, S. 25-37

Dangschat, Jens S./Blasius, Jörg (Hg.) 1994: Lebensstile in den Städten, Konzepte und Methoden, Opladen: Leske + Budrich

Dathe, Diethmar 1995: Zur Einkommenslage ausgewählter Haushaltstypen in den neuen Bundesländern, in: Bertram, Hans u.a. (Hg.): Sozialer und demographischer Wandel in den neuen Bundesländern, Berlin: Akademie, S. 71-98

Davis, Kinsley/Moore, W. E. 1967 (zuerst 1945): Einige Prinzipien der sozialen Schichtung, in: Hartmann, Heinz (Hg.): Moderne amerikanische Soziologie, Stuttgart: Enke, S. 347-357

Derlien, Hans Ulrich/Pippig, Gerhard 1990: Die administrative Elite. Kontinuität und Wandel 1949 bis 1984, in: Landeszentrale für Politische Bildung Baden-Württemberg (Hg.): Eliten in der BRD, Stuttgart

Dettling, Warnfried 1983: Krise des Wohlfahrtsstaates, in: Matthes, Joachim (Hg.): Krise der Arbeitsgesellschaft? Verhandlungen des 21. Deutschen Soziologentages in Bamberg 1982, Frankfurt am Main: Campus, S. 518-523

Deutscher Verein für öffentliche und private Fürsorge (Hg.): Wohnungspolitik in sozialpolitischer Perspektive, Augsburg 1992

Deutsches Institut für Wirtschaftsforschung (DIW) 1995: Weiterhin Rückstände in der Schul- und Berufsausbildung junger Ausländer, in: Wochenbericht 22/95, S. 385-392

Deutsches Institut für Wirtschaftsforschung (DIW) 1995: Die Vermögenseinkommen der privaten Haushalte 1994, in: Wochenbericht 25/95, S. 435-442

Deutsches Institut für Wirtschaftsforschung (DIW) 1996: Immobilienvermögen der privaten Haushalte, in: Wochenbericht 4/96, S. 61-72

Deutschmann, Christoph 1985: Der Weg zum Normalarbeitstag. Die Entwicklung der Arbeitszeiten in der deutschen Industrie bis 1918, Frankfurt am Main: Athenäum

Dieckmann, Andreas 1990: Der Einfluß schulischer Bildung und die Auswirkungen der Bildungsexpansion auf das Heiratsverhalten, in: ZfS 19, S. 265-277

Diekmann, Andreas/Mitter, Peter 1993: Methoden der Ereignisanalyse in der Bevölkerungssoziologie. Stand und Probleme, in: Diekmann, Andreas/-Weick, Stefan (Hg.): Der Familienzyklus als sozialer Prozeß. Bevölkerungssoziologische Untersuchungen mit den Methoden der Ereignisanalyse (Sozialwissenschaftliche Schriften 26), Berlin: Duncker und Humblot, S. 20-65

Didicher, W. 1981: Die umstrittene Humanisierung, Frankfurt am Main

Diewald, Martin/Solga, Heike 1994: Ordnung im Umbruch? Strukturwandel und deutsch-deutsche Tradition bei der Kanalisierung beruflicher Mobilität im Transformationsprozeß (Arbeitsberichte aus dem Projekt Lebensverläufe und historischer Wandel in der ehemaligen DDR 14), Berlin: Max-Planck-Institut für Bildungsforschung

Diewald, Martin/Sørensen, Annemette 1996: Erwerbsverläufe und soziale Mobilität von Frauen und Männern in Ostdeutschland. Makrostrukturelle Umbrüche und Kontinuitäten im Lebensverlauf, in: Diewald, Martin/-Mayer, Karl Ulrich (Hg.): Zwischenbilanz der Wiedervereinigung. Strukturwandel und Mobilitaet im Transformationsprozess (Sozialstrukturanalyse 8), Opladen: Leske + Budrich, S. 63-88

Ditt, Klaus 1982: Industrialisierung. Arbeiterschaft und Arbeiterbewegung in Bielefeld 1850-1914, Dortmund

Ditton, Hartmut 1993: Bildung und Ungleichheit im Gefüge von Unterricht, schulischem Kontext und Schulsystem, in: Die deutsche Schule, Weinheim: Juventa, 85. Jg., S. 348-363

Dittrich, Karl-Heinz 1992: Das Bild der Parteien im vereinten Deutschland, in: APUZ, B 34-35, S. 26-35

Döring, Detlef/Hanesch, Walter/Huster, Ernst-Ulrich (Hg.): Armut im Wohlstand, Frankfurt am Main: Suhrkamp

Dreitzel, Hans Peter 1974: Soziologische Reflexionen über das Elend des Leistungsprinzips, in: Gehlen, Arnold u.a. (Hg.): Sinn und Unsinn des Leistungsprinzips, München, S. 31-53

Drewe, P. 1967: Techniken zur Identifizierung lokaler Eliten, in: KZfSS 19, S. 721-735

Drieseberg, Thomas 1995: Lebensstilforschung. Theoretische Grundlagen und empirische Anwendung, Heidelberg

Duby, Georges 1984 (zuerst 1973): Krieger und Bauern. Die Entwicklung der mittelalterlichen Wirtschaft und Gesellschaft bis um 1200, Frankfurt am Main: Suhrkamp

Dumazedier, Jean 1972: Vers une civilisation du loisier, Paris

Eckardt, Thomas 1997: Arm in Deutschland, München: Olzog

Eder, Klaus (Hg.): Klassenlage, Lebensstil und kulturelle Praxis, Frankfurt am Main: Suhrkamp

Eichler, G. 1979: Spiel und Arbeit. Zur Theorie der Freizeit, Stuttgart

Elkeles, Thomas/Seifert, Wolfgang 1992: Arbeitslosigkeit und Gesundheit, in: Soziale Welt 43, S. 278-300

Elkeles, Thomas/Seifert, Wolfgang 1992a: Arbeitslose und ihre Gesundheit. Empirische Langzeitanalysen (WZB – Arbeitsgruppe Public Health, papers P92-201), Berlin: WZB

Engel, Evamaria, 1993: Die deutsche Stadt des Mittelalters, München: C.H. Beck

Engels, Friedrich 1845: Die Lage der arbeitenden Klassen in England, Hannover: Dietz

Engelen-Kefer, Ursula u. a. 1995: Beschäftigungspolitik, 3. völlig neu bearb. Auflage, Köln: Bund

Engfer, Uwe/Hinrichs, Karl/Offe, Claus/Wiesenthal, H. 1983: Arbeitszeitsituation und Arbeitszeitverkürzung in der Sicht der Beschäftigten, in: MittAB 16, S. 91-105

Erikson, Robert/Goldthorpe, John H. 1987a: Commonality and Variation in Social Fluidity in Industrial Nations. Part I: A model for evaluating the ‚FJH hypothesis', in: European Sociological Review 3, S. 54-77

Erikson, Robert/Goldthorpe, John H. 1987b: Commonality and Variation in Social Fluidity in Industrial Nations. Part II: the model of core social fluidity applied, in: European Sociological Review 3, S. 145-166

Erikson, Robert/Goldthorpe, John H. 1992: The Constant Flux. A Study of Class Mobility in Industrial Societies, Oxford: Clarendon Press

Erikson, Robert/Goldthorpe, John H./Portocarero, Lucienne 1979: Intergenerational class mobility in three Western European societies: England, France and Sweden, in: BJS 30, S. 415-441

Esping-Andersen, Gøsta 1990: The Three Worlds of Welfare Capitalism, Cambridge: Polity Press

Esping-Andersen, Gøsta 1993: Post-industrial Class Structures: An Analytical Framework, in: Esping-Andersen, Gøsta (Hg.): Changing Classes. Stratification and Mobility in Post-industrial Societies (SAGE Studies in International Sociology 45), London u.a.: SAGE, S. 7-31.

Esping-Andersen, Gøsta 1993b: Mobility Regimes and Class Formation, in: Esping-Andersen, Gøsta (Hg.): Changing Classes. Stratification and Mobility in Post-industrial Societies (SAGE Studies in International Sociology 45), London u.a.: SAGE, S. 225-252.

Esping-Andersen, Gøsta 1993c: Introduction, in: Esping-Andersen, Gøsta (Hg.): Changing Classes. Stratification and Mobility in Post-industrial Societies (SAGE Studies in International Sociology 45), London u.a.: SAGE, S. 1-6

EUROSTAT (Hg.) 1996: EUROSTAT-Jahrbuch 1996. Europa im Blick der Statistik 1985-1995, Luxemburg: Amt für amtliche Veröffentlichungen der Europäischen Gemeinschaften

Eysenck, Hans Jürgen 1975: Die Ungleichheit der Menschen, München (auch 1984 Kiel: Orion-Heimreiter-Verlag)

Fahlbeck, P. E. 1922: Die Klassen und die Gesellschaft. Eine geschichtlich-soziologische Studie über Entstehung, Entwicklung uand Bedeutung des Klassenwesens, Jena

Fallers, L. A. 1966: A Note On the „Trickle-Effect“, in: Bendix, Reinhard/Lipset, Seymour M. (eds.): Class, Status and Power, 2nd. ed., New York, S. 402-405

Faltin, Inge 1990: Norm – Milieu – Politische Kultur. Normative Vernetzungen in Gesellschaft und Politik der Bundesrepublik, Wiesbaden: DUV

Feest, Johannes/Blankenburg, E. 1972: Die Definitionsmacht der Polizei, Düsseldorf

Feist, Ursula 1994: Nichtwähler 1994. Eine Analyse der Bundestagswahl 1994, in: APUZ B 51-52, S. 35ff.

Feist, Ursula/Liepelt, K. 1983: Neue Eliten in alten Parteien. Anmerkungen zu einer Nebenfolge der Bildungsreform, in: Kaase, Max/Klingemann, Hans-Dieter (Hg.): Wahlen und politisches System. Analysen aus Anlaß der Bundstagswahl 1980, S. 81-100

Feldkircher, Martin 1994: Erziehungsziele in West- und Ostdeutschland, in: Braun, Michael/Mohler, Peter (Hg.): Blickpunkt Gesellschaft 3. Einstellungen und Verhalten der Bundesbürger, Opladen: Westd. Verlag S. 175-208

Fend, Helmut 1976: Sozialisierung und Erziehung, Weinheim-Basel: Beltz 8. Aufl.

Fischer, Claude S. u.a. 1996: Inequality by Design. Cracking the Bell Curve Myth, Princeton: University Press
Fischer, Wolfram 1982: Armut in der Geschichte, Göttingen: Vandenhoeck & Ruprecht
Fischer, W. 1957: Quellen zur Geschichte des deutschen Handwerks, Göttingen-Berlin-Frankfurt am Main
Flaig, Berthold Bodo/Meyer, Thomas/Ueltzhöffer, Jörg: Alltagsästhetik und politische Kultur. Zur ästhetischen Dimension politischer Bildung und politischer Kommunikation, Bonn: Dietz
Flora, Peter 1974: Modernisierungsforschung. Zur empirischen Analyse der gesellschaftlichen Entwicklung, Opladen
Föhl, C. 1964: Kreislaufanalytische Untersuchungen der Vermögensbildung in der BRD und der Beeinflußbarkeit ihrer Verteilung, Tübingen
Forschungsgruppe Wahlen 1994: Alter und Geschlecht, in: Klingemann, Hans-Dieter/Kaase, Max (Hg.): Wahlen und Wähler. Analyse aus Anlaß der Bundestagswahl 1990, Opladen, S. 630-665
Fourastié, Jean 1954: Die große Hoffnung des 20. Jahrhunderts, Köln: Bund
Frank, Robert H. 1985: Choosing the Right Pond. Human Behavior and the Quest for Status, Oxford: University Press
Franz, Wolfgang 1996a: Arbeitsmarktökonomik, Berlin u.a.: Springer
Franz, Wolfgang 1996b: Theoretische Ansätze zur Erklärung der Arbeitslosigkeit. Wo stehen wir 1995?, in: Gahlen, Bernhard/Hesse, Helmut/Ramser, Hans Jürgen (Hg.): Arbeitslosigkeit und Möglichkeiten ihrer Überwindung (Wirtschaftswissenschaftliches Seminar Ottobeuren 25), Tübingen: Mohr, S. 3-45
Frese, Michael 1994: Psychische Folgen von Arbeitslosigkeit in den fünf neuen Bundesländern. Ergebnisse einer Längsschnittstudie, in: Montada, Leo (Hg.): Arbeitslosigkeit und soziale Gerechtigkeit, Frankfurt am Main u. a.: Campus, S. 193-213
Freund, Michael 1995: Eliten im Meinungsstreit. Darstellung eines gesellschaftspolitischen Problems, Flensburg: Dt. Grenzverein
Frey, Dieter/Irle, Martin (Hg.) 1984: Theorien der Sozialpsychologie, 2. Aufl. Bern: Huber
Fürstenberg, Friedrich 1965: Randgruppen in der modernen Gesellschaft, in: Soziale Welt 16, S. 236-245
Gabriel, Oscar W. 1996: Politische Orientierungen und Verhaltensweisen, in: Kaase, Max/Eisen, Andreas/Gabriel, Oscar W./Niedermayer, Oskar/Wollmann, Hellmut: Politisches System (Berichte zum sozialen und politischen Wandel in Ostdeutschland, Bd. 3), Opladen: Leske + Budrich
Gabriel, Oscar W./Brettschneider, Frank 1994: Soziale Konflikte und Wählerverhalten, in: Rattinger, Hans/Gabriel, Oscar W./Jagodzinski, Wolfgang (Hg.): Wahlen und politische Einstellungen im vereinigten Deutschland, Frankfurt am Main etc.: Peter Lang, S. 7-45
Gabriel, Oscar W./Brettschneider, Frank (Hg.) 1994: Die EU-Staaten im Vergleich, Opladen: Westd. Verlag, 2. Aufl. 1994

Galbraith, John Kenneth 1987: Anatomie der Macht, München: Bertelsmann

Galtung, Johan 1975: Strukturelle Gewalt. Beiträge zur Friedens- und Konfliktforschung, Reinbek: Rowohlt

Ganshof, François Louis 1993: Was ist das Lehnswesen? 6., erw. Auflage, Darmstadt: Wissenschaftliche Buchgesellschaft (zuerst fr. 1957)

Ganzeboom, Harry B. G. 1990: Cultural and Economic Dimensions of Lifestyle, in: Filipcova, Blanka/Glyptis, Sue/Tokarski, Walter (Hg.): Life Styles. Theories, Concepts, Methods and Results of Life Style Research in International Perspective, Vol. II, Prag: Czechoslovac Academy of Science, S. 185-241

Ganzeboom, Harry B. G./Treiman, Donald J./Ultee, Wout C. 1991: Comparative Intergenerational Stratification Research: Three Generations and Beyond, in: Annual Review of Sociology 17, S. 277-302

Garhammer, Manfred 1994: Balanceakt Zeit. Auswirkungen flexibler Arbeitszeiten auf Alltag, Freizeit und Familie, Berlin: Sigma

Garhammer, Manfred 1998: Zeitnot und Geldnot – Zeitwohlstand und materieller Wohlstand, (Manuskript) Bamberg

Gatz, A. 1941: Kauffahrer, Krämer und Handelsherren, Danzig

Gecas, V. 1979: The Influence of Social Class on Socialication, in: Burr, Wesley R./Hill, R. Reiss, I. L./Nye, F. I. (eds.): Contemporary Theories about the Familiy, New York: Free Press

Geiger, Theodor 1949: Die Klassengesellschaft im Schmelztiegel, Köln-Opladen

Geiger, Theodor 1962: Theorie der sozialen Schichtung, in: Ders.: Arbeiten zur Soziologie, Neuwied a. Rh.-Berlin: Luchterhand

Geiger, Theodor 1962a: Eine dynamische Analyse der sozialen Mobilität, in: Geiger, Theodor: Arbeiten zur Soziologie. Methode – Moderne Großgesellschaft – Rechtssoziologie – Ideologiekritik (Soziologische Texte 7), Neuwied a. R.-Berlin: Luchterhand, S. 100-113.

Geiger, Theodor 1962b: Statik und Dynamik, in: Geiger, Theodor: Arbeiten zur Soziologie. Methode – Moderne Großgesellschaft – Rechtssoziologie – Ideologiekritik (Soziologische Texte 7), Neuwied a. R.-Berlin: Luchterhand, S. 97-99.

Geiger, Theodor 1962c: Typologie und Mechanik der gesellschaftlichen Fluktuation, in: Geiger, Theodor: Arbeiten zur Soziologie. Methode – Moderne Großgesellschaft – Rechtssoziologie – Ideologiekritik (Soziologische Texte 7), Neuwied a. R.-Berlin: Luchterhand, S. 114-150

Geiger, Theodor 1972 (zuerst 1932): Die soziale Schichtung des deutschen Volkes, Darmstadt

Geiger, Theodor 1992: Die soziale Herkunft der dänischen Studenten, Opladen: Leske und Budrich

Geißler, Rainer 1985: Die Schichtungssoziologie von Theodor Geiger. Zur Aktualität eines fast vergessenen Klassikers, in: KZfSS 37, S. 387-410

Geißler, Rainer 1994: Soziale Schichtung und Kriminalität, in: Geißler, Rainer (Hg.): Soziale Schichtung und Lebenschancen in Deutschland, 2. neu bearb. Aufl., Stuttgart: Enke, S. 160-194

Geißler, Rainer 1995: Die Bedeutung Theodor Geigers für die Sozialstrukturanalyse der modernen Gesellschaft, in: Bachmann, Siegfried (Hg.): Theodor Geiger. Soziologe in einer Zeit „zwischen Pathos und Nüchternheit", Berlin: Duncker & Humblot, S. 273-297

Geißler, Rainer 1995a: Das gefährliche Gerücht von der hohen Ausländerkriminalität, in: APUZ B 35, S. 30-39

Geißler, Rainer 1996: Die Sozialstruktur Deutschlands, 2., neubearb. u. erw. Aufl. Opladen: Westd. Verlag

Geißler, Rainer 1996b: Sozialstrukturforschung in der DDR – Erträge und Dilemmata. Eine kritische Bilanz zur Triebkraft-Debatte und Mobilitätsanalyse, in: Berliner Journal für Soziologie 6, S. 517-540

Geißler, Rainer 1996c: Kein Abschied von Klasse und Schicht. Ideologische Gefahren der deutschen Sozialstrukturanalyse, in: KZfSS 48, S. 319-338

Gensicke, Thomas 1996: Deutschland im Wandel. Sozialer Wandel und Wertewandel in Deutschland vor und nach der Wiedervereinigung, Speyerer Forschungsberichte 154, 2. Aufl.

Georg, Werner 1995: Soziale Lage und Lebensstil – eine Typologie auf der Grundlage repräsentativer Daten, in: Zeitschrift für Angewandte Sozialforschung 19, S. 107-118

Geremek, Bronislaw 1988: Geschichte der Armut. Elend und Barmherzigkeit in Europa. München-Zürich: Artemis

Gerlach, Frank/Kronauer, Martin/Vogel, Berthold 1993: Im Schatten der Arbeitsgesellschaft. Arbeitslose und die Dynamik sozialer Ausgrenzung, Frankfurt am Main-New York: Campus

Gibowski, Wolfgang/Kaase, Max 1991: Auf dem Weg zum politischen Alltag. Eine Analyse der ersten gesamtdeutschen Bundestagswahl v. 2. Dez. 1990, in: APUZ B 11-12, S. 3-20

Giddens, Anthony 1979: Die Klassenstruktur fortgeschrittener Gesellschaften, Frankfurt am Main: Suhrkamp (engl. 1973)

Giese, J. 1980: Kriminalsoziologische Überlegungen zum Problem der schichtspezifischen Entstehung und Sanktionierung rechtlich abweichenden Verhaltens (Diss.), München

Giffhorn, Hans 1974: Modeverhalten, ästhetische Normen und politische Erziehung, Köln: Du Mont

Girtler, Roland 1989: Die feinen Leute. Von der vornehmen Art, durchs Leben zu gehen, Linz: Veritas, Frankfurt am Main: Campus

Glatzer, Wolfgang/Hübinger, Werner 1990: Lebenslagen und Armut, in: Döring, Detlef/Hanesch, Walter/Huster, Ernst Ulrich (Hg.): Armut im Wohlstand, Frankfurt am Main: Suhrkamp, S. 31-55

Göddecke-Stellmann, Jürgen 1994: Räumliche Implikationen der Zuwanderung von Aussiedlern und Ausländern, in: Informationen zur Raumentwicklung, Heft 5/6, S. 373ff.

Goetz, Hans-Werner 1994: Leben im Mittelalter. Vom 7. bis zum 13. Jahrhundert, 5. Aufl. München: C.H. Beck

Goffman, Erving 1951: Symbols of Class Status, in: BJS 2, S. 295-304

Goldthorpe, John 1982: On the Service Class, its Formation and Future, in: Giddens, Anthony/Mackenzie, G. (eds.): Social Class and the Division of Labour. Essays in Honour for Ilya Neustadt.

Goldthorpe, John H. 1985: Soziale Mobilität und Klassenbildung. Zur Erneuerung einer Tradition soziologischer Forschung, in: Goldthorpe, John H./Strasser, Hermann (Hg.): Die Analyse sozialer Ungleichheit. Kontinuität, Erneuerung, Innovation, Opladen: Westdt. Verl., S. 174-204

Gordon, D. 1972: Theories of Poverty and Underemployment. Orthodox, Redical and Dual Labour Market Perspectives, Lexington

Gorz, André 1980: Abschied vom Proletariat, Frankfurt am Main

Gorz, André 1983: Wege ins Paradies, Frankfurt

Gorz, André 1989: Kritik der ökonomischen Vernunft: Sinnfragen am Ende der Arbeitsgesellschaft, Berlin: Rotbuch

Gouldner, Alvin W. 1980: Die Intelligenz als neue Klasse, Frankfurt am Main-New York: Campus

De Graaf, Nan Dirk/Heath, Anthony/Nieuwbeerta, Paul 1995: Class Mobility and Political Preferences. Individual and Contextual Effects, in: AJS 100, S. 997-1027

Graus, Frantisek 1987: Die Juden in ihrer mittelalterlichen Umwelt, in: Ebenbauer, Alfred und Klaus Zatloukal (Hg.): Die Juden in ihrer mittelalterlichen Umwelt. Wien-Köln-Weimar: Böhlau, S. 53-65

Greiner, Ulrich 1996: Erste Ergebnisse des Mikrozensus April 1995, in: WiSta, Nr. 5, S. 304-312

Grimm, Michael 1988: Die Verteilung von Geld- und Grundvermögen auf sozio-ökonomische Gruppen im Jahr 1988 und Vergleich mit früheren Ergebnissen, Universität Frankfurt, Institut für Konjunktur, Wachstum und Verteilung (R. Hauser), Arbeitspapier Nr. 14

Gross, Johannes 1994: Notizbuch, in: FAZ-Magazin vom 4. 11. 1994

Grüneisen, V./Hoff, E. 1977: Familienerziehung und Lebenssituation, Weinheim-Basel

Grundmann, Matthias 1998: Milieuspezifische Einflüsse familialer Sozialisation auf die kognitive Entwicklung und den Bildungserfolg, in: Klocke, Andreas/Hurrelmann (Hg.): Kinder und Jugendliche in Armut: Umfang, Auswirkungen und Konsequenzen, Opladen: Westdeutscher Verlag, S. 161-182

Grusky, David B./Hauser, Robert M. 1994: Comparative Social Mobility Revisited: Models of Convergence and Divergence in 16 Countries, in: Grusky, David B. (ed.): Social Stratification. Class, Race and Gender in Sociological Perspective (Social Inequality Series), Boulder/Oxford: Westview Press, S. 275-289

Günther, Rigobert/Müller, Reimar 1987: Sozialutopien der Antike, Leipzig: Edition Leipzig

Guggenberger, Bernd 1988: Wenn uns die Arbeit ausgeht, München: Hanser

Guttmann, Edeltraud 1995: Geldvermögen und Schulden privater Haushalte Ende 1993, in: WiSta, S. 391-399

Habich, Roland/Krause, Peter 1997: Armut, in: Statistisches Bundesamt (Hg.): Datenreport 1997, Bonn: Bundeszentrale, S. 515-525
Haferkamp, Hans 1972: Kriminalität ist normal, Stuttgart
Hagenaars, Aldi u.a. 1994: Poverty Statistics in the Late 1980s. Research based on Micro-Data, Luxemburg: Amt für amtliche Veröffentlichungen der Europäischen Gemeinschaften
Hager, Frithjof/Haberland, Hartmut/Paris, Rainer 1975: Soziologie und Linguistik, Stuttgart: Metzler
Hahn, Toni/Schön, Gerhard 1996: Besonderheiten ostdeutscher Langzeitarbeitslosigkeit, in: Andreß, Hans-Jürgen (Hg.): Fünf Jahre danach. Zur Entwicklung von Arbeitsmarkt und Sozialstruktur im vereinten Deutschland, BerlinNew York: de Gruyter, S. 104-138
Hall, Anja 1997: Abbau sozialer Barrieren? Zur Entwicklung der Muster sozialer Mobilität in Westdeutschland, in: Müller, Walter (Hg.): Soziale Ungleichheit. Neue Befunde zu Strukturen, Bewußtsein und Politik (Sozialstrukturanalyse 9), Opladen: Leske + Budrich, S. 111-135
Haller, Max 1989: Die Klassenstruktur im sozialen Bewußtsein. Ergebnisse vergleichender Umfrageforschung zu Ungleichheitsvorstellungen, in: Hal-ler, Max/Hoffmann-Nowottny, H.-J./Zapf, Wolfgang (Hg.): Kultur und Gesellschaft. Verhandlungen des 24. Deutschen Soziologentages, des 11. Österreichischen Soziologentages und des 8. Kongresses der Schweizerischen Gesellschaft für Soziologie in Zürich, S. 447-469
Haller, Max 1996: Einstellungen zur sozialen Ungleichheit im internationalen Vergleich, in: Haller, Max u.a. (Hg.): Österreich im Wandel, Wien-München: Geschichte und Politik-Oldenbourg, S. 188-220
Haller, Max/Mach, B./Zwicky, H. 1995: Egalitarismus und Antiegalitarismus zwischen gesellschaftlichen Interesse und kulturellen Leitbildern. Ergebnisse eines internationalen Vergleichs, in: Müller, Hans-Peter/Wegener, Bernd (Hg.): Soziale Ungleichheit und soziale Gerechtigkeit, Opladen: Leske + Budrich, S. 221-264
Haltern, Utz 1985: Bürgerliche Gesellschaft. Sozialtheoretische und sozialhistorische Aspekte. Darmstadt: Wissenschaftliche Buchgesellschaft
Hammel, Walter 1992: Lernfähigkeit. Erbe-Beanspruchung-Begabung, Hamburg: Kovac
Handl, Johann 1977: Sozio-ökonomischer Status und der Prozeß der Statuszuweisung. Entwicklung und Anwendung einer Skala, in: Handl, Johann/Mayer, Karl Ulrich/Müller, Walter: Klassenlagen und Sozialstruktur. Empirische Untersuchungen für die Bundesrepublik Deutschland, Frankfurt am Main-New York: Campus, S. 101-153
Handl, Johann 1988: Berufschancen und Heiratsmuster von Frauen, Frankfurt am Main-New York: Campus
Handl, Johann 1991: Zum Wandel der Mobilitätschancen junger Frauen und Männer zwischen 1950 und 1971: Eine Kohortenanalyse, in: KZfSS 43, S. 697-719
Handl, Johann 1993: Zur Berücksichtigung von Frauen in der empirisch arbeitenden Mobilitäts- und Schichtungsforschung, in: Frerichs, Petra/Stein-

rücke, Margareta (Hg.): Soziale Ungleichheit und Geschlechterverhältnisse (Sozialstrukturanalyse 3), Opladen: Leske + Budrich, S. 13-32

Handl, Johann/Herrmann, Christa 1994: Soziale und berufliche Umschichtung der Bevölkerung in Bayern nach 1945. Eine Sekundäranalyse der Mikrozensus-Zusatzerhebung von 1971, München: Iudicium

Hanesch, Walter 1995: Armut in Deutschland. Der Armutsbericht des DGB und des Paritätischen Wohlfahrtsverbands, Reinbek: Rowohlt

Hanesch, Walter 1995a: Sozialpolitik und arbeitsmarktbedingte Armut, in: APUZ B 31-32, S. 14-23

Hauser, Richard 1992: Die personelle Einkommensverteilung in den alten und neuen Bundesländern vor der Vereinigung, in: Kleinhenz, Gerhard (Hg.): Sozialpolitik im vereinten Deutschland, Bd. 2 (Schriften des Vereins für Socialpolitik Bd. 208/II), Berlin: Duncker & Humblodt 1992, S. 37-72

Hauser, Richard 1995: Das empirische Bild der Armut in der Bundesrepublik Deutschland – ein Überblick, in: APUZ B 31-32, S. 3-13

Hauser, Richard 1996: Vergleichende Analys der Einkommensverteilung und der Einkommensarmut in den alten und neuen Bundesländern von 1990 bis 1995, Universität Frankfurt, Institut für Konjunktur, Wachstum und Verteilung, Arbeitspapier Nr. 9

Hauser, Richard 1997a: Armut, Armutsgefährdung und Armutsbekämpfung in der Bundesrepublik Deutschland, in: Jahrbücher für Nationalökonomie und Statistik, Bd. 216, Stuttgart: Lucius & Lucius, S. 524-548

Hauser, Richard 1997b: Vergleichende Analyse der Einkommensverteilung und der Einkommensarmut in den alten und neuen Bundesländern 1990 bis 1995, in: Becker, Irene/Hauser, Richard (Hg.): Einkommensverteilung und Armut. Deutschland auf dem Weg zur Vierfünftel-Gesellschaft? Frankfurt am Main: Campus, S. 63-83

Hauser, Richard/Becker, Irene 1996: Zur Entwicklung der personellen Verteilung der Einkommen in West- und Ostdeutschland 1993 bzw. 1990 bis 1994, in: Sozialer Fortschritt, 45. Jg., S. 285-293

Hauser, Richard/Glatzer, Wolfgang/Hradil, Stefan/Kleinhenz, Gerhard/Olk, Thomas/Pankoke, Eckart 1996: Ungleichheit und Sozialpolitik. Bericht 2 der Kommission für die Erforschung des Sozialen und Politischen Wandels in den Neuen Bundesländern, Opladen: Leske + Budrich

Hauser, Richard/Hübinger, Werner 1993: Arme unter uns, Teil 1: Ergebnisse und Konsequenzen der Caritas-Armutsuntersuchung, hrsg. vom Deutschen Caritasverband, Freiburg: Lambertus

Hauser, Richard/Kinstler, H.J. 1993: Zur Lebenslage alleinstehender Wohnungsloser (Nichtseßhafter), in: Nachrichtendienst des Deutschen Vereins für öffentliche und private Fürsorge, 73. Jg., S. 412-422

Hauser, Richard/Müller, Klaus/Wagner, Gert/Frick, Joachim 1992: Einkommensverteilung und Einkommenszufriedenheit in den neuen Bundesländern, in: Glatzer, Wolfgang/Noll, Heinz-Herbert (Hg.): Lebensverhältnisse in Deutschland. Ungleichheit und Angleichung, Frankfurt am Main: Campus, S. 91-138

Haverkamp, Alfred 1993: Neue Deutsche Geschichte, Bd. 2: Aufbruch und Gestaltung. Deutschland 1056-1273. 2. Aufl., München: C.H. Beck

Heinze, Rolf G. 1979: Sozialökonomische und politische Konstitutionsbedingungen von Randgruppen, in: Heinze, Rolf G./Runde, P. (Hg.): Lebensbedingungen Behinderter im Sozialstaat, Opladen

Heinze, Rolf G. 1983: Politische Regulierung sozialer Ungleichheit, in: Kreckel, Reinhard (Hg.): Soziale Ungleichheiten (Soziale Welt, Sonderband 2), Göttingen: Schwartz, S. 163-182

Heitmeyer, Wilhelm u.a. 1996: Gewalt. Schattenseiten der Individualisierung bei Jugendlichen aus unterschiedlichen Milieus, Weinheim-München

Helfen, Peter/Laga, Gerd 1975: Ein Vergleich zweier Instrumente zur Messung sozialer Schichtung, in: KZfSS 27, S. 140-157

Hempel, Frank 1996: Zusammenhänge zwischen Migration, Arbeitsmarkt und demographischer Entwicklung, in: Arbeit und Sozialpolitik, Nr. 11-12, S. 49-13

Henkel, Dieter 1992: Arbeitslosigkeit und Alkoholismus. Epidemiologische, ätiologische und diagnostische Zusammenhänge (Psychologie sozialer Ungleichheit 3), Weinheim: Dt. Studien Verlag

Henning, Hansjoachim 1972: Das westdeutsche Bürgertum in der Epoche der Hochindustrialisierung 1816-1914. Soziales Verhalten und soziale Strukturen. Teil 1: Das Bildungsbürgertum in den preußischen Westprovinzen. Wiesbaden: Franz Steiner

Henning, Friedrich-Wilhelm 1973: Die Industrialisierung in Deutschland 1800 bis 1914. Paderborn: Schöningh

Henning, Friedrich-Wilhelm 1974: Das vorindustrielle Deutschland 800 bis 1800. Paderborn: Schöningh

Henning, Friedrich-Wilhelm 1978a: Landwirtschaft und ländliche Gesellschaft in Deutschland. Bd. 2: 1750 bis 1976. Paderborn: Schöningh

Henning, Friedrich-Wilhelm 1978b: Die Einführung der Gewerbefreiheit und ihre Auswirkungen auf das Handwerk in Deutschland, in: Abel, Wilhelm (Hg.): Handwerksgeschichte in neuer Sicht. Göttingen: Schwartz, S. 147-177

Henz, Ursula/Maas, Ineke 1995: Chancengleichheit durch die Bildungsexpansion, in: Sahner, Heinz/Schwendtner, Stefan (Hg.): 27. Kongreß der Deutschen Gesellschaft für Soziologie, Halle an der Saale 1995. Kongreßband II, Opladen: Westd. Verlag, S. 389-393.

Henz, Ursula/Maas, Ineke 1995b: Chancengleichheit durch die Bildungsexpansion? in: KZfSS 47, S. 605-633

Herlyn, Ulfert u.a. 1982: Stadt im Wandel. Eine Wiederholungsuntersuchung der Stadt Wolfsburg nach 20 Jahren, Frankfurt am Main-New York

Herlyn, Ulfert u.a. 1994: Neue Lebensstile in der Arbeiterschaft? Eine empirische Untersuchung in zwei Industriestädten, Opladen: Leske + Budrich

Herrnstein, Richard J./Murray, Charles 1994: The Bell Curve. Intelligence and Class Structure in American Life, New York u.a.: The Free Press

Hertrich, Erhard, 1986: Vom Wandel der Erwerbsmöglichkeiten. Die innere Struktur der Arbeiterschaft, in: Ruppert, Wolfgang (Hg.): Die Arbeiter.

Lebensformen, Alltag und Kultur von der Frühindustrialisierung bis zum „Wirtschaftswunder“. München: C.H. Beck, S. 93 – 103
Hertrich, Erhard 1986a: Armut und Arbeitslosigkeit, in: Ruppert, Wolfgang (Hg.): Die Arbeiter. Lebensformen, Alltag und Kultur von der Frühindustrialisierung bis zum „Wirtschaftswunder“, München: Beck, S. 174-185
Herz, Thomas A. 1983: Klassen, Schichten, Mobilität, Stuttgart: Teubner
Herz, Thomas A. 1986: Social Mobility. An ISSC Workbook in Comparative Analysis, Frankfurt am Main-New York: Campus
Herz, Thomas A. 1990: Die Dienstklasse. Eine empirische Analyse ihrer demographischen, kulturellen und politischen Identität, in: Berger, Peter A./-Hradil, Stefan (Hg.): Lebenslagen, Lebensläufe, Lebensstile (Soziale Welt, Sonderband 7), Göttingen: Schwartz, S. 231-252
Herz, Thomas A. 1995: Soziale Mobilität, Politik und Kultur in Europa und in den vereinigten Staaten, in: Reuband, Karl-Heinz/Pappi, Franz Urban/Best, Heinrich (Hg.): Die deutsche Gesellschaft in vergleichender Perspektive. Festschrift für Erwin K. Scheuch zum 65. Geburtstag, Opladen: Westd. Verlag, S. 162-206
Herzog, Dietrich 1991: Brauchen wir eine Politische Klasse? in: APUZ B 50, S. 3-13
Hirsch, Fred 1980: Die sozialen Grenzen des Wachstums, Reinbek: Rowohlt
Hirsch, Joachim 1995: Der nationale Wettbewerbsstaat. Staat, Demokratie und Politik im globalen Kapitalismus, Berlin-Amsterdam: ID-Archiv
Hirsch, Joachim/Roth, Roland 1986: Das neue Gesicht des Kapitalismus. Vom Fordismus zum Post-Fordismus, Hamburg: VSA-Verlag
Hodge, R. W./Treiman, Donald J./Rossi, Peter H. 1966: A Comparative Study of Occupational Prestige, in: Bendix, Reinhard/Lipset, Seymour M. (eds.): Class, Status and Power, 2. Aufl, New York, S. 309-321
Hörning, Karl H. 1970: Ansätze zu einer Konsumsoziologie, Freiburg
Hörning, Karl H./Ahrens, Daniela/Gerhard, Anette 1996: Die Autonomie des Lebensstils, in: Schwenk, Otto (Hg.) 1996: Lebensstil zwischen Sozialstukturanalyse und Kulturwissenschaft, Opladen: Leske + Budrich, S. 33-52
Hörning, Karl H./Michailow, Matthias 1990: Lebensstil als Vergesellschaftungsform, in: Berger, Peter A./Hradil, Stefan (Hg.): Lebenslagen, Lebensläufe, Lebensstile (Soziale Welt, Sonderband 7), Göttingen: Schwartz, S. 501-522
Hofmann, Werner 1979: Ideengeschichte der sozialen Bewegung des 19. und 20. Jahrhunderts. 6., erw. Aufl., Berlin-New York: de Gruyter (unter Mitwirkung von Wolfgang Abendroth und Iring Fetscher).
Hoffmann, Jürgen 1996: Politisches Handeln und gesellschaftliche Struktur. Grundzüge deutscher Gesellschaftsgeschichte. Münster: Westfälisches Dampfboot
Hoffmann-Lange, Ursula 1989: Eliten in der Bundesrepublik: Kartell der Angst, Machtelite oder verantwortliche Repräsentanten, in: Best, Heinrich (Hg.): Politik und Milieu. Wahl- und Elitenforschung im historischen und interkulturellen Vergleich, St. Katharinen: Scripta Mercaturae Verl., S. 238-261

Hoffmann-Lange, Ursula 1991: Eliten in der modernen Demokratie, in: Landeszentrale für politische Bildung Baden-Württemberg (Hg.): Eliten in der BRD, Stuttgart u.a., S. 11-27

Hoffmann-Lange, Ursula 1992: Eliten, Macht und Konflikt in der Bundesrepublik, Opladen: Leske + Budrich

Hofmann, Michael/Rink, Dieter 1993: Die Auflösung der ostdeutschen Arbeitermilieus, in: APUZ B 26-27, S. 29-36

Hofrichter, Jürgen/Klein, Michael 1994: Festung Europa. Das Ausmaß der Abneigung gegenüber Immigranten in der Europäischen Gemeinschaft zu Beginn der 90er Jahre, in: Informationen zur Raumentwicklung, H. 5/6, S. 321ff.

Hohorst, Gerd/Kocka, Jürgen/Ritter, Gerhard A. 1978: Sozialgeschichtliches Arbeitsbuch. Bd. 2: Materialien zur Statistik des Kaiserreichs 1870-1914. 2. Aufl., München: C.H. Beck

Homans, Georg Caspar 1968: Elementarformen sozialen Handelns, Köln-Opladen

Hondrich, Karl Otto 1984: Der Wert der Gleichheit und der Bedeutungswandel der Ungleichheit, in: Soziale Welt 35, S. 267-293

Hradil, Stefan 1980: Die Erforschung der Macht, Stuttgart: Kohlhammer

Hradil, Stefan 1981: Soziale Schichtung in der Bundesrepublik, München: Ehrenwirth, 3., neu bearb. Aufl. 1981

Hradil, Stefan 1983: Die Ungleichheit der „Sozialen Lage“. Eine Alternative zum schichtungssoziologischen Modell sozialer Ungleichheit, in: Reinhard Kreckel (Hg.): Soziale Ungleichheiten (Soziale Welt, Sonderband 2) Göttingen: Schwartz, S. 101-120

Hradil, Stefan (Hg.) 1985: Sozialstruktur im Umbruch. Karl Martin Bolte zum 60. Geburtstag, Opladen: Leske + Budrich

Hradil, Stefan 1987: Sozialstrukturanalyse in einer fortgeschrittenen Gesellschaft. Von Klassen und Schichten zu Lagen und Milieus, Opladen: Leske + Budrich

Hradil, Stefan 1989: System und Akteur. Eine empirische Kritik der soziologischen Kulturtheorie Pierre Bourdieus, in: Eder, Klaus (Hg.): Klassenlage, Lebensstil und kulturelle Praxis, Frankfurt am Main: Suhrkamp, S. 111-142

Hradil, Stefan 1989a: Wohlstand, Wohlfahrt, Lebensweise. Zum Wandel der Paradigmen und Theorien wohlfahrtsstaatlicher Politik, in: Hradil, Stefan (Hg.): Der betreute Mensch? Beiträge zur soziologischen Diskussion aktueller Maßnahmen des Wohlfahrtsstaates, (Soziologenkorrespondenz, NF 13) München, S. VII-XXVII

Hradil, Stefan 1990: Postmoderne Sozialstruktur? Zur empirischen Relevanz einer „modernen“ Theorie sozialen Wandels, in: Peter A. Berger/Stefan Hradil (Hg.): Lebenslagen, Lebensläufe, Lebensstile (Soziale Welt. Sonderband 7) Göttingen: Schwartz 1990, S. 125-151

Hradil, Stefan (Hg.) 1992: Zwischen Bewußtsein und Sein. Die Vermittlung „objektiver“ Lebensbedingungen und „subjektiver“ Lebensweisen, Opladen: Leske + Budrich

Hradil, Stefan 1992a: Alte Begriffe und neue Strukturen. Die Milieu-, Subkultur- und Lebensstilforschung der 80er Jahre, in: Hradil, Stefan (Hg.): Zwischen Bewußtsein und Sein. Die Vermittlung „objektiver" Lebensbedingungen und „subjektiver" Lebensweisen, Opladen: Leske + Budrich; S. 15-56

Hradil, Stefan 1994: Sozialisation und Reproduktion in pluralistischen Wohlfahrtsgesellschaften, in: Sünker, Heinz/Timmermann, Dieter/Kolbe, Fritz-Ulrich (Hg.): Bildung, Gesellschaft, soziale Ungleichheit, Frankfurt am Main: Suhrkamp, S. 89-119

Hradil, Stefan 1994a: Soziale Schichtung und Arbeitssituation, in: Geißler, Rainer (Hg.): Soziale Schichtung und Lebenschancen in Deutschland, 2. Aufl. Stuttgart: Enke

Hradil, Stefan 1995: Die „Single-Gesellschaft", München: C.H. Beck

Hradil, Stefan 1995a: Lebensstil, in: Schäfers, Bernhard (Hg.): Grundbegriffe der Soziologie, 4. Aufl., Opladen: Leske + Budrich, S. 180-184

Hradil, Stefan 1997: Soziale Ungleichheiten, Milieus und Lebensstile in den Ländern der EU, in: Hradil, Stefan/Immerfall, Stefan (Hg.) 1997: Die westeuropäischen Gesellschaften im Vergleich, Opladen: Leske + Budrich, S. 475-520

Hradil, Stefan/Pankoke, Eckart (Hg.) 1996: Aufstieg für alle? Beiträge zu den Berichten zum sozialen und politischen Wandel in Ostdeutschland, Bd. 2.2, Opladen: Leske + Budrich

Hradil, Stefan/Immerfall, Stefan (Hg.) 1997: Die westeuropäischen Gesellschaften im Vergleich, Opladen: Leske + Budrich

Huber, G. L./Mandl, H. 1980: Kognitive Sozialisation, in: Hurrelmann, Klaus/Ulich, Dieter (Hg.): Handbuch der Sozialisationsforschung, Weinheim-Basel, S. 631-648

Hübinger, Werner 1996: Prekärer Wohlstand. Neue Befunde zu Armut und sozialer Ungleichheit, Freiburg: Lambertus

Hurrelmann, Klaus 1998: Einführung in die Sozialisationstheorie. Über den Zusammenhang von Sozialstruktur und Persönlichkeit, 6. neu ausg. Aufl., Weinheim-Basel: Beltz

Huster, Ernst Ulrich 1993: Einkommensverteilung und hohe Einkommen in Deutschland, in: Huster, Ernst-Ulrich (Hg.) 1993: Reichtum in Deutschland. Der diskrete Charme der sozialen Distanz, Frankfurt am Main: Campus, S. 22-53

Huster, Ernst-Ulrich (Hg.) 1993: Reichtum in Deutschland. Der diskrete Charme der sozialen Distanz, Frankfurt am Main: Campus

Huth, Sabine 1995: KSPW Forschungsbericht II-92-07

Iben, Gerhard 1971: Randgruppen der Gesellschaft. Untersuchungen über Sozialstatus und Erziehungsverhalten obdachloser Familien, München

Imbusch, Peter 1998: Von Klassen und Schichten zu sozialen Lagen, Milieus und Lebensstilen – Von der Machtversessenheit zur Machtvergessenheit, in: Ders. (Hg.): Macht und Herrschaft. Sozialwissenschaftliche Konzeptionen und Theorien, Opladen: Leske+Budrich, S. 275-298

Imhof, Arthur E. 1981: Die gewonnenen Jahre. Von der Zunahme unserer Lebensspanne seit dreihundert Jahren oder von der Notwendigkeit einer neuen Einstellung zu Leben und Tod, München: Beck

IMW-Köln 1982: Begleitende Untersuchung zu Wirkungen und Erfolg des Internationalen Jahres der Behinderten 1981 (Manuskript), München

Inglehart, Ronald 1977: The Silent Revolution, Princeton, N.J.: Univ. Press

Inglehart, Ronald 1995: Kultureller Umbruch. Wertewandel in der westlichen Welt, Fankfurt am Main-New York: Campus

Institut der Deutschen Wirtschaft (IDW) 1998: IW-Trends. Quartalshefte zur empirischen Wirtschaftsforschung, Jg. 25, Heft 3

Institut für Marxistische Studien und Forschungen (IMSF) 1973: Klassen- und Sozialstruktur der BRD 1950-1970, Frankfurt am Main 1973

Institut für Sozialstudien (ISSAS), im Auftrag von Eurostat: Armut in Zahlen. Europa zu Beginn der achtziger Jahre, Luxemburg 1990

Institut für Therapieforschung 1995: Jahresstatistik 1993, München

Jacob, Elke 1998: Übers Milieu zur Zielgruppe, in: Media & Marketing 2

Jacoby, Russell/Glauberman, Naomi (Hg.) 1995: The Bell Curve Debate, New York: Random

Jaeggi, Urs 1969: Macht und Herrschaft in der BRD, Frankfurt am Main (erw. Aufl. 1973: Kapital und Arbeit in der Bundesrepublik, Frankfurt)

Janowitz, Morris 1958: Soziale Schichtung und Mobilität in Westdeutschland, in: KZfSS 10

Janssen, Edzard u.a. (Hg.): 1996: Gesellschaften im Umbruch? Aspekte des Wertewandels in Deutschland, Japan und Osteuropa, München: iudicum

Jencks, Christopher 1973: Chancengleichheit, Reinbek

Jencks, Christopher 1990: What is the True Rate of Social Mobility? in: Breiger, Ronald L. (Hg.): Social Mobility and Social Structure (Structural analysis in the Social Sciences 3), Cambridge: Cambridge Univ. Press, S. 103-130

Jensen, Adolf R. 1973: Wie sehr können wir Intelligenzquotient und schulische Leistung steigern? in: Skowronek, H. (Hg.): Umwelt und Begabung, Stuttgart

Jessop, Bob 1993: The Transition to Post-Fordism and the Schumpeterian Workfare State, in: Burrows, Roger/Loader, Bob (Hg.): Towards a Post-Fordist Welfare State, London-New York

Jones, Edward E./Pittman, Thane S. 1982: Toward a General Theory of Strategic Self-Presentation, in: Suls, J. (ed.): Psychological Perspectives on the Self, 1, S. 231-262

Kaase, Max 1981: Politische Beteiligung und politische Ungleichheit – Betrachtungen zu einem Paradoxon, in: Albertin, Lothar/Link, W. (Hg.): Politische Parteien auf dem Weg zur parlamentarischen Demokratie in Deutschland, Düsseldorf

Kaelble, Hartmut 1983: Industrialisierung und soziale Ungleichheit, Europa im 19. Jahrhundert, Göttingen

Kaelble, Hartmut 1983a: Soziale Mobilität und Chancengleichheit im 19. und 20. Jahrhundert. Deutschland im internationalen Vergleich. Göttingen

Kahl, J. 1957: The American Class Structure, New York

Kaiser, Günther 1993: Kriminologie, 9. neubearb. und ergänz. Aufl., Heidelberg: C. F. Müller Juristischer Verlag

Kappe, Doris/Aschenbrenner, K. 1965: Großstadt und Dorf als Typen der Gemeinde, in: Ortlieb, H.D./Bolte, K.M./Dörge, F.W. (Hg.): Struktur und Wandel der Gesellschaft, Heft 3, Opladen

Kappelhoff, Peter/Teckenberg, Wolfgang 1987: Intergenerationen- und Karrieremobilität in der Bundesrepublik Deutschland und in den Vereinigten Staaten, in: KZfSS 39, S. 302-329

Karr, Werner 1992: Arbeitslosigkeit, in: Bundesanstalt für Arbeit, Nürnberg (Hg.): Handbuch zur Berufswahlvorbereitung. Ausgabe 1992, Nürnberg: Bundesanstalt für Arbeit, S. 375-383

Kaufmann, Franz-Xaver 1995: Zukunft der Familien im vereinten Deutschland. Gesellschaftliche und politische Bedingungen, München: C.H. Beck

Keller, Berndt 1997: Einführung in die Arbeitspolitik. Arbeitsbeziehungen und Arbeitsmarkt in sozialwissenschaftlicher Perspektive, 5. völlig überarb. und wesentl. erw. Auflage, München-Wien: Oldenbourg

Kern, Horst 1982: Empirische Sozialforschung, München

Kieser, Alfred 1993: Human-Relations-Bewegung und Organisationspsychologie, in: Kieser, Alfred (Hg.): Organisationstheorien, Stuttgart, Berlin, Köln: Kohlhammer, S. 95-126

Kiss, Gabor 1977: Einführung in die soziologischen Theorien, Bd. 1, 3. Aufl., Opladen: Westdeutscher Verlag

Klages, Helmut 1996: Der Wertewandel in der Bundesrepublik Deutschland. Eine problemorientierte Hinführung zu Fakten und Deutungen, in: Janssen, Edzard/Möhwald, Ulrich/Ölschleger, Hans Dieter (Hg.): Gesellschaften im Umbruch? Aspekte des Wertewandels in Deutschland, Japan und Osteuropa, München, S. 65-85

Klein, Hans-Joachim 1996: Kultur für alle oder: Jedem das Seine? – Differenzierungen der Stadtkultur, in: Schäfers, Bernhard/Wewer, Göttrik (Hg.): Die Stadt in Deutschland. Soziale, politische und kulturelle Lebenswelt, Opladen: Leske + Budrich, S. 145-162

Klein, Thomas 1990: Arbeitslosigkeit und Wiederbeschäftigung im Erwerbsverlauf. Theorieansätze und empirische Befunde, in: KZfSS 42, S. 688-705

Klein, Thomas/Lauterbach, Wolfgang 1994: Bildungseinflüsse auf Heirat, die Geburt des ersten Kindes und die Erwerbsunterbrechung von Frauen, in: KZfSS 46, S. 278-298

Kleinhenz, Thomas 1995: Die Nichtwähler, Opladen: Westd. Verlag

Kleining, Gerhard 1975: Soziale Mobilität in der Bundesrepublik Deutschland, 2. Teil: Status- oder Prestigemobilität, in: KZfSS 27, S. 273-292

Klocke, Andreas 1993: Sozialer Wandel, Sozialstruktur und Lebensstile in der Bundesrepublik Deutschland, Frankfurt am Main: Peter Lang

Klosterhuis, Here/Müller-Fahrnow, Werner 1994: Sozialschicht und Sterblichkeit bei männlichen Angestellten in den alten Bundesländern, in: Mielck, Andreas (Hg.): Krankheit und soziale Ungleichheit. Sozialepidemiologische Forschungen in Deutschland, Opladen: Leske + Budrich, S. 319-330

Kluckhohn, C. 1951: Values and Value-Orientations in the Theory of Action, In: Parsons, Talcott/Shils, Edward A. (eds.): Towards a General Theory of Action, New York-Evanstown

Kmieciak, Peter 1976: Wertstrukturen und Wertewandel in der Bundesrepublik Deutschland, Göttingen: Schwartz

Knapp, Andreas 1994: Über den Erwerb und Konsum von materiellen Gütern, Forschungsbericht Nr. 21 aus dem Psychologischen Institut der Johannes Gutenberg-Universität Mainz

Koch, Gottfried 1972: Auf dem Wege zum Sacrum Imperium. Studien zur ideologischen Herrschaftsbegründung der deutschen Zentralgewalt im 11. und 12. Jahrhundert, Wien-Köln-Graz: Böhlau

Kocka, Jürgen 1979: Stand – Klasse – Organisation. Strukturen sozialer Ungleichheit in Deutschland vom späten 18. bis zum frühen 20. Jahrhundert im Aufriß, in: Wehler, Hans-Ulrich (Hg.): Klassen in der europäischen Sozialgeschichte. Göttingen: Vandenhoeck & Ruprecht, S. 137-165

Kocka, Jürgen 1981: Die Angestellten in der deutschen Geschichte 1850 – 1980. Vom Privatbeamten zum angestellten Arbeitnehmer. Göttingen: Vandenhoeck & Ruprecht

Kocka, Jürgen 1989: Bildungsbürgertum – Gesellschaftliche Formation oder Historikerkonstrukt? in: Kocka, Jürgen (Hg.): Bildungsbürgertum im 19. Jahrhundert. Teil IV: Politischer Einfluß und gesellschaftliche Formation. Stuttgart: Klett-Cotta, S. 9-20

Kocka, Jürgen 1990a: Weder Stand noch Klasse. Unterschichten um 1800. Bonn: Dietz Nachf.

Kocka, Jürgen 1990b: Arbeitsverhältnisse und Arbeiterexistenzen. Grundlagen der Klassenbildung im 19. Jahrhundert. Bonn: Dietz Nachf.

Kögler, Alfred 1976: Die Entwicklung von „Randgruppen" in der Bundesrepublik, Göttingen: Schwartz

Köhler, Hans/Spitznagel, Eugen 1995: Teilzeitarbeit in der Gesamtwirtschaft und aus der Sicht von Arbeitnehmern und Betrieben in der Bundesrepublik Deutschland, in: MittAB, Nr. 3, S. 339-364

Köhler, Helmut 1992: Bildungsbeteiligung und Sozialstruktur in der Bundesrepublik. Zu Stabilität und Wandel der Ungleichheit von Bildungschancen, Berlin: Studien und Berichte aus dem Max-Planck-Institut für Bildungsforschung, Nr. 53

König, René 1967: Kleider und Leute. Zur Soziologie der Mode, Frankfurt am Main

Kohl, Jürgen 1992: Armut im internationalen Vergleich. Methodische Probleme und empirische Ergebnisse, in: Leibfried, Stephan/Voges, Wolfgang (Hg.): Armut im modernen Wohlfahrtsstaat (KZfSS, Sonderheft 32) Opladen: Westdeutscher Verlag, S. 272-299

Koller, Barbara 1995: Fortbildungs- und Umschulungsmaßnahmen für Aussiedler, in: MittAB, Heft 1

Koller, Barbara 1995a: In einem anderen Land. Die soziale und berufliche Integration von Aussiedlern in Deutschland, in: MittAB, Heft 2

Konrad, Györgi/Szelenyi, Ivan 1978: Die Intelligenz auf dem Wege zur Klassenmacht, Frankfurt am Main

Korczak, Dieter 1994: Der Einfluß des Sozialmilieus auf das Gesundheitsverhalten, in: Mielck, Andreas (Hg.): Krankheit und soziale Ungleichheit, Opladen: Leske + Budrich, S. 267-297

Korczak, Dieter 1995: Lebensqualität-Atlas, Opladen: Westdt. Verlag

Kort-Krieger, Ute 1994: Wechselwähler. Verdrossene Parteien – Routinierte Demokraten, Pfaffenweiler: Centaurus

Krämer, Walter 1997: Statistische Probleme bei der Armutsmessung. Gutachten im Auftrag des Bundesministeriums für Gesundheit (Schriftenreihe des Bundesministeriums für Gesundheit, Bd. 94), Baden-Baden: Nomos

Krais, Beate 1983: Bildung als Kapital. Neue Perspektiven für die Analyse der Sozialstruktur? in: Kreckel, Reinhard (Hg.): Soziale Ungleichheiten (Soziale Welt, Sonderband 2), Göttingen: Schwartz, S. 199-220

Krais, Beate 1996: Bildungsexpansion und soziale Ungleichheit in der Bundesrepublik Deutschland, in: Bolder, Axel u.a. (Hg.): Die Wiederentdeckung der Ungleichheit. Aktuelle Tendenzen in Bildung für Arbeit, Jahrbuch Bildung und Arbeit 1996, S. 118-146

Krause, Peter 1992: Einkommensarmut in der Bundesrepublik Deutschland, in: APUZ B 49, S. 3-11

Kreckel, Reinhard/Brock, Ditmar/Thode, Hartwig 1972: Vertikale Mobilität und Immobilität in der Bundesrepublik Deutschland (Mitteilungen aus dem Institut für Raumordnung, Heft 75), Bonn-Bad Godesberg: Bundesforschungsanstanstalt für Landeskunde und Raumordnung

Kreckel, Reinhard 1976: Dimensions of Social Inequality. Conceptual Analysis and Theory of Society, in: Sociologische Gids, Nr. 6, Amsterdam, S. 338-362

Kreckel, Reinhard (Hg.) 1983: Soziale Ungleichheiten (Soziale Welt, Sonderband 2). Göttingen: Schwartz

Kreckel, Reinhard 1992: Politische Soziologie der Sozialen Ungleichheit, Frankfurt am Main-New York: Campus

Krockow, Christian von 1974: Das Leistungsprinzip als Strukturelement der Industriegesellschaft, in: Heckhausen, Heinz u.a. (Hg.): Das Leistungsprinzip in der Industriegesellschaft, Köln

Kromphardt, Jürgen 1991: Konzeptionen und Analysen des Kapitalismus – von seiner Entstehung bis zur Gegenwart. 3. Aufl., Göttingen: Vandenhoeck & Ruprecht.

Kronauer, Martin/Vogel, Berthold 1996: Arbeitslos im gesellschaftlichen Umbruch. Zu einigen grundlegenden Unterschieden in den Arbeitslosigkeitserfahrungen Ost und West, in: Andreß, Hans-Jürgen (Hg.): Fünf Jahre danach. Zur Entwicklung von Arbeitsmarkt und Sozialstruktur im vereinten Deutschland, Berlin-New York: de Gruyter, S. 139-162

Kuczynski, Jürgen 1949: Die Geschichte der Lage der Arbeiter in Deutschland von 1800 bis in die Gegenwart, Bd. 1, Berlin: Akademie-Verlag

Kudera, Sabine 1976: Arbeit und Beruf. Zur Bedeutung der Erwerbstätigkeit für Individuum und Gesellschaft, Frankfurt am Main

Kühn, Günter 1995: Die Interdependenzen von Qualifikation, Arbeitslosigkeit und Qualifizierung bei Aussiedlern und Aussiedlerinnen, in: Schafer, Andrea/Schenk, Liane/Kühn, Günter: Arbeitslosigkeit, Befindlichkeit und Bildungsbereitschaft von Aussiedlern. Eine empirische Studie (Sozialwissenschaften 6), Frankfurt am Main u.a.: Peter Lang, S. 3-38

Labov, William 1970: The Logic of Nonstandard English, in: Williams, F. (ed.): Language and Poverty, Chicago

Lamnek, Siegfried 1979: Theorien abweichenden Verhaltens, München

Landecker, Werner S. 1981: Status Crystallization, New Brunswick: Rutgers

Landua, Detlef/Habich, Roland 1994: Problemgruppen der Sozialpolitik im vereinten Deutschland, in: APUZ B 3, S. 3-14

Lang, Klaus/Lang, G. 1961: Collective Dynamics, New York

Laue, Evelyn 1995: Grundvermögen privater Haushalte Ende 1993, in: WiSta 1995, S. 488-497

Laumann, E.O./Pappi, Franz Urban 1973: New Directions in the Study of Community Elites, in: ASR 38, S. 212-230

Lauster, Peter 1987: Statussymbole. Wie jeder jeden beeindrucken will, Düsseldorf: Econ

Lederer, Emil 1912: Die Privatangestellten in der deutschen Wirtschaftsentwicklung, Tübingen

Le Goff, Jacques 1993: Kaufleute und Bankiers im Mittelalter. Frankfurt am Main- New York: Campus

Leibenstein, Harry 1950: Bandwagon, Snob, and Veblen Effect in the Theory of Consumers' Demand, in: Quarterly Journal of Economics 64, S. 183-207

Leibfried, Stephan/Leisering, Lutz 1995: Zeit der Armut, Frankfurt am Main: Suhrkamp

Leibfried, Stephan/Voges, Wolfgang (Hg.) 1992: Armut im modernen Wohlfahrtsstaat (KZfSS, Sonderheft 32), S. 237-271

Lemert, E. M. 1951: Social Pathology, New York-London

Lemert, E. M. 1975: Der Begriff der sekundären Devianz, in: Lüderssen, Klaus/Sack Fritz (Hg.): Seminar: Abweichendes Verhalten I. Die selektiven Normen der Gesellschaft, Frankfurt am Main: Suhrkamp, S. 433-476

Lenk, Hans 1976: Sozialphilosophie des Leistungshandelns, Stuttgart

Lenski, Gerhard 1954: Status Crystallization. A Nonvertical Dimension of Social Status, in: ASR 19, S. 405-413

Lepsius, M. Rainer 1961: Ungleichheit zwischen Menschen und soziale Schichtung, in: Glass, David/König, René (Hg.): Soziale Schichtung und soziale Mobilität (KZfSS, Sonderheft 5), Opladen, S. 54-64

Lepsius, M. Rainer 1966: Parteiensystem und Sozialstruktur. Zum Problem der Demokratisierung der deutschen Gesellschaft, in: Abel, Wilhelm u.a. (Hg.): Wirtschaft, Geschiche und Wirtschaftsgeschichte, Festschrift zum 65. Geburtstag von F. Lütge, Stuttgart, S. 371-393

Lepsius, M. Rainer 1974: Sozialstruktur und soziale Schichtung in der Bundesrepublik Deutschland, in: Löwenthal, Richard u.a.: Die Zweite Republik, Stuttgart: Seewald, S. 263-288

Lepsius, M. Rainer 1979: Soziale Ungleichheit und Klassenstrukturen in der Bundesrepublik, in: Wehler, Hans-Ulrich (Hg.): Klassen in der europäischen Sozialgeschichte, Göttingen, S. 166-209

Lepsius, M. Rainer 1990: Zur Soziologie des Bürgertums und der Bürgerlichkeit, in: Ders.: Interessen, Ideen, Institutionen, Opladen: Westd. Verlag, S. 153-169

Linde, H. 1954: Zur sozialökonomischen Struktur und soziologischen Situation des deutschen Dorfes, in: Das Dorf, Gestalt und Aufgabe ländlichen Zusammenlebens, Heft 11 der Schriftenreihe für ländliche Sozialforschung, Hannover

Lipietz, Alain 1985: Akkumulation, Krisen und Auswege der Krise. Einige methodologische Anmerkungen zum Begriff der „Regulation", in: PROKLA Nr. 58, S. 109-137

Lipset, Seymour M. 1953: Karl Marx' Theory of Social Classes, in: Bendix, Reinhard/Lipset, Seymour M. (Hg.): Class, Status and Power, 1. Aufl., Glencoe

Lipset, Seymour M. 1962: Soziologie der Demokratie, Neuwied-Berlin

Lipset, Seymour M./Rokkan, Stein 1967: Cleavage Structures, Party Systems, and Voter Alignments: An Introduction, in: Lipset, Seymour M./ Rokkan, Stein (Hg.): Party Systems and Voter Alignments. Cross-National Perspectives, New York: The Free Press, S. 1-64

Lipset, Seymour M./Zetterberg, Hans L. 1959: Social Mobility in Industrial Societies, in: Bendix, Reinhard/Lipset, Seymour M. (Hg.): Social Mobility in Industrial Society, Berkeley-Los Angeles

Locke, John 1969 (zuerst 1690): Zweite Abhandlung über die Regierung, Frankfurt am Main

Lohauß, Peter 1991: Marktgesellschaft und Individualisierungen – Über den Wandel von Sozialstrukturen, Lebensstilen und Bewußtsein, in: Voy, Klaus/Polster, Werner/Thomasberger, Claus (Hg.): Gesellschaftliche Transformationsprozesse und materielle Lebensweise. Beiträge zur Wirtschafts- und Gesellschaftsgeschichte der Bundesrepublik Deuschland (1949-1989), Bd. 2, Marburg: Metropolis, S. 81-126

Ludwig, Monika/Leisering, Lutz/Buhr, Petra 1995: Armut verstehen. Betrachtungen vor dem Hintergrund der Bremer Langzeitstudie, in: APUZ B 31-32, S. 24-34

Lüdtke, Hartmut 1989: Expressive Ungleichheit. Zur Soziologie der Lebensstile, Opladen: Leske + Budrich

Lüdtke, Hartmut 1990: Lebenstile als Dimension handlungsproduzierter Ungleichheit, in: Berger, Peter A./Hradil, Stefan (Hg.): Lebenslagen, Lebensläufe, Lebensstile, (Soziale Welt, Sonderband 7), Göttingen: Schwartz, S. 433-454

Lütge, Friedrich 1960: Deutsche Sozial- und Wirtschaftsgeschichte, 2. Aufl., Berlin-Göttingen-Heidelberg

Lüttinger, Paul 1989: Die Integration der Vertriebenen. Eine empirische Analyse, Frankfurt am Main: Campus

Lutz, Burkart 1995: Modernisierungsstrategie und Sozialwissenschaften, in: Erbès-Seguin, Sabine (Hg.): Beschäftigung und Arbeit. Eine Diskussion zwischen Ökonomie und Soziologie, Berlin: Sigma, S. 187-203

Lutz, Burkhart/Schmidt, Gert 1977: Industriesoziologie, in: König, René (Hg.): Handbuch der empirischen Sozialforschung. Bd. 8, 2. neubearb. Aufl., Stuttgart: Leske + Budrich, S. 101-262

Malewski, Andrej 1967: Verhalten und Interaktion, Tübingen: Mohr

Mammey, Ulrich/Schiener, Rolf 1998: Zur Eingliederung der Aussiedler in die Gesellschaft der Bundesrepublik Deutschland (Schriftenreiche des Bundesinstituts für Bevölkerungsforschung 25), Opladen: Leske + Budrich

Mangold, Werner 1981: Angestelltengeschichte und Angestelltensoziologie in Deutschland, England, Frankreich. Über den Zusammenhang von sozialpolitischer und sozialwissenschaftlicher Themenfindung und Problemstrukturierung, in: Kocka, Jürgen (Hg.): Angestellte im europäischen Vergleich. Die Herausbildung angestellter Mittelschichten seit dem späten 19. Jahrhundert. Göttingen: Vandenhoeck & Ruprecht, S. 11 -38

Mansel, Jürgen 1993: Zur Reproduktion sozialer Ungleichheit. Soziale Lage, Arbeitsbedingungen und Erziehungsverhalten der Eltern im Zusammenhang mit dem Schulerfolg des Kindes, in: Zeitschrift für Sozialisationsforschung und Erziehungssoziologie (ZSE) 13, S. 36-61

Marcuse, Herbert 1967: Der eindimensionale Mensch, Neuwied

Marstedt, Gerd/Mergner, Ulrich 1986: Psychische Belastungen in der Arbeitswelt, Opladen

Marx, Karl 1953: Die deutsche Ideologie, in: Marx, Karl: Die Frühschriften, Stuttgart: Körner

Marx, Karl 1969: Der achtzehnte Brumaire des Louis Bonaparte, in: Marx, Karl/Engels, Friedrich: Werke, Bd. 8, Berlin, S. 111-207

Marx, Karl 1969 (zuerst 1859): Zur Kritik der politischen Ökonomie (Vorwort), in: Marx, Karl/Engels, Friedrich: Werke, Bd. 13, Berlin

Marx, Karl/Engels, Friedrich 1953 (zuerst 1848): Manifest der Kommunistischen Partei, in: Marx, Karl: Die Frühschriften, Stuttgart: Körner

Maschke, Erich 1967: Die Unterschichten der mittelalterlichen Städte Deutschlands, in: Maschke, Erich: Gesellschaftliche Unterschichten in den südwestdeutschen Städten (Veröff. der Komm. für gesch. Landeskunde in Baden-Württemberg, Reihe B, Bd. 41), S. 1-74

Mason, Roger S. 1994: Cross-Cultural Influences on the Demand for Status Goods, Salford, GB: University, Dept. of Business and Management Studies

Mathwig, Gasala/Habich, Roland 1997: Berufs- und Einkommensverläufe in Deutschland nach der Vereinigung, in: Hradil, Stefan/Pankoke, Eckart (Hg.): Aufstieg für alle? (KSPW: Beiträge zum Bericht „Ungleichheit und Sozialpolitik" 2.2), Opladen: Leske + Budrich, S. 11-101

Mayer, Kurt B. 1975: Amerikanische Untersuchungen zur Machtstruktur der Gemeinde, in: Junker, Beat u.a. (Hg.): Geschichte und Politische Wissenschaft, Bern

Mayer, Karl Ulrich 1971: Soziale Mobilität und die Wahrnehmung sozialer Ungleichheit, in: ZfS 1, S. 156-176

Mayer, Karl Ulrich 1975: Soziale Mobilität, in: Mayer, Karl Ulrich/Wiehn, Erhard R.: Soziale Schichtung und Mobilität. Eine kritische Einführung, München: C.H. Beck, S. 122-160

Mayer, Karl Ulrich 1975a: Ungleichheit und Mobilität im sozialen Bewußtsein, Opladen

Mayer, Karl Ulrich 1977: Statushierarchie und Heiratsmarkt. Empirische Analysen zur Struktur des Schichtungssystems in der Bundesrepublik und zur Ableitung einer Skala des sozialen Status, in: Handl, Johann/Mayer, Karl Ulrich/Müller, Walter: Klassenlagen und Sozialstruktur. Empirische Untersuchungen für die Bundesrepublik Deutschland, Frankfurt am Main-New York: Campus, S. 155-232

Mayer, Karl Ulrich 1991: Lebensverlauf und Bildung. Ergebnisse aus dem Forschungsprojekt „Lebensverläufe und gesellschaftlicher Wandel" des MPI für Bildungsforschung, in: Unterrichtswissenschaft. Zeitschrift für Lernforschung 19, S. 313-332

Mayer, Karl Ulrich 1991b: Berufliche Mobilität von Frauen in der Bundesrepublik Deutschland, in: Allmendinger, Jutta/Huinink, Johannes/Mayer, Karl Ulrich (Hg.): Vom Regen in die Traufe. Frauen zwischen Beruf und Familie (Lebensverläufe und gesellschaftlicher Wandel), Frankfurt am Main-New York: Campus, S. 57-90

Mayer, Karl Ulrich 1995: Gesellschaftlicher Wandel, Kohortenungleichheit und Lebensverläufe, in: Berger, Peter A./Sopp, Peter (Hg.): Sozialstruktur und Lebenslauf (Sozialstrukturanalyse 5), Opladen: Leske + Budrich, S. 27-47

Mayer, Karl Ulrich/Blossfeld, Hans Peter 1990: Die gesellschaftliche Konstruktion sozialer Ungleichheit im Lebensverlauf, in: Berger, Peter A./Hradil, Stefan (Hg.): Lebenslagen, Lebensläufe, Lebensstile (Soziale Welt, Sonderband 7), Göttingen: Schwartz, S. 297-318

Mayer, Karl Ulrich/Solga, Heike 1993: Mobilität und Legitimität. Zum Vergleich der Chancenstrukturen in der alten BRD oder: Haben Mobilitätschancen zu Stabilität und Zusammenbruch der DDR beigetragen? (Arbeitsberichte aus dem Projekt Lebensverläufe und historischer Wandel in der ehemaligen DDR 3/1993), Berlin: Max-Planck-Institut für Bildungsforschung

Mayer, Karl Ulrich u.a. 1989: Class Mobility During the Working Life: A Comparison of Germany and Norway, in: Kohn, Melvin L. (Hg.): Cross-National Research in Sociology (American Sociological Association Presidential Series), Newbury Park: Sage, S. 218-239

Mayntz, Renate 1958a: Soziale Schichtung und sozialer Wandel in einer Industriegemeinde. Eine soziologische Untersuchung der Stadt Euskirchen, Stuttgart: Enke

Mayntz, Renate 1958b: Begriff und empirische Erfassung des sozialen Status in der heutigen Soziologie, in: KZfSS 10, S. 58-72

Mayntz, Renate 1961: Kritische Bemerkungen zur funktionalistischen Schichtungstheorie, in: Glass, David/König, René (Hg.): Soziale Schichtung und

soziale Mobilität (KZfSS, Sonderheft 5, Köln-Opladen: Westdeutscher Verlag, S. 10-28
Mau, Steffen 1996: Objektive Lebensbedingungen und subjektives Wohlbefinden, in: Zapf, Wolfgang/Habich, Roland (Hg.): Wohlfahrtsentwicklung im vereinten Deutschland – Sozialstruktur, sozialer Wandel und Lebensqualität, Berlin: Sigma, S. 51-77
McCracken, Grant 1990: Culture and Consumption. New Approaches to the Symbolic Character of Consumer Goods and Activities, Bloomington, In.: University Press
Merton, Robert K. 1968: Sozialstruktur und Anomie, in: Sack, Fritz/König, René (Hg.): Kriminalsoziologie, Wiesbaden, S. 282-313
Meulemann, Heiner 1990: Schullaufbahn, Ausnahmekarrieren und die Folgen im Lebensverlauf. Der Beitrag zur Lebenslaufforschung zur Bildungssoziologie, in: Mayer, Karl Ulrich (Hg.): Lebensverläufe und sozialer Wandel, (KZfSS, Sonderheft 31), Opladen: Westd. Verlag, S. 89-117
Meyer, Thomas u.a. 1994: Parteien in der Defensive? Plädoyer für die Öffnung der Volkspartei, Köln: Bund
Michailow, Matthias 1994: Lebensstil und soziale Klassifizierung, in: Dangschat, Jens S./Blasius, Jörg (Hg.): Lebensstile in den Städten, Konzepte und Methoden, Opladen: Leske + Budrich, S. 27-46
Michailow, Matthias 1996: Individualisierung und Lebensstilbildung, in: Schwenk, Otto (Hg.) 1996: Lebensstil zwischen Sozialstukturanalyse und Kulturwissenschaft, Opladen: Leske + Budrich, S. 71-98
Michel, E. 1960: Sozialgeschichte der deutschen Arbeitswelt, 4. Aufl., Freiburg
Mieck, Ilja 1993: Wirtschaft und Gesellschaft Europas 1650 bis 1850, in: Fischer, Wolfram (Hg.): Handbuch der europäischen Wirtschafts- und Sozialgeschichte, Bd. 4, Stuttgart
Miegel, Meinhard 1983: Die verkannte Revolution (1). Einkommen und Vermögen der privaten Haushalte, Stuttgart
Miegel, Meinhard 1997: Zuwanderung und Sozialstaat, in: Angenendt, Steffen (Hg.): Migration und Flucht. Aufgaben und Strategien für Deutschland, Europa und die internationale Gemeinschaft (Schriftenreihe 342), Bonn: Bundeszentrale für politische Bildung, S. 99-104
Miller, W. B. 1968: Die Kultur der Unterschicht als ein Entstehungsmilieu für Bandendelinquenz, in: Sack, Fritz/König, René (Hg:): Kriminalsoziologie, Frankfurt am Main, S. 339-359 (zuerst am. 1959)
Milles, Dietrich/Müller, Rainer (Hg.) 1985: Berufsarbeit und Krankheit, Frankfurt am Main
Mills, C. Wright 1962: Die amerikanische Elite. Gesellschaft und Macht in den Vereinigten Staaten, Hamburg 1962 (zuerst am. 1956)
Ministerium für Arbeit, Gesundheit und Soziales des Landes Nordrhein-Westfalen (Hg.) 1993: Landessozialbericht – Wohnungsnot und Obdachlosigkeit, 2. überarb. Aufl., Düsseldorf
Minssen, Heiner/Sauerborn, Werner 1977: Der Massenarbeiter und das Kapital. Zur Diskussion um die Innendifferenzierung der Arbeiterklasse, in:

Backhaus, H. G. (Hg.): Gesellschaft. Beiträge zur Marxschen Theorie, Nr. 10. Frankfurt am Main: Suhrkamp, S. 141-186

Moore, Harriet/Kleining, Gerhard 1959: Das Bild der sozialen Wirklichkeit, in: KZfSS 11, S. 353-376

Moore, Harriet/Kleining, Gerhard 1960: Das soziale Selbstbild der Gesellschaftsschichten in Deutschland, in: KZfSS 12, S. 86-119

Müller, Dagmar/Hofmann, Michael/Rink, Dieter 1997: Diachrone Analysen von Lebensweisen in den neuen Bundesländern: Zum historischen und transformationsbedingten Wandel der sozialen Milieus in Ostdeutschland, in: Hradil, Stefan/Pankoke, Eckart (Hg.): Aufstieg für alle? (KSPW: Beiträge zum Bericht „Ungleichheit und Sozialpolitik" 2.2), Opladen: Leske + Budrich, S. 237-320

Müller, Hans-Peter 1986: Kultur, Geschmack und Distinktion. Grundzüge der Kultursoziologie Pierre Bourdieus, in: Neidhardt, Friedhelm/Lepsius, M. Rainer/Weiß, Johannes (Hg.): Kultur und Gesellschaft (KZfSS, Sonderheft 27), Opladen: Westdeutscher Verlag, S. 162-190

Müller, Hans-Peter 1992: Sozialstruktur und Lebensstile. Der neuere theoretische Diskurs über soziale Ungleichheit, Frankfurt am Main: Suhrkamp

Müller, Karl Valentin 1956: Begabung und soziale Schichtung in der hochindustriellen Gesellschaft, Köln-Opladen

Müller, Walter 1985: Mobilitätsforschung und Arbeitsmarkttheorie, in: Knepel, Helmut/Hujer, Reinhard (Hg.): Mobilitätsprozesse auf dem Arbeitsmarkt (Mikroanalytische Grundlagen der Gesellschaftspolitik 13), Frankfurt am Main-New York: Campus, S. 17-40

Müller, Walter 1986: Soziale Mobilität. Die Bundesrepublik im internationalen Vergleich, in: Kaase, Max (Hg.): Politische Wissenschaft und politische Ordnung. Analysen zu Theorie und Empirie demokratischer Regierungsweise (Festschrift zum 65. Geburtstag von Rudolf Wildenmann), Opladen: Westd. Verlag

Müller, Walter/Haun, Dietmar 1993: Bildungsexpansion und Bildungsungleichheit, in: Meulemann, Heiner/Elting-Camus, Agnes (Hg.). Lebensverhältnisse und soziale Konflikte im neuen Europa. Sektionen, Arbeits- und Ad hoc-Gruppen, Opladen: Westd. Verlag, S. 334-338

Müller, Walter/Haun, Dietmar 1994: Bildungsungleichheit im sozialen Wandel, in: KZfSS 46, S. 1-42

Müller, Walter/Steinmann, Susanne/Schneider, Reinhart 1977: Bildung in Europa, in Hradil, Stefan/Immerfall, Stefan (Hg.): Die westeuropäischen Gesellschaften im Vergleich, Opladen: Leske + Budrich, S. 177-245

Müller-Schneider, Thomas 1994: Schichten und Erlebnismilieus. Der Wandel der Milieustruktur in der Bundesrepublik Deutschland, Wiesbaden: Deutscher Universitäts-Verlag

Müller-Schneider, Thomas 1996: Wandel der Milieulandschaft in Deutschland. Von hierarchisierenden zu subjektorientierten Wahrnehmungsmustern, in: ZfS 25, H. 3, S. 190-206

Negt, Oskar 1984: Lebendige Arbeit, enteignete Zeit, Frankfurt am Main: Campus

Neuland, Eva 1975: Sprachbarrieren oder Klassensprache. Untersuchungen zum Sprachverhalten im Vorschulalter, Frankfurt am Main

Neumann, Lothar F./Schaper, Klaus 1990: Die Sozialordnung der Bundesrepublik Deutschland. 3., überarb. Aufl., Opladen: Westd. Verlag

Neumann, Udo 1995: Die Armut der Caritas-Klienten im Vergleich mit der Armut unter der westdeutschen Bevölkerung, in: Hübinger, Werner/Hauser, Richard (Hg.): Die Caritas-Untersuchung. Eine Bilanz, Freiburg i.B.: Lambertus, S. 70-83

Neumann, Udo/Hertz, Markus 1998: Verdeckte Armut in Deutschland, Forschungsbericht im Auftrag der Friedrich-Ebert-Stiftung, Frankfurt am Main: Institut für Sozialberichterstattung und Lebenslagenforschung

Neurath, Otto 1981 (zuerst 1931): Empirische Soziologie, in: Haller, Rudolf/ Rutte, Heiner (Hg.): Gesammelte philosophische und methodologische Schriften, Bd. 1, Wien, S. 423-527

Nipperdey, Thomas 1995: Deutsche Geschichte 1866–1918. 2. Band: Machtstaat vor Demokratie. 3. Aufl., München: C.H. Beck

Noll, Heinz-Herbert 1982: Beschäftungschancen und Arbeitsbedingungen in der Bundesrepublik, Frankfurt am Main

Noll, Heinz-Herbert 1985: Schichtung und Mobilität, in: Statistisches Bundesamt (Hg.): Datenreport 1985, Stuttgart, S. 477-486

Noll, Heinz-Herbert 1987: Schichtung und Mobilität, in: Statistisches Bundesamt (Hg.): Datenreport 1987, Stuttgart, S. 449-457

Noll, Heinz-Herbert 1992: Zur Legitimität sozialer Ungleichheit in Deutschland: Subjektive Wahrnehmungen und Bewertungen, in: Mohler, Peter/Bandilla, Wolfgang (Hg.): Blickpunkt Gesellschaft 2. Einstellungen und Verhalten der Bundesbürger in Ost und West, Opladen: Westdt. Verlag, S. 1-20

Noll, Heinz-Herbert 1998: Wahrnehmung und Rechtfertigung sozialer Ungleichheit 1991-1996, in: Meulemann, Heiner (Hg.): Werte und nationale Identität im vereinten Deutschland. Erklärungsansätze der Umfrageforschung, Opladen: Leske & Budrich, S. 61-84

Noll, Heinz Herbert/Habich, Roland 1990: Individuelle Wohlfahrt: Vertikale Ungleichheit oder horizontale Disparitäten? in: Berger, Peter A./Hradil, Stefan (Hg.): Lebenslagen, Lebensläufe, Lebensstile (Soziale Welt, Sonderband 7), Göttingen: Schwartz, S. 153-188

Noll, Heinz Herbert/Schuster, Friedrich 1992: Soziale Schichtung und Wahrnehmung sozialer Ungleichheit im Ost-West-Vergleich, in: Glatzer, Wolfgang/Noll, Heinz-Herbert (Hg.): Lebensverhältnisse in Deutschland. Ungleichheit und Angleichung. Soziale Indikatoren XVI, Frankfurt am Main-New York: Campus, S. 209-230

OECD 1966: Wirtschaftswachstum und Bildungsaufwand, Wien

Oevermann, Ulrich 1972: Sprache und soziale Herkunft, Frankfurt am Main: Suhrkamp

Offe, Claus 1969: Politische Herrschaft und Klassenstrukturen. Zur Analyse spätkapitalistischer Gesellschaft, in: Kress, Gisela/Senghaas, Dieter (Hg.): Politikwissenschaft, Frankfurt am Main: Fischer, S. 155-189

Offe, Claus 1970: Leistungsprinzip und industrielle Arbeit. Mechanismen der Statusverteilung in Arbeitsorganisationen der industriellen Leistungsgesellschaft, Frankfurt am Main

Offe, Claus 1983: Arbeitsgesellschaft. Strukturprobleme und Zukunftsperspektiven, Frankfurt-New York: Campus

Offe, Claus/Hinrichs, Karl 1977: Sozialökonomie des Arbeitsmarkts und die Lage „benachteiligter" Gruppen von Arbeitnehmer, in: Offe, Claus (Hg.): Opfer des Arbeitsmarkts. Zur Theorie der strukturierten Arbeitslosigkeit, Neuwied-Darmstadt

Olson, Mancur 1968: Die Logik kollektiven Handelns, Tübingen

Opaschowski, Horst W. 1990: Herausforderung Freizeit. Perspektiven für die 90er Jahre, Hamburg: B.A.T.Freizeitforschungsinstitut

Opaschowski, Horst W. 1993: Freizeitökonomie. Marketing von Erlebniswelten, Opladen: Leske + Budrich

Opaschowski, Horst W. 1994: Einführung in die Freizeitwissenschaft, 2. Aufl. Opladen: Leske + Budrich

Oppolzer, Alfred 1994: Die Arbeitswelt als Ursache gesundheitlicher Ungleichheit, in: Mielck, Andreas (Hg.): Krankheit und soziale Ungleichheit, Opladen: Leske + Budrich, S. 125-154

Ort, Michael 1976: Sprachverhalten und Schulerfolg: Über die Unergiebigkeit der Code-Theorie von Bernstein zur Erklärung schulischer Benachteiligung von Unterschichtskindern, Weinheim-Basel

Osterloh, Margit/Oberholzer, Karin 1994: Der geschlechtsspezifische Arbeitsmarkt. Ökonomische und soziologische Erklärungsansätze, in: APuZ, Nr. B 6/94, S. 3-10

Otte, Gunnar 1997: Lebensstile versus Klassen – welche Sozialstrukturkonzeption kann die individuelle Parteipräferenz besser erklären? in: Müller, Walter (Hg.): Soziale Ungleichheit. Neue Befunde zu Strukturen, Bewußtsein und Politik, Opladen: Leske + Budrich, S. 303-345

Pappi, Franz Urban 1977: Sozialstruktur, gesellschaftliche Wertorientierungen und Wahlabsicht, in: Kaase, Max (Hg.): Wahlsoziologie heute. Analysen aus Anlaß der Bundestagswahl 1976, PVS 18, S. 195-229

Peisert, Hansgert 1967: Soziale Lage und Bildungschancen in Deutschland, München: Piper

Projekt Klassenanalyse 1974: Materialien zur Klassenstruktur der BRD, Zweiter Teil: Grundriß der Klassenverhältnisse (1950-1970), Westberlin: VSA

Parsons, Talcott 1940: An Analytical Approach to the Theory of Social Stratification, in: AJS

Parsons, Talcott 1954: A Revised Analytical Approach to the Theory of Social Stratification, in: Bendix, Reinhard/Lipset, Seymour M. (Hg.): Class, Status and Power, Glencoe

Petersen, Ulrike 1996: Altern ohne festen Wohnsitz. Eine Untersuchung der Lebensbedingungen und Möglichkeiten der Hilfen für ältere wohnungslose Menschen, Berlin

Piachaud, David 1992: Wie mißt man Armut?, in: Leibfried, Stephan/Voges, Wolfgang (Hg.) 1992: Armut im modernen Wohlfahrtsstaat (KZfSS, Sonderheft 32)

Picht, Georg 1964: Die deutsche Bildungskatastrophe, Olten-Freiburg

Piore, M. 1969: On-the-Job Training in the Dual Labour Market, in: Weber, A. R. (Hg.): Public-Private Manpower Policies, Madison

Piore, M. 1972: Notes for a Theory of Labour Market Stratification, in: Edwards, R./Reich, M. Gordon, d. (Hg.): Labour Market Segmentation, Lexington u.a.

Poulantzas, Nicos 1975: Klassen im Kapitalismus – heute, Berlin

Pross, Helge 1965: Manager und Aktionäre in Deutschland, Frankfurt am Main

Raab, Erich 1997: Jugend sucht Arbeit. Eine Längsschnittuntersuchung zum Berufseinstieg Jugendlicher in der Bundesrepublik Deutschland, in: APUZ B 25, S. 3-12

Rabe, Horst 1991: Deutsche Geschichte 1500–1600, München: C.H. Beck

Rawls, John 1997: Eine Theorie der Gerechtigkeit, Frankfurt am Main

Reich, M./Gordon, D./Edwards, R. 1973: A Theory of Labour Market Segmentation, in: American Economic Review, Papers and Proceedings 63 (dt.: Arbeitsmarktsegmentation und Herrschaft, in: Sengenberger, Werner (Hg.): Der gespaltene Arbeitsmarkt, Frankfurt 1978)

Reininghaus, Wilfried 1983: Das ‚ganze' Haus und die Gesellengilden. Über die Beziehungen zwischen Meistern und Gesellen im Spätmittelalter, in: Elkar, Rainer S. (Hg.): Deutsches Handwerk in Spätmittelalter und Früher Neuzeit. Sozialgeschichte – Volkskunde – Literaturgeschichte. Göttingen: Schwartz, S. 55-70

Renner, Karl 1953: Wandlungen der modernen Gesellschaft, Wien

Ritter, Gerhard A. 1964: „Feudalismus", in: Fischer-Lexikon, Bd. 2, Staat und Politik, Frankfurt am Main

Ritter, Gerhard A./Tenfelde, Klaus 1992: Arbeiter im Deutschen Kaiserreich. Bonn: Dietz Nf.

Ritz, Hans-Günter 1992: Soziale Ungleichheit vor Tod in der Bundesrepublik Deutschland, Bremerhaven: Wirtschaftsverlag NW Verl. für Neue Wiss.

Rodax, Klaus 1995: Soziale Ungleichheit und Mobilität durch Bildung in der Bundesrepublik Deutschland, in: ÖZS 20, S. 3-28

Rössinger, P. 1975: Ungleichheit und soziale Schichtung. Eine Untersuchung zur Systematik und Problematik von Theorien der sozialen Ungleichheit, (Diss.) Heidelberg

Rolff, Hans-Günter 1980: Sozialisation und Auslese durch die Schule, 9. Aufl., Heidelberg: Quelle & Meyer

Rolff, Hans-Günter u.a. (Hg.) 1994: Jahrbuch der Schulentwicklung. Daten, Beispiel und Perspektiven, Bd. 8, Weinheim-München

Rolff, Hans-Günter 1997: Sozialisation und Auslese durch die Schule, überarb. Neuausg., Weinheim-München: Juventa

Rothschild, Kurt W. 1994: Theorien der Arbeitslosigkeit. Einführung, 2. Auflage, München-Wien: Oldenbourg

Rousseau, Jean-Jacques 1984 (zuerst 1754): Diskurs über die Ungleichheit, Paderborn: Schöningh

Rudolph, Helmut 1994: Die Kehrseite des Wandels – Strukturelle Arbeitslosigkeit, in: Merk, Hans-Günther (Hg.): Wirtschaftsstruktur und Arbeitsplätze im Wandel der Zeit, Stuttgart: Metzler – Poeschel, S. 175-204

Rudzio, Wolfgang 1996: Das politische System der Bundesrepublik Deutschland, 4. Aufl. Opladen: Leske + Budrich

Ruhstrat, Ekke-Ulf u.a. 1991: Ohne Arbeit keine Wohnung, ohne Wohnung keine Arbeit! Entstehung und Verlauf von Wohnungslosigkeit, Bielefeld: VSH-Verlag Soziale Hilfe

Rummler, Hans-Michael 1984: Die Entstehungsgeschichte der Betriebssoziologie in Deutschland. Eine wissenschaftshistorische Studie. Frankfurt am Main-Bern-New York: Europ. Hochschulschriften: Reihe 22, Soziologie

Sachse, Wieland 1981: Lebensverhältnisse und Lebensgestaltung der Unterschicht in Göttingen bis 1860. Ein Projektbericht, in: Conze, Werner/Ulrich Engelhardt (Hg.): Arbeiterexistenz im 19. Jahrhundert. Lebensstandard und Lebensgestaltung deutscher Arbeiter und Handwerker. Stuttgart: Klett-Cotta, S. 19-45

Sachße, Christoph/Florian Tennstedt 1980: Geschichte der Armenfürsorge in Deutschland. Vom Spätmittelalter bis zum 1. Weltkrieg. Stuttgart u.a.: Kohlhammer

Sachverständigenrat zur Begutachtung der gesamtwirtschaftlichen Entwicklung, 1996: Reformen voranbringen. Jahresgutachten 1996/97, Stuttgart: Metzler-Poeschel

Sack, Fritz 1972: Definition von Kriminalität als politisches Handeln: Der labeling-approach, in: Kriminologisches Journal 1

Sack, Fritz 1977: Interessen im Strafrecht: Zum Zusammenhang von Kriminalität und Klassen-(Schicht-)Struktur, in: Kriminologisches Journal 9, S. 248-278

Sack, Fritz 1978: Probleme der Kriminalsoziologie, in: König, René (Hg.): Handbuch der empirischen Sozialforschung, Bd. 12, Stuttgart, S. 192-492

Sahner, Heinz 1975: Führungsgruppen und technischer Fortschritt, Meisenheim am Glan

Sandberger, J.-U. 1977: „Gesellschaftsbilder" als subjektive Indikatoren im sozio-politischen Bereich, in: Hoffmann-Nowotny, Hans-Joachim (Hg.): Politisches Klima und Planung, Soziale Indikatoren V, Frankfurt am Main: Campus, S. 11-41

Sandberger, J.-U. 1983: Zwischen Legitimation und Kritik. Vorstellungen von Akademikern, Studenten und Bevölkerung zur sozialen Ungleichheit, in: ZfS 12, S. 181-202

Schäfers, Bernhard 1998: Sozialstruktur und sozialer Wandel in Deutschland, 7. neu bearb. Aufl., Stuttgart: Enke

Schäfers, Bernhard/Zapf, Wolfgang (Hg.) 1998: Handwörterbuch zur Gesellschaft Deutschlands, Opladen: Leske + Budrich
Schäuble, Gerhard 1979. Die Humanisierung der Industriearbeit, Frankfurt am Main
Scheewe, Peter 1966: Wohnverhältnisse älterer Menschen, in: WiSta, Heft 4, S. 228-238
Scheler, Max 1960: Die Wissensformen und die Gesellschaft, 2. Aufl., Bern-München: Franke
Schelsky, Helmut 1953: Wandlungen der deutschen Familien in der Gegenwart, Stuttgart: Enke
Scherke, Felix 1959: Konsum-Leitbilder und Leitlinien, in: Jahrbuch der Absatz- und Verbrauchsforschung 5
Scheuch, Erwin K. (unter Mitarbeit von Hans Jürgen Daheim) 1961: Sozialprestige und soziale Schichtung, in: Glass, David V./Körnig, René (Hg.): Soziale Schichtung und soziale Mobilität (Sonderheft 5 der KZfSS), Opladen: Westdeutscher Verlag, S. 65-103
Scheuch, Erwin K. 1977: Soziologie der Freizeit, in: König, René (Hg.): Handbuch der empirischen Sozialforschung, Bd. 11, Stuttgart: DTV, S. 1-192
Scheuch, Erwin K. 1980: Freizeit und Lebensweise (Manuskript), Köln
Scheuch, Erwin K. (u. Mitarb. von Daheim, Hansjürgen) 1961: Sozialprestige und soziale Schichtung, in: Glass, David V./König, René (Hg.): Soziale Schichtung und soziale Mobilität (Sonderheft 5 der KZfSS), Opladen: Westd. Verlag, S. 65-103
Schiefele, Hans 1974: Lernmotivation und Motivlernen. Grundzüge einer erziehungswissenschafltichen Motivationslehre, München
Schimpl-Neimanns/Lüttinger 1993: Die Entwicklung bildungsspezifischer Ungleichheit, in: ZUMA-Nachrichten 32
Schlomann, Heinrich 1992: Vermögensverteilung und private Altersvorsorge, Frankfurt am Main: Campus
Schlomann, Heinrich 1993: Die Entwicklung der Vermögensverteilung, in: Huster, Ernst-Ulrich (Hg.) 1993: Reichtum in Deutschland. Der diskrete Charme der sozialen Distanz, Frankfurt am Main: Campus, S. 54-83
Schmal, Andreas 1994: Ungleichheiten auf dem Arbeitsmarkt zwischen Bevölkerungsgruppen und Regionen, in: Montada, Leo (Hg.): Arbeitslosigkeit und soziale Gerechtigkeit, Frankfurt am Main u.a.: Campus, S. 87-106
Schmid, Carola 1990: Die Randgruppe der Stadtstreicher, Wien u.a.: Böhlau
Schmidt, Gert 1982: Humanisierung der Arbeit, in: Littek, Wolfgang/Rammert, Werner/Wachtler, Günter (Hg.): Einführung in die Arbeits- und Betriebssoziologie, Frankfurt am Main: S. 163-185
Schmidt, Manfred G. 1988: Sozialpolitik. Historische Entwicklung und internationaler Vergleich, Opladen: Westdeutscher Verlag
Schmoller, Gustav 1870: Zur Geschichte der deutschen Kleingewerbe im 19. Jahrhundert, Halle

Schmoller, Gustav 1960: Das Wesen der Arbeitsteilung und der sozialen Klassenbildung, in: Jahrbuch für Gesetzgebung, Verwaltung und Volkswirtschaft, Bd. 14

Schnapp, Kai Uwe 1996: Sozialstrukturelle Zusammensetzung von Elite und Bevölkerung – Verteilung von Aufstiegschancen in die Elite im Zeitvergleich, in: Bürklin, Wilhelm (Hg.): Kontinuität und Wandel der deutschen Führungsschicht. Ergebnisse der Potsdamer Elitestudie 1995, Universität Potsdam, S. 31-43

Schnapp, Kai Uwe 1997: Soziale Zusammensetzung von Elite und Bevölkerung – Verteilung von Aufstiegschancen in die Elite im Zeitvergleich, in: Bürklin, Wilhelm u.a. (Hg.): Eliten in Deutschland, Opladen: Leske + Budrich, S. 69-99

Schnapp, Kai Uwe 1997a: Soziodemographische Merkmale der bundesdeutschen Eliten, in: Bürklin, Wilhelm u.a.: Eliten in Deutschland. Rekrutierung und Integration, Opladen: Leske + Budrich, S. 101-122

Schneider, Nicole/Spellerberg, Annette 1999: Lebensstile, Wohnbedürfnisse und räumliche Mobilität, Opladen: Leske + Budrich

Schnierer, Thomas 1996: Von der kompetitiven Gesellschaft zur Erlebnisgesellschaft? Der „Fahrstuhl-Effekt“, die subjektive Relevanz der sozialen Ungleichheit und die Ventilfunktion des Wertewandels, in: ZfS 25, H. 1, S. 71-82

Schober, Karen 1994: Junge Frauen beim Übergang vom Bildungs- ins Beschäftigungssystem: die Lage in den neuen Bundesländern, in: Beckmann, Petra/-Engelbrech, (Hg.): Arbeitsmarkt für Frauen 2000 – Ein Schritt vor oder ein Schritt zurück? Kompendium zur Erwerbstätigkeit von Frauen. Beiträge zur Arbeitsmarkt- und Berufsforschung 179, Nürnberg, S. 523-566

Schulz, Günther 1981: „Der konnte freilich ganz anders sparen als ich“. Untersuchungen zum Sparverhalten industrieller Arbeiter im 19. Jahrhundert, in: Conze, Werner/Engelhardt, Ulrich (Hg.): Arbeiterexistenz im 19. Jahrhundert. Lebensstandard und Lebensgestaltung deutscher Arbeiter und Handwerker. Stuttgart: Klett-Cotta, S. 487 – 515

Schulze, Gerhard 1988: Alltagsästhetische Schemata, in: ZUMA-Skalenhandbuch, 4. Ergänzungslieferung, Mannheim: ZUMA

Schulze, Gerhard 1990: Die Transformation sozialer Milieus in der Bundesrepublik Deutschland, in: Berger, Peter A./Hradil, Stefan (Hg.): Lebenslagen, Lebensläufe, Lebensstile (Soziale Welt, Sonderband 7), Göttingen: Schwartz, S. 409-432

Schulze, Gerhard 1992: Die Erlebnisgesellschaft, Frankfurt am Main: Campus

Schumann, Siegfried 1990: Die Entbehrlichkeit des Postmaterialismus. Empirische Prüfungen, in: Schmitt, Karl (Hg.): Wahlen, Parteieliten, politische Einstellungen, Frankfurt am Main: Lang, S. 317-346

Schwarz, Karl 1997: Teilzeitbeschäftigung und Arbeitszeitwünsche, in: Sozialer Fortschritt, Nr. 3, S. 76-79

Schwarze, Johannes 1997: Nebenerwerbstätigkeit in Deutschland nimmt zu. Zur Frage der Versicherungspflicht, in: DIW-Wochenbericht, Nr. 22

Schwenk, Otto (Hg.) 1996: Lebensstil zwischen Sozialstukturanalyse und Kulturwissenschaft, Opladen: Leske + Budrich
Schwenk, Otto 1997: Soziale Lagen in der Bundesrepublik Deutschland, (Diss.) Mainz
(Der) Schwerbehinderte im öffentlichen Dienst 1997 (Mitteilungsblatt der Arbeitsgemeinschaft der Schwerbehindertenvertetungen des Bundes und der Länder), Jg. 1997, Nr. 5/6
Seibel, Hans Dieter 1973: Gesellschaft im Leistungskonflikt, Düsseldorf
Seifert, Harmut (Hg.) 1993: Jenseits der Normalarbeitszeit, Köln: Bund
Seifert, Hartmut 1993a: Kein Anstieg bei der Nacht- und Wochenendarbeit, in: WSI-Mitteilungen 46, S. 52-56
Seifert, Wolfgang 1993: Arbeitsmarktsegmentation – Mobilitätsbarriere für ausländische Arbeitnehmer? (WZB – Arbeitspapier P 93 – 102), Berlin: WZB
Seifert, Wolfgang 1995: Arbeitsmigranten in der Bundesrepublik. Lebensbedingungen und soziale Lage, in: Seifert, Wolfgang (Hg.): Wie Migranten leben. Lebensbedingungen und soziale Lage der ausländischen Bevölkerung in der Bundesrepublik (WZB – Arbeitspapier FS III 95 – 401), Berlin: WZB, S. 3-9.
Seifert, Wolfgang 1995a: Die Mobilität der Migranten, Berlin: Sigma
Seifert, Wolfgang 1996: Neue Zuwanderergruppen auf dem westdeutschen Arbeitsmarkt. Eine Analyse der Arbeitsmarktchancen von Aussiedlern, ausländischen Zuwanderern und ostdeutschen Übersiedlern, in: Soziale Welt, Nr. 2, S. 180-201
Seifert, Wolfgang 1998: Ausländische Bevölkerung, in: Schäfers, Bernhard/ Zapf, Wolfgang (Hg.): Handwörterbuch zur Gesellschaft Deutschlands, Opladen: Leske + Budrich, S. 49-59
Sengenberger, Werner 1975: Arbeitsmarktstruktur, Frankfurt
Sengenberger, Werner 1978a: Einführung. Die Segmentation des Arbeitsmarktes als politisches und wissenschaftliches Problem, in: Ders. (Hg.): Der gespaltene Arbeitsmarkt, Frankfurt
Sengenberger, Werner 1978b: Die gegenwärtige Arbeitslosigkeit – auch ein Strukturproblem des Arbeitsmarktes, Frankfurt-New York: Campus
Sesselmeier, Werner/Blauermel, Gregor 1990: Arbeitsmarkttheorien. Ein Überblick, Heidelberg: Physica
Sidler, Nikolaus 1989: Am Rande leben, abweichen, arm sein, Freiburg i.B.
Sievert, H. 1953: Die Kieler Bursprake, in: Mitteilungen der Gesellschaft für Kieler Stadtgeschichte, Nr. 46, Kiel
Simmel, Georg 1977: Philosophie des Geldes, Berlin: Duncker & Humblot (zuerst 1900)
Simmel, Georg 1992: Zur Psychologie der Mode. Soziologische Studie, in: Rammstedt, Otthein (Hg.): Georg Simmel Gesamtausgabe, Bd. 5, S. 105-114
Sinus-Institut 1997: Die Sinus Milieus. Kurzinformation, Heidelberg
Sinus-Institut 1998: Die Sinus Milieus und ihre Anwendung, Heidelberg

Sitte, Ralf 1997: Neue Ansätze zur Eindämmung der „Scheinselbständigkeit", in: Soziale Sicherheit, Nr. 3, S. 88-95
Smith, Adam 1974 (zuerst 1776): Der Wohlstand der Nationen. Eine Untersuchung seiner Natur und seiner Ursachen. München: C.H. Beck
Sørensen, Aage 1991: On the Usefulness of Class Analyses in Research On Social Mobility and Socioeconomic Inequality, in: Acta Sociologica, 34, S. 71-87
Sofsky, Wolfgang/Paris, Rainer 1994: Figurationen sozialer Macht. Autorität – Stellvertretung – Koalition, Frankfurt am Main: Suhrkamp
Solga, Heike 1996: Der Elitenimport nach Ostdeutschland. Transformationstypen und Veränderungen in der Elitenrekrutierung, in: Diewald, Martin/ Mayer, Karl Ulrich (Hg.): Zwischenbilanz der Wiedervereinigung, Opladen: Leske + Budrich, S. 89-110
Solga, Heike 1996a: Klassenlagen und soziale Ungleichheit in der DDR, in: APUZ B 46, S. 18-27
Sombart, Werner 1913: Die deutsche Volkswirtschaft im 19. Jahrhundert, 3. Aufl. Berlin
Sommer, Bettina/Voit, Hermann 1997: Zu- und Auswanderbewegungen in Deutschland, in: WiSta, S. 22ff.
Sorokin, Pitrim A. 1959 (zuerst 1927): Social Mobility, in: Sorokin, Pitrim A.: Social and Cultural Mobility, Glencoe, Ill.: Free Press, S. 1-546
Specht, Thomas 1990: Bedingungen, Verlauf und Folgen von Sozialisationsprozessen in Kindheit und Jugend, in: Albrecht, Günter u.a.: Lebensläufe – von der Armut zur „Nichtseßhaftigkeit" – oder wie man „Nichtseßhafte" macht, Bielefeld: VSH-Verlag, S. 187-205
Specht-Kittler, Thomas 1992: Obdachlosigkeit in der Bundesrepublik Deutschland, in: APUZ B 49, S. 31-41
Spellerberg, Annette 1995: Lebensstile in Ost- und Westdeutschland, in: Glatzer, Wolfgang/Noll, Heinz-Herbert (Hg.): Getrennt vereint. Lebensverhältnisse in Deutschland seit der Wiedervereinigung (Soziale Indikatoren XVIII. Konzepte und Forschungsansätze. Sektion Soziale Indikatoren in der Deutschen Gesellschaft für Soziologie), Frankfurt am Main-New York, S. 229-261
Spellerberg, Annette 1996: Soziale Differenzierung durch Lebensstile. Eine empirische Untersuchung zur Lebensqualität in West- und Ostdeutschland, Berlin: Sigma
Spellerberg, Annette 1996a: Lebensstile, soziale Lage und Wohlbefinden, in: Zapf, Wolfgang/Habich Roland (Hg.) 1996: Wohlfahrtsentwicklung im vereinten Deutschland. Sozialstruktur, sozialer Wandel und Lebensqualität, Berlin: Sigma, S. 205-224
Sprandel, Rolf 1971a: Gewerbe und Handel 900-1350, in: Aubin, Hermann/Zorn, Wolfgang (Hg.): Handbuch der deutschen Wirtschafts- und Sozialgeschichte. Bd. 1: Von der Frühzeit bis zum Ende des 18. Jahrhunderts. Stuttgart: Union, S. 202-225.
Sprandel, Rolf 1971b: Sozialgeschichte 1350-1500, in: Aubin, Hermann/ Zorn, Wolfgang (Hg.): Handbuch der deutschen Wirtschafts- und Sozial-

geschichte. Bd. 1: Von der Frühzeit bis zum Ende des 18. Jahrhunderts. Stuttgart: Union, S. 360 -382
Sprandel, Rolf 1988: Verfassung und Gesellschaft im Mittelalter. 3., verb. u. erg. Aufl., Paderborn u.a.: Schöningh
Stammer, Otto 1972: Elite und Elitenbildung, in: Bernsdorf, Wilhelm (Hg.): Wörterbuch der Soziologie, Frankfurt am Main: Fischer
Statistisches Bundesamt (Hg.) 1981: Das Wohnen in der Bundesrepublik Deutschland, Stuttgart
Statistisches Bundesamt (Hg.) 1995: Im Blickpunkt: Familien heute, Stuttgart: Metzler Poeschel
Statistisches Bundesamt, in Zusammenarbeit mit dem WZB und dem ZUMA (Hg.) 1987: Datenreport 1987
Statistisches Bundesamt, in Zusammenarbeit mit dem WZB und dem ZUMA (Hg.) 1994: Datenreport 1994
Statistisches Bundesamt, in Zusammenarbeit mit dem WZB und dem ZUMA (Hg.) 1997: Datenreport 1997. Zahlen und Fakten über die Bundesrepublik Deutschland, Bonn: Bundeszentrale
Statistisches Bundesamt (Hg.) 1996: Statistisches Jahrbuch für die Bundesrepublik Deutschland, Stuttgart: Metzler-Poeschel
Statistisches Bundesamt 1977a: Bildung im Zahlenspiegel, Wiesbaden
Statistisches Bundesamt (Hg.) 1998: Statistisches Jahrbuch für die Bundesrepublik Deutschland, Stuttgart: Metzler-Poeschel
Steinkamp, Günter 1971: Über einige Funktionen und Folgen des Leistungsprinzips in industriellen Gesellschaften, in: Ortlieb, Heinz Dietrich u.a. (Hg.): Hamburger Jahrbuch für Wirtschafts- und Gesellschaftspolitik, Tübingen, S. 216-234
Steinkamp, Günter 1980: Klassen- und schichtenanalytische Ansätze in der Sozialisationsforschung, in: Hurrelmann, Klaus/Ulich, Dieter (Hg.): Handbuch der Sozialisationsforschung, Weinheim-Basel, S. 253-284
Steinkamp, Günter/Stief, W. H. 1978: Lebensbedingungen und Sozialisation. Die Abhängigkeit von Sozialisationsprozessen in der Familie von ihrer Stellung im Verteilungssystem ökonomischer, sozialer und kultureller Ressourcen und Partizipationschancen, Opladen
Systematische Sammlung (1827) der für die Herzogthümer Schleswig und Holstein erlassenen, noch gültigen, Königlichen, Fürstlichen, Großfürstlichen und gemeinschaftlichen Verordnungen und Verfügungen, Kiel
Szydlik, Marc 1990: Die Segmentierung des Arbeitsmarktes in der Bundesrepublik Deutschland (Beiträge zur Sozialökonomik der Arbeit 24), Berlin: Sigma
Szydlik, Marc 1996: Die Übereinstimmung von erworbenen und erforderlichen Qualifikationen in den Vereinigten Staaten von Amerika, der Bundesrepublik Deutschland und der Deutschen Demokratischen Republik (Bericht an die Deutsche Forschungsgemeinschaft, Manuskript)
Tawney, Richard Henry 1946: Religion und Frühkapitalismus, Berlin: Franke

Tessaring, Manfred 1994: Langfristige Tendenzen des Arbeitskräftebedarfs nach Tätigkeiten und Qualifikationen in den alten Bundesländern bis zum Jahre 2010. Eine erste Aktualisierung der IAAB/Prognos-Projektion 1989/91, in: MittAB 27, S. 5-19

Thiele, Silke 1995: Vermögen und Schulden privater Haushalte unterer Einkommensgruppen, Düsseldorf: Stiftung der Private Haushalt

Thurow, Lester C. 1978: Die Arbeitskräfteschlange und das Modell des Arbeitsplatzwettbewerbs, in: Sengenberger, Werner (Hg.): Der gespaltene Arbeitsmarkt. Probleme der Arbeitsmarktsegmentation, Frankfurt am Main-New York: Campus, S. 117-137

Toffler, Alvin 1980: Die dritte Welle. Zukunftschance. Perspektiven für eine Gesellschaft des 21. Jahrhunderts, München: Goldmann

Trabert, Gerhard 1995: Gesundheitssituation (Gesundheitszustand) und Gesundheitsverhalten von alleinstehenden wohnungslosen Menschen im sozialen Kontext ihrer Lebenssituation, Bielefeld: VSH

Tränhardt, Dietrich 1995: Die Lebenslage der ausländischen Bevölkerung in der Bundesrepublik Deutschland, in: APUZ B 35, S. 3-13

Treiman, Donald J. 1977: Occupational Prestige im Comparative Perspective, New York

Treiman, Donald J. 1979: Begriff und Messung des Berufsprestiges in der international vergleichenden Mobilitätsforschung, in: Pappi, Franz Urban (Hg.): Sozialstrukturanalysen mit Umfragedaten. Probleme der standardisierten Erfassung von Hintergrundsmerkmalen in allgemeinen Bevölkerungsumfragen (Monographien: Sozialwissenschaftliche Methoden 2), Königstein/Ts.: Athenäum, S. 124-167

Trepp, Leo 1992: Die Juden. Volk, Geschichte, Religion. Reinbek bei Hamburg: Rowohlt

Trometer, Reiner 1992: Wähler und ihre Parteien, in: Mohler, Peter Ph./-Bandilla, Wolfgang (Hg.): Blickpunkt Gesellschaft 2. Einstellungen und Verhalten der Bundesbürger in Ost und West, Opladen: Westdt. Verlag, S. 64-82

Ulbrich, Rudi 1993: Wohnungsversorgung in der Bundesrepublik Deutschland, in: APUZ B 8-9, S. 16-31

Ulbrich-Herrmann, Matthias 1996: Gewalt bei Jugendlichen unterschiedlicher Lebensstile, in: Schwenk, Otto G. (Hg.): Lebensstil zwischen sozialstrukturanalyse und Kulturwissenschaft, Opladen: Leske + Budrich, S. 221-235

Vaskovics, Laszlo/Weins, Werner 1979: Stand der Forschung über Obdachlose und Hilfen für Obdachlose, Stuttgart

Veblen, Thorstein 1993 (1899): Theorie der feinen Leute. Eine ökonomische Untersuchung der Institutionen, Frankfurt am Main: Fischer

Veen, Hans-Joachim u.a. 1994: Die Bundestagswahl vom 16. Oktober 1994, Sankt Augustin 1994

Veith, Karin 1994: Überlegungen zur Zuwanderung am Beispiel Aussiedler, in: Informationen zur Raumentwicklung, Heft 5/6, S. 363ff.

Vester, Michael 1993: Das Janusgesicht sozialer Modernisierung. Sozialstrukturwandel und soziale Desintegration in Ost- und Westdeutschland, in: APUZ B 24-27, S. 3-19
Vester, Michael/Oertzen, Peter von/Geiling, Heiko/Hermann, Thomas/Müller, Dagmar 1993: Soziale Milieus im gesellschaftlichen Strukturwandel. Zwischen Integration und Ausgrenzung, Köln: Bund
Vester, Michael/Hofmann, Michael/Zierke, Irene (Hg.) 1995: Soziale Milieus in Ostdeutschland, Köln: Bund
Voltenauer, Michaela (1988): Mediennutzung bei einkommensschwachen Personen und Haushalten, in: Presse- und Informationsamt der Bundesregierung (Hg.): Kommunikationspolitische und kommunikationswissenschaftliche Forschungsprojekte der Bundesregierung (1985-1994). Eine Übersicht über wichtige Ergebnisse, Bonn 1996, S. 341ff.
Wachtler, Günther 1979: Humanisierung der Arbeit und Industriesoziologie, Stuttgart: Kohlhammer
Walwei, Ulrich/Werner, Heinz 1995: Entwicklung der Teilzeitbeschäftigung im internationalen Vergleich. Ursachen, Arbeitsmarkteffekte und Konsequenzen, in: MittAB, Nr. 3, S. 365-382
Warner, William Lloyd (Hg.) 1963: Yankee City (One Vol., abr. ed.) New York
Warner, William Lloyd/Meeker, Michael/Eells, K. 1949: Social Class in America, Chicago
Warner, William Lloyd u.a. 1942: Yankee City Series, Bd. 1-5, New Haven
Weber, Ingbert 1994: Soziale Schichtung und Gesundheit, in: Geißler, Rainer (Hg.): Soziale Schichtung und Lebenschancen in der Bundesrepublik Deutschland, 2. Aufl., Stuttgart: Enke, S. 195-219
Weber, Max 1892: Die Lage der Landarbeiter im ostelbischen Deutschland, (Schriften des Vereins für Socialpolitik LV, Die Verhältnisse der Landarbeiter in Deutschland, 3. Bd.) Leipzig
Weber, Max 1980: Wirtschaft und Gesellschaft. Grundriß der verstehenden Soziologie, Tübingen
Weber, Max 1991: Die protestantische Ethik und der Geist des Protestantismus, Gütersloh: Mohn
Weber-Kellermann, Inge 1974: Die deutsche Familie. Versuch einer Sozialgeschichte, Frankfurt am Main
Wegener, Bernd 1985: Gibt es Sozialprestige? in: ZfS 14, S. 209-235
Wegener, Bernd 1988: Kritik des Prestiges, Opladen: Westdt. Verlag
Wehler Hans-Ulrich, 1987a: Deutsche Gesellschaftsgeschichte. Bd 1: Vom Feudalismus des Alten Reiches bis zur defensiven Modernisierung der Reformära 1700-1815, München: C.H. Beck
Wehler, Hans-Ulrich 1987b: Deutsche Gesellschaftsgeschichte. Bd. 2: Von der Reformära bis zur industriellen und politischen „Deutschen Doppelrevolution" 1815-1845/49, München: C.H. Beck
Wehler, Hans-Ulrich, 1995: Deutsche Gesellschaftsgeschichte. Bd. 3: Von der „Deutschen Dopppelrevolution" bis zum Beginn des Ersten Weltkrieges 1849-1914, München: C.H. Beck

Weisser, Gerhard 1959: Distribution, in: Handwörterbuch der Sozialwissenschaften, Bd. 2, Stuttgart-Tübingen-Göttingen, S. 635-654
Weißhuhn, Gernot/Wahse, Jürgen/König, Andreas 1994: Arbeitskräftebedarf in Deutschland bis 2010. Arbeitskräfteeinsatz 1978 – 1990 und Szenarien bis 2010 für die alten und neuen Bundesländer (Schriftenreihe: Studien zu Bildung und Wissenschaft 116, hrsgg. vom Bundesministerium für Bildung und Wissenschaft), Honnef: Bock
Weller, Ingeborg 1966: Lebenszufriedenheit im europäischen Vergleich, Berlin (WZB FS III 96-402)
Wenzel, Horst 1995: Hören und Sehen, Schrift und Bild. Kultur und Gedächtnis im Mittelalter. München: C.H. Beck
Werner, Heinz 1995: Die Integration ausländischer Arbeitnehmer in den Arbeitsmarkt. Vergleich von Frankreich, Deutschland, Niederlande und Schweden, in: Seifert, Wolfgang (Hg.): Wie Migranten leben. Lebensbedingungen und soziale Lage der ausländischen Bevölkerung in der Bundesrepublik (WZB Arbeitspapier FS III 95 – 401), Berlin: WZB, S. 25-31
Wernet, W. 1952: Handwerkspolitik, Göttingen
Wicklund, Robert/Gollwitzer, P. 1980: Der Mensch als Mogelpackung, in: Psychologie heute, H. 7
Winkler, Heinrich August 1991: Zwischen Marx und Monopolen. Der deutsche Mittelstand vom Kaiserreich zur Bundesrepublik Deutschland, Frankfurt am Main: Fischer
Wilke, Gerhard 1990: Arbeitslosigkeit. Diagnosen und Therapien, Niedersächsische Landeszentrale für Politische Bildung/Bonn: Bundeszentrale für politische Bildung
Wimmer, Wolfgang 1979: Die Sklaven, Herr und Knecht – eine Sozialgeschichte mit Gegenwart, Reinbek: Rowohlt
Wirth, Heike 1996: Wer heiratet wen? Die Entwicklung der bildungsspezifischen Heiratsmuster in Westdeutschland, in: ZfS 25, S. 371-394
Wirtz, Rainer 1982: Die Ordnung der Fabrik ist nicht die Fabrikordnung. Bemerkungen zur Erziehung in der Fabrik während der frühen Industrialisierung an südwestdeutschen Beispielen, in: Haumann, Heiko (Hg.): Arbeiteralltag in Stadt und Land. Neue Wege der Geschichtsschreibung. Berlin: Argument, S. 61-88
Wiswede, Günter 1971: Theorien der Mode aus soziologischer Sicht, in: Jahrbuch der Absatz- und Verbrauchsforschung 17
Wiswede, Günter 1972: Soziologie des Verbraucherverhaltens, Stuttgart
Wolf, Christof 1995: Sozio-ökonomischer Status und berufliches Prestige. Ein kleines Kompendium sozialwissenschaftlicher Skalen auf Basis der beruflichen Stellung und Tätigkeit, in: ZUMA-Nachrichten 19, S. 102-136
Wolfin, Eckhard/Schmied, Hanns 1993: Schwerbehinderte im Betrieb, Heidelberg: Sauer
Wright, Erik Olin 1985: Classes, London: Verso
Yinger, John M. 1961: Contraculture and Subculture, in: ASR 25, S. 625-635

Zablocki, Benjamin/Kanter, Rosabeth M. 1976: The Differentiation of Lifestyles, in: Annual Review of Sociology 2, S. 269-298

Zapf, Wolfgang 1989: Sozialstruktur und gesellschaftlicher Wandel in der Bundesrepublik Deutschland, in: Weidenfeld, Werner/Zimmermann (Hg.): Deutschland-Handbuch, Bonn

Zapf, Wolfgang (Hg.) 1991: Die Modernisierung moderner Gesellschaften. Verhandlungen des 25. Deutschen Soziologentages in Frankfurt am Main 1990: Frankfurt am Main-New York: Campus

Zapf, Wolfgang 1991: Modernisierung und Modernisierungstheorien, in: Zapf, Wolfgang (Hg.): Die Modernisierung moderner Gesellschaften. Verhandlungen des 25. Deutschen Soziologentages in Frankfurt am Main 1990: Frankfurt am Main-New York: Campus, S. 23-39

Zapf, Wolfgang 1994: Modernisierung, Wohlfahrtsentwicklung und Transformation. Soziologische Aufsätze 1987 bis 1994, Berlin: Sigma

Zapf, Wolfgang/Habich Roland (Hg.) 1996: Wohlfahrtsentwicklung im vereinten Deutschland. Sozialstruktur, sozialer Wandel und Lebensqualität, Berlin: Sigma

Zapf, Wolfgang/Schupp, Jürgen/Habich, Roland (Hg.): Lebenslagen im Wandel: Sozialberichterstattung im Längsschnitt, Frankfurt am Main-New York: Campus

Zapf, Wolfgang u.a. 1987: Individualisierung und Sicherheit. Untersuchungen zur Lebensqualität in der Bundesrepublik Deutschland, München: C.H. Beck

Zelle, Carsten 1994: Steigt die Zahl der Wechselwähler? in: Rattinger, Hans/Gabriel, Oscar W./Jagodzinski, Wolfgang (Hg.): Wahlen und politische Einstellungen im vereinigten Deutschland, Frankfurt am Main u.a.: Peter Lang, S.47-92

Ziegler, Rolf 1985: Bildungsexpansion und Partnerwahl, in: Hradil, Stefan (Hg.): Sozialstruktur im Umbruch. Karl Martin Bolte zum 60. Geburtstag, Opladen: Leske + Budrich, S. 85-108

Zwick, Michael 1994: Einmal arm, immer arm? Frankfurt am Main: Campus

Verzeichnis der Tabellen

Tab.:

Verzeichnis der Abbildungen

Sachregister